中国历代官制

（增订本）

鹿谞慧　曲万法　孔令纪　主编

齐鲁书社

主　编：鹿谞慧　曲万法　孔令纪
副主编：邓晓军　吕传文　王炳琨

前　言

中国官吏制度有着悠久的发展历史，随着国家的产生而产生，又随着国家性质的演变而不断发展变化，趋于完善。早在封建社会鼎盛时期趋于完善的封建官制，曾对西方文官（公务员）制度产生了巨大影响，西方的文官（公务员）考试制度溯源，是中国的科举制度。外国学者对于中国官制予以高度重视，并进行全面认真的研究。我们在进行政治体制和行政管理体制改革之际，更不应舍近求远，只注意借鉴外国的文官（公务员）制度，而忽视中国历代官制的研究。

近几年，对于中国历代官制的研究有了较快发展，亦取得了很大成绩。由于对中国官制的研究缺乏明确统一的认识，因而在研究上各有侧重，有的侧重于职官，有的侧重于人事制度，有的侧重于政治制度……我们认为，中国官制的研究对象是国家机构、职官设置与官吏管理制度。中国官制是一门研究中国历代国家机构、职官设置与官吏管理制度演变发展的学科。基于这一点，本书以国家机构、职官与官吏管理制度三点为主线，来研究探讨中国历代官制的沿革发展。

根据社会性质与政权性质，我们将中国官制沿革划分为先秦、秦汉至清、中华民国三大历史阶段。

夏建立了第一个国家，从而产生了国家机构与职官，氏族首领的职能被国家官吏所代替，并赋以新的形式与国家强力统治的内容。到了商代，国家机构与职官有了进一步发展，根据社会发展与国家统治的需要，增加了一些新的机构与职官。至周，国家机构与职官设置已基本规范，但就夏、商、周三代而言，国家机构与职官设置比较简单、凌乱，缺乏系统性，分职设官随意性较大，一职一官，许多机构与职官界限不清，往往一个职官就是一个机构，职官分工既不明确也不固定。《周礼》所载之国家机构与职官，看上去国家建立了完整系统的国家官制，实际是后人对古代官制的乌托邦。至于以“世官制”为核心的官吏制度，由其社会性质与落后的生产力和生产关系所决定，更是简单粗线条的。官吏管理制度的健全，取决于国家机构与职官设置的完善，取决于官吏管理的规范化、科学化、法制化与制度化。在春秋战国时期，适应由奴隶社会向封建社会的过渡，在国家机构与职官设置上有了很大突破，在用人制度上更是出现新的飞跃，传统的世官制被打破了，选贤任能被各个诸侯国所采纳。

秦始皇建立了以皇帝为核心，以三公九卿为主体的新型封建官制。这种新型官制既有六国官制的综合借鉴，又有秦始皇本人的发明创造。秦官制在中国官制发展史上具有重要地位。就整个封建社会官制而言，都是秦官制的继承发展和完善。由于秦王朝的速亡，只建立了国家机构、职官设置体系，而官吏管理制度缺乏系统的规章。汉代继承巩固了秦官制，为其四百余年的统治奠定了基础，也为整个封建社会官制奠定了基础。汉代还建立了一套官吏选拔任用制度。在官吏选拔任用上，以汉武帝最为开放，最具特色。汉武帝是中国历史上唯一一位打破商人不得做官禁令，重用商人为官，实行以商制商的皇帝。开放的用人思想开创了一个人才辈出的时代。汉武帝还将朝廷中枢官员作了调整，把秦朝的丞相、御史大夫、太尉改为大司徒、大司空、大司马，将御史大夫属官“中丞”保留下来，专司监察，成为独立的监察机构。汉武帝为了便于处理政务，抑制相权，重用“内朝官”，常通过内廷机构——尚书台发布政令。到了东汉，尚书台成为主要政务机构，而三公权力大大削弱，成为备员而已。

继两汉之后的曹魏，为了削弱尚书台的权力，另设中书省，掌管机要，起草发布政令，中书省成为中枢政务机构，尚书台则成为执行机构。曹魏在官吏管理上实行“九品中正制”，确立了世家大族的特权统治地位。到了晋代，门阀士族统治进一步加强，吏治也就更加腐败。晋代又将侍中改为门下省，至南北朝，门下省成为国家机构重要部门。

隋代废除了“九品中正制”，建立了三省六部制。唐承隋制，以中书、门下、尚书三省作为中枢机构，分别行使决策、审议、执行政务职能。作为执行机构的尚书省下属机构是吏、户、礼、兵、刑、工六部。三省六部制的建立，使封建社会中央官吏机构趋于完善。与之相适应，官吏管理制度也更加健全。国家机构与职官设置更加法制化和规范化。唐朝成为我国官制最为完整齐备的朝代。在宋代，除了中书、门下、尚书省外，枢密院成为重要机构，既掌政务，又主军事。宋朝最有特色的官吏管理制度就是使职差遣制度。使职差遣制度将绝大多数官员都变成了冗员。官在其位，难谋其政，只有得到差遣，才能有权。有宋一代，成为冗官冗员最多的朝代。正是这一点，决定了有宋一朝，积贫积弱，苟安求和。元代，中书省权力得到空前加强。中书省作为最高政务机构，不但主持中央政务，而且在地方设有派出机构——行中书省。因其职高权重，中书令多由太子担任。明初仍实行中书省宰相制，到洪武十三年废除，并规定，凡是建议设立丞相者，处极刑。中书省被取消之后，行使宰相之权的是号为“辅臣”的内阁大学士。以后，“首辅”成为权倾一时，不是宰相的宰相。清王朝虽然沿袭明代内阁制度，但主政的已经不是内阁成员,而是军机大臣。军机大臣制是一种新型的群相制。

随着中央官制的演变,地方官制也不断发生变化。秦朝地方行政体制是郡县二级制。郡行政长官为守。下置尉与监御史。尉主管军事,监御史主官吏监察。县分大小二等,大县为县令,小县为县长。汉承秦制,实行郡县二级制。汉武帝将全国分为十三州(郡),各置刺史一人,奉命巡察郡国。到了汉末,州发展成为一级地方政府,州长官由刺史改为州牧,郡县二级制成为州、郡、县三级制。魏晋南北朝时期仍实行州、郡、县三级制,所不同的是州长官权力加强,不但主政,而且管军。隋改州为郡,唐又改郡为州,均为二级制。唐除了州、县外,还设有监察区——道。道为中央派出机构,道长官先后有黜陟使、按察使、采访黜陟使等名称,由朝廷从京官中派任。隋唐还将数州合为一个军区,设总管或都督主军事。在边远地区,唐又设节度使,主数州乃至十州之政,最后演变为地方割据势力——藩镇。

宋代地方政权机构比较复杂,州之上"路"由监察区变为一级政权。路有转运使、提刑司、提举常平司、提举学事司(徽宗时设,不久废)、经略安抚司等机构与职官。各司自有其责,互不统属,自行其政。城市所在地设府,长官为知府,与州平行。州本来管县,而在州之下又设军与监,二者均高于县。

元代地方机构是省、路、州、县四级制。行中书省虽为中书省派出机构,实际是一省最高地方行政机关。省与路之间设宣慰司,长官为宣慰使。

明代将"行中书省"改为"承宣布政使司",省作为地方一级最高机构保留并确立下来,其内部机构得到进一步健全完善。省下是府和直隶州,长官为知府和知州。再下为县和散州,长官为知县和知州。实际,明朝地方行政体制为省——府、直隶州——县、散州三级制。为了加强对官吏的监督和军事控制，明朝又建立了巡抚与总督制度。到了清代，巡抚成为一省最高行政长官，总督则往往主一省或数省之政。省下为道、府（直隶州，少数民族地区则设直隶厅）、县（散州、散厅）。道员原为省之派出官员，以后演变成为掌军管民的重要地方官员。这样，清朝地方行政体制就成为省、道、府、县四级制。

在整个封建社会，无论是中央政府，还是地方政权机构、职官的设置，官吏管理制度的制定，都是围绕着巩固皇权这个核心。秦始皇为了万世皇权，果断废除分封制，而实行郡县制。刘邦则错误地吸取了秦朝速亡的教训，实行分封制与郡县制并存，导致了七国之乱。在汉武帝之后，历代多实行封王不封地、不管民、不治军的方式，使诸侯王无法对皇权构成威胁。皇帝与宰相、太后、外戚、宦官、藩镇的矛盾时紧时松，当宰相成为皇权的主要危险时，皇帝就抑制、削弱相权，甚至取消宰相。抑制相权，使一些本来级别较低的机构，位卑的官员，成为重要机构和要员。三省制实际是皇帝与宰相们权力冲突的产物。在皇帝与宰相的权力冲突中，权重的宰相自也不甘示弱，许多皇帝就栽在宰相手中。当然，皇帝对宰相大杀大砍更是不乏血例。在封建社会，皇帝受制于太后、外戚，被外戚颠覆也是常有的事。皇帝被太监愚弄甚至出卖、杀死亦不鲜见。藩镇更是皇位的后备军。这种皇权争夺戏每导演一次，便会出现一次官制变革。

辛亥革命，推翻了两千多年的帝制，建立起来的却是军阀独裁政权。北洋军阀政权要人多为清王朝勋贵，虽实行了总统制，但他们仍留恋着皇帝宝座。所以，北洋军阀官制，随时可见封建官制的影子。但总的来说，受西方文官制度影响，与封建官制相比，北洋军阀政权官制，仍不失为一种近代新型官制，它在机构、职官设置上，更加符合近代社会经济的发展，官吏管理制度也更加细密。北洋军阀中央官制实行的是总统制和内阁总理制。由于是军阀政权，谁军事上占上风谁执政，许多时候总统、总理，尤其是总理多成为傀儡。北洋军阀政权所建立的官制，并没有发挥其应有的作用，官吏管理制度更是成为具文。

继北洋军阀之后的国民党政权，建立了行政院、立法院、司法院、考试院、监察院五院制。这种五权分立来源于西方资产阶级的三权分立。中央政府还有国民政府委员会、文官、主计、参军处。全面抗战后又成立了国防最高委员会。在地方政府机构设置上，表面看来全国整齐划一，实际各自为政，军阀林立。国民党执政后，即推行公务员制度，并建立了一套公务员法规体系。但由于自推行公务员制度以来，国民政府就忙于接连不断的战争，无法很好地进行公务员制度建设。尽管国民政府制定了一系列官吏管理法规，但是这些法规并没有得到很好落实。

无论是古代，还是近代，在官吏制度上，绝大多数都注重了机构与职官设置的法制性和严肃性，滥设机构与职官的朝代很少，即使在所谓的“十羊九牧”的南北朝时期，地方主要长官也只有一人，而不是多人执政。无论是封建社会，还是北洋军阀与国民政府，在官制上，都坚持了精简的原则。官吏机构与职官的设置必须充分考虑国家的财力和人民群众的承受力，而不是因人设职滥设机构，滥设职官。官制的法定性任何一级政府都不能破坏，也无权践踏。我们不能否定，封建社会为了维护皇族的利益，设立了一些与国家管理没有任何意义的机构与职官，但是我们也必须看到，历代统治者都严格坚持了机构与职官设置从简的原则。这一原则最能体现人民群众的利益和要求。看一个政权是否代表和反映人民利益，不是看他说得如何，主要看其官制，看其官制的机构与职官设置，及对官员的严格管理。总的来说，大多数政权都在一定程度上代表和反映了人民群众的利益，当这些政权严重违背和侵害了人民群众的利益,他们的政权也就离消亡不远了。

总之,在官吏管理制度上,无论是封建社会时期,还是北洋军阀、国民政府时期,都有历史继承性。历代统治者,为了巩固自己的政权,在前代官制的基础上,建立了有利于自己统治的官制。这种历史的继承性,构成了中国官制发展史。没有历史,就没有今天,我们今天研究前代官制,正是为了今天能有所借鉴。看一个朝代进步落后与否,看一个政权是否代表民意,看这个政权的官制就一目了然。因为官制最能代表当权者的利益,也能反映百姓的利益。当一个政权的官制严重制约着社会发展,必须改革,却改不下去的时候,这个政权的前途也就可想而知,清朝就是如此!

目　录

第一章 先秦官制

官制是一个历史范畴,它随着国家的产生而产生,随着国家的发展而发展。中国历史上阶级与国家产生的具体道路,以及较长时期内的存在形式,都有着独自的特点,即血缘性的家族组织较长时期作为社会基层单位存在着。生活在黄河流域的三代先民,凭借优越的自然条件,在以木石为标志的生产力发展水平较低阶段,创造了一定的剩余产品,在此基础上,社会内部逐渐产生了阶级,形成了国家。由于生产力水平较低,社会分工不发达,所以在代表少数贵族统治阶级利益的国家机器建立时,氏族社会的血缘纽带并没有被财产的力量炸毁,血缘性的家族组织仍然作为社会的基层单位存在着,再加上商周时期统治阶级利用既存的血缘关系作为巩固统治的手段,从而使血缘家族组织存在的合理性得到强化。血缘家族组织较长时期作为社会基层单位存在,构成了中国早期国家形态的特点。与之相适应,在先秦较长时期内,国家政权与血缘家族组织是紧密结合的,官制具有浓郁的宗法血缘性,担任各级官吏的,往往是贵族家族的族长。“亲贵合一”是商周奴隶社会官制的显著特点之一,西周的世官制正是这一特点的典型体现。

在春秋战国时期,官制发生巨大变革,商周奴隶社会官制的宗法血缘色彩日趋褪变,宗教神职官吏的地位大为下降,设官分职也逐渐固定、明确，封建中央集权制的职官制度在变革中得以初步形成，为以后两千多年的封建官制奠定了基础。

第一节 中央机构与职官

夏朝（前 21—前 16 世纪）是我国历史上第一个奴隶制王朝，探索、了解中国的官吏制度，应当从夏朝开始，但是迄今尚未发现夏代的文字和一件确凿无疑是属于夏朝的文物，而文献记载的夏朝史又零星寥寥。关于夏朝官吏，虽有“六卿”、车正、牧正、庖正、兽臣、仆夫等记载，但是，好多职官名称后人附会显然不少。所以夏朝的职官制度同夏朝的其他问题一样，要勾画出较为清晰可靠的概貌，尚待地下发现和对夏文化的进一步深入研究，因此，中国职官制度史的撰写只好从商代开始。

一、殷商西周

商朝（前 16—前 11 世纪）是我国历史上第二个奴隶制王朝。商代甲骨文的辨识，再辅以其他一些较为可信的文献记载，为我们窥探其官吏制度提供了条件。

周武王灭商，建立了西周王朝（前 11 世纪—前 771 年）。“周因于殷礼”，西周统治者承袭商朝各种政治制度并加以发展，致使统治机构比商王朝更为完备。研究、了解西周官制，虽有《周礼》一书，但书中后世增添、理想的成分不少。所以往往将《周礼》与金文、《尚书》、《左传》、《诗经》等互相参照，作为探索西周官制的基本资料。从出土的甲骨文与铜器铭文可以看到，商朝的商王已经有众多的官名。据陈梦家《殷墟卜辞综述》，有臣正、尹、多尹、卜、多卜、巫、作册、作册右史、多马、多服、宰、宗、子等众多官名。这些官名有的属于王朝外廷政务官，有的属于王朝内廷事务官，有的是史官，有的是卜官。特别是卜官，是商王朝重要职官。商王在进行重大活动时，都要通过卜辞来决定是否可以进行。

商朝的最高统治者是王，西周的最高统治者称“王”或者“天子”，商王、周天子以下由奴隶主贵族担任的僚属，按其司职，大致可分为王朝外廷辅政官、王朝外廷一般政务官、王朝外廷事务官和内廷事务官四类。

（一）王朝外廷辅政机构及职官

关于商王的辅佐官，《殷墟卜辞综述》与铜器铭文以及《尚书·君奭》记载有尹、保、臣、巫等官名。在官名后（或前）连以族（私）名，是商代的习惯用法[(1)]，甲骨文较多见。

“尹”，《说文》：“尹，治也……握事者也。”即尹含治理之意，以尹称人则指握事、治事之人，也就是一种官称。尹作为一种古老的纯粹的官名，本身并无职位高低之别，从商王的辅佐到各级官吏都有称尹的。就尹的职掌来看，与后代的相近似。商汤时的伊尹本来是有辛氏陪嫁的奴隶，因为炒得一手好菜，深得商汤的喜欢，被商汤任命为尹，主持国政。伊尹不但辅佐商汤，而且在商汤去世之后又立商汤的孙子太甲为王。当太甲违背商汤的法度时，伊尹果断将其放逐，三年之后，看到太甲已经悔悟，将其接回，“授之政”。尹作为一种官职，有大有小，大就是伊尹之大，可以为相，小，则是普通职官，专管具体事务，如小尹。就像臣这种官职一样，有等级不同之臣。从出土的甲骨文中可以看到，尹是出现最多的官职，有束尹、右尹、多尹、族尹、三尹等（见郭沫若《甲骨文合编》，中华书局1982年版）。《尔雅·释言》说：“尹，正也。”由此看来，“尹”作为官名，当是一种泛称，各级握事、治事的官吏之正长均可称尹。

以大量的“臣”字作为官称，是商朝职官制度的一个特点。从甲骨金文的有关记载来看，臣并不是纯粹的官名，其身份很复杂，称谓有臣、小臣、多臣、臣某等多种，其中有相当部分确属管理王室事务人员的官称[2]，但是甲骨金文资料所反映的事实是，臣主要作为分管王室某方面具体事务的一般官吏官称，作为辅佐大臣的不多。严格意义上讲，作为辅佐官吏称“臣某”或“臣”，并不表明臣是辅佐的官称，而是表明其为辅佐，是由商王的近世臣官提升而来。成汤时代的伊尹本为有辛氏的媵臣，得到商王赏识，被“汤举，任以国政”[3]。可见伊尹为商王辅佐之前，曾是商王的厨子，或以其聪明才智而受宠升任管理厨子的一般近侍臣官，所以担任辅佐之后，其官称或“尹”，或“臣”。古文献中称他为“小臣”[4]，意当同金文。辅佐的伊尹称“尹”，可能表明伊尹为辅佐官之正长，称小臣则当表明其由近侍臣官跃升而来。商王大戊时的辅佐“臣扈”当与伊尹同样是以近侍臣官的身份辅佐商王。

巫是专门的神职官吏。卜巫类神职官员是神的体现者，他们负责沟通神与人的联系，宣示神意，同时他们也是上层社会不可多得的“文化人”。神职的重要地位及丰富的知识才能，使卜巫类神职官吏容易被启用为辅佐。

保作为官名，在甲骨文中没有发现，但甲骨文中有“奭”字，据学者们考证，奭、保、傅、姆、辅、弼等字声意相近[5]，周初召公任“太保”，又尊称为“君奭”，和伊尹为商王辅佐而被后世尊称为“保衡”、“伊奭”、“黄奭”是一致的。学者认为师保类官职是由长老监护制度发展而来的[6]。根据金文、文献能确证在西周，保是周天子辅佐重臣的官称，这种职官的源头，当在商代。商王朝时期，“保”已由长者监督制中的“保”发展为辅佐职官。不过当时官至辅可以称“保”的，仅限于辅佐幼主的重臣、老臣。伊尹在成汤时是辅佐，但还不能称“保”，此后持续辅佐几代幼主，至太甲时对这位辅佐、监护几代幼主的重臣才称“保衡”、“阿衡”[7]。

关于商王朝的辅政官，后世文献记载还有“相”[8]、“冢宰”[9]

等,但史学界已基本认定相和冢宰远非商代官名,甲骨文中有“宰”的官名,但绝不是辅佐官[10]。所以,对相、冢宰等后世附会的辅佐职官即搁置不议。

从以上反映商王朝辅佐职官的资料可以看出,这一系统的职官具有两个明显的特点。其一,商王的辅佐官均赋有神职。辅佐重臣中,不仅有专职神事人员巫,而且尹、保、臣等也都赋有神职。在殷商时代,神权具有至高无上的地位,殷商诸王每事必卜,每日必祭。现已发现的殷墟甲骨文约有十五万片,就是殷人神权崇拜的真实记录。在这种神权统治的时代,作为商王辅佐重臣均赋有神职是很自然的。“神权”既然是商代社会意识形态的最高权威,作为商王辅佐重臣即便不是专职卜巫官吏,也必然精通神职事务。其二,尚未形成固定的辅佐官专职职官及机构。辅佐重臣的官名,除资历深、威望高,并辅佐和监护幼主的老臣称保外,其他“尹”、“臣”、“巫”等官名皆非辅佐官专称。这就从名称上反映了官无常职,临事而设的实际。再从辅佐官的来源来看,神职人员的长官和商王的近侍臣官中因种种原因受宠者,当是辅佐官的基本来源,而这些人跃升为辅佐,往往根据商王的意志而定,具有极大的随意性。设官分职随意性强,缺乏明确地机构和固定分职,正是早期官制中的必然现象。商朝虽然是奴隶社会,但是在官员的任用上并没有严格的身份界限。像伊尹只是有辛氏的媵臣,但因为有治国的才能,就被商汤任用为尹,委以治国重任。所以,奴隶社会虽然落后,但不像后世那样,进入统治阶级的行列,有着严格的身份限制。在商代,对于妇女参政做官也不像后代那样予以歧视。武丁的妻子妇好不但被封侯,与其他诸侯一起朝觐商王,并且还可以带兵打仗。

西周最高行政长官为“三公”,辅佐周天子。在周成王时,召公为太保,周公为太傅,太公为太师。《史记·燕召公世家》说:“其在成王时,召公为三公。”从三公看来,他们都是为西周的建立立下汗马功劳,德高望重,权势很大的王佐重臣,为百官之首。正因为三公有辅佐天子之责,所以,太保、太傅、太师职官为历代所沿袭设立。由于三公是天子身边的重臣,不但为百官所妒,也为天子所忌。周公尽管对周成王忠心耿耿,但后期不得不“奔楚”避祸。

西周的官吏制度比商朝的宗法血缘制度还要明显,嫡长子是宗法制度不可替代的长者。西周建国,立即开始“封邦建国”,周武王分封的众多诸侯国中,除了少数的异姓之人,多数都是姬姓子弟。《左传·昭公二十八年》记载:分封的诸侯“兄弟之国者十有五人,姬姓之国者四十人”。还有一些留在京城辅佐周天子。这些诸侯国构成了西周的社会基础。不但周王分封诸侯主要是自己的亲属子弟,各诸侯国之内的分封更是自己的直系亲属。周王所分封的诸侯称之为建国,诸侯所分封子弟称之为立家。无论是周天子的分封,还是诸侯的分封,都世代相传,“百世不迁”。

从西周金文来看,西周王朝形成了辅政机构“卿事寮”和“太史寮”,两大官署的长官卿为周天子辅政。

卿事寮的职掌,主管“三事”和“四方”。铭文讲周成王授卿事寮给周公子明保,命令他主管“三事四方”。明保接受卿事寮而“尹三事四方”,说明卿事寮的职能就是主管“三事四方”。所谓“三事”即文献所载的“三事大夫”(11),是王畿以内官员的总称;所谓“四方”,文献称“邦君诸侯”或“外服”(12),是指王畿以外统治四方的诸侯。卿事寮既然主管中央和地方各级官吏,当然也就主管中央和地方的政务。这一主管中央和地方各级官吏及其政务的官署就是当时中央王朝的辅佐官署。

太史寮掌管册命、制禄、图籍、纪录国家大事、祭祀、祝卜、礼制、时令、天文、历法等(13)。太史寮是兼管神职与人事的机构,可以说它既是周王朝秘书处和文化部,又是周王朝的辅佐官署。

卿事寮的长官简称卿或卿士，其正式官职，西周初期是太师、太保，西周中期以后是大师[14]；太史寮的长官是太史。西周早期，两寮长官共秉国政。成康之际周天子的辅佐重臣有太师周公、太保召公，其地位仅次于周、召二公的太史毕公[15]。

西周中期，仍为两寮长官共秉国政。杨宽先生认为，共秉国政的大师、尹氏，分别为卿事寮、太史寮的官长[16]。到西周晚期，逐渐出现一人主两寮的现象。宣王时期的毛公被任命总理卿事寮与太史寮，总管国家与王家的内外大事，并兼管公族、三有司、小子、师氏虎臣等[17]。

辅政机构较明确地分为卿事寮和太史寮是西周中央官制最突出的发展变化。之所以出现这样的变化，既是社会生产力发展，人们认识自然和人类社会的能力增强所致，又与周族人重人事、轻鬼神的文化传统分不开。随着社会的发展，商代晚期神权已相对衰落，反映在官制上就是辅佐官吏系统已现政事官与神职官分类之端倪。《尚书·洪范》记述了周武王克商的第二年拜访殷贵族箕子，向他请教“彝伦攸叙”的经过。箕子向周武王讲了许多治理天下的道理，其中一项重要内容是“稽疑”，即解决疑问。作为纣王叔父的箕子说明了当各个方面意见分歧时，殷人判断凶吉的原则有三点：第一，如果某件事神职人员一致赞同，那么只要殷王、卿士、庶民三方中的任何一方赞同，就是吉，哪怕王反对也没有关系。第二，如果神职人员意见不一致，结果将是处理内事吉利，处理外事凶险。第三，如果神职人员一致，但王、卿士、庶民等方面意见相反，那么“静”，即无所作为才吉利，反之则凶。这说明在决定军国大事时，神职人员的作用仍旧占据第一位，但已不能单方面决定一切，同时还说明辅佐商王决定军国大事的官吏已有政务官即卿士和神职官的区分。偏僻西陲的“小邦周”从战胜“大殷邦”的经验总结中悟出“天命”不可恃，可恃者唯有自己的努力；人心的向背对事之成败具有至关重要的决定作用等教训，使周人心目中的神权地位大为下降，轻鬼神，重人事的文化精神长足增长。在这种前提下，周承殷末官制并加以发展而正式形成治民官与神职文化官两大机构。在神权占统治地位的时代，政务官与宗教神职官合一，体现出神权对军国大事的支配决定作用。一俟官吏出现二者的分离，就意味着神权对政权的支配作用开始下降。所以，尽管“国之大事，在祀与戎”，西周早、中期为两寮长官共秉国政，但是太史的地位要次于太师、太保等卿事寮长官。并且随着社会的发展，太史寮及其职官地位一直呈下降趋势。西周中晚期，逐渐过渡到权臣卿士执政，这在很大程度上反映了史祝卜类宗教神职官地位下降的事实，政事社会进入更加分明阶段的标志。

（二）王朝外廷一般政务官

商代中央王朝的一般政务官，主要有多尹。

“多尹”也称“尹”、“诸尹”，有时称“多君”，是为王朝各项政务服务的官员。从甲骨文卜辞中可知他们负责督率农田耕垦、土建工程、军事活动等，往往是商王咨询的对象，对王朝军国大事有发言权，能参与王朝飨礼，地位较高[(18)]。这些“多尹”对王朝政事有发言权和执行一定职责之权，当是分管王朝各种政务的职官。

西周的一般政务官，开始有了较明确的职务分工，出现了分管政务的“三有司”，即司土、司马、司工，文献写作司徒、司马、司空[(19)]。

司徒主管民事。《左传》载成王时，分封康叔于殷墟，“聃季授土，陶叔授民。”[(20)]杜注：“陶叔，司徒。”可见司徒主掌民事。从金文记载看，司徒既掌庶民的籍田劳作，也管林、虞、牧等农牧业官员，还管理卜事及军事[(21)]。西周实行兵民合一的军事制度，平时劳作的庶人，战时就成为披坚执锐的徒卒。所以，司徒职掌民事就主要体现为平时主管征发徒役和田地耕作，战时则可率兵作战。结合文献，金文所反映司徒管理卜事则为兼职。

司马职掌军事。《说文》："马，武也。"《荀子·王制》："司马知师旅甲兵乘白之数。"这些文献记载都说明司马是武事之官。西周有关司马的铭文中，有一些反映司马职司武事的，大量的是司马在册命礼中充任宾佑。在西周册命礼中，宾佑与受命者在职务上有统属关系，宾佑往往是受命者的上级长官[(22)]。而司马为"佑"所引导的受命者，一般属武职官吏。金文资料亦证明王朝司马是权重位高的军事职官。

司空主管土地，也监管土木建筑工程。《诗·大雅·帛》绘声绘色地描述了古公亶父率领周族营建新居时，由司徒召集众人，在司空的领导下兴建土木的情景。

司徒、司空、司马这几种职官起源很早，其中司马的产生，可能要早于西周。在殷商时期，由于以马为动力的战车就是武装水平的标志，因此人们就以马称呼战车，并代称武装，而率领武装的职官也就名为"马"。在殷墟卜辞中，经常能见到马、马亚、马小臣等职官。这些含有"马"字的职官均为率领武装驰骋疆场的武官。司马这种职官的渊源当上溯于殷代的"马亚"、"多马亚"、"马小臣"。而司徒、司空当属周制，在古公亶父时已有这两种职官。古公亶父迁都到周原，"乃召司空，乃召司徒，俾立家室"[(23)]，《牧誓》、《立政》诸篇则反映西周初年王朝职官中有司徒、司空。

司寇，甲骨文与西周早期金文都没有这一官名，最早带有司寇的铭文是西周中期的《南季鼎》。一般人根据《周礼》认为司寇是与司徒、司空、司马并列的职掌刑政的官员，但实际情况并非如此。因为古代兵刑不分，也没有明确固定的法律条文，所以执法也就没有专门的官吏。据学者考证，西周职掌刑罚诉讼之事的可以是司徒、司空、司马，也可以是番生毛公之类的辅佐权臣[(24)]。也就是说，在西周,司寇虽然受理诉讼之事,但并非专职刑政的官吏。司寇不仅不是专职刑政官吏,而且地位较低,是司空的属官[25]。制定法律条文,以法治讼,设专职管理,乃是春秋战国以后的事情。因此,《周礼》所反映的情况当是东周的制度。

(三)王朝外廷事务官

商周王朝外廷事务官主要有宗教文化教育、生产经济两大类。

商代的宗教文化官吏主要是巫、贞卜、作册,为王朝处理占卜和祭祀事务是其主要职掌。巫职偏重以巫术沟通人神,其地位有高低之分。地位高的可参与占卜命龟,地位低的参与以巫术祈雨降神活动。贞卜官员主要掌握王朝的占卜事宜,用占卜来沟通人神的法术,对商王朝的军国大事起实际的参谋作用。甲骨文中有"多卜"、"左卜"之称,似乎商王朝不仅有庞大的贞人集团,而且有相应的贞卜机构[26]。作册主管司理典籍和册命,甲骨卜辞反映,武丁朝已出现册命举措[27]。巫、作册、贞卜等神职官员固然以从事宗教活动,沟通人神为主要职务,但他们又是当时的文化人,也具有一定的科学知识。他们观测天文物候,掌握文字,厘订历法,通晓礼制,娴于乐舞,并以此教育贵族子弟。所以,他们又是当时的文化教育职官。

西周职掌宗教文化教育的官吏形成了以史官为中心的系统,归属太史寮,其主要职官有内史、作册、作命内史、内史尹、作册尹等史官。史官的主要职责是掌阴阳天时礼法,在王朝各种宗教活动中充当交通人神的桥梁,记录和代宣王命,箴王阙,备顾问[28]。宗教文化官吏除史官外,还有从事祝告祈福的祝[29],从事占卜的卜[30]。上述宗教文化职官也负责对贵族子弟的教育。

商周生产经济事务主要包括农、畜牧、渔猎、手工业等方面。随着社会的发展,专门管理这些事务的官员逐渐增多,分工也渐趋系统化。

农业是商周社会的主要生产部门，畜牧业是重要的生产部门。商代有小藉臣管理农田耕种，小稰臣专管庄稼收割，小众人臣专管农业生产者——众人。还有牛臣负责管理豢养和提供牛牲，牧则司理牛羊豕等垦牧养殖事业。西周的农业已有一定的分工，政权对农牧业的管理业已初具规模。西周有“林”、“虞”、“牧”等官，他们分别管理山林、川泽、畜牧[(31)]。还有“田人”、“司田”、“田甸”[(32)]，当为管理田土和农耕的官吏。

商代的田猎不仅为人们提供部分生活资料，而且有经济意义，同时又是军事演习和巡防的重要方式。所以，殷商王朝很重视田猎，设专职官吏进行管理。这种官叫“犬”，主要职责考察山林鸟兽活动行踪，及时向王朝报告并引导猎队进行狩猎。此类官员除称“犬”之外，尚有“夷犬”、“画犬”、“成犬”等名称，这些名称均是由猎区加上“犬”这一官名构成的[(33)]。因为这类官较多，所以统称为“多犬”。田猎在西周的社会经济生活和军事活动中仍具有重要作用，所以设有“司王囿”[(34)]、“犬”[(35)]、“迹人”[(36)]等专管田猎，这类官基本上是沿袭商代而设置的。

在手工业方面，商周实行“工商食官制”，官营手工业发展水平较高，王朝分设职官进行管理。商代专管手工业的官吏，甲骨文叫“司工”[(37)]。西周管理手工业的官吏叫“百工”[(38)]或“工师”、“工正”[(39)]。

（四）王朝内廷事务官

商代管理王朝内廷事务的官员主要有宰、臣。宰见于殷墟卜辞的有宰丰[(40)]、宰甫[(41)]。从甲骨文的记载看，这些宰的活动均属随商王田猎、祭祀之类，显然宰系商王近臣而与内廷食物有关。宰、臣虽然是内廷事务官，但是他们有时也掌握着外廷政务，有时候还代替商王执政。《史记·殷本纪》记载，武丁即位之后，“三年不言，政事决定于冢宰”。小臣类官吏，从甲骨卜辞的有关资料看，他们主要从事组织王室的各项生产活动，另外也参与攻治甲骨，参加祭祀典礼，跟随商王出征，以使者身份传达王命，侍奉商王的日常生活等。商朝是农业国，甲骨文有众多管理农业的小臣，有管理监督种黍的小臣，有管理农业生产的小藉臣，有管理奴隶劳作的小众人臣，有管理庄稼收获的小稽臣，有管理养马奴隶的小多马羌臣等。小臣既管理内廷事务，又参与王朝外廷的“祀与戎”等大事。所以，商代的内外廷职官无明确界限，难以分清。

西周王朝则形成较明确的内廷事务职官系统。

宰是管理内廷事务的总管家。根据金文，宰的职掌有两个方面：一是管理王室内外，传达宫中之命(42)；二是在册命礼中作宾佑或代王赏赐臣下(43)。

王室内廷事务官还有虎贲，负责王室的警卫安全，属于武官。缀衣，掌管王室的衣冠服饰。趣马，掌管王室车舆马匹。百司，掌管王室各种具体事务等。

西周时期，宰的权势有逐渐增强的趋势。金文资料反映，在西周早期政治生活中，宰还不是一种活跃的重要人物，到中晚期，他们在政治生活中的地位日益重要起来(44)。西周中期，宰时常在册命典礼中充任宾佑，表明其有较高地位(45)。《诗·小雅·十月之交》讽刺厉王时祸国殃民的朝廷大臣，同时列举七位，宰名列第三，已是地位仅次于司徒的朝廷大臣。宰的权势地位的变化，当与王权的强化分不开。随着王权的发展，近臣、小臣演变为重臣、大臣，可以说是中国古代史上官制发展的一条规律。

膳夫的基本职掌是掌管王的膳馐以及祭祀时有关膳食的事项。膳夫与宰同样处于君侧，与周王关系密切，是周王的亲信。其职掌也随王权强化而逐步超出原来的范围，经常参与一些政务活动，地位日益重要起来。《诗·小雅·十月之交》、《大克鼎》、《梁其钟》等文献、金文资料反映，在西周后期膳夫也成为朝廷重臣之一。

宰、膳夫成为朝廷重臣，往往为周王个人意志所决定，还没有进而发展到制度化的朝廷重臣之列。

小臣作为内廷职官，其职掌范围已远不及殷代宽泛，殷代掌管王室经济的各类小臣，在西周已有相当部分被新的职官取代，西周王朝内廷小臣主要司理周王日常生活和有关礼仪(46)。

以上涉及管理各类经济事务的官吏，诸如百工、田甸、林、牧、虞等，不仅是王朝的经济事务官，也可视为内廷经济事务官，因为王室经济和王朝经济难以划分出确切界限。

二、春秋战国时期中央职官的发展变化

从公元前770年周平王东迁洛邑，到公元前221年秦始皇统一全国，是我国历史上的春秋（前770—前476年）和战国（前476—前221年）时期。这是一个由统一的西周进入分裂而又逐渐走向统一的时代，是奴隶社会向封建社会转变的时代，也是我国各族社会政治、经济、文化向前发展的时代。在这社会剧烈变化的时代，官制也随着社会各个领域的变动而相应发生变化，在变化的总趋势中，春秋、战国因不同的历史特点而呈现出不同的阶段性变化。

（一）春秋时期的中央官制

春秋时期，王室衰微，列国争霸，各国逐渐摆脱周王室的束缚，变革官制，以适应对外争霸、对内发展的需要，当时各诸侯国都形成了一套自己的官制，因而这一时期的官制变得纷繁复杂。虽然如此，但是中原各国的官制在职官名称上又大多沿用西周的名称，但其职掌权能则有些变化。官制最突出而又具有共性的变化有以

下几个方面。

1. 宗教神职官地位下降

西周时期神权统治支配一切的现象不复存在,但鉴于当时以木石工具为标志的生产力水平,人们认识自然和社会的能力仍极为有限,宗教神权仍在社会生活中占有重要地位。“国之大事,在祀与戎”(47),西周的两寮执政正反应了宗教神职官吏在政治生活中仍有相当重要的作用及相应的地位。时至春秋,情况发生了很大变化。随着社会生产力的发展,人们对自然的认识能力得以增强;平民及奴隶的反抗,天子式微,诸侯、卿大夫实力崛起,旧有的等级秩序已逐渐崩溃,社会历史的这一系列变动促使人们认识人类社会自身的能力也大为增强。由于人们认识自然和人类社会的能力大为增强,从而引起神权力量急剧下降。“民,神之主也”(48),“国将兴,听于民;将亡,听于神”(49)。“重民轻天”的社会思潮在春秋之际出现,正是神权力量急剧下降在意识形态领域的反映。这在官制上引起的连锁反应,就是宗教神职官吏的地位、权势下降。曾在西周王朝作为最高官署之一的太史寮已在春秋历史上销声匿迹,以太史为首的各种宗教神职官吏地位大为下降,史官职守局限于掌管历法,参与国家重要盛典,记载国家大事,搜集整理文化典籍等,其他祝、卜之类的宗教事务官仅在国家各种典礼中充当司仪媒介。总之,宗教神职官吏一般不再直接参与军政大事的商议与决策了。在设官分职日趋细密完善,分工相对更为明确的春秋时代,取代宗教神职官吏执政地位的是那些职掌军政要事的官吏。

2. 司徒、司空、司马地位的变化

西周时期,“三有司”之间开始有了较明确的分工,分别主管民事、军事及田地、土木工程建筑,但是他们的地位并不很高。从文献金文资料看,他们通常只是分管某方面具体政务的一般政务官,而到春秋时期,随着各诸侯国日益加紧开疆拓土和抢夺劳动力,具体掌管军、民及土地的职官地位相应重要起来。《左传》襄公二十五年记载郑国攻破陈国，“子美（子产）入，数俘而出，祝袚禳，司徒致民，司马致节，司空致地”。杜注：“节，兵符。”战败国的司徒献出户口簿，司马献出兵符，司空献出土地册，以示投降。可见，职掌军、民、地的“三有司”与开疆拓土，争夺劳动力的军事斗争有着直接密切的联系。随着各国开疆拓土日趋激烈，“三有司”也相应地被推至显职要位。春秋时期多数诸侯国的“三有司”都成为执政卿。鲁国以司徒、司马、司空为执政卿，其中司徒最尊，为上卿；司空、司马次之，为亚卿[50]。郑国的执政官有当国、为政、司徒、司空、司马[51]。宋的执政六卿为右师、左师、司马、司徒、司空、司寇[52]。

楚国则以令尹、司马执政。楚国官制与中原诸国不同，自成一体。初以莫敖、令尹执政，春秋中叶，受中原各国官制的影响，设司马一职，遂以令尹、司马为政[53]。晋文公以前，晋国以司空、司徒、司马、太师、太傅当政，文公时始以三军将佐为执政六卿，六卿中以将中军者为最尊。六卿制建立以后，司空、司马便由卿降为大夫，成为六卿属官[54]。

据上述可见，春秋时期“三有司”地位上升成为普遍现象。

3. 司寇地位日趋重要

西周时，司寇虽然有权受理讼罚之事，但尚不是专职刑政官，并且还隶属于司空。春秋时期，随着社会向前发展，随着统治者争权斗争日益激烈和民众的地位不断提高，法律条文的随意性、神秘性逐渐被摈除，新的成文法已作为一项重要制度出现。一些国家纷纷“铸刑书”、“铸刑鼎”，将刑法公布于众。随着成文法的出现及司法事务的逐渐增多，司法权遂逐渐专职化，组成专职官吏来执行法律，以法治讼就势在必行了。因此司寇就逐渐成为专掌刑罚的官吏。《左传》襄公二十一年载，“鲁多盗”，季孙对威武仲说：“子为司寇，将盗是务去。”庄公二十年也载：“夫司寇行戮。”足见这时的司寇已是专掌刑罚的职官。由于司法权专职化，司寇专掌刑罚，所以其地位也相应得以提高。春秋时期，各国的司寇一般均为仅次于司徒、司马、司空，成为大夫级的官吏。司寇地位的提高，表明法制已经被统治者所重视。

4. 宰职的变化

春秋时期，各国沿用西周宰这一职官，多称“太宰”。在春秋时期，太宰地位很重要，有的甚至执掌国柄。《左传》隐公十年记载鲁大夫羽夫要杀桓公，征求太宰的意见，可见鲁国在春秋初年以太宰为最高官。《国语·齐语》记载：“桓公自莒反于齐，使鲍叔为宰，辞曰：‘臣，君之庸臣也。君加惠于臣，使不冻馁，则是君之赐也。若必治国家者，则非臣所能也。’”韦昭注：“宰，太宰。”齐桓公以鲍叔为太宰，就是让鲍叔治理国家，可见春秋初年的宰官可以成为实际的执政者。《左传》桓公二年载，宋太宰华督“已杀孔父而弑殇公……遂相宋公”。华督时，宋国盖以太宰为政。到春秋中叶，“太宰（冢宰）仅为尊称，其实际地位已降低”(55)。

春秋时期，促使宰职地位变化的主要原因，一是国君权力下降，二是统治机构日益完善，设官分职日益明确。春秋时期，各国太宰当是因袭西周王朝的宰而来，主管公室内外事务是其基本职责。《左传》襄公九年记载宋国发生大火，火灾中各类职官各司其职，太宰西鉏吾主管国库，司宫、巷伯等宫官也归其管辖，由此可见太宰基本职掌之一斑。太宰除职司公室内外事务外，一般情况下，还参与出纳国君之命，出使列国等政务(56)。太宰的基本职掌说明其为诸侯国公室之总管。太宰既为公室总管，在设官分职尚不十分明确的情况下，太宰以其常在国君左右的特殊身份，参与政务活动是制度所允许的正常情况。太宰既是公室总管，又往往以国君近侍身份参与政务，其地位重要也是顺理成章的。虽然如此，太宰参政的实际地位又不像“三有司”及司寇那样为制度所固定，其实际权力的大小往往有赖国君个人意志决定。齐桓公欲以鲍叔为宰治国,实乃齐桓公个人的意向,因为当时齐国制度中的执政是“天子之二守”,即国、高二氏[57]。可见设官分职不十分明确的制度使宰职地位重要,而国君的意志更能决定宰职的显赫。决定宰职重要地位的两个前提条件一旦发生变化,太宰的地位就必然发生相应的变动。整个春秋时期,职官制度日趋发展,职官机构趋于完备,臣仆式的宫廷内官与司徒、司马、司空、司寇等治民官,分职日趋明确。到战国时,出现了职掌内廷事务的专门机构——少府,产生了分管军政的将相,正是先秦时期设官分职日趋完备的必然结果。太宰在设官分职日趋明确的情况下,逐渐脱离政务而专司宫廷事务,地位无疑要随着下降。另一方面,春秋中后期,各诸侯国卿大夫实力急剧膨胀,拥有政治、军事实力的强宗大族把持朝政的局面渐渐出现,公室地位日益下降,国君权力日益削弱,作为公室总管的太宰也就逐渐失去凭国君意志参与执政或职掌军国要事之可能。

(二)战国时期的中央职官

战国时期是继春秋以来新旧社会变革最激烈的阶段。争霸战争愈演愈烈,规模越来越大。为了应付日益频繁而激烈的战争局面,各国不仅需要强大的由国君直接掌握的常备军,而且还需要一套完整的国家机构,以便及时有效地动员全国的人力和物力进行战争。各诸侯国内,自春秋中后期开始,国君与卿大夫之间争权夺利的矛盾斗争,已一步步将奴隶制的宗法职官制度推向绝境,客观上促使一种新的统治方式及统治机构产生。各国经过激烈的变革,封建生产关系已先后在各国建立,新型的生产关系客观上也要求相适应的统治机构。适应以上诸方面的变化,新的君主集权官僚体制逐渐基本形成。在这里需要充分肯定的是商鞅变法。商鞅变法给血缘宗法官制致命一击，打破了世卿世禄制度，废除了旧贵族的世袭特权，使得有才能的人得以进入国家的管理层。在商鞅变法下，形成了一套全新的官吏管理机构。君主集权制下的官僚机构，以相和将为首脑。从设官分职的角度讲，这套官僚机构的重要特点，就是官分文武，相作为文官之长管理行政，将则作为武官之长掌握军权。春秋以上，官吏基本上是文武不分，各国执政首领正卿或上卿，在平时是最高政务官，在战时则为最高军事长官。如鲁国的司徒，郑国的当国、为政，宋国的右师、左师，齐国的"二守"，晋国的中军将均如此。到战国时期，由于各国统治范围日益扩大，政务也相应繁多，官僚统治机构日趋复杂庞大。在这种形势下，只有军政分工才可能使统治机构高效运转。官分文武即适应了当时政务与军务分工的客观需要，使文才武略各尽所能，同时又便于君主集权。因为文武分职使大臣权力分散，有利于大臣互相制约和监督，能有效地防范和制止大臣独揽大权而威胁君权。

君主集权制是战国时期各种社会制度激烈变革的必然产物，而新的职官制度又是君主集权制的必然结果和保证。新的职官制度有的尽管保留了西周甚至商代的职官名称，但更多的是新的职官，这些新的职官有些被历代延续下来。

1. 相

相是官僚机构的"百官之长"(58)，中原各国中央官僚机构均设有相，称为相邦或相国(59)，也统称为"宰相"(60)。相有相助、赞助的意思。史籍中关于舜相尧，禹相舜，伊尹相汤，管仲相桓公等记载，其所谓"相"均取义于相助、辅助，用作动词并非官名。西周、春秋时在诸侯国之间交往中有所谓傧相，"出接宾曰摈（傧），入赞礼曰相"。(61)这类"相"指赞礼司仪，或是对承担此任务者的专称，也不是正式官名。相作为官名，当始于春秋后期齐景公设置左右相(62)。这时齐国的左右相虽然是最高执政者的官称，但它们仍同国、高

“二守”一样,只是执政卿大夫世袭的官职,与战国时期国君可以自由任免的相不同,并且左右相尚未文武分职。春秋末年,三晋开始设置直接由国君任免的相,例如赵国在赵简子时,解狐曾推荐其仇人为相(63),韩国在韩康子时已用段规为相(64)。

战国时期,各国的国君为了加强集权,都陆续设相职,亲自任命有才干者任之。齐和魏、赵、韩首先设立了由国君亲自任免的相。如在魏文侯时,除魏成子为相外,先后又以翟璜、李悝为相。齐威王时,以邹忌、田婴为相。赵烈侯时,以公仲连为相。韩烈侯时,以韩累为相。秦国偏处雍州,社会发展较迟,相的设置较晚。商鞅变法时,其最高执政官,仍是大良造。秦设丞相始于秦武公(65)。战国时,惟楚国仍以令尹为最高执政官,终战国之世,未曾设相。

2. 将

将也称将军,为中央官僚机构的武官之长。将作为官名,始于春秋。

春秋时期的将,初为动词,为“统率”、“率领”之意。晋文公时作三军,“乃使郤縠将中军,郤溱佐之。使狐偃将上军,让于狐毛,而佐之。……使栾枝将下军,先轸佐之”(66)。这里的“将某军”,即为统率某军之意。由于统帅军队为将军,以后就逐渐统称统率军队的人为“将”。不过,这时称为将军的晋卿,虽然是军队的统帅,同时也是行政上的执政官。童书业先生考证“至春秋末叶,新兴士夫既起,武士有转成文士之兆,战国以后文武分职之制乃见萌芽”(67)。新兴的士夫往往成为新萌芽的君主集权官制下的选任对象,春秋末年新兴士夫中出现的武士转文士之兆,正反映了国家统治机构中已开始出现军政分工。中央官僚机构明确地出现文武分职,分设相、将,则始于春秋末年的三晋。

到战国时期,各国的政务已普遍文武殊途,在中央官僚机构设相的同时也置将。如魏文侯先后以魏成子、翟璜、李悝为相[68]，而以乐羊、公孙痤、翟角为将[69]，齐威王曾以邹忌、田婴为相[70]，而以田忌、申缚、章子为将[71]。

惟有秦国，设相较晚，将军的设置也较六国为后。到秦穆公设置丞相后，文武殊途尚不明显，甘茂为相还率军作战[72]。到秦昭王时，丞相才逐渐专事文职，成为文官之长，大良造成为武官之长。秦设置将，始于秦昭王时[73]，但将军不是固定专职，往往出征时由国君临时委派。秦的将军或大将军是战时高级统兵官的统称。

3. 百官

战国时，相与将以下的中央官吏，各国杂乱不一，以下仅涉及与秦汉公卿制度有渊源的一些职官。

御史。战国时，魏、韩、齐、秦等国均设有此官，当时御史本属于国君秘书性质的职官。别国使者来献国书，往往由御史替国君接受[74]，两国国君相会，各有御史随王在场记录[75]。《秦律》规定，掌司法的廷尉每年要到御史处核对刑律。这些资料说明御史是保管文书档案，负责纪录，与国君十分接近的文秘类职官。由于御史为国君掌文书档案，又与国君接近，所以御史对于官吏的评价就常为国君所接受。久而久之，御史就逐渐成为国君耳目而具有监察性质。齐威王宴请淳于髡，髡不敢无节制地饮酒是因为“执法在傍，御史在后”[76]，可见御史除职司秘书外，是已带有监察性质的职官。秦统一中国后，三公中的御史大夫，还是秘书兼监察性质的职官，当是由战国时代的御史发展而来。

尉。作为军官的尉，始于春秋的晋国。晋的上、中、下三军，都设有尉，因为中军地位最高，中军的尉又称元尉。元是大的意思。到战国时，赵国在将军之下又设有国尉[77]。秦于昭王时曾在大良造下设国尉，例如秦将白起，即由左更“迁为国尉”，又由国尉迁大良造[78]。秦国设相后，大良造曾一度为武官之长，后来大良造演变为爵位之称,而国尉则转化为中央主持军事的长官。秦在统一中国后,常以太尉掌管全国军事,便是沿用国尉这一职官而来的。

郎中。战国时期,齐、赵、韩、秦等国都置郎中(79),其基本职掌有二:其一是近侍与参谋。《韩非子》一书中,郎中往往与左右连称,为君主心腹之要臣。其二是执兵守卫。战国时期郎中的上述基本职能直接为秦汉时期的郎中令所承袭。不过,战国时期的郎中,还是因人而设,人员不多,尚未形成一套完整的组织。

卫尉。战国时期秦已经设置此职官,秦汉时统辖卫士,守卫宫门的卫尉当本此。

仆。春秋时,各国都有仆或仆大夫,战国时期魏、韩、齐、秦等国都有仆(80)。春秋战国时期的仆或仆大夫职掌君王舆马(81),与秦汉时期的太仆大致相同。

廷尉。其职掌是管理刑狱,为最高司法官。战国时期各国的最高刑政官,三晋沿用司寇之名(82),齐国称师士(83),楚国设有廷理(84),惟秦国设廷尉。李斯在秦兼并六国前,"官至廷尉"(85),秦汉掌刑狱之廷尉当直接承袭于此。

主客。战国时,齐有主客,其职为掌礼仪宾客。《史记·滑稽列传》载:齐威王"以(淳于)髡为诸侯主客。"主就是典的意思,秦汉时主要职掌为管理接待少数民族及有关礼仪的典客当本于此。

内史。战国时期,秦、赵已有内史。《史记·赵世家》记载赵烈侯时,徐越以教烈侯"节财俭用,察度功德,进位内史",可见赵内史职掌与财务有关。《秦简》所抄专讲内史职务的法律条文《内史杂》十一则,内容大部分与库房、钱粮、苑囿关系密切(86),说明战国时期秦的内史是掌财政的,其职掌范围包括物资、官府手工业、财贸、苑囿等方面。秦汉治粟内史,当由战国时代的内史演变而来。

少府。战国时,韩有少府,当时韩国有少府所造的强弓劲弩(87)。秦汉少府有属官佐弋,掌弋射(88)。战国时秦、卫都有弋射[89]。初，汉少府有所谓六尚：尚衣、尚冠、尚食、尚浴、尚席、尚书，战国时期韩国已有典衣、典冠[90]、尚宰、尚浴[91]。而少府属官影响于秦汉以后官制最重要的是尚书。战国时，齐、秦有尚书[92]，齐的尚书也作掌书[93]。魏有主书[94]，主与尚同义，主书即尚书。秦汉少府属官尚书盖由战国时期主书、尚书、掌书等演变而来。

第二节 地方机构与职官

一、殷商西周

（一）商代地方行政长官

根据《尚书·酒诰》所反映的商代制度中商王朝外服的长官，即地方行政长官有“侯、甸、男、卫、邦伯”几种。

“邦伯”，甲骨文中称“方伯”，是远离王畿地区的方国首领。一般而论，方国实际上是与商王朝并存的国家，由于种种原因向商王朝表示臣服后，其首领就被商王朝封为“邦伯”。这类方国离王畿很远，邦伯独立性强，与王朝的关系很不稳定，往往根据商王朝的力量消长，或叛或附，或友或敌。

侯、甸、男、卫是商王朝派驻某地的地方行政官，其与商王朝的关系较邦伯与王朝的关系要密切。侯就是王朝派驻边地的“斥候”，主要职掌为军事侦察，报告军情。卫是王朝派驻地方的军事长官，是捍卫王朝的要职。侯、卫皆可视为王朝的地方军事长官，但有内外分工不同。侯一般地处边地，所以以侦探、报告军情为主要职责。甸是王朝派驻农业区“治田入谷”的地方农业官。男亦作“任”，本职是为王任事，职务范围不甚明确，盖为军事、农事以外的事务官[95]。侯、甸、男、卫被王朝派驻各地从事武装守卫和农田畜牧的经济垦殖业，各有武装和生产人手，常驻一地并世袭职业。随着政治、经济、军事实力的增长，后来逐渐演变为独立性质的诸侯。

（二）西周的地方政区与职官

偏处西陲的蕞尔小邦周克商成功之后，不仅占据了“大邦殷”的旧地，而且扩展了势力范围，领土广袤，仅靠中央王朝难以控制。为了对广大地区进行有效统治，周王朝实行了“封建亲戚，以藩屏周”的分封制度。通过分封，周王同姓，母弟和异姓功臣于各要冲地区建立了封国。周王朝通过血缘关系及姻亲关系加强王朝与封国的联系，以“命卿”之制[96]，巡狩、设监等方式加强对封国的控制与管理。封国的“报政王朝”[97]，贡纳、从王出兵等政治、经济、军事义务则包含着封国对王朝的政治从属关系。所以封国可视为西周王朝的地方政权。但是封国毕竟与后世统一的中央政权下的地方政区不同，封国具有较强的独立性、封闭性，有自己独立的政治、经济、军事制度，基本上模仿中央职官机构设官分职。封国与中央王朝之间的政治、经济、军事纽带狭窄脆弱，彼此尚缺乏牢固的直接关系。

封国即为西周王朝的地方政权，封国首领诸侯就是地方长官，大大小小诸侯必须按规定向周王室纳贡、服役，朝觐周王，率兵从王出征，藩屏周室。但是，大小诸侯与后世统一王朝下的地方长官也不能相提并论。周代分封制下的诸侯是世袭君主，并且在国内享有几乎完全不受限制的政治、经济、司法、宗教祭祀等世袭特权。

二、春秋战国时期的地方机构与职官

（一）郡、县的设立

春秋战国时期，地方政区发生了巨大变化，在中央集权制逐步形成的过程中，郡县逐渐取代分封制下的采邑而作为由中央政府直接统治的地方政区出现。尤其是秦代创立的县令(长)制度,更是一种经得起历史考验的地方官制。实践证明,县令(长)制度是一种符合中国国情的科学合理的地方政治体制与职官制度。

郡县从出现到形成一套完整的地方行政制度过程贯穿了整个春秋战国时期。在列强争霸称雄的时代,各国边境既是对外扩张的起点,又易于为别国所蚕食。所以,各强国都十分重视边地。春秋初年,秦、晋、楚等大国在新兼并之地,往往不再分给卿大夫为采邑,而是设置直接由国君控制的县,以加强边境地区的军事防御。《左传》成公七年载:楚围宋之役,"子重请取申、吕(二县)为赏田"。公申巫臣说:"不可。此申、吕所以邑也,是以为赋,以御北方,若取之,是无申、吕也,晋、郑必至于汉。"楚王便没有答应子重。可见,申、吕之类的县,已有别于国君赏赐给臣下的采邑,成为国君直接控制的边防军事重地。县最初主要作为直属于国君的边防军事重镇的出现,虽然内含国君集权的因素,但还有分封制的残余。县长官虽由国君任命,但是可世袭。如楚之申县,第一任县令为申公斗班,第二任县令为申公斗克。晋之原县,第一任县令为大夫赵衰,第二任为赵同。申、原二县长官均系父子相承。后来随着中央集权制的因素在各国逐渐增长,直属国君的县之长官也就可以经常替换。这一点在晋国的县制中反映较为明确。以温县为例,晋文公时以狐溱为县长官,晋襄公时把温赐给了阳处父。晋景公时郤至为温县之长,郤氏被灭族,温县暂归公室。至晋平公时,温县属赵氏。晋定公时,温县又落入范氏党羽手中。温县易主之频繁是显而易见的。正由于县的设置不仅有利于边地的防御,而且有利于国君权力的提高,所以诸侯国国君将边地设县的措施逐步推广到本国内地,往往是在某些被消灭的卿大夫家族旧有采邑上,设立直属国君的县,由国君委派官员管理。到战国时,各诸侯国已经普遍设县。

郡的设立,始于春秋末期。当时,晋国又在边地设郡以御戎狄。随后,中原各国皆在边境地区设立郡。到战国中后期,由于兼并战争空前激烈,中原各诸侯国在所有边境地区都设置郡。至战国末,各诸侯国所在地区外,其他地区皆普遍设郡。

郡县统属关系始于春秋战国之交。当初,边陲之郡地广人稀,随着社会经济发展,边地逐渐繁荣起来,人口增长,一郡之长难以兼顾,只能分县而治,才有利于巩固边境防务。其后,腹地之县也因经济开发而划小,县之数目增加,国君直接管辖有所不便,于是,仿照边地设置,在县以上设置郡以统辖。到战国末年,除齐国无郡之名而由“五都”辖县外,诸侯国大都以郡辖县,出现郡县两级行政区。

春秋战国时期,各国县以下逐渐形成乡、里或连、闾等地方基层组织。《吕氏春秋·怀宠》提到的基层组织是乡和里。《韩非子·八经》里涉及到的地方基层组织是连和闾。《秦简》已经证实,战国时代的秦国,县以下分设乡、里,里以下民众按照什五编制。

(二)郡县职官

郡的长官称“守”或尊称“太守”。由于郡的设置最初都是为了利于攻守,所以最初郡的长官均以武官担任郡守,官名也由此而来。关于春秋战国郡的行政组织,郡以下的官吏,文献中无明确记载,人们多根据《史记》、《汉书》所载的秦制进行推测。

县的主要官吏有县令(长)、县丞、县尉、县司马、县司空等。

县令是一县最高行政长官。县的长官一般称令,或者称大夫、守、尹、县啬夫。大县称令,小县为长。县令(长)的属官有令史。令史主要协助县令处理一切公务,还有调查案件,率领兵卒捉拿人犯等治狱任务[98]。

县丞,《秦简》常常令、丞并提,可见地位仅次于县令。丞主管民政，包括赋税征收和亲自审理案件[99]。县丞的属官有丞史。

县尉，主管一县军务，包括征派县内兵役和劳役[100]。其属官有尉官史、士吏等。

县司马，掌一县之马政[101]。古代作战，马匹是重要军事力量，一个国家的强大，主要看其战车多少乘，战马多少匹，所以，各县都设置司马具体负责马匹管理。其属官有司马令史和司马令史掾。

县司空，主管县内土木工程，因为各种工程多是使用刑徒，所以司空也监管司法[102]。其属官有司空佐吏、工师、士吏等。

从春秋战国时期的县制我们可以看到，自从县设立之日起，县令的职掌就比较明确。它的属官设置也比任何一级行政体制都清楚。无论是县令长，还是其属官，在设置上都有明确的规定，尤其是秦朝更是进行了法律性的规定。这种法律规定被严格执行了两千多年。历朝历代都实行县长负责制，坚持县级管理机构精简原则，县官只有一个，从未设立副职，即使在“十羊九牧”的南北朝后期，县官也只有一人，中国政治最黑暗的北洋军阀统治时期，虽然有滥设职官的机会，也没有出现县长泛滥成灾的现象。

地方基层官，乡有三老、廷掾[103]，里有里正[104]，伍有伍老[105]。

据上述可见，各国的统治机构，从国到郡，从郡到县，从县到乡里，已形成一个庞大而有系统的统治网络，由君主牢牢提控着主纲，进而层层控制着整个国家。统一中央集权制下的地方官制已初具规模，为秦汉封建专制主义集权制的地方官制奠定了基础。

第三节　官吏管理制度

对官吏的管理是保证国家机器正常运转和稳定的重要手段。先秦时期，随着国家机器的逐步完善和官吏的不断增加，对众多官吏进行有效管理的各项规章制度也初步形成。

鉴于资料有限,还无法了解、探索商代的职官管理制度,所以,本书涉及的先秦官吏管理制度只好从西周开始。

一、官吏选任制

(一)西周的世官制

世官制就是贵族世代为官,它是西周政权选任官吏的基本制度。《诗·大雅·文王》说:“文王孙子,本枝百世,凡周之士,不(丕)显亦世。”《诗》的这种记载,正概括地反映了周代贵族累世为官不衰的事实。《史记》、《诗经》等古文献也具体反映出周、召二公及其后世为王官。金文中反映世官制的材料有四十余条。周原出土的铜器铭文反映井氏、虢季氏、史氏、华氏、中氏等皆历世为王朝重臣。西周器铭屡见诸王每每以王朝旧臣毕身服役于王家之典范,勉励其后代子孙,尤重用先王旧老臣之后,使世世继承其先祖考做王官,此已成为历代王朝政治传统。铭文习见王官新旧更替之际,或在新王登基时,仍要由王以册命形式加以法权上的认可,表明世官确为习见之事,并且已制度化。

在世官制下,王朝官吏和地方诸侯虽然都具有世袭官职的特权,但二者在世袭官职上的差别也是明显的。封国有自己独立的经济、军事、政治制度,独立性相当强,由此决定了诸侯世袭罔替。王官虽然也有土地附庸,但其领地毕竟不像诸侯国那样具有很强的独立性。周王朝对王官的控制更紧,管理更为直接。因此,周王的个人意志,王朝贵族间争权夺利等因素,都可以造成王官职位的变动。所以,一般而言,在王朝为官的贵族,虽然可以世代做官,但世袭的职位却并非固定不变。虽然如此,官职的任何变动,都是局限在贵族范围内,平民、庶人则决无突然跃为王官之可能。

西周王朝以世袭官职作为选任官吏的基本制度,是为当时特定的历史条件所决定。周初,为了扩大和固定姬姓家天下,周天子以大分封的形式将统治权力、土地、人民封赐给同姓、姻亲、功臣,受封的卿大夫、诸侯便成为王朝统治的政治基础。被层层分割的统治权力的继承,即各级官吏的选任,是涉及王朝统治稳定与否的重大问题,而当时西周王朝在任官制度上可供选择的,只能是世官。因为大分封所造就的宗法血缘关系政治化,已致使宗法血缘关系在巩固王朝统治上成为一种不可逾越的客观存在。要继续巩固姬姓家天下,唯其仍使宗法血缘关系政治化,即以受封者世袭官爵、封土作为重要手段。从文献金文反映的情况看,在整个西周王朝统治时期先后发挥过重要作用的诸世族,如周、召、毕、荣、毛、南宫等,绝大多数属于姬姓。这既充分体现了王朝最高统治者利用宗法血缘关系政治化来巩固统治的一贯思想,也充分证明了血缘关系政治化在巩固王朝统治中的重要作用。正是这种"一贯思想"和"重要作用",成为西周实行世官制的内在根据。世官制的实行,另一方面也是基于当时文化教育状况的限制。当时"学在官府",教育文化为奴隶主贵族所垄断,在这种情况下,包括统治经验在内的一切书籍,只有贵族才有机会学习阅读。因此,统治经验的积累和传承,当然也只局限在贵族范围之内,以世官制让贵族世代为官,才有利于王朝统治的巩固。

世官制作为特定历史条件下的产物,在一定的历史时期也曾发挥过重要作用。首先,作为王朝统治基础的贵族,在世官制下与王朝形成较长时期的共存共荣关系,从而使王朝在相当长的时期内维持了正常的统治局面。在各级宗亲、姻亲奴隶主贵族本身弱小,西周王室强大的时期,各级贵族必须依赖王室的庇护,依靠官职、财产的世袭来求生存,谋发展。世官制给贵族以充分共享政权的机会,保证了奴隶主贵族世代享有政治、经济特权,从而换取奴隶主贵族代代矢志效忠王朝,世世藩屏周室。在相当长的时期内,正是世官制使各级贵族与王朝既有血缘或姻亲关系作为联系的纽带，又有实际的政治、经济利益作为联系双方的强有力的保证，才使得各级贵族才可能成为王朝统治的支柱。其次，世官制将可供选择的合适人选推进了各级统治机构之中。贵族因垄断了教育文化而垄断了统治经验的积累和传承，这就决定了只有贵族才可能富于统治才干，才是当官为政的合适人选。世官制将贵族们不断地推入各级统治机构，从而保证了王朝统治有效运转。

曾经合理，对西周王朝统治具有重要功能的世官制随着时间的推移和客观形势的变化，也逐渐失却存在的合理性而走上衰亡，终于为新的选任制所取代。世官制逐渐被新的制度所取代，就发生在春秋战国的社会剧变之中。

（二）春秋战国时期选任制的改革

1. 选任制改革变化的原因

春秋战国时期，奴隶社会的世官制逐步走向衰亡，封建中央集权制下新的官吏选任制则逐步建立。春秋战国时期官吏选任制之所以发生深刻重大的变化，主要原因有以下几个方面。

春秋战国时期，争霸战争愈演愈烈，无论是哪个国家都只有富国强兵，才能在日趋激烈的战争环境中求生存，谋发展。要富国强兵，最基本、最需要的是人才，固有的世官制已不能满足客观实际的需要。首先，曾经是周王室、诸侯国巩固统治重要保障的世官制，在春秋战国时期走向它的反面。世官制之所以逐渐走上反面，一方面是随着时间的推移，原先亲近的血缘关系日渐疏远，血缘纽带的维持作用日趋衰微，诚如李斯所说："周文武所封子弟同姓甚众，然后属疏远，相攻击如仇雠。"[(106)]这意味着以前蕴含于世官制中，可资利用的血缘因素的功用已日渐失却。另一方面，曾经实力弱小必须依赖王室或公室庇护的各级贵族，在世官制下，通过累世经代的发展而逐渐强大起来。羽翼丰满的强宗大族已不再依赖王室或公室,王室或公室反而成为其扩展政治、经济权益的障碍。因此,各级贵族不仅不再矢志效忠王室或公室,反而时常成为主卑国乱的危机根源。西周中晚期以来,畿内卿大夫世族的实力已日渐坐大,世族之间、世族与王朝之间争权夺利的矛盾不断激化。地方诸侯也日益崛起争霸。这一切表明,以世官制巩固王朝统治的固有功能已逐渐丧失。春秋中后期以来,各诸侯国公室与卿大夫的矛盾斗争,则进一步将世官制的负效应暴露出来。在国君与卿大夫的矛盾斗争中,国君宗室以消灭大族、削封、转封、改封等手段来尽量控制和削弱卿大夫的势力;而卿大夫则拼命以各种手段削弱甚至控制公室,来扩大自己的政治、经济利益。其次,世官制已不能满足客观形势对人才的需要。富国强兵首先需要富国强兵的各类人才,而世官制将官吏的选任局限在贵族范围内,在各国疆土日益扩大,军政事务日趋繁杂的形势下,贵族范围内提供的统治人才显然不能满足激烈的军事、政治、经济竞争对人才的需要,再加上贵族内部激烈的争权夺利的矛盾斗争又对人才形成不同程度的内耗。所以,贵族范围内能富国强兵的人才就更为有限,废除世官制,广泛的选贤任能就更显得势在必行。

春秋战国以来,废除世官制已渐成必然趋势。当时大动荡、大变革的局面客观上也为废除世官制提供了可能的条件。自春秋后期以来,学术下移,私学兴起,积累的统治经验随着文化的流传而传播。一般的平民有可能通过学习掌握政治经验。同时,大动荡的时代赋予一般平民从事实践经验的锻炼机会。因此,春秋末期以来,人才辈出,为广泛从各方面选任官吏创造了条件。《史记·儒林传》称:"自孔子卒后,七十子徒散游诸侯,大者为师傅卿相,小者友教士大夫。"孔子的学生中,以下层平民居多,上层贵族仅是少数。墨子的学生出身低微者更多。墨家学派在战国时期也成为一个职业性的任官团体,各国诸侯都要在墨子集团那里"求严师"、"求贤友"、"求良臣"[107]。战国初年,晋国的"王登为中牟令","一日而二见中大夫","于是中牟之人弃其田芸,卖宅圃而随文学者邑之半"[108]。王登荐举中牟人为官而牵动无数种田的百姓,可见被荐举者实为有文化的务农人。出身下层平民的人才大量涌现,已使废除世官制成为可能。

正是在上述客观形势的变化中,世官制逐渐走向衰亡,新的选任制得以逐步确立。

2. 新的选任制逐步确立

世官制衰微,新的选任制兴起,新旧两种制度的交替衔接经历了相当长的演变时期,从春秋前期开始,就应时代需要而出现了选贤任能的点滴尝试。到战国中期,新兴官僚制下的选任制终于基本确立。

春秋时期,齐桓公是较早实行选任制改革的君主。《国语·齐语》记载齐桓公把任贤作为一种基本政策,发布命令,要地方基层官"进贤"。齐桓公还在葵丘之盟中规定:"士无世官,官事无摄,取士必得"[109]。禁止官位世袭、兼职揽权,封官必得其人,正是齐桓公"以才任官"思想的明确体现。齐桓公起用政敌而首霸中原,则是打破亲、旧,任用贤能的典型例证。晋国任贤风气最盛。文公、厉公、悼公、平公时期不仅大量任用异姓大夫,而且也重用羁旅之臣,所以能人才辈出,使晋国政治很有生气,得以长期保持霸主地位。楚国"期思之鄙人"孙叔敖很有才能,楚庄王大胆起用为令尹,结果"十二年而庄王霸"[110]。春秋后期雄起的吴越,在选贤任能方面极为突出。吴王阖闾任用羁旅之臣,以楚人伍子胥为相,以齐人孙武为将,改革内政,训练军队,终于击败强楚。越国一度为吴灭亡,但越王重用贤才文种、范蠡,并实行"折节下贤人,厚遇宾客"[111]的招贤政策,尽量任用一切可资成功的人才,通过"十年生聚”，最终灭亡了吴国。秦穆公破格起用“五羖大夫”百里奚，是更为令人瞩目的任贤实践。

春秋时期，各强国伴随着自己的霸业实践，在官吏的选任上都作了不同程度的选贤任能的改革尝试，但选任制的改革在春秋时期仅是点滴的。从整体上看，世官制在春秋时期仍占主导地位，并且当时对贤能的选用，一般仍局限在贵族圈子之内。所谓破格，也主要指对有才能的中级或低级贵族，委以治国重任。战国时期，选任制才有更深刻、广泛的改革变化。

春秋以来的各种社会变革，在战国时期变得更为激烈，更为广泛和深刻。在战国这个“大争之世”，各国之间的竞争，从政治到经济，从军事到外交，形成了一场空前激烈的总体战，因此各国对人才的需求，从质到量都达到前所未有的迫切程度。于是，各国不得不在选任制上进行广泛而深刻的改革，以期在空前激烈的竞争中赢得胜利。战国时期，各国变法运动无不将选任制改革置于突出地位。废除世官制，选贤任能成为各国变法的基本内容。随着各国变法运动的深入，到战国中后期，新的选任制得以初步确立。新选任制的基本途径有以下几种。

(1)立功仕进。这里的功劳，主要指军功。如商鞅变法制定的二十等军功爵，规定斩敌甲士首级一颗，赏给爵一级；要做官的，委以五十石俸禄的官职。官爵的提升与斩获敌人首级的军功挂钩。魏国对攻战中的立功者“仕之国大夫，赐之上田上宅”[112]。战国时，具有实际政治、军事经验的人因功而被逐级提拔为官吏成为一种普遍现象，形成了“宰相必起于州郡，猛将必起于卒武”的社会形势。

(2)对策与献策。楚悼王、秦孝公、燕昭王的求贤令，便是发出策问征询对策的一种方式。吴起、商鞅等人就是由于对策得以重用。另外有些人以直接给国君上书进行游说的方式献策。当时，这种风气极为盛行。《战国策》一书中的绝大部分内容就是记述这方面的情况。那些献策者一旦被赏识,就被重用。儒家的孟轲、荀况,法家的李斯,纵横家的张仪、苏秦,都是通过献策的途径,得到国君赏识而被任以各类官职的。

(3)荐举。大臣或接近国君的人,都可以直接向国君推荐人才。魏文侯时,翟璜向文侯推荐乐羊、西门豹、李克等人;魏成子推荐卜子夏、段干木、田子方等人[113]。齐宣王时,淳于髡"一日而见七人于宣王"[114],另外,王斗见齐宣王,"举士五人任官,齐国大治"[115]。除以上荐举途径外,地方郡县官在接受年终考核时,也可以向中央荐举人才。

以上三种,是春秋战国以来逐渐形成的新选任制的主要途径。新的选任制贯穿了"量能而授官"[116],"食有劳而禄有功"[117]的基本精神。正由于新的选任制把人的组织管理才能作为选拔任用官员的基本原则,所以它能适应战国时期各国富国强兵及建立集权制政治的客观需要。但是战国时期各国变法、改革的程度深浅不一,所以各国包括新的选任制度在内的各种制度的完备程度,以及实施新制度的广度和深度都有所不同。七雄之中,秦国的变法最为彻底,所以秦国的新选任制最为完备,最为典型,新选任制的实施也最为坚决和广泛。在当时,正是新的选任制使天下贤能之士云集于秦,正如李斯所说:"士不产于秦而愿忠者众。"[118]在统一中国前夕,秦国聚集了几乎是全中国所有的第一流的军事家、政治家。这些出类拔萃的军事家、政治家,诸如王翦、王贲、尉缭、李斯、姚贾等,大都不是秦人,却在尽心为秦国效力,一切克敌制胜的军事进攻计划和政治策略计划都是由他们制定和实现。秦国最终之所以能翦灭六国而成就统一大业,其新的选任制招徕众多优秀人才效力于秦,当是至为关键的一条。

诸侯称霸为人才提供了广阔的空间,就人才使用的空间而言,春秋战国时期是中国最为宽松的历史时期。你只要有才能,尽管去发挥,各国都为你创造条件,这是中国历史上没有哪一个朝代所能做到的,更没有后世的门阀、党派限制。

二、官吏的监察制度

为了使国家统治机器能正常运转,中央王朝必须对各级官吏实行有效的控制与监督。监察制度就是中央王朝控制各级官吏的基本制度。中国古代的监察制度滥觞于西周,初步形成于战国。

(一)监察制度的滥觞

西周王朝在诸侯国设监官,称为监国,其职掌是代表周天子监视各诸侯国。诸侯在封国内有政治、经济、军事、祭祀等大权,周天子通过设置监官控制诸侯。西周的监国制度,屡见记载。《周礼·太宰》:"乃施典于国,而建其牧,立其监。"《礼记·王制》:"天子使其大夫为三监,监于方伯之国。"所谓三监,即史载"武王克殷,乃立王子禄父俾守商祀。建管叔于东,建蔡叔、霍叔于殷,俾监殷臣"[120]。此为西周设监之始,尔后遂成定制。应监则是周王派往诸侯国应国的监国者[121]。诸侯、诸监并举,可知监国与分封的诸侯是同时并存的,监国制当是一种普遍的制度。诸监之设,在历史上首创政治权力体系中的监督系统,是我国古老监察制度的滥觞。诸监设置对秦汉监察制度特别是汉朝设立十三州刺史,显然有着渊源启发作用。

西周虽有监国制,但一方面该制属初创,尚不完善;另一方面该制又受分封制制约,所以无法形成健全稳定的监察机制。诸监是王朝派出的监官,在分封制下,当有一定的封土和民人。如周初的"三监"管叔、蔡叔、霍叔,即分别以卫、鄘、邶为其封地[122]。诸监既权大位重,又有土有民,所以极易失去其监督职能。西周中后期,诸监之封土逐渐演变为封国,诸监本身也演变为诸侯,监国之制也就被湮没在分封制下官吏贵族的势力不断膨胀之中。

(二)监察制度的初步形成

在专制主义中央集权制下,监察制度必不可少,至为重要。监察之所以显得格外重要,一是君主集权的需要。君主既要集大权于一身,但又必须依赖百官进行统治,因此只有设立监察制度对百官进行控制,才能使百官提高统治效率。二是为了缓和阶级矛盾,维护整个地主阶级的统治。百官作为地主阶级的政治代表,大多数都不同程度地有胡作非为、贪赃枉法的劣行。对于官吏的劣行,虽然有法律及各种规章制度的限制,但整个古代中国都不曾是法制社会,对官吏的诸劣行,百姓既不懂,也不敢自下而上地揭发。如果听任官吏贪赃枉法,胡作非为的劣行发展,势必激化统治者与被统治者的矛盾,从而危及地方政权的统治,因此必须设监察制度,尽量将百官的行为局限在不危及整个统治阶级统治的范围内。

战国时期,伴随着中央集权制在一些国家形成,监察制度也随着初步形成。如前所言,战国时赵、韩、魏、齐、秦均设有御史,随着权力日益集中在国君手中,对百官的监督也日益重要起来,身为国君秘书的御史也就逐渐兼有监察职能。据《韩非子》、《战国策》等史籍记载,韩、魏等国不仅在中央设有御史,而且在县的官僚机构中,也置有御史。迄至秦汉,郡县官吏由中央委派的,也仅郡守、丞、尉,县令、丞、尉等主要官员。战国时韩之县御史由中央委派,即说明御史是县级主要官吏之一,其地位之所以重要,当因其职掌监察。

至于秦国,在统一前夕,从中央到地方已初步形成一整套监察制度。《史记·秦始皇本纪》记载二十六年群臣议帝号时写道"丞相绾、御史大夫劫、廷尉斯等皆曰……"这个顺序的排列反映就在天下刚统一的这一年，御史大夫已是仅次于丞相的朝廷重臣。这时的御史大夫从名称到职掌，虽然都是承袭战国时期的御史而来，但是地位因其监察职能的制度化而大大提高了。《史记·秦始皇本纪》二十六年还记载各郡一律设置“守、尉、监”，《集解》引《汉书·百官公卿表》曰：“秦郡守掌治其郡，有丞；尉掌佐守典武职甲卒；监御史掌监郡。”郡守治民，郡尉职掌军事，郡监御史职掌监察。从中央的御史大夫到郡的监御史的设置，证明统一之初，一整套监察制度在秦已基本形成。

三、考核奖惩制度

国家为了有效刺激各级官吏忠勤职守，往往通过检查、考核来确定官吏的优劣，实行奖勤罚惰，提拔优秀，淘汰昏庸。于是，从西周到战国，逐渐形成一套考核奖惩制度。

（一）巡狩与述职

西周有诸侯定期朝聘天子之制，诸侯朝聘天子叫述职(123)。《史记·鲁周公世家》记伯禽：“初受封之鲁，三年而报政周公。”“（齐）太公亦封于齐，五年而报政周公。”伯禽、太公向王室报政，说明诸侯向王室汇报封国政务，陈述职守之制在分封之初就产生了，只是述职之制在当时属初创，述职的时间规定性不强，或三年或数年。以后随着述职制度的完善，岁聘于天子遂成定制。之后必须每年去周王室汇报职守，接受周天子考察，以此督促诸侯不忘职守，忠于职守。《左传》召公十三年记载晋大夫叔向追述西周旧制说：“诸侯岁聘以志业。”杜注：“志，识也。”志业即谨记职守以忠于职守。正由于述职有督促诸侯不忘职守的作用，所以，诸侯有违反该规定的，就会受到惩罚。“一不朝，则贬其爵；再不朝，则削其地；三不朝，则六师移之。”(124)

巡狩，也称巡功[125]，就是周天子在境内巡视，考察诸侯政绩[126]。据《孟子》记载，周天子依据考察结果，奖勤罚惰，“入其疆，土地辟，田野治，养老尊贤，俊杰在位，则有庆，庆以地。入其疆，土地荒芜，遗老失贤，掊克在位，则有攘”[127]。

西周的巡狩、述职之制，具有天子考察诸侯的性质当属无疑，但考察的具体内容和相应的奖罚制度是否如《孟子》所言，则缺乏其他更为可信的资料证验。《孟子》毕竟是战国时期的文献，况且《孟子》所言一般旨在推行孟子的政治主张，因此将前代制度理想化就在所难免。在缺乏更多史料说明巡狩、述职制度的具体内容时，联系当时官吏制度的其他方面，我们至少可以确定一点，西周的巡狩、述职固然具有天子考察诸侯的性质，但尚不是严格意义上的考核制度。它与后世考核制度的主要区别在于，当时的考核一般不与官吏的黜陟相关联。因为在世官制下，贵者恒贵，贱者恒贱，官位升降变动极少。偶尔有职位变动，也往往因事而论，不必以专门的考核作为官吏黜陟的依据。虽然如此，西周的考察制度毕竟对后世的考核制度具有启迪作用，战国时的上计制度就是根据西周的述职制度发展而来的。

（二）上计制

战国时期，中央集权制已初步形成，在中央集权制下，由国君根据“见功而兴赏，因能而授官”的原则任免中央和地方官吏。与此相应，形成了考课官吏的“上计制”。

上计制，就是年终考绩制度，即《荀子》所言：“岁终奉其成功，以效于君。”[128]上计制的基本情况是：中央的重要官吏和地方官吏预先将一年内自己职权范围内的有关事务，诸如垦田赋税、刑罚治安、武器装备、财政支出、户口统计等情况，写在木“券”上汇编成簿册，称为“计簿”或“计书”。官吏将“计簿”上交国君，国君剖券为二,君臣各执一半[129]。年终群臣必须向国君汇报政绩,接受考察。考察时由国君亲自执“券”核实。考察工作由作为百官之长的“相”协助进行。通过考核,根据官吏的勤惰政绩定奖罚,“当则可,不当则废”[130]。符合考核标准的继续任官,成绩不佳者,则收玺免官。西门豹治邺,不事左右,就曾在上计时被免官[131]。

战国时的上计制,已将考课作为君主了解官吏功能的途径及官吏黜陟的依据,开始适应了中央集权制下官吏由中央任免的需要。但是作为中央集权制下的考课制度,上计制尚处于初创之中,还很不完善。形式上看,合券责官的方法比较简单。从内容上讲,考核标准仅涉及赋税征办为主的一些政绩,尚缺乏德、才等考核标准,也就是说还没有形成对官吏进行全面的综合考核制度。而继考核之后的赏罚,一般取决于国君,表现出极大的随意性。如西门豹在上计时收玺免官后,“豹自请曰:‘愿请玺,复以治邺。’……文侯不忍而复与之”[132]。一番请求就能使官位保住,可见赏罚的随意性之大。

四、官吏的等级待遇制度

(一)西周职官的等级制度

在西周宗法分封制下,形成了天子,王室卿大夫、诸侯,诸侯国卿大夫三个等级层次。随着统治机构的不断完善,等级分化也日趋细密。同一等级内部,一般又分为三个等次。卿级官吏有上、中、下之分,大夫级官吏也是如此。《左传》成公三年载:“次国之上卿,当大国之中,中当其下,下当其大夫;小国之上卿,当大国之下卿,中当其上大夫,下当其大夫。上下如此,古之制也。”地方诸侯的封国,也根据不同的权力、义务分为大国、次国、小国三等,其国君诸侯也相应分为三等。

不同等级的官吏享有不同的政治、经济利益。西周以封地作为官吏的俸禄。《孟子》云:“公侯之封方百里,伯七十里,子男五十里。”[133]各级官吏的封土,不可能像《孟子》所说的那样整齐划一,但是封土与职官相应有等级差异则是无疑的。除封土有等差外,在朝聘、祭礼、丧葬,以及服饰、车马、宫室等方面都有不同的等级规定[134]。

西周的等级制,是在以宗法血缘关系分别亲疏贵贱的基础上,进行财产、权力的分配和再分配而形成的,并与世官制相始终。因此,它具有两个显著特征。第一,职官等级与宗法等级相一致。周天子作为天下之大宗,也就理所当然地称为天下之君;诸侯、王室卿大夫相对天子而言,是为小宗而宗于天子,因此诸侯、王室卿大夫很自然称为第二等级的官吏;诸侯相对封国内的卿大夫而言,又成为大宗而使卿大夫宗之,因此,封国的卿大夫便成为第三等级官吏。第二,在等级序列中,具有严格的递相为君臣的等级关系。在天子、诸侯、大夫这第一等级序列中,其上下隶属关系是通过逐级分封土地、民人而建立起来的,所以就形成“王臣公,公臣大夫,大夫臣士”[135]这种严格的递相为君的关系,即每一个上级贵族,就是下级贵族的君,对自己封国内的卿大夫而言,又是君。天子不能直辖诸侯的臣下,诸侯也无权直辖卿大夫的家臣。

(二)春秋战国时期官吏等级制度的变化

1. 等级与俸禄

春秋至战国,职官等级制度的主要变化有两点:第一,职官等级与宗法等级分离。战国时期,主要以统治才干而不再以宗法血缘关系作为选任官吏的依据,因此,职官等级遂与宗法等级分离。第二,等级序列中呈现出垂直的隶属关系和垂直的控制机制。在中央集权制下,各级官吏均由国君直接任免,因此,各级官吏都是国君直辖的臣仆。

在俸禄制方面，各国不再以“授土授民”作为官禄，而是普遍采用粮食作为官吏的俸禄。当时各国俸禄计量单位不同，秦、燕等以石、斗计算，齐、魏等用“钟”计算。各国官等也不一致。秦国大体上以五十石为一级，官俸有五十石、一百石以至五百石、六百石以上若干等。燕国有三百石以上俸禄的官。楚国有“禄万担”的官。俸禄制的实行既便于集权制下官吏的任用和罢免，又使各级官吏再不可能据土地、民人作为克上之资，从而在官制上保证了中央集权。各个诸侯国的俸禄制都是一种低俸禄制，只能保证官吏的生活之需。在这种制度下，当官不可能发财，或者发大财。在俸禄制为主的同时，各个诸侯国还存在着邑禄制。当官虽然是发财的机会，但还是不能保证你绝对地发大财。

2. 封君和军功爵制

在战国时期，郡县制和谷禄制普遍推行以后，还存在着封君制度。各国的相和将大都因功被授予一定的封地。商鞅变法就有一条，五大夫(第九等)“税邑三百家”，十级以上的庶长“赐邑三百家，税邑三百家”。商鞅被秦王封于商，号为“商君”，享受十五个邑的租税收入。战国几个著名人物孟尝君、春申君、信陵君等人，都有自己的俸邑，收取所封邑郡的租税，作为他们的俸禄，称之为封君。孟尝君封于薛，薛城的租税收入不够用，就放高利贷。魏无忌封于信陵，号信陵君。楚国封黄歇于淮北十二县，号春申君，十五年后改封江东。不过，战国时期的封君制的封君与春秋以前的诸侯，封邑与春秋以前的封国、采邑已有质的区别。春秋以前受封的诸侯、卿大夫不仅世袭封地，而且对封地内的民人有统治权。战国时期的封君制具有两个显著特点。其一，封邑一般占地不大，多不世袭。各国所封功臣，不见有世袭的；所封宗室，只有齐国的孟尝君、魏国的信陵君世袭封邑，其余也不见世袭。其二，封君在封邑内，仅有“衣食租税”之权，而无权统治封邑内的民人。

春秋战国时期，各诸侯国为了激励将士为争霸而拼命厮杀，遂以政治、经济利益或特权奖励军功。以政治利益奖励军功时，不可能只以官职。一方面官位相对军功而言，毕竟是很有限的；另一方面，有军功者，并非就必定具备理政才能。所以，春秋战国时期，就逐渐产生了奖励军功的军功爵制。因军功获爵者享有一定的经济、政治利益及特权，但不一定居官位。到战国时，由于征战空前激烈，所以各国都普遍设军功爵奖励军功。三晋、齐、燕的爵秩大致为卿和大夫两级，卿中有上卿、亚卿之分，大夫中有上、中、下之分。吴起做西河守时，奖励军功，曾赏人为长大夫。秦国的二十等爵，则是当时军功爵制的集大成者。二十等爵是：“一级曰公士，二上造，三簪袅，四不更，五大夫，六官大夫，七公大夫，八公乘，九五大夫，十左庶长，十一右庶长，十二左更，十三中更，十四右更，十五少上造，十六大上造，十七驷车庶长，十八大庶长，十九关内侯，二十彻侯。”[136]

官、爵既有区别，又联系紧密。官职代表实际政治权力，作为职官，必须处理相关的政务。爵，一般而言，仅是一种政治地位。只有爵位者有一定的经济、政治特权和荣誉，但没有实际的政治权力，不处理政务。按秦国的二十等爵制规定，从一级到二十级，都有相应的政治、经济特权，如获得田宅、奴隶，享有食邑上的租税、赎身、减轻刑罚，以至死后植树封墓等。官爵虽然有区别，但往往又紧密相联。例如有官爵者，因功可以赐爵；而有爵位者，如本人愿意做官且具备了相应的才能，即可担任官吏。凡得爵一级者，可为“五十石”之官[137]，爵增一级，官职也相应升一级。当时官爵的联系不仅体现在上述两方面，同时因为军功爵制尚处于初始阶段，所以官职还不甚分明，大概十六级大上造以下的，既是官职又是爵名。

军功爵制因奖励军功而产生，其实施的结果，致使新的等级秩序建立，从而在新形势下调节了统治集团内部关系，并且有利扩大统治基础。此后，军功爵制在不断发展变化中，为历代封建王朝所沿用。

值得注意的是，在春秋战国时期，对于官吏的教育也有严格的规定。《云梦秦简》提出了“良吏”与“恶吏”的概念，其中《为吏之道》对官吏提出了五条道德要求：“精洁正直，慎谨坚固，审悉无私，微密纠察，安静毋苛，审当赏罚。”“严刚毋暴，廉而毋刖，毋复期性，毋以忿决。宽俗忠信，和平毋怨，悔过勿重。”“慈下勿陵，敬上勿犯，听间（谏）勿塞。”“审知民能，善度民力，劳以率之，正以矫之。”“反赦其身，止欲去愿。”这五条就是要求官吏廉洁正直无私，赏罚得当；严明刚直，性情毋燥，不要意气用事；宽厚平和，不要重复犯过的错误；爱下敬上，多听他人建议，不要蔽塞耳目；要掌握民情，体察民意，根据民力情况安排徭役。与这五条道德要求相对应，又提出了官吏五条行为准则：第一，“安乐必戒，毋行可悔”，意思是不要追求安乐享受生活，做出后悔的事情。第二，“以忠为干，慎前虑后”，以忠于国家为本，做事前思后想，慎重考虑。第三，“毋穷穷，毋岑岑，毋衰衰”，不要把事情做绝，不要虎头蛇尾。第四，“临难见死，不苟免”，危难时刻勇于牺牲自己，不临阵脱逃。第五，“毋喜福，毋恶贫”，不要喜欢富人，厌恶穷人。从这些对官员的道德要求，我们可以看到，封建统治者从其建立政权之时，就充分考虑到百姓的利益，他们要求官员掌握民情、体察民意，比全心全意为人民服务，更容易让官员能够做到。让官员在施政中掌握民情、体察民意更切合官员的实际。这些道德要求发展到以后，便成为为民父母。要求官员尤其是地方官员要像父母爱护子女一样，维护百姓的利益。这些道德要求体现了政权代表和反映了人民群众的利益诉求。对官员除了这些基本道德要求，秦代还要求官吏做到“五善”，防止“五失”。五善是忠信敬上、清廉毋谤、举事审当、喜为善行、恭敬多让。

五失范围更为广泛，共有十五种表现。“夸以泄”（奢侈无度）、“贵以大”（做官之后就骄傲自大）、“擅折割”（自作主张，擅自决断）、“犯上弗知”（冒犯上司自己还不知道）、“贱士而贵货币”（轻视人才贪图金钱）、“见民倨傲”（看见了老百姓就傲慢）、“不安其朝”（不安其位，老想踩着别人往上爬）、“居官善取”（当官善于利用职权巧取豪夺）、“受令不偻”（接受指令不能快速完成任务）、“安家室忘官府”（安于自己家庭事务，忘记官府的工作）、“不察所亲”（袒护包庇亲人犯罪）、“不知所使”（不知道为官的使命）、“兴事不当”（做事不合时宜）、“善言惰行”（善于言谈，不扎扎实实干事）、“非上”（在背后诽谤上司，说上司的坏话）。

《云梦秦简》所讲的为官之道，别说是在古代官场是非常需要的，就是在今天也是切中时弊，值得今天的官员们去躬行实践。

总之，从出土甲骨文与青铜铭文可以看出，我国在商代已经形成了国家管理所需要的基本职官，这些职官好多还一直被封建社会所沿用。商代的官吏制度，是建立在宗法血缘基础之上的，是建立在王权神授宗教基础之上的，具有浓厚的迷信色彩。商代不但利用神意统治百姓，同时也利用神意管理官吏。进入西周时期，我国的官制已经初具规模，无论是从周天子的王畿，还是远离王畿的“邦伯”，都建立了世官制的官吏管理制度。在这种制度下，宗教神职官地位下降。进入春秋战国时期，是中国官制的大变革时期，这种变革是整个社会大变革的需要。中国官制最重要的变化就是选贤任能为各诸侯国所认同，并全力付诸实施。在官员的选拔上，身份被彻底打破，百家争鸣的民主自由环境为人才的脱颖而出提供了广阔天地。大批出身低下的人才登上了国家的管理岗位，促进了社会的进步与发展。春秋战国时期虽然是中国封建官制的初创时期,但在官吏制度管理上,却是中国历史上最好的时期之一。

注释:

(1)参见王贵民《商朝官制及其历史特点》,载《历史研究》1986 年 4 期。

(2)参见寒峰《商代臣的身份缕析》,张永山《殷契小臣辨正》,均载《甲骨文与殷商史》,上海古籍出版社,1983 年 3 月版。

(3)《史记·殷本纪》。

(4)参见《楚辞·天问》、《墨子·尚贤》、《吕氏春秋·尊师》。

(5)奭字乃隶定,原篆:在"大"字的两旁各置同一物件,写着火或皿,或五,或口等形。学者对此解释不一,但均承认它有母妃、辅弼之义,保、傅、奭、辅、弼又可以通用。参见李孝定《甲骨文字集释》第四卷;《说文解字》第四,段注;朱骏声《说文通训定声》颐部第五。

(6)参见曾资生《中国政治制度史》,重庆南方印书馆,1943 年版;杨宽《西周中央政权机构剖析》,《历史研究》1984 年 1 期。

(7)参见《诗·商颂·长发》、《尚书·君奭》。

(8)参见《墨子·尚贤中》、《史记·殷本纪》。

(9)参见《论语·宪问》。

(10)参见彭林《〈周礼〉主体思想与成书年代研究》第三章,中国社会科学出版社,1991 年 9 月版。

(11)参见《尚书·立政》、《诗·小雅·雨无正》。

(12)参见《诗·小雅·雨无正》、《尚书·酒诰》。

(13)(24)(44)参见张亚初、刘雨《西周金文官制研究》,中华书局,1986 年 5 月版。

(14)(16)参见杨宽《西周中央政权机构剖析》。

(15)孔传本《尚书·序》:"召公为保,周公为师,相成王为左右"。《尚书·康王之诰》记载康王行即位之礼,"太保(即召公奭)率西方诸侯入应门左,毕公率东方诸侯入应门右"。召公与毕公并领东西方诸侯,郭沫若、杨宽认为毕公是以太史之职与召公共秉国政(郭沫若《周官质疑》,收入《金文丛考》;杨宽《西周中央政权机构剖析》)。

(17)参见《毛公鼎》。

(18)以上多尹(君)的职掌概况见于《甲骨文合集》9472正、33209、32980、31981、5611、24136、27894、24132、24135、24137等片。

(19)参见《尚书·牧誓》、《史记·周本纪》。

(20)《左传》定公四年。

(21)参见《曶壶》、《曶鼎》。

(22)参见陈汉平《西周册命制度研究》,学林出版社,1986年12月版。

(23)《诗·大雅·绵》。

(25)参见《扬簋》。

(26)参见董作宾《安阳侯家庄出土之甲骨文字》,载《田野考古报告》第一册,1936年。

(27)参见《甲骨文合集》20332。

(28)参见赖长扬、刘翔《两周史官考》,载《中国史研究》1985年2期。

(29)参见《禽簋》。

(30)参见《曶鼎》。

(31)参见《同簋》。

(32)(33)参见《克盨》、《扬簋》。

(34)参见《谏簋》。

(35)参见《司晨鼎》。

(36)参见《周礼·地官·司徒》。

(37)《甲骨文合集》5628正。

(38)《矢令方彝》。

(39)《左传》庄公二十二年,定公十年。

(40)参见《殷契佚存》518,《甲骨文合集》35501。

(41)参见《宰甫簋》。

(42)参见《蔡簋》。

(43)参见《师遽方彝》、《师望簋》。

(45)杨宽先生认为:金文中作"右"的宰,是卿一级的高官,见《西周史研究》,《人文杂志丛刊》第二辑。

(46)参见《小臣麦鼎》、《小臣守簋》。

(47)《左传》成公十三年。

(48)《左传》僖公十九年。

(49)《左传》庄公三十二年。

(50)《左传》昭公四年。

(51)《左传》襄公二年,襄公十年。

(52)《左传》文公七年。

(53)《左传》僖公二十六年,哀公十六年。

(54)《左传》襄公十九年。

(55)(67)童书业《春秋左传研究》,上海人民出版社,1980年版。

(56)《左传》成公十年,襄公十一年。

(57)《左传》僖公十二年。

(58)《荀子·王霸》、《吕氏春秋·举难》。

(59)铜器铭文中,相国都称相邦,传世古书上的相国当是西汉时避讳高祖刘邦的讳而称相国。

(60)《韩非子·显学》。

(61)《周礼·秋官司仪》注。

(62)参见《左传》襄公二十五年,《史记·齐太公世家》。

(63)(131)(132)《韩非子·外储说左下》。

(64)参见《国语·晋语九》。

(65)《史记·秦本纪》武公二年(前309年):"初置丞相,樗里疾、甘茂为左右相。"

(66)《左传》僖公二十七年。

(68)参见《史记·魏世家》、《汉书·艺文志》。

(69)参见《战国策·魏策一》。

(70)参见《史记·田敬仲完世家》。

(71)参见《战国策·齐策一》。

(72)参见《史记·樗里子甘茂列传》。

(73)《史记·穰侯列传》:"昭王即位,以(魏)冉为将军,卫咸阳。"这是秦设将军的最早记载。

(74)参见《战国策·韩策一》。

(75)《史记·廉颇蔺相如列传》记秦赵渑池之会:"赵王鼓瑟,秦御史前书曰:'某年月日,秦王与赵会饮,令赵王鼓瑟。'"……秦王"击瓴,相如顾召赵御史,书曰:'某年月日,秦王为赵王击瓴。'"

(76)《史记·滑稽列传》。

(77)参见《史记·廉颇蔺相如列传》。

(78)参见《史记·白起王翦列传》。

(79)参见《战国策》赵策、韩策、燕策等。

(80)参见《吕氏春秋》。

(81)《左传》襄公三十年:"仆人巡宫,车马有所。"

(82)《史记·赵世家》。

(83)《孟子·公孙丑下》。

(84)《说苑》、《韩诗外传》。

(85)《史记·李斯列传》。

(86)参见《秦简》104至109,211页。

(87)参见《史记·苏秦列传》。

(88)参见《汉书·百官公卿表》。

(89)参见《史记·秦始皇本纪》。

(90)《韩非子·二柄》。

(91)《韩非子·内储说下》。

(92)《新序·刺奢》、《战国策·秦策五》。

(93)《吕氏春秋·骄恣》。

(94)《吕氏春秋·乐成》。

(95)以上根据《国语·周语》韦注,《逸周书·职方解》孔晁注,《周礼·职方氏》、《礼记·王制》贾疏;并参见王贵民《商朝官制及其历史特点》等书。

(96)《礼制王制》载:"大国三卿,皆命于天子","次国之卿,二命于天子”。《左传》僖公十二年,成公二年也有“命卿”的记载。

(97)《史记·鲁周公世家》。

(98)(99)《秦简·封诊式》。

(100)参见《秦简》中的《效律》和《秦律杂抄》。

(101)(102)(103)《秦律杂抄》。

(104)(105)《韩非子·外储说右下》。

(106)《史记·秦始皇本纪》。

(107)《吕氏春秋·上德》。

(108)《韩非子·外储说左上》。

(109)《孟子·告子下》。

(110)《吕氏春秋·赞能》。

(111)《史记·越王勾践世家》。

(112)《韩非子·内储说上》。

(113)《韩非子·显学》。

(114)《史记·魏世家》。

(115)(116)《战国策》齐策三、齐策四。

(117)《荀子·君道》。

(118)(119)《说苑·理政》。

(120)《逸周书·外雒》。

(121)参见伍士谦《论西周初年的监国制度》,载《西周史研究》即《人文杂志丛刊》第二辑。

(122)《帝王世纪》云:“自殷都以东为卫,管叔监之;殷都以西为鄘,蔡叔监之;殷都以北为邶,霍叔监之。”

(123)(124)(127)《孟子·告子下》。

(125)《左传》召公五年:“小有述职,大有巡功。”杜注:“天子巡狩曰巡功。”

(126)《孟子·梁惠王下》云:“巡狩者,巡所守也。”

(128)(130)《荀子·王霸》。

(129)参见《商君书》之《禁使》和《去强》。

(133)《孟子·万章》。

(134)参见《周礼·春官·典命》、《左传》庄公十八年、《荀子·富国》。

(135)《左传》昭公七年。

(136)《汉书·百官公卿表》。

(137)《韩非子·定法》。

第二章　秦汉官制

第一节　秦汉政治概述

公元前 221 年,秦始皇翦灭六国,结束了诸侯割据称雄的时代,建立了第一个中央集权制国家。中央集权国家的建立,开创了一代新型封建官制。

秦统一后,在要不要实行郡县制上展开了一场大辩论。以丞相王绾为代表主张实行分封制,独廷尉李斯力排众议,主张实行郡县制。这场辩论名义上是要不要郡县制,实质是要否定中央集权制。李斯的观点得到秦始皇的赞同。为了进一步巩固中央集权制政权,秦始皇根据李斯的建议,又实行"书同文"、"车同轨"、统一度量衡等一系列制度。秦始皇幻想通过一系列制度的建立,以保证其皇位传至万世。但是,沉重的徭役负担却逼得百姓揭竿而起,陈胜、吴广起义敲响了秦王朝的丧钟。

公元前 202 年,刘邦打败了项羽,建立汉朝,做了皇帝。刘邦非常明智,并没有因为秦王朝的短命而抛弃秦朝合理的官制。不足的是刘邦一方面建立了中央集权制政权,另一方面在歼灭异姓王的同时,分封了众多的同姓王。在初封时,这些同姓王年龄尚小,还无野心。到文帝时,野心一个个暴露出来,有的驱逐了皇帝派去的官员,终于在景帝时爆发了七国之乱。汉景帝平定叛乱之后,借机改革王国官制,以加强中央集权统治。

汉武帝即位以后,借文景之治的基础,进一步加强中央集权统治,制定了《左官律》,对王国内的官吏任用做了新的规定,同时废除了一些诸侯国。汉武帝又选用了一些精明强干的官员直接听命于己,称之为“内朝官”,他们直接对皇帝负责,并参与朝政,处理政务,从而加强了帝权。

汉武帝还加强了对地方官吏的考课,每郡设一刺史,负责对官员的监督。对外,汉武帝发动了反击匈奴的战争,战争军费开支造成了国家财政危机。财政困难不解决,就无法赢得战争的胜利。为了解决财政困难,汉武帝打破了商人不得做官的祖训,起用大商人孔仅、东郭咸阳与商人家庭出身的桑弘羊做官理财。桑弘羊采取盐铁官营、均输、平准、酒榷等一系列经济政策,将私人盐铁业收归国有,作为交换条件是起用这些商人做官。汉武帝的这种以商制商政策取得了成功,解决了庞大的军费不足问题。汉武帝在商人做官上进行了成功的尝试,随着他的去世,这种尝试也夭折了。

东汉末年,王莽篡朝,在官制上来了个大复古,最后以短命而告终。

公元25年,刘秀在洛阳建立东汉政权,是为光武帝。刘秀鉴于西汉外戚篡权的历史经验教训,首先要做的是如何加强中央集权统治。取消丞相,削弱三公权力,扩大尚书台职权,政务由自己直接发号施令,对于跟随自己南征北战的功臣,则予以厚禄,而不许他们参与政治;内外大臣由自己直接任命,对这些大臣提出近似苛刻的要求;同时禁止宗室诸王结党营私。为了加强对地方政权的控制,将西汉负责监察职能的刺史改为州地方长官,可不通过三公直接向皇帝汇报工作,直接控制地方政权要员。

继光武帝之后的明帝仍坚持严惩不法官吏,以加强中央集权。之后的汉章帝则成了“宽厚长者”,外戚、宦官、官僚集团开始操纵权柄，作起恶来，政治走向黑暗。和帝即位，窦太后临朝称制，外戚窦宪独揽朝政，培植死党，利用刺客刺杀正直官吏。公元92年，和帝与宦官郑众合谋杀死窦宪。郑众也因此封侯参政。东汉开始了外戚、宦官集团互相倾轧，你上我下轮流执政的黑暗历史。东汉末，外戚何进欲杀宦官，反遭暗算。袁绍起兵大杀宦官二千余人，西凉豪强董卓乘机进京赶走袁绍。外戚、宦官集团覆灭，地方豪强集团乘机而起，割据混战，最后出现了三国鼎立局面。

秦始皇建立的各种制度，经两汉的改进与充实，更加完备周密，保证了中央集权制的巩固与发展。此后，统一成为历史的主流，虽也曾出现过或长或短的暂时分裂，那只不过是历史的插曲而已。秦汉时期的各种制度，特别是官吏管理体制，也为后世所承袭，成为以后历代封建王朝仿效的榜样。

第二节　中央机构与职官

一、朝廷与皇帝

秦汉时期，中央政府机构称朝廷，是国家最高权力与行政机关。朝廷由皇帝、三公诸卿等组成，朝廷的首脑是皇帝。皇帝这称呼，始于秦始皇。在这之前，我国国君的称号在不同时期有着不同的称呼。夏朝国君称后，反映了浓厚的氏族社会的烙印。在氏族社会传说的人物中，如后稷、后羿等。《孟子·滕文公章句(上)》赵岐注解："夏禹之世号夏后氏。后，君也。禹受禅于君，故夏称后。"夏朝国君称王或称后并没有严格的区分。商和周称王或天子。夏以前的传说时代，或称皇称帝，相传有三皇五帝，被春秋战国时的人们奉为理想明君。公元前221年，秦始皇统一中国，自以为"德兼三皇，功包五帝"(1)，应当称皇帝，这才与他的功德相配。秦始皇幻想他的江山永世长存，自称始皇帝，日后他的子孙用数字计算，二世、三世以至千万世，无穷无尽传下去。历史没有按照秦始皇的意志发展，他建立的王朝只传了两世就被推翻了。但是，他所首创的皇帝这一称号却在我国保持了两千多年，直到封建制度的彻底覆灭。

皇帝既是政府首脑，又是国家元首，对内对外全权代表国家，是国家的象征。皇帝具有无上的权威，绝对的权力。为了显示皇帝的权威，相应制定了无数繁琐的制度和细则。如称呼，“朕”在先秦是第一人称代词，无论贵贱，谁都可以使用，但从秦始皇开始，“朕”变成了皇帝的专用语，谁如果胆敢称朕，就是大逆不道，就是犯了杀头之罪。“陛下”本来是对人的尊称，“陛”是台阶，称人“陛下”，表示谦卑，意思是我不敢直接靠近你，只能站在台阶下与你说话，但自秦以后，陛下也只能专称皇帝。皇帝的命令，称“制”称“诏”（重大方针政策性质的命令称“制”，一般事务性命令称“诏”）。此外，其他诸如服饰、车马、用具等，都有严格的规定，皇帝使用的样式和规格，其他人不能使用，用了就是僭越，就要杀头。刘邦刚当皇帝时，认为秦朝的礼仪法规太复杂，决定全部废除。后来宴会上文武百官争功豪饮，喝醉了酒狂呼乱叫，有的还拔出剑来乱砍，秩序一片混乱，刘邦虽然生气，但是面对酒鬼又无可奈何。博士叔孙通给他出主意，为他制定出大臣觐见皇帝进退起坐的礼节、仪式细则。经过演习训练，然后做给刘邦看，整个场面秩序井然，大臣大气都不敢喘一声，彰显了皇帝的尊严。刘邦看了，高兴万分，说：我今天才体会到做皇帝的尊贵。

皇帝的权力是无限的。他集军、政、财经大权于一身，举凡立法、司法、行政、监察等，无所不统。皇帝说的每一句话都是法律，文武百官都必须无条件服从。朕即国家，国家即朕。能够对皇帝权力稍有约束的是，在同一王朝中，前代皇帝制定的法律与行政准则,对后代皇帝来说就是祖宗成法,一般必须遵守。汉高祖刘邦在世曾规定:“非刘氏而王,天下共击之。”[(2)]整个汉朝就基本没有异姓王了[(3)]。除此之外,就再也没有可以限制皇权的了。

总之,皇帝至高无上,统管一切,主宰百事。皇帝的这种绝对的权威,无限的权力,在整个封建专制集权制度中,没有丝毫削弱,如果说它也有变化的话,那就是越来越加强。这种皇权的绝对化不能不说是中国封建制度的悲哀,因为它影响了以后的社会制度。这种皇权绝对化导致了封建社会两千多年的绝对统治,也导致了中国社会生产力的长期落后发展,甚至停滞不前。同时,皇帝的无比尊贵,也造成了诸多皇帝的悲剧,使得皇位成为最危险的职务。造成这种悲哀的原因是多方面的,除了皇帝本人,再就是儒家思想。儒家思想文化本来是一种优秀的思想文化,一旦变成了封建国家的统治指导思想,加进统治者和没落文人的思想观点,就失去了其进步意义,渐渐变成一种保守甚至腐朽没落的思想文化。中国封建官僚制度的发展演变,主要是围绕强化皇权这一轴心在运动,这是我们了解中国古代官制必须把握的一条基本线索。

二、三府与三公

三公之名,西周已有,但具体内涵,说法不一。有的指太师、太傅、太保,有的指“天子之相”,有的指司马、司徒、司空[(4)]。以上三说,尽管出入很大,但均以三公为天子之下的最高官员则是一致的。因在秦以前,官吏等级,大体有公、卿、大夫、士四个等级,公卿均为高官,而公又在卿之上。

秦汉以丞相、太尉、御史大夫为三公,不过其间也有变化。西汉成帝时,改御史大夫为大司空,与大司马、丞相为三公;哀帝时,以大司马、大司徒、大司空为三公;东汉光武帝以太尉、司马、司空为三公。这些改变,自然不只是名称上的变换,主要反映了当时的政局变化以及加强皇权的需要。

汉代公的官署称府，中央机构有三府，即丞相府、太尉府、御史府，是中央政权的决策机构，上承皇帝旨意并以皇帝名义向全国发号施令。三府长官丞相、太尉、御史大夫，对皇帝来说是幕僚性质，相当于秘书长、参谋长之类，但对其下属机关而言，他们又是仅次于皇帝的政、军、监察首长。三府和三公，是朝廷最重要的机构和官员。行政、军事、监察三足鼎立，构成秦汉官制的铁三角。

1. 丞相

丞是承受，相是辅助。丞相就是承受皇帝的命令，辅助皇帝处理国家大事的意思，因此，《汉书·百官公卿表》说："相国、丞相，皆秦官，金印紫绶，掌丞天子，助理万机。"《史记·陈丞相世家》载陈平的话说："宰相者，上佐天子理阴阳，顺四时，下育万物之宜，外镇抚四夷诸侯，内亲附百姓，使卿大夫各得任其职焉。"丞相历来被认为是百官之长，是皇帝之下权力最大、职责最重的官员，一人之下万人之上。

丞相是战国时期就有的官职，秦武王最初设置。在此之前，一般称相。秦之丞相，有左右二员，实际上即正相、副相。秦以左为上，则左相为正相。秦国的丞相与其它各国的丞相有着很大的不同，各国的丞相绝大多数都是由本国贵族来担任，秦国的丞相则全部都是外地人。秦国的丞相制度彻底废除了"世卿世禄"制，这种丞相制度是一种前所未有的具有革命性的官吏制度，是对宗法血缘制度的一种彻底否定。六国所以被秦国所统一，就在于他们在官吏制度的变革上是不彻底的。丞相尽管权力很大，但是他只是王（皇帝）的手下，不管他权力多么大，王（皇帝）根据需要随时可以将他免掉。即使像吕不韦那样的权相被尊为"仲父"，秦始皇一声令下，就将他拿下。

汉承秦制，区别在于以右为尊，则右相为正相。不过，汉代许多时候只设丞相一员，当然也就无所谓左右了。

丞相尊称相国，这有两种情况：一是非正式的，对辅助国君的最高行政长官都可以称相国，如楚国的令尹，人或称相国。另一种是正式任命的，如吕不韦原为丞相，亲王嬴政即位，“尊吕不韦为相国，号称‘仲父’”(5)。又，萧何设计协助吕后杀死韩信，去掉高祖刘邦的心腹之患，刘邦“使使拜丞相（萧）何为相国，益封五千户，令卒五百人一都尉为相国卫”(6)。相国与丞相，职务完全一样，但相国地位更尊。相国原称相邦，汉人避汉高祖刘邦的讳，才改称相国。

丞相作为皇帝的主要助手，它既是一种职官，又是一级机构。丞相有专门的衙门。汉代的丞相府办事官吏有三百人之多。司直，协助丞相管理对官员的监察检举，秩比二千石。可以说，丞相的重要职责由司直承担了。司直不仅是丞相府的属官，也属于朝廷官员，有直接处理地方违纪官员的权力，地位在司隶校尉前面，名列中两千石官员的前面。长史是丞相府掾史的首领，负责管理丞相府所有官吏的日常工作安排，为千石官吏。长史不但主持丞相府的日常工作，有时还代替丞相出席朝议。丞相府其他属官有：东曹掾、西曹掾，都是六百石；东曹九人，外放就是州刺史；西曹五人，升迁就是侍中。可见，丞相曹掾都是官员梯队苗子。其他曹掾有丞相征事、丞相史、丞相少史、集曹掾、奏曹、议曹、侍曹、主簿、从史、令史、计相等。曹掾各有分工，有的按照丞相的安排，有的则根据自己的分工直接进行某项工作。

丞相的职权主要有：

第一，总领朝议与百官奏事。

秦汉有朝议制度。凡军国大事，如立君、立储、祭祖先、祭天地、封赠、赏功、立法、边防等，经皇帝授权，由丞相主持，大臣参加，在丞相府集体讨论商议，这就是朝议。朝议结果，由丞相领衔上奏，请皇帝最后裁决。朝议也有由丞相自行主持的，这种情况较少,多是在立新君时,如汉初迎立代王刘恒当皇帝,向刘恒报告大臣意见,便由陈平领衔上奏。

百官奏事的奏章,均须先送丞相府,经拆读审议,然后转呈皇帝。丞相府设有专人管理此事。这样,丞相不仅对制定国家的大政方针有举足轻重的作用,而且负责处理具体行政事务,成为实际权力的核心,这便与绝对皇权产生冲突,使皇权与相权发生矛盾。加强皇权必然要削弱相权,因此,汉武帝以后,丞相的权力便逐渐被剥夺,随之而来的是中朝官(皇帝侍从官)的兴起。有时皇帝还对丞相痛下杀手立威。至东汉,则“虽置三公,事归台阁”(7),这是秦汉丞相职权的重要变化。

第二,选拔任用官吏。

秦汉时期,丞相选用官吏的权力很大,丞相推举的人,大多会被批准。汉武帝时,田蚡为丞相。一次,田蚡进宫向皇帝奏事,说了很长时间都是用什么人当什么官,其中有的人无任何官爵,也一下子被任用为郡国守相。汉武帝听了很不高兴,挖苦田蚡说:你要用的人用完了没有,我也想任命几个人为官。公孙弘为丞相,采纳董仲舒的建议,“大开萧相国(何)求贤之路,广选举之门”(8),“于是起客阁,开东阁以延贤人”(9)。这都反映了丞相的选官用人之权。不过,丞相的选用官吏,似乎只局限于三公以下的官员。汉宣帝时,丞相黄霸推荐史高为太尉,宣帝很不满,派人责问:任命将相,是朕的职责,你凭什么超越职权推举!

第三,监察百官,执行诛罚。

丞相属官有司直,就是专管监察百官的。汉景帝时,申屠嘉任丞相,内史晁错为出入方便,凿开文帝庙外的围墙,申屠嘉认为晁错大不敬,奏请诛杀晁错,未得准许,事后生气,对下属说:我后悔没先杀了晁错才报告。武帝时,丞相田蚡报告,灌夫在家乡颍川横行霸道,老百姓十分痛恨,准予拷问。武帝说:这是你丞相职责范围的事，为什么要请示？这说明丞相有监察百官，执行诛罚的职权。

第四，负责郡国上计与考核。

上计制度，从西汉萧何开始，转归丞相府负责。汉武帝以后，丞相府职权开始削弱，上计随之改为皇帝近臣尚书主管，但在形式上，仍由丞相主持。东汉丞相改为司徒，已成虚位，但"司徒袁逢受计，计吏数百人皆拜伏庭中，莫敢仰视[10]"。

丞相除通过计书考核地方官吏外，也常用其他方法。魏相任丞相，派自己的僚属到郡国去各地进行实地考察，了解情况。黄霸则委托其他官员询问上计吏，这些虽未形成定制，但表明考核官员也是丞相的职责。

正因为丞相位尊权重，从丞相设立之时，就与皇权发生了矛盾。萧何为相，常常会出现处理问题与刘邦意见相左，有时候刘邦也不得不迁就萧何。从汉武帝开始，皇帝就开始削弱相权。在汉武帝这位雄才霸主面前，丞相就成了小伙计，召之即来，挥之即去，甚至成为一种最为危险的职官。汉武帝时期的丞相绝大多数都不得善终，刘屈氂虽然是皇族为相，也被汉武帝判处腰斩。丞相成为畏途，有的听说让自己当丞相吓得流泪。皇权与相权之争，贯穿于整个封建社会的始终。在霍光辅政时期，霍光以大司马大将军录尚书事，掌握朝中大权，前后两任丞相唯唯诺诺，不敢有任何不满的表示。到汉成帝时，改御史大夫为司空，与大司马、丞相为三公，同为宰相之职。三公同为丞相，将丞相的职权一分为三，大大削弱了丞相的地位与权力。期间，三公名称有所变化，比如在王莽时期，以司空为三公。到光武帝时，将内朝机构尚书台变成了最高权力机构，丞相则纯粹成了摆设。哀帝元寿二年，改丞相为大司徒。汉献帝即位，董卓由太尉进位相国。建安十三年，罢三公，设置丞相、御史大夫，恢复了丞相制。三公没了实权，但地位却还是尊贵。

皇帝设立丞相,本来是为了巩固皇权,但是丞相的特殊位置,又必然在权力问题上与皇帝发生矛盾。于是,在封建社会,自始至终存在着皇权与相权的权力之争,有时,尽管没有了丞相的名称,但尚书令、阁臣又成了事实上的丞相。皇帝与尚书令和阁臣的权力斗争,事实上也是皇权与相权的斗争。

2. 太尉

秦汉时期,国家最高军事长官,秦称国尉,汉称太尉。不过,秦之国尉地位不如汉之太尉高。太尉是三公,秩禄比丞相,国尉不是三公,秩禄比丞相低得多。

在汉代,太尉不像丞相固定。汉高祖两置太尉,又两罢太尉,吕后以周勃为太尉,文帝即位仅三年,即罢太尉官。景帝为平定七国叛乱,以周亚夫为太尉,仅四年又罢。武帝即位,置太尉,第二年又罢。从汉高祖到汉武帝,百余年间,太尉一职或罢或置凡五次。太尉的名称,武帝改为大司马,东汉光武帝仍称太尉,灵帝以后大司马与太尉并置。

太尉罢置无恒,官名屡易,反映了这一职务既重要又很为皇帝不放心。太尉的设置,往往是军事行动的需要,在皇权绝对至上的时代,皇帝最担心的就是军权落入他人之手,所以,当军事行动结束,就立即罢废。即使在设置太尉的时候,也尽量限制太尉的权力,哪怕担任太尉的是皇族成员。

太尉的职权是"掌武事",这很笼统。"武事"的要害是领兵、发兵的权力,但太尉都不掌握。汉代军队由将军统率,直接听命于皇帝。没有皇帝的命令,太尉一兵一卒也调不动,连军营也进不去。太尉周勃要剪除诸吕,进不了北军(京师警卫军)驻地,后来靠掌管符节的纪通协助,拿到了符节,假称有皇帝的命令,才进入北军夺取了军权。西汉太尉,基本上是皇帝的军事顾问或参谋长,实际事务不多,可以说地位很高,职权很虚。但在紧急情况时,太尉一旦掌握了兵权，则很有权威。汉初除诸吕后，代王刘恒被大臣拥立为皇帝，已正式即位，刘恒去未央宫受到阻拦，派人告诉周勃。周勃亲自前往，撤走警卫，刘恒才进去。

东汉太尉有具体职掌，主兵政，负责考核武官的政绩，报告皇帝，根据优劣决定赏罚。东汉太尉还往往录（总领）尚书事，这就不仅掌兵政，也掌民政，权力超过司徒、司空。表面看来太尉权力增大，其实是权力重心移到中朝。太尉职权转重是由于录尚书事，否则，即使是三公，也不过虚位而已。

太尉作为三公，也有自己的衙门与属官。一般来说，西汉太尉衙门官吏比东汉少。根据《后汉书·百官志》，太尉衙门有长史一人，具体管理太尉衙门诸曹事，属于千石官员。西曹掾，主掌丞相府吏署用，秩比四百石；东曹掾，主掌两千石长史升迁及军吏，秩比四百石；户曹掾，主管民户、祠祀、农桑，秩比三百石（以下诸曹均为秩比三百石）；奏曹掾，主掌奏疏事务；辞曹掾，主掌官司词讼事务；法曹掾，主掌邮驿科程事务；尉曹掾，主掌卒徒转运事务；贼曹掾，主掌缉捕盗贼事务；决曹掾，主掌罪犯审决事务；兵曹掾，主掌兵事事务；金曹掾，主掌货币、盐铁事务。除了曹掾，还有主簿、令史等办事人员，这些人一般秩级比较低，为一百石。

3. 御史大夫

秦汉御史大夫是仅次于丞相的行政长官。《汉书·百官公卿表》："御史大夫，秦官，位上卿，银印青绶，掌副丞相。"御史大夫由御史发展而来。战国时期，秦、韩、赵、魏等国均有御史若干人，为王侍从，常在王的左右掌管文书与记事，因接近国君，实际起秘书与监察作用，但地位并不高。秦统一后，尊御史之长为大夫，称御史大夫，成为丞相的副手，任重职大，是朝廷核心成员之一。与丞相一样，御史大夫也有自己的衙门，御史大夫府与丞相府被称之为"二府"或"两府"，国家机器的运转就靠两府的运作。

御史大夫的职权是,"掌副丞相",即协助丞相,处理政务,"御史大夫内承本朝之风化,外佐丞相统理天下,任重职大"[11]。"御史大夫,位次丞相,典正法度,以职相参,总领百官,上下相兼临"[12]。

御史大夫的具体职权主要有:

第一,掌管文书档案与图籍。

秦代文书档案分别保存在丞相、御史府。文书档案是国家进行管理统治的重要材料,所以,文书档案材料的地位远远要比今天所说的文书档案重要得多。文书档案是治理国家的根本和依据,只有中央政府机构才能拥有。正由于如此,刘邦入关,诸将都去府库争抢金帛财物,唯独"萧何入收秦丞相、御史律令图书藏之"[13]。有了这些文书档案,萧何得以全面了解掌握全国的地理、人口、民情以及管理国家的各种法规。张仓在秦当御史,主管四方文书,熟悉"天下图书计簿(计书)",萧何特任他在丞相府"领主郡国上计",以后张仓又因此升任御史大夫,这都证明管理档案文书与图籍是御史大夫的分内职责。

正因御史大夫主管四方文书,皇帝的制、诏往往经御史转呈相府,再下达郡国。汉高祖十一年求贤诏:"御史大夫(周)昌下相国,相国酇侯(萧何)下诸侯王。"[14]这类事情在西汉不胜枚举,由此可见御史大夫职责之重要。

第二,监察下官,检举违法。

时人称御史大夫为"典法大臣",不仅指担任这职务的人熟悉法律条令,更主要的是指他有权监察检举违法。御史大夫的这种权力很大,即使是丞相府的事,有的也由御史大夫审查,因此,御史大夫在这方面的权力又超越丞相。武帝时,御史大夫张汤受到信任,汉武帝与张汤谈话,一直谈到日西斜,丞相在一旁连句话都插不上,"丞相取充位,天下事皆决汤"。

武帝以后，中朝官尚书权力逐渐发展，御史大夫的职权也和丞相一样，随之削弱。成帝时，御史大夫改名大司空，和丞相平起平坐，成了名副其实的三公。地位虽然提高了，但实权已经旁落。东汉光武帝改大司空为司空，而司空的职权专管水利建筑，与西汉御史大夫的性质就完全不同了。汉献帝时，又设立了御史大夫，但是已经不是原来的御史大夫职官，没有了秦汉之时御史大夫的职权。所以，作为御史大夫，只是在秦与西汉时期是一种与丞相并列的职官。

御史大夫府与丞相府一样，也有众多的属官。《汉书·百官公卿表》：御史大夫“有两丞，秩千石，一曰中丞，在殿中兰台，掌图籍秘书，外督部刺史，内领侍御史员十五人，受公卿奏事，举劾按章。”御史中丞是御史大夫的最重要的属官，虽然俸禄不高，但是所处职位重要，“掌兰台秘书，外督部刺史，内领侍御史，受公卿奏章，纠察百僚，休有光烈。”(15)由此可见，御史中丞负责的工作不少，而且都是重要工作，属于皇帝身边的亲近之臣。正因为御史中丞是皇帝的亲近之臣，其职权也就不同于其他官员。“御史亚长曰中丞，式大夫，以领其属。汉仪，大夫副丞相，以备其阙，参维国纲，鲜临府事，故中丞专焉。”(16)御史大夫因为是副丞相，需要处理的国家大事多，很少到御史大夫衙门，御史中丞就成了御史大夫衙门实际主持工作的官员。御史中丞的主要工作有四项，一是掌管皇家图书，兰台是皇家图书馆，国家的主要档案资料图书都收藏在兰台。二是外督部刺史，对外督察各个郡的刺史，视察检举郡御史，这些御史都是朝廷派往各郡监督郡守的监察官员，御史中丞则是这些御史的顶头上司。三是内领侍御史，《汉旧仪》说：“御史员四十五人，皆六百石。其十五人衣绛，给事殿中为侍御史，宿庐在石渠门外，二人尚玺持书给事，二人侍前，中丞一人领。馀三十人留寺守，理百官事也。皆冠法冠。”御史中丞因为地位特殊，有单独的大印。

第四,举劾按章,“马严拜御史中丞,举劾按章,申明旧典,奉法按举,无所回避,百僚惮之。”[17]因为举劾按章主要在朝内进行纠察文武百官,因此御史中丞的职能称之为“中执法”。总之,御史中丞主要职能是执法监察。

三、诸寺与诸卿

秦汉时期,中央各部门的长官称卿,卿的官署称寺。汉有九寺之称,或以为九卿指九个高官,即奉常(太常)、郎中令(光禄勋)、卫尉、太仆、廷尉(大理)、典客(大鸿胪)、宗正、治粟内史(大司农)、少府。但秦汉的卿,实际不止九个,除上述外,执金吾、三辅首脑等,也称九卿。《汉书·百官公卿表》载:“自太常至执金吾,秩皆中二千石。”东汉人刘熙认为,秦与“汉置十二卿:一曰太常,二曰太仆,三曰卫尉,四曰光禄勋,五曰宗正,六曰执金吾,七曰大司农,八曰少府,九曰鸿胪,十曰廷尉,十一曰大长秋,十二曰将作大匠”[18]。因此,九卿之九,当是虚指,不必看得过于拘泥,这里称诸卿。

1. 太常(奉常)

秦制奉常,汉景帝时改称太常,意思是主持向天地和祖先祈福,保佑“国家盛大,社稷长存,故称太常”[19]。《汉书·百官公卿表》记载:“奉常,秦官,掌宗庙礼仪,有丞。景帝中六年,更名太常。”太常的主要职权是:

第一,主持祭祀。

太常(奉常)的前身是西周的宗伯,宗伯乃祭祀(祭天祭地祭祖先)之官。古代政权,神权分量极重,祭祀成为国家头等大事。

第二,管理陵庙。

陵,陵寝;庙,宗庙。宗庙就是古代天子、诸侯祭祀祖先的地方,陵寝是帝王墓地的宫殿建筑,这在古代都是十分神圣庄严的地方。平时有官员常住,进行日常祭奠,并认真保护宗庙陵寝的一草一木,以不受任何侵犯。太常(奉常)既主持祭祀,故全面负责管理陵庙,也是很自然的事。

第三,负责文化教育。

古代文化,最重礼乐。所谓"移风易俗,莫善于乐;安上治民,莫善于化"[20]。太常主管祭祀,而祭祀的各种礼仪极其繁杂苛严,但这是奉常的工作重心。

汉代教育,中央有太学,是太常下属机构。太学有博士,是太常的属官。博士的任务有二:一是"教弟子"(学生),传授知识;二是"国有疑事,掌承问对"[21],当顾问。太学的弟子,无论是选拔还是教育,乃至任命做官,都由太常负责。如果选人不当,太常得受处分。

太常(奉常)属于清要职官,手下有众多的属官。《汉书·百官公卿表》记载:"属官有太乐、太祝、太宰、太史、太卜、太医六令丞"等。除了太常(奉常),丞一人,秩比千石;太史令一人,六百石;博士祭酒一人,六百石;博士秩比六百石,太祝令一人,六百石;太宰令一人,六百石;大予乐令一人,六百石;高庙令一人,六百石;世祖庙令一人,六百石。在这些六百石官员中又有各自必须的属官。随着时间的推移,进入陵庙的皇族人员也就越多,这就不断增加管理人员。每个皇族的陵园不但配备管理陵庙的官员,还配备保护陵园的士兵,太常成为最为庞大的机构。

2. 郎中令(光禄勋)

秦置郎中令,汉武帝时改称光禄勋,建安末又称郎中令,官名有变化,而基本职能依旧。

郎,古通廊。郎中即廊下、廊内。秦时殿上不许携带武器,警卫人员都执戟廊下。侍从人员,除当值者外,其余则在廊内待命。郎中,即指在廊下、廊内的警卫、侍从官员。郎中令是郎中的首长,官名由所率领的官员而来。

勋，是阍（守门人）的意思。光禄，指守卫宫殿门户的官。称光禄勋，是从所掌职责命名。

郎中令的职责是“掌宫殿掖门户”。这或许是指最初设置时的情况。由于郎中令负责侍从警卫，与皇帝亲近，地位权力很快发展。秦二世时，赵高为郎中令，自称“在上位，管中事”，这就不仅是守门户，整个宫中之事都在管辖之内。二世诛杀大臣及诸公子，赵高是唯一策划人。当时，“二世常居禁中（皇宫），与（赵）高决诸事，其后公卿希得朝见”(22)。赵高虽是特例，但也反映了郎中令的职责绝不是仅守门户而已，这从郎中令的属官配置，表现得尤为明显。

郎中令机构庞大，属官众多，主要有三部分：

第一，大夫。

大夫的主要职责是“掌议论”，“顾问应对，无常事，唯诏命所使”(23)，有“闲职”之称。但因常参加国家有关大政方针的讨论，很受人重视。郎中令有“太中大夫、中大夫、谏大夫，皆无员多至数十人。汉武帝元狩五年初置谏大夫，秩比八百石。太初元年更名中大夫为光禄大夫，秩比二千石。太中大夫秩比千石如故”(24)。从这里看到，郎中令的大夫比博士祭酒地位还高，博士祭酒是六百石，大夫则是八百石。

第二，郎官。

郎有议郎、中郎、侍郎、郎中，其中议郎地位最高，职掌与大夫相同，但级别比大夫低。中郎、侍郎、郎中统称郎官，主要任务是轮流值班，“执戟宿卫诸殿门，出充车骑”(25)。

郎官队伍很大，人数多至千员。《汉书·百官公卿表》载：“郎中有车、户、骑三将。”《初学记》载：郎中令属官，有五官中郎将，左、右中郎将，曰三署。署中各有中郎、议郎、侍郎、郎中四等，皆无员，多至千人。主执戟卫宫陛，及诸虎贲、羽林郎，皆属也。而谓之郎中令者，言领诸卿而为之长。郎中令属下官员还有谒者。担任谒者不但有年龄限制，还有文化要求。担任一年谒者之后，可以外放到地方担任县令以及郡的属官。郎中令属官因为在皇帝身边工作，成为地方官员的后备队伍。因侍卫皇帝，易受信任，常外调任地方长官。

第三，谒者。

谒者“掌宾赞受事”，即行礼时当司仪和通报，接待客人，因此要求谒者仪表端正，声音洪亮。

3. 卫尉

卫尉，秦官。汉景帝时，曾一度改名为中大夫令，但时间很短。

卫尉是皇宫的警卫长官，其主要职掌是保卫皇宫，这和郎中令（光禄勋）有些相近，但二者的分工是清楚的，有明显的区别。郎中令除警卫外，还负责侍从，而卫尉是专职警卫；郎中令负责殿内，卫尉负责殿外。

卫尉的具体职责是：

第一，统率南军。

汉代中央禁军有南军、北军，北军保卫京师，南军保卫皇宫，卫尉是南军的统帅，负责宫门及宫墙周围安全。宫殿各门两旁，派卫士列队交戟（执戟相交）以显示威武，同时禁止非法进入。又在皇宫四周围墙下的小屋中，派卫士值班住宿，以备非常。

第二，徼巡宫中。

宫中安全，除定点警戒外，又有流动巡逻，均由卫尉负责。

卫尉作为皇帝的警卫官员，手下官员有卫尉丞，是卫尉的主要助手，总领卫尉衙门，秩比千石。公车司马令、卫士令、南宫卫士令、北宫卫士令、旅贲令等，均为六百石。守卫管理各个城门官员——司马，则是秩比千石。汉朝的皇宫除了未央宫外，还有长乐宫、建章宫、甘泉宫等宫。这些宫也都设有卫尉。比如著名飞将军李广就曾担任未央宫卫尉,程不识为长乐宫卫尉。

4. 太仆

太仆之名,源于西周。西周太仆,为众仆之长,只是下大夫,地位不高,掌出纳王命及接受群臣奏章。周王外出,则为王驾车前驱。西周又有校人、中大夫,负责马匹的饲养及训练。秦将校人的职掌归太仆,并将太仆提升为卿,地位显著提高。太仆不再统管上传下达等具体事务,其主要职责:

第一,掌车马。

皇帝出巡,随员众多,队伍庞大,各类人员车马先后秩序,各人所处的位置,统由太仆规定指挥。皇帝参加重大典礼,太仆亲自为皇帝驾车。

第二,管马政。

马在古代社会生活及战争中具有重要作用,饲养训练马匹成为一项十分繁重的任务,这是太仆的主要职责。

太仆属官有太仆丞,协助太仆总理曹事;大厩令、未央厩令、家马厩令、车府令、路軨厩令、骑马厩令、骏马厩令,均属六百石官员。这些官员到了东汉就被撤销了。除了诸多厩令,还有监长。因为马是古代的主要交通工具,无论作战,还是皇室官员乘坐,都需要大量的马匹。太仆既是掌管舆马的主管,也是一个庞大的机构。

5. 廷尉(大理)

秦汉中央司法官称廷尉。廷,平也;尉,罚也。廷尉有公正执法判案的意思,故名。廷尉又两度改为大理。廷尉的主要职责是"掌刑辟",包括审判定罪与解释法律。西汉有"张释之为廷尉,天下无冤民;于定国为廷尉,民自以不冤"[25]之说,这自然是对公正法官的美誉,但也不能否认在历代封建社会,包括近代社会,存在着很多公正执法,为民执法的法官,同时也反映了廷尉在司法方面有相当大的权力。

廷尉的属官有廷尉正。廷尉正类似于其他诸卿的丞，地位仅次于廷尉。其次是廷尉左监、右监。宣帝时又增设廷尉左、右平，专门负责审理案件。廷尉其他属官有廷尉史、奏谳掾、奏曹掾、文学卒史、从史、书佐、行冤狱使者、治狱使者等。

6. 典客(大鸿胪)

典客，秦官，西汉景帝时称大行令，武帝时改成大鸿胪，东汉因之。

典客，顾名思义是主管有关宾客接待事务。郎中令的属官有谒者，也负责接待宾客，但二者的地位和职掌是有显著区别的。典客属卿，谒者是卿的属官。谒者接待一般客人，典客接待的是诸侯和少数民族首领等贵客。所以，《后汉书·百官志》云："掌诸侯及四方归义蛮夷。"这些贵客到京师，参加各种祭祀典礼，他们的一举一动，都有人大声传话引导，以免失礼。鸿，声也，胪，传也。因此又称大鸿胪。

大鸿胪属官有：大鸿胪丞，总署曹事，在西汉秩千石，在东汉秩比千石；行人令、译官令、别火令、郡邸长、使主客、大鸿胪文学、大行卒史、大行治礼丞等，这些官员秩级比较低，都是百石小吏。

7. 宗正

宗正，秦官，它的前身是西周的小宗伯。小宗伯为中大夫，是大宗伯的属官，"掌三族之别"[(26)]，"以辨亲疏"[(27)]。秦始皇幻想他一姓江山万世永存，特别看重皇族血统，设宗正，位列诸卿，专管皇族事务，而以宗庙祭祀属奉常，实际上是将西周大宗伯的职掌一分为二，并大大提高了小宗伯的地位。

秦汉宗正的职责是"掌亲属"，这也包括皇族和外戚，比小宗伯掌"三族"的范围也有所扩大。

秦汉皇族外戚成员都有专门的花名册登记，凡登记了的便叫有属籍。根据属籍所在与皇族的亲疏远近,可以享受不同的特殊待遇,如免除赋税徭役;新君即位,赐马一至八匹;立皇后,赐予爵位等。汉代非刘氏不王,王国的诸侯王都属皇族,但他们的子孙有嫡庶长幼之别,必须有专门的纪录,这关系到王位的继承。有属籍的人犯罪,处髡刑(古代一种剃去头发的刑罚)以上,均须先告知宗正,由宗正报皇帝,经批准后,才能判决;而判罪的人,则开除属籍。所有这些,均归宗正管理。郡国上计吏,每年也要向宗正汇报各地宗室的名籍(花名册)。

宗正属官有宗正丞,主管曹事,西汉秩千石,东汉秩比千石。都司空令,除了督造砖瓦外,负责宗室犯罪之人的关押,有都司空狱。各个公主也都有归宗正管理的官吏,有家令、家丞、门尉、主簿、仆、私府长等。因为是管理宗室的官员,级别也都比较高,都是六百石官吏,只有家丞是三百石。

8. 大司农(治粟内史)

治粟内史,秦官。西汉景帝时改称大农令,武帝称大司农,东汉因之。《后汉书·百官志》对于大司农(治粟内史)的职掌做了比较详细的描述:"掌诸钱谷金帛诸货币。郡国四时上月旦见钱谷簿,具逋未毕,各具别之。边郡诸官请调度者,皆为报给,损多益寡,取相给足。"大司农的职责是"掌钱谷"。古代社会,经济生活简单,男耕女织是国民经济的主要内容,掌钱谷,实际意味着负责国家财政经济的一切事务。大司农首先是要负责国家钱谷的收入和支出。大司农的属官有太仓令丞和都内令丞,前者专管粮食收存与支出,后者专管钱币收支。其次,大司农还负责控制物价,调剂运输货物、盐铁专卖等。汉代是我国封建社会中第一个强盛的王朝,特别是汉武帝时期,连年对外用兵,军费开支亿万,全靠大司农筹措,为汉武帝的文治武功起了重要保障作用,"汉连出兵三岁……费皆仰大农","天子北至朔方,东封泰山,巡海上,旁北边以归，所过赏赐，用帛百馀万匹，钱金以巨万计，皆取足大农”，“民不益赋而天下用饶”[28]。

秦治粟内史属官有治粟内史丞两人，汉朝大司农属官叫大司农丞，也叫大司农中丞，也是两人。西汉秩千石，东汉秩比千石。大司农部丞，六百石。在汉武帝时，设立大司农部丞数十人，分部主持各郡国税收诸事宜。其他属官有太仓令、均输令、平准令、都内令、籍田令、斡官长、铁市长、郡国诸仓长、郡国农监、郡国都水、盐官、铁官导官令、大司农史等。

9. 少府

少府，秦官，主管皇帝财政收支，和大司农（治粟内史）一样，也是从西周的太府发展而来。在周代，天子的财政和国家的财政是混在一起的，都由太府掌管。从秦开始，将二者分开，大司农（治粟内史）专管国家财政，少府则专管皇帝财政。大司农（治粟内史）的收入主要是田地税收，支出则为军国所需（官吏俸禄、军费以及救济自然灾害等），即所谓“大用”。少府的收入主要是山海池泽的税收，支出则是皇帝的吃、穿、用，即所谓的“小用”。

少，小也。小府即供小用之府（古代藏文书和财物的地方叫府），但实际上小府不小，其机构之庞大，属官之众多，在诸卿中名列第一。《汉书·百官公卿表》载，少府六丞，而其他诸卿则只有一至二丞。少府六丞，说明所管事多，分工细，需要多一些助手辅助。少府六丞，总署曹事，在西汉少府丞是千石，到东汉为秩比千石。少府手下有一个重要机构，就是尚书。尚书令秩六百石，到了东汉，就成了千石官员。尚书令手下有尚书仆射，如果尚书令不在，就由尚书仆射主持工作。其他属官有尚书（六百石）、左右丞（四百石）、尚书郎、尚书侍郎（东汉置，四百石）、尚书令史（二百石）、符节令（六百石），其属官有尚符玺郎中（四百石）、符节令史（二百石）。太医令（六百石），属官有药丞、方丞。太官令（六百石），属官有左丞、甘丞、汤百丞、果丞(均为四百石)。除了这些,还有乐府令、考工室令、左戈令、居室令、中书谒者令、黄门令、尚方令、宦者令等。总之,作为皇宫的服务机构,少府是一个庞大的机构。当然,这种庞大也只是相对而言,与后代中央服务机构相比,还是精简得多。

在介绍到少府时,我们必须介绍水衡都尉。水衡都尉是在汉武帝元鼎二年设立的。水衡都尉设立之后,少府管辖的好几项重要职能就交给了水衡都尉。《汉书·百官公卿表》载:"水衡都尉,武帝元鼎二年初置,掌上林苑,有五丞,属官有上林、均输、御羞、禁圃、辑濯、钟官、技巧、六厩、辩铜九官令丞,又衡官、水司空、都水、农仓,又甘泉、上林、都水七官长丞,皆属焉。"水衡都尉主上林,是一个重要职官。《史记·平准书》载:"初,大农筦盐铁,官布多,置水衡,欲以主盐铁;及杨可告缗钱,上林财物众,乃令水衡主上林,上林既充满,益广。"水衡都尉同少府一样,都是皇帝的私人财务总管,同少府一样,也是吏员众多。

10. 中尉

中尉,秦官。汉武帝时改称执金吾,东汉因之。执金吾,即手执铜制武器保卫皇帝,防止发生意外(一说,吾,大棒)。

中尉的主要职责:第一,"掌徼循京师",即维持治安,卫戍京师。中尉和卫尉的分工是,卫尉负责皇宫内,中尉负责皇宫外。中央禁军南军的任务是保卫皇宫,卫尉是南军的当然统帅;北军保卫京师,中尉自然是北军的当然统帅。

第二,"天子出行,职主先导"。就是皇帝外出,骑马走在前面,充当仪仗队并负责警卫,其场面非常壮观。据《汉书·百官公卿表》注引《汉官》载:"执金吾缇骑(执金吾下属侍从卫骑,因穿橘红色衣服乘马,故名)二百人,(持戟)五百二十人,舆服导从,光满道路,群僚之中,斯最壮矣。"汉光武帝刘秀在没有当皇帝时,曾经见过这种场面，十分羡慕地说：当官就当执金吾。

第三，拘捕犯官或不法者。缇骑的平常任务就是逮捕罪犯，后世称逮捕犯官的官骑为缇骑即由此而来。汉景帝诛杀晁错，就是派中尉拘捕执行的。

中尉（执金吾）属官有两丞、侯、司马、千人等。除此之外，还有中垒令（掌管宫中垒门）、寺户令（掌门禁）、都船令（治水官员）、武库令（掌管兵器）、左辅都尉、右辅都尉（巡逻保安）等。

11. 将作大匠（将作少府）

将作少府，秦官，西汉景帝改名将作大匠，东汉因之。

将作大匠的职掌，《汉书·百官公卿表》云："掌治宫室。"《后汉书·百官志》则曰："掌修作宗庙、路寝、宫室、陵园土木之功，并树桐梓之类列于道侧。"总之，将作大匠（将作少府）负责工程建筑，包括建筑附近的绿化。封建帝王为图舒适豪华，总不断新建、改建宫室。每个帝王即位，就要给自己准备后事，修建陵墓。每个皇帝去世，又得给他建庙。这些工程都十分庞大，统由将作大匠（少府）负责。秦始皇修建阿房宫、骊山墓，动用一百五十万人，引起人民反抗，是导致秦朝迅速灭亡的原因之一。

将作大匠属官有将作大匠丞、左中侯、右中侯、石库令、东园主章令、左校令、右校令、前校令、后校令、中校令等。

四、中朝官

中朝又称内朝，中朝官是与外朝官相对而言。

朝官分中外，始自汉武帝。汉武帝因丞相权力太大，开始重用身边的亲近侍从。于是，这些本来在朝廷中没有什么地位和权力的官员，只因皇帝信任，权势不断膨胀，地位也随着上升，逐渐形成一个独立的系统，朝廷便有中朝官与外朝官之分。外朝官指丞相以下，包括诸卿及其下属官员。中朝官则指皇帝的近卫侍臣，包括大将军、将军以及授予侍中、常侍、左右曹(诸曹)、诸吏、给事中等加官称号的官员。这些官员绝大多数本来是外朝官,但因为有了加官的称号,可以自由进出宫中,便成为中朝官。

1. 将军

"两汉以来,大将军之官,内秉国政,外则仗钺专征,其权任出丞相之右。"[29]

将军之名,始于春秋,本指统兵的将军。战国以后,常为武将的尊称。到汉代,将军才成为正式官名。《汉书·百官公卿表》说:将军"掌兵及四夷",是指战时而言,因此不常置。平时则为皇帝的侍卫武官。

秦汉将军,名号繁杂,但以大将军地位最尊,官阶级别相当于丞相。武帝以后,大将军常"录(总领)尚书事",则权力超过丞相,成为实际的执政大臣。西汉霍光,在汉武帝死后,以大将军录尚书事辅佐幼主昭帝,"政事皆决于光"[30]。这种情况,东汉更是常有,比如窦宪、梁冀等,都是显赫一时,权势非三公可比。另有骠骑、车骑、前后左右等将军,或领尚书事,或加诸史、给事中等加官称号,宿卫皇帝,参与中朝议事,成为国家政权实际权力的核心人物,而丞相等三公,则成了荣誉职务,是秦汉官制的重要变化。

在西汉,比将军低一级是将,或别将。将之下的中级军官为校尉和都尉。无论是将军还是校尉,都有向皇帝推荐官员的权力。这些将军所推荐的官员往往都是自己的幕僚,因为将军一般都有自己的幕府。

2. 尚书

《汉书·惠帝纪》注:"主天子物曰尚。"《通典》卷二十二《职官》四云:"秦少府遣吏四人在殿中主发书,谓之尚书。尚,主也。"这说明,尚书最初不过是殿中主管文书收发的办事员。尚书本是少府的属官。秦时,"天下事,皆决于丞相府,置尚书于禁中,有令丞,掌通章奏而已”[31],事皆决于丞相。尚书此时只是皇帝的一个传达而已。

从汉武帝开始,削弱相权,加强皇帝自身权力,常用尚书办事,尚书作用开始增大。有时或以宦官为尚书,则称中书,司马迁被处以宫刑后,就担任过中书令。不过,这时尚书(中书)地位仍低,司马迁称自己“亏形为扫除之隶”而感到羞耻和痛心[32]。

武帝以后,尚书权力迅速膨胀,大将军录尚书事,则成为朝廷最有权威的官员。将军录尚书事,亦为决策集团核心成员。元帝时,石显为中书令,“事无大小,因显白决。贵幸倾朝,百僚皆敬事显”[33]。

东汉光武帝刘秀亲见西汉覆灭,盖由王莽专权,终至篡汉。他即位之后,虽然保留了三公为首、诸卿分职的中央政府机构,但为了把权力集中在自己手中,成立尚书台,作为正式的政府机构,通过尚书台控制国家最高权力。“光武帝亲宗吏职,天下事皆上尚书,(尚书)与人主参决,乃下三府。”[34]尚书台成为决策机构,三府则是执行成命而已。尚书办事机构称之为尚书台,尚书又称为台官。因为尚书在禁中办公,又称为中台。尚书台与外台的谒者,宪台的御史,称之为三台。

尚书职权由原来的皇帝的传达,渐渐变成“读奏”,又发展成为拆阅奏章,裁决章奏,下达奏章。尚书不但参与国家机密,出纳王命,而且渐渐把丞相、御史大夫的一些职权也夺去了。尚书还掌握了人事大权。《汉旧仪》载:“旧制:令六百石以上,尚书调拜除;四百石长相至二百石,丞相调除。”尚书的权力已经高于丞相。尚书还有监督弹劾高官的职权,大臣所言不善,尚书即加以弹劾,权力凌驾于三公之上。“今之三公,虽当其名而无其实。选举诛赏,一由尚书,尚书见任,重于三公。”[35]尽管尚书权重,但是其秩级却比较低,秩千石。尚书因为权重,机构也日趋庞大,成为朝廷最有权威的官员。

3. 加官

在原来职务之外,再授予代表一定特权的官衔,叫做加官。秦汉加官主要有侍中、中常侍、诸曹、诸吏、散骑、给事中等。凡加官,就可出入皇宫,成为皇帝的亲信,地位和待遇也比同类官员要高。

侍中、中常侍。《汉书·百官公卿表》云:“得入禁中”。禁中一般指皇宫,既然所有加官都可以进,那这里的所谓“得入禁中”,就不仅指皇宫,否则,毫无意义。这个“禁中”当指省中。省,是皇帝平常闲居燕处的住所。侍中、中常侍得入省中,说明他们最接近皇帝,都是皇帝的亲近侍从。从当时情况与日后发展看,侍中地位似乎比中常侍要高。西汉侍中被认为是“心腹之臣”。武帝时,严助、朱买臣、吾丘寿王等为侍中,都曾在政治上发挥重要作用。东汉侍中多为“旧儒高德,博学渊懿”(36)者,除“掌侍左右”外,还“赞导众事,顾问应对”(37),地位进一步加强。侍中寺,为日后门下省的前身。中常侍在西汉是加官,所加都是士人,东汉中常侍也成为正式官名,但却由宦官担任。

诸曹又称左右曹。诸曹、诸吏作为加官,大约始于汉武帝,加诸曹“受尚书事”,加诸吏“得举法”,即检举不法,成为朝廷掌握机要的重臣,所以,有“士之权贵,不过尚书,其次诸吏”之说(38)。不过,《后汉书·百官志》不载诸曹、诸吏,则大约在东汉已经废止。

散骑,《汉书·百官公卿表》云:“骑并乘舆车。”即皇帝出巡,骑马在车驾旁边侍卫。东汉以后,正式官名有散骑常侍,就是合散骑与中常侍而来的。

给事中,“掌顾问应对,位次中常侍”,“以有事殿中,故曰给事中,多名儒国亲为之”(39)。这就和一般的车骑随从有别。同时,因“有事殿中”,负有具体的实际责任,所以,孔光在免去丞相职务后,因被加给事中,仍“与闻政事”。

五、太子宫与皇太后、皇后宫职官

1. 太子宫

太子是储君，皇位的继承人，所以，皇帝为了培养太子，专门为太子配备了一套机构与职官。太子宫的职官往往成为朝廷的后备人员，当太子即位之后，太子宫的官员也都身居要职。

太傅、少傅是太子宫最重要的官员。“汉魏故事，太子于二傅执弟子礼，皆为书，不曰令，少傅称臣，而太傅不称臣”[40]。担任太子太傅、少傅都是德高望重之臣，而且多是名儒硕士，太子太傅地位尊崇，《通典》称太子太傅“位次太常”，职掌辅导太子，礼如师，不领官属。太子少傅，二千石。

太子太傅与少傅的共同职能就是都是太子的师傅，不同之处，少傅有管理太子宫属官的职权，而太傅只是单纯地辅导太子。

太子詹事，秩二千石。率更令、丞，秩千石。家令、丞，秩千石。太子仆，秩千石。中盾，秩四百石。卫率长、丞，秩千石。太子门大夫，二人，六百石，职比郎将。中庶子，五人，六百石。洗马，十六人，秩比谒者，从官吏子弟中适合担任者中选拔。舍人，二十人，从良家子弟中选拔。厨、厩长、丞，这些官员有的负责警卫，有的负责门户，有的负责与朝廷的来往事宜，有的负责饮食与马匹出行。到了东汉，太子宫的职官更加完备。

2. 皇太后宫

无论是秦，还是汉，有些时候是太后专权，尤其是在皇帝年幼的时候。太后主权这是秦汉的特点。在西汉，太后宫有长信宫、长乐宫。皇太后宫官员称皇太后卿。在景帝以前，皇太后主官是詹事，景帝之后称少府。其他属官有少府丞、太仆丞、卫尉、私府、车府、水巷等。太后宫的官员一般都由宦官担任。整个汉代，皇帝的母亲不少是强悍之妇，多有太后掌权。好多时候，可以说是政出后宫，皇帝从皇太后那里领了懿旨，再到朝议时宣布。母后干政往往造成外戚擅权。后宫官员都是秉承太后的懿旨，她们在政权中的作用不容忽视。

3. 皇后宫

皇后宫又称中宫。在秦汉初期，中宫重要官员有詹事(少府)、将行。在景帝中六年，改将行名为大长秋，与卫尉、太仆同为皇后卿。这些官员都是由士人而不是由宦官担任。其他属官有中长秋、私府令、丞。私府令秩千石，与皇帝御府令相同。永巷令(永巷主要关押犯错的宫女与失宠的皇后)、丞，仓令、丞，厩令、丞，祠祀令、丞，这些官员一般秩在六百石以上。东汉皇后宫大大减省，有大长秋一人，二千石；中宫仆一人，千石；中宫谒者令一人，六百石；中宫尚书五人，六百石；中宫私府令一人，六百石；中宫永巷令一人，六百石；中宫黄门冗从仆射一人，六百石；中宫署令一人，六百石。其他四百石以下官吏，多是宦官。

第三节 地方机构与职官

秦汉地方政权，基本上是郡县两级。汉代有王国，相当于郡，故常并称郡国。又有刺史，本为监察官，由于职权逐渐膨胀，置属设官，成为地方政权的最高机构，但那是东汉末年的事。就整个秦汉时期来看，刺史主要是监察官，见于后面对这类官吏的介绍。

一、郡府与郡守

秦统一后，在全国设三十六郡，后增至四十八郡。郡的官署称郡府，汉人或称本朝、郡朝，乃至尊称朝廷[41]。

秦郡府的长官称郡守，汉改称太守。“郡守，秦官，掌治其郡，秩二千石。有丞，边郡又有长史，掌兵马，秩皆六百石，景帝中二

年,更名太守”[42]。太守上呈朝廷诏令,下理所属各县,全权负责一郡政务。其主要职责:

第一,自命僚属。

秦汉时期,郡府的官员有两类,一是郡守及其主要助手郡丞、郡尉(都尉),他们是执行政务的,级别也比较高,属地方长吏,由朝廷任免。除此之外,其他一般幕僚或属官,即负责具体事务的郡吏,郡守有权自行任命。任命的方式,或召(召见)、或请(邀请)、或署(暂任),郡守可根据不同情况自由选择。郡守自命僚属,为其履行职责提供了很大方便。从整个封建社会来看,几乎是绝大多数朝代地方长官都有自行聘用僚属的权力。尽管朝廷赋予地方长官这种自行聘用僚属的权力,但从史书记载中,很少发现有地方长官滥用职权,拼命扩大僚属的现象。各个朝代的地方长官都自觉地把僚属的聘用控制在一定的范围之内,表现出地方长官执政公心与公允。即使在吏治最腐败黑暗不堪的朝代,地方长官也都能做到这一点。

第二,选拔推荐人才。

汉代规定,郡守任职一年以上,便须举荐本郡贤能到朝廷任职,以补充官吏。这有两种情况,一是根据皇帝诏令,选拔荐举某方面人才;二是按照当时规定的科目,每年举荐如孝廉、贤良方正、茂才卓异、文学明经等,若发现人才,郡守亲自当面鼓励,并派车送往京师。推荐的人才果真优秀,郡守受赏;若有人才不举或所举不实,郡守受罚,甚至免官,表现出汉代对人才的高度重视。这种对人才的高度重视对以后的王朝启发很大,不少王朝都像汉朝一样,要求地方官员推荐人才。在西汉,地方长官选拔推荐官员比较公正严谨,为国家推荐了大批人才。到了东汉末期,地方长官选拔荐举官员泛滥,成为选拔近亲亲信的主要手段。

第三,发布政令。

秦汉郡守可根据当地风土民情自行制定某些政令（当时称条教、教条或条式）公布施行。这些政令涉及范围很广，举凡鼓励农桑、种树蓄养、补充律令、整顿风俗以及发展文化教育等。郡守某些卓有成效的政令，还常被推广到全国，如西汉蜀郡文翁的“修起学官”、东汉山阳秦彭发展农业“所立条式”等。

第四，赏罚、司法与监察。

秦汉郡守对所属吏民有赏罚、司法与监察之权。《后汉书·百官志》载太守职掌明确指出：“掌治民，进贤劝功，决讼检奸。”“进贤劝功”，就是议论赏罚。郡守属官有功曹，专管这方面的事。“决讼”就是司法断案，属官有决曹主管其事。“检奸”就是监察。郡守监察对象主要是各县令、长。在春天的时候，郡守就会巡行所属各县，或者公开，或者微服私访，对各县令、长的工作进行监督考察。有时也派出属官督邮进行巡行监察。属官督邮，专司监察，《三国演义》其中就有一章“张翼德怒鞭督邮”。

第五，专杀之权。

按正规法令，郡守无权批准杀人，吏民罪重至死，亦需上报朝廷批准。但有时因情况特殊，太守也可专杀。“广汉郡盗贼群起，成帝拜赵护为广汉太守，以军法从事”(43)。以军法从事，就意味着他有专杀之权。“济南瞷氏宗人三百馀家，豪猾，二千石莫能制，于是景帝拜（郅）都为济南守。至则诛瞷氏首恶，馀皆股栗”(44)。到了东汉，太守不但可以对普通人有专杀之权，甚至对县令也有专杀之权。皇帝赋予他们的权力就是先斩后奏。有时候尽管杀得不太合适，但是人头已经落地，皇帝只有默认。

第六，将兵之权。

郡守的军事助手都尉，其职责是“掌佐守典武职甲卒”。既然是“佐守”（协助郡守）主管本部“武职甲卒”，说明统率郡兵之权主要在郡守。不过郡守虽然将兵，但无权擅自发兵，郡守发兵，必须要有皇帝的虎符。郡守只要皇帝的虎符与自己的虎符相吻合，就可发兵。遇到紧急情况，来不及上报，郡守也可权宜发兵，事后向皇帝汇报。郡守如果没有虎符擅自发兵，轻则降级免官，重则斩首。如上党太守公孙戎奴，没有报告便发兵进攻匈奴被免官，而东海太守黎扶"擅发卒为卫"，当斩(45)。不过，东汉以后，情况稍微变化，特别是后期，为了镇压农民起义，郡守自行发兵，成了常有的事。东汉末年，太守不但将兵、发兵之权兼有，而且自行募兵，成为自己的私人武装，最后有些太守成了诸侯王，造成地方割据，军阀混战。

第七，掌地方财政。

汉代地方财政经费，主要是由中央从各郡的赋税中划拨。此外，属于各郡的公田和山泽之利，收入亦归郡府。凡属郡府的收入，郡守有权自行支配。

郡府除郡守外，主要属官有郡丞。边疆的郡，还有长史。郡丞和长史，都是郡守的主要助手。郡丞协助郡守管理民政，《宋书·百官志》指出："守治民，丞佐之。"长史协助郡守管理军政，卫宏《汉官仪》指出："边郡置长史一人，治兵马；丞一人，治民。当兵行，长史领。"郡丞和长史除协助郡守处理郡事外，在郡守暂缺或因病不能任事时，也可以代理郡守理事。

郡尉，汉景帝时改称都尉，是郡守的军事副手，级别比郡丞和边郡的长史都高。郡尉协助郡守分管军事，郡内的一切军事行动，包括军事训练、考核以及郡内治安等，概由郡尉负责。

郡尉与长史虽然都是协助郡守处理军事，但长史只在边郡设立，郡尉则是各郡都置。景帝中二年改郡尉为都尉。都尉有专门的衙门，都尉衙门叫都尉府。都尉一般不同郡守同治，所以，《汉书·地理志》夹注多标明某郡某县某都尉治。都尉不但有自己的衙门，还有众多的属官都尉丞，是六百石官员。可见都尉地位比长史要高得多。边境诸郡,因防务需要,郡兵多于内地,太守也直接领兵,由长史率领。

郡守衙门与朝廷机构一样,也是分曹办事。有功曹、五官掾、督邮、户曹、比曹、时曹、田曹、水曹、仓曹、金曹、集曹、漕曹、法曹、兵曹、尉曹、贼曹、决曹、辞曹、医曹和主簿、学官(学官为各郡国管理学校教育的官员,汉代,各个郡都设立学校。学官又称校官)等。比曹官低一级的是令史和掾吏。有些曹官和掾吏是太守自己聘用的。

在太守属官中,功曹是地位最高的。“功曹众吏之率”,“功曹之官,相国是也”[(46)]。功曹成为太守的最得力的助手,太守往往会将郡中大事直接交给功曹处理。功曹还有推荐官员的权力。

五官掾也是太守的重要属官之一。五官掾没有固定的分工,但是协助功曹与诸曹处理郡中政务,属于近代的“无任所大使”,没有功曹,他就接替功曹的职务,其他曹出缺,他又干其他曹的工作。

督邮的职责为督察所有县政,属于专职监察官员,还可以缉捕盗贼,押送囚犯等。

主簿为太守的办公室主任,主记室史则是太守的文字秘书,少府则是太守的财务总管。除此之外,太守衙门还有诸多属吏。

郡守诸曹除了主持工作的曹官,各个曹官根据自己所分工的工作,也都有自己的属吏,有的属吏达几十人。

出产盐铁的郡,还设立专门的盐官与铁官,置盐铁令、长、丞,级别与县令、长相同。边郡牧区则设立六牧师苑令。

另,京师所在地区,与一般的郡有所不同。秦以内史治京师,汉初因之。景帝分左右内史,将京师一分为二;武帝再二分为三:京兆尹、左冯翊、右扶风,统称三辅。三辅均治长安城,辖区包括京城及其周围附近各县。三辅相当于郡,但因系朝廷所在,地位重要,故不称郡而分别称京兆尹、左冯翊、右扶风。三府长官不称太守而以地区之名为称。三辅长官的官阶较一般的太守要高，与诸卿相同。三辅调任太守，属于降职，太守调任三辅，则属于升迁。只有政绩突出的太守才能升任三辅。当时有不少公卿是由三辅升任，有的则是在升迁之前就曾担任过三辅长官，以试其能，然后任命。三辅长官因在天子脚下，京师官宦子弟麇集，多无法无天之徒，所以，当好三辅的很少。

三辅长官有不同的属官。共同的就是三辅都有秩六百石的丞。京兆尹属官有长安市令、丞，长安厨、令，都水长、丞，铁官长、丞。其他属官有主簿、贼捕掾、督邮、门下督等职官。左冯翊属官有廪牲令、丞、尉，左都水长、丞，铁官长、丞，云垒长、丞，长安四市长、丞。右扶风属官有掌畜令、丞，右都水长、丞，铁官长、丞，厩长、丞。除此之外，三辅也都具备其他各郡所应有的曹掾属吏，而且这些曹掾属吏秩都比其他郡要高，甚至连狱吏的秩都要高一些。

东汉之后，迁都洛阳。掌治京师的为河南尹。原来的三辅因为陵庙所在，继续保留京师地位，但级别降了一级，由中二千石降为二千石，等同一般太守。《汉书》记载，河南尹员吏有九百二十七人。这些员吏与各郡守出入不大。

对于各个郡员吏职数，《晋书·职官志》载："郡国户不满五千者，置职吏五十人，散吏十三人；五千户以上，则职吏六十三人，散吏二十一人；万户以上职吏六十九人，散吏三十九人。"散吏用现在的话说，就是不在编人员。在汉代，散吏被人称之为"冗从"。当郡中事务多，忙不过来的时候，这些散吏就承担其他曹掾的工作。看来汉代无论是对于中央职官，还是地方职官的编制人数都有着严格的限制，谁也不能突破，这些散吏就成为郡守在人手不够时的来源。

二、县廷与县令、县长

县直属于郡,是基层地方政权。官署称县廷,或简称廷,有时也称寺。

县的长官称县令、县长,“万户以上为令”,“减万户为长”。这是就一般情况而言,也有户口虽然不多,但是县的长官称令的,而人口众多的县反而称长,这与该县的地理环境位置,及所派长官的官阶品级高低有关。也就是说,虽然不满万户,但地理位置重要,长官级别高,也有称县令的,反之亦然。但总的来说,县令、长大致是由所辖县的人数户口多少决定的。

汉代县有平、剧之区别。剧县就是问题比较多的老大难县。善于治剧的县令不但提拔快,而且秩级也比平县县令、长要高。尹赏“以郡吏察廉为楼烦长,举茂材,栗邑令。左冯翊薛宣奏赏能治剧,徙为频阳令”(47)。尹赏本来只是一个郡吏,也就是一个曹官,被察廉提升为县长,又被察举茂材,升为县令。不但县令、长有区别,就是令与令之间也有区别,尹赏又因为能治剧,就从栗邑县令提升为频阳县令。

县令、县长的职责,《汉书·百官公卿表》云:“掌治其县。”《后汉书·百官志》本注则曰:“掌治民,显善劝义,禁奸罚恶,理讼平贼,恤民时务,秋冬集课,上计于所属郡国。”由此可见,县令、长的职责,总的来说是全面负责一县事务,无论巨细。“掌治其县”,其重点在社会治安与赋税。“显善劝义,禁奸罚恶,理讼平贼”,都是指稳定社会秩序,维持治安,以巩固封建王朝;“恤民事务,秋冬集课,上计于所属郡国”,则是救济贫穷,关注民生,每到年终,还要向郡国报告本县“户口垦田,钱谷入出,盗贼多少”(48),这是考核县官政绩的基本依据。政绩优异突出的,给以慰问勉励,政绩差的则要受到责罚乃至处罚。

县令、长还有一个重要职能，就是以礼和法教化百姓，劝民向善，也就是宣传教育工作，教育百姓尊礼守法，弃恶向善。这样的事例在史书上都有不少的记载。

县令、长的主要助手有县丞、县尉，是县廷中除令、长之外地位最高的官员，属于“长吏”，与地位很低的“少吏”有着显著的区别。

县丞的职责，除协助县令、长处理一县政务外，还“主刑狱囚徒”。东汉县丞“署文书，典知仓、狱”(49)，说明县丞在一县之中，职权是较大的。县丞不完全是协助县令、长，本身有独立处理仓、狱事务的权力，而仓、狱又是县廷的工作重心之一。仓实际就是县级财政工作，也就是说县丞兼任财政局长。

县尉的职责是“主盗贼。凡有贼发，主名不立，则推索行寻，案察奸宄，以起端绪”(50)。县尉主要职责就是一县治安。与此相关联，则徭役的征调以及役卒和刑徒的劳作，也由县尉管理。县尉的设立，一般来说，大县、剧县设左右尉，小县、平县只设尉一人。

县尉和郡尉一样，也有自己的治所和官署。《水经注》卷三十五《江水》载：阳岐县的东边有城，是原华容县县尉旧治，俞口北岸有小城，是原监利县县尉的治所。县尉有治所，也有自己的官署和属吏，这表明县尉虽是县令、长的主要助手，但其职权也有一定的独立性。

县廷其他属吏有功曹。功曹为县廷的主吏，汉朝的丞相萧何在秦时就曾担任沛县功曹。功曹对外可以代表县令、长，有权指挥游徼、亭长、户曹、田曹、时曹、仓曹、金曹、集曹、法曹、水曹、兵曹、尉曹、贼曹、廷掾、将作掾、邮书掾、道桥掾、库啬夫、狱掾史、狱司空、主簿等。这些曹掾都是与郡守衙门对应的，但职数要比郡少得多。

另外，在县以下还有乡、亭、里、什、伍等行政组织，行使部分政权职能。“凡县户五百以上置乡，三千以上置二乡，五千以上置三乡，万以上置四乡”[51]。

乡直属县，有三老、啬夫、游徼。三老掌教化（教育感化百姓），三老虽然不是正式官员，但却地位很高，不但县令、长要尊重他，就是皇帝对于他们也非常重视。三老一般都是由乡里德高望重的有文化的长者担任。啬夫管理审理诉讼和征收赋税，游徼负责流动巡逻，维持一乡的治安。

城市无乡，县下即亭；乡亦有亭，为乡村集镇，是中央与郡国文书传送的驿站和乡官治所，与县城的亭有所不同。乡亭亦直属县，亭长由县廷任命。亭长的职责和游徼相同，都是维持地方治安。区别在于游徼流动巡逻，负责一乡，亭长则管本亭范围之事。

三、王国官吏

汉初地方政权，除郡之外，还有王国。王国实际上是与郡并行制。

在楚汉战争中，汉高祖刘邦因军事、政治上的需要，曾封韩信、彭越、英布等异姓为王。消灭项羽之后，刘邦不得不承认既成事实。异姓王拥兵自重，割据一方，这让刘邦很不放心。刘邦费了很大精力，为他们制造了种种罪名，才将他们逐次解决。

刘邦在剪除异姓王的同时，认为秦朝所以迅速灭亡，原因在于中央政权太孤单，当国家出现危机的时候，没有同姓的诸侯王出来帮忙。所以，刘邦又封自己的子弟九人为王，原意依靠这些同姓王藩卫中央。另外，又封功臣一百多人为侯，以赏功勋并争取他们继续效忠汉朝政权。

当时的王国，“跨州兼郡，连城数十”，“宫室百官，同制京师”[52]。在封国内，诸侯王拥有一切权力，除王国的太傅、相国、中尉由朝廷派遣外，其余百官，诸侯王均有权任免。实际上，一个王国就是一个独立小国。“汉法，二千石缺，辄言汉补，大王逐汉所置,而请自置相、二千石”[53]。“梁王以至亲故,得自置相、二千石,出入游戏,僭于天子”[54]。多数王国的丞相由朝廷任命,在管理上,诸侯王往往与丞相发生矛盾。就地位而言,丞相无法与诸侯王相比,不少王国的丞相往往被诸侯王排挤走。刘邦本来是要刘姓子弟拱卫皇室,恰恰是这些诸侯王给朝廷制造了一个又一个的麻烦。王国相虽然如太守,但是在职官设置上却与郡守区别很大。王国相主要属吏有长史、少史、从史、舍人、相掾等。

下面介绍几个主要的职官。

1. 太傅、傅

太傅,成帝时改称傅。傅,是师傅,即诸侯王的老师。诸侯王在受封时,年龄都小,故设太傅匡正辅导,进行管教。太傅虽然不干预政事,但为王师,地位尊贵重要。太傅主要职责既是管教,所以当诸侯王违法,必须谏诤或上奏朝廷,否则,诸侯王犯法,太傅就要连坐。

2. 丞相、相

相是王国仅次于诸侯王的最高行政长官,相当于太守。和太守一样,全面负责王国的一切事务。与太守不同的是,多一层与诸侯王的关系,在这方面,又同太傅,也有责任对王进行辅导并谏诤或举奏;诸侯王犯法,相和太傅一样,将受连坐。

3. 中尉

中尉一职,景帝后曾一度废止,成帝时复置。中尉为武职,主要职责是维持王国治安并督察军吏。官秩相当于傅和相,也有与傅、相共同辅导诸侯王的责任,诸侯王犯法,与傅、相一起连坐。史书常常“傅、相、中尉”并提,朝廷发布诏令文书,也往往是“傅、相、中尉”并列,又明确规定“傅、相、中尉皆以辅政为职”[55]。

王国的重要属官还有御史大夫。御史大夫设置时间比较短,从七王叛乱之后,景帝取消了王国御史大夫。内史也是重要属官,因为太傅、丞相主要职责是辅王，内史实际就代替了相的职务。郎中令也是诸侯王的重要属官，他是诸侯王最亲近的参谋长，重大事情往往是诸侯王与郎中令商议定夺。郎中令级别也比较高，秩二千石，汉武帝时减为千石，以后又减为六百石。郎中令属官有大夫、中大夫郎中、中郎、侍郎等。除此之外，王国与朝廷一样，还有卫尉、大行、廷尉、少府、太仆、宗正、博士、都尉、校尉等。王国麻雀虽小五脏俱全，在七国叛乱之前，职官都是各诸侯王自己任免，之后，景帝将诸侯王的管理任免权收归中央，诸侯王不再管理王国行政，这些职官多都取消。

第四节 官吏管理制度

一、官吏的选举

古代官吏的选拔任用，称之为选举。

秦代选拔官吏，主要依据军功的大小。这是商鞅变法时规定的。“商君之法曰：‘斩一首者爵一级，欲为官者为五十石之官。斩二首者爵二级，欲为官者百石之官。’官爵之迁，与斩首之功相称也。”(56)秦统一后，官吏队伍迅速扩大，急需补充新人，而其来源，除保留少量原六国旧有官员外，便由在战争中建立军功的将士充任，特别是中央政府机构的高级僚属和地方县以上官员，多半是这些功臣。

关于县以下的基层小吏，秦有试吏法，即通过目测口试，选用地方有一定威望和能力的人，充当本地基层官吏。如汉高祖刘邦，在秦时，就是经“试为吏，为泗水亭长”(57)。

能冲锋陷阵，未必就能管理国家，西汉的统治者从建立汉朝已经认识到了这一点，很多建立了军功的赳赳武夫，虽然被封侯，但并没有让他们参与对国家的管理。西汉根据治国的需要选官多用士人(知识分子),其选拔方式主要有察举、征辟、考试等。

1. 察举

两汉选官,以察举(考察荐举)为主体,这个制度,渊源于秦以前的选举(选拔举荐)。

我国古代选官,秦以前是世官制,即做官者的子孙世代做官,不过,这是指大夫以上的高官,所以叫世卿世禄制。至于大夫以下的低级官吏,则是乡选里举,即选举制。春秋以来,王室衰微,大国争霸,由于政治斗争的需要,开始注重选贤任能,实际上是将选举制由低级官吏扩大到高级官吏;由从本地选拔人扩大到天下求士。这种办法到战国更加普遍,经两汉的不断完善改进,便形成了两汉特有的察举制。

汉高祖刘邦以武力夺取天下,但到晚年,从秦王朝的迅速覆灭认识到,武力得到天下却不能安天下,便于公元前 196 年下了一道求贤诏,要求各地郡国守相推荐具有治国之才的“贤者智能”,以在政府官员中增加“贤士大夫”的比重[(58)]。这实际上是汉代察举制度的先声。汉朝统治者一登上政治舞台,便表现出高瞻远瞩,以天下为公的胸怀和气魄。这种胸怀和气魄集中表现在在官制上对知识分子的高度重视。而且汉朝所表现的对知识分子的重视,不仅是对儒生,也包括掌握不同知识、不同观点的所有知识分子,展现出虚怀若谷,兼容天下的博大胸怀。完全借鉴吸取使用前朝——秦朝的官吏制度和管理人才,而不是罢斥前朝官制。

汉文帝时,西汉王朝已建立三十余年,以开国元勋为主的官僚队伍逐渐老化,为了补充新鲜血液,曾两次下诏“举贤良方正”,并由皇帝亲自策问(出题设问,将题目写在简策上,即考试),根据对策(回答策问)等第高下,分别授官[(59)],这标志着西汉察举作为一种选举制度的正式形成。

察举制到汉武帝时又得到进一步的发展，这主要表现在：

第一，定常科。规定郡国每年必举孝（孝子）廉（廉吏）各一人，这使察举选官不仅制度化，而且经常化。

第二，察举对象扩大。文帝时，察举大体限于现任官员，汉武帝则超出了这个范围，当时被荐举的不少是平民，如公孙弘等。

第三，察举的科目增加。文帝时荐举仅贤良方正一科，武帝新增孝廉、秀才（茂才）、贤良文学等。

第四，明确奖惩办法。元朔元年（前128年）规定：原则上是“进贤受上赏，蔽贤蒙显戮”(60)。具体规定郡国有孝子廉吏不荐举，就是不执行诏令，以大不敬论罪。所举之人不称职，举主（荐举者）免官。

通过以上措施，察举制度更加完善周密，表明它已成为选官制度的主体。

两汉的察举科目主要有：

(1)孝廉。

孝廉指孝子廉吏，本为二科，但在两汉，孝廉往往连称而混为一科，孝廉是常科，要求郡国每岁必举，否则以不奉诏论，可见当时统治者的重视。所举孝廉多数为通晓经典的未任者，也有不少是郡县属吏；举孝廉后，到中央则多在郎署任职，再升尚书、侍御史、侍中、中郎将等；到地方则为县令、长、丞，再迁太守、刺史等。这表明孝廉是两汉官吏进身的正途，不少辅弼重臣，也出身孝廉，对汉代政治发生过重大影响，

孝廉之设，始于汉武帝。最初规定每郡岁举二人，但因各郡大小不等，人口悬殊太大，多的几十万，小的仅有几万，故规定按人口比例举人。大体上每二十万人岁举一人，不足二十万每两年举一人，不足十万每三年举一人。但对边郡少数民族杂居地区，另有优待，即十万以上举一人，不满十万二年举一人，五万人以下三年举

一人。按人口比例规定举荐限制，使察举的执行更有保证，但带来的弊端则是滥竽充数，到东汉后期尤其严重，由此产生的问题也不少。

(2)秀才。

秀才也是常科，但与孝廉同为汉代比较重要的科目，亦始于汉武帝时期。东汉因避光武帝刘秀的讳，秀才改名茂才。

(3)贤良方正与贤良文学。

贤良方正，或称方正贤良，简称方正；贤良文学，简称文学。贤良方正与贤良文学，均可统称贤良。贤良是特科，这是它与孝廉、秀才的基本区别。

贤良方正与贤良文学皆始于汉文帝，顾名思义，方正重在德行，文学重在文化水平(文学在魏晋之前指文章，特指儒学、经学)。方正与文学之前又加贤良，说明二者虽有侧重，但均须以品德为必备条件。

两汉举贤良，多在发生日食、地震等自然灾害发生之时。时人认为，灾异是天地对人王的谴责与警告。上天降灾，皇帝必须检讨。皇帝为了罪己，下诏求贤以正己过。另外，也有新君即位，为了表示决心励精图治或争取人心，而诏举贤良方正的。

举贤良方正，绝大多数为现职官员，举主则为王、侯、三公、诸卿及郡守守相等，一般是各举一人。所举贤良方正经策问授官，高第者大多数授县令或者相当于县令级别的职官，如中大夫、谏大夫、议郎等；最低的任用也是与孝廉相同，因此，贤良方正也颇为时人看重。

贤良文学，所举有现职官员，也有平民出身者。如著名政治家晁错本身为太子的属官，举贤良文学，对策高第，迁中大夫；董仲舒本为博士，举贤良文学，对策深受武帝赞赏，被任用为江都王相；而公孙弘则“起徒步”，举贤良文学，用为博士，后官至丞相。

除此之外，还有明经（通晓经学）、明法（通晓法律），凡是通晓经学、法律的，经过察举考核，根据特长加以任用。对于官吏的任用则用尤异、治剧选拔。官吏治理地方成绩突出的，为“尤异”，善于治理老大难的为“治剧”，都是官员提拔的标准。对于军官则有勇猛知兵法科。汉代都非常迷信，认为自然灾害与国家政治有着直接的关系，所以，当国家出现灾异的时候，朝廷就下诏荐举对“阴阳灾异”有研究的专业人才。

2. 征辟

征辟是自上而下选官，是秦汉时期除察举之外的另一种常见的选官制度，它是察举制的补充。

征辟有两种形式，一是征聘，二是辟除。

征聘是皇帝以特征（特别征召，不同于察举）和聘召（以礼征召）的方式，选拔某些有名望的品学兼优的人士，或充顾问，或委政事。

皇帝征聘，在汉代是最尊贵光荣的仕途，被征聘者称征君或征士。朝廷对德高望重的征君十分优待，特备安车（可以坐乘的小车，多用一匹马拉，礼遇尊者用四匹马）蒲轮（用蒲草包裹车轮，减轻震动）迎送；次一等的则用公车；一般征君去朝廷赴任则由个人自备马车。有时征君进京，还特诏令沿途官府提供住宿和酒食，当地官员亦须迎接。征君的去留，朝廷虽可督促，但若坚决不应命，一般也不强制。征聘之后，大都给予礼遇，不同普通官僚。

两汉征聘，对象是个别少数人，不像察举那样普遍举行。汉平帝元始五年（5 年），曾有一次大规模的征聘，召各类专门人才数千人进京任职，那是王莽专权，为篡汉以笼络人心，是特例。

辟除，是高级官员自命属吏，又称辟举、辟署、辟召等。

汉代中央各部门首脑和地方行政长官的僚属分为两类。一类是朝廷任命的，称佐官；另一类是长官自行任用的，称佐史或属吏。

汉初辟除，仅限于百石以下的低级办事人员，以后则突破了这个界限。

辟除有中央与地方之别。中央指三公、大将军、诸卿等，统称之为公府辟除；地方指刺史、郡守，包括县令，通称州郡辟除。被辟除后，任公府、州郡佐史，地位虽然不高，但任职重要，经常接近高官，容易被了解，无论凭德才或关系升迁都较快。东汉崔寔《政论》指出："三府掾属，位卑职重，及其取官，又多超卓，或数月而至长州郡，或数年而至公卿。"

因此，辟除也是汉代选官入仕的重要途径。

汉代（特别是东汉）官场风气，高级官员都很重视征聘佐史，以此捞取政治资本；一般士人也都看重选择主官，借此寻找靠山。"名公巨卿，以能致贤才为高；而英才俊士，以所得依秉为重"(61)。通过辟除，确也网罗了一些人才，像东汉著名学者蔡邕、王充、许慎等，都是因此进入仕途的。但私人命官，又为权臣培植个人势力大开方便之门，东汉后期地方势力发展，莫不与此有关。

3. 考试

考试选官与察举相互为用，是汉代选官制度的重要内容。考试有对策、射策两种，统称策试。对策是将题目写在简策上，按题作答，即命题考试；射策是将题目密封，放置案上，应试者随意取答，即抽签考试。策试对象有以下几种情况：

第一，察举之士。

无论是特举的贤良、文学，还是岁举的孝廉、茂才，进京之后，均须经对策，然后才能量才授官。一般来说，特举之士，由皇帝亲自主持，所以察举诏令中，常明确宣布"朕亲览焉"、"朕将亲览"、"朕将览试焉"。有时对策反复两三次，如董仲舒以贤良对策，武帝览而异之，遂至二策、三策，事毕，武帝以董仲舒为江都王相。策问内容，多为治国之道或历代兴衰变化之由；策试地点，或在太常寺，或在公车,或在白虎殿,均临时指定。孝廉由公府主持。考试内容“诸生试家法(所学某一经学大师的学说),文吏课笺奏(章奏)”。茂才亦须考试,具体情况已无从可考。

第二,博士。

两汉有专对博士的考试,以成绩优劣分为三等,根据不同情况分别授官,“高为尚书,次为刺史,其不通政事以久次补诸侯太傅”,称博士三科[62]。博士是现职官员,博士三科是从已仕官员中通过考试给以晋升的机会,实际上是对博士的一种优待,也是汉朝重视文化的反映。

博士是太学的属官,因此考试由太常主持。

第三,学童博士弟子(太学生)。

两汉选官,还有在校学生中通过考试而进入仕途的,这就是试学童和博士弟子课试。

试学童是对十七岁以上的少年学生进行考试,考试内容一是认字,二是写字。要求认识九千字,会当时通行的各种字体。合格者就可以充任低级官员,成绩优秀者可以充任“尚书、御史、史书、令史”。对学童的考试,由奉常属官太史主持。

博士弟子在太学学习,叫太学生。博士弟子由太常选拔和郡国推荐而来。凡是在太学受业的学生,每年一课(考核、考查),因称课试。

课试博士弟子用射策方式进行,内容为儒家经典。有能通晓一种儒家经典以上的,就可以补文学掌故;名次高的可以做郎官的,由太常列名上奏。假如资质低下不能从事学问和不能通晓一经的,就罢免,而推荐者也要受到处罚。

试学童和博士弟子课试使培育人才与选拔人才结合起来,开后世选举与教育相结合的先声。不过在汉代,它始终没能成为选官制度的主体,因此它的影响意义也不像察举那样具有决定意义。

4. 任子

任子也是汉代的一种选官制度。所谓任子,就是郡守以上的高级官员,任职满三年,得保举(举荐并担保)子弟一人为郎官。任是担保、保举的意思。不过,这或许是纸面上的规定,在实际过程中,完全突破了有关限制。首先,保举对象主要是官员子弟,如刘向、苏武、王崇、陈咸、张安世等,均是因为父亲当官而被保举为郎官;杨恽、霍光、袁盎等,均是因为兄长当官而被任为郎官。所以,汉代的保举并不局限于父亲做官,也有孙子、族子、皇亲国戚的关系,也都可以得到保举为郎。其次,保举资格,除公卿外,也有校尉、尚书、黄门侍郎乃至宦官都可以保举的。安帝建光元年诏:“以公卿、校尉、尚书子弟各家一人为郎、舍人”(63)。献帝中平六年诏:“赐公卿以下至黄门侍郎家一人为郎”(64)。桓帝时,“宦官方炽,任人及子弟为官,布满天下”(65)。第三,保举限额不止一人,二人乃至多人亦颇常见。苏武因父任,“兄弟并为郎”(66),韩延寿三子皆为郎吏;史丹“有子男女二十人,九男皆以丹任并为侍中诸曹”(67)。

任子之官,不以德选,全凭荫庇,实际是世官制的残余。任子之中,也有少量德才兼备者,但多数为平庸无能之辈。因此,任子制的弊端很大。对统治阶级本身也不利。武帝时董仲舒就曾上书指斥,这些人“未必贤也”。宣帝时,王吉也曾指出:任子“率多骄骜,不通古今,至于积功治人,无益于民”(68)。哀帝时曾一度诏令废止任子,但这损害了大官僚的利益和特权,遭到反对,不久又恢复。到了东汉,随着政治的日益腐败,任子选官更加盛行,成为当时黑暗政治的具体表现之一。

任子选官,对封建统治弊大于利,统治阶级本身也很清楚,但解决不了,这是剥削阶级的自私本性决定的。隋唐以后一直到清朝的荫子制,其实就是任子制的发展和继续,它最后是与封建制度一起消亡的。但后世高官子弟多能得到提拔重用,仍能看到封建任子的影子。

5. 纳赀与卖官

纳赀即买官。赀同资，财货；纳赀，即缴纳一定数量的钱财就可以得到官职。买官和卖官，名目不同，其实是一回事。以个人讲，是买官；就朝廷言，便是卖官。

秦及汉初，曾经卖爵。秦始皇时，百姓纳粟千石，拜爵一级。爵不是官，但有了爵，就有特权和地位；卖爵可以说是卖官的先声。“文帝从(晁)错之言，令民入粟边，六百石爵上造，稍增至四千石为五大夫，万二千石为大庶长，各以多少级数为差。”[69]卖爵一开始卖得比较低，到后来就卖到大庶长一级。连著名的作家司马相如都是花钱买了个郎，得以侍奉景帝身边。假如司马相如的父亲是个公侯，便不用花钱就可以为郎了。汉武帝时期卖官最凶。汉武帝因为对匈奴作战出现财政困难，专门设立了武功爵，“大者封侯、卿大夫，小者郎吏，吏道杂而多端，则官职耗费。……(元鼎二年)始令吏得入谷补官，郎至六百石”[70]。买官虽然容易，但是被人看不起，不但百姓看不起，就是官场的人也看不起。买官的人往往在官场受歧视，尽管能力很强，成绩很大，但提升艰难。整个西汉，除了汉武帝为了应付打仗出现的财政困难，很少卖官。东汉前期，整饬吏治，没有出现卖官的记载。到了东汉桓灵时期，买官卖官泛滥起来。“灵帝时，开鸿都门榜卖官爵，公卿州郡下至黄绶各有差。其富者则先入钱，贫者到官而后倍输，或因常侍、阿保别自通达。”[71]羊续本来灵帝让他担任太尉，派人向他要钱千万，羊续没钱，也不想交钱买官，结果没有登上三公。如巨鹿太守司马直反对买官卖官，被逼无奈，愤而自杀。高官提升尚且需要花钱，其他可想而知。

6. 其他

除以上之外，汉代还有几种选官办法，这也对当时及后世有一定影响。

(1)上书求官。

上书求官即毛遂自荐。当时称“自炫鬻”(夸耀货色以求出售),武帝时这种风气很盛,“四方士多上书言得失,自炫鬻者以千数”[72],武帝亲自审阅上书,因此“天下布衣各励志竭精以赴阙自炫鬻者不可胜数。汉家得贤,于此为盛”[73]。主父偃、徐乐、严安、终军等都是因上书而得官的。武帝以后,上书求官者时或有之,但大为减少。东汉提倡名节,士人转而鄙弃自炫鬻,以为“君子非不欲仕也,耻夸毗以求举;非不欲室也,恶登墙而搂处。叫呼炫鬻,县旌自表,非随和之宝也。暴智耀世,因以干禄,非仲尼之道也”[74]。其实,这是地主阶级已丧失了往日的朝气,对自己的自我价值缺乏信心的一种反映。

(2)以材力为官。

《汉书·地理志》载:“汉兴,六郡良家子(清白人家子女)选给羽林、期门,以材力(勇力)为官,名将多出焉。”六郡,即陇西、天水、安定、北地、上郡、西河,这一带接近少数民族羌胡,民俗尚武,多有勇力,善鞍马骑射,因此,不少人从军以建立军功进入仕途。一代名将李广、赵充国等,就是如此。其后他们在抗击匈奴,安定西域的斗争中做出了很大的贡献。

(3)以方伎为官。

以方伎为官,指凡有一技之长者可以得官。如卫绾“以戏车(在车上表演杂技)为郎,事文帝”[75];邓通以摇船为黄头郎;周仁以医术,景帝为太子时,拜为舍人。武帝时,“博开艺能之路,悉延百端之学,通一伎之士,咸得自效,绝伦超奇者为右,亡所阿私”[76]。以伎为官成为一种风气。

二、官吏的任用

官吏的任用与官吏的选拔一样,都是官吏管理制度的主要内容之一。从某种意义上来说,任用比选拔还要重要,因为它对国家政治、军事、经济的作用更直接。

秦汉时期,对官吏的任用,在权限、方式、法规等方面都有明确具体的规定,逐步形成比较完备的制度,对后世产生很大的影响。

1. 任用权限

秦汉时期,中央集权进一步加强,用人之权自然属于皇帝。汉代规定,地方二百石以上的官员,概由朝廷(实际是皇帝)任命,故有命卿之称。《后汉书·百官志》注引《汉官》云:“大县丞、左右尉,所谓命卿三人。小县一尉一丞,命卿二人。”中央公府,二百石以上的掾史,三公可辟召,但也必须奏请。《后汉书·百官志》本注:“汉初掾史,皆上言之,故有秩比命士。”

不过,以后权力有些下放。《汉官仪》载:“旧制,令六百石以上,尚书调拜迁;四百石长相至二百石,丞相调除。中都官(京师各官府诸官)百石,大鸿胪调;郡国百石,二千石(郡守)调。”这样,丞相、诸卿、郡守都有任官之权,只是权限大小各有不同。

东汉任官之权进一步下放。刺史、太守任命也归三公。《后汉书·顺帝纪》阳嘉元年诏:“公刺史、二千石(太守)之选,归任(委任)三司(太尉、司空、司徒)。”太尉府的属官有东曹,就是具体掌管地方长官及其主要副手的任命和升迁的。

2. 任用方式

秦汉时期,官吏的任用称拜或除,也称拜除或除拜。拜有尊重的意思,除有任命新官除去旧官的意思。任用的方式很多,主要有真、守、假、平、视、领、录、兼、行、督、待诏、加官等。

(1)真、守。

“真”是正式任命,守是试用,或称“试守”。正式任命官名前并不冠“真”,“真”常用于与“守”相对而言时。

通过试用,称职的,正式任命为“真”;不称职的,罢归原职,或他调乃至降职使用。

"守"还有兼任和代理的意思。如王祈"为右辅都尉,守右扶风"(77);王尊"为谏大夫,守京辅都尉"(78)。这里的"守"就是兼任,因王祈、王尊都是由正式职务而兼任他职的。又卓茂为密令,初到县,"有所废置,吏人笑之,邻城闻者皆蚩其不能。河南郡为置守令,茂不嫌,理事自若"(79)。这里的守,就是代理的意思。河南郡守以为卓茂才能不行,便给密县又任命了一个"守令"(代理县长)。

(2)假。

"假"是代理。即在正式任命之前,先暂时行使某项职权。《史记·项羽本纪》载,项羽杀了宋义之后,诸将"共立羽为假上将军",汉高祖刘邦曾任命曹参为假左丞相,等等。各类职官,都有以"假"充任的。

(3)平。

"平"是平议,即参加讨论决定。"平"实际是一种兼职,如于定国以光禄大夫,张敞以中大夫平尚书事。不过,两汉任官用"平",仅限于尚书,这就不同于一般兼职,平尚书事,即参与国家机要大政,是特殊的重用。

(4)视。

"视"与"平"同,也是兼职,仅限于尚书。如薛宣为丞相,因事免官,后被征用,加宠特进,给事中,视尚书事。不过,视尚书事在西汉很少,大约尚未形成定制。

(5)领。

"领"也是兼职,西汉多用于兼管低级事务。如桑弘羊为大司农中丞,升迁治粟都尉后,仍领大农,即仍然兼任大司农中丞;孔仅为大农丞,领盐铁事;孔光为帝太傅,领宿卫供养。

(6)录。

"录"是总领。"录"的名称,始于东汉,亦仅限于尚书,与西汉的“平”、“视”及“领尚书事”相近，但职权更重。“平”、“视”、“领”作为兼职，都是参与商议；而“录”是总领，即统管，全面负责。西汉以尚书为兼职，或“平”或“视”或“领”，名称尚不固定，而东汉自章帝以赵熹为太傅，以牟融为太尉，并“录尚书事”后，以“录”为称便固定下来。

(7)兼。

“兼”是兼官，即以本官而同时兼任其他官职。兼官一般是两个禄秩相等的不同职官由一人担任。如张安世以车骑将军兼光禄勋，赵充国以后将军兼水衡都尉等。兼与平、视、领、录不同，前者为兼官，后者为兼职。兼职是兼管某一部分事务，或仅兼管其事务而不兼任其官。兼官一定是两官所管事务相近，或两官之中，一官没有什么实际事务，兼任他官，也不会影响其履行职责。

(8)行。

“行”是代行职责，即官职缺出，在尚未找到适当人选补缺时，暂由他官代理。“行”可以是下代上，如韩安国、张汤以御史大夫行丞相事等。“行”也可以同级相代，如韩延寿为太常，行大行令事，少府乐成行大鸿胪事等；亦有以上代下的，如黄霸为廷尉，行丞相长史。这种制度，在西汉颇为流行。有人以为，“行”专指下代上，其实不一定。

(9)督。

“督”是监督，即由中央派员监督地方。此制始于东汉，多为军事需要而发。光武帝刘秀“建武初征四方，始权置督军御史事，事竟罢”[80]。这完全是临时性的派遣性质。东汉末年，各地农民起义频繁，遣都督相应增加，如“青冀盗贼屯聚山泽，(张)宗以谒者督诸郡讨平之”[81]。豫章艾县人六百余人，焚烧长沙郡县，“遣谒者马睦，督荆州刺史刘度击之”[82]。“拜(张)奂为护匈奴中郎将，以九卿秩督幽、并、凉三州及度辽、乌桓二营”[83]。汉末的督军(掌州、郡军事),及以后的都督(军事长官,常兼地方行政长官)成为正式官名,盖由此而来。

(10)待诏。

“待诏”即等待诏令,实际是候补官。“待诏”入仕,不是经由察举,多为上书求官或皇帝的征召,这也属于特殊仕途,在正式任命前,还需要等待诏令,所以称“待诏”。待诏对象,各类人才都有,既有经术之士,也有医巫方术音乐之徒。“待诏”地点不固定,有公车、殿中、尚方、黄门、金马门、丞相府等。“待诏”为候补性质,因此无正式俸禄,朝廷仅给一定生活补助。不过,由于“待诏”地点不同,待遇也不一样,大约待诏公车待遇最低。

(11)加官。

前面在叙述中朝官时,曾涉及到加官,那是谈官吏的设置及职掌,这里则是就任命方式而言。

在汉代,列侯、将军、卿、大夫、将、都督、尚书、太医、太官令至郎中等,都可加官。所加多为侍中、中常侍、诸曹、诸吏、散骑等;又大夫、博士、议郎等也可加官,所加多为给事中。凡加官,则为中朝官,可以出入皇宫;侍中、中常侍,更得入省中(皇帝休息起居之所)。汉武帝后,中朝官兴起,加官在当时政治生活中起过重要作用。

另有特进、奉朝请及东汉的朝侯、侍祠侯等,也属加官性质。特进主要授予功德优盛,朝廷特别敬重的高级官员,有此头衔,即使告老退休仍可以参与国家大政。如丞相张禹退休后,“以列侯朝朔望,位特进,见礼如丞相”,“禹虽家居,以特进为天子师,国家每有大政,必与定议”[(84)]。奉朝请主要授予三公、宗室、外戚、列侯,有此头衔,虽然无官职或已退休,也可参与朝政,议论大政。如东汉大将军邓骘,母死服丧,期满后固辞官封,“于是并奉朝请,位次三公下,特进,侯上,其有大政,乃诣朝堂与公卿参谋”[(85)]。朝侯,侍祠侯仅东汉有，只是地位低些。列侯有功德，天子命为诸侯者，谓之朝侯，其位次九卿。“其称侍祠侯者，但得侍祠而无朝位”[86]。

3. 任用法规

任官的基础是选官，两汉选官以察举为主体，有关法规、惩处近乎苛严。武帝元朔元年（前128年）宣布：“进贤受上赏，蔽贤蒙显戮。”“上赏”无具体解释，“显戮”则是很明显，即“不举孝，不奉诏，当以不敬论”，“不察廉，不胜任也，当免”[87]。总的来说是：有贤不举有罪，所举不当受罚。西汉有不少人因举非其人而被免官和受刑的。如陈汤、何武以及执金吾韩立、御史大夫张谭、太常杜业、山阳侯张当居等，都是因为举贤不当受到处罚。惩罚虽然严厉，但举贤也确为西汉选拔了一批人才。举贤受奖的则以东汉法雄最为典型。法雄举胡广孝廉，广“既到京师，试以章奏，安帝以广为天下第一”。“故事，孝廉高第，三公尚书辄优之，特劳来（劝勉）其举将，于是公府下诏劳来雄焉”[88]。

任用法规主要有：

第一，实行回避制。

回避是限制地方官员到某些有关系的地区任职。西汉虽无明文，但武帝以后，实际上不用本地人担任长官。如刺史不用本州人，郡守、相国，以及县令、长、丞、尉，都不用本郡人。东汉更有“三互法”，规定“婚姻之家及两州人士不得交互为官”。“三互法”的目的，是防止地方官员利用关系相互勾结以加强中央控制。

第二，限制任用王国官。

西汉前期，诸侯王国势力膨胀，对中央形成威胁；朝廷在削弱诸侯王势力的同时，对诸侯王国官吏的任用也给予了种种限制。如王国官不得直接调中央任职，不得宿卫等。如彭宣因曾任东平王太傅，经张禹推荐，入为右扶风，迁廷尉，以为他曾经担任王国太傅，让他出任太原太守。几年以后，才调到中央任职，先后任大司农、光禄勋、右将军、左将军,但仍因曾任诸侯王国职官不得宿卫,而被免职。

第三,对宗室、外戚、宦官给予限制。

宗室、外戚、宦官对封建政权影响很大,因此,对于他们的任用,也有若干限制和规定。如"宗室不宜典三河"。三河即河东、河内、河南。因为三河居天下之中,历代帝王多次在这里建都,是各国诸侯聚会的地方。为防止宗室觊觎帝位,有此规定。

对宦官亲属的限制更为具体。冯绲上言:"旧典,中臣(宦官)子弟不得为人牧职。"(杨)秉与司空周景上言:"旧典,中臣子弟不居位秉事。"[(89)]冯绲,顺帝时人,杨秉,桓帝时人,既称"旧典",当是东汉前期的正式规定。

以上规定,均指一般正常情况而言。封建时代,皇帝个人意志可以决定一切,不管什么样的法令法规,他都可以遵守,也可以不遵守,因此,违反以上规定的事,也不胜枚举。东汉后期,政治黑暗,外戚、宦官专权,更是火上浇油,终于导致王朝的覆灭。

第四,关于财产、职业、学识等方面的要求。

汉初规定,资算十以上乃得官。十算即十万钱,相当于一个中等地主的家产。景帝以为太多,减为四万。四万钱也不是小数,至少得是地主,说明农民是无希望做官的。

汉初明确规定,商人子孙不得为官。文、景时又一再重申。武帝时,因连年用兵,财政困难,为实行盐铁专卖,曾用一些盐铁商人做官,取得良好效果,但是到汉哀帝时又重新规定:"贾人不得为吏。"[(90)]

在学识方面,汉初规定,凡能熟悉掌握九千字,便可以做官。武帝时,每年考试一次博士弟子,"能一艺(一种儒家经典)以上,补文学掌故缺,其高第者可以为郎中"[(91)]。

以上规定,都是对被用者。对于任用者,也有限制:"秦之法,任人而所任不善者，各以其罪罪之。”[92]汉代选用官吏，便因袭了这法令的基本精神，所举不实者受罚，而任用也不得越级迁升。

三、官吏的监察与考核

对于官吏的监察与考核，是官吏管理制度的重要内容。监察在于防止官吏以权作奸，贪赃枉法；考核在于了解官吏政绩好坏以奖优罚劣。二者密切联系，又各有侧重。

1. 监察

秦汉时官吏的监察，层层设官，颇为严密。在中央，有丞相、御史大夫等。首先，丞相作为百官之长，当然有权监察百官（包括中央与地方）。丞相的属官有司直，在丞相府的官员中地位最高，其主要职责就是“掌佐丞相举不法”。东汉丞相成为虚位，已无多少实际权力，难以行使监察职能。建武十八年（42 年）光武帝省司直，以尚书令代司监察，那只是主管官员的变化，就朝廷对官吏实施监察而言，则照旧如前。其次，御史大夫是全国最高监察官，除协助丞相处理政务外，主要职责就是监察。丞相与御史大夫既相互配合补充，又相互监察。东汉御史大夫改名司空，主管工程建筑，不再是监察官，但有御史中丞取得其监察职能。

在地方，有监御史、刺史、司隶校尉、督邮等。

监御史　秦统一后，分全国为三十六郡，每郡置监御史一人。监御史又称监察御史、监察史，简称监。其职责是“掌监郡”，即监察本郡的各级官吏。监御史直属御史大夫，可以说代表朝廷对地方进行监督，权力很大。萧何在秦时为县吏，与监御史一起办事，很称职，被选到郡府任职，考绩第一，监御史想到京城向皇帝推荐，征萧何去朝廷重用，只因萧何固辞作罢。由此可见，监御史有权迁升郡县官员。

不过，监御史仅秦代设置，至汉即废。

刺史　汉初省监御史，由丞相派员分别监察地方，惠帝时一度复置，但亦为时甚短。

武帝时，分全国为十三部州，即十三个监察区，每州辖若干郡国（诸侯国），置刺史一人，监察所属郡国吏治状况、地方官员的升降是否恰当，施政措施是否合理以及冤狱等。具体规定六条：第一，强宗豪右占有田地房屋超过规定，“倚强凌弱，以众暴寡”；第二，郡国守相不尊奉诏令行事，“侵渔百姓，聚敛为奸”；第三，守相不体恤疑案，随意杀人，“怒则任刑，喜则淫赏”，为百姓所痛恨；第四，守相选举不公，“苟阿所爱，蔽贤宠顽”；第五，守相子弟仗势欺人，私相嘱托以图逃避监察；第六，守相与下属勾结，巴结豪强，贪污受贿等[93]。可见刺史督察对象主要是郡国守相，其次是强宗豪右，包括诸侯王。超出六条规定，刺史无权过问。刺史所监察的内容，不仅关系到国家政权，同时也关系到老百姓的切身利益。官员和豪强不法，受害的还是普通百姓。刺史之设，完全是实施监察，虽监察权力很大，但无任何行政权。刺史督察，是奉诏行事，刺史是中央的派出官员，而不是地方官，但刺史的督察对象在地方。

武帝以后，刺史权力逐渐扩大，开始干预地方行政并固定治所，属员增多，建立办事机构，州由监察区变为行政区，刺史由中央派出的监察官变为地方政权最高行政长官，凌驾于郡国守相之上。但在汉代，这有一个相当长的过程，真正完成这个过程，是在东汉后期。在此之前，刺史主要是监察官。汉成帝绥和元年（前 8 年）改刺史为州牧，哀帝建平二年（前 5 年）又改州牧为刺史。随着州牧刺史的改来改去，刺史的权力越来越大，最后州成为郡县之上的一级地方领导体制。刺史由原来国家派出的监察官变为地方高级行政长官，其秩级也发生了变化，由六百石升为中二千石。由于州刺史管理着数郡之地，民政、财政、军权一手独揽，成为雄踞一方的诸侯。由于刺史不是国家所确立的地方高级长官，所以，在属官的设置上也与郡县不同。州刺史在刚刚设立的时候，并没有固定的办公场所，权不牧人，其重要属官有别驾、治中、兵曹从事史、部从事史、主簿、录阁下众事、门亭长、功曹书佐等，分别负责军事、钱粮、文书、人事等。

两汉以刺史督察地方，对于整顿吏治，加强中央集权，确有一定积极作用。不少守正不阿的刺史受到百姓的赞颂。

司隶校尉　本是汉武帝为追查巫蛊案(94)而临时设置的，以后成为督察三辅（京兆尹、右扶风、左冯翊）、三河、弘农七郡的监察官。司隶校尉所属七郡作为一个监察区，相当于州；司隶校尉相当于刺史。不过，三辅既是京师所在，百官汇集，附近各郡又多皇亲国戚，因此司隶校尉所察，就不仅仅是地方官吏，更主要的是京师百官。

督邮　太守是一郡最高行政长官，自然有权督察本郡各级官员，而协助太守实施督察的，则是督邮。

太守属吏有督邮掾、督邮曹掾、督邮书掾，简称督邮。《后汉书》卷二五《鲁卫刘列传》注引《续汉志》曰："督邮掾，以察诸县也。"督邮虽不由朝廷任命，但职掌督察县政，责任重大，被称为太守的耳目。在郡府中，地位也高，有"督邮，功曹之极位"(95)之说。

在两汉，郡对县实施监察，也分若干监察区，称为部。一郡少则两部，或有三部、四部乃至五部（中东南西北）的。每部设督邮一人，分部巡行，惟不督察本人其家所在之部。这也是一种回避，因为督邮与其他属吏一样，一般都是本地人。

督邮对一郡的吏治好坏影响很大。好的督邮深受百姓爱戴。尹翁归为河东南部督邮，"所举应法，得其罪辜，属县长吏虽中伤，莫有怨者"(96)。坏的督邮也为人所切齿，《三国演义》第二回，张翼德怒鞭督邮，也是汉末吏治的真实反映。主管监察的督邮尚且如此腐败，其他官员也就可想而知。

2. 考核

对官吏的考核,战国已经通行,秦汉则更为具体周密。

秦对官吏的考核,包括德行和政绩两个方面。关于德行,秦有"为吏之道",规定所有官吏必须"精洁正直,谨慎坚固,审悉无私,微密纠察,安静毋苛,审当赏罚",这是为各级大小官吏制定的总的行为规范。又有具体要求,即"五善""五失"。五善是:第一,"忠信敬上",即对皇帝忠诚老实,对上司顺从恭敬;第二,"清廉毋谤",即廉洁守法,任劳任怨;第三,"举事审当",即办事小心谨慎;第四,"喜为善行",即乐于多做利国利民之事;第五,"恭敬多让",即态度谦逊,对人礼貌。五失是:第一,"夸以泄",即虚夸成绩,超过实际;第二,"贵以大",目中无人,骄傲自大;第三,"擅制割",自作主张,独断专行;第四,"犯上弗知害",冒犯尊长,不知利害;第五,"贱士而贵贝货",轻视人才,认钱不认人[97]。所有官吏都应当做到"五善",避免"五失"。这五善五失就是考核官吏的标准。

关于政绩,对一般官吏,主要考核其工作表现,有考试之法,如萧何秦时为泗水郡吏,办事称职,考绩第一。对司法官员则考核其办案情况,对武官考其武艺,评"最"、"殿"。对郡县长官,则有上计制度。上计其实就是年终工作汇报,每年一次,县令(长)向郡守上计,郡守向皇帝上计。上计内容包括户口、税收及治安情况等。郡守上计定于每年十二月。

考核官吏,两汉称课、考课、考试或考绩等,有考试之法,考绩之法,考绩用人之法。又在魏郡推行考功课吏法,简称考功法或考课法。这些考核条例的具体内容,现在虽然不得而知,但既有条例,则说明对官吏的考核更加严密,更加制度化。

两汉考核制度,最重要的是上计制度。上计考核的对象主要是地方行政主官,考核内容又是王朝最关心的国家大事,因此,从中央到地方,各级上下都很重视。在中央,由丞相、御史大夫主管郡国上计。丞相负责年终课殿最(上功曰最,下功曰殿),报告皇帝,给予赏罚。御史大夫负责审查上计的真伪虚实。上计在丞相府,仪式十分隆重。东汉上计实际由尚书台主管,而仪式仍在司徒府举行。郡国上计,也有专人负责,称上计吏。上计吏一般由守相主要助手长史或丞兼任。郡国上计吏,年终进京上计前,要先对郡国情况进行调查、统计,整理汇集成册,即计书,是代表守相向朝廷汇报的书面报告。计书经御史大夫核实后,便成为丞相考核守相"最"、"殿"的依据。

在地方,则由守相主管所属各县的上计。郡国上计时间在年终,各县上计在秋冬,即郡国上计之前,以方便郡国汇集材料向中央汇报。郡国上计由郡国长史或丞主持,各县上计则必须县令(长)亲自进行。

两汉考核,除上计外,另有部门考核,由三公诸卿及郡国守相主持,对象则为其僚属。这类考核,每年一次,称"小考"或"常课"。三年一"大课"。小考由主官给予考绩评语,大课则根据三次考绩(最、殿)予以奖惩。

3. 奖赏与惩罚

奖赏与惩罚,是对监察、考课结果的处理,是官吏管理制度的重要环节。监察、考核,目的都在于清明吏治。有监察和考核而无处理结果,则监察、考核不起任何作用,成为毫无意义的多余。

秦汉奖惩的主要方式有:

(1)迁、增秩、左迁、贬秩、免。

迁即升官,一般情况,凡考绩为"最"、"高第"或"积功"(累积功劳)的,都能得到升迁。升迁有三种,一是"稍迁",即逐级提升,简称"迁"。另一种是"超迁",简称"超"。对特别优异的人才或特殊贡献者则往往越级提升,即"超迁",如于定国在宣帝时任光禄大夫,平尚书事,因"甚见任用,数年,迁水衡都尉,超为廷尉"[97]。再是“入”。“入”本指由郡国调到京师任职，但即使大体相当的职务，由于京官地位、级别高于地方官，所以“入”实际是一种带有奖赏性质的升迁。如西汉尹翁归为东海太守，“东海大治，以高第入守右扶风”(98)。东郡太守韩延寿，“在东郡三岁，令行禁止，断狱大减，为天下最，入守左冯翊”(99)等。

“左迁”，又叫“左转”，即降职，因汉以右为尊。汉地方官调任京官称“入”，为升迁，属奖励；由京官调任地方官则称“出”，实际是降职，带有惩罚性质。降职又称“贬”。

“贬秩”即降级，保留官职，但降低官秩，相应减少俸禄，故贬秩称罚俸。

“免”就是免官，即撤销一切职务，在行政处分中算是最重的，再重就是判刑了。如“张当居为太常，坐选子弟不以实免”。“周平为太常，四年坐不缮园陵免”等等。

(2)赐爵与夺爵。

官吏政绩优异不升迁而授予爵位称“赐爵”。爵位代表一定的社会地位与特权，赐爵当然是奖励。另一方面，如官吏违法，则取消爵位，称“夺爵”。夺爵是较重的惩罚。夺爵的同时，又免去官秩，充当士兵。

(3)赐金与罚金。

奖赏官吏，在增秩、赐爵的同时，往往赐金。如颍川太守黄霸，“以治行优异，秩中二千石，赐爵关内侯，黄金百斤”。《汉书·宣帝纪》上引景帝诏令：接受下属官吏财物，夺爵免官；“无爵，罚金二斤，令没人所受。”罚金的同时，所受财物也一起没收。

此外，作为奖赏，还有赐田宅、奴婢、甲第、安车驷马等。

四、爵与秩、禄

秦汉时期，反映官吏政治权力、地位和物质利益的有官、爵、秩、禄。官是官职,规定官吏权力大小及所管事务;爵是爵位,代表一定的社会地位和所享有的特权;秩是官阶或级别;禄是俸禄,即为朝廷效力所得到的报酬。这四者有密切联系。如官职是丞相,一般都有侯的爵位,特别汉武帝以后,凡丞相均封侯;爵位高,秩便高,禄也多。但四者又有区别。不是所有的官都有爵位,爵位只是授予高官和有突出贡献的官员,另外,皇亲国戚及宠幸因关系特殊也往往能获得爵位。有爵位容易做官,但不一定都能做官,特别是两汉可以用钱买爵。官职都是太守,官秩一般为二千石,但政绩优异者,可以是中二千石,比一般高一级。而犯有过失的太守,也有八百石的,比一般低三级。秩表示级别高低,禄表示所得报酬多少,也有所不同。不过,秩、禄始终保持一个固定常数,官秩是哪一级,便领多少俸禄,即秩决定禄。

官、爵、秩、禄与名利攸关,是官吏切身利益所在,历来为最高统治者控制官吏的关键。《周礼·太宰》载八柄,即驾驭百官的八种手段有爵、禄、予、置、生、夺、废、诛。爵与禄排在最前面,《正义》曰:“唯爵、禄为赏罚通法。”“爵、禄为予夺废置之本,故首举之。”

有关官职的内容,前已叙述,下面主要讲爵与秩、禄:

1. 爵

爵位的授予,原先以血统亲疏为依据,秦国商鞅变法,彻底改造了这一制度,以军功为依据,故秦爵又称军功爵。

秦爵凡二十级,即:①公士;②上造;③簪袅;④不更;⑤大夫;⑥官大夫;⑦公大夫;⑧公乘;⑨五大夫;⑩左庶长;⑪右庶长;⑫左更;⑬中更;⑭右更;⑮少上造;⑯大上造;⑰驷车庶长;⑱大庶长;⑲关内侯;⑳彻侯。其中一至四级,相当于周代的士;五至九级,相当于大夫;十至十八级,相当于卿;十九至二十级,相当于诸侯。

拥有爵位,便有特权和社会地位,如可以做官;赏爵的同时,即赐予田宅并得役使庶子(家臣);得以赎罪或赎身;免除徭役;与令、丞亢礼。

2. 秩、禄

两汉官吏秩以"石"分别,禄用"斛"计算,按月发给。"石"是衡量单位,一石为一百二十斤;"斛"是量的单位,一斛为十斗。也就是说,官秩二千石,并不是就给你两千石的谷物,而是一百二十斛的粮食。西汉官秩等级与俸禄标准如下表:

秩	禄	秩	禄	秩	禄
万石	350	比千石	80	比三百石	37
中二千石	180	六百石	70	二百石	30
真二千石	150	比六百石	60	比二百石	27
二千石	120	四百石	50	百石	16
比二千石	100	比四百石	45	斗食	11
千石	90	三百石	40	佐史	8

注:(1)《汉书·百官公卿表》颜师古注无真二千石,此据《汉书》卷九七《外戚传》及《汉书》卷五〇《汲黯传》注引如淳曰补。

(2)西汉官秩另有八百石、五百石,成帝时废,分别并入六百石、四百石,故此表未列。

西汉职官秩禄表

职官	秩	禄(月)
太师、太傅、太保、丞相、太尉、御史大夫、前后左右将军	万石	350 斛
太常、光禄勋、卫尉、太仆、廷尉、大鸿胪、宗正、大司农、少府、执金吾	中二千石(1) 真二千石(2)	180 斛
太子太傅、太子少傅、詹事、将作少府、大长秋、长乐少府、长信少府、典属国、水衡都尉、京兆尹、左冯翊、右扶风、司隶校尉、城门校尉、中垒校尉、屯骑校尉、步兵校尉、越骑校尉、长水校尉、胡骑校尉、射声校尉、虎贲校尉、诸侯相、郡太守、长信中太仆、诸侯太傅、诸侯御史大夫、诸侯中尉、中少府、左曹、右曹、大郡都尉、州牧、长陵令、大内	二千石	120 斛

（续表）

职官	秩	禄（月）
丞相司直、护军都尉、光禄大夫、五官中郎将、左中郎将、右中郎将、虎贲中郎将、监羽林中郎将、西域都护、奉车都尉、驸马都尉、骑都尉、郡都尉	比二千石	100 斛
丞相长史、大司马长史、御史中丞、将军长史、太常丞、光禄丞、卫尉丞、太仆丞、大鸿胪丞、宗正丞、大司农丞、少府丞、执金吾丞、廷尉正监、廷尉左丞、廷尉右监、诸侯郎中令、诸侯仆、万户县令	千石	90 斛
太中大夫、郎中车将、郎中户将、郎中骑将、谒者仆射、期门仆射	比千石	80 斛
	八百石[3]	
谏大夫	比八百石[4]	
将作少府丞、詹事丞、水衡都尉丞、廷尉左平、廷尉右平、京兆丞、左冯翊丞、右扶风丞、京辅都尉丞、左辅都尉丞、右辅都尉丞、郡长史、州刺史、郡太守丞、郡都尉丞、万户县令、朔方刺史、太子门大夫、太子庶子、太常掌故、武骑常侍、公车司马令、大厩令、未央令、家马令、车府令、路軨令、骑马令、骏马令、式道左候、式道右候、式道中候、廪牲令、外史、闾师	六百石	70 斛
博士、议郎、左中郎、右中郎、五官中郎、戊己校尉、太子洗马、谒者	比六百石	60 斛
县长	五百石[5]	
县丞、县尉	四百石	50 斛
五官侍郎、左侍郎、右侍郎	比四百石[6]	
次县长	三百石	40 斛
五官郎中、左郎中、右郎中	比三百石	37 斛
左冯翊卒史、县丞	二百石	30 斛
	比二百石	27 斛

（续表）

职官	秩	禄（月）
御史属、左右内史卒史、郡国五经卒史、大行卒史、长安游徼、长安狱史	百石	16 斛
	比百石	
斗食(7)		

注：（1）西汉职官秩禄表依据《西汉会要》卷三七《职官七》资料制作。

（2）《西汉会要》作者徐天麟按：《外戚传》傛华秩视真二千石，在中二千石之下，二千石之上，禄应该在一百二十至一百八十石之间。

（3）根据下面三百石与比三百石的禄，月谷应该在七十七斛左右。汉成帝取消八百石、比八百石与五百石，归入六百石或四百石。

（4）根据下面三百石与比三百石的禄，谏大夫月谷应该在七十四斛左右。

（5）徐天麟注：成帝阳朔二年除吏五百石秩，李奇曰：除五百就四百。县长应该月五十斛。

（6）根据下面三百石与比三百石的禄，五官侍郎、左侍郎、右侍郎的谷禄，应该是月四十七斛左右。

（7）汉代百石之下有斗食之秩。颜师古注：斗食者一年不满百石，日食一斗二升。只能是本人生活费。

大约武帝以后，官吏俸禄有时或发铜钱，称为俸钱。其标准也有律令明文规定，见于记载的有：

丞相、大司马、大将军，俸钱每月六万；御史大夫每月四万；真二千石，俸钱每月二万；二千石，每月一万三千六；八百石，俸钱每月九千二百；百石，每月俸钱六百。

发放俸钱，使官吏实际收入大为增加。如宣帝时，“谷石五十钱”，百石之吏，月俸钱六百，可买谷一百二十石，相当于一百二十斛，而发实物，每月仅十六斛。也许正因为增加太多，只能偶尔为之，不可能月月发钱。

东汉官吏秩禄等级与标准基本与西汉相同，只是“凡诸受奉，皆半钱半谷”。其标准见于记载的如下表：

秩	禄		秩	禄	
	月钱	谷(斛)		月钱	谷(斛)
中二千石	9000	72	四百石	2500	15
真二千石	6500	36	三百石	2000	12
比二千石	5000	34	二百石	1000	9
一千石	4000	30	百石	500	4.8
六百石	3500	21			

注:资料来源见《后汉书·百官志》注引荀绰《晋百官表注》。

除了正常的俸禄,汉朝还会发给官员节日赏赐。当然这些赏赐都是赏赐给高官的。

五、官吏休假与致仕

休假、致仕是官吏的福利待遇,汉以前也有某些规定,但作为制度则是在汉代才形成的。

1. 休假

汉代官吏休假有三种,即:沐、告、宁。

(1)沐。

沐是汉代官吏的例假,五天一次,每次一天。沐本是洗发的意思,官吏在沐日不理公务,用以洗发净身或处理个人事务,所以称沐或休沐、洗沐。《汉书》卷八一《匡张孔马传》:"沐日归休,兄弟妻子燕语,终不及朝省政事。"又《汉书》卷六八《霍光金日磾传》:"光时休沐出,(上官)桀辄入代光决事。"王先谦《补注》引胡三省曰:"汉制,中朝官五日一下里舍休沐。"徐坚《初学记》十二:"休假亦曰休沐。汉律,吏五日得一下沐。言休息以洗沐也。"

(2)告。

告是因事请假,又称高归。汉高祖为秦泗水亭长,"尝告归之田。"颜师古注曰:"告者,请谒之言,谓请休耳"。

汉代对二千石以上的高官，给予特别的休假，有予告、赐告。予告是奖励休假。按当时的法令，“三最予告”，即考绩连续三次第一，便可享受法定的奖赏休假。赐告则是延长病假期，是优待休假。依照规定，病假一般只有三个月，超过了就当免职，但为了照顾某些重臣，常常特准延长病假期。赐告由皇帝批准，“得带印绶将官属”，也就是保留原职，待遇不变。

(3)宁。

宁是丧假。宁的本来意思是服丧。因此，丧假称宁，又叫告宁。

西汉的丧假，一般是三年，即官吏的父母去世，当离职守孝，在此期间，穿丧服；三年期满，去丧服，称除服或除表，再由朝廷另行任命。

东汉曾规定二千石以上的高官不须服三年丧，但上行下效，其他官吏也不服丧，这与当时宣传的以孝治天下不合，所以在安帝和桓帝时，曾两度规定三年丧，但不久禁断。不过，时行时断，都是对二千石以上的高官，对一般官吏，看来还是要实行三年丧的，也就是给三年丧假。

2. 致仕

官吏致仕(即今退休)，又称告老、归老，谦称乞骸骨，乞身。致仕资格，大夫以上，年龄七十岁，因古人以七十为老。但致仕后的待遇如何，无明确规定。

西汉官吏致仕，仅限于高官，见于记载者，均为诸卿以上，致仕后，一般降一级俸禄。

西汉末，平帝元始元年令：“天下吏比二千石以上，年老致仕者，三分故禄，以一与之，终其身。”[100]此令明确规定：致仕资格比二千石以上；年龄“老”(七十岁)；待遇，原先在职时俸禄的三分之一。这标志着我国古代官吏致仕制度的正式形成。东汉致仕基本上是执行平帝时诏令规定的待遇。不过,东汉致仕资格,似乎又有所放宽。如尚书郑均,“以病乞骸骨,拜议郎,告归”(101),而尚书、议郎都只有六百石。这就是级别比较低的官吏也可以致仕。

另外,对少数官员,特加恩宠,致仕后仍领原职俸禄,这在两汉都是有的。如景帝时,石奋为九卿,以上大夫禄归老于家;前引东汉郑均,致仕后赐尚书禄以终其身,故时人号为“白衣尚书”。

总之,秦汉两朝建立了我国封建的中央集权制,服务于这种集权制的官吏管理体制就是三公九卿制与郡县首长负责制。这种官僚体制从它一确立,就表现出其法律性和规范性,这种法律性和规范性得到了皇帝与各级官吏的共同遵守,为历代开了一个好头。机构与职官设置的法律性与规范性杜绝了滥设机构与机构泛滥成灾。王莽为了篡汉,大搞复古官制,滥设机构与职官,以笼络知识分子,结果是身败名裂,遗臭万年。滥设机构与职官,满足的是极少数人的利益,侵害的是绝大多数人民的利益。秦汉官制在中国官制发展史上,是一种导向与坐标,后来的三省六部制,明清的内阁制,都是在三公九卿制的基础上发展起来的,尤其是在地方官吏制度上,历朝历代虽然省级机构多有变化,但是作为县级机构始终如 。县级机构经历了历朝历代的历史检验,被证明是一种适合中国国情的地方管理体制。县级机构从其建立之日起,就明确了县令、长首长负责制。在这种县令、长负责制的体制下,县级机构设立充分体现了效能与精简的原则。无论是郡太守,还是县令、长,无论是剧县,还是平县,不管公务多么繁忙,地方长官都不能增加机构和职官。公务繁忙地方长官可以招募幕僚,但不能用幕僚占用国家职官名额,充分体现了国家职官设置的严肃性和法律性。

秦汉在国家机构与职官管理上为后代做了垂范，但也存在诸多弊端。

第一，在严格遵守国家机构与职官设置法定性与严肃性的同时，最高统治者又表现出极大的随意性。由封建皇权高度集中所决定，国家在机构与职官设置管理严格执法的同时，也具有较强的人治。对普通官吏来说，官制具有不可更改的法律性，但对皇帝来说，则具有很大的随意性。他们往往根据自己的需要，将本来属于其他机构的职能剥离出来，交给自己身边的机构，甚至随时设立出机构来。

第二，太后宫参与国家管理。太后不但决定朝政，还有与朝臣一样的属官。这些属官往往站在太后的立场上干预朝政。太后干政带来的外戚擅权，不利于吏治的清明。当外戚对皇权构成威胁的时候，皇帝无法依靠大臣的帮助消除外戚的威胁，只有依靠宦官。皇帝依靠宦官消除了外戚的威胁，这种处理方式只能是前门拒虎，后门引狼。宦官得道同样无法无天，从而加剧了吏治的黑暗。

第三，服务皇宫的机构过于庞大。除了宫内服务机构与太后宫、皇后宫、太子宫服务皇室的机构外，列入国家正式编制序列的部级机构有太常、太仆、宗正、少府、将作大匠等。这些机构虽然属于国家的正式编制序列，但其职能却是服务皇宫。这些机构还有众多的下属服务机构，比如规模庞大的上林苑等。这些机构与职官占去了整个国家机构与职官的将近一半的数额。这些机构与职官最能体现封建制度家天下的特点。服务皇宫机构的庞大，对后世历代王朝产生了很大的影响。

这三大弊端尽管历朝历代都看得清清楚楚，但又都被继承下来，甚至有过之而无不及。

注释:

(1)蔡邕《独断》。

(2)《史记·吕太后本纪》。

(3)吕后封她的侄子为王,遭到群臣的反对,被认为是非法,她一死,被封诸王便被杀了。东汉曹操逼汉献帝封他为魏王,当时汉王朝已经名存实亡,故是特例。

(4)《汉书·百官公卿表》,本章凡引用原文而未注明出处者,均出自于此。

(5)《史记·吕不韦列传》。

(6)《史记·萧相国世家》。

(7)《后汉书·仲长统列传》引《昌言·法诫篇》。

(8)《汉书·董仲舒传》。

(9)《汉书·公孙弘卜式兒宽传》。

(10)《后汉书·文苑列传》。

(11)(12)(43)《汉书·薛宣朱博传》。

(13)《汉书·萧何传》。

(14)(58)《汉书·高帝纪》。

(15)《初学记》卷十二,《职官下》。

(16)《历代职官表》卷十八引。

(17)《太平御览》卷二三五职官部。

(18)《西汉会要》卷三一《正卿九》条注引。

(19)应劭《汉官仪》,《后汉书·光武帝纪》更始元年注。

(20)《孝经》卷六。

(21)(24)(36)(37)(48)(49)(50)《后汉书·百官志》。

(22)《史记·秦始皇本纪》。

(23)《汉书·百官公卿表》。

(25)(98)《汉书·隽疏于薛平彭传》。

(26)三族,即父辈的兄弟、自己的兄弟、儿子的兄弟。

(27)《周礼·春官·大宗伯》。

(28)《汉书·食货志》。

(29)《文献通考》卷五九。

(30)《汉书·霍光金日磾传》。

(31)(34)《唐六典》。

(32)《汉书·司马迁传》。

(33)《汉书·佞幸传》。

(35)《后汉书·郭陈列传》。

(38)《太平御览》卷二二九引《汉官解诂》。

(39)《汉旧仪》。

(40)《通典》卷三十。

(41)《太平御览》卷二六四引谢承《后汉书》载:汝南太守宗资嘱功曹范滂让李颂代理文学史,滂曰:"颂洿秽小人,不宜染污朝廷"。

(42)《汉书·百官公卿表》。

(44)(47)《汉书·酷吏传》。

(45)《汉书·高惠高后文功臣表》。

(46)王充《论衡·遭虎篇》。

(51)《续后汉书》卷八六下《职官》。

(52)《汉书·诸侯王表》。

(53)《汉书·淮南衡山济北王传》。

(54)《汉书·窦田灌韩传》。

(55)《汉书·文三王传》。

(56)《韩非子·定法》。

(57)《史记·高祖本纪》。

(59)《汉书·文帝纪》。

(60)(87)《汉书·武帝纪》。

(61)《东汉会要》二七卷。

(62)《汉书·匡张孔马传》。

(63)《后汉书·安帝纪》。

(64)《后汉书·献帝纪》。

(65)《后汉书·杨震列传》。

(66)《汉书·李广苏建传》。

(67)《汉书·王商史丹傅喜传》。

(68)《汉书·王贡两龚鲍传》。

(69)《汉书·食货志》。

(70)《西汉会要》卷四五《鬻官》。

(71)(74)《后汉书·崔骃传》。

(72)《汉书·东方朔传》。

(73)《汉书·杨胡朱梅云传》。

(75)《史记·万石张叔列传》。

(76)《史记·龟策列传》。

(77)《汉书·公孙刘田王杨蔡陈郑传》。

(78)《汉书·赵尹韩张两王传》。

(79)《后汉书·卓鲁魏刘列传》。

(80)《通典·督邮》。

(81)(82)(89)《后汉书·张法滕冯度杨列传》。

(83)《后汉书·皇甫张段列传》。

(84)《汉书·匡张孔马传》。

(85)《后汉书·邓寇列传》。

(86)《通典·职官十三》。

(88)《后汉书·邓张徐张胡列传》。

(90)《汉书·哀帝纪》。

(91)《汉书·儒林传序》。

(92)《史记·范睢蔡泽列传》。

(93)《汉书·百官公卿表》注引《汉书典职仪》。

(94)巫蛊,是古代流行的一种迷信,以为用巫术诅咒及将木偶埋入地下,可以害人。武帝晚年多病,疑为左右巫蛊所致,佞臣江充诬陷太子刘据,太子怒杀江充及胡巫,武帝派兵追捕,太子起兵反抗。激战五日,死伤数万。

后太子兵败自杀,史称巫蛊之祸。巫蛊案即调查审理与此案件有牵连的人和事。

(95)《通典·职官三十三》。

(96)(99)《汉书·尹翁归传》。

(97)《睡虎地秦墓竹简·为吏之道》,文物出版社1978年版。

(100)《汉书·赵尹韩张两王传》。

(101)《汉书·平帝纪》。

(102)《后汉书·宣张二王郭吴承郑赵列传》。

第三章 三国两晋南北朝官制

第一节 三国两晋南北朝官制演变

一、三国两晋南北朝时期的中国社会

三国两晋南北朝时期，从公元 220 年曹丕代汉，到公元 589 年隋灭陈，重新统一中国，共三百六十九年。中国历史在这一时期，基本上处于战乱与封建割据的分裂状态。

东汉末年，各地乘机崛起的军阀与地主豪强势力，共同以武力镇压了黄巾农民起义。之后，相互之间又展开了激烈的兼并战争，因而完全瓦解了秦汉以来形成的一统国家躯壳，使中国历史进入了封建割据的大分裂时期。同时，从官制发展史上，也进入了一个以士族大地主掌握国家权力的特殊阶段。在此阶段，尽管各封建王朝更迭十分频繁，但士族操纵国家政治的实质却依然不变。这一现象，直接影响到了三国两晋南北朝时期各封建王朝的国家机构、政治制度，也涉及到了各王朝官制的各个角落。

在镇压黄巾起义的过程中，东汉刺史、郡守典兵成为制度，州牧既握有军、政、财大权，又有广土众民，实力雄厚。于是，在董卓之乱的推动下，袁绍、曹操、孙策等势力纷纷而起。中央政权变得徒有虚名，皇帝纷纷蒙尘，惶惶如丧家之犬。经过这些豪强之间剧烈的兼并

战争，最终形成了以曹操、孙权、刘备为首的三股最大割据势力，分别建立了魏、吴、蜀三足鼎立的封建政权，历史上称作“三国”。

三国时期，是一个相对稳定的短暂时期。魏、吴、蜀社会经济都有程度不同的发展。为了加强封建中央集权制的社会基础，曹操录用所谓“不仁不孝，有治国才能”(1)的人做官，反对地方豪强集团隐瞒依附农民，这在一定程度上缓和了阶级矛盾，为曹魏政权的建立打下了基础。但是，曹魏政权也是士族政权，它不仅没有触动士族的根基，相反，它也是依靠士族才得以巩固和发展的。

吴、蜀两国政权的创建和发展过程，虽然与魏有所不同，但在依靠士族豪强这一点上，也都是共同的。

公元280年，在中国南北经济得到明显恢复和发展的基础上，晋武帝司马炎最后灭吴，统一了中国，建立了晋朝，史称西晋。但由于西晋政权是由皇族司马氏、诸王公、外戚和豪门士族组成的，建立之初，虽然也实行了一些有利于统一的积极措施，但西晋的统治者没有经历过大规模的农民起义的教训，政权建立本来就是由于司马氏三代相继掌握曹魏的军政大权，靠高级士族拥护而取得的。所以，西晋从建国开始，高级士族的贪暴，土地的兼并，就极为严重。土地的高度集中，不仅沉重地打击了农民，且把失去土地的大批农民赶进地主家园，成为依附于大地主的所谓依附农民。同时，由于土地所有权又是政治权力的源泉，土地的兼并必然导致统治阶级内部在政治上争权夺利。于是，终于爆发了“八王之乱”。而与西晋政权处于对立状态的各族人民，也趁西晋统治集团内部相互争斗而削弱之际，纷纷起义。在各族人民反抗西晋统治的斗争中，内迁的匈奴、鲜卑、羯、氐、羌等少数民族的上层统治者，也纷纷起兵，争夺人民斗争的胜利果实。公元316年，西晋为匈奴贵族建立的汉所灭，从此进入匈奴、鲜卑、羯、氐、羌五个少数民族侵入中原，相继猖狂的“十六国”时期。从公元291年“八王之乱”，到公元439年北魏统一北方为止，前后一百五十年间，是中国经济文化中心的黄河流域，遭到几乎是彻底破坏的最黑暗时期。

公元317年，西晋宗室琅琊王司马睿，以江南地区最高军政长官的身份，依靠流亡到南方的北方士族，并在南方地区士族的支持下，在建康（今江苏南京）重新建立其偏安一隅的晋政权，史称东晋。但是好景不长，公元420年，东晋大将刘裕废东晋，自立为帝，建立宋朝。此后一百六十多年间，南方经历了宋、齐、梁、陈四个朝代，成为“南朝”。北方混乱的各国，也为鲜卑拓跋氏统一，建立起北魏王朝。北魏末年，又分为东、西魏，后来西魏又为北齐、北周所取代，北周后来又灭掉北齐。北方一百四十余年，史称“北朝”。直到公元581年，杨坚取代北周政权，建立隋朝，并在公元589年灭了南朝的陈王朝，才结束了从西晋末年以后近三百年的分裂割据局面，重新统一了中国。总之，在三国两晋南北朝时期，围绕着皇权的争斗充满了腥风血雨，比任何一个朝代都残酷复杂，不知道有多少人卷入权力斗争的大厮杀。任何一个朝代的灭亡，都是伴随着皇族的被斩尽杀绝。曾经显赫一时的司马家族，在八王之乱后，已经被逐出名门士族的行列。一些与皇族关系密切的世家大族也都在劫难逃。

封建割据，群雄纷争，王朝频繁更替的历史背景，使三国两晋南北朝时期的官制有了一些新的特点。

三国、两晋的封建王朝都是由手握军事重权的权臣借机逐步建立的。这些权臣在未称帝之前，都网罗了一批幕僚和将领，组成了一套与国家职官队伍并行的机构，并自由行使职权。历史上称这些权臣所独自掌握的政权为“霸府”。及至权臣取得帝位，霸府便成为新王朝的行政中枢。由于霸府的存在，不少官职是在非常时期由权臣根据当时政治、经济、军事形势的需要临时设置的，具有非正规性。但是，当新王朝建立后，这些官职又被承认，从而固定下来。

二、国家机构与官吏制度的演变

三国两晋南北朝时期长期动乱与封建割据的状况，决定了这个时期政府机构变化的剧烈。但从总的发展趋势看，处于汉唐两个朝代之间的三国两晋南北朝时期，政府机构的组织和职官制度的演变，又呈现出明显的承上启下与继往开来的特点。

三国两晋时期，职官制度中最重要的变化就是中枢机构，即直接辅佐皇帝，掌握国家核心机密并参与制定和发布国家政策、政令的机构。

南朝官制在很大程度上继承了魏、晋官制，但由于四朝政治混乱，历史继承关系不同，其官制也有不少改革。另外，北朝是少数民族统治者建立的政权，又与南朝存在着很大的差异。北朝的政治制度一方面反映出少数民族政治、经济、文化发展的特点，同时也表现出汉民族文化的深刻影响，表现在官制上则更加明显。

1. 皇权的卑微与相权的转移

在我国封建时代，皇帝是国家的元首，宰相是政府的首脑。由于三国两晋南北朝长期处于四分五裂状态，使皇权卑落，相权转移，中央集权制受到很大程度的削弱。

在这一时期，门阀盛行，世家大族把持国柄，皇权较秦汉时大为卑落。世家大族有其宗族、宾客、门生、故吏、部曲、佃客和奴隶，以及大量的土地、山泽和庄园，为其社会和经济的基础。他们凭借九品中正制，可以平流进取，巩固政治上的地位。《南齐书·褚渊王俭传》中说："自是世禄之盛，习为旧准，羽仪所隆，人怀羡慕，君臣之节，徒致虚名。贵仕素资，皆由门庆，平流进取，坐至公卿，则知殉国之感无因，保家之念宜切。"在这一特殊朝代，世家大族只追求的是高官厚禄，凭借士族地位垄断国家政权，没有一点忠君爱国之心，脑子里只有自己家族的特权利益。在这种观念统治下，哪里还有皇权的尊贵？稍有不慎，皇帝就有不测之祸，皇位就会易主。对此，《南史》评论道：在国家分裂、政局动荡的年代里，国君的更代，不过是将一家物予另一家耳！(2) 皇权卑落至此，皇位继承制度自然异常混乱。中国历代皇帝世系，晋代最为混乱。两晋一百五十五年共十五帝，其中父子相传者六帝，兄终弟及者五帝，叔死侄继者一，侄崩叔继者一，甚至帝废而叔立者亦有之。当皇帝甚至成了最危险的差事。南朝一百七十年，共有二十二人称帝，被杀的有十四人，两人被废，一人投降。好多皇帝都是危险的摆设。

从东汉到三国两晋南北朝，有一个共同的特别现象，就是宰相既无定员，无定名，也无定职。官制上无宰相，而事实上又有此官。但有一点是明确的，就是凡是总揽大权的，必加上“录尚书事”的称号。不管职务多高，如果不加上“录尚书事”，就是闲官一个，就不能处理日常政务，而录尚书事则是一切公文都必须经他核阅。

西汉时期丞相总领百官，九卿分治天下事。东汉三公总理政务，九卿分隶于三公；中世以后，事归台阁，三公就只作为优礼大臣的崇高官位，但不掌实权。东汉末年曾一度罢去三公。魏初复又设置，有太傅、太尉、司徒、司空，但都不理朝政，无所事事，虚有其名。而所授任此职者，又多是年迈老朽之辈。可见当时作为宰辅之位的三公，虽有备员，但职权已经转移，成了坐而论道之官。曹丕即帝位之后，立即以他的幕僚长为中书监及中书令，这就是中书监、中书令成为实际上的宰相起源。因为曹操曾任汉末丞相，所以魏不再设立丞相，这是鉴于相权过重，左右朝政之故。

晋朝时设时废，省置不一。晋代曾八公并置，以太宰、太傅、太保为上公，又有太尉、司徒、司空、大司马、大将军，共是八公。但皆属遵命之官，而非掌握实权，行使命令之官。

自后经历宋、齐、梁、陈，三公之官职，继承未改，用以尊礼老臣及德高望重的大臣。北朝与南朝相同,均置三公,作为优崇之位。北周以太师、太傅、太保为三公,又置少师、少傅、少保为副,谓之三孤。而以大冢宰为天官,司徒为地官,大司马为夏官,司空为冬官,如《周礼》之制。其后宣帝时又置天、地、夏、秋四官为四辅官。

从东汉到三国两晋南北朝,相权的转移实际上是一个渐进的历史过程。早在东汉光武帝时,就鉴于西汉末年皇帝失权,权臣操纵国柄,所以虽然仍置三公,但将其权力移到了台阁,以尚书台代替相府,成为国家行政事务最高管理机关。尚书台长官尚书令、仆射职权极重,成了事实上的宰相。原来的宰相三公,此时只是徒有虚名的备员而已。所以,魏晋以后,尚书省、中书省、门下省相继出现,他们总揽朝政的过程,就是皇帝为了防止大权旁落,而采取的削弱宰相权力,信任近臣,以加强皇权的结果。

三国两晋南北朝时期相权的日益削弱,是与皇权企图努力得以加强相辅而行的。宰相权力的转移,逐步结束了中央政府的三公九卿体制,开创了三省六部体制。三国两晋南北朝时期,正是这一体制的转换阶段,随之出现的,就是三省机构。

2. 三省制度的产生

三省制度的形成与发展,以及权力关系的演变,大致是东汉政归尚书,魏晋政归中书,南北朝则政归门下。

尚书省原本是皇帝的秘书班子,但因其有亲聆王命的权力,地位就日渐重要,从西汉末年成立尚书台,到东汉时国家朝政均由台阁管理,使尚书台成为实质上的国家最高行政管理机关。到三国曹魏时,尚书台才最终从少府机构中分离出来,成为完全独立的中央政府。由皇帝指定亲信大臣,兼理录尚书事,权力极大,甚至可以总揽并裁决军政大事,是皇帝之下握有实权的最高长官,被正式称为“宰相”。但是,录尚书事并非常设,常设的台长是尚书令,尚书令也具有“宰相”之称。尚书令以下设有协助其处理事务的左右仆射和具体执行政务的左右丞、各曹尚书及其他属官。

西晋时，尚书台权力更大，尚书之职日益显贵，尚书郎甚至可以出任太守，随着尚书台地位的日益重要，到南朝刘宋时，已有“尚书省”的称谓。到南朝梁时，正式成为尚书省，并设六曹尚书。而北朝尚书正式称为省，则从北齐开始。可见，在南北朝时代，作为中央政府最高行政管理机构的尚书台，已正式称为尚书省了。尚书令是事实上的宰相，“省”是宰相机构。宰相只是换了一个新的名称——尚书令。

中书省的设置，是在曹丕称帝以后，为了加强应付曹魏政权内外的斗争，同时也为了牵制日益发展的尚书令的权力，维护以皇权为中心封建君主专制政权，将原来的秘书监改为中书省，设中书监、中书令。中书监、中书令在秦汉时只不过是掌管宫中书记的小官吏，而且一般由宦官担任，曹丕则改为由士人担任。由于中书更接近皇帝，负责起草诏书圣旨，审理奏章，掌管机密档案，所以权力不断增加。中书省成立后，凡出纳王命、覆奏大小事宜的权力，就逐渐由尚书省移交到中书省。形成这种态势的原因，不外乎出于皇帝害怕大权旁落。从西汉武帝以来的历史发展可以发现，贴近皇帝左右的大臣，不断发展成为政治的中枢，这就犯了封建皇帝的大忌。尚书本来只是皇帝一人的近臣，一旦演变成为掌管中央政府的宰相，权尊势隆，皇帝就对他开始警惕，对其疏远。到了魏末，尚书省成了执行机关，而中书省成为出令机构，中书令又成了真宰相。

晋代中书监、中书令在名与实上两方面俱可称为宰相。到东晋时，中书监、令多由诸公掌管，权力更重。随着朝廷权力中心由尚书省向中书省的转移，中书令的权力逐渐超过了录尚书事及尚书令。大臣如果由中书监、令出任尚书令，往往感到官场失意，成为落架的凤凰。同样，如果尚书令出任中书监、令，又往往春风得意。

至南朝，刘宋时中书监仍居宰相之任，总理朝政。梁、陈时，中书监、令的权任更重，地位愈贵。但由于南朝皇帝多数出身寒门武人，他们对于士族权贵保持国家大权，存有很大的戒心。所以，自刘宋以后，中书之权逐渐转移到了中书舍人。天子对高门华族的尊官无法指挥，而倚重寒门出身的中书舍人，因而在宋齐梁陈时代，中书舍人号为“恩幸”，拥有很高的威望。梁、陈时，大凡国家政事，一并由中书省负责，原来的尚书诸曹，总领国内机要，而此时尚书变成只有听命的分了。

中书省这种演变趋势，是因为魏晋以来，士族高门基本上垄断和把持了中书监、令之位，于是南朝君主才在中书省中任用寒门近臣，寄以心腹之任。人寒微则政事勤，位卑下则易控制。这就是南朝以来中书舍人渐能把握权柄的原因。

北魏、北齐也设有中书省，其监、令，同有宰相之称，但总的比较，北朝因侍中之权特重，中书舍人之权势不及南朝炙手可热。

总之，中书省在三国两晋南北朝时期，由管理尚书奏章、传递文书，变成发布政令、操纵实权的机构。

门下省的形成，是皇帝又恐怕中书省权势过大，所逐渐采取的钳制办法。在魏、晋时采取侍中参与国家大政，并逐渐发展成为独立决策机构。

作为门下省长官的侍中，在秦时只是侍从和备皇帝顾问文学、天象、礼仪的小官，因其职掌殿内往来奏事和侍从皇帝，故谓之侍中。两汉时侍中职权逐渐提高，东汉中叶建置侍中寺，隶属少府。因其常在皇帝左右，故而得以代皇帝批阅尚书奏事。到三国曹魏时，侍中已和尚书共同参议国事，甚至在尚书之前。晋代则发展成为门下省，所主管的政事不断扩大，凡军国大政，皇帝都要征询侍中的意见。门下省的地位显然比尚书省、中书省更为重要，其职权已很像宰相。

魏晋以来置侍中四人，每当皇帝上朝，侍中与散骑常侍居于皇帝左右，备天子顾问咨询，拾遗补缺。南朝宋、齐、梁、陈各代置侍中四人，总掌国家核心机密，拥有参断裁决之权，已成为宰相之一。天子对侍中的信任，远胜于徒有虚名的三公。

北朝尤其重用门下省，多以侍中辅政。北魏、北齐并置侍中六人，掌献纳、谏正、进御之职，参与诸公论决政事。北周初置御伯，后改称纳言，也由侍中充任。

侍中之下，设置给事黄门侍郎四人，散骑常侍四人，给事中和谏议大夫数人至数十人不等。魏晋以来，黄门侍郎实际上成为门下省副长官，出入禁中，近侍帷幄，与侍中共同管理门下省诸事。南朝齐时称侍中为“门下”，而称黄门侍郎为“小门下”(3)。北魏时黄门侍郎甚至掌管机要，参议大事，有“小宰相”之称(4)。魏晋时又设置散骑常侍，与侍中、黄门侍郎共同平章尚书奏事。晋时对此官的人选，十分重视，不亚于对侍中的选拔。

可见，门下省作为独立的决策机构，始于晋，至南北朝正式居于宰相之任。

三省制对于封建国家政事政务的推行实现，是有其合理性及优越性的。三省制度作为国家的中枢政务机关，把制令机关——中书、封驳审议机关——门下，与行政事务机构——尚书，置于既分工又合作的关系之中，并且明确了政务机关与事务机关的职责，这表明国家机构已经发展到了相当的水平，是中国封建社会中典范化的制度。由于三省长官各为握有实权的宰相，这样，从秦汉独相制发展到群相制。从相权的分割中，反映了在国家处于动荡分裂状态下，统治者不断削弱相权以加强君权。三省长官的互相牵制，不仅有利于维护以皇权为中心的封建专制统治，而且便于统治者谋划与决策军国大事。

国家机构的变化，首先从中央机构表现出来，因为中央机构，尤其是中央核心机构都与皇权有着直接的关系。一旦这个机构对皇权构成威胁时，皇帝就要疏远这个机构，再创造出一种机构来。越是混乱的时期，皇权越没保障，越没保障，越不断地产生新的机构与职官。三省制的产生就是如此。

三省制度的形成，以及由此产生的中枢机构的调整，是三国两晋南北朝时期国家机构与职官最重要的变化。

3. 诸卿制度的衰微

秦汉时权大任重的九卿，到了三国两晋南北朝时期，虽仍具备，但其职权受到了逐渐削弱。晋初曾有完全废除或部分合并精简的打算，但一来由于当时国家四分五裂，九卿机构的沿袭旧章可以作为权宜之计；二是因为士族当权，公卿世家平流进取升官的众多，留下这些机构正好可以安置这些实际上富裕的不学无术之徒。所以，九卿制度衰微了，机构却依然庞大，职官人数众多。机构增多，人浮于事，这是政治腐败最大的标志。

三国两晋南北朝时期，诸卿制度衰微的重要标志是存废无常。职权多被替代者，有太常卿、光禄卿、太仆卿、卫尉卿、宗正卿、司农卿、鸿胪卿。只有廷尉卿和少府卿机构比较稳定，职权变化不大。

诸卿衰微的原因，一是国家机构的发展，政务事务范围不断扩大，这些原有的机构只能退化。二是该时期动荡不定的封建割据状态，造成军权高于一切，皇权旁落，因而主要以皇家事务为职能权力的九卿制度随之破坏。三是三省制度的形成，制约了士族权柄，也弥补了九卿制度衰微而造成的中央政府机构效能的削弱。三国两晋南北朝时期，九卿中惟有廷尉、少府二卿未受到削弱，正是因其职掌镇压与财政之故。相比较来说，廷尉与宫内关系稍远一些，不是直接服务皇宫的部门。

综上所述，三国两晋南北朝时期，相权的转移，三省制的形成，九卿制度的衰微，标志着这一历史时期职官制度中最重要的变化。这是三国两晋南北朝官制的特点之一。另外，三国两晋以后，因为动乱频繁，军事占有重要地位，所以所有身任要职的职官中，多半带有将军称号，但不一定带兵。其中特别尊贵者或最有实力的权臣，则加以大将军的称号。这是三国两晋官制的另一显著特点。

第二节　中央机构与职官

一、三国曹魏中央机构与职官

魏、吴、蜀三国的官制，基本上是东汉政府机构与职官的缩影，但也有一些变化，其中最大的变化是中枢之权从三公归向尚书台，并且从魏开始，官职以品级定高下次第。我们集中叙述曹魏的官制，亦可由此了解吴、蜀。蜀汉、孙吴职官可以说没有多少新意，与曹魏官制大同小异。

曹魏以太尉、司徒、司空为三公，但如前所述，都不担任实际职务，也不参与朝政。左右光禄大夫，汉属光禄勋，魏晋时提高为“位从公”，在三公之下，多为加官，以示显要，不再隶属光禄勋。三公各有属官长史一人，千石，第六品；司马各一人，千石，第六品，掌兵马；从事郎中各二人，千石，第六品，掌参谋决策；主簿各一人，第七品；掾属舍人若干人。

三国时期中枢官制的变化，最重要的是中书监的设置，尚书台的独立和侍中地位的上升，为后世的三省制奠定了基础。而少府及光禄勋的职权范围大为缩小。

侍中寺　侍中寺为汉灵帝熹平六年（177 年）设立，到曹魏之时，侍中地位尊贵起来。侍中寺置侍中四人，掌规谏，并与散骑常侍在皇帝登殿时，服侍左右，任顾问，皇帝有什么疑问，他们随时做出解答。太中大夫、中散大夫、谏议大夫、议郎，这些文职侍从，均脱离光禄勋，改为隶属侍中，掌管顾问应对。

录尚书事　以拥有重权的公卿担任此职,但非常设。其位相当于宰相,有的则正式称为宰相,但不由尚书台隶属。

尚书台　曹魏开始,尚书台从少府中独立出来,尚书台由内廷部门转为外朝机构。尚书台长官为尚书令,掌管选举官员,总典纪纲,出征则以行台随从。尚书令官品为三品,官秩为千石,编制一人。尚书令属官有尚书仆射,三品,官秩六百石,编制为一至二人,二人时为左右仆射。尚书令缺位时,以左仆射代之。尚书仆射下又置吏部尚书、左民尚书、客曹尚书、五兵尚书、度支尚书,这五曹尚书各为一人,官品为三品,官秩为六百石,分别主管选举百官、修缮工程、外交事务、管理兵政、财政收支等政事。尚书分五曹掌事,使九卿事务减轻。五曹尚书下有尚书左右丞各一人,六品。左丞主管尚书台内禁令执行、宗庙祠祭、朝议礼制。右丞掌管台内库藏庐舍,凡诸器用之物,督催纪录远道文书表章奏事,有点类似于现在的公物管理员。尚书丞之下有尚书郎,六品,四百石,编制二十五人,分别为殿中、吏部、驾部、金部、虞部、比部、主客、祠部、度支、库部、农部、水部、仪部、三公、仓部、民曹、二千石、中兵、都兵、外兵、别兵、考功、考课等二十五曹郎,分管各类军政具体事务。

中书省　曹丕即位之后,感尚书台权力太大,设立中书省,置中书监、中书令各一人,并掌机密,均为三品官。中书省掌管例行公事,若有密诏下达州郡和边防将领,多由中书省拟发诏书。草拟诏书原归尚书,自从设置中书监、中书令,中书省遂掌机要,同时评议尚书奏事,尚书权柄逐渐减少,中书令则成为真宰相。《通典·职官·尚书省》称:“魏置中书省,有监、令,遂掌机衡之任,而尚书之权渐减矣。”尚书省所以职权小了,就是因为不能再典掌机要,草拟诏命。中书令下有中书侍郎四人,均为五品官。再下为中书通事舍人一人,七品官。中书通事舍人也叫舍人、通事。

秘书省　秘书省建于汉末桓帝时期。其任务掌管宫中图书与秘籍，很快废除。曹操担任魏王之后，又设立秘书令，除了日常的图书管理外，还“典尚书奏事”，参与军国大事的决策。魏文帝曹丕“分秘书，立中书”，改秘书令为秘书监，设立中书令、秘书监负责管理宫禁内的图书，称之为内阁，御史台管理宫禁外的图书，称之为兰台，也就是外台。一开始秘书监属于少府管理，明帝景初年间(237—239 年)，秘书省独立设置。秘书省实际就是国家图书馆。秘书省设秘书监、丞和秘书郎、校书郎等职官。秘书监为第三品。秘书省除了掌管对图书古籍收集保管外，还有整理考校之责，因此，担任秘书监的多为有深厚文化底蕴的文人。

太常　卿一人，职掌同汉代，主持宗庙，在诸卿中与光禄卿位居前列，为上卿。下有丞一人，主簿一人。又有三老、五更。属官有博士，也叫太常博士、五经博士、协律都尉、太乐令丞等，名虽不同，实则一职。魏晋时宗庙制度荒废，传统的祭祀活动地位下降，太常卿无事可做，其下属少卿、丞、主簿等员，也只能赋闲。魏文帝于黄初五年(218 年)正式在洛阳建立太学，制定五经课试的办法。置太学博士祭酒一人，五品；太学博士十九人，直接主管教育。国子祭酒就成为太常卿的属官。除此之外，太常卿属官还有太史令、太庙令、太乐令、明堂令、诸陵令与协律校尉等令、丞。

光禄勋　卿一人，掌宫殿门户，下有丞一人。所属有左右虎贲、羽林中郎将、守宫令、守宫丞、掖庭令、掖庭丞、清商令、清商丞、暴室令、华林园令等。魏晋以来，光禄勋不再居禁中，不再掌三署郎，只在外宫朝会时点卯列名而已。

卫尉　卿一人，掌徼循事，即掌管宫门屯兵，守夜巡逻，城门禁卫。下有丞一人。属官有公车司马令、卫士令、左右督侯等。

太仆　卿一人，掌舆马。下设丞一人。属官有车府令、丞，考工令、左右丞，乘黄厩令、丞，骅骝厩令、丞，典牧令、丞，牧官都尉、典虞都尉等。

廷尉　卿一人,主刑罚狱讼。三国时期,均置大理,后改为廷尉。廷尉属官有少卿、廷尉正、廷尉监、廷尉平、廷尉律,以及主簿、狱丞、司直、律博士、明法掾、槛车督等员。而以正、监、平三属官最为重要。廷尉职掌刑罚诉讼,为三国两晋南北朝时期最高司法审判机关。

大鸿胪　卿一人,掌诸侯及四方部族朝贡,郡国上计献策,封拜诸侯,吊谥护表。属官有少卿、丞、主簿、客馆令等员,但皆是清闲之职。

宗正　卿一人,管皇族宗人图牒,掌管皇室亲属及宗室犯法者。有丞一人,及其他属官。

大司农　卿一人,掌金谷钱帛,郡国计簿,边郡调度。有丞一人,部丞一人。属官有太仓令、太仓丞、导官令、导官丞等。

少府　掌王室财政及御服用诸物和珍宝膳食等事,职权较重。卿一人,丞一人。属官有材官校尉、太医令、太医丞、太官令、太官丞、上林苑令、上林苑丞、御府令、御府丞。另有钩盾令、中仓府令,尚方中、左、右三令,平准令,下皆有丞。

魏中央职官其他列卿还有:

执金吾　掌宫廷以外警卫事宜,并管兵器。有丞一人,属官有武库令。

将作大匠　掌土木建筑。有丞一人,属官有右校令。

都水台　曹魏增设都水台,主管全国舟船水利设施建设。都水台设都水使者,第四品;都水参军,第七品;都水使者令史,第八品。以后又设置水衡都尉,第四品,"主天下水军舟船器械"。河堤谒者、左、右、前、后、中五水衡。都水台其他属官有主簿、录事等。

宫卿有太后三卿:卫尉、少府、太仆。皇后有大长秋。太子太傅、少傅、詹事等。

三国曹魏中央官制简表

机构	职官	品级	备注
相府	相国(大丞相) 中卫将军、骁骑将军 军师祭酒 中军师、前、后、左、右军师 左右长史	第一品 第四品 第五品 同上 第六品	官分九品始于曹魏,与"九品中正制"有别。
尚书省	尚书令 尚书仆射 尚书	第二品 第三品 第三品	尚书令与左右仆射五尚书合称"八座"。
中书省	中书监、中书令 中书侍郎 中书通事舍人 著作郎 著作佐郎	第三品 第五品 第七品 第六品 第七品	中书省正式设立始于曹魏。
秘书省	秘书监 秘书左、右丞 秘书郎	第三品 第六品 同上	
御史台	御史中丞	第四品	
寺　监	略		

二、两晋中央机构与职官

西晋、东晋时期,政治腐败黑暗,国内战乱不已,其官制大体沿袭曹魏旧制,没有多大的创新,只有少数变化。

丞相与八公并置:

晋官制并无丞相一职,但实际上则有其官。晋初不置丞相,晋惠帝时改司徒为丞相,后又罢丞相复置司徒,以后省置不一。西晋时,一些权臣利用任丞相之机,大权独揽,上胁天子,下压群臣,酿成多次内乱和诸王混战,这是从汉末曹操当丞相以来造成的后果。丞相时设时废,有时候虽然没有丞相的职官,但是却有宰相权臣。

这些丞相都是西晋诸王。这些诸王对待皇帝,一个个都如曹操对待汉献帝一般。所以,晋朝的皇帝虽然贵为皇帝,日子却着实可怜,有的如同汉献帝一样悲惨。

丞相一般都置有众多僚属。西晋时,赵王司马伦为相国,相府设有左右长史、司马、从事中郎四人,参军二十人,主簿、记室督、祭酒各四人,掾属四十人。属官东西曹又置掾属四十人。琅琊王司马睿(即晋元帝)为丞相,属官除了长史、录事、记室掾属外,各曹设有二十个,诸如东曹、西曹、刑狱、城局、水曹等掾属。

丞相以下,有所谓八公。以太宰、太傅、太保为上公,皆置官府。上公之次为三公,即汉魏以来的太尉、司徒、司空,也是有职无权,只表示对大臣的尊崇而已。三公之次为"两大",即大司马、大将军,合称八公。八公开府,置设长史一人,秩千石;西阁东阁祭酒、西东曹掾、户仓贼曹令史各一人;御属阁下令史、东西曹仓户贼曹令史、门令史、记室省令史、阁下记室书令史、西东曹学事各一人。除此之外,司徒增设左右长史、主簿、东西曹掾属各一人;司空增设导桥掾一人。如果主兵,增设司马一人,从事中郎二人,主簿、记室督各一人,舍人四人;兵、铠、士曹、营军、刺奸、帐下都督、外都督、令史各一人。如果三公为持节都督,增设参军六人。此为西晋八公,东晋诸公公府设置长史、仓曹掾、户曹掾、东西阁祭酒各一人,主簿、舍人各二人,御属二人,令史无定员。还有好多属官。尽管八公只是"论道经邦,燮理阴阳",没有什么实质性的工作,但是衙门机构职官却是非常完备,反映了两晋政治的腐败。当然,能够开府也绝非仅仅是"论道经邦,燮理阴阳"的划桨之事,国家大政往往由他们说了算,尤其是在他们"录尚书事"的时候。

八公以下有"位从公"之名,同于魏。凡开府仪同三司的,均为位从公。开府是指开设府第,设官置吏;仪同三司是说衙门仪仗设置同于太尉、司徒、司空。开府成为地位尊贵的象征。

两晋开府仪同三司的高官不在少数，士族的虚荣心在开府上得到满足。

录尚书事　公卿权重者充任，总揽朝政纲纪。诸公如果加“录尚书事”即可总领百官，“职无不总”。如果录尚书事加上“总录”二字，那就权力大得不得了。录尚书事可能是一人，也可能是几人，但是总录尚书事就是只有一人，也就是一人说了算。到晋惠帝时，太宰河间王司马颙、太傅东海王司马越创造了“皆录三省尚书秘书事”，朝中所有部门都录着，比总录的权力还要大。在这样的丞相下，晋惠帝的日子如何，也就可想而知。

尚书台　长官为尚书令。次官为仆射，有时置一，有时置左右二人。其次为列曹尚书。西晋、东晋尚书令编制均为一人，第三品；仆射一名或者两名，第三品；曹尚书第三品；西晋初年尚书分别是：吏部、三公、客曹、驾部、屯田、度支。西晋太康年间尚书分别是：吏部、殿中、五兵、田曹、度支、左民。尚书属官有尚书丞，官品无考；尚书郎为第六品。西晋置吏部、三公、客曹、驾部、屯田、度支六曹，中间也有数目或名称的变化，但西晋末年，仍是六曹尚书。东晋则设吏部、祠部、五兵、左民、度支五尚书。在整个南北朝时期，曹尚书多少不一，有时设六曹，有时五曹，有时七曹八曹。在尚书仆射以下，有左、右丞。列曹尚书之下有尚书郎，分曹主事。尚书省的具体工作都是尚书郎主持，所以，尽管尚书郎级别低，但还是为许多士人所看重。《乐府诗集·木兰诗》就有“木兰不用尚书郎”，尚书郎之影响可见一斑。最为看重的还是吏部的尚书郎，门阀士族一般都是做高官，要当尚书郎，就当吏部的尚书郎。西晋尚书郎有三十五人之多。东晋偏安江南，国土狭小，尚书省各曹不得不进行裁减，仍然有十五尚书郎。晋朝尚书省由决策机关变成政务机关，职权虽然小了，但是职能范围却扩大了，所以人员急剧扩充。东汉时期，尚书省只有令史十八人。晋朝尚书省有都令史八人，正令史一百二十人，书令史一百三十人。也就是尚书省除了尚书令、左右仆射、左右丞、各曹尚书及尚书郎外，光令史类官员就有二百五十八人。尚书省成了庞大的政务机构。

中书省　晋时因沿袭曹魏建制，置中书监及中书令，掌机要，均为正三品，秩千石。中书监、令虽然级别相同，但事实上监比令地位要高。中书监、令之下为中书侍郎，其职责“副掌王言”，为中书省副长官。中书监、令也是事实上的宰相。《通典》讲，中书监、令“常管机要，多为宰相之任”。“魏晋以来，中书监令掌赞诏命，记会时事，典作文书，以其地在枢近，多承宠任，是以人因其位，谓之凤凰池焉”(5)。正由于如此，中书官员谁都不愿意离开凤凰池。中书监荀勖由中书监迁任尚书令，就大发牢骚“夺我凤凰池”。因为中书省职尊重权，往往中书监、令被士族所把持，尽管年老多病也不愿离开，甚至交给儿子主持中书省的事务，其他部门不能染指。中书省有中书监一人，中书令一人，中书侍郎四人，通事舍人若干人。《初学记》称：“通事舍人，自晋宋以来，唯掌呈奏，宣王言，甚用事”。通事舍人为第七品。中书通事舍人所以被重用，因为他们级别很低，都是出身庶族，皇帝要利用庶族官员夺士族的权力。其下还有主事、令史等，级别较低。

门下省　侍中、给事黄门侍郎俱掌管门下诸事，因此得名。门下省由侍中寺演变而来，正式称为“门下省”，则始于晋。门下省置侍中四人，给事黄门侍郎四人。如用以加官，则无定员。侍中是门下省正长官，给事黄门侍郎则是副长官。侍中的职权是参与机要，值侍天子左右，备顾问应对献策。天子出巡则负责掌天子印玺，位尊而权重，也是事实上的宰相。侍中还常常代表皇帝与公卿们辩论朝政。他们的观点往往代表着皇帝的思想，公卿们不得不考虑。能够与公卿辩论当然都是才学之士，如竹林七贤的山涛就是晋武帝的侍中。作为加官的官职还有诸常侍、给事中等，其职为共同平议尚书奏事。东晋时废止。门下省之属有散骑省，长官为散骑常侍。散骑省虽然名为省，但隶属门下省。散骑省除了散骑常侍，还有散骑侍郎、给事中、通直散骑常侍、员外散骑侍郎和“奉朝请”。员外散骑常侍、员外散骑侍郎、奉朝请没有编制员额限制。正由于散骑省机构庞杂，人员众多，职能也开始向文书档案倾斜，所以，到南朝刘宋时散骑省被集书省所取代。

秘书省　晋武帝将秘书省并入中书省，改秘书丞为中书秘书丞。晋惠帝复置秘书省，设秘书丞二人，为第六品。属官有秘书郎，也称“秘书郎中”。晋初将秘书省所掌图书分为甲乙丙丁四部，设四个秘书郎分掌。因为掌管国家图籍，所以，秘书郎成为清要之职，很多人趋之若鹜，但是秘书郎职数有限，不是随便什么人都可以得到的。秘书省属官还有校书郎、令史、正字录事、儒林郎、文林郎、楷书郎等职官。

著作省　著作省为曹魏明帝太和(227—232 年)年间设立。著作省隶属于中书省。西晋将著作省改属秘书省，称为“秘书著作”。著作省置著作郎、佐郎八人，主掌国史修撰。无论是著作郎还是佐郎，要求条件很高，必须要有较高的写作水平。有时候著作郎由有文采的高官兼任。

同曹魏一样，两晋虽然有了中书、门下、尚书与散骑省，但为了安排门阀士族，九卿机构都保留下来，但其职权逐渐被三省剥夺。东晋的桓温发出了这样的感叹：“今事归内台，则九卿为虚设之位”，“唯太常、廷尉职不可缺”，其他“职无所掌者皆并”。(6) 所以九卿没有被省并，是为了安排门阀士族当官。因为台阁官员职数无法满足他们做官的需求。各个朝代，利用九卿机构安置大批士族闲人冗官，正由于如此，九卿被称之为“外寺”。

太常　两晋太常居列卿之首，长官为卿，第三品。属官有太常丞，曹魏时为秩比千石，两晋为第七品。所属有博士、协律校尉，又有太学博士、祭酒，还有太史、太庙、太乐、鼓吹、诸陵等令。

光禄勋　统虎贲中郎将、羽林中郎将、冗从仆射、羽林左监、五官、左中郎将、右中郎将及东园匠令、太官令、御府令、守宫令、黄门令、掖庭令、清商令、华林园令、暴室令诸令。其职掌同于曹魏，但由于其一些职官移交中书、尚书、门下，剩下的部门都远离皇室，不被重视，只是“外宫朝会，则以名到”。光禄勋还一度被撤销。

卫尉　汉朝的卫尉掌宫门警卫，但是晋朝的卫尉却是“掌冶铸”，“领冶令”，已经与卫尉的名字风马牛不相及。卫尉属官有少卿、卫尉丞和主簿，下有武库、公车、诸冶等令，主管兵器制造。在晋朝，江南有冶令三十九，冶户五三五〇户。东晋时省减了卫尉这一职官。

太仆　太仆置卿一人，主掌太仆，属官有少卿、主簿等。西晋太仆变化不大，任务还比较多，这与其职掌有关。太仆辖有典牧、典虞都尉、典虞丞、左右中典牧都尉、车府典牧，及乘黄厩、骅骝厩、龙马厩等令。东晋太仆不常设。西晋的一些太仆内设机构，东晋以后不见记载，可能取消了。

廷尉　主刑罚狱讼，属官有廷尉正、廷尉监、廷尉平，并有律博士等。廷尉被桓温称为九卿之中“职不可缺”的二卿之一。言下之意，其他部门可有可无。自晋以来，廷尉正、监、平，铜印墨绶，朝服法冠，出门有白盖小车，在九卿之中还算显赫，被称为“廷尉三官”。审判案件时，三官均为必须出庭审判的法官。廷尉其他属官还有左右狱丞，负责监狱管理。

大鸿胪　所辖有大行、典客、园池、华林园、钩盾令等。又有青宫列丞、邺玄武苑丞。大鸿胪卿的职掌已经远不如汉朝，主要管理“胡事”，也就是少数民族外事活动。因为外事活动少，省置无常，有外事活动，就让他官兼充。大鸿胪属官有少卿、鸿胪丞、主簿、典客令等。

宗正　掌皇族宗人图牒，统太医令史，又有司农掾。宗正一开始还属显赫官职，晋武帝让扶风王司马亮兼理宗正，随着皇权式微，宗正也就显得可有可无。东晋哀帝时根据桓温建议，将宗正并入太常，其他下属机构也进行了分解，太医令改归门下省。士族世家的桓温根本就不把皇族放在眼里。曾经显赫的皇族管理机构沦落至此，皇帝地位也就可想而知。

大司农　统太仓、籍田、导官三令、襄国都水长、东南西北部护漕掾。东晋哀帝时将大司农并入都水，孝武帝时又复置。大司农属官有司农丞、主簿、太仓令、导官令、平准令、籍田令、钩盾令等。各个令之下又都设丞。

少府　设少府卿、丞、主簿等官。少府卿统材官校尉、中左右三尚方、中黄（中藏府名）左右藏、左校、甄官（管砖瓦建筑材料）、平准、奚官（掌皇宫人员看病就医、罪罚处理、死后安葬等）等令，左校坊、邺中黄、左右藏、油官等丞。到魏晋，少府虽然还是服务宫廷的机构，但其地位已远不如秦汉。但少府又是一个很特殊的机构，特殊就特殊在少府产生了三个宰相机构——尚书、中书和门下三省。这是九卿中其他衙门所不曾有过的。在魏晋时期、尚书省、中书省、门下省，还有御史台以及集书省、著作省、散骑省等，都从少府中分离出来，尚书令、侍中、中书以及黄门侍郎、御史中丞，不再是少府的属官，而成为少府的上司，成为权势无比的宰相。这一切源于皇权与相权的矛盾，源于皇权的式微。这一切都是以皇位甚至是皇帝的生命为代价换来的。

其他：

将作大匠　有事则置，无事则罢。

御史中丞　为御史台主，掌律令、诏狱及廷狱罪罚不当者。两晋沿袭曹魏旧制，以御史中丞为台主。御史中丞属官有，治书侍御史四人，后裁二人；侍御史九人；侍御史分理十三曹：吏曹、课第曹、直事曹、印曹、中都督曹、外都督曹、媒曹、符节曹、水曹、中垒曹、营军曹、法曹和算曹。西晋又置督司百僚。凡是皇太子以下的文武百官，只要在“行马”之内违纪的，皆得纠弹。行马指的是宫廷、官署衙门前拦阻人马通行的栅栏，代指宫廷，也就是宫廷官署官员违纪的都可以纠弹，以外的官员违纪则属于司隶校尉的职权范围。西晋还设殿中侍御史四人，东晋时裁减为二人。两晋都是士族绝对统治的朝代，所以，虽然国家设立了监察机构，但只是摆设，根本不能约束士族高官的违法乱纪。余姚县令查处士族大家荫户二千余户，准备要做处理，县令还没有来得及处理，就遭到士族的反对，县令被免职了。两晋政治已经没有什么正气可言。

此外还有符节御史、谒者仆射、都水使者等。

太后三卿为卫尉、太仆、少府。

皇后卿为大长秋。

太子卿太傅、少傅。

三、南朝中央机构与职官

宋、齐、梁、陈相继建都建康（今南京市），称之为“南朝”。

南朝官制，大体沿用魏晋之制，但由于四朝政治混乱，其官制也有不少改制。

三师、三公　三师即太师（或称太宰）、太保、太傅。三公即太尉、司徒、司空。南朝除齐只设太傅外，三师、三公的机构均保持下来。但三师、三公虽然贵为一品，已无实权，是坐而论道之官，也没有实际职务，基本属于赠官。与三公情况相同的是大司马、大将军、丞相、相国等设置，虽然也是一品高官，但多数都成为赠官。

尚书省　魏、晋之时，尚书省成为尚书台，到南朝刘宋时，已有尚书省之称，但通常亦称尚书台。尚书省设尚书令一人，左右仆射各一人，置吏部、祠部、度支、左户、都官、五兵、起部七尚书。如果说南朝在官制上有什么可圈可点的话，就是尚书省所辖七部已经比较明确。到了南北朝后期，尚书省不再执行决策的职能，而成为中央政府的最高行政管理机构，《通典》称“举国机要，奚在中书；献纳之任，又归门下；而尚书但听命受事而已”。尚书令虽然是三品官，但却是事实上的宰相，“省”则成为宰相机构。尚书令、仆射、尚书均是第三品，千石。尚书之下设立二十曹，尚书省还设有左右丞，第六品，四百石。在七尚书中，权力最大的是吏部尚书，掌管铨选。由于南朝门阀士族占据绝对统治地位，所以，所谓铨选也就是根据所谓的名门望族门第的高低，他们祖、父曾经担任官职的大小来铨选。担任吏部尚书的多是士族大家之人，一般家庭出身的即使有才能但是不熟悉江南门阀士族的族谱也很难胜任，也不敢当吏部尚书。王、谢家族有的祖孙三代担任吏部尚书。他们担任吏部尚书自然没有任何公正可言。有时候皇帝为了与门阀士族争夺用人权，也任用寒门出身的官员，但是他们根本无法担任下去。在门阀士族的垄断下，尽管南朝各个时期经济都非常困难，但是官员却是只增不减。他们根本就不考虑国家的前途，而只考虑士族的统治，“员外、常侍，路上比肩；谘议、参军，市中无数”。也正由于如此，无论是魏晋，还是北朝南朝各个朝代，没有一个长命的。总结历史经验，凡用人腐败的王朝，盛产贪官的政权，无不短命而亡。

中书省　置侍中四人，第三品。其下给事黄门侍郎四人，也是三品官，散骑常侍四人，给事中和谏议大夫数人至数十人不等。南朝时，侍中已掌国家核心机密，拥有参议决策之权，成为宰相之一。南朝的中书省同其他机构一样，也是一直被门阀士族所把持。宋武帝刘裕虽然出身寒门，但是他无法在朝廷和地方削弱士族的权力，不让他们把持中书省，就采取加大通事舍人的权力，来与士族抗衡。一些出生寒门的官员被任命为通事舍人，宋武帝将国家政务直接交给他们办理。宋武帝对中书舍人的信任远胜过对三公和尚书省以及中书省长官。原来被士族看不起的通事舍人成了要职。萧齐武帝设置中书舍人四人，梁朝、陈朝也都设置中书舍人。陈朝“国之政事，并由中书，省有中书舍人五人，领主事十人，书吏二百人。书吏不足，并取助书。分掌二十一局事，各当尚书诸曹，并为上司。总国内机要，而尚书唯听受而已”。中书舍人取代了中书监、令。中书舍人从不为士族重，到掌管诏诰，兼理国政，是南朝皇权与士族势力斗争的结果。

门下省　置侍中四人，第三品；给事黄门侍郎四人，也是三品；散骑常侍四人，给事中和谏议大夫数人至数十人不等。南朝时，侍中已经开始掌握国家核心机密，拥有参议决策之权，成为宰相之一。侍中秩比二千石，黄门侍郎则是六百石。侍中同时又是皇帝的亲信侍卫，原来卫尉、少府所属的一些机构都归于门下。因为侍中是皇帝的侍卫机构，担任侍中的往往都是美男子。这些美男子不少成了皇帝的男宠，有的形同同性恋。所以，时人称侍中为门下，称黄门侍郎为小门下。由此可见南朝上层政治之腐败。

集书省　南朝刘宋设置集书省。集书省置散骑常侍、通直散骑常侍各四人，员外散骑常侍、给事中、奉朝请，均无定员。就是因为无定员，成为皇帝安排闲官的大好场所。萧齐之时，光奉朝请就有六百多人。集书省官员的职责是：“常侍从左右，献纳得失，省诸奏闻文书。意异者，随事为驳；集录比诏比玺；为诸优文策文，平处诸文章诗颂。”(7)陈朝散骑常侍为三品，中二千石；通直及员外常侍并为第四品，二千石；散骑侍郎，千石，第五品；通直散骑侍郎，千石，第六品；给事中，六百石，员外散骑侍郎四百石，均为第七品。集书省的设置就等于在中书、门下、尚书三个宰相机构的同时，又多了一个准宰相衙门。这些机构的设置一方面是南朝的最高统治者为了与士族争夺权力，另一方面也说明南朝统治者虽然已是小国之君，但是却很会讲排场。

秘书省　在南朝秘书省更是成为清要之职,不是一般人物能担任的职务,往往是人望极高的侨姓士族才能担任。凡是担任秘书郎的,往往很快就能升迁,因为南朝梁规定,要担任尚书令、左右仆射,必须担任秘书郎。南朝一般设立秘书郎四人。按规定,秘书郎必须是文化水平很高的文人充任,但由于南朝士族统治,担任秘书郎的常常并不是才学之士,而多是江左贵游少年,也就是士族少年郎。秘书郎成为这些贵游少年郎攀登高官的阶梯。

魏晋南北朝时期九卿虽然如同桓温所说,除了太常、廷尉职不可缺,其他都是虚设之位,但是这些虚设职位尽管其职能已经被其他机构所代替,但是,这些机构还都被保留下来。有的机构不但被保留下来,而且还有所增添。梁武帝增设了太府、将作、大舟三卿,九卿变成了十二卿。以十二卿象征一年四季,太常卿在梁朝属于"春卿"。

太常卿　职掌宗庙事务,在诸卿中与光禄勋位居前列,为上卿,下属有少卿、丞、主簿等。然而六朝时局多变,制度废弛,其职已属清闲。其原因,一是国家动乱不定,政权交替频繁,君位既轻,职掌祭祀宗庙牌位的仪式也就不那么神圣了;二是南北朝时期佛教盛行,传统的中国伦理观念及表现形式之一的祭祀活动,也必然受到一定的冲击。桓温所认为的"或不可缺"的太常除了显示皇族的地位,实际是已经成为闲散机构。

太常卿还监管太学及国子监。太常卿属官有太常丞,为第七品;太常主簿、太常博士、太史令、太祝令、太庙令、太乐令、明堂令、鼓吹令、诸陵令与协律校尉等令、丞。

光禄卿　职掌守卫宫殿门户。光禄卿原为光禄勋,梁武帝天监七年(507 年)改光禄勋为光禄卿,属官有少卿、丞、光禄大夫、中散大夫等。下掌三署郎。三署为五官署、左署、右署,由郡举孝廉以补三署郎,分为中郎、议郎、侍郎、郎中四等。光禄勋因为职掌宫廷门户,所以,汉代的光禄勋是一个非常重要的机构。到两晋时,光禄勋职权开始卑落，远离皇宫，光禄勋官员不再是皇家官员的后备队伍。其中有些职官转到中书、门下、尚书三省，原来隶属光禄勋的太官署令划归门下侍中，守宫署令、暴室令、华林园令、掖庭令则归属将作大匠。南朝的光禄卿成为安置士族子弟的最佳场所，光三署郎中郎、议郎、侍郎、郎中竟至万人，简直是满朝皆郎了。

卫尉　职掌宫门屯兵，警夜巡昼，城门禁卫。卫尉长官为卫尉卿，属官有少卿、丞、主簿及武库令等。在两晋时，卫尉的职能就发生了很大变化，南朝刘宋孝武帝孝建元年(454 年)复置卫尉卿，掌管皇宫禁卫。萧齐置卫尉“掌宫城管钥”。梁朝卫尉卿属于“秋卿”，“掌宫门屯兵”。下属机构武库令“掌甲兵及吉凶仪仗”(8)。公车令刘宋改属侍中，掌管奏章，梁陈复归卫尉。

太仆卿　职掌舆马。宋、齐不置，只有在祭祀时设一太仆执辔，事毕即省去。梁、陈设太仆，为夏卿，位视黄门侍郎。统辖南马牧、左右牧、龙厩、内外厩。太仆除了太仆卿，还有少卿、丞、主簿等。太仆下属机构乘黄署、车府令、典厩署、典牧署等，整个南朝时期变化较大，这种变化主要表现在归属上。

廷尉卿　职掌刑罚诉讼，为南朝最高司法审判官。廷尉被东晋桓温视为或不可缺的二卿之一。属官有少卿、廷尉正、廷尉监、廷尉平，以及主簿、狱丞、司直、律博士、明法掾、槛车督等，而以廷尉正、廷尉监、廷尉平三属官最为重要，三官均为必须出庭审判的法官。南朝刘宋廷尉正、廷尉监为秩千石，廷尉平六百石。

鸿胪卿　掌诸侯朝觐，导护赞拜等宾客之礼。下设少卿、丞及主簿等官员，但皆属清闲之职。自东晋至南朝刘宋萧齐有事则令他官兼充，无事则省。梁朝将鸿胪卿列入十二卿，属于“冬卿”。

宗正卿　统皇族宗人图牒。宋、齐不置，梁时加置，属“春卿”，与曹尚书平级。

司农卿　掌皇室财政。属官有丞，材官校尉，左右尚方令、丞，东、南冶令，平准令、丞等。司农卿一直不受重视，到南朝萧梁少府职权较重，列为“春卿”，与散骑常侍平级。司农卿下属机构太仓令、导官令、平准令、籍田令、钩盾令，在整个南朝省置无常。

少府卿　南朝刘宋的少府“掌中服御之物”，属官有左右尚方，御府、东、南冶，平准等令、丞。萧齐少府“掌市易，与民交关，有吏能者，皆更此职”(9)。萧齐的少府机构早已不是秦汉之时的少府，可以说是国家的商业机构。萧梁的少府为“夏卿”，与尚书左右丞一个等级。其少府卿下属机构有材官校尉、尚方令、诸冶令、左右藏署、甄官署等。南朝各个朝代也是省置不一。

将作大匠　宋不设，其他均设。掌土木建筑，有丞为属。其他各朝也是省置无常，萧梁天监七年改将作大匠为大匠卿，属于“秋卿”，与太仆平级，掌土木之功。

都水台（太舟卿）　刘宋沿袭晋制，设置都水台，主掌舟航堤渠。中间曾经废止，到孝建元年（454 年）复置都水台，置都水使者。萧齐、萧梁沿袭宋制，天监七年改都水使者为“太舟卿”，属于“冬卿”，也属于十二卿，只是最后一位。这一机构的设置与南方水乡有着直接的关系。

太府　太府属于萧梁置设，宋、齐不设，掌金帛府帑。太府统左、右藏令，上库丞，掌太仓与南北市令，关津亦归其管辖。这些职能部门都属于司农、少府，太府的一些职能与少府交叉。梁朝的太府令，为四品，级别比较高。

以上诸卿职权多被替代，职掌未变，机构较为稳定的只有廷尉和少府二卿。究其原因，一因诸卿职掌多以皇家事务为主，随着国家机器的发展，国务活动范围的扩大，这些机构的职能必然衰退；二因国家处于四分五裂的封建割据状态，政局不稳，军权高于一切，皇权卑落，而以皇家事务为其职的诸卿制度也必然遭到破坏，而廷尉及少府，由于职掌镇压与皇家财政的缘故，所以能保持其地位。总的说来，南朝诸卿(因为南朝有时九卿，有时十二卿，我们在此故称诸卿)由于士族的统治，使得尚书、中书、侍中三省权力急剧膨胀，与这种膨胀相适应的则是诸卿权势的卑落。此长彼消可以说是南朝中央行政中枢机构的特点。

御史台　南朝监察机构，中央仍是御史台，又叫宪台。它是中央最高监察机关，其长官为御史中丞。南朝的御史中丞为御史台的台主。御史台又简称“兰台”、“南台”、“南司”。御史台置治书侍御史二人，分统诸曹。侍御史、御史各个朝代省置不一。南朝御史中丞权力较大，宋孝武帝规定：中丞与尚书令分道行走，御史中丞行走，内外众官都得让路。御史中丞确有震肃百僚的威仪。御史中丞虽然有威仪，但也只是“清要官”，担任御史中丞的都是寒族，士族大家不屑为之，因为御史中丞是个得罪人的差使。

御史中丞属官有治书侍御史、侍御史、殿中侍御史。殿中侍御史掌殿中禁卫内事。

在三国两晋南朝时期，世家大族控制朝政，皇上多数为傀儡，以御史中丞区区四品小官，何以触动达官显贵？综观汉魏六朝监察制度的演变，自御史大夫在东汉哀帝时改为大司空以后，权势实际上已开始削弱。到了曹魏初年，魏明帝以天子大会殿中之时，竟不知御史是何官！其职权由此可想而知。到了南朝，御史中丞多不能久居其位，要想保住其位，只有避重就轻，避贵劾贱，舍纲纪而举微过。两晋南朝时期政治腐败与御史无权、监察不力大有关系。

总的来说，南朝中央机构与职官共性的多，变化不大。

四、北朝中央机构与职官

北朝从公元386年北魏王朝建立，到公元571年隋代北周，近二百年。北魏、东魏、西魏、北齐、北周五代，是少数民族统治者建立的政权。北朝的政治制度一方面反映出少数民族社会政治、经济、文化发展的特点，同时，也表现出汉民族文化的深刻影响，表现在官制上，则更趋汉化，大同小异。在这一阶段最重要的变化就是从北魏开始官品增加了"从"这一级别。"北魏置九品，品各置从，凡十八品，自四品以下，每品分上、下阶，凡三十阶"[10]。官品分正、从，始于北魏。

三师、三公、两大　三师为太师、太保、太傅，三公为太尉、司徒、司空，两大为大司马、大将军。上述"八公"，北朝皆依晋制设置，但也基本上是无实权，属位尊而权轻之官。较为特别的是北周的司马、司徒、司空为六官之一，不为八公。北魏三师不开府，三公、两大，虽然没有实权，但都开府，以满足这些高官的虚荣。三师、三公、两大属官有长史、司马、谘议参军、从事中郎、主簿、掾属、录事参军、功曹、记室等。

丞相　北朝与南朝不同的是丞相之设，不像晋朝时或不设或只是加官、赠官，而是有掌军国之政实权。北魏献文帝拓跋弘以太尉乙浑为丞相，"位居诸王上，事无大小，皆决于浑"[11]。还有北魏的尔朱荣、东魏的高洋、西魏的宇文泰等，都是一代权相，为这些权相篡政创造了条件。这些丞相、相国，正像史书所说，皆非寻常人臣。这些政权都是少数民族建立的政权，他们对于汉族官制不甚清楚，并不知道丞相权重的危害，争相模仿汉族丞相制度。特别是北周更是如此，不但有相国、左右丞相，还有大丞相。当中原政权中枢机构出现相权移向三省之后，北朝王朝也相继建立了三省。因为丞相、相国权势无比，作为相府机构自然更是庞大。

尚书省　设置如南朝，但北周不设尚书省。北朝在尚书令之上，置录尚书一职，常以丞相及其他官员录尚书事，因而成为实际上的宰相。北魏前《职令》，尚书左右仆射为从一品中阶，后《职令》尚书仆射为从二品。北齐录尚书、尚书令和尚书仆射"总理六尚书事，谓之'都省'"[12]。北魏尚书有三十六曹，每曹置"代人"令史一人，译令史一人，书令史一人。北魏前期尚书省尚书有殿中、南部、北部、吏部、仪曹、都官、库部。后期尚书分别是吏部、殿中、祠部（仪曹）、七兵、都官、度支。后期的吏部成为第一尚书，而且由七部并为六部。北魏前期殿中所以成为第一尚书，因为殿中尚书多是皇帝的亲近之臣。北齐尚书省尚书分别是：吏部、殿中、祠部、五兵、都官、度支。

中书省　北魏、北齐设有中书省，置有中书监、中书令等职。北周不置中书省，但置内史大夫二人，其职掌同于中书监、令。相对而言，北朝的中书监、令虽然都参与机密事务，其所职掌均为宰相之事，但地位不如南朝，中书舍人更不如南朝之权大气盛。北魏的中书监，为从一品中，位次尚书省左右仆射；中书令，正二品中，位次于列曹尚书；中书侍郎，正四品上，中书舍人，从六品上。北齐沿袭魏制，中书省“掌司王言”，置中书监、令各一人，中书侍郎四人。北周没有中书省官职，在春官府设置内史中大夫二人，掌王言，职如中书监、令。总之，北朝中书远没有两晋南朝中书权重，谈不上相职。

门下省　北魏、北齐均设。北周则置御伯，后改称纳言，实际上就是门下省长官侍中之职。北朝时尤其重用门下省，多以侍中辅政。北魏置侍中、黄门侍郎各四人，北齐并置侍中六人，掌献纳、谏正及进御之职，参与诸公论决国政。在北齐，职掌朝纲大政者，多是侍中。北魏侍中为从一品中，这是实实在在的丞相待遇。黄门侍郎为正三品中。侍中、黄门侍郎被时人称为小宰相。北齐门下省机构庞大，已经成为名副其实的宰相机构。属官有录事四人，通事令史、主事令史各八人。下设六局：左右局、尚食局、尚药局、主衣局、斋帅局、殿中局。北周没有门下省之名称，太官府则为门下省，官员有御伯中大夫、下大夫。御伯中大夫职同侍中，下大夫职同黄门侍郎。北周武帝宇文邕改御伯为“纳言”。

北魏、北齐都在中央设置九卿，但名称略有不同，北周则无九卿而有六官。

北魏九卿是：太常、光禄勋、卫尉、太仆、廷尉、大鸿胪、宗正、大司农、少府。北魏前《职令》以太常、光禄勋、卫尉为“三上卿”，从一品下；太仆、廷尉、大鸿胪、宗正、大司农、少府为“六卿”，正三品上。虽然同为九卿，但是六卿与三上卿有较大区别。少卿也是正三品上。北齐以太常、光禄、卫尉、太仆、大理（即廷尉）、鸿胪、宗正、司农、太府为“九寺”，各寺长官为卿，卿下属官设少卿、丞各一人，每寺设置功曹、五官、主簿、录事等职官。九卿职掌略同于南朝。

北周的六官制度为西魏权臣宇文泰所建立。西魏执政的宇文泰命苏绰、卢辩用《周礼》所载官制改造西魏官制。恭帝三年（556年）正式实行六官制度。

北周所谓六官，指天官、地官、春官、夏官、秋官、冬官。六官各置一府，长官称卿，合为六卿，均正七命。天官府长官大冢宰卿，地官府长官大司徒卿，春官府长官大宗伯卿，夏官府长官大司马卿，秋官府长官大司寇卿，冬官府长官大司空卿。六卿主持中央政务。天官府统司会、宗师、左右宫伯、御正、纳言、膳部、太医、太府、计部等。地官府统民部、载师、师氏、保氏、司仓、司门、司市、虞部等。春官府统司宗、守庙、典祀、内史、礼部、太中、乐部、太卜、太祝、司车辂等。夏官府统司马、职方、吏部、司士、司勋、左右武伯、兵部、大驭、司右、司射、驾部、武藏等。秋官府统司宪、刑部、掌朝、布宪、蕃部、宾部、司要、司调、田正、司隶等。冬官府统工部、匠师、司木、司土、司金、司水、司玉、司皮、司色、司织、司卉等。

北周仿效周官六军之制，将十二军鲜卑禁旅改为六军，六军分统于六柱国，每军设两个大将军，每个大将军督两开府，共二十四开府，开府下又有郎将，称之为府兵制。北周六官被废除了，但是府兵制被后代军阀政权继承下来。

北朝亦设有监察机构,但其名称与南朝不太一样,其情况为:

御史台 或称南台。北魏孝文帝时设御史中尉,亦即中丞,掌督百司群僚。南台亦曰“南司”,即兰台或御史台。其下属有治书御史、御史、殿中侍御史等。北魏侍御史职权同于魏、晋,掌察举非法行为,受百官奏事。北周不设御史中丞,设司宪中大夫二人,属秋官府,其职相当于御史中丞。下属司宪中士,相当于众御史。

比较而言,北朝监察机构的作用要比南朝发挥得大,因为北朝为少数民族政权,在其政权中,并未形成中原汉民族社会中的自东汉以来便已形成的世家大族势力。这种势力,对国家的监察有着强大的抵制作用,因此南朝的政治相对北朝来说,则更黑暗和腐败。但是北魏以后,分成东西魏,鲜卑将领与河北、山东士族也无法无天起来,监察机构也就失去作用。北齐取代东魏之后,改御史中尉为御史中丞,从三品,掌“察纠弹劾”。属官有治书侍御史,二人,从五品;侍御史,八人,从七品;殿中侍御史、检校御史,各十二人,正八品;录事,从九品。除此之外,还有其他员吏。北齐皇权强大,御史台权威也高。为了限制御史台滥用职权,还规定尚书与御史中丞一起执行监察权。尚书台左仆射就负责纠弹百官。总的来说,北朝监察机构比南朝监察机构所发挥的作用要大,南朝由于士族统治,监察机构几乎是形同虚设。中国的重新统一,不由南朝而是由北朝发展起来的新力量完成,其原因绝非偶然。

第三节 地方机构与职官

一、地方机构与职官概述

中国古代地方行政制度,恐怕没有比三国两晋南北朝时期更为复杂混乱的了。这一时期,地方行政机构基本上是州、郡、县三级制，但也有王国混杂其间。此外，继承东汉以来州郡机构军民两政混然不分，合二为一的趋势，最终演变成军民双轨制。至永嘉之乱后，北方由于少数民族的特点和军事形势的不同，又实行了一些特殊制度。地方行政机构的紊乱，既是三国两晋南北朝时期国家长期得不到统一的原因之一，也是它的必然结果。

三国两晋南北朝时期，地方政府机构州设刺史，郡设太守，县设令长。另外，还有封国存在，王国长官称内史，诸侯国长官称相。

国家的分裂和行政体制的混乱，必然造成地方行政区划的混乱，于是，州郡数目不断增多。西汉末年，全国有州十三个，西域都护府一个，郡国一〇三个，县一五八七个，直到东汉末年三百年间变化不多。三国之时，魏的州郡多沿汉旧制，蜀郡已是新旧各半，吴郡则是新多于旧。西晋统一后，设州十九个和西域长史府，郡国一七二个，县一二三二个，与三国数约等，但比汉代，州增加了三分之一，郡增加了三分之二。永嘉之乱使北方出现了十六国大混乱，人口流动频繁，行政区划已不可辨识。在南方东晋以后宋齐梁陈相继兴替，政局动荡，行政区划更加紊乱。三国时吴有三州，四十四郡，三三七县，南朝各朝州、郡、县成倍地翻番。元嘉年间（424—452年），北魏太武帝大兵南进，青、冀、徐、兖都已失守，南朝刘宋就在扬州划出一块地，设立南徐州，又在南徐州的地面上设立南兖州，在扬州的西半部设立豫州，在钟离（安徽凤阳东北）设立徐州，在淮阴设立北兖州，在赣榆设立青州、冀州。所以，南朝的地名很难从字面上理解为徐州就是现在的徐州、青州就是现在的青州。到了梁朝，好大喜功的梁武帝更是析地设州，共设州一〇七个。一个偏安的梁朝比西晋的州还多出八十八个。南朝陈疆域比三国吴还小，长江以北均为北朝，但州数竟是吴的二十二倍，郡是吴的四倍，县也有二倍。

在州的设置上，北朝也是不甘落后。北魏有州一一一，郡五一九，县一三五二，一州所统不到五郡，一郡所领不到三县。北齐有九十七州，一六〇郡，三六五县。北周有州二一一，郡五〇八，县一一二四，每州、郡下统不过有一二郡、县，甚至有的郡只有其名，而不辖县。将北周的州与梁朝的州加起来，共计三一八个。汉朝共有十三州，西晋共有州十九个，而南北朝却有三一八个，也就是说整个国家的省级政权有三一八个，再加上郡级机构，可以说是中国的地方机构设置空前泛滥。

三国两晋南北朝的历史表明，州郡数目越来越多，中央集权就越受到削弱。从此一点，也能看出当时的国家政权机构尾大不掉，政局动荡的情况。

三国时期，天下相对稳定，但战争并未间歇。因此常常使将军领州刺史之职，或者给刺史加以将军之号，这一制度最早源于汉代守尉互兼之制。魏初，在边境各州复置“都督诸州军事”，有的还统领刺史。这样，一州之内，既有刺史，又有都督，两者共治一州，必然发生摩擦。而且当时军权在乱世高于一切，都督往往以军干政，侵夺刺史职内之权。于是，为了避免这一点，朝廷始定二者互兼之制，一身二任。

无论南朝，还是北朝，州郡急剧扩张，州郡官员自然泛滥成灾。据史料记载，南朝刘宋规定荆州府置将不得超过二千人，吏不得超过一万人，其他州置将不得超过五百人，吏不得超过五千人，但一个荆州府光将军就有两千人之多，将军虽多，却没几个人会打仗。小小的州郡，顶多也就是一个或两三个县的面积，官吏要上万人，真是像当时人所形容的那样：十羊九牧。北朝对于州的官吏设置有规定限制，如北齐上上州府佐吏为三九三人，中上州比上上州递减五十一人，下上州又比中下州递减五十人。据专家考证，这些数字至少要再增加一倍。而且北齐有州九十七个，再加上郡县官吏，官员数字同样大得惊人。也就是说，国家编制对他们已经没有什么约束力。

南朝州除了刺史外，属官有别驾、治中、主簿、功曹书佐、簿曹、兵曹等。宋文帝时规定三十岁方可担任刺史，任期六年。宋孝武帝取消年龄限制，任期改为三年。南朝皆有州郡长官自行委任本籍人充当，但由于别驾、治中地位重要，则由中央委任。北朝以后，魏初以州牧亲近之人担任胥吏，但也有六条制度约束。由于三国两晋南北朝时期不论南方北方，各封建王朝均由世家大族把持，所以州郡僚佐任职者仍不免本地世家大族子弟，有的年龄在十几岁甚至几岁就可以充任州郡府吏。因为州郡泛滥成灾，刺史太多，刺史也就不为人所重。

北朝州府机构与南朝无异，也实行军民两套班子，两府建置与南朝相比大同小异。北周官制虽改用周礼制定的六官体制，但地方政府官制并未大改，仍沿用魏晋体制。不过北朝的刺史却是更加泛滥。北魏天赐年间规定：州置刺史三人，宗室一人，外姓二人。北魏各个时期的刺史品第也各不相同，上州刺史为正三品，中州刺史为从三品，下州刺史为正四品。

三国两晋南北朝时期，郡都是设置太守一名。而京师所在地，魏、西晋、北魏的河南郡，东晋南朝的丹阳郡，则分别称河南尹、丹阳尹。分封的王国以内史职掌太守之权任。因京师为中央所在地，所以多派得力官吏掌管。

三国时，郡守以功加为将军者，形成了制度。西晋初又陆续罢省。晋末天下大乱，郡守又多以加将军称号。南朝时宋、齐又有加护军者，以严加防范。其他如丹阳尹、会稽太守，以及吴郡、吴兴太守并加都督。南朝太守又常加以假节、持节、使持节，但所加者多是重要的大郡太守。

所有这些太守加将军者，都是开设两府，一为郡府，一为军府，一个管军，一个治民，郡的军民两政双轨制，与州一致。

中原地区的连年战乱，使人口大量南迁。据学者统计，从西晋怀帝永嘉(307—313 年)至刘宋时，南渡人口约九十万，占当时政府统计户口的六分之一，这还不包括南渡人口中世家大族的荫户和部曲在内。这些南渡大族成为东晋及南朝的统治基础之一。为了安置南渡人口，也为了安抚这些士族，政府或者在南方地区设置与原来士族在北方地区相应的州、郡、县，或者在新开辟的地方设置同样名称的州、郡、县，称为侨州、侨郡、侨县。侨州郡县因此而起。由于侨迁的人口多集中在徐、扬、荆、益等州，所以从东晋至南朝刘宋时，侨州郡县多集中在从长江上游的梁、益，至中游的荆、襄一带，东到下游的江淮地区。由于南渡人口侨迁时没有组织，不可能一州、一郡的人口南逃到同一地区，而往往是北方某一州郡的流民散居于南方的几个州、郡。这样，便有了多处名称相同的侨州、侨郡，从而增加了地方机构的混乱。如南齐时，江南有南徐州、淮南有北徐州，北魏在同时也有南徐州。随后，南梁又有东徐州，东魏有北徐州。中国不知有多少个徐州。侨州郡县的产生，使东晋以来，州、郡、县数目成倍于前代。

这些侨州郡县，基本上是只有机构，安置了大批官员，却没有实地。而这一方面，有些实郡往往领侨县，而有些侨郡往往又领实县，变化无常，州、郡、县的隶属关系大为混乱。可以说，南朝的地方机构，几乎没有规律可言。

东晋末年和刘宋之初，政府为了便于税收和加强地方行政、治安管理，曾实行过所谓“土断”政策，就是依界土断，撤销侨州、侨郡、侨县，整顿户籍，调整地方机构。由于士族势力的抵制，此举以政府的失败而告终，侨州侨郡侨县仍按“惯性”任其自然发展。州、郡、县三级行政机构，是三国两晋南北朝时的基本地方体制，但到南北朝末期，随着州郡数目增多，相当一部分州、郡已有名无实。北朝后期名义上还是三级制，却只有州刺史和县令、长是到任理事的，中间一级郡的长官太守并不上任理事，只是领取若干俸禄而已，实际上变成了二级制。这种状况导致后来的隋朝撤消了郡，只剩下州、县二级。

二、地方机构与职官设置

1. 三国曹魏地方机构与职官

曹魏实行州、郡、县三级地方机构制度。

曹魏各州置刺史，掌州事。刺史巡行所部郡国，每年派计吏到京师奏事。缘边境诸州，在刺史之外，并置领军都督。官署有治军从事、别驾从事、功曹从事、簿曹从事、兵曹从事、郡国从事、文学从事、武猛从事、督邮、主簿、帐下督、门亭长、书佐、计吏等。还有大中正一人，掌品评人物。大中正一般都由当地士族大家担任，他们虽然不是国家的正式官员，但是因为他们有品评人物的大权，他们确定的人物，吏部都得按照其品评任命。

各郡置太守。太守领兵的，加将军称号。太守属官有郡丞，其边郡丞叫长史，兼郡中正。都尉，大郡二人，小郡一人。司马一人。太守及都尉属吏大致相同，有功曹掾、五官掾、上计掾、门下掾、文学掾、文学祭酒、督邮、主簿、主记、门下书佐、纲纪、循行等，多者二百余人。

县置令、长，有丞、尉。大县置尉二人，属吏有诸曹掾、史，与郡制相同。

县下之乡置有秩、三老、啬夫。

曹魏亦分封王侯。其王国置相，职同太守，下有与郡相似的职官系统。侯国制度如同王国。侯国置相，职同县令，其政权机构大体与县一样。

三国时，魏、蜀、吴三国均有屯田，用以供给军用。凡屯田部民皆在郡县管辖之外。曹魏典农中郎将统辖屯田农民，设典农校尉、典农都尉主管郡、县屯田。曹魏末，罢屯田官，诸典农官皆为郡太守。都尉皆为县令、长。

2. 两晋地方机构与职官

两晋仍实行州、郡、县制。

州置刺史，下有别驾、治中从事，又有部从事及主簿、门亭长、录事、记室书佐、诸曹佐、守从事、武猛从事、都水从事等。诸州边地又置弓马从事。

东晋之后，形成军府制。一般刺史都要加将军名号。加了将军名号就可以领兵，就可以开府设置僚属。如果没有加将军名号，就是单车刺史。汉朝规定，刺史三年进京一次，向皇帝汇报工作。进京时乘坐传车，故称单车刺史，又叫轻车刺史。因为刺史加了将军名号，就要设置管理军务的机构，使得州级出现了两套班子，一套班子是州吏，一套班子是将军府的府吏。州府机构属官一般是别驾、治中、主簿、西曹、门下、录事、户曹、记室、书佐等。将军府府吏有：长史、司马、录事参军、功曹参军、仓曹参军、户曹参军、中兵参军、府功曹、主簿等。这样，就形成了一州两府，以后不但州是两府，就是郡一级也是两府。在晋朝，如果太守不加将军名号，就会感到耻辱。东晋对于太守的任命，不是考虑这个人是否能够胜任，而是“惟以恤贫为先”，是为了照顾哪个人为目的。虽然规定郡太守任期六年，好多郡太守任期不到六年，就发财了，“富足而退”。吏治如何可想而知。捞够了就退，这与后代贪得无厌、不进大牢不罢休的官员相比，还算明智。

郡置太守。河南郡为国都所在，置河南尹，其地位高于一般郡太守。下置郡尉、主簿、主记室、门下贼曹、议生、门下史、记室史、录事史、书佐、循行、干、小史、五官掾、功曹史、功曹书佐等。郡国皆置文学掾。

大县置令，小县置长，下有县尉、主簿、录事史、主记室史、门下书佐、游徼、五官、功曹、户曹、法曹、金曹、仓曹、贼曹、兵曹、史曹掾、史、干等。西晋规定，如果没有担任县令的经历，就不得担任京官。

县下设乡。乡置啬夫、治书史，史、佐、正。里置里史、校官掾。

两晋也实行封建诸王国，分为大中小三等，重其兵权，大国三军，次国二军，小国一军，以中尉领兵。王国设置傅、友、文学各一人。改郡太守为内史，以统王国庶政。省减了相与仆，有郎中令、中尉、大农，号称三卿。大国置左右常侍各一人，侍郎二人，典书、典祠、典卫、学官令各一人，治书四人。又有谒者、中大夫令、舍人等，皆由王国自选其文武官员。

次为郡国郡侯，如同小王国。县如郡侯，亦置一军。公侯以下置官属，随国大小而异。

西晋地方官制表

部门	职官	品级	备注
州	刺史	领兵者四品，不领兵者五品	晋代刺史多带将军衔，如果不带兵称之为单车刺史。
	别驾		
	治中从事		
	诸曹从事		
	主簿		
郡	太守	第五品（二千石）	河南郡之长称“尹”。
	丞	六百石	
	主簿		
	功曹史		
	五官掾		
	主记室		
	记室史		
县	县令（长）	第六品至第七品	大县置令、小县置长。千石县令第六品，六百石县令第七品

（续表）

部门	职官	品级	备注
	丞	第九品	
	尉	第九品	洛阳县置六部尉，大县置尉两人，小县一人。
	主簿		
	功曹		

3. 南朝地方机构与职官

南朝地方机构的设置如魏晋，实行州、郡、县三级制度，为固定的地方政权体制。州、郡地方政权机构，一般都实行双轨制，即分军民两政。军事设武官都督、将军、使持节等。民事设刺史、郡守等文官。但在整个三国两晋南北朝时，刺史、郡守等多以武将兼任，它是后来魏晋南北朝时期一切分裂割据和阴谋叛乱的根源。即使文人担任刺史，也要加上将军名号。

州　为地方最高权力机构。州的长官为刺史。下设有别驾从事、治中从事、主簿、功曹、西曹书佐、录事、省事、记室、朝直、干、门亭长、麾下都督、祭酒从事、部传从事、学官等职。重要的为别驾、治中和主簿。别驾掌官吏及选举等，是刺史的助手。治中主管众曹文书事。主簿为刺史掌节杖文书，传令检校，是喉舌耳目之任，心腹之寄。州的军事长官有将军。将军府设有“阁内”，即办公室、秘书班子。置主簿、祭酒、曹掾、录事、功曹及长史、典签帅。长史及典签帅虽然地位卑微，但权任极重，对民事的干预最多。由于州府有两套班子，造成州府组织机构十分庞大。

南朝均像曹魏两晋在州郡设立大中正。中正都是被士族所垄断，他们所推荐的人员也都是士族之家，寒门子弟根本就入不了他们的范围。梁武帝专门设立“州望”，主掌搜集推荐人才。

郡　置太守一人，常加将军、护军、假节、持节、使持节等称号。凡加将军号者，置军民两府，一如州制。也就是说，南朝州、郡均为两套班子，一套班子管军，一套班子治民。

县　大县设令，小县置长。下设县丞、县尉、主簿、功曹等。由于国家长期处于战乱和分裂中，县令、长除劝民农桑，惩治滑盗豪强外，也随时局变化而拥有一定的兵权，甚至加以将军名义。

南朝刘宋地方官制表

部门	职官	品级	备注
州	刺史	带兵者四品，不带兵者五品	
	别驾从事		
	治中从事		
	主簿		
	西曹书佐		
	祭酒从事		
	议曹从事		
	部郡从事		
郡	太守	第五品（二千石）	
	丞	六百石	
	功曹		
	五官掾		
县	县令	第六品至第七品	千石者六品，六百石第七品
	丞	第九品	
	尉	第九品	
	主簿		
	功曹		

4. 北朝地方机构与职官

北朝亦实行州、郡、县三级制。北魏地方分州、郡、县三级制，州分上州、中州、下州，郡分上郡、中郡、下郡，县也分上县、中县、下县。北齐的地方官制也是分州、郡、县三级，但每一级又分九等，过于复杂。比如州分上上州、上中州、上下州、中上州、中中州、中下州、下上州、下中州、下下州，显得过于复杂。州、郡、县官吏职数的多少根据州、郡、县的级别而定。比如上上州各类官吏是三百多人，上中州就递减十人，上下州又依次递减十人。中上州则在上下州的基础上减五十，其下则是递减十人。下下州则是在中下州职官职数的基础上减五十人，其下递减十人。郡、县也是如此设置。虽然如此，但由于北朝州郡县实在太多，就是这些掾吏数额，对百姓来说也是不堪重负。

与南朝相同，由于国家分裂，战乱不定，地方机构的设置与统属关系也极为混乱，有的州所领不过一二郡，一郡所辖只有一二县，甚至有空张郡目，不辖县者。其机构与职官设置如下：

州置刺史，为一州之长。北魏刺史置三人，一为宗室，二为异姓。郡县长官之设置也依此原则。北魏对他族之人存有顾忌，所以地方长官之设置，均用皇族人士监临，而以他姓二人相互制约，以便于巩固拓跋氏的统治。

刺史之下置属官长史、司马、录事、功曹、仓曹、中兵、参军、主簿，及诸掾史、从事、令、史等。

中央政府所在之州称司州，其地位及官吏地位亦高于其他州。

州下设郡，郡置太守。北魏有三太守，其制如州。下置郡丞、中正、光迎功曹、光迎主簿、功曹主簿、五官省事、录事及诸曹掾佐等属官。

京师所在郡不置太守，设代尹，其地位高于其他郡太守。

郡下设县，县置令、长。北魏县令、长为三，制同州郡。县令、长下置丞、中正、光迎功曹、光迎主簿、功曹主簿、录事,及西、户、金、相、兵五曹掾、市长等掾。由于北朝的州、郡、县分等级,所以其官员设置数额也不一致,依等减员。

第四节 官吏管理制度

一、选拔任用官吏的九品中正制

三国两晋南北朝时期,选任官吏的办法除沿用汉代的特征、辟诏制度外,最重要的就是九品中正制,也叫九品官人法。

东汉末年,在农民起义的猛烈扫荡下,士族疏散各地,老百姓避乱失所,乡、亭、里基层组织遭到破坏,致使秦汉以来的"乡举里选"的荐举人才的机制遭到破坏,"察举征辟"制度事实上已无法实行。魏时,曹操为了扩大其统治基础,加强中央政府的权力,曾试图限制自东汉以来的豪强势力完全操纵政府职官人选的现象,提出了"唯才是举"的口号,并选择各地有声望的人士出任"中正官",将当地人士按才能分别评为九等(九品),由政府按等级选任官吏,以备录用。在选官用人方面,曹操不愧是一位有远见卓识的军事家、政治家,他大胆提出选拔出身微贱的士人,只看其才干,而不考虑其出身和品行。这实际上极大地冲击了世家大族把持选举的状况,因而吸引了不少具有才华的人士到曹氏政权中出力效劳。

但是,士族门阀势力不会轻易放弃选官任人掌握朝政的权力,曹操唯才是举的方针并不可能消除士族政治势力对朝政的影响。于是,作为与士族门阀的妥协,九品中正制产生了。九品中正制的实质,就是重新将选官的权力交还给士族门阀。因此可以说,曹氏交出了用人权,换来了皇帝的位子。这就标志着世家大族的势力又一次战胜了代表中小地主阶级力量的政治势力。曹魏政权四十五年，就被世家大族司马氏取代了。到了两晋时，门阀士族制度发展到了高潮。九品中正制就变成了豪门势力把持朝政的工具和保证。

公元220年，曹丕称帝后，采纳颍川大地主、吏部尚书陈群的建议，正式在各州郡设立"中正"官，负责察访本州郡的士人。郡置中正，州置大中正。大小中正各有属员，叫"访问"。但因中正虽需司徒任命，却不是职官序列中的正式职位，而是兼职，作为属员的访问，同样不属百官序列。经过中正品评，将士人分为上上、上中、上下、中上、中中、中下、下上、下中、下下三等九级，称为"九品"。"中正"在评定人物品级时，主要是先考虑其祖先做过什么大官，有几代人做过官，此谓之"家世"，或称"品"，然后再看本人的才德，谓之"状"，但往往不被重视。中正要注明各人的"品状"如何，划分品等，然后向当时主管选拔官吏的吏部推荐。晋以后，品级则完全由世家大族来确定，于是就出现了品与状不一致的情况，有的形状评语很好，却定在下品，原因是门第寒微。中正品第人物后，将其评论及所定品级写在黄纸上，呈报给司徒，藏于司徒府中，作为选官时的依据。吏部则完全根据中正评定的品第等级选士授官，品级越高，官职越大。已授官的，每三年由中正负责向吏部推荐升降。这种以中正为中心，论品定级，选拔和升降官吏的制度，就叫"九品中正制"。

九品中正制规定设立专门负责选官的中正官，比以前的察举制前进了一步，而且为以后各朝代任命官员和领发俸禄提供了依据。

但实行九品中正制，为士族长期操纵把持政权提供了制度保证，因而使门阀制度迅速发展起来。"中正"一职，位居权要，一般都是由官居高位的"著姓大族"，也就是世家大族来担任。他们以家世名望的高低决定取舍。尽管在开始推行时，由于从中央到地方都设立了中正官,曾使朝廷掌握了一定的选官任人权力,一些豪强地主、士人名流都成了曹魏政权的干将。但是,在豪门士族与寒门士人争夺选官权力的斗争中,豪门士族很快霸占了所有的中正官,控制了选官大权。

九品中正制的弊端首先表现在:它重家世,轻德才,把真正的贤才排斥在外,而门阀士族纨绔子弟则高居显位。史论说,崔、卢、王、谢几大士族子弟,胎毛未退,就已身为列侯,有的尚在襁褓之中,头上就已戴上了乌纱。所谓"上品无寒门,下品无势族"(13),正是这种情况的真实写照,这种状况也只能造成政治上的更加腐败。东晋南朝时,国家权力由王、谢、庾、桓等几大家族轮流掌握,士族门阀制度与当时封建国家的任官制度完全结合在一起。

其次,望族高门的士人品第虽高,但不一定有真才实学,品德也不一定清廉正直。由他们担任中正官,往往徇私舞弊,贪赃纳贿。即便是不贪赃枉法,他们的品评人物也多是凭个人的印象好恶而定,难以达到公平。作为被品评的士人,由于取得上品就可做大官,不仅本人可获得政治、经济特权,而且子孙后代的仕途也就有了保障。如东晋司马氏政权,在实行九品中正制的同时,在法律上承认官僚士族按品位占田、占佃客、庇荫亲属等特权,使得士族更便于放手封山占泽,吞占土地,肆意扩张自己的势力。政治、经济特权的利益诱使士族不顾道德廉耻而大肆贿赂中正官,制造假家谱,采取种种卑鄙无耻手段,极力钻营奔走。这种制度,只会使当时的吏治一片乌烟瘴气,官场十分黑暗。

第三,这种以门第定品级、定官职的选拔任用官吏制度,使得南北朝时期的豪门士族子弟只要凭借门第,就可以平流进取,官一直做到公卿之位。这样,他们就逐渐对中正的品评失去兴趣,而更关心的是保持自己尊贵的血统,注意辨别姓族,防止别人制造假宗族图牒,混淆士族与庶族的界限。中正官的品评对于他们来说,不过是奉行公事而已。在这种意识的支配下，他们只对尚书令、中书令、中书监等高级职官发生浓厚的兴趣，不屑于做地方官或低级官吏，认为那样会辱损祖宗，结果使得政府机构庞大，行政、机要大权旁落。他们尤其看不起武职官，认为会降低身份。这样，士族豪门的政治地位虽高，而掌握军事实权却越来越少，以至在国家发生战争时，竟无力控制局势，最终使朝廷的机要和政务官职以及武装部队的权力多为庶族寒门所执掌。

全凭出身取官的九品中正制，堵塞了庶族地主即不是世代为官的一般中小地主的做官之途，“今台阁选举，涂塞耳目，九品访人，唯问中正。故据上品者，非公侯之子孙，则当涂之昆弟也……荜门蓬户之俊，安得不有陆沉者哉？”[14]但随着封建经济的发展，庶族地主的人数比士族多，其经济、军事力量的扩大，自然迫切要求选官制度上有所改变。这也是庶族地主与士族地主矛盾发展和庶族地主力量日益壮大的反映。九品中正制是曹魏建立的，但这套选官制度并不惟曹魏独有，三国两晋南北朝时其他各王朝都曾实行过。但各个王朝在推行时又各有不同，有时迫于庶族地主的压力还暂时中断过。南北朝后期，由于政治斗争和农民起义的打击，士族门阀制度走向了衰落，以此为政治基础的九品中正制受到了动摇，这种制度已接近末日。

隋朝建立后，罢除了九品中正制，开始实行科举制。推行了几个世纪的九品中正制终于结束。唐代诗人刘禹锡的诗句“旧时王谢堂前燕，飞入寻常百姓家”，正是说明了这种变化。

南北朝时期的选官制度，最早开始改革的是在北朝。北魏初期实行氏族选举制，其后仿效南朝，实行九品中正制，甚至在军队中皆设置中正。在西魏、北周时，已经开始打破全凭家世门第选官用人的风气。正因为如此，北朝的政治较优越于南朝，其力量也强过南朝。所以如此，北朝都是少数民族建立的政权，他们没有门阀士族观念的束缚。

二、考核制度的荒废

三国两晋南北朝是动乱的年代，国家四分五裂，官吏的考核制度极不正常。汉代官吏制度中曾实行的三年一大考，以定升降去留官员的制度破坏殆尽。用人制度在这一历史时期随时变易、权宜变通，官吏考核制在世家大族把持的中央政权和武人把持地方政权的情况下，徒具一纸空文。

南朝一般以任官三年为小满，六年秩满解任。北魏因武人众多，争做朝官，所以又创立了"停年格"制。这种制度只讲年资，论资排辈。年资浅者即使贤能也不能得官；年资深者，虽无能也能稳坐高官。论资排辈，必然使朝政腐败。所有官员，只要不是犯罪，到三年自然升级。用现在的话说，就是按资历自动升级。但这实际上是取消了考核标准，不问贤愚，自然起不到奖优罚劣，劝善惩恶的作用。

此时期比较有特色的就是北魏孝文帝时曾实行的"三载一考"。"三载一考"虽是《尚书》中的旧办法，而北魏却是不用等到三考，而是考过即决定升降。这样就将考核与奖惩联系得更紧了。北魏规定，六品以下官员由尚书负责考核，五品以上由皇帝亲自考核，目的是为了确保考核质量，分级管理。考核优劣分为三等：上上者升迁，中等的维持原官，最差的要罢其官职。尽管考核的具体内容不详，但将考核结果当即与官吏升迁兑现，却是十分英明的。孝文帝亲政前，冯太后开始采取一些改革措施。她规定守宰任职按"治绩"好坏而言，不拘年限。并颁行俸禄之制，规定俸禄之外贪赃满一匹者处死。孝文帝亲政后，继续整饬纪纲，严明赏罚，使腐败的吏治有所澄清。

三、软弱无力的监察制度

三国两晋南北朝时期，虽然中央设有监察机关御史台，置御史中丞，还设置了殿中侍御史，魏晋以后还有监察御史之设，但均位同虚设。因为国家尚处于割据状态，政权或由世家大族把持，或由军阀武人窃据，朝纲混乱，官场腐败，小小御史岂能奈何？御史监察制度，渐次失去作用。晋代御史台的组织机构虽有所发展，在御史中丞以下，分置殿中侍御史、治书侍御史和侍御史，形成后世三院之雏形，而且从原则上说，“自皇太子以下，无所不纠”(15)。但政权已经从骨子里烂掉了，问题成堆，监察官员纵有天大的本事，也只能是束手无策。

这一历史时期，言官谏诤制度有了较大的发展，稍稍弥补了一些不足。晋代，给事中这一职务开始有了品位。魏晋以后，门下侍中职权的扩大，门下省的独立，其职掌多是谏诤、辅弼、禁令，位同宰相。南北朝时，给事中、谏议大夫均隶属于门下省。因为门下侍中常侍天子左右，其主要服务对象是皇帝，主要职责是匡正政治上的失误，以谏诤献策上计为主，所以不仅成为中央权力机构，而且也是一个极有实权的中央监察机关。

地方监察制度，在三国两晋南北朝三百余年的历史中，军权高于一切，职官成为商品，冗官、贪官、闲官充斥于朝野，地方监察制度只不过是一纸空文，根本就谈不上中央对地方官员的监察。

四、俸禄制度

曹魏时，开始以九品（九级）定官级，并与官吏的俸禄待遇联系起来。九品官级，沿用到清代尚未废除，甚至对今天仍有影响。南朝梁、陈采取“品班”并用，北朝魏、齐将九品又分为“正”“从”二类十八级，从第四品起，正、从品又各分上、下阶，共为三十阶，但仍是九品之制的延续。

魏的官吏俸禄制，多沿袭汉制以粟为禄，基本上是按照职位高低、权责大小而适当拉开档次，以后各朝皆仿此律。晋代官俸用田帛。第一品田五十顷，二品四十五顷，每低一品，田减五顷，至九品为十顷。除田之外，还有食谷、绵帛的发放。南朝时宋、梁沿用此法。北朝，后魏官吏开始没有俸禄，即不发“工资”。到孝文帝太和年间(476—499年)，才开始实行俸禄制度，给文武百官按职发给不等的绢、粟。

在官吏待遇上，北齐用帛支付秩俸。上上州刺史一年秩八百匹。上中、上下各以五十匹递减。中上减上下四十匹，中中与中下各以三十匹为递减。下上减中下二十匹，下中、下下又各以二十匹递减。上上郡太守一年秩五百匹，上中、上下各以五十匹递减。中上郡减上下郡四十匹，中中与中下各以三十匹递减。下上减中下四十匹，下中、下下各以十匹递减。上上县县令一年秩一五〇匹，上中、上下各以十匹递减。中上减上下三十匹，中中与中下各以五匹递减。下上减中下二十匹，下中与下下各以十匹递减。同样都是刺史、郡守、县令，因为等级不同，秩也差距很大。比如同为县令，上上县令与下下县令秩级相差七十五匹。

五、回避制度

从汉代开始产生的真正意义上的回避，到三国两晋南北朝时，有了一些发展。主要是在官吏的任用上，对宗室和外戚限制比较严，且由汉代的姻亲回避扩大到一般亲戚的回避，由地方官扩大到中央官员。

南朝刘宋时，刘氏宗室刘祗担任中书郎，其亲属王义恭领中书监，按制度亲属不得任有上下统属关系的职务，刘祗便主动要求解除其职务。宋武帝时，在御史台、谒者台、都水台、尚书省、中书省、门下省、集书省、秘书省，要求都实行亲戚回避。

北魏时，有兄弟回避地方州官之例，兄弟不得同时任二州刺史诸职。可见亲属回避在三国两晋南北朝时已经成为比较通行的制度。北魏孝文帝时，有的官员为了避嫌，曾主动放弃子弟求官的权利。

对于地方官的回避，魏、晋时仍没有明确的籍贯限制，本地人可以在本州、郡、县任职。不过，能在本籍做官任职，是一种很荣耀的事情，表明朝廷对其信任和照顾。

六、退休制度

在汉代，官吏年老后，交出官职，告老还乡，是一种很荣耀的事情，且皇帝多对其赐以财物表示对多年勤劳的肯定，反映了开明盛世的特点。而三国两晋南北朝时期就不同了。

这一时期门阀士族盛行，官僚制度腐败，官员不以无才德为耻，只以能苟且求官为幸，只要官僚队伍中有自己而不管是否胜任。成千上万的冗官中，主动让贤的官员真是凤毛麟角，因而退休制度不可能得到贯彻执行。《梁书》说，南朝梁时都城诸官员充塞于市，郎将等官更是多如牛毛，可以填塞大街小巷(16)。《陈书》说，陈时，员外、常骑这些官，大街上比肩接踵，谘议、参军不可胜数(17)。可见，其时官员的泛滥与老化，已造成政府官员只进不出，机构臃肿庞杂，人浮于事，地方官十羊九牧，中央官员简直可以说是无羊可牧，整个南北朝官府衙门鳞次栉比，官僚政治已经腐败得不可救药。

魏晋之世，官吏退休时多不赐财物，而多是拜为掌论朝议政的“大夫”闲职，以终其天年。如果诸公要求告老还乡，均拜为光禄大夫。九卿退休，则拜为太中大夫。其他官员乞退，常拜之为“谏议大夫”。此三职均为闲散职官，没有具体的职权范围，作为皇帝和政府的顾问人员而已，实际上是一种虚设的荣誉官职。这就等于国家用虚衔免去了实物赏赐。

皇帝对退休官员的优待，除拜以"大夫"等顾问闲职外，在魏晋南北朝时期也有恩赐钱物的礼遇。有些官员告老还乡，闲居田园，著书立说，以明其志，守其晚节。这倒是任何时代都应该得到推崇的。

北朝时，明确规定官员年满七十须"致仕"，即退休，并赐财物以示优待。北魏时，对政府官员的限期退休要求十分严格，皇帝曾下诏说，对于年满七十而不退休，仍要求继续叙职者，吏部可依制度不予上奏，也不予理睬。因此，北朝政治较优越于南朝，政治经济有了一定的恢复和发展，官吏退休也既有制度，又有执行。

总之，三国两晋南北朝时期，是中国历史发展最混乱的时期，更是中国官制发展史上最黑暗的时期。曹丕以九品中正制换来门阀士族的支持，最后得到的是子孙后代被门阀士族杀戮殆尽。九品中正制确立了门阀士族在国家政权机构中的绝对统治地位，在这种制度下，吏治黑暗到极点。大大小小的官员都是为了做官，为了发财，谁也不去考虑国家的前途，民族的利益，更不会考虑老百姓的利益。为了能够做官，想尽千方百计多设机构，多设职官，让他们能有更多的机会做官。作为最高统治者为了换取更多士族官吏的支持，也是不停地设置机构与职官，更是不停地扩州增郡。将一州分成好几州，一郡扩为几个郡，以便安排更多的人做官升官。做官成了魏晋南北朝最高统治者与各级官员的唯一追求。为了做官不择手段，哪里还考虑老百姓的利益？但是不管增设多少机构与职官，仍然没有贤能之士的用武之所，许多优秀人才不得不隐居山林。正因为吏治黑暗，所以，一个个王朝都是短命的，下场都是悲惨的。魏晋南北朝能够超过百年的朝代寥寥无几。这种现象不能归咎于“五胡乱华”，而一些少数民族建立的政权倒是比那些汉族门阀士族政权更清明一些。九品中正制实际是奴隶制世卿世禄制度在封建社会的翻版与延续。军阀政权以最残忍的方式对待对手，门阀士族则助纣为虐，军阀战争连年不断。百姓流离失所，门阀士族也都付出了应该付出的沉痛代价。三国两晋南北朝史是中国官制发展的倒退史。如果说这一时期还有可圈可点的话，那就是北魏的改革。

注释：

(1)《通典·选举二》。

(2)《南史》卷二十六。

(3)《初学记·职官》。

(4)《魏书》列传第五十五。

(5)《通典·职官二》。

(6)《太平御览》卷二〇三《职官·总叙》引《桓温表》。

(7)《隋书·百官上》。

(8)《通典·职官七》。

(9)《南齐书》卷五三《良政·沈宪传》。

(10)《通典·职官一》。

(11)《魏书》卷六，《显祖纪》。

(12)《隋书》卷二七《百官志》。

(13)《廿二史札记》卷八，《晋书》列传第十五。

(14)《晋书》列传第十八。

(15)《通典·职官六》。

(16)《梁书》卷第四十九。

(17)《陈书》卷二十六，列传第二十。

第四章 隋唐五代十国官制

第一节 隋唐五代十国政治概述

隋王朝是继承北周而建立起来的封建王朝。他的建立者杨坚，其父杨忠是北周的功臣，女儿杨丽华是周宣帝的皇后。公元580年，周宣帝病死，继位的周静帝才八岁，无力控制政局。杨坚在刘昉、郑译、元谐、宇文忻等官僚的支持下，以大丞相身份辅政。北周的军政大权落入了他的手中。公元581年，杨坚平定了相州（今河南安阳市）、郧州（今湖北安陆）、益州（今四川成都）总管发动的叛乱后，废周自立，建国号为隋，改元开皇，仍都长安。杨坚即隋文帝。隋王朝建立后，隋文帝采取了一系列强化中央集权，发展社会经济的措施。隋的政治、军事、经济力量日益壮大，远远超过南方的陈朝，打破了南北长期以来保持的均势。南北朝以来，各族人民经过数百年的共同斗争，已经逐渐融合，使造成南北两个政权对峙的民族矛盾基本上趋于消失。人民在斗争中还给予了南北门阀士族以沉重的打击，使门阀士族进行封建割据的经济基础——北方的坞壁经济、南方的士族田庄逐渐衰落下去。在此情况下，隋文帝于开皇十年（589年）灭掉南方的陈朝，结束了自西晋“八王之乱”以来几近三个世纪的战乱不断的政权割据，全国实现了重新统一。隋王朝在中国历史上具有重要位置，不但表现在实现了秦朝以来最重要的统一壮举，而且还表现在隋统一中国后，在政治制度方面进行了重大改革，对中国历史发展产生了重要深远的影响，尤其是它在选拔任用官吏方面，进行了一系列的重大改革。

隋文帝死后，隋朝政治制度发生急剧变化。隋炀帝是历史上著名的昏君之一，穷奢极欲，浩大的仁寿宫工程，使上万丁役死亡。每年出巡，从行的官吏、宫女、民夫达几十万人，人民的负担已达到无法承受的地步。隋炀帝又发动了侵略高丽的战争，更加重了人民身上的沉重负担，全国四处爆发了农民起义。

隋王朝在农民起义的烈火中寿终正寝。公元618年，李渊在长安称帝，建立了李唐王朝。626年，李世民在玄武门发动政变，当了皇帝，是为唐太宗。唐太宗认真总结隋王朝用人不当，纵奢极欲而亡国的经验教训，励精图治，起用了一大批德才兼备的治国人才。在贞观君臣的努力下，迎来了"贞观之治"。在用人上，唐太宗主张"为官择人，唯才是与，苟或不才，虽亲不用"，"官在得人，不在员多"(1)。为了保证政得其人，唐太宗建立了一套严格的官吏管理制度。"贞观之治"为唐王朝的长治久安奠定了基础。

唐太宗去世之后，唐高宗即位，朝中大权转移到皇后武则天手中。公元683年，高宗死，太子李显即位，武则天临朝称制。公元690年，武则天改唐为周，成为我国历史上唯一一位女皇帝。武则天即位后，打击门阀士族，大量提拔庶族地主为官。在用人上不拘一格，既要求官员们推荐人才，又鼓励他们自荐，对于不称职的官员，则严惩不贷。

公元705年，宰相张柬之发动宫廷政变，逼武则天退位，让位于李显。中宗时期，吏治黑暗，纳贿卖官。在政局动荡不安的形势下，唐玄宗即位。玄宗采取了一系列措施巩固皇权，刷新吏治，迎来了开元之治。唐玄宗在励精图治的同时，也埋下了祸根，宠信重用宦官,宦官不但干政,还监军,握有军权。安史之乱的爆发,使唐王朝从顶峰上跌落下来。宦官把持朝政,朝官则在皇帝的支持下进行反击。这种斗争又称南衙、北司之争(朝官衙门在南面皇城,宦官办事机构在北面宫城,故名)。永贞革新失败,宪宗被宦官杀死,宦官势力已达到令皇帝无可奈何的地步。

在唐朝后期,除了南衙、北司之争外,还有牛僧儒与李德裕两党官僚集团之争。"牛李党争"又加剧了唐王朝局势的动荡和吏治黑暗。牛李两党之间,实际上是门阀士族与寒门庶族在朝廷用人权上的斗争。这种争斗严重影响了国家权力机构的正常运行。最后,唐王朝在黄巢起义的打击下土崩瓦解。

唐王朝在中国历史上是一个影响巨大的朝代。唐沿隋制,与隋相比,又多有创新,比较全面地继承发展和完善了专制主义中央集权的国家制度。唐朝使中国古代官制基本定型,中央政府机构的六部制从此成为封建国家政权机构的基本组织形式,并一直延续到清末。原来的职官体系,新出现的一些使职,掌握了中央和地方的大权。这种状况直接影响到宋代的职官制度。

唐朝末年,藩镇割据势力进一步发展。唐朝灭亡后,在中原黄河流域一带,先后建立了后梁、后唐、后晋、后汉、后周五个朝代,史称"五代"。五代相继统治黄河流域的同时,在南方和河东地区,还先后建立了十个割据政权。史称这十个割据政权为"十国"。五代十国,是唐代安史之乱以后藩镇割据局面的延续和扩大。

后梁、后唐、后晋、后汉、后周五代凡五十三年(907—959 年),共更换了八姓十三位君主。后梁的建立者朱全忠,原来是黄巢农民起义军的将领。唐中和二年(882 年)叛变降唐后被任命为宣武节度使。天祐四年(907 年),朱全忠废掉唐哀帝自立,国号梁,建都开封,史称后梁,以别于历史上南朝时期的梁朝。后梁建立后,朱全忠长期因为争夺权力与河东军阀沙陀贵族李克用混战。各地藩镇骄横自重的局面没有多大改变。乾化二年(912 年)朱全忠被其子朱友珪杀死后,政局更为混乱。

后唐的建立者是河东军阀李克用的儿子李存勖。后梁龙德三年(923 年)十月,李存勖率兵攻灭后梁,建国号为唐,定都洛阳。李存勖称帝后重敛急征,致使四方饥馑,军士匮乏,不久发生兵变,其本人也死于流矢。其继任者李克用的养子李嗣源改其弊政,国家政治经济有一定起色,但到后唐的第三位君主时便国内相互攻杀重起。

后唐清泰三年(936 年),河东节度使石敬瑭(沙陀人)以割让燕云十六州(今河北、山西北部和内蒙古的一部分)、岁贡绢帛三十万匹和认辽朝君主耶律德光为父皇帝等条件,取得辽兵的援助,推翻后唐,取得政权,国号为晋,迁都开封,史称后晋。石敬瑭称帝后,为入贡辽朝加紧了对人民的搜刮,稍不如意,契丹主就遣使斥责。石敬瑭死后,其侄石重贵即位,他听从宰相景延广的建议,不向辽称臣,并准备武力抗击辽朝。公元 947 年,辽兵攻入开封,晋亡。石敬瑭割让给辽国的燕云十六州,成为以后辽国南下攻略中原的基地,北方地区的广大人民因此而遭受了深重苦难。

当辽兵攻入开封时,后晋河东节度使刘知远(沙陀人)在晋阳(今山西太原)称帝。辽兵北退后,他又很快进入中原地区,在开封建都,改国号为汉,史称后汉。不久刘知远便病死,其侄刘承祐即位。刘承祐妄杀大臣,天雄节度使郭威起兵杀死刘承祐而亡后汉。

公元 951 年,郭威在开封称帝,国号为周,是为后周。郭威出身贫家,知道民间疾苦,称帝后虚心纳谏,保持节俭生活。他吸取前面四朝过分信任武夫的教训,留心搜罗人才,重用文臣参与机谋,并留心革除弊政,社会生产得到了发展。公元 954 年,郭威死去,其养子柴荣继位,即周世宗。周世宗在郭威改革的基础上,继续改革政治,发展生产,训练军队,并开始了统一全国的战争。周世宗的改革为全国统一奠定了基础。公元959年,周世宗病死,大将赵匡胤乘即位君主年幼,发动兵变夺取政权,后周灭亡。

五代在黄河流域更迭的同时,在南方和河东地区先后存在的十个割据政权是:吴、南唐、前蜀、后蜀、吴越、楚、闽、南汉、南平和北汉。其中吴与南唐、前蜀、后蜀是继承关系。

吴国的开创者是杨行密。公元902年,唐昭宗封淮南节度使杨行密为吴王,都扬州,占地包括今江苏、安徽、河南的淮河以南地区,以及湖北东南部和江西全部。公元919年,丞相徐温等奉杨行密的后继者杨溥为天子,国号大吴。吴政权实权受徐温控制。

公元937年,吴丞相徐温养子徐知诰废吴皇帝杨溥自立,国号唐,建都金陵,史称“南唐”。徐知诰改姓名为李昪。其子李璟即位后东灭闽、西灭楚,占地三十余州,广袤数千里,是南方最大的割据政权。到后主李煜时,南唐为北宋所灭。

前蜀的建立者是王建。公元903年,唐封剑南节度使王建为蜀王,拥有西川、东川和汉中四十六州之地。公元907年,王建在成都称帝,国号蜀,为分别丁后蜀孟知祥所建蜀朝,史称前蜀。子王衍继位后,奢侈荒淫,盘剥人民,公元925年为后唐所火。

后唐灭蜀后,任宗室至亲李克用的侄女婿孟知祥为剑南节度副大使入成都管理蜀之故地。孟知祥入成都后整顿吏治,减少苛捐杂税,生产有所发展,并攻占了东川。公元934年,在后唐接近尾声之际,孟知祥在成都称帝,国号仍用大蜀,史称后蜀。孟知祥死后,子孟昶继位。他夺取了后晋的凤州,归附了后晋的秦、成、阶三州,疆域至此基本与前蜀相等。公元965年为宋所灭。

吴越的创建者为钱镠。因军功,钱镠被唐昭宗任命为镇海、镇东两军节度使,拥有两浙苏南十三州之地。公元907年,后梁封钱镠为吴越王,都杭州,是独立的政权。吴越与吴、南唐相邻,统治区包括今浙江和江苏的太湖流域。这里生产发展,经济繁荣,吴越传至钱俶降宋。

楚的建立者是马殷。唐武安节度使马殷割据湖南。公元907年，后梁封马殷为楚王，都于潭州（今湖南长沙），辖潭、澧、衡、道等二十余州，统治区相当于今湖南省大部及广西东北部广大地区。公元927年，后唐又封马殷为楚国王，中原各朝都对他进行笼络。马殷也极力交结中原各王朝以为外援，使邻国不敢侵犯。马殷死后，诸子纷争，公元951年为南唐所灭。

闽的创立者是王审知。王审知原为唐威武军节度使，据福州。公元907年，后梁封他为闽王，据有泉、汀等五州之地。王审知提倡节俭，奖励农业，开辟海港，建立学校，对促进福建地区经济文化发展起了推动作用。他死后内乱不休，公元945年闽被南唐所灭。

南汉为刘隐所建。刘隐原为唐清海军节度使，据广州一带。公元907年，后梁封他为大彭郡王。其弟刘龑继位后扩大势力范围，据有广州及潮、容、邕、韶诸州，统治区域相当于今广东省全境和广西南部。公元917年，刘龑称帝，建都广州，并于次年定国号汉。史称南汉。南汉君主奢侈残暴，公元971年为宋朝所灭。

南平的建立者为高季兴。唐天祐三年（906年）高季兴为荆南节度留后。后梁开平元年（907年）五月，高季兴被朱温任命为荆南节度使。后朱友贞即位，是为后梁末帝。朱友贞封高季兴为渤海郡王，高季兴仍不满足，袭取襄州不成，南平与后梁断绝关系。后唐建立以后，高季兴畏其强大，亲至洛阳朝见李存勖，险遭囚禁。不久，李存勖封高季兴为南平王，这便是人称其国为南平的原因。南平由昔日的藩镇，逐渐演变成为一个独立的政权。建隆三年（962年）十月，宋太祖降服南平，南平国除。

北汉的建立者刘崇是后汉建立人刘知远的弟弟，北汉实际上是后汉政权的延续。公元951年，郭威代汉后，刘崇因其子刘赟（新立后汉皇帝）被杀而迅速据有河东并、汾、忻、代等十二州之地，并在太原称帝,仍用国号为汉,史称“北汉”。北汉虽土地贫瘠,百姓贫困,内供军国,外奉契丹,但仍延至公元979年,被北宋灭亡。

上述情况表明,五代十国时期是动荡、混乱的。武人在朝代更替和政权割据中,是决定的力量,军事行动在一定程度上是最重要的手段。此特点决定了该时期的官吏管理制度带有以军事行动为中心的特点,政权机构设置及职官配备亦是如此。

第二节 隋代官制

一、隋代中央机构与职官

隋代在中央机构职官设置上,是三省,即尚书省、内史省、门下省。三省互相牵制,以利于皇帝最后集权。

隋代的中央机构中,废去了北周仿制《周礼》所设的六官,恢复汉、魏旧制,设置三师、三公及尚书、门下、内史、秘书、内侍五省。三师不主事,不置府僚,三公参议国之大事,无其人则缺。三师三公实际上都是给予大臣以荣誉的虚职。五省当中,秘书省职务悠闲,内侍省全部都是宦官,尚书、门下和内史三省才是最高决策行政机关。三省长官共同制定立法,参与国家大政,职同秦汉时期的丞相。三省互相牵制,使中央集权进一步加强。三省制度对后来的封建王朝中央机构设置产生了深远的影响。

尚书省是处理日常政务的机构,“掌出纳王命,敷奏万机。令总统之”(2)。尚书省置尚书令和左、右仆射各一人,下设吏部、礼部、兵部、度支(后改为户部)、都官(后改为刑部)、工部六曹。尚书令、尚书仆射与六部尚书被称之为“八座”。六曹尚书分统三十六侍郎。吏部尚书统辖吏部、主爵、司勋、考功四侍郎;礼部尚书统辖礼部、祠部、主客、膳部四侍郎;兵部尚书统辖兵部、职方、驾部、库部四侍郎；度支尚书统辖度支、户部、金部、仓部四侍郎；都官尚书统辖都官、刑部、比部、司门四侍郎；工部尚书统辖工部、屯田、虞部、水部四侍郎。六部每部内设机构都是四个，也就是以后的四个司。左仆射判吏、礼、兵三部事，右仆射判度支、都官、工部三部事，是为六部制。六部尚书分掌全国政务，自隋定型。总之，隋代的尚书省是一个机构完整的中枢政务部门，与前代有重要区别。尚书令因为位尊权重，一般不授人，在隋代，只有杨素担任过尚书令，但隋文帝还对他疑心重重。

隋代门下省与内史省（中书省之改称）同掌机要，共议国政，并负责审查诏令，签署章奏，有封驳之权。门下省长官称纳言，属官有给事黄门侍郎、散骑常侍、谏议大夫等官。又辖城门、尚食、尚药、符玺、御府、殿内等六局。内史省长官为内史令，有内史监及侍郎等官。内史省一开始置内史监，很快废除，置内史令二人，侍郎四人。内史省属官有舍人八人，掌起草诏令，通事舍人十六人，掌宣奏，主事十人，录事四人。

除三省之外，还有秘书省和内侍省。秘书省掌图书集藏管理，长官为秘书监，属于清闲之职，但级别很高，正三品。中国历代都非常重视图书档案，掌握管理图书档案是国家权力的象征，任何朝代对于国家的管理都离不开图书档案。秘书监助手为秘书丞。属官有秘书郎四人，校书郎十二人，正字四人，录事二人，领著作曹、太史曹。著作曹掌国史修撰，有著作郎二人，佐郎八人，秘书郎、正字各二人。太史曹掌天文历法，有太史令、太史丞、司历各二人。

内侍省是内廷服务机构，主官为内侍（四品）二人，助手为内常侍，二人。属官有内谒者监六人，内寺伯二人，内谒者十二人，寺人六人，伺非八人。隋炀帝改内侍省为长秋监，有长秋令、少令、丞等，皆用士人，其他人皆由宦官担任。

以上为隋代“五省”。

除此之外，隋代的中央政权机构设置还有御史台、都水台二台，太常寺、光禄寺、卫尉寺、宗正寺、太仆寺、大理寺、鸿胪寺、司农寺、太府寺、国子寺、将作寺等十一寺。

御史台设有御史大夫一人，治书侍御史二人，侍御史八人，殿内侍御史、监察御史各二人，录事二人。御史主掌纠察弹劾，还出使巡查监军。隋炀帝设谒者、司隶二台，分割了御史台的部分职能。

都水台设有都水使者、都水丞以及参军、河堤谒者等官，负责全国水利事业。十一寺主要围绕宫廷日常活动和宫廷保卫而设。其中太常寺掌礼仪、光禄寺掌饮宴、卫尉寺负责宫廷保卫、宗正寺负责皇族内部事务，太仆寺负责备置车马。各寺设有卿、少卿、丞、主簿等官。寺卿是长官，其权力比之秦汉之“九卿”为轻。十一寺之一的国子寺，掌管教育，设有祭酒、博士、助教等官，下辖国子学、太学、四门学、书算学等学校部门。上述二台十一寺，是隋代以三省为中心的行政中枢的附辅机构，与尚书省六曹的职责有重叠部分，但也是六曹职能的有益补充。

为奖励有功劳的文武官员，隋代还设置了上柱国、柱国、上大将军、大将军、上开府仪同三司、开府仪同三司、上仪同三司、仪同三司、大都督、帅都督、都督等十一等勋爵。除此之外，还有特进、左右光禄大夫、金紫光禄大夫、银青光禄大夫、朝议大夫、朝散大夫并为散官，作为荣誉称号授给他们。隋朝的这一做法是沿袭北周旧制。

隋朝虽然时间短暂，但是所建立的官制体系对于后代，尤其是对唐代产生了深远的影响，隋朝确立的三省六部制，尤其是六部制，一直延续到清朝。

隋文帝非常重视太子的培养，还模拟中央官制，建立了一套完整的太子宫官制度。太子宫官除了太师、太傅、太保、少师、少傅、少保外，还模仿中央官制在太子宫建立了门下坊、典书房。门下坊仿效门下省，典书房则是仿效内史省。门下坊设左庶子二人，内舍人四人，录事二人，主事令史四人。门下坊有司经、宫门、内直、典膳、药藏、斋帅六局。司经局设洗马四人，校书六人，正字二人。宫门局设大夫二人。内直局设监、副监各二人，监殿舍人四人。典膳局设监、丞各二人。药藏局设监、丞各二人，侍医四人。斋帅局设吏员四人。典书坊设左庶子二人，舍人、通事舍人各八人，录事二人，主事令史四人。内坊典内及丞各二人，丞直四人，录事一人。其他机构还有家令寺、率更令寺等。除此之外，太子宫还有众多的武官侍从，负责保卫太子的安全。

隋代中央机构官制简表

机构	职官	品级	秩禄（石）
三师	太师、太傅、太保	正一品	900
三公	太尉、司徒、司空	正一品	900
台省（尚书省）	尚书令	正二品	700
	左、右仆射	正二品	700
	六部尚书	正三品	500
	六部侍郎	正四品上	300
	尚书左丞	从四品上	250
	尚书右丞	从四品下	250
	诸曹侍郎	正六品上	100
门下省（侍中省）	纳言（侍中）	正三品	500
	给事黄门侍郎	正四品上	300
	散骑常侍	从三品	400
	谏议大夫	正五品上	200
	奉朝请	从七品下	70
内史省（中书省）	内史监	正三品	500
	内史令（中书令）	正三品	500
	内史侍郎（中书侍郎）	正四品下	250
	舍人	正六品上	100
	通事舍人	从六品上	90

（续表）

机构	职官	品级	秩禄(石)
秘书省	秘书监 秘书丞 秘书郎 校书郎	正三品 正五品上 正七品下 正九品上	500 200 80 不给禄
行台省	行台尚书令 行台尚书仆射 行台兵部尚书 行台度支尚书 行台尚书丞	正二品 从二品 正三品 正三品 从四品	700 600 500 500 400
内侍省	内侍 内常侍	从四品上 正五品上	250 200
御史台	御史大夫 治书侍御史 侍御史 殿内侍御史 监察御史	从三品 从五品下 从七品下 正八品下 从八品上	400 160 70 60 50
谒者台	谒者人夫 司朝谒者 议郎 通直 将事谒者	从三品	400
司隶台	司隶大夫 巡查别驾 案京师刺史 从事	从三品	400
五监九寺	略		

注:1. 本表据《隋书·百官志》制。官员品级依据隋文帝时之制。

2. 隋朝讳忠字,故侍中改为纳言。

二、隋代地方机构与职官

隋以前各朝地方官制极为紊乱，机构重叠，冗官泛滥。开皇三年(583 年)隋文帝下令废去郡级地方行政，改为州、县两级制，并且合并了一些州、县，裁汰了一批冗官，从而节约了政府开支，提高了行政效率。在隋朝建立之初，全国共有州二〇一个，郡五〇八个，县一一二四个。当隋炀帝大业三年改州为郡的时候，全国有郡一九〇个，县一二五五个。这样的改革合并成果是需要很大气魄的，州郡两级合起来是七〇九个，一下子缩减为一九〇个，如果没有对国家负责，对老百姓负责的精神，是很难进行如此大刀阔斧改革的。

隋文帝对地方行政体制进行改革的另一目的，是要彻底废除自汉代州郡长官自辟僚属的制度，消除州郡僚属与长官的人身依附关系。隋朝规定，九品以上僚佐，州县长官不得自行聘用，由中央任命，吏部考核。当然，隋朝还允许州县长官在国家核定的正式职官内，自聘部分属吏。但对于自行聘用的属吏也进行数额限制，因为州县自行聘用属吏的费用最后还得加到百姓头上。隋朝的地方机构改革是在隋文帝主持下进行的，隋炀帝继续完成的。隋炀帝虽然是历史上著名的昏君暴君，但在地方机构改革上却是功不可没。隋朝的地方机构改革彻底改变了“十羊九牧”机构膨胀状况。在地方机构改革中，隋朝实行更严格的回避制度，不但州郡长官要回避本籍，就是县一级的僚佐也要回避本县，防止地方割据势力的形成。

在州(郡)县两级管理体制的基础上，隋代又设立了派出机构——行台尚书省，简称行台省，凡是辖区内的州(郡)县长官都受其节制。行台省的主官是尚书令，次官为仆射。行台省尚书令一般都由亲王担任。对于这些亲王，隋文帝并没有将他们置于法外，即使自己的亲生儿子,也是“法不可违”,这一点是难能可贵的。至于他受了隋炀帝的欺骗则是另一回事。隋炀帝大业三年(607 年)改州名称为郡,但地方两级行政制度未做改变。

隋初州、县各分为九等,如州有上上州、下下州等,后改为州、县各分为上中下三等。隋之前州郡县分九等,失之过细,隋将其分为三等,比较科学合理。这比不论县之大小,不论是几万人的小县还是上百万人的大县,统一都是一个级别待遇要更合理。地方各官如州之刺史,县之县令,一律计户给禄,大州刺史高达六二〇石,大县县令一四〇石,小县县令最少的仅有六十石。上上州郡县:刺史六二〇石,郡太守三一〇石,县令一四〇石。上中州郡县:刺史五八〇石,郡太守三一〇石,县令一三〇石。上下州郡县:刺史五四〇石,郡太守二八〇石,县令一二〇石。中上州郡县:刺史五百石,郡太守二五〇石,县令一一〇石。中下州郡县:刺史四六〇石,郡太守二二〇石,县令一百石。中下州郡县:刺史四二〇石,郡太守一九〇石,县令九十石。下上州郡县:刺史三八〇石,郡太守一六〇石,县令八十石。下中州郡县:刺史三四〇石,郡太守一三〇石,县令七十石。下下州郡县:刺史三百石,郡太守一百石,县令六十石。

隋代地方机构官制简表

机构	职官	品级
州	刺史	上州正三品 中州从三品 下州正四品
	长史	五至六品
	司马	五至六品
	录事参军事	七至八品
	各曹参军事	七至八品
	行参军	八至九品
	典签	九品

（续表）

机构	职官	品级
郡	太守	上郡从三品 中郡正四品 下郡从四品
	郡丞	九品
	郡尉	
	通守	从七品至从八品
	六曹书佐	从八品至正九品
县	县令	上县从六品上 中县从七品上 下县正八品上
	丞	从八品至从九品
	尉	从九品
	功曹	
	主簿	

注：此表根据《隋书·百官志》制作。

三、隋代官吏管理制度

隋朝建立后，隋文帝杨坚顺应历史发展趋势，废除了由曹魏创立的九品中正制度。这除了庶族地主经济力量的增长，以及隋文帝为首的统治集团吸收庶族地主参加政权，扩大统治基础外，还有加强国家统一，加强对地方控制的原因。北齐灭亡后，降隋的南方士族集团，在新建立的隋代政权中，虽非实权派，但仍然是统治集团的一部分。山东和南方的士族地主，原是北齐和南方政权的支柱，他们有较高的社会地位，雄厚的经济基础，占有很多部曲、奴婢，也荫庇着众多的“附户”、“荫户”、“浮客”，使封建政权收入大为减缩，而且他们在地方上握有很大权力，是潜在的分裂割据力量。为改变这种状况，限制士族地主在政治上的特权，隋代统治者不得不废除九品中正制，代之以新的官吏选拔任用制度。隋文帝规定，每州每年贡士（地方向最高统治者荐举人员）三人，取代原来的中正取士办法。开皇十八年（598 年），隋文帝又下令以“志行修谨”（道德高尚）、“清平干济”（才干超群）二科举士，由地方总管，刺史具体负责。从此开始，分科举人的选拔官吏方式趋于制度化。隋炀帝继位后，隋代的科举取士有所发展。他创立了进士科，以“试策”取士，使封建统治者选拔官吏更加科学化、制度化和规范化。进士科的设置，标志着科举制度的正式建立。科举制度是我国选官制度上的重大改革，它打破了门阀士族长期以来对政权的垄断。在选拔任用上，出身寒门者与出身门阀士族之家的人基本上处于平等的地位，有利于人才的选拔，为庶族地主与平民百姓参政开辟了道路。到唐代，科举制度进一步完善，成为一种正式的官吏选拔制度。

科举制度的采用，是当时社会经济发展和阶级关系变动的反映。自从北魏以来，北方推行均田制，农业生产得到了发展，庶族地主经济也相应得到了发展，形成了一种社会力量，并要求在政治上得到应有的地位。与此同时，南方的庶族地主也在政权更迭和经济发展中，政治经济力量明显上升。中央政府通过科举制度的实行，给广大庶族地主提供了政治出路，一方面利用他们与门阀士族作斗争，另一方面也是为了缓和他们与中央的矛盾，使他们衷心拥护中央。科举制度的实行对封建专制中央集权的巩固起着很大作用。科举制度，对于彻底纠正“九品中正制”弊端，探索一条科学合理的用人制度，功不可没。科举制度本身是一种比较合理的选才用人制度，到了后期所以走上绝路，根本原因就是考试内容和形式日趋没落、脱离实际。

为了加强中央集权统治，隋代将地方任用官吏权收归中央，凡九品以上的官员任用，都由吏部负责，这一措施开了封建社会大小官吏由吏部铨选之先河。

第三节　唐代中央机构与职官

同汉承秦制一样，唐代也是沿袭隋制。“唐之官制，其名号秩禄虽因时增损，而大抵皆沿隋故”(3)。在隋代官制的基础上，唐朝建立了一套由三省、六部、九寺、五监组成的官制体系。到了后期，又建立了“使职差遣”制度。使职差遣本来是朝廷为了某项工作而临时安排官员完成某项工作，以后发展成为一种制度，并且剥夺了中央某些部门的权力，伴随使职差遣制度产生的便是赫赫有名的节度使。节度使成为一方诸侯，成为危害唐朝中央安全的藩镇。

一、三省

唐代中枢机构以三省为中心，后来发展成为由宰相组成的政事堂。

唐代以中书、门下、尚书为三省，其中，中书省与门下省之间的关系最为密切，它们合称北省，而称尚书省为南省。南北之分固然以其治所的地方不同而来(高宗时为便于处理政务，将中书、门下二省从皇城迁进大明宫内，而尚书省仍在皇城内，由于皇城在大明宫西南方向，故通常称尚书省为“南省”，中书、门下为“北省”)，但因其在中枢机构中的不同作用而有区别。中书、门下二省的长官分别为中书令与侍中，皆正三品。史称中书令“掌佐天子执大政，而总判省事”(4)，侍中“凡国家之务，与中书令参总，而专判省事”(5)，可见中书、门下两省同秉军国政要，而各有分工。中书省掌制令决策，门下省掌封驳审议。凡军国大政，必由中书省定策，草为诏敕，交门下省审议覆奏，然后才交尚书省颁布执行。尚书省则成为政策的执行机构。门下省如果认为中枢所拟制敕不当，可以封还重拟。凡中央寺监百司及地方各部门呈上的奏章，重要者也必须通过尚书省交到门下省审定，认可之后方可送中书省呈请皇帝批阅或草拟批答，门下省如认为不妥，则可驳回修改。唐代制书的格式，开头总是“门下”二字，然后是门下省主要官员姓名及审覆意见。

唐代中书与门下两省在中枢机构中的作用高于尚书省，是因三省实际职权范围不同而逐渐发展变化的必然结果。唐太宗非常重视中书、门下这种协助皇帝决定大政方针的作用。他曾说：“中书门下，机要之司。”(6)唐太宗要求中书、门下官员“中书诏敕或有差失，则门下当然驳正”，防止出现个人专断与诏敕失误无法纠正。

两省除了各自的长官中书令及侍中外，次官分别为中书侍郎、黄门侍郎。其主要属官，中书省有中书舍人，一般编制为六员，正五品以上。中书舍人掌各地表章进奏、草拟诏敕，对中书省所讨论的军国大政及各地报上来的奏章，发表看法，拿出处理意见，并签上自己的名字，称之为“五花判事”。门下省设给事中，一般编制四人，正五品以上，掌侍左右，分判省事，凡是百司奏抄，侍中审核完毕，给事中则负责驳正违失，凡是认为不合适，予以驳回重新拟定。中书舍人、给事中为两省事务的实际主办人员，职权很重。因此，这两职是唐代文人士子企慕的清选要职，同时也是跃上台省高官以至宰相的一块重要跳板。对于刑事案件，两省认为不合适的，可以与御史三家联合审理，称之为“三司受事”。

中书省还有右散骑常侍二员，从三品，掌规讽过失，侍从顾问；右谏议大夫四员，正四品下，掌谏谕得失，侍从赞相；左右补阙、左右拾遗各二员，分别为从七品上与从八品上，掌供奉讽谏；起居舍人二员，从六品上，掌修记言之史，录制诰之音，季终以授史官；通事舍人十六员，从六品上，掌朝见引纳，殿廷通奏。再下有令史、典谒、亭长、掌固等僚属数十名不等。中书省还有主书处掌簿书、典籍。集贤殿书院掌刊辑经籍。史馆掌修国史。

门下省在侍中、黄门侍郎、给事中以下，有门下录事四员，从七品上，掌文簿、传制、诏敕的装函保管；左散骑常侍二员，从三品；左谏议大夫四员，正五品上；左右补阙二员，从七品上；左右拾遗二员，从八品上，均掌供奉讽谏。再下还有起居郎、城门郎、符宝郎等官属。

左右散骑常侍、谏议大夫、补阙、拾遗，均是谏官。

尚书省，其总办公机构为都省，又称都司、都台、都堂。其下统六部二十四司。尚书省长官为尚书令一员，正二品。但因唐太宗曾经担任此职，以后不再设置，所以，左右仆射实际成为尚书省的长官。左右仆射为从二品。因为没有尚书令，尚书左右仆射在开元年间被称之为左右相。左右仆射一般都加衔“开府仪同三司同中书门下三品”，自韦安石任左仆射，不带“同中书门下三品”，就没有资格以宰相的名义参与国家大政。之后，左右仆射就不再是宰相。

尚书省都堂之东为吏部、户部、礼部办公场所，由左司统领。都堂之右为兵部、刑部、工部，由右司统领。左右仆射之下有尚书左右丞各一人，分别为正四品上、正四品下，主持日常事务。左右司郎中、左右司员外郎各一人为其助手，分判六部诸司事务，官品分别是从五品上、从六品上。唐代前期，仆射的地位很高，是宰相。自中唐以后，由于仆射被排挤于宰相序列之外，尚书省地位因受使职差遣的冲击而日益削弱。此种变化与其在三省中是政务执行机构，不如中书、门下两省接近皇帝，参与核心机密有关。

“宰相”之名，起于隋代，但当时尚无正式名称，到了唐代才有了正式称号。唐代宰相机构变易之繁，宰相名称之多，为历代所少有。唐初，三省机关均为相府，以三省长官中书令、侍中、尚书令共议国政，行使宰相职权。其后，相府、宰相名称屡经变易，从高祖到肃宗，变化如下：

中书省先后在高祖时曾称内史省（长官内史令）、中书省（中书令），太宗时称中书省（中书令），高宗时称西台（右相）、右省（右相）、中书省（中书令），武后时改为凤阁（内史令），中宗、睿宗时又称中书省（中书令），玄宗初年叫紫微省（紫微令），后称中书省（中书令、右相），肃宗时称中书省（中书令）。

门下省在武德初年，沿隋旧制为门下省（长官为纳言、侍中），龙朔二年改为东台（左相），咸亨元年改为门下省（侍中），武后光宅元年又改为鸾台（纳言），神龙初年又改为门下省（侍中），开元元年改为黄门监，开元五年复改为门下省（侍中、左相），直到宋朝。

尚书省在武德初年为尚书省（尚书令），龙朔二年改为中台（左、右匡正），光宅元年改为文昌台（文昌左、右相），垂拱元年改为都台（文昌左、右相），长安三年又改为中台（文昌左、右相），神龙元年改为尚书省（左、右仆射）。

唐代宰相，除三省长官外，也常以他官兼任宰相之职，而假以有关名号，此类名号先后有四十余个。中唐以后逐渐确定为“同中书门下”和“同中书门下平章事”两个名称。本为宰相的三省长官，如不加此号，反不得入政事堂议政，失去了宰相的地位。开元以后，为仆射者按例不加“同平章事”，因而最终被排挤出宰相行列。安史之乱后，由于代宗大历十二年（777 年）升中书令和门下侍中为正二品，故“同中书门下三品”之名便废除不用了。约略在此前后，侍中、中书令也基本上成了藩帅兼领之职，很少单独作为宰相来设置。因此，实际上唐朝后期宰相的名号几乎统一到“同平章事”一个称号上了。

作为封建时代中央政府的首脑和封建国家的最高行政管理负责人，宰相的职权是佐天子、总百官、治万事，权力是很大的。唐代的宰相的权力与职责为：

1. 在皇帝面前参议军国大政方针；

2. 共同议定有关皇帝、皇后、太子的废立等大事；

3. 择百官、进贤能；

4. 对百官进行考核和奖惩。

宰相机构叫政事堂，它也有一个演化的过程。自唐初以来，带着各种名号和身份的宰相们，便在门下省议政。这个议政场所，即是政事堂。设置这个机构的目的是因为“中书出诏令，门下掌封驳，日有争论，纷纭不决，故使两省先于政事堂议定，然后奏闻”(7)。由于宰相实际上不是一人而是数人，就需要有个议政的场所。高宗末年，政事堂由门下省移到了中书省。开元十一年(723 年)，中书令张说奏改政事堂为“中书门下”，将“政事印”改为“中书门下之印”，并且列吏房、枢机房、兵房、户房、刑礼房五房于其后，分曹以主众务，政事堂遂从议政之所变成宰相机关。产生这一变化的原因是先天(唐玄宗年号)以前，宰相们虽然上午在政事堂议政，然后下午仍旧回本衙门办公，没有必要为宰相们另立一个办公机关，可以说是兼职宰相(三省长官亦有本省常务)。一应军国政令可以通过中书出令、门下封驳、尚书奉行的正常渠道施行。但是开元以后，宰相人数不多，并且看重议事之任而不愿意回本省办公，于是才有必要把政事堂变成固定的宰相机关，并列置五房以对口处理有关行政事务。

在政事堂(中书门下)议政的数位宰相中，有一位首席宰相，称为“执政秉笔”。玄宗时李林甫、杨国忠为相，之所以能专权用事，一个重要原因就是他们长期窃据了秉笔宰相。为了防止这一弊端，肃宗在位时，令宰相们分别担任执政秉笔、承旨，十天一个轮换。到唐德宗贞元十年又改为每日一人轮流秉笔，史称这样做是“惩林甫及杨国忠之专权故也”(8)。但从唐代后期的实际情况看，这一制度并未得到长期坚持。封建政治制度的核心是皇权高于一切，这就决定了皇帝（还有宦官）以好恶对首席宰相的实质性认定。不管采取几日一轮换的制度，也达不到轮流坐庄的目的，首席宰相还是实际存在着。首席宰相制对后代相权的发展与变化，有着重大的影响。

在封建社会，皇权与相权的矛盾与斗争，始终贯穿于整个封建政治历史。唐代二十一君共任用宰相三六八人，有以功勋宿望者，有以才干识体者，有以严正远虑者，有以学术文章者，大多都非平庸之辈。三六八名宰相中，进士出身的有一四一人。然而也不乏奸相在内。唐代的隆盛，一个重要原因，就是相权较重而又行使得体。唐代将相权分割成几个机关，实行群相集体负责制，使得宰相们互相监督，互相制约。遇有军国大事，于政事堂召开宰相联席会议，来决定政府一切最高政令。皇帝的一切诏、敕、制书，均需在政事堂会议讨论研究，然后决定其是否颁布。而且下颁的诏敕，需要宰相副署，并盖上"中书、门下之印"才能生效，否则就是违制，中央和地方部门就可以不执行。

这也是唐代在中央最高决策机构中实行的一项重大改革，始于太宗贞观元年，完成于玄宗开元十一年。它一方面使君权与相权矛盾得到了很好的处理，保证了中央集权的封建统治；另一方面，是封建国家权力机关的效能，得到了充分发挥以至于达到了这一制度许可的极限。

二、六部

六部的名称，各个时期所指不同。《武德令》定为吏、礼、兵、民、刑、工，《贞观令》定为吏、礼、民、兵、刑、工，武后光宅元年按《周礼》六官，改以吏、户、礼、兵、刑、工为序。自此以降，直至清朝末年沿用不改。六部共辖二十四司以理朝政。

吏部　为六部之首，因其职掌天下官吏选授、勋封、考课之政令,国家关于职官铨选之典,封爵册勋之制,权衡殿最之法,奚以咨之。武则天光宅年间改吏部为天官,以后人们就称吏部为天官。后人称吏部为天官,只是强调吏部在六部中地位之重要。吏部侍郎比其他五部侍郎要高,吏部侍郎为正四品上,其他五部侍郎则是正四品下。选士任官,以及对官吏的管理,事关国家之兴亡。吏治清明则国泰民安;吏治腐败则政治黑暗,社会动乱。可见吏部所处的位置十分的重要。吏部下设吏部、司封、司勋、考功四司,掌管全国文官的选授、勋封、考课之政令。唐代一般三品以上官员由皇帝亲自任命,五品以上由宰相提名请皇帝批准,六品以下官员由吏部根据其资历、功劳、才能、德行、言辞、书判、身材等诸方面的优劣"注拟",并报门下省审复后授予职务。吏部司为二十四司第一司,称为子司,有郎中二人,一人掌文官阶品、朝集、禄赐、给假告身等;另一人则掌选补流外官。员外郎二人,一人掌选院,因其办公地点在选曹之南,称之为"判南曹";一人主持本司日常事务,称之为"判曹务"。司封司名称有时称"主爵",有时称司封,主管封爵、朝会、赐予事务。司勋司主掌文官勋级事宜。考功司掌管文武百官的考核。

户部　实际上是封建国家的财政部,主要职能是保证国家所需的税收,但唐代户部既掌财政,又管民政,包括土地、户口、钱谷、贡赋等。所属四司为户部、度支、金部、仓部。四司长官为郎中、员外郎。户部司为子司,掌管天下人口、土地、赋役、黜免、婚姻等事务。度支司掌管财政预算与会计核算,与中书、门下议定之后上奏。金部司掌管天下库藏出纳、权衡度量,同时还管理着两京(京兆、河南尹)市场交易。仓部司掌管天下库储钱粮出纳、禄粮等。

礼部　掌礼仪、祭祀、贡举之政令,下辖礼部、祠部、主客、膳部四司,其职掌涉及礼仪、文教、宗教、外交、民族等方面的事务。礼部司为子司,掌礼乐、学校、衣冠、符印、表疏、图书、册命、祥瑞以及文武百官丧葬赠赙事务。祠部司掌管祠祀、享祭、天文、漏刻、国忌、庙讳、医药、卜筮、僧尼等事务。膳部司掌陵庙祭品与祭具的规格以及诸王与蕃客住宿食物的供应等事务。主客司掌前朝后裔（主要是隋杨氏与北周宇文氏）与各藩国朝聘、接待、给赐事务。同时，本来由吏部考功员外郎主持的科举考试，后来因嫌其地位太轻，改由礼部侍郎专职主持考试，大大提高了礼部的地位。

兵部　设有兵部、职方、驾部、库部四司，职掌武选、地图、兵马、甲械之政。兵部司为子司，掌兵马名籍、资历档案与武举等事务。职方司掌地图、城隍、镇戍、烽候、防人道路之远近以及四夷归化等事务。架部司掌舆辇、驿传、马牛、杂畜的簿籍等事务。库部司掌兵器、卤簿、仪仗等事务。兵部并不直接带兵，只负责六品以下武官的选授、考课与武举，以及军令、军籍和中央一级的军训。

刑部　掌司法狱政，领有刑部、都官、比部、司门四司。刑部司辅佐尚书、侍郎掌律法、按覆大理寺及全国所有判决案件，与御史中丞、大理寺卿组成“三司”会审重大案件，代表国家发布大赦令。都官司掌俘虏管理、奴隶簿录，给以衣粮医药，并负责其诉讼案件，凡是造反谋逆的，没其家口为官奴婢，免除这些人的奴婢身份等。比部司掌通会内外赋敛、经费、俸禄、勋赐缺乏物资，以及军用物资、器械、和籴勾复审计等事务。司门司掌管门禁关卡出入登记等事务。

工部　掌土木水利工程以及国家农、林、渔、牧（军马除外）业之政。下设工部、屯田、虞部、水部四司。工部司佐助尚书、侍郎掌城池土木的工役程式。屯田司掌全国屯田以及在京文武官员的职分田与公廨田。虞都司掌京都衢巷、苑囿、山泽、草木及百官蕃客菜蔬薪碳的供应。水部司掌渡口、船舻、桥梁、堤堰、沟洫、捕鱼、漕运修缮沟通等事务。

六部长官各设尚书一员，正三品；侍郎一至二员，正四品上。

二十四司，各司设郎中一至二人为长官，从五品上；员外郎一至二人为副。二十四司的长官被称为郎官、尚书郎、省郎，是很被人看重的清要职官。六部尚书唐初地位很高，后因长期由宰臣或藩帅兼任而渐渐被架空，从而失去了实权。

三、九寺五监

唐代虽有六部二十四司作为中央行政中枢机构，但九寺五监仍很紧要。《唐六典》对九寺五监在国家机构中的法律地位做了明确规定：是中央政府的办事机构。九寺五监机构的性质决定了它的编制十分庞大，卿、监以下至供膳、驾车者，总计多达一一三一二人。而尚书省的编制，总计才只有一二九二人。尚书六部是九寺五监的上级机关，而九寺五监是六部的下属机构。其组织机构和职掌是：

太常寺　掌庙乐郊祀社稷之事。以郊社、太庙、诸陵、太乐、鼓吹、太医、太卜、廪牺八署总其官署，行其政令。编制一一七七人。长官有太常卿一人，正三品；少卿二人，正四品上；寺丞二人，正五品下，掌判本寺日常事务；主簿，从七品上，掌守护印信，审阅案卷，摘由编目，检查文书簿籍违制与失误；录事，从九品上，协助主簿监督本寺应办事务。太常寺其他职官有太常博士四人，从七品上；太祝六人，正九品上；奉礼郎二人，从九品上。唐玄宗设立祭祀使，专门主管祭祀老子及其他神仙的主官，太常寺的祭祀职能被部分地分割出去。

光禄寺　掌总理朝会、祭享等典仪中膳馐供设，辖太官、珍馐、良酝、掌醢四署，编制二七七七人，长官有光禄卿一人，从三品；少卿二人，从四品上；光禄丞二人，从六品上。太官署设令二人，从七品下。珍馐署设令一人，正八品下。良酝署设令二人，正八品下。掌醢署设令一人，正八品下。与太常寺一样，唐朝也先后设立了光禄使、监食使，夺去了光禄寺部分职权。宦官鱼朝恩就曾担任光禄使，使用宦官担任光禄使监督朝官，同时也剥夺了光禄寺的职权。

鸿胪寺　掌外交之仪与凶丧之仪，领典客、司仪二署，编制二二五人。长官有鸿胪卿一人，从三品；少卿二人，从四品上；鸿胪丞一人，从六品上。唐代在鸿胪寺之外，又设立鸿胪礼宾使与客省使，分去鸿胪寺部分职能。

卫尉寺　掌国家武库、器械、文物，总武库、武器、守宫三署之官署，编制为一六九四人。长官有卫尉卿一人，从三品；少卿二人，从四品上；卫尉丞二人，从六品上。

宗正寺　掌皇族事务，领陵台、崇玄二署，编制为四十四人。长官有宗正卿一人，从三品；少卿二人，从四品上；宗正丞二人，从六品上。

太仆寺　掌厩、牧、车、舆之事，总乘黄、典厩、典牧、车府四署及诸监牧之官署，编制为二四三九人。长官有太仆卿一人，从三品；少卿二人，从四品上；太仆丞四人，从六品上。

大理寺　为中央司法部门，掌审判刑罚之事，凡犯至流死，皆详而质之，申报刑部。编制为二八五人，长官有大理卿一人，从三品；少卿二人，从四品上；大理丞六人，从六品上。卿、少卿、丞总掌判刑之轻重。另有大理正二人，根据刑法科条参议用刑之轻重；大理司直、大理评事若干人，专掌出使推按，他们往往承制推讯，在地位上具有钦差大臣的高贵身份。唐代还以大理寺、御史台、刑部组成三司，对于重大狱案，三司会审。

司农寺　掌仓库、苑囿、屯田等事，总上林、太仓、苟盾、导官四署与诸监之官署，编制为二〇八六人。长官有司农卿一人，从三品；少卿二人，从四品上；司农丞六人。司农寺的太仓是国家粮库。

太府寺　掌财货与贸易等事，总京师四市、平准、左右藏、常平八署之官署，编制为三〇四人。太府寺的左藏是国家金库。长官有太府卿一人，从三品；超人二人，从四品上；太府丞四人，从六品上。

国子监　是唐代中央文化教育机关，是培养封建人才的学校，领国子、太学、四门、律学、书学、算学六学，编制为一一二人。长官称国子祭酒，一人，从三品；次官为国子司业二人，从四品下；国子丞一人，从六品下。六学中前三学主要教育官僚子弟学习儒术，后三学招收低级官僚子弟和平民子弟，培养法律、文字、书法、算术方面的专门人才。各学均有博士、助教以授生徒。顺便一提的是，除国子监外，唐代中央文化教育机关还有秘书省以及弘文馆、集贤书院、史馆、东宫崇文馆、司经局等文化教育部门。秘书省掌图书经籍之事，相当于国家图书馆和档案馆，统有著作、太史二局。秘书省设秘书监一人，从三品；少监二人，从四品上；秘书郎三人，从六品上；校书郎十人，正九品上；正字四人，正九品下；著作郎二人，从五品上；著作佐郎二人，从六品上。太史局（唐肃宗乾元元年改为司天台）设监一人，正三品；少监二人，正四品上。

少府监　工部承尚书之政令，掌管百工技艺，手工业制作，染织、锻造、冶炼之事。少府监领中尚、左尚、右尚、染织、掌冶五署之官署，凡天子之服饰，百官之仪制，展采各物，皆以供之。编制为三八七人，长官有少府监一人，从三品；少监二人，从四品下；少府丞六人，从六品上。

将作监承工部尚书之命，掌国家重大工程修建营建与陶器制作，辖四署三监百工之官署，编制三六〇人。将作监长官有将作大匠一人，从三品；少匠二人，从四品下；将作丞四人，从六品下。天宝十一年（752 年）改将作大匠为将作大监，少匠为少监。

军器监　掌缮造甲弩甲坊之属，领甲坊、弩坊二署，编制七十人。长官有监一人，正四品上；少监一人，正五品上；丞二人，正七品上。

都水监　掌川泽津梁之事，领舟楫、河渠二官署，编制三五二人。长官有都水使者二人，正五品上；都水丞二人，从五品上；主簿一人，从八品下。

在九寺中，人数最少的是宗正，这是让人感到非常意外的事情。历朝历代，管理皇族的机构都是最庞大的机构，唯独唐代例外，宗正寺官员最少，只有四十四人，与几千人的其他寺相比可以说是不成比例。但这恰恰说明唐代官制与历代的不同，表现了唐代统治者以国家利益为重而不以皇族利益为主的博大胸怀。历朝历代国家政权机构都是紧紧围绕皇权转，一切服从皇权，一切为了皇权，直接服务皇室的机构也就显得尤为重要，有的朝代甚至把宗正放在九卿之首，宗正职官更是多于其他卿寺。

此外，唐代中央机构还有殿中省、内侍省，也属寺监机构一类，殿中省掌天子服饰，内侍省则是在内廷为皇家服务的纯宦官机构。唐初规定，内侍省无三品官，宦官不得干政。从唐中宗开始，大宦官开始干政，宦官人数剧增，内宫增至千余人，开元末年增至三千多人，七品以上的就有千余人。宦官不但干政，还监军，为宦官干政提供了方便，他们还积极参与皇宫的政变。大宦官李辅国可以废立宰相，甚至逼死皇帝，闯进皇宫杀死皇后。到唐代中期以后，皇帝的政令不是出自三省，而是出自宦官把持的内侍省。

四、御史台

御史台是唐代中央监察机关，专掌提按宪章肃正朝纲，纠弹百官。

在唐高宗龙朔二年(662 年)，改御史台为“宪台”，武后时期改御史台为“左肃政台”，并增设右肃政台。先天二年(713 年)恢复御史台。到唐玄宗时期，御史台机构与官吏设置固定下来，并确立了台院、殿院、察院三院治事制度。在隋初及唐初，御史台只管揭发,并且只要根据传闻即可奏劾,不需要举出什么证据,更不受诉讼。自贞观以后,御史台也受理词讼,并且设置了“台狱”,纠举之前往往要“推复理尽,然后弹之”(9)。

御史台长官为御史大夫一人,御史中丞三人,分别为正三品、正四品下,职掌以刑法典章纠正百官之罪恶。由于御史大夫不常设,中丞实际上就是台长。御史大夫职掌是:会同中书省、门下省长官审理百姓向皇帝上诉案件,叫做“三司受事”。这种案件一般根据御史大夫与御史中丞的意见,由侍御史和给事中与中书舍人共同审理,称之为小三司。御史为“人君耳目”,可以闻风而奏,不受御史大夫与御史中丞的指挥,独立上奏,后来又规定,御史弹奏须告知御史大夫与御史中丞,大事由御史大夫或御史中丞专折上奏,小事则由御史直接上奏,但要有御史大夫或者御史中丞的签名。如果皇帝派遣使者复查案件,则由御史大夫或者御史中丞会同刑部、大理会审甄处。国家举行大典活动,则由御史大夫或者御史中丞乘辂前导开道。御史台内设有三院,即台院、殿院、察院,分别由侍御史、殿中侍御史、监察御史领之,称为“三院御史”。唐制,台院设立侍御史六人,秩从六品下。侍御史又分知杂侍御史一人,有资历最深者担任,协助御史大夫或御史中丞处理提名改迁及评定令史考课事宜,以及御史衙门的一切事务,实际就是御史大夫助理,号称“台端”。知公廨侍御史一人,主持台内日常事务。廨者,衙门也,知公廨实际就是办公室主任。知弹侍御史一人,主管弹劾事务。知推侍御史二人,分知东、知西两推。知东推掌推鞠京城官员的违法失职案件;知西推掌地方官员的违法失职案件。知西推侍御史一人,掌西推及赃赎事宜,代表御史台参加三司受事,号称副端。推鞠狱讼是对被告发官员进行审理,这主要牵涉“制狱”,就是皇帝亲自交办的案件。

殿中侍御史的主要职责是在朝廷重大典礼等活动中,纠察殿廷供奉仪式，还担任推按、巡查及监莅出纳等任。唐制，殿院殿中侍御史设侍御史九人，秩从七品下。九人各有分工。

察院设监察御史十五人，秩正八品下。按照进入察院的资历顺序，进察院第一人负责监察吏部、礼部，兼监察使，第二人负责监察兵部、工部，兼任馆驿使。第三人负责户部、刑部。在狱讼方面，唐代规定，京兆、河南府处决死刑囚犯，必须有监察御史前往监察行刑，而且在处决前由监察御史提审，给死囚一个最后伸冤的机会。

监察御史的主要任务是出使巡按，包括对州、县的巡查以及对屯田、铸铁、馆驿、岭南选补、太仓与太府出纳等的监察。开元以前，还监临诸路军旅。

唐代以御史纠弹百官，同时，御史纠弹正确与否又受到尚书省左、右仆射与左、右丞的监督制约。如果御史纠弹不当，可受到尚书左、右仆射和左、右丞的纠劾。这是唐代监察机构完备、成熟的标志。

“三院御史”以下，台院有主簿一人掌印，另有录事、令史、书令史、亭长、掌固等属官。殿院有令史、书令史等。察院有计史、掌固等属官。

唐代监察制度除御史台外，还有言谏制度，并设置了谏官组织，有左、右散骑常侍，左、右谏议大夫，左、右补阙，左、右拾遗等。谏官的主要任务是研究国家制定的政策、法令以及某些重大政策和制度，有认为不妥的，有权向皇帝规谏。唐代统治者从长期的统治经验中认识到，这种规谏有助于皇权的行使和封建国家的统治，同时也是对宰相的一种监督，因此设置专官执掌。谏议大夫和给事中，同称侍臣，而御史则为法吏。从某种意义上来说，作为宰相机关的门下省，就是拥有更大监察权力的领导机关。门下省对皇帝可以言谏和封驳，是以皇帝为纠察对象。至于御史台的纠察对象是内外百官，是对下监督和纠举。这就是说，唐代即使皇帝也有人监察，这是监察制度的重大发展，也是唐代政治制度演变过程中的一个重要特点。唐太宗不但让御史监察百官，还把自己列入监察之列，表现出唐太宗作为一个皇帝，真正的博大宽阔胸怀。看到别人缺点错误的皇帝并不是真正高明正确的皇帝，只有既看到别人缺点错误，还能看到自己会有缺点错误，并且想办法让人及时指出自己缺点错误的皇帝，才是真正的明君。在中国历史上，各朝统治者只有唐太宗能够真正做到这一点。不管什么样的皇帝，从来都不认为自己会犯错误，从来都是认为自己是明君，而臣下是奸臣。正像崇祯那样，临死都认为自己多么的伟大英明正确，不是亡国之君，都是臣下的过错，是臣下误国。

唐代御史台行使职权有三点很值得注意：一是风闻而奏，即前文所述据传闻奏事，可以不究其实。风闻言事虽在南北朝已开端倪，但在唐代，尤其是武后之时大兴此风。二是设置台狱。贞观年间，御史台根据唐太宗的旨意，设立监狱。“故事，台中无狱，须留问，寄系于大理寺，至贞观二十二年二月，李乾祐为大夫，别置台狱，由是大夫以下，已各自禁人。……以后，恐罪人于大理寺隔街来往，致有漏泄狱情，遂于台中诸院寄禁，至今不改。”(10)以前人犯关押在大理寺，不利于御史台审理办案，现在御史台有了自己的监狱，随时可以提审人犯，保证了御史台的司法审判权。御史台由职掌弹劾而取得司法审判权，并且御史台所参与的案件多是奉了皇帝的旨意，与纯粹的刑部、大理刑事审判还有区别。三是三司会审。唐代遇有重大的案件，则由大理寺卿会同刑部尚书、御史中丞共同审理，这叫做“三司推事”。有时还由门下给事中、中书舍人和侍御史共同组成特别法庭，即为“小三司”，坐堂受理冤狱，称为“三司受事”。另外，尚书省的左、右丞，实际也是监察官员，这对于整肃朝纲，提高行政效率都有积极作用。

唐代御史台行使职权,虽在很多情况下受制于宰相,但纵观近三百年唐代政治史,唐之御史确有较大的独立性,行使职权一般不受行政长官的干涉,御史任免也很少受吏部约束,或由台主推荐,或由皇帝直接任免。在唐代,御史弹劾奏事,可以直达于上,不受台主好恶影响。

有一个好的监督制约机制,这不能不说是唐朝不同于其他朝代的重要标志,这也是唐朝所以能够昌盛的重要标志之一。

五、翰林院

翰林,本为"文翰之林"之意。但初唐的翰林院,除文词、经学之士外,还有卜、医、棋、术等各种专门技艺人员。他们定期入值当班,待诏于院内,以备天子召见,陪天子下棋、作画、写字等,以一技之长为天子游居宴乐服务。

除此之外,皇帝还往往召见一批"内参谋猷"的文士。如太宗时以虞世南等才彦之士为弘文馆学士,于禁中内参决谋议。高宗时召刘祎之、元万顷等入禁中,密与参决朝政,以分宰相之权,称为"北门学士"。唐玄宗开元初年,开始设置"翰林待诏",掌四方表疏批答,应和文章。以后,又因为中书省事务繁多,文书多有积压,便选朝官中有词艺学识者,与集贤院学士分掌制诏书敕,称为"翰林供奉",以后称"翰林学士"。天子在宫内为其另建学士院,安置这些人,以备咨询政要,专掌禁内诰命。翰林学士的出现,分割了中书舍人的制诏之权,于是皇帝的命令就被分割为内制和外制。翰林学士所撰,直接从禁中发出,故称内制,用白麻纸书写;而中书舍人所撰,为外朝所拟,故称外制,用黄麻纸书写。内制主要涉及拜免将相,号令征伐、立皇后、建皇储等重要诏书;外制则为一般诏书。内制与外制,轻重之别显而易见。

翰林学士既无品秩,也无官署属员,只是一个使职差遣。担任使职的从六部尚书到校书郎都有可能。安史之乱后，由于用兵谋略的军政重大方针均从内制产生，因此翰林学士的地位益显重要。唐宪宗时，还从诸位翰林学士中选拔一名德高资深的，作为承旨学士，参谋禁密，权任独重。承旨学士，具有首席学士的身份，再也不仅仅是起草文书制诏，而是直接出谋划策于内廷，分割了外朝宰相议政之权，成了名副其实的“内相”。

从他官中选拔翰林学士还要经过几道考试，题目为模拟起草文书诏敕，而从诸学士中选拔承旨学士，则完全由皇帝决定。一经选任为承旨学士，不管其官资大小，入院以后，地位都在其他学士之上。翰林学士入院后，必须见习一年，熟悉制诰以后，才有握笔草诏的资格。若被提拔为承旨学士，一般在短时期内就可以正式拜为中书舍人，然后入相。唐后期由翰林出身的宰相一般占一半或五分之四，开了后世拜相必由翰林而出的先河。

翰林学士在唐后期各派政治势力的斗争中，具有重要而又微妙的政治地位。由于翰林学士具有皇帝机要秘书的身份，被天子视为亲信的“私臣”，因此，在唐后期宦官势力膨胀的情况下，时常被皇帝用来对付宦官。

六、三司使

“三司”在唐代有多种内容，如门下、中书两省与御史台合称三司；刑部、大理寺、御史台也合称三司。而此仅指度支、户部、盐铁转运这三个掌财计的机构。它们是三个各自独立的部门，各以使臣莅其事，到五代时才并为一职，称为“三司部”。直到宋代，它都是最高财政长官，享有“计相”之称。三司中以盐铁转运使最为重要，掌食盐专卖，兼及铜铁矿冶。度支和户部本来都是尚书省下的司，度支掌统筹财政出纳，由于中唐以后军务活动紧要，军饷开支浩大，度支的事务早已超出了户部一司的职能范围，故往往以他官兼判。度支使与盐铁转运使之所以重要并权势极盛的原因是,它们在全国各地设有留后院、巡院、盐监、盐场等下属机构,构成了一个直接控制到基层的经济监督网,避免了户部尚书高居京城,耳目不相接的弊端。

七、枢密使

枢密使之设始于唐宪宗初年,但以宦官掌枢密则早已存在。枢密使设立之初,并没有自己的官署,其职责是在皇帝与宰相等大臣之间担任传达。这种地位,为其独揽干政提供了有利条件。后来发展到宰相议政时,枢密使可以出廷面争,形成了宰相、枢密使共同参政的局面。穆宗以后的皇帝废立,几乎都有枢密使插手。五代时期,枢密使有了自己的官署枢密院,发展成中央高级军政机关,为宋代的枢密院与中书、门下对掌文武二柄开了先河。

八、使职差遣

使职差遣从初唐就有,贞观初年,唐太宗为了掌握地方民情与官吏情况,派遣大使十三人巡视各地,这时还没有具体的名称,以后派出的大使有了名称,这个名称就是所派使职的任务,比如十道黜陟大使,任务就是黜陟官吏。唐高宗为了封禅大典,临时设立了封禅使。从唐朝中叶开始,唐朝皇帝加强了使职差遣。这些使职有选补使、监选使、监考使。选补使掌管江淮以南、岭南、黔中等地官吏的选补。监选使负责监督南选之事。监考使则负责审核官吏的考绩。这样,吏部的一些职能被使职代替了。从以上可以看到,尽管唐代在职官设置上具有严肃的法定性,但这种法定性只是对文武百官而言,作为最高统治者的皇帝,当他们看到这种职官对自己的权威构成威胁时,就想尽千方百计削弱它。或者是皇帝所喜欢的人不适合担任此项官职,就专门为其安排一种职务。这种对机构职官的随时因需设立，不仅是导致官员增多，更多的是滋生了腐败，削弱了机构编制的严肃性与法定性。本来已经有机构，有官员从事这项工作，但让皇帝给破坏了，使得从事这项工作的官员成了闲官。不但吏部、户部的好多职能被度支、户部、盐铁转运使所取代，三省的一些职能也被使职取代。负责财政的使职有户口使、租庸使、青苗使、税地钱使、营田使、苑内营田使、出纳使等五花八门的使职。地方行政权更是被节度使和观察使所取代。在使职差遣制度下，国家正常的权力机关逐渐变成闲曹。地方行政体制也由州、县两级制变成了变相的道、州、县三级制。在使职差遣制度下，宦官势力得以膨胀，形成了完全由宦官控制的监军系统。除此之外，由于枢密使和宣徽使也都由宦官担任，宦官掌握了皇宫政令的承宣传达。由于枢密使掌握了王命的承宣传达，无论是皇帝的圣旨，还是大臣地方主官的意见，都大大打了折扣。使职差遣制度表面看来加强了皇帝对权力的控制，但使职差遣的泛滥恰恰削弱了皇权，甚至最终葬送了皇权。正是使职差遣制度造就了尾大难掉的节度使，成为皇权的最大威胁。唐朝的州面积比较小，对朝廷构不成威胁，但是道节度使就不一样了，节度使往往统治着好几个州，甚至十几个州，有足够的经济和军事力量与中央政权抗衡。

第四节 唐代地方机构与职官

唐代是一个幅员广袤的封建王朝，其统治区域内，由于中原地区和边疆少数民族地区社会历史、经济发展的条件不同，反映在其官制上也有差别。

总的来说，唐代地方行政机构，安史之乱以前是州（府）、县二级建置。安史之乱以后是道、州（府）、县三级建置。府是州的别名，设在首都和陪都所在地之府，与州地位相同，边疆少数民族地区则设置都护府。

唐代地方政权,安史之乱以前较为严整,中央与地方关系处理得比较得当,安史之乱后则逐渐走向外重内轻的割据局面。

一、州(府)、县

唐代将隋朝的郡改为州。据贞观十三年(639 年)的统计,唐有州三五八个。州是唐朝封建国家统治地方最重要的一级地方政权。除三府外,州长官是刺史。唐玄宗天宝年间曾改州为郡,长官则称太守。刺史佐官有别驾、长史、司马以及录事参军和司功、司户、司兵、司田、司法、司士等六曹参军事。别驾、长史、司马为“上佐”,在刺史缺员或成为亲王兼领时,上佐可代理州事。而一般情况下,上佐并不具体任职,因其品高俸厚,不临时务,多用以优容宗室或安置闲散官员等。诸曹参军事分管府军、政、财、法等具体事务,称为判司。录事参军事统辖诸曹判司,处于统领督察地位,实权仅在刺史之下。

唐代州按地位轻重、辖境大小、户口多寡以及经济发展水平,除分为上、中、下三等外,还有辅、雄、望、紧之分。京师之地,辅弼君王,故称辅州。《通典》记载,开元时,唐朝定天下州府除京都及都督、都护之外,以近畿之州为四辅:同州、华州、岐州、蒲州;其余为六雄:郑州、陕州、汴州、绛州、怀州、魏州;还有十望:宋州、亳州、滑州、许州、汝州、晋州、洛州、虢州、卫州、相州。其余有十紧,但后来入紧者很多。这些州的等级就像当代诸如百强县之类。

唐代首都或陪都所在地府的建置,相当于州,只是规格略高。唐初有上都京兆府、东都河南府、北都太原府,即著名的“三都府”。唐定都长安,故以雍州京兆府为西京,统称为西都;河南府在地理上为襟带之地,是东周、东汉、魏、晋及后魏的故都,所以作为东都。太原府,本为并州,是唐高祖李渊起兵发祥之地,故定为北都。后来又陆续设有凤翔、成都、河中、江陵、兴德等府。其设置,是因为这些地方皇帝曾驻过,曾具有过陪都或具有临时首都之地位。

"三都府"长官为牧,由亲王挂名遥领,实际的行政长官为府尹。三府之中,京兆府最为重要,所谓"京兆尹天下取则之地"(11),即是全国学习的楷模。因此,京兆尹不是随便就可以做的,无品不学之徒固属不可,皇族显贵中恃宠横行之辈,按规定也不能担任此职。

三都府的组织机构和官员设置,在府牧、府尹之下有少尹二人。府尹为从三品,少尹从四品下,各府均以尹或者少尹主持政务。"掌宣德化,岁巡属县,观风俗、录囚、恤鳏寡。"(12)府尹重要属官是司录参军,秩正七品上。下设司录、功曹、仓曹、户曹、兵曹、法曹、士曹、参军事、府学诸机构,分别由诸曹参军事掌管,府学则为经学博士。府学是唐代地方政府的学校。

州刺史、三府牧尹的职权大体相同,均是亲民之官,但也有一些具体的职责,如人事权,唐代刺史对于所属僚佐的辟用权则很小,远不如汉代。品外小吏可以辟用,若辟用九品以上僚佐,必须报吏部批复。州刺史主要属官有:上佐,上佐指别驾(或长史)、司马、判司和录事参军。上州别驾从四品下,其他均为五品。上佐掌贰州事,在刺史出缺或者刺史由亲王兼领时,主持州政。判司指司功、司仓、司户、司田、司兵、司法、司士参军事。上州判司从七品下,中州正八品下,下州从八品下。刺史属官还有参军事,秩九品,属于刺史随身秘书。经学博士,八至九品,医学博士,九品,市令,上州从九品,中下州为流外。此外,还有佐、史、执刀、典狱、问事等胥吏。

府、州以下为县。县亦分为若干等级。每县置县令一人,但官品不一。万年、长安、河南、洛阳、太原、晋阳六县,谓之京县,县令为正五品上;京兆、河南、太原三府所辖诸县谓之畿县,县令为正六品上;诸州上县县令为从六品上;中县县令为正七品上;下县县令为从七品下。所以,县令并非都是“七品芝麻官”。从从七品至正五品中间相差六级,这种区分可以有效调动各位县令的积极性,这较之不管县之任务繁重、地理位置之重要,以及工作成绩之大小,一概都是一个级别的干部,要合理科学得多。

县令之职,在于敦导地方风纪,劝民农桑,征收赋税,兴修水利,扶贫恤孤,躬亲狱讼、维持治安,是所谓“亲民”之官。《新唐书·百官志》载:“县令掌导风化,察冤滞,听狱讼。凡民田收授,县令给之。每岁季终,行乡饮酒礼,籍帐、传驿、仓库、盗贼、隄道,虽有专官,皆通知。”县是封建国家官僚机器管理治民的基层政权,县行政机构在封建国家机器运转过程中的作用是十分重大的。所以,县令的选拔,对封建秩序的维持和政权的稳固关系重大。因而,唐代一方面十分重视州、县官员的人选,一方面从唐初以来就定期或不定期地派巡察、按察、安抚等使,巡省各地风俗,观察地方官员的为政之得失,便于朝廷及时了解地方官员的情况,以便做出处置,防止地方官员鱼肉欺压百姓,保证各级地方官员尽职尽责,服务百姓。

为了加强县级行政机构的统治效能,唐代县的机构组织也很完备。县令之下有:县丞一人,职掌协助县令总理县廷政务;主簿一人,掌付事勾稽,省署抄目,纠正非违,监印,给纸笔杂用之事;录事一人,掌受事发赈,勾检稽失;县尉一人,亲理庶务,分判众曹,割断追征,收率课调。这些属于京县以及畿县。

诸州所属之县属吏还有司户佐三人,司法佐三人,典狱八人,问事四人,白直八人,市令一人,仓督一人。各县皆设博士一人,助教一人,学生二十五至四十人不等。

从京县、畿县与州所属之县设置的不同我们可以看到,州所属之县都有司法审判权,所以设有司法佐、典狱等胥吏,而京县、畿县则没有设置，很可能这些京县、畿县的司法权直接由府官吏职掌。

县的主簿、县尉等，与州府的判司胥吏虽然职位不高，但一般要由参加科举考试进士及第后方可担任，若朝中有人提携荐举，几经迁转可入朝为郎官、御史，再外放州刺史。如果再干得好，可入朝为丞、郎，或在外地做藩帅。所以，唐代一些高级文职官员大多数都在基层担任过低级职务，而不像后代那样对于担任基层职务胥吏的歧视。

唐代随着经济的发展，中心城市开始兴起，县城商业贸易已很发达繁荣，所以设立了市令这一机构，专门从事市场管理。有市令一人，佐一人，史一人，帅二人，仓督一人。这一套市令班子的设置，说明了政权机构的建设，为社会经济的发展状况所决定。

唐代县以下为乡、里、保、邻基层组织。唐代百户为里，五里为乡，两京及州、县之郭内为坊，郊外为村。里、坊、村皆有正，以司督察民风。四家为邻，五邻为保，保有保长以相禁约。乡置耆老一人，亦称“父老”。

二、都督与都护

都督府一般置设于缘边镇守及地势险要之地，以统军戎。唐初规定十州以上为大都督府，不满十州只称都督府。玄宗开元时，进一步规定户满二万以上为中都督府，不满二万为下都督府。都督府职官大致与州府相同，其中除大都督府以亲王遥领，长史主其事外，一般都督均兼任所治州刺史。开元以后，尤其是安史之乱之后，从边疆到内地相继兴起了节度、观察、团练、防御等使，都督府虽从未命令废除，但实际上已不复存在。

都护府，一般设置于边疆地区。“都护”之意本为监察，都护府的主要职责是抚慰和监督唐朝周边少数民族地区。

在唐代前期，先后灭东、西突厥和高丽，边疆少数民族纷纷内附。太宗和高宗年间，大唐疆域东至黑水都督府窟说部（库页岛），西至安西府（包括今咸海、阿姆河流域），南至唐林州（古罗江包括在内），北至坚昆府（今贝加尔湖地区），成为当时世界上疆域最辽阔的统一大帝国。为了加强统治，巩固一统帝国，唐初统治者仿效汉代西域都护府的建置，从太宗到武后时期，由西北、北方、东北以至南方，先后设置了安西、北庭、蒙池、昆陵（以上属陇右道），单于、安北（以上属关内道），安东（属河北道），安南（属剑南道）等八个都护府。到唐玄宗开元、天宝年间，只剩下安西、北庭、单于、安北、安东、安南六个都护府。

各都护府置大都护一人（一般由亲王遥领），都护一人，副大都护一人，副都护二人，长史一人，司马一人。下设录事、功曹、仓司、户曹、兵曹、法曹、参军事诸机构，各有参军事领之。总之，唐朝的都护府有一套完整的组织机构，同内地三府诸州的组织机构基本相同，官有定员，职有专任。都护之下，从人事、民政、财政、军事、司法等方面各有专官，分曹管理政务。唐代都护府的法律化、制度化以及完备化，是我国封建社会专制主义中央集权的重大发展，对巩固国家的统一，促进我国各民族经济文化的发展与中西文化的交流，以及创立灿烂辉煌的唐文化，都有着重大的影响与积极作用。

边疆地区的都督府和都护府，还具有管理羁縻府州的职责。所谓羁縻州府，是唐朝前期在周围少数民族居住地区设置的一种略仿于内地的行政单位。大者称都督府，小者称州，以当地少数民族首领为都督、刺史，均可世袭。这些府、州，中央不向他们征收贡赋，一般内部事务也可自治，但仍须接受边州都督和都护的领导。这样的羁縻府州有八五六个，比内地府州还多。在唐代版图中，它们占有极大的面积。这种以羁縻州自治，而以都督、都护府监临的边疆行政体制，对于少数民族地区的经济和文化的发展，都具有积极意义。

三、方镇与幕府

唐代方镇，又称“道”，是安史之乱以后才成为实际上凌驾于州、县之上的一级地方行政机关的。在这之前，无论是太宗时分天下为十道，还是玄宗时分天下为十五道，都是依山川形势而划分的监察区域，定期和不定期地派遣各种巡省使节，也只是监察官。玄宗开元时期，过去倏忽往来的巡察使变成了固定设置的采访使；只是作为文武大臣，奉使总边地军戎的一种称号的节度，变成了权任广泛的军事长官。安史之乱以后，这些内地采访使（后改观察使）便与边疆的节度使进一步结合起来。唐朝后期全国被划为四十余道，每道皆设置观察使，雄藩重镇者则带节度使，不带节度使者例带团练或都防御使。他们虽然仍是使职，实际上已经成为统领几道军政、民政、财政、司法等大权的行政长官。州、县二级建置实际上变成了道、州、县三级建制。

诸道观察使一般以所治州刺史或府尹、长史为本官，其属下除了原来刺史等府下的一套佐僚外，还有一个人才济济的幕府。其中既有知都兵马使、都押衙、都虞候、都团练使、都指挥使等带兵打仗的赳赳武夫，还有副使、行军司马、判官、掌书记、支使、推官、巡官等一批文职幕僚，地方事权尽归于这些人之手。如行军司马掌军籍符伍、号令印信，唐德宗时常为“储帅”。判官掌判仓、兵、骑、胄诸事，藩帅往往将钱谷之事交付判官负责。掌书记掌表奏书檄，凡文辞之事，皆出于此。幕职还常常被派往巡察管内州、县，有的本身就兼任州、县之职，有的甚至代行刺史职权。所以，中唐以后，这些人实际上是控制州、县的实权派。节度使虽然权力很大，但是不在国家正式编制之内，节度使的属官也都是差遣性的官吏。

方镇属下诸州称为支州、支郡。支州刺史往往亦带团练使或防御使一类的使职。由于方镇一般都在支州派驻兵马,另以镇将领兵事,所以支州刺史实际上是没有兵权的。唐宪宗时曾下诏,令支州兵马并属刺史,但未得到很好实行。所以,唐代方镇对所属州、县有很大的统治权。

第五节 唐代官吏管理制度

一、官吏培养途径

唐代统治者非常重视对封建官吏的培养与教育。早在贞观初年,唐代就扩大了官学规模,唐太宗曾多次亲临国学,崇奖儒学。所以,唐代无论是官学还是私学,都十分发达。尤其官学,是全国的教育中心,前来讲学求学的,有时数以万计。中国封建社会的学校,主要是为国家培养官吏的,这个根本政治目的与原则,影响和决定了二千余年的封建教育制度。因为古代中国,读书是和做官相联系的,自从实行科举制度后,教育制度和选官制度,二者关系更为密切。

唐王朝有一套比较完备的培养官吏的系统。在中央,以国子监为掌儒学训导之政的最高教育机构,是封建国家的"中央党校"。长官为国子祭酒。国子监下设六学:

国子学,教师有博士五人,助教五人,直讲五人,五经博士二人。学生三百人,多为文武三品以上高官及国公子孙,从二品以上高官的曾孙。

太学,博士六人,助教六人。学生五百人,以五品以上官员子孙为之。

四门学,博士六人,助教六人,直讲六人,学生一千三百人,其中七品以上官家子弟五百人,普通百姓子弟八百人。

律学，博士三人，助教一人。学生三十人，以八品官员以下子弟和普通百姓子弟为之。

书学，博士二人，助教一人。学生三十人，以八品官员以下子弟和普通百姓子弟为之。

算学，博士二人，助教一人。学生三十人，以八品官以下子弟和普通百姓子弟为之。

国子监六学的学习内容，有国子学、太学、四门学三科，分为《周礼》、《仪礼》、《礼记》、《毛诗》、《春秋五传》五个专业学习，《尚书》、《公羊传》、《谷梁传》、《孝经》、《论语》亦须兼通。总之，以学习儒家经术为之，闲暇时间学习隶书和时务策。书学科学习书法，内容分《石经》、《说文》、《字林》三专业，其他字书兼习之。律学科以律令为专业，格、式、法令兼习之。算学科分为两个专业，一学《九章》、《海岛》、《孙子》、《五曹》、《周髀》、《张丘建》，一学《缀术》、《缉古》，兼学《记遗三等》。

除上述学科外，唐代中央学校还有太医署所属医学科，分医科、针灸、按摩、咒禁、药师五科，设博士、助教六人，招收学生一百人。太仆寺所属兽医科，设博士四人，招收学生一百人。司天台设天文、历数、漏刻三科，设博士二十四人，招收学生一百四十五人。门下省设有弘文馆，馆内有学士详正图籍，参议朝廷制度的沿革和礼仪修订。太宗贞观元年开始，弘文馆就有学生入馆学习，学生员额后定为三十人。太子官府东宫设有崇文馆，设学士二人，掌经籍图书并教授学生，学生二十人，都是皇亲和宰相子弟。唐玄宗时又置崇玄学（后改为崇贤馆），设博士、助教各一人为教师，学生百人，以学习老子《道德经》及庄子、文子为业。

东都洛阳从龙朔二年（662 年）起，也设立六学，但各学入学人数要比京师少得多。

学生入学年龄，除律学生为十八至二十五岁外，其余各科学生均为十四至十九岁。

当时，中央各学规章制度很严。学生初入学，要向老师行束脩之礼。学生在学期间必须学完规定的课程。学馆内考试频繁，每十日有一次“旬考”，年终有一次“岁考”；考试成绩分上、中、下三等。各学还对学生的休假、升学、留级等，也做了具体的规定。

在唐代，地方上也普遍设立学校。州学设经学、医学二科，县学只设经学科。经学科招生人数一般在四十至六十人，唯三都府学（即京兆、河南、太原）各招八十人；各州医学科招生十至二十人。州、县学各科各设博士一人，助教一至二人。乡还有乡学。中央各学和地方学校机构构成了较为完备的教育网络，培养了许多封建官吏。

同时，唐代私学也十分发达，著名的史学家颜师古、医学家孙思邈、书法家李邕等，都曾招收过弟子，传授学业。有的私学规模相当大，唐玄宗天宝以后，私学的数量和质量，甚至一度有压倒官学之势。

唐代大兴学校，学制臻于完备，是在太宗时期，仅国子监六学馆学生即达三千人，加上诸馆学生，以及高昌、吐蕃、高丽、百济等少数民族学员和日本等外国留学生，共达八千多人。唐玄宗时，遂把国家教育法制、学校体制正式编入行政法典《大唐六典》，对中央各地州、县各级各类学校的教师、学生员额、招生对象以及学习内容、教师和学生的待遇等，均有详细规定。

唐代学校虽然兴盛，但也有制度上的弊端：一是学生入学不经严格的考试，多以父祖官爵定资格；二是课试与礼部试难易差别大，表现了教育与平民子弟待遇明显不同，并非以至公取才。

唐代官吏的来源主要有二：一是科举取士，二是门荫举士。参加科举考试的有两部分人，一部分是各学馆的学生，一部分是地方政府举送的自学士子。而参加中央举行的科举考试的士子，无论是学馆的生徒，还是自学的乡贡，基本上都是接受官学或私学教育的读书人。因此，就将封建官吏的培养途径与选拔方法直接结合在一起，这可以说是唐代统治者的创造。

二、科举制度的发展与完善

起源于隋代的科举制度，到唐代取得了长足的发展。唐代科举考试与隋代相比，增设了许多新的科目，公开竞争、分科考试、择优录用人才，人才的内容不断丰富起来。

1. 考试科目与内容

唐代科举科分为常科与制举两类。常科考试每年由礼部定期举行，参加人员是生徒与乡贡；制举考试由皇帝不定期下诏举行，旨在选拔“非常人才”。

常科的考试科目很多，有秀才、明经、进士、明法、明字、明算，有一史、三史、开元礼、选举、童子。而明经又有五经、三经、二经、学究一经、三礼、三传、史料等，科目虽多，但最受重视的是明经与进士科。因为明字、明法等科，入仕后最高只能当到六品官，所以不为人所重。一史、三史、开元礼、童子等科也不常举行。秀才科在唐初档次最高，但由于要求过高，贞观元年又规定，凡是被荐举应秀才科考试而不中者，要处分其所在州州官，因而应试秀才科的人士极少。秀才科在唐代仅存在二十八年，及第者总共才二十九人，而进士科得人最盛。唐代科举考试，登进士科共六六四六人，唐代三六八位宰相中有一四二人是进士出身。然而进士科十分难考，每百人中录取者不过一二名。贞观二十三年间，除二年、十六年未举贡外，其他每年一次，共取进士仅二〇五人，每年最多录取二十四人，少则三四名。唐代二百八十九年中，最高一次录取七十九人，最少一年仅取一人。因此，时人把科举及第尤其是进士及第看作是极大的荣耀，当时把进士及第称为“登龙门”，从此可以平步青云。唐代大诗人孟郊进士及第后，写下了"春风得意马蹄疾，一日看尽长安花"的诗句，得意之形跃然纸上。当时的民谚曰："三十老明经，五十少进士。"五十岁考上进士还算比较年轻的。所以，进士、明经二科就成为唐代常科中最重要的科目。

各科的考试内容，考试方法、录取标准各不相同。如秀才科，要试方略策五道，文理通达，考试成绩为上上、上中、上下、中上四等者，算是及第，取得了秀才出身。明经科，要试贴文、经义、时务策，也以上上、上中、上下、中上四等为及第。进士科在没有加试诗赋前，试时务策五道，帖一大经，经、策全通为甲第，策通四、帖经四以上为乙等。童子科要求十岁以上能通一经，《孝经》、《论语》诵文十道全通者授予官职，通七道者为出身。

进士、明经的考试部分分为三场，每考完一场，就张榜公布通过与淘汰者。首先是试帖经，类似于现在考试中的填空。考生读出被帖(即贴)的字，就算通过。其次，进士试诗、赋各一篇，明经试经义。试诗赋时，对诗的题目和用韵的限制很严，大多为五言六韵或八韵的排律，以古人诗句或成语为题，冠以"赋得"二字，并限韵脚，这种诗称为试帖诗，也称"赋得体"。试经义要求对规定必考的经典进行解释，最初采用口试形式，称作"口义"。后因口试无从复核，改为笔试，称为"墨义"。再次，进士科试时务策五道，及第者的文策须送中书门下详覆；明经科答时务策三道。总的来说，进士考试重诗赋，应试者需要有一定的文学才能；明经科重帖经墨义，背得滚瓜烂熟就有希望通过，所以，应试进士科难于明经科。

唐代的制举大约始于贞观年间，从唐高宗开始，封建统治者加强了制举的作用。特别是武则天当政时，为了网络人才，扩大自己的势力，更是大开制举，一时出现了应制举者万人的盛况，不少人把制举看作是通往仕途的捷径。

唐代的制举究竟有多少科目，历来说法不一，多至七八十科，其中最主要的是贤良方正直言极谏、博通坟典达于教化、军谋宏远堪任将帅、详明政术可以理人等科。制科科目如此繁多,其原因在于皇帝可以因时因事特设科目取人。这一特点,使其取人范围要比常科大得多。唐玄宗时,很重视制举中的文词科目,开元天宝年间,先后设过文词雅丽、文词宏丽、文词秀逸等科,其目的在于粉饰太平盛世。

另外,武则天长安二年(702年)开始武举,考试由兵部主持,课试内容主要以武技,也有高下等第之分。唐代名将郭子仪就是以武举高第而补左卫长史的。

2. 考试程序与规则

唐代的科举考试,仅在中央一级进行。参加考试的生徒是各学馆的学生和地方政府举送的自学士子。学馆学生众多,并非所有学生都能参加尚书省礼部主持的"省试",而是先参加学馆的"简试",挑选其中成绩优良者再送礼部参加省试。一个自学士子要作为乡贡,取得参加省试资格也不容易。他先要向所在地方政府提出申请,然后参加县里主持的考试,通过者方可接着参加州或者府主持的"解试"。通过解试者,称为"举人",州、府长官要设宴招待。每年十月,举人和各州向中央奉送的贡品一同解送中央,和学馆参加省试的生徒一起参加科举考试。

录取人数视科目及需要而定。唐时进士平均每次不过二三十人。科举考试开始由吏部考功员外郎亲自主持。唐玄宗时因举人反映"省郎位轻,不足以临多士"[13],于是朝廷命令礼部侍郎专职主持考试。制举考试例由皇帝亲自主持。制举登科,原为官者即由原官升擢,中高第而非官员者,也立即由吏部从优除授。因此,常科中第者和官员也常常去应试,甚至一试再试。尽管如此,制举出身并不被视为正途,反被视为"杂色"。

唐代进士考试,考中前三名者,开始有了状元、榜眼、探花的称号。武则天时为了极力从中小地主阶层中选拔统治人才，曾亲自于洛阳殿策问贡士，长达数日，成为后代科举考试“殿试”的开始。

科举考试不仅有考试科目、考试方法的明确规定，而且制定了一套严格的考场规则。考试时，考场严设卫兵，并围以荆棘。考试时考生进入考场前，官吏先要唱名，还要对应试者搜身，以防作弊。考试时间一日为限，应试者要自备干粮、蜡烛等。如到晚上尚未完卷，允许点燃三支蜡烛，蜡烛燃完就收考卷。武则天时还以吏部选人多不可靠，下令考试之日，自糊其名暗号，以定等第，称为“糊名”，这是历代科举考试中“弥封”办法的开始。之所以采取这些措施，都是为了提高科举考试的声誉，防止徇私舞弊，为封建统治搜罗有真才实学的士人。这更充分体现了科举考试制度的公平与公正，让人们看到唐朝统治者以国家利益为重，以士人前途利益为重，而不是仅仅只考虑所谓统治阶级的利益。在封建社会，我们不可能要求那个时代就像现代西方国家一样，实行民主选举，但他们能够想尽办法完善选拔官员制度，就已经是难能可贵的了。

3. 功名与出路

“功名”一词本来是后人创造的，这里把它用来指唐代科举制度中所获得的录用资格亦颇为合适。自从设立科举取士制度以来，被录取主要是意味着取得了担任官职的一种资格，至于何时得到官职和得到何种职官，历代情况是不一样的。同时，它也意味着极大的荣誉和很高的社会地位。

隋代时间短暂，尚未形成定制，大概一经考取，即有官做。唐朝则在中了进士以后还要经过吏部铨选，根据待录者的“身”（即体貌丰伟者）、“言”（言辞辨正者）、“书”（字迹端正遒劲者）、“判”（文理优长者）四个标准，并参照本人资历进行选择。四者条件相同就看德行，德行相当时看才干，才干相当时看劳绩（此点主要指要提升的现任官员而言）。唐代进士如铨选不中，则只能去节度使等地方官那里做个幕府。韩愈就是三选不中,而由节度使幕府走入仕途的。铨选是走门路和吏部进行敲诈勒索的关键关节,那些不得其门而入的人,往往要荒废十年甚至更长时间不得做官。唐朝时,年过五六十岁的考生,经过一定的手续,也可以补较小的京官或地方知县以上的官。至于秀才,本是一种可算可不算的功名,穷秀才甚至为人们所鄙薄。但是秀才和举人见官可以不下跪,社交也比较广泛,可以免除租税和徭役,并且随时有发迹高中的可能。因此,一般也可以作为乡绅,横行乡里,或包揽讼词、税收等工作,从中捞取一些好处。当然,仗着小小功名欺压百姓的毕竟是少数,更多的还是表率乡里的乡绅。

科举考试放榜后,进士们要向主考官谢恩,称主考官为"座主"或"恩门",自称门生。还要将"金花帖子"(相当于今天的录取通知书)附家书一并寄往家中报喜。尔后是大会于"曲江亭",进行"曲江宴",宴后在慈恩塔(大雁塔)下题名,称作雁塔题名或题名会。新科进士大会曲江亭那天,皇帝亲御紫云楼,垂帘观赏。公卿家也都倾城纵观,从中挑选东床(女婿)。朝廷在杏园赐宴,名"探花宴",选少年俊秀者三人遍游名园,折取名花,称探花使。可以说,科举中第,无异于一步登天。

4. 对唐代科举制度的评价

由于科举制度是唐代国家官吏最主要的录用方法与途径,因此引起了朝野上下极大的关注,也引起了既得利益阶层和非科举出身的官僚们公开或变相的不满与抵制。但由于大势所趋,科举制度的生命力是很强大的。唐代实行科举考试,从中小地主阶层中选拔了一大批有才干的读书人参加政权,扩大了专制主义中央集权统治基础。中小地主知识分子和少数平民百姓通过科举考试,进入统治集团,许多人甚至进入中央三省担任宰相,当然打击了豪门大族的势力。唐代后期的"牛李党争",也就是以牛僧儒为代表的科举出身的新官僚集团和李德裕为代表的士族出身而靠门荫升官的旧官僚集团的斗争，这对唐朝后期政治动乱影响很大。

科举制度表面上公正无私，实际上弊病也不少。唐代科举并非全凭考试成绩，录取往往以名门士族弟子或达官显贵的亲朋好友为先。为了考取，考生在考试前，登高官或者著名文士学者“龙门”，也是唐代科场的风气，把自己的诗文及“名刺”（名片）呈递上去，借机交往，美其名曰“求知己”。如果一次得不到对方反映，则再去送，叫“温卷”。从事这种拉关系、走后门活动的，当然多是无权无势无靠山又出于无奈的寒门子弟居多。唐代的许多知名人士也都乐于当这些寒门士子的推荐人。需要说明的是，这些知名人士与寒门举子的交往并不是为了捞取什么利益，而纯粹是为了爱护人才考虑。这说明唐代官场有一种乐于当伯乐的良好风气。

科举制度原则上是“一切以程文为去留”，中举与否首先要看考试成绩。然而，当时知名人士的推荐，对能否得第起了很大作用。正由于如此，一些没有背景的士人在应考之前到处“纳卷”，把自己的得意作品投献到名人高官门下以求推荐。应试者投到礼部的叫“公卷”，投到名人高官门下的叫“行卷”。白居易参加科举考试，初到京城，便带着自己的诗作去拜访顾况，顾况读了白居易的诗句“野火烧不尽，春风吹又生”后，大为赞赏，并为之宣传，使白居易的诗名大振。

名流的推荐对于士子科举考试中第与否能发生影响，徇私舞弊也就在所难免。史书中关于唐代科举舞弊现象的记载很多。一些主考官，由于坚持按标准取士，抵制徇私舞弊，反遭贬官。到了晚唐，朝政败坏，权贵操纵解送考生任务，并在考前制造声誉，录取时“通关节”，控制了进士科举考试的几个主要环节，使公卿大臣子弟科举中第的比重，在录取总数中迅速上升。

由于一旦科举高中就可以平步青云，作弊之事层出不穷，拉关系、送贿赂、冒名顶替等，无奇不有。

这些弊端，说明了唐代的科举制度，没有也不可能完全改变封建贵族子弟的特权，对于所谓资荫重高之家，依然不拘常例录取。科举制度只是调整了封建统治阶级内部各个阶层之间权力地位的矛盾，虽然表面上宣布任何人都可以应考，平等地求助功名和官职，但对普通劳动百姓来说，根本就不可能有那么多金钱和时间去读书，更不用说应考了。因此，科举入仕不过是地主阶级知识分子参与政权的一种途径罢了。当然，我们也不能否认普通百姓子弟参与科举考试中第的事实。

唐代的科举制度，作为一种选官制度，与前代相比，其优点又是显而易见的。它实行公开报考，择优录取，具有相当大的开放性和一定程度的竞争性，也更重视被选者的知识和文化，所以它能顺利取代魏晋以来的九品中正制。

唐代科举制度的发展与完善，是同社会经济、政治的发展分不开的。过去保证门阀士族特权的九品中正制度，随着门阀士族的没落已经失去了存在的基础。而初唐的统治者也鉴于魏晋以来门阀士族把持朝政所造成的腐败政治之弊，希望通过科举制度从地主阶级和广大普通百姓中广泛吸取统治人才，充实封建官僚机构，加强中央集权的统治力量。科举制度的实行，确实开阔了中小地主阶级与普通百姓参加政权的途径，选拔了一批“寒素”出身的士大夫，其中不少人在朝廷担任了重要职务。科举制度的实行，也使得选拔与任用官吏的权力由中央政府直接掌握，并且在政府与地主士大夫之间结成了一种特殊的纽带，对提高封建统治的效能，无疑是发挥了积极作用。同时，以做官为诱饵的科举制度，又是笼络士大夫知识分子的有效手段，使他们皓首穷经，不问世事，一心只读圣贤书，起到了避免他们反抗的作用。所以，唐太宗在端门见到新科进士鱼贯而出，得意地说：“天下英雄尽入吾彀中矣。”[14] 由于科举考试必须以儒家经义为准则,因此儒家的经典成了做官的敲门砖。加上科举考试不同于近现代的一般学校考试,而是一种行政上的录用考试,它把读书、赶考、做官三者结合在一起,圆满地实现了孔夫子"学而优则仕"的理想。这对于封建的思想文化专制统治,也起了巩固作用。因此,在唐代以后的一千多年的封建国家统治中,一直沿用科举制度。

三、官吏任用制度

《唐六典》规定,礼部主考以选士,吏部选士以任官。天下贡士凡试于礼部及第者,只取得了任官的资格,尚须再试于吏部。吏部按前文所叙的身、言、书、判四个标准对及第进士择优授予六品以下官职,五品以上不以这个标准进行考察,而是根据实际政绩和国家人事制度进行考核,而后列名报送中书门下,听皇帝制敕决定。

唐代选官称之为铨选。铨选有文选和武选两种,文选由吏部主持,武选由兵部主持。在此,我们主要介绍文选。参加吏部铨选必须具有以下资格:第一,科举出身,即获得科举功名的;第二,门荫出身,高官子弟;第三,勋官出身,即有军功者;第四,伎术人员,也就是科技人才;第五,流外出身。铨选官员又分为流内铨与流外铨。九品以上职事官的任命,为流内铨,未入流胥吏则为流外铨。在每年的铨选之前,吏部都要给各地下发通知,规定参加铨选人员要求,叫"选格"。各州府将参加铨选人员上报吏部,称之为"解状"。参加铨选的人员最迟在年内十月份集中到京师,称为"冬集"。参加铨选人员进京之后,要有京官五人作保,向吏部递送"铨状",吏部指派专官对每个人的资格进行审查,称为"判南曹"。经南曹审查合格,然后参加吏部的铨选。铨选人员分为三组,吏部尚书主持六七品官员的铨选,为"尚书铨"。侍郎分为两组,主持八九品人员的铨选,为中铨和东铨。铨选内容分身、言、书、判。身要求体貌丰伟，言要求词顺言正，书要求楷法遒美，判要求文理优长。三铨之后合格者吏部向所有选人公布，称为“长名”，又称“长名榜”。

吏部每年举行的铨选称为“常选”。五品以上的官员选授由中书门下办理，皇帝任命。虽然皇帝任命，但也必须经过铨选的程序。“准贞观故事，京常参官及外官五品以上，每有除拜，中书门下皆主簿书，谓之‘具员’，取其年课，以为迁授，此国之大经也”(15)。

唐代委任官员的形式，按官品高低，分册授、制授、敕授、旨授、判补五种。即三品以上官员，临轩册授；四品以上官员，皆制授；五品以上或视五品官员，皆敕授；六品以下官员，皆吏部旨授；视六品及流外官，皆判补之。授者，为天子任官形式之总称。

唐代每年到吏部应选的人，大约有二千左右，这些人除了科举考试及第外，更多的是皇亲国戚和高官子弟通过门荫、地方胥吏以流外入流、富户子弟捐纳，以及以荐举方式取得任官资格的。据资料证明，唐代有一个阶段，在三十五年中，全国入官者共有一四七七四人，其中科举取士而入官的为五五八〇人，在整个仕途中所占的比重是37.8%。可见，选拔、录用官吏的途径，除了从科举考试中择优选用一部分外，更多的是通过其他种种渠道。

吏部考试完毕，朝廷还要让其他部门的官员来复核，以定第次。根据以往的出身和吏部考试所得来的等第来决定授官之大小。秀才科：上上第，正八品上；上中第，正八品下；上下第，从八品上；中上第，从八品下。明经科：上上第，从八品下；上中第，正九品上；上下第，正九品下；中上第，从九品下。进士科：甲第，从九品上；乙第，从九品下。从授官的规定来看，制科及第者最优，常科的次序是秀才、明经、进士。进士科除授官品虽较低，但升迁较易较快，所以为士人所重。

选人通过吏部试取得官品之后，还要注官，即按应试者取得的官品来拟定他的具体官职。注官的程序是,先由吏部拟定官职,然后征求选人的意见。如果选人满意,就任命;如果不满意,吏部可以另拟;如果还不满意,吏部可以再次拟官。三次还不满意,吏部则就搁置一旁,等到冬集时再做计议。吏部这种一再注官的方法,表现了对被注官者的尊重,让人看了吏部并没有因为权大,就处处表现出天官的架子,而是充分尊重被注官者的要求。用一句现代语言说,唐朝吏部在对待干部上,更具有人性的一面。而且吏部也并没有因为三次注官仍不满意,就刁难被注官者,甚至取消他的注官资格。如果选人同意吏部所拟定的官职,则被列入考第表,报告尚书省长官尚书仆射,然后转门下省审查,称之为“过官”。门下省审查后如认为所拟官职不妥,可以驳回,由尚书省重拟。如审查通过,便奏请皇帝下旨任命,发给选人授官凭证。这种凭证称之为“告身”,上面有“尚书吏部告身之印”,相当于我们今天的任命状。

唐代以身、言、书、判为选官标准,能从一定程度上考察一个官员的才华,但弊病仍是不少的,真正有才华的人未必能够被选拔出来。最典型的例子就是唐代大文学家韩愈,竟然三次参加吏部考选落选,进士及第后十年犹为布衣。当时就有人对此标准提出尖锐批评。但唐代任官必须经过考试,考总比不考好,其历史进步意义是不容忽视的。

唐代每年参加常选的人很多,而官位有限,所以,官吏任满(四年为一任)后,解职为“前资官”,须等候下一次任官机会。等候时间的长短,因官吏的官品及功过而不同。朝廷还可以根据需要,减少有才能的候选者的次数,让他们提前任官。

除了吏部、中书门下的铨选,唐朝选拔官吏的途径还有科目选、非时选、超越宏词、拔萃以及使府辟署。

科目选。科目选是一种打破年限选拔人才的铨选办法。科目分为开元礼、学究一经、三礼、三传、一史、三史、明习律令等。这些科目更有针对性，应试者必须是有出身或者前资官，没有人数限制，选中者立即提拔授官。科目选考试注重诗经，宏词考试重视文学，拔萃考试重视判。这三种考试是为那些已有出身的人和前资官设置的，参加者可以不受选数的限制，目的在于破格选拔人才。唐代低级官吏的应选人数很多，候选时间太长，其中有才能的人可以参加三种特殊考试，以争取提前被任用。但由于这三种考试也甚严，要想通过这几种特殊考试来提前当官，也很不容易。

非时选主要是针对有特殊功绩的官员。“县录事参军，如在任绩效明著，兼得上下考及清白状，陟状者，许非时放选，仍优予处分”(16)。

唐代士人做官的另一条途径是投靠藩镇，充当他们的幕僚，然后再通过他们的推荐，以求逐步升迁。唐朝后期，内轻外重局面，使得文人士子纷纷投向藩镇使府，成为一种引人注目的风气。藩镇对士人也极为重视，常礼遇士人，邀为幕职，使府辟署幕僚成为任官制度的一种重要补充。使府辟署就是节度使自行聘用属官。唐朝统治者为了调动节度使的积极性，赋予他们自行辟除僚属的权利，这固然有其积极的一面，但另一方面也是考虑到这些僚属不属于国家的正式编制，不用国家开支，但最后的负面作用却是唐朝皇帝意想不到的。

唐代还实行荐举制。唐初即有春秋战国时期荐举官之制，至贞观八年定制为每年冬天荐官，必试而后用，以防止荐者不审慎或另有它意。而且实行连坐的办法，将荐举者与被荐举者称职与否联系起来。如果被荐举者不能胜任，或者贪赃枉法，就要追究荐举者的连带责任。荐举官员实行连带责任追究制，可以有效防止大官举小官，上官举部属而造成上下勾结、狼狈为奸的情况，从而保证被荐者的质量。但由于责任过重，牵连太多，使人裹足不前，不敢轻易荐举官员。加上当时以进士出身为荣，很多人不想走被人荐举的路子，只想凭本事取官，因而荐举制并未发挥多大作用。

"斜封墨敕"也是唐代的一种任官方式，但属非正式的任官方式。唐代以"赤牒授官"为正常程序，吏部注官之状用红笔书写。而"斜封墨敕"就是不经吏部注拟而经门下过官，再由皇帝旨授，这种任官方式为非正常程序，因而，所任官员也不算是正式官员。通过非正常任官渠道，由内廷直接以皇帝手书任命的官员就称之为"斜封官"。好多人通过宦官得到官职，使得官场泛滥。尽管他们是皇帝的手书直接任命为官，但是吏部不予承认，社会不予承认。吏部无法制止皇帝直接插手官员任命，但是我吏部可以不承认你是国家正式官员。皇帝通过非正常渠道任命的官员不算正式官员，这在皇权至高无上的封建社会是不可思议的。别说是古代，就是现代也是不可思议的。在开元年间，唐代开始清理这些斜封官。"员外及检校、试官、斜封官，皆神龙以后有之，开元大革前事，多除去。唯皇亲战功之外，不复除授"[17]。唐玄宗自觉纠正斜封官，遵守唐代任官制度，更属难能可贵。

唐代对官员任用还有诸多限制，主要有：

1. 亲属回避。这在一般情况下都得执行，而且有具体的规定。虽在同一机构，但如果没有上下级统属关系，即使是父子兄弟，也无需回避；得到皇帝的恩准，应该回避的也可以不回避，而且作为一种荣誉，以示朝廷对其信任和对其政绩的肯定。除此之外，都得回避。有的亲属之间虽无职务上的管理关系，但如不便于执行其职务时，也得回避。如科举考试中主考官须回避亲属，另有吏部的考功员外郎主持对主考官礼部侍郎的亲戚故旧的考试，叫考功别头试。不回避的主考官就会受到弹劾。

2. 任职地点、籍贯的限制。通常情况下官员须回避本籍。而且不许在本籍所在州、县的邻县任职，但京兆府、河南府不在此限。

唐初规定，靠近京师的雍州、洛州二州的人一般不得在本地做官。

3. 出身的限制。有许多官职如尚书、中书侍郎、左右丞、诸司侍郎、国子司业、谏议大夫、御史中丞、中书舍人、国子监博士、御史台御史等官职，流外出身者皆不得担任。流外出身还不得进阶升入三品。

4. 经历的限制。规定凡未做过州、县官的不许入台省；高官子弟未经历过官场的，不许直接做亲民的县官。“要官儿子，年少未经事者，不得做县官亲民”。“凡官不历州、县者不拟台省”(18)。对一些官员的任职经历期限也作了规定。另外，任一官职未经一定期限不得改任他官。

5. 限制工商业者入官。因为古代以农业为本，工商业为末业，属于三教九流之类，所以即使才干出众，也不得授官。汉代就规定商人及其子弟不得做官为宦，隋代也是禁止商人做官，唐代继承隋制，对此作了规定。到中唐之后，此类规定要求不是很严格了。历代所以严格规定商人不得做官为宦，不仅是为了农业的本位重要，其中还有一个原因，就是商人，特别是众多商人做官，必然会导致官场观念的改变。就像西方近代社会，当资产阶级走上政治舞台，必然要改变封建的生产关系。就当时形势而言，唐代即使允许商人做官，也没有改变封建生产关系的条件，但到了封建社会后期，特别是像清代后期那样，当社会变革的时候，而官场却表现得落后保守，急需商人及其他行业出身的人掺沙子。商人出身的官吏虽然有其弱点，但远比受儒家教育的官员思想要超前。

6. 对名讳的限制。凡府号、官称有犯祖、父名者，不得在该官府任职，而且要求很严。如有人祖或父名“常”、“卿”的，不得在太常寺任职，不得担任卿职，如此等等。违者判刑一年。好多人无意中起的名字，堵死了后代子孙做官的路子。

7. 居丧期间不得为官。唐时父母之丧期为二十七个月，此期内禁止为官,违者处以徒刑。即使丧期已满,如果父母还没有安葬的,也不得出仕。如果出仕,一旦被举报,就会受到惩处。

8. 对伎术官的限制。所谓伎术官,是指那些掌管天文、音乐、医药等专门知识的官员。唐代也轻视伎术官,明确规定他们只能在本司任用,除非任职年久,否则不得外叙。

9. 对罪犯释放后的任官、高官子弟的任官、员外官的任用,也都各有具体的规定。

10. 对于专门学识的限制。特别是对于从事司法工作的官员要求他们必须熟悉法律法规。这种要求主要是针对吏部录取的一些官吏不熟悉法律,难以胜任工作的实际做出的规定。对于秘书省、弘文馆、崇文馆、左右春坊、司经局、秘书郎等职官的铨选也都做了学识要求。

唐代对于官吏的任用,也同汉代一样,有正(真)、守、行、兼、带、领、试、摄、知、同、判、权等十多种形式。对于任命的官吏无论是流内还是流外,一律发给告身,也就是证书。告身一般由中书舍人起草,加盖吏部告身专用印信——尚书吏部告身之印。

官吏的任期,在隋代,刺史、县令三年一迁,佐官四年一迁。唐朝对于官吏的任期也做了明确的规定,六品以下五年一任,以后又改为四年一任,三年一任。

上述限制,有的具有积极意义,对我们今天的人事制度仍有借鉴,如对经历、籍贯的限制,亲属的回避等;有的限制,如对出身流外者,从事工商业者,伎术官的限制,又反映了唐代在任官制度上的封建性和局限性。

四、考核奖惩

从唐代开始,中国封建社会的考课制度才有了很大的发展,较之前代要健全得多。

1. 从制度上看,唐初制定了考课法。尚书省吏部是负责考课的机关,吏部尚书和侍郎最重要的职掌之一就是负责对官员的考核。吏部下设的四个司中,考功司就是具体负责官吏考课的。考功司设考功郎中和考功员外郎各一人。每年考核时,皇帝还另派校考官、监考官监督考课工作,防止作弊。官位很高的"清望官"即三品以上官及门下中书侍郎、尚书左右丞、各衙门侍郎等重要官员,其考核由皇帝亲自裁定,不归考功郎中、员外郎考核。吏部只负责三品以下官员的考课。在地方上,由各州、县的功曹参军事、司功负责考课事务。后来,又建立了门下省和中书省监督考课的制度,这两个省派出来的监督官员,称为"监考使"。

考核的程序是,首先是中央各司和地方各州长官考核下属官员,给每一个人写一个"考状",并当众宣读,允许被考人提出意见,然后按照规定的一定比例,定好上考、中考、下考各有多少。这是第一步,叫初考或司考。第二步就是派人带着初考结果到中央进行校考。校考官、监考官、考功郎中和员外郎汇集考簿,了解情况,检查审定考核等级,发现初考有问题的,予以驳回。除了每年正式考课以外,还常常临时派出使臣到各地巡查官吏,基本上按照汉朝刺史监察的六条标准,发现有问题的,予以贬黜。

2. 在职位分类的基础上制定了考核各种职官的具体标准。唐代对所有官吏的共同要求是"四善"。四善为"德义有闻、清慎明著、公平可称、恪勤匪懈"。四善主要考核官员道德品质。对各种不同职官的要求是"二十七最"。二十七最实际上是指各种不同部门工作的最高考核标准。"一曰献可替否,拾遗补缺,为近侍之最;二曰铨衡人物,擢尽才良,为选司之最;三曰扬清激浊,褒贬必当,为考校之最;四曰礼制仪式,动合经典,为礼官之最;五曰音律克谐,不失节奏,为乐官之最;六曰决断不滞,与夺合理,为判事之最;七曰部统有方,警守无失,为宿卫之最;八曰兵士调习,戎装完备,为都领之最；九曰推鞫得情，处断平允，为法官之最；十曰雠校精审，明于刊定，为校正之最；十一曰承旨敷奏，吐纳明敏，为宣纳之最；十二曰训导有方，生徒充业，为学官之最；十三曰赏罚严明，攻克必胜，为军将之最；十四曰礼仪兴行，肃清所部，为政教之最；十五曰详录典正，词理兼举，为文史之最；十六曰访察精审，弹举必当，为纠正之最；十七曰明于勘覆，稽失无隐，为勾稽之最；十八曰职事修理，供承强济，为监掌之最；十九曰功课皆充，丁匠无怨，为役使之最；二十曰耕耨以时，收获成课，为屯官之最；二十一曰谨于盖藏，明于出纳，为仓库之最；二十二曰推步盈虚，究理精密，为历官之最；二十三曰占候医卜，效验多者，为方士之最；二十四曰检察有方，行旅无壅，为关津之最；二十五曰市廛弗扰，奸滥不行，为市司之最；二十六曰牧养肥硕，蕃息孳多，为牧官之最；二十七曰边境清肃，城隍修理，为镇防之最”(19)。四善二十七最是对官员的基本考核。唐代还根据各个时期的不同情况，对官员制定了不同的考核标准。每年由本人写出“当年功过行能”，当众宣读，如果书写不实，就会受到处分。京师各部门的考课一般在当年的九月份以前结束，并且将考课簿报送吏部。地方的考课则在年底前随朝集使入京述职时携带进京，称为“考解”。为防止考课材料失实，尚书省专门成立了按察司，进行监督检查。

二十七最基本上都是指才能。考第分为九等：上上、上中、上下、中上、中中、中下、下上、下中、下下。有一最四善为上上，一最三善为上中，一最二善为上下，无最而有二善为中上，无最而有一善为中中。大致完成本职工作，无善无最为中下，凭自己的爱憎而随意处理事情，不合制度为下上，背公向私，工作受到损害为下中，谄上欺下，贪污受贿为下下。

以上是对九品内官员的考绩。此外，没有品级的“流外官”考课分为四等：清廉勤职的为上，办事无私的为中，办公不勤慎的为下，贪污受贿的为下下。

3. 将考核与官吏的奖惩联系起来。考课之后，必继之以奖惩。宋代人苏洵说："有官必有课，有课必有赏罚。有官而无课，是无官也；有课而无赏罚，是无课也。"[20] 唐代规定，官吏每年一小考，小考赏之以加禄，罚以夺禄；四年一大考，大考赏以晋升，罚以降职。严重者免官，直至追究刑罚处置。官吏一般都凭考课进阶升级。唐初考课令还规定："凡考，中上以上，每进一等，加禄一季；中中，守本禄；中下以下，每退一等，夺禄一季。中品以下，四考皆中中者，进一阶，一中上考，复进一阶，一上下考，进二阶；计当进而参有下考者，以一中上覆一中下，以一上下覆二中下。上中以上，虽有下考，从上第。有下下考者，解任。"[21]

官吏过失被贬官，如果还能干出政绩，经考课优异者，亦照样可以进阶升官。官吏左迁之后再度起用的事例在唐代很多，可见唐代的考课对官吏的仕途至关重要。

唐代考课之日，极其隆重，皇帝为最高主考官，特派二名位高望重的宰相充任内外官考使，御史大夫或者其他高级官员为监考使。唐代考课，前期过严，安史之乱后，则又失之于过宽。唐代在中央设有主管考绩的机构，考核标准的划分制定以职位分类为基础，考课、定等第和复考都有严格的程序，考绩与奖惩挂钩。总的来说，唐代的考课在中唐之前得到严格落实，也取得了很好的效果。到了中唐之后，考课流于形式。但无论如何，唐代的考课制度还是值得当代肯定和借鉴的。

五、官吏监察制度

与前朝相比，唐代的监察制度更为完备，监察范围扩大了，对监察官的限制也加强了。

在唐代中央机构与职官一节中，已经提到唐代在中央设立御史台,职掌对文武百官的监察纠举。御史台下设台院、殿院、察院三院,分工和职掌也比较明确。台院是侍御史的办公机构,设侍御史四人,以弹劾不法官吏和参与一些司法事务为主要职掌。殿院主要职掌殿廷供奉之仪式,开元年间后,也参与司法审判。察院是监察御史的办公机构,设监察御史十人,正八品上。在这三院御史中,监察御史的品位最低,但其职权很重,掌巡查州、县、屯田、铸钱、岭南选补;知太府、司农出纳、监决囚犯;尚书省有会议,亦实行监督,其他各司宴会、司射等活动,监察御史都要参与。其监察范围之广,是台院、殿院所不及的。

唐代对地方的监察,除有监察御史巡查外,还依山河形势将全国划分为十道,由朝廷经常派人巡行考察官员的政绩和了解民情。这十道是关内道、河南道、河北道、河东道、陇右道、山南道、淮南道、江南道、岭南道、剑南道。监察官出察地方,主要监察六个方面的问题:一察官吏善恶;二察户口流散,籍帐隐瞒,赋役不均;三察农桑不勤,仓库消耗;四察社会治安状况和奸猾盗贼;五察德行孝悌,民风民俗;六察地方恶霸,替民伸冤。监察御史所监察的事情都是关系百姓切身利益的事情,都是百姓最关心的事情。说明老百姓最关心的事情,也是唐朝统治者最关心的事情。从这一点来看,笼统地说历代统治者都是代表剥削阶级的利益,官吏都是统治阶级的代表,他们都是镇压人民的,显然是站不住脚的。只要百姓能够安居乐业而不是怨言百出,这样的官吏制度就是好的官吏制度。

唐代对监察官的任用条件要求很严,一个官吏必须有地方行政官员的经历,才能到中央当监察官,对其人品也有要求。唐高宗以后,皇帝还加强了御史人选的控制,亲自任命监察官,保证了监察官的独立性。

六、品级、勋官、封爵与俸禄

1. 品级

唐代,为了表示中央和地方文武官员的尊卑贵贱,与职官制度相辅相成的,还有一套品、阶、勋、爵制度,以及与之相关的官吏俸禄待遇体系。

唐代官员分为职事官与散官两大类。职事官指中央机构三省、六部、九寺、五监、十二卫以及州、县各官。因为这些官员都有明确的职事权限,所以称之为职事官。职事官都是流内官。散官就是没有实际职务的官员。散官制度从汉代就已有,到了隋唐更加制度化,唐代还规定,凡九品以上职事官,皆带有散官号,称之为"本品"。如果本品高而职事官低,称之为守某官,如果本品低而职事官高,称之为行某官。

唐代官员有九品三十阶。一般来说,三品以上、五品以上、六品以下,分别表示职事官中三个大的等级阶梯。九品之中又有正从之分;三品以下,正从又有上下之分。职事官品位共三十等,散官没有正一品,最高为从一品,共二十九等。

九品三十等职事官是:

正一品　太师、太傅、太保、太尉、司徒、司空。

从一品　开府仪同三司、太子太师、太子太傅、太子太保、骠骑大将军等。

正二品　尚书令(武德年间有尚书令,为正二品。贞观年间,李世民曾为尚书令,无人敢居此职,遂无尚书令)、特进等。

从二品　尚书左右仆射、太子少师,京兆、河南、太原等七郡牧,大都督、大都护等。

正三品　侍中、中书令、六部尚书、太子宾客、太常卿、太子詹事、中都督、上都护等。

从三品　御史大夫、秘书监、光禄、卫尉、宗正、太仆、大理、鸿胪、司农、太府卿、左右散骑常侍、国子祭酒、殿中监、少府监、将作大匠、诸卫羽林千牛将军、下都督、上州刺史、五大都督府长史等。

正四品上　门下侍郎、中书侍郎、尚书左丞、礼部侍郎、太常少卿、太子左庶子、太子詹事、中州刺史、军器监等。

从四品上　秘书少监、八寺少卿、殿中少监、太子家令、上州别驾等。

从四品下　国子司业、少府少监、将作少监、中州别驾等。

正五品上　谏议大夫、御史中丞、给事中、中书舍人、太子中允、都水使者、万年、长安、河南、洛阳、太原、晋阳、奉先县令，中都督等。

正五品下　太子中舍人、内常侍、中州别驾等。

从五品上　尚书左右诸司郎中、秘书丞、著作郎、殿中丞、下都督府、上州长史、下州别驾、朝请大夫等。

从五品下　大理正、太常丞、太史令、下都督府、上州司马、驸马都尉、朝散大夫等。

正六品上　太学博士、太子詹事丞、太子舍人、中郡长史，京兆、河南、太原府诸县令，朝议郎等。

正六品下　千牛备身、备身左右、太子文学、下州长史、中州司马、内谒者监、中牧监、上牧副监、承议郎等。

从六品上　起居郎、起居舍人、尚书诸司员外郎、八寺丞、大理寺直、国子助教、通事舍人、秘书郎、著作郎、两京市令、下州司马、上州县令、奉议郎等。

从六品下　侍御史、少府、将作、国子监丞等。

正七品上　四门博士、詹事司马、诸州中县令，京兆、河南、太原府司录参军等。

正七品下　尚衣、尚舍、尚乘、尚辇直长、太子通事舍人，京兆府、河南府、太原府、大都督府、大都护府诸曹参军等。

从七品上 殿中侍御史、左右补阙、太常博士、太学助教、门下省录事、尚书都事、中书省主书、九寺主簿、诸州中下县令、上州录事参军、京县丞等。

从七品下 太史局丞、御史台、少府、将作、国子监主簿、诸州下县令等。

正八品上 监察御史、协律郎、太医博士、中州录事参军、给侍郎等。

正八品下 下县令、中州诸司参军事等。

从八品上 左右拾遗、下州录事参军、诸州上县丞、京县主簿等。

从八品下 大理评事、律学博士、都水监主簿、中书、门下、尚书都省、吏部考功、礼部主事、上州参军、诸州中县丞、京县尉等。

正九品上 校书郎、太祝、诸州中下县丞、中州博士等。

正九品下 正字、太子校书、诸州下县丞、诸州上县主簿、詹事府录事等。

从九品上 尚书诸司、御史台、秘书省及殿中省的主事、奉礼郎、诸州中下县主簿等。

从九品下 内侍省主事、崇文馆校书、书学博士等。

职事官都是流内官，此外还有流外官，自勋品、二品、三品以至九品共分九等，以对待胥吏杂色者流。经过一定的考限和劳绩，他们可以升入流内官，称为“入流”。但是能“入流”的名额有限，而且成为流内官，也都是低品官。

散官也叫阶官。唐代建立了比较整齐划一的文、武散官制度。文散官从开府仪同三司至将仕郎共二十九阶如下：

唐朝散官阶品表

文散官名称	阶品
开府仪同三司	从一品
特进	正二品
光禄大夫	从二品
金紫光禄大夫	正三品
银青光禄大夫	从三品
正议大夫	正四品上
通议大夫	正四品下
太中大夫	从四品上
中大夫	从四品下
中散大夫	正五品上
朝议大夫	正五品下
朝请大夫	从五品下
朝散大夫	从五品下
朝议郎	正六品上
承议郎	正六品下
奉议郎	从六品上
通直郎	从六品下
朝请郎	正七品上
宣德郎	正七品下
朝散郎	从七品上
宣义郎	从七品下
给事郎	正八品上
徵事郎	正八品下
承奉郎	从八品上

（续表）

文散官名称	阶品
承务郎	从八品下
儒林郎	正九品上
登仕郎	正九品下
文林郎	从九品上
将仕郎	从九品下

据《新唐书》卷四六。

服饰是一个官员的地位、身份、官品高低的外部标志。唐代官员的服色是依散官而不是依职事官。唐初，官员服色只有黄、紫二色。贞观以后，三品以上服紫，四、五品服绯（朱红），六、七品服绿，八、九品服青。中央高级职事官有散官不够三品的也可服紫，不够五品的可以赐绯。都督、刺史散官不够五品的可以借绯，但离任则停。

唐代高官照例佩饰鱼符，以袋盛之，谓之鱼袋。三品以上其袋以金饰之，谓之金鱼袋；五品以上饰之以银，谓之银鱼袋。由于赐紫、赐绯者也例赐鱼袋，故又有赐紫金鱼袋、赐绯银鱼袋的说法。这种带服赐、借制度在开元时已用得很滥，安史之乱后，武人服饰之滥，自不必说。

官员朝见天子，要手持朝笏，用玉、象牙或竹片制成，作为指画及记事之用，也叫“手板”，作用相当于现在的会议笔记本。

官员的帽子，也就是冠，也按官品大小规定不同。

唐代一般老百姓服色只能服黄。

唐代官员服色、鱼带、冠帽、手板等级表

官品	服色	带	冠	鱼袋	笏
一品	紫	金玉带,十三銙			象牙笏
二品	紫	同一品			象牙笏
三品	紫	同一品	三品以上三梁冠		象牙笏
四品	深绯	金带,十一銙			象牙笏
五品	深绯	金带,十銙	五品以上两梁冠	京官五品以上佩鱼袋	象牙笏
六品	深绿	银带,九銙			竹木笏
七品	浅绿	同六品			竹木笏
八品	深青	玉石带,八銙			竹木笏
九品	浅青	同八品	九品以上一梁冠		竹木笏
庶人	黄	铜铁带,七銙		无	无

据《旧唐书·舆服志》、《新唐书·车服志》。

2. 勋官与封爵

勋官始于北朝周、齐交战之时,“勋”者功勋,本来是赏给立功将士的荣誉称号,后来渐及朝官。隋文帝时定勋级为上柱国至都督共十一等,至唐以后渐渐混乱,因为勋官与散官名称是相同的。唐高宗咸亨五年(674 年)加以改革,定为十二转。

唐代勋官简表

勋级	勋号	品级
十二转	上柱国	比正二品
十一传	柱国	比从二品
十转	上护军	比正三品
九转	护军	

（续表）

勋级	勋号	品级
比从三品八转	上轻车都尉	比正四品
七转	轻车都尉	比从四品
六转	上骑都尉	比正五品
五转	骑都尉	比从五品
四转	骁骑尉	比正六品
三转	飞骑尉	比从六品
二转	云骑尉	比正七品
一转	武骑尉	比从七品

据《旧唐书·职官志》、《新唐书·百官志》;表中“比某某品”与“视某某品”意思相同。

根据制度的规定,凡以战功授勋者,首先根据其杀获敌人的多少来评定其战功大小,进而决定其勋转的授予。但后来由于战事稀少,勋官变成了无用的空头支票。朝官中文臣及其他无战功者也可以授勋,这主要是看其劳绩,也有特恩赏赐的。封爵也是享有某种特权的称号。隋、唐、五代的封爵分亲王、郡王(嗣王)、国公、郡公、县公、县侯、县伯、县子、县男共九等。

亲王只有皇子才能授予,皇太子之子授郡王。自郡王以下国公、郡公、县公等,文武大臣也可以获得。要获得封爵的途径一是靠血统,二是靠立功进封。

唐代封爵等级食邑表

等级	爵号	品级	食邑(户)
一	亲王	正一品	10000
二	嗣王、郡王	从一品	5000
三	国公	从一品	3000

(续表)

等级	爵号	品级	食邑(户)
四	开国郡公	正二品	2000
五	开国县公	从二品	1500
六	开国县侯	从三品	1000
七	开国县伯	正四品上	1000
八	开国县子	正五品上	500
九	开国县男	从五品上	300

据《新唐书·百官志》。

3. 俸禄

唐代官吏的俸禄有三种,即米、钱、田。外官的俸禄依京官的俸禄标准降一等。官俸中虽然有所谓的职分田、永业田、公廨田,但实际上并不授予土地,而是将应授田折成钱或地租。

唐代官员俸禄职分田简表

品级	粟(石)	职分田(顷)	货币(钱)
正一品	700	12	9800
从一品	600		
正二品	500	12	8000
从二品	460		
正三品	400	9	6100
从三品	360		
正四品	300	7	4200
从四品	260		
正五品	200	6	3600
从五品	160		

（续表）

品级	粟（石）	职分田（顷）	货币（钱）
正六品	100	4	2400
从六品	90		
正七品	80	3.5	2100
从七品	70		
正八品	60	2.5	1600
从八品	50		
正九品	40	2	1300
从九品	30		

此表为唐代武德年间的规定。

除以上之外，唐代还给一部分官员发给家业田：

唐代家业田简表

品官	家业田（顷）
职事官正一品	60
郡王、职事官从一品	50
国公、职事官从二品	35
县公、职事官正三品	25
职事官从三品	20
侯、职事官正四品	12
子、职事官正五品	8
男、职事官从五品	5
职事官六、七品	2.5
职事官八、九品	2

4. 俸料

唐代百官除正常的俸禄外，还可按月领取俸料。有些类似于现在的福利，它包括许多实物，厨食料如薪炭，衣服料如绸料，办公料如纸笔，侍役料如防阁等，都属于这一类。“防阁”是政府安排拨给五品以上官员的仆役人员，六品以下官员的仆役称“庶仆”，其费用均由国家支付。开元二十四年，曾将百官料钱合在一起，以月俸为名，各按职务等级（即品秩）随月发给。这种月俸，实际上已经是完全的货币工资制了。隋唐至清，官吏俸禄中钱的比例上升而实物的比重下降，这种情况是与这一历史阶段商品经济的发展分不开的。

唐代官吏月俸简表

官品	食料（钱）	防阁庶仆（钱）	月俸（钱）	共计（钱）
一品	1800	20000	8000	29800
二品	1500	15000	6000	22500
三品	1100	10000	5000	16100
四品	700	6600	4500	11800
五品	600	5000	3000	8600
六品	400	2200	2300	4900
七品	350	1600	1750	3700
八品	300	625	1300	2225
九品	250	417	1050	1717

见《续文献通考·职官考》“百官俸禄”条，本资料为开元二十四年数据。

前文提到考课与赏罚有关。唐代对违反朝仪、法令和失职的官吏的处罚，采取罚俸的形式为多，一般的做法是，根据情节、性质的严重程度，分别处以夺月俸或夺季俸。

唐代末期，财政困难，国家无法保证官吏俸禄的正常发放，于是取消俸禄，让官吏自行解决。结果导致官吏贪污腐败，加速了唐代的灭亡。

七、休假与致仕

1. 休假

隋唐官吏休假种类很多，归纳起来有以下几种：

例假。官吏每旬休例假一天。到了天宝年间，休例假正式以皇帝敕的形式公布出来，明确规定每个旬节官吏可以休息，不上朝，不上班。

节假。唐代节假远比现代要多，千秋节（皇帝的生日），这是最长的节假日，休三天。寒食、清明、端午、中和、七夕、重阳、冬至以及各种诞辰忌日，都要休息，一般是一天。

事故假。官吏家中发生了什么事，均可请假，称之为事故假。事故假均有规定，并不是随便就可以请的，违反规定要受到罚俸的处罚。

病假。官吏有病，可以请假，但是官吏请假超过一百天，就得停职。

田假。因为官吏多数都有自己的土地，所以，到了农忙季节，国家都给这些官员一定时间的假期，让他们回家忙农活。田假一般十五天。

授衣假。官吏一年四季需要置办随季变化的衣服，尤其是冬季衣服，所以，每年九月给官吏十五天时间，让其置办换季衣服。

四时祭礼假。古代每年四季都有不同的祭礼，国家每年给官吏四天假，为四时祭礼假。这种假在晋代就已经有了。

定省假。唐代官吏任职大多实行区域回避制度，异地做官，有的甚至是几千里路，根本无法回家。所以，唐代规定，文武官员，只要父母在，三年给一次定省假，假期三十天，路程除外。

拜墓假。唐代规定，凡任职地与家乡在五百里的，五年给拜墓假一次，假期十五天，路程除外。

亲冠假。古代男子到了一定年龄，就举行成人礼，行冠礼，如果系直系亲属行冠礼，给假一天，不给行程。

婚假。官吏本人结婚，给假日九天，路程不算。如果是周亲，也就是直系亲属结婚，给假日五天，非直系则给三天。

丧假。汉代丧假称为“宁”，晋代规定官吏丧假为三年，要守满二十七个月，为历代所沿用。唐代规定除了父母之丧给丧假外，还给三十天的办理丧事的假，根据不同的丧礼给予不同数量的假期。

总之，唐代国家在假日的给予上，充满了人情味，不足之处就是丧假实在太长。这大概是受晋代的影响。越是腐朽没落的朝代，越是对宁假严格要求。晋代在历史上留下来的东西不多，但是宁假延续了一千多年，成了历朝历代严格遵守的规定。

2. 致仕

隋唐规定，官员年满七十岁就可以致仕。如果到了七十岁，身体很好，工作需要，可以继续留任；如果身体不好，不一定到七十岁也可以致仕；或者本人不愿意做官的，不到七十岁也可以提出致仕申请。至于那些犯错误的官员如果提出致仕，对国家来说自然是顺水推舟。五品以上的官员致仕，要皇帝批准，六品以下官员则由尚书省按照规定办理手续。

官员致仕，国家都要给以一定待遇，比如五品以上官员致仕后，终身享受半俸待遇，有的还享受全俸。六品以下官员致仕以后，头四年给以半俸待遇，从天宝年间开始给予终生半俸待遇。除此之外，还有其他待遇，比如三品以上还可以上朝参政，还乡之时国家给配送马车等。

总之，凡是中国历史上辉煌时期，在官吏管理制度上，都有其可圈可点之处。唐代是中国历史最辉煌的时期之一。唐代所以辉煌,就是建立了盛唐文化,就像汉代建立了汉文化一样。盛唐文化表现在各个方面,政治、经济、文化、教育、建筑、服饰等。在这诸方面中,政治起着主导的作用,其中就包括了官吏管理制度。唐代是我国官吏管理制度发展史上最重要的历史时期,在前代官制基础之上,建立了比较科学的唐代官制。唐代皇帝最聪明之处,他并没有因为推翻了隋代,就对隋代科学合理的官吏制度进行彻底的否定,而是在隋朝官制的基础上,加以完善,尤其是完善了三省制度、科举制度和官吏监督机制和考核制度。唐代在隋代内史省决策、门下省审议、尚书省执行的三驾马车基础上,以中书、门下为决策机构,尚书省为执行机关,将决策权与行政权分离开来。唐代实行群相制,“同中书门下平章事”,宰相一般四至五人,这样既便于集中众人的智慧,又避免了汉代丞相的擅权弊端。同时对于宰相的选拔也非常严格,以免用非其人。

隋代创立、唐代臻于完善的科举制度为平民百姓子弟进入国家的管理层敞开了大门。科举制度虽然有其不尽人意、有待完善的地方,但是以文取人远比以门第取人的九品中正制度要强得多。唐代还建立了系统的监察与考核制度,官吏任用制度,这一系列官吏制度的建立,首先要归功于唐太宗与贞观之臣。唐太宗君臣在建立了唐王朝之后,并没有忘乎所以,沉溺于自己功绩的伟大,决策的正确,给人民带来了多么幸福美满的生活,而是以隋亡为鉴,切切实实为人民办实事,不做表面文章,严格要求官员,不要贪赃枉法,把贪官降低到最低程度,让百姓能够宽松生活。这正是唐代官吏制度的成功之处。唐代的这一系列制度到了中后期没有得到贯彻执行,这又是由封建皇帝的家长独裁制所决定的。不管怎么样,中国历史上曾经存在过一种比较科学合理的官吏制度。

第六节 五代十国官制

五代十国时期,各朝和各割据政权的中央机构设置及地方政权设置,都是以军事行动为中心,重视对武装力量的控制和指挥。职官设置大致亦是如此,突出率领武装力量的特点。

一、中央机构与职官

五代在中国历史上比较短暂,各朝历史更是短促。但其在中央政权机构及职官设置上有独到之处,而且在此方面对宋代有重大影响,宋以后的中央政权机构设置也有受其影响的痕迹。五代其他职官与前代大同小异,谨将其特殊官职作一介绍。

1. 枢密院

唐代宗时开始以宦官掌枢密,其后握权之宦官多以枢密使的名义干预朝政,甚至废立君主亦由其主张。到昭宗时,借朱温之力,尽诛宦官,开始改为以士人任枢密使。朱温称帝建立后梁后,遂以君主左右亲信之大臣掌枢密,名称改为崇政使,并设立其官署崇政院,任敬翔为崇政使。崇政使参与军国大事的谋议,宣布皇帝旨意,地位比宰相亲近。枢密院的具体职掌是:“备顾问,参谋议于禁中,承上旨,宣于宰相而行之;宰相非进时有所奏请及已受旨应复请者,皆具记事因崇政院以闻,得旨则复宣于宰相。”(22)崇政院助手有副使与崇政院直学士等。后唐时崇政院这一中央中枢机构又改称枢密院,它主要管理军事机密、边防事务,与中书省并称“二府”,同为最高国务机关。后唐的枢密院使权力甚至大于宰相。此职一般由文官担任,但有时也用武人。北宋建立后沿用此制,略有变通。枢密院本来是军事机构,变成了决策机关与军事混合机构。“枢密之任既重,而宰相自此失其职也”(23)。

2. 三司使

五代时的三司及其长官三司使设置与前代也有重要区别，而且对后代影响也较大。唐代时以御史大夫、中书、门下为三司，五代时的三司是指盐铁转运、户部和度支（财政）。其长官称三司使，掌管统筹国家财政，取代了国家的财政机构——户部。三司使是控制国家经济的重要官员，为全国最高财政长官，号称“计相”。后唐明宗时，于天成元年（926 年）将三部门由宰相一人专判。后又于长兴元年（930 年）并由一人负责，称三司使。后唐明宗的户部、度支、盐铁并为一使的做法为后人所效法。宋代曾长期设三司使专判户部、度支和盐铁事，直到元丰五年（1082 年）改革官制，其职掌才归并于户部尚书。

该时期其他中央机构与职官设置较前代无大变化，多仿照隋唐，尤其是在虚职设置上，多沿用隋唐旧制。这一时期各割据政权的中央机构及职官设置与中原各朝相比，沿袭唐之旧制处居多，无有特别的革创之处。

二、地方机构与职官

五代十国时期的地方政府机构与职官设置，总的来说是沿用隋唐旧制，但因有战乱不断的背景，亦多突出军事考虑的特点，所以，表现颇紊乱。有些地方行政机构的设立置废不常，职官设置也是如此。总体来看，五代仍然实行的是州、县两级地方行政体制。州设刺史，县设县令。如前所述，其官吏因军事为中心，多用武人。与此同时，五代各朝在地方上均设节度使，同时于重要地方及一些特殊地区设立府、军。从当时情况来看，府、军设立地区有军事管制或警备加强的味道。如后梁设有荆南、虔州等节度使；后蜀设有东川、西川节度使；后唐有成德军、宣武军以及魏博行府节度使；后汉设有河中、建雄等节度使；后周时期设立的节度使尤多，比较重要的有武守军、护国军、凤翔等节度使，由于节度使权重并拥有兵权，有时由亲王或者宰相遥领。各割据政权也仿效中原政权的做法，在重要地区设立节度使。如南唐设有武安军节度使，由边镐担任；清源军节度使，由留从效担任；后蜀设有兴元节度使，由李廷珪担任。节度使制度到宋朝取消。

五代时一般在重要城市设府，曾有开封、河南、大名等府。府虽与州一样，同为地方高级行政机构，但其地位高于州。宋代时沿袭了五代的这一建制，在重要地方设府，地位同样高于州。如果一些重要的州要提升为府，还得有重要条件，如某皇帝即位前曾任该地官吏或是其封地等。

军作为一级地方行政单位，也定型于五代时期。它如同今日之警备区设置，但权力要大，且逐渐演变成了准地方行政机构。军之设置始于唐代。五代时在一些地区广泛设立的军，其职能与唐代有很大区别，成为主要是武人担任长官的一级地方政府。其地位相当于或低于州级行政机构，但比县级行政机构重要。前述许多节度使，有的是军的长官，拥有很大职权。像五代著名人物王晏、折从阮、杨光远、安重诲等，都出任过军节度使。五代时也有一些军的地位不高，与一般县级机构无大差别，像砀山、莱芜、汉阳等地设立的军就是如此。砀山当时设有崇德军，莱芜设有广利军，汉阳设有汉阳军，都是小军。军之地方行政建制，被宋代所沿袭。

该时期，各地割据政权的地方行政职官设置上，除节度使设置外，同样是沿袭前代旧制者居多，地方实行州、县两级制度，官员名称如前。

三、官吏管理制度

选拔任用官吏多是武人，是该时期的一个重要特点。五代时期的节度使，是领管数州甚至数十州的地方高级长官，他既是军队的将领，同时监管地方财政及其他事宜。当时这一职务是从武人中选任，像高季兴，便是因军功被后梁任为荆南节度使的，其他比较著名的还有谭全播等。谭全播唐末拥戴卢光稠起兵，善战有名气，归附后梁后，于乾化二年(912 年)被任命为虔、韶二州节度开通使。安重诲后唐时是振武道巡边指挥使，归石敬瑭后被任命为成德军节度使。杨光远后唐时因战功任幽州马步军都指挥使，归后晋后历任宣武军节度使、魏博行府节度使。王晏后唐时应募入禁军，契丹灭后晋时，驻守陕州，陕州城破，他率敢死士夜入城中，杀契丹将领刘愿，归后汉后被任为建雄节度使。五代时期地方高级官吏州刺史也多由武人充任，像王彦章、沈斌、折从阮等人，都是以军人资格成为地方长官的。王彦章少即从军，随朱温转战各地，以骁勇闻名，每战用两铁枪，军中称为王铁枪，后因军功累迁至澶州刺史。沈斌少时为军卒，后梁时为拱震都指挥使，后唐时他历任虢、隋、赵等州刺史。

各割据政权，在任用地方高级官吏时也多用武人，多因军功取人，像邓进忠、边镐、留从效、武漳等较著名的十国人物都是因有军功充任地方长官的。邓进忠唐末时与兄邓进思组织地主武装，曾在浏阳山中设伏镇压黄巢起义军。天祐二年(905 年)邓进忠归楚，被任为衡州刺史。边镐是南唐著名将领，他攻潭州时，因军纪严明，不扰百姓，并开仓济贫，被人称为边菩萨，后充任信州刺史。留从效少时即为衙兵，以功任散员指挥使，归南唐后，被任为清源军节度使泉南等州观察使、鄂国公、晋江王。

五代十国时期不但地方大员多由武人担任，中央政府中也多由武人担任要职，且颇受骄纵。武人典掌机要，文学之士担任官吏，作用只是解决诏令的措辞用语，后唐明宗时颇为典型。后唐明宗李嗣源即位后任用安重诲做枢密使，又让他做侍中兼中书令。安重诲几乎连四方奏章都看不明白。当时冯道任端明殿学士，但他的作用只是斟酌文字。后安重诲因宰相任圜在明宗前与其争辩,将任圜杀死。明宗不但不治安重诲的罪,反而表示支持。后蜀孟昶时中央政府任用武人也很典型,他曾任用大将李仁罕做中书令、判六军事。李仁罕的外甥张业,原来职掌禁兵,孟昶任用他做宰相,兼判度支事。

除以军功取人、任用武人主管政事外,出于统治的需要,各代统治者也注意笼络文人参政。战乱形势下,很多文人避乱而流亡四方,比如唐末有许多文人从关中流亡到蜀中,被招来做官。其中有装潢门面、以示正统的考虑。冯道是此类文人的代表。他唐末曾做刘守光的参军,河东军阀李克用看他有"德行"和文学,任其为节度府掌书记。后唐建立后,任为宰相。以后的后晋、后汉、后周更迭不断,他一直担任高官,历任后晋宰相、后汉太师、后周太师及尚书令。

五代时虽然王朝更迭频繁,但统治者用科举取士笼络文人的做法仍被沿袭,并且通过该途取士还发现了一些人才。像后唐、后晋即是。后唐同光年间科举,韩熙载、桑维翰同被录取。韩熙载因为父亲被杀,亡归南唐,累官至中书侍郎、光政殿学士承旨。桑维翰后晋时曾官至集贤殿大学士、枢密院使。后晋时进士窦仪曾历任后汉、后周时朝官,赵匡胤建立宋朝后,窦仪又任工部尚书,判大理寺事,并曾奉命主撰《宋刑统》(即《建隆重定刑统》)。

除此之外,五代十国时期的统治者还有不定期的让中央官吏荐举地方官的做法。如后周时就这样做过。公元955年,周世宗柴荣曾下令让翰林学士、两省(门下省、中书省)官员荐举低级地方官,被荐者试用后如有贪污行为,荐举者一并治罪。

五代时期动荡的特殊情况下,各朝没有形成系统的官吏考核及监督监察制度,官吏荼毒百姓,贪赃枉法尤甚。这也有各朝统治者长于统兵、短于治政的原因。后周的统治者在对官吏的管理上较前代要好。后周的创立者郭威及其继任者柴荣，都曾注意官吏的管理，注意整顿吏治，特别是能毫不留情地严惩贪污，这也是后周期有新气象的一个重要原因。

郭威当政时，天雄节度使王殷残酷榨取百姓。先是王殷居河北，郭威拿他没有办法，只得派人告知，要其收敛。后来王殷入朝，郭威趁机将其杀掉。莱州刺史叶仁鲁是郭威的老部下，因贪赃一万五千匹绢、钱一千缗，也被处死。柴荣对官吏的管理尤严，左羽林大将军孟汉卿主管税收，因在正额之外，多收耗余，被处以死刑。有人对此向柴荣讲，孟汉卿因此而不致以判处死刑。柴荣说，对这点我清楚，但是，不如此就不能达到警戒别人的目的。

总之，五代十国官制就像中国历史长河中的一个低谷，几乎没有多少新意，但是值得总结的教训不少。五代十国的出现，是唐末藩镇割据的必然，十国君主只忙于你争我夺，削藩固权，根本就没有时间进行官制建设。再说，他们也多是武夫，更习惯于军事手段，也正由于如此，在五代产生了新的职官——枢密院。

注释：

(1)《资治通鉴》卷一八四。

(2)《隋书·百官上》。

(3)(19)(21)《新唐书·百官一》。

(4)(5)《新唐书·百官二》。

(6)《资治通鉴》卷一九三。

(7)《文献通考·职官》。

(8)《资治通鉴》卷二一九。

(9)《唐六典》卷三十。

(10)《唐会要》卷六十《御史台上》。

(11)《唐语林》卷三“方正”条。

(12)《新唐书·百官四》。

(13)《唐摭言》卷一。

(14)(15)《通典》卷十七《选举五》。

(16)《唐会要》卷七十四《论选事》。

(17)《唐会要》卷六十七《员外官》。

(18)《文献通考》卷三十七《选举十》。

(20)《嘉祐集》卷九。

(22)《资治通鉴》卷二六六《后梁纪一》。

(23)《新五代史》卷二四《郭崇韬安重诲传赞》。

第五章 宋代官制

第一节 宋代政治概述

唐代后期的藩镇割据，导致唐亡并五代十国战乱。公元960年，后周殿前都检点兼宋州归德军节度使赵匡胤发动陈桥兵变，自立皇帝，建立宋朝，定都开封（东京、汴梁），史称北宋。宋朝政权虽然建立，但当时在南方和北方仍存在着南唐、吴越、南汉、荆南、后蜀、北汉等割据政权。就是在北宋统治区内，还有不少节度使割据一方，既有土地，又有百姓、甲兵和财赋；中央政权里面，特别是在军队中，一批在后周时同赵匡胤地位相当的将领仍然手握重兵，对皇权构成威胁。为了巩固皇权，宋太祖和宋太宗采取了一系列整理和重建官僚制度，以加强专制主义中央集权的措施。

首先，吸取唐末教训，坚决削减州郡（府、州、军、监）长官的权力，不许他们兼任一个州郡以上的职务。州郡的兵权、财权和司法权也都收归朝廷。对降将、降王采取不杀不贬，授以高官厚禄养起来的办法。在任官制度上采取官、职、差遣分授制度，并且重文轻武，规定州郡长官由文臣担任，长官之外另设"通判"，使其互相牵制。后来又把全国划分为十五路，陆续在各路设转运使、提点刑狱、安抚使、提举常平四司，路与州、县的官员由皇帝差遣，属于临时指派，地方官员流动性大，一般"三年一替"。

其次，将宰相职权分割化解。为了分割宰相的权力，在宰相之下增设“参知政事”作为副职，还把在唐末五代设置过的枢密使和三司使定为常员，以枢密使分割宰相的军政大权，以三司使分割宰相的财政大权。枢密使、三司使的权力与宰相不相上下了。皇帝达到了大权操纵自如的目的。

第三，禁军不再设置最高统帅，罢去殿前都检点、副都检点及侍卫马步军正副都指挥使的职位，而且把禁军两司分为三衙，即殿前司与侍卫马军司、侍卫步军司。宋太祖于公元 961 年杯酒释兵权，解除了禁军主要将领石守信、高怀德等人的兵权后，起用一些资历较浅、容易驾驭的人来担任三衙的将领，对这些人仍然严加控制，处处防范，并时常加以调动。同时，还实行“更戍法”，禁兵的驻屯地点，每隔几年就更调一次，而将却不能随着调动，使得“兵无常将，将无常师”，以防止军队兵变和武人拥兵自立。

第四，为了更广泛地吸取人才，科举制度得到长足的发展。集中表现在录取人数的大量增加，放宽了录取标准，给更多的知识分子从政扬名封妻荫子的机会。宋朝的科举不重门第，只重文章；也不像唐代那样，要有高官推荐，使得更多殷实富裕人家的子弟通过科举取得功名，也有一些家境贫寒的平民子弟通过刻苦努力中举。在宋太宗时期，共录取进士四五一七人，这样的数字，在唐代是不可想象的。

第五，官员因循守旧，安于享乐，不思进取；机构叠床架屋，人浮于事。国家表面歌舞升平，实际已经是积贫积弱，迫使一些有志官吏不停地变法，但每次变法都归于失败。

为了维护中央集权，宋太祖、宋太宗建立了庞大的国家机器，同时也造就了大批冗官冗吏。官员们只知道领取俸禄，不思进取，对外敌入侵妥协苟安，以岁币换和平。庆历年间，范仲淹在仁宗支持下，对用人制度进行变革。规定官员无有勋德善状，不得晋秩，无有政绩，不得晋升；淘汰"非才、贪浊、老儒"官吏。但是庆历新政昙花一现，范仲淹因"朋党"之嫌去职离京。

继范仲淹之后，王安石又进行变法。王安石变法主要是经济上的变革，涉及官制的是科举制度改革。宋神宗在变法的基础上，又进行了"元丰改制"，试图淘汰那些无职无事，只领空饷的冗官冗吏，借以提高国家机构的办事效率。随着神宗的病逝，王安石变法与元丰改制也归于失败。王安石变法的失败，标志着宋朝吏治彻底走向腐败而不可救药。宋徽宗则是腐败政治的代表，他纵容蔡京、童贯等人公开明码卖官。北宋官员数额急剧增长。宋徽宗即位八年，官员比以前增加了十倍，国家财政开支也日益增多，进一步加重了人民的负担。宋徽宗也自食其果，于公元 1127 年当了金朝的俘虏。北宋灭亡。

同年五月，赵构即位。不久在临安建立了南宋半壁江山。在整个南宋时期，用人的根本标准就是主战还是主和。在这种用人路线指导下，造就了一代大忠大奸人物，而大奸总是战胜大忠，主降派始终占据上风。宋孝宗鉴于秦桧独相误国的教训，对于宰相和参知政事频繁更换，虽有利于皇权巩固，但不利于政局稳定。自宋孝宗之后，朝政又为之一变，皇权削弱，相权得到加强，权相韩侂胄、史弥远把持朝政达四十年，奸相贾似道权倾两朝。公元 1279 年，张世杰崖山兵败，陆秀夫负末代皇帝赵昺投海而死，南宋亡。

第二节　中央机构与职官

为了消除造成封建割据和威胁皇权的各种因素，宋代在中央政权机构和职官设置上，注意了文臣、武将、皇后、外戚、宗室、宦官等六种人的专权，制定出一套包括集中政权、兵权、财权、司法权在内的各种制度。所以，宋代中枢机构和职官大多沿用唐制，但机构的职权却有很大的变化,与唐代体制大有不同。

一、“宰执”与宰相制度

所谓“宰执”,即宰相与执政的统称。宋代宰相承隋唐之制,仍是集体。宋代“中书门下”为宰相的办公机构,中书令、门下侍中,虽然是中书门下长官,但不是宰相,因为没有加上“同中书门下平章事”,不能主持中书门下的工作。在宋初,只有赵普的门下侍中带平章事,是宰相。其他人虽然加了衔,但只是“使相”。宋朝规定,亲王、枢密使、留守、节度使兼侍中、中书令、同平章事等,虽然都是宰相,但并不主持宰相的工作,所以称之为“使相”。使相是授予皇族高官的一种名誉职务,并不是真正的宰相,并不参与国家大政,也不签署敕书。宋代增设了副丞相——“参知政事”,称为“执”,为牵制宰相而设置。宋代宰相并非仅指三省官员,真正握有最高行政权力的是“宰执”。宋初,参知政事的地位比较低,“不宣制,不押班,不知印,不升政事堂……殿廷别设塼位于宰相后,敕尾署衔降宰相数字,月俸杂给皆半之”[(1)]。政事堂是宰相议事办公的地方,这时参知政事不能进去,连俸禄杂给都比宰相低一半,可见权力不大,地位不高。但参知政事权力不断上升,太宗至道元年(995 年)下诏:“宰相与参政轮班知印,同升政事堂。押敕齐衔,行则并马”[(2)]。从而使参知政事与宰相有同等的权力。参知政事在唐代并非常制,更不是什么副宰相,而宋代所设参知政事,则成为宰相副职的定制。随着参知政事地位的提高,宰相权力遭到削弱。

宰相办公的政事堂直属机构有五房:孔目房、吏房、户房、兵礼房、刑房。各设置堂后官三人,共计十五人。太宗淳化四年,压缩堂后官员,每堂只保留一人,另设“都提点五房公事”一人,孔目房、吏房和兵礼房各设录事、主书、守当官各一人。户房设录事一人,主书三人,守当官四人。刑房设录事一人,主书三人,守当官五人。

除此之外,还有生事房和勾销房,生事房设主书一人。真宗年间,五房编制又有所变化,变化不大。宋朝各房统称“制敕院”,堂后官称之为堂吏。因为他们直接听从宰相的指令,容易接近皇帝,都是朝廷的高级官吏。

“宰执”是宋代宰相制度的显著特征。而就其本身而言,不是一成不变的。宋代宰相制度有五次变动:

第一次是宋初到宋神宗元丰以前。宰相沿袭唐代仍称中书门下平章事,设中书、枢密、三司分掌政、军、财三大政务,宰相之权为枢密使、三司使所分取,同时如上所言,又设参知政事互为牵制。相权日益削弱,而皇权却由此加强。另一方面,中枢机构中在隋唐相当重要的三省制这时进入衰落期,职权转移,三省制名存实亡之势日益显现出来。

第二次是宋神宗元丰五年(1082 年)开始的官制改革,史称元丰改制。元丰改制撤销中书门下,恢复唐初三省制度。置三省长官——尚书令、中书令和门下侍中。不过这三个官职只是虚设,从不授人。又仿照唐制,用尚书左右仆射代行尚书省的职权。尚书右仆射兼中书侍郎,代行中书令的职权,他们是正宰相。参知政事的名称被取消,而增设了四名副宰相,即门下侍郎、中书侍郎、尚书左丞、尚书右丞。

第三次是宋徽宗政和年间(1111—1118 年)。蔡京任宰相,自称“太师”,总领门下、中书、尚书三省之事,改尚书左右仆射为“太宰”、“少宰”,由太宰兼门下侍郎,少宰兼中书侍郎。钦宗靖康年间,又废除太宰和少宰,改为尚书左仆射和右仆射。

第四次是南宋高宗建炎三年(1129 年),正式以尚书左仆射和右仆射兼同中书门下平章事为正宰相,又将门下侍郎和中书侍郎改为参知政事,为副宰相,并取消尚书左、右丞的官称,大体上恢复了宋初的制度。

第五次是孝宗乾道八年(1172 年),又改左、右仆射兼同中书门下平章事为左、右宰相,参知政事照旧。除去中书令、侍中、尚书令的虚称。门下并入中书,称中书门下。左右宰相主中书事,兼尚书省之长,六部直属于宰相,尚书省之制已废于无形,实际上是三省合一。从此,左右宰相成为全国最高的行政长官,尚书省只掌握六部,奉命执行政务。这里将上述变化中宰相名称列表如下,以便检索:

职别＼时间	宋初	神宗元丰改制	徽宗政和中	高宗建炎三年后	孝宗乾道八年后
正	同中书门下平章事(或同中书门下二品)	尚书左仆射兼门下侍郎、尚书右仆射兼中书侍郎	太宰兼门下侍郎,少宰兼中书侍郎	尚书左仆射同中书门下平章事,尚书右仆射同中书门下平章事	左丞相 右丞相
副	参知政事	门下侍郎、中书侍郎、尚书左右丞	门下侍郎、中书侍郎、尚书左右丞	参知政事	参知政事

二、三省六部

宋代中央行政部门沿袭唐制仍冠以三省六部的名称,但有许多发展变化。

(一)三省

即门下省、中书省、尚书省。

(1)门下省

又称“左省”。长官名义上是门下侍中,但很少委任过,实际上是有名无职。副长官是门下侍郎,另外又委派一名给事中担任“判门下省事”[3],真正掌握门下省的职权。也就是说门下侍郎也是虚的,没有职权。其属官有左散骑常侍、左谏议大夫、左司谏、左正言以及给事中等。门下省的职权是掌管皇帝宝玺、大朝会设位版、赞拜、拜表、宣黄、外官和流外官考课、年满斋郎转补以及各司附奏署名等事。元丰改制时,重新恢复三省的实际地位和职权,门下省专司审议,但自门下侍郎成为尚书左仆射(宰相)的兼职或副宰相的专职后,便不再和门下省本身的职事相关了。这就是说,门下侍郎并不管门下的工作,它的真正职责是宰相或者副宰相。在整个宋朝,不要以为他担任什么职务,就是什么衙门的官员,往往在这个衙门主持工作的,并不是这个衙门的职官。北宋前期,门下省内设机构不多,元丰改制,门下省内设机构与官员增加。

其内设机构有:

房,北宋前期,门下省内设机构无房,元丰改制设立吏、户、礼、兵、刑、工、开拆、章奏、制敕库等房,共设官吏四十九人,内计录事三人,主事三人,令史六人,书令史十八人,守当官十九人。门下外省设吏十九人。元丰八年以门下、中书省为后省。改制的后省给事中分管吏、户、礼、兵、刑、工六房。

司,司有封驳、通进司。封驳司一度划归其他部门,元丰改制又划归门下省。同时将隶属枢密院的通进司划归中书门下管辖。

(2)中书省

又称右省。其长官为中书令,实际上也是有名无职。副长官为中书侍郎。朝廷又另派一名中书舍人“判中书省事”,掌握中书省的职权。其属官有右散骑常侍、中书舍人、右谏议大夫、起居舍人、右司谏、右正言等。中书省的职权是主管郊祀、皇帝册文、州县官考课、斋郎等年满复奏、文官改赐章服、僧道给赐紫衣师号、举人出身及寺观名额等事。元丰改制后,中书省专司取旨出令。但自中书侍郎成为尚书右仆射（宰相）的兼职或副宰相的专职后，便不再和中书省本身的职事相关。宋朝的三省已经很难看到唐代三省决策、封驳和执行的影子。“中书省、门下省者，存其名，列皇城外两庑、官舍各数楹。中书省但掌册文、覆奏、考账，门下省主乘舆、八室、朝会、报版、流外、考校诸司附奏挟名而已。”(4)尚书省职权更是可怜，所以，就有官员上书要求恢复尚书省往日职能。在官吏的选拔上，另设立了审官院，任用官员皆归中书，吏部成了甩手大掌柜。当然，这里的中书也不是唐时的中书，而是宰相的政事堂。

宋代继续沿用谏官。宋以前，谏官的主要职能是谏诤，而宋代随着专制制度进一步发展，谏官的职能也就更为广泛，主要有：谏责皇帝、奏劾宰相及百官、参议朝政和国事、参与荐举官员、负责受理臣民的奏章和上疏、兼任修起居和侍讲等。宋代的谏官大多是门下和中书两省的左、右散骑常侍，左、右谏议大夫，左、右司谏，左、右正言。但总的来说，谏官除非皇帝特旨供职，不得谏诤。我们可以看出，宋代的谏官都是兼职，而不是专职。在使职差遣制度下，宋代的谏官几乎就成了花架子，皇帝让你谏，你就谏，不让你谏，就得装哑巴，因为你虽有谏官之名，但无谏官之责。

元丰改制后，中书省设立吏、户、兵礼、刑、工、生事、班簿、制敕库。元丰六年，增设点检房。哲宗元祐年间，将兵礼房一分为二，同时增设催驱房，共十一房。共设吏四十五人，内计录事三人，主事四人，令史七人，书令史十四人，守当官十五人。徽宗年间，中书省官吏人员增加较大。在以后的几个皇帝任期间，中书省官吏内设机构与人员也有所变化。

中书省还设有舍人院。元丰改制后，舍人院用“中书外省”官印，所以，舍人院又称中书外省。中书舍人院设中书舍人六人，后减为四人。

(3)尚书省

尚书省又称“都省”。其长官名义上是尚书令,还有左、右仆射,左、右丞等,但尚书令从不委任,而另外委派诸司三品以上者或学士一员任“权判尚书都省事”。其职权是总辖吏、户、礼、兵、刑、工六部二十四司,并主管议定官员谥号、祠祭、受誓戒、在京文武官员封赠、注甲发付选人、二十四司人吏迁补等事。

北宋前期,尚书省内设机构和人员较少,有都事、主事、令史、驱使官、散官等。元丰改制后,尚书省左仆射兼门下侍郎,尚书右仆射兼中书侍郎,为正宰相,以尚书左右丞为副宰相。尚书省的内设机构有吏、户、礼、兵、刑、工、开拆、都知杂、催驱、制敕库、奏钞、班簿、案抄、御史、封赃、印房等,员额六十四人。其中都事三人,正八品;主事六人,从八品;令史十四人,从八品;书令史三十五人,从八品;守当官六人。绍圣年间尚书省内设机构又发生变化。总之,只要皇帝一换,机构与职能就有变化。南宋时期,尚书省内设十六房压缩为十房。这些内设机构的变化都是随着尚书省职权的升降而变化的。尚书省有权了,机构就增多,尚书省成了摆设,机构就减缩。

尚书省机构变化不大的是都司、六部、二十四司以及各寺监。

尚书省都司分左右司,元丰之前,左右都司郎中、员外郎为寄禄官。寄禄官只是表明官员资历待遇,并不实际主持工作,不属于职事官。元丰改制后,设郎官与员外郎四人,寄禄官成为职事官。都司官吏人员最少。

(二)六部

尚书省所辖六部二十四司分属左司和右司。左司掌管吏、户、礼三部,右司掌管刑、兵、工三部。

(1)吏部

下辖二十四司的本部、司封、司勋、考功四个司。长官为吏部尚书,设一人,副长官为吏部侍郎,下属有郎中、员外郎各二人,分管尚书左、右选和侍郎左、右选。此外还有司封、司勋、考功郎中和员外郎各二人,官告院主管官一人等。虽然设立了这些职官,但是宋太祖还设立了"判吏部事"二人,主持吏部的工作。判吏部事的官员一般都是带职京朝官和无职事的升朝官。这些升朝官都是经常在皇帝身边的常参官,因为经常参见皇帝,自然受到信任,并被委以重任。那些不能常参见皇帝的官员则叫未常参官。宋太祖还设立"判吏部南曹"一人,选用担任过知州的升朝官或担任过一任通判的馆职人员担任。这就是说吏部的官并不管吏部的事,吏部的工作要由皇帝单独派员主持。元丰改制,恢复了吏部原来的职权,但很快又丧失了。其他各部也是同样的命运。

宋太祖时,设立流内铨,委派"权判流内铨事"二人,专管考试选人、判决案例和拟定差遣等事务。还设立三班院,委派"知三班院事"或"勾当三班院事"(5)。宋太宗又设立了磨勘院(分磨勘京朝官和磨勘幕职州、县官院),负责对京外官和选人进行考核,随后,磨勘京朝官院改为"审官院",磨勘幕职州、县官院改为"考课院",太宗还设置"京朝官差遣院",负责对少卿监以下京朝官注拟差遣。淳化四年(993 年)也并入审官院。神宗熙宁三年(1070 年)设置审官西院,主管武臣阁门祗候以上到诸司使的磨勘、注拟差遣等事。又改审官院为审官东院,主管文臣京朝官以下考核功过、叙其爵秩、注拟差遣等事。两院置知院、同知院各一人,主簿二人。元丰改制措施之一,就是将铨注之法全归吏部,撤销审官院而改为吏部尚书左选,主管寄禄官在京朝官和职任非中书除授的文臣;撤销审官西院而改为吏部尚书右选,主管升朝官以上和职任非枢密院除授的武臣;撤销三班院而改为吏部侍郎右选,主管副尉以上到义郎级别武臣。从此以后，以上文、武官员的选试、注拟、资任、升迁、叙复、荫补、考课的政令以及封爵、册勋、赏罚、殿最的制度，都归吏部掌管[6]。但随着元丰改制的结束，使职遣差制又恢复了。

(2)户部

下辖二十四司中的本部、度支、金部、仓部四个司。宋初由于设三司总管全国的财政，户部几乎是无所作为，只委派"判户部事"一人，接受各地土贡，到一定时候陈列于朝廷。三司在元丰改制的时候撤销，全国财计才归户部掌管。户部主管全国的户籍、土地、钱谷政令以及贡赋、征役等事。户部设户部尚书一人，左右曹侍郎各一人。郎中、员外郎各二人，度支、金部、仓部各二人。左曹分管户籍、赋税、土贡、征榷等事，右曹分管常平、免役、保甲、义仓等事。度支掌管全国财政预算，量入为出；金部掌管全国的货币收支，藏于府库；仓部掌管仓库贮积和收支等事。

(3)礼部

下辖二十四司中的本部、祠部、主客、膳部。由于宋初设太常寺礼院，真宗时又设礼仪院，主管礼仪之事，所以礼部只委派"判礼部事"一员，掌管科举，奏补太庙郊社斋郎等事。神宗时，撤销太常寺礼院，其职权划归礼部。礼部设尚书、侍郎各一人，郎中、员外郎各一人。礼部掌管礼乐、祭祀、朝会、宴享、学校、科举之政令。除以上之外，礼部还下设礼乐、贡举、宗正奉使帐、册封表奏宝印、检法、知杂、开拆案，每案各设主事和令史各一人。侍郎和员外郎属吏五十四人。礼部本部、祠部、主客、膳部各设郎中与员外郎各一人，其他属吏有书令史、守当官，共计二十七人，贴司十二人。

(4)兵部

下辖二十四司中的本部、职方、驾部、库部。宋初设立枢密院，掌管军事政令，武臣铨选归三班院和审官院西院负责，兵部只管皇帝仪仗、卤簿、武学、义勇弓箭手等事，委任“判兵部事”一人，具体管理兵部事务。元丰改制后，设兵部尚书、侍郎各一人，职方、驾部、库部和本部等四司郎中、员外郎各一人，职权略有扩大，主管民兵、弓手、厢军、蕃兵、剩员、武士校试武艺，以及少数民族官封承袭等事。兵部属吏有主事、令史、书令史、守当官、贴司、私名、守缺、习学等。以后有所变化，也只是人数的减少。

(5)刑部

下辖二十四司中的本部、都官、比部、司门四个司。宋初刑部是最高司法机构之一，掌管全国刑政，并复审大理寺所定大辟案件。宋太宗创设审刑院，将刑部审复权拨给审刑院。元丰改制撤销审刑院以及纠察在京刑狱司，将其审复等权归还刑部，从此，刑部职权大为扩大，主管全国刑法、狱讼、奏谳、赦宥、叙复等事。刑部设刑部尚书一人，侍郎二人，郎中和员外郎，本部各二人，都官、比部、司门等司各一人。本部郎中和员外郎，又分左、右两厅，厅各二人，左厅掌管详复，右厅掌管叙雪。刑部其他属吏有主事、令史、书令史与守当官等。刑部官吏到了南宋时期，也是有所变化，变化表现在属吏的增加或减少上，其他变化不大。

(6)工部

下辖二十四司中的本部、屯田、虞部、水部四个司。宋初只设“判工部事”一员，所属屯田、虞部、水部的职权全部划归“三司”，工部职权很小。元丰改制时工部才恢复职权。设工部尚书、侍郎各一人，本部和屯田、虞部、水部四司郎中、员外郎各一人，掌管全国城郭、宫室、舟车、器械、钱币、河渠等政令。南宋，将军器监和都水监并归工部，工部的职权进一步扩大。工部还兼管军器所和文思院。高宗时还设立制造御前军器所，委任提点官二人和提辖、监造官各若干人，负责制造武器。文思院负责制造金银、犀玉等器物，设提辖官一人，监官三人。

总之,在整个宋代前期,六部二十四司,几乎就是摆设,徒有虚名,官冗员众,直到元丰改制以后,才恢复了六部二十四司的职能,但也无法与前代后代相比。

三、枢密院与三衙

枢密院

唐代后期就已经设立枢密使,由宦官担任,但尚无专门的机构,五代以后有了枢密院机构。在宋代,枢密院成为总理全国军务的最高机构,简称"枢府","与中书门下共掌文、武二柄"(7),也称为东西"二府"。枢密院"掌军国机务、兵防、边备、戎马之政令,出纳密令,以佐邦治"。皇帝身边的侍卫班直、国家精锐部队的禁军都在枢密院管理权限之内。枢密使与宰相对掌文武大权,他们相互之间没有隶属关系。枢密院长官同宰相的资历地位相近,枢密使同宰相、三省官一样,可直接向皇帝禀奏请旨。

枢密使是枢密院长官,又称知枢密院使。枢密副使是副长官,又称同知枢密院事。宋太祖设立枢密院的目的是为了以枢密院长官来分割宰相的职权。枢密院下设承旨、兵马、银台、通进四司。其下设承旨都承旨和副都承旨,负责"承宣旨命,通领院务",由武官担任。其他属吏有诸房副承旨、检详官、计议官、编修官、详复官、都统制、副都统制。在宋代初年,承旨司下设兵、吏、户、礼四房,设副承旨五人,统称诸房副承旨。以后不断增加,到宋孝宗隆兴元年,增至二十五房,到乾道六年,合并为兵、吏、礼、刑、工五房。枢密院属吏有主事、令史、书令史、贴房等。有宋一代枢密院机构变化较大。

枢密使在唐代只负责管理军事情报、机密之类的事,而宋初将其地位抬得这么高,权力这么大,这是由当时形势和阶级矛盾决定的。宋神宗元丰改制(1083 年),有人请求废去枢密使,但没有批准,枢密院被保留下来。但枢密使与中书的关系越来越不正常,常常是战守安危之际,中书主打,枢密使主守,出现许多贻误军国大政的弊端,直至徽、钦二帝被俘,北宋军队瓦解。宋代皇帝专门建立枢密院,对枢密使寄予厚望,但在关键时刻,枢密使作为国家的最高军事长官,却是误国,不能担当起保卫国家的大任。所以,南宋建立初期,高宗对军队进行重新编制,使枢密院一度闲置。宋高宗另设御营司,由宰相等兼任御营使和御营副使。建炎四年,高宗又罢去御营使,诏宰相仍兼任知枢密院事,以后又恢复了枢密院旧制。

殿前都指挥使、侍卫马军都指挥使、侍卫步军都指挥使。

禁军是全国军队的精锐部队,赵匡胤就是靠后周禁军起家。北宋初年,禁军统领仍沿用后周制度,由殿前司和侍卫司担任。公元 961 年石守信、王审琦、高怀德被夺去禁军统帅后,赵匡胤还取消了殿前都检点和殿前副都检点两个职务,由殿前都指挥使、侍卫马军都指挥使、侍卫步军都指挥使,分别统领禁军,合称"三衙",互不统属。禁军从此没有统帅,将领分别听命于皇帝本人。"三衙"长官都指挥使之下,各设副指挥使、都虞候、副都虞候各一人。真宗时,废除侍卫两司的都虞候之职。南宋时,殿前司掌管殿前各班、直和步、骑各指挥的名籍,侍卫亲军马、步军司分掌马军、步军各指挥的名籍,并负责下属军队的管理、训练、戍守、升补、赏罚等政令。"三衙"与枢密使所掌之兵权不同,枢密使有发兵之权,而无统兵之重;三衙有统兵之重,而无发兵之权。

四、三司使

三司又叫"计省",是北宋前期最高财政机构。其职权是总管全国各地之贡赋和国家财政。长官是三司使,号称"计相",权势很重;副长官为三司副使。宋太宗时罢三司使,另设盐铁、度支、户部三使；真宗时又罢三使，重设三司使一人，另设盐铁副使、度支副使和户部副使。三司的附属机构有磨勘司、都主辖收支司、拘收司、都理欠司、都凭由司、开折司、勾凿司等。可见三司职权之广泛，事务之殷繁。北宋前期，全国大部分财政开支依靠三司，三司实际上取代了尚书省的许多机构。元丰改制时虽然废除了三司，其职权归于户部、工部管辖，但是财用大计毕竟不是户部所能尽办，因此，北宋末期又有总领财赋官及经总制使分别掌之。

北宋前期，中书门下主管民政，枢密院主管军政，三司主管财政，三者鼎足而立，彼此不相知，而大权集中于皇帝一身。元丰改制后，宰相实际上兼管财政。南宋时，宰相兼任枢密使，又兼管部分军政。这样，宰相重新握有民政、财政和部分军政之权。

五、其他中央机构与职官

1. 御史台与谏院

宋代中央监察机关，沿袭唐制，称为御史台，下设三院："一曰台院，侍御史隶焉；二曰殿院，殿中侍御史隶焉；三曰察院，监察御史隶焉。"(8)御史台设有御史大夫和御史中丞。宋初御史大夫不设正员，只作为加官，授予其他官员。元丰改制后，御史大夫和检校御史大夫都被罢去，御史中丞便成为御史台的真正长官，称为台长；副长官是御史知杂事。下面还有殿中侍御史（监察御史）、推官（二名）等。上至宰相，下至一般小官，都在御史台的监察弹劾之列。

台院，下设侍御史，宋初无定员，元丰改制，正式定员二人，正七品。殿院，宋初无定员，而且经常被安排其他差事，元丰改制，定员二人，规定不再派遣它职，专门从事殿院职责。察院，宋初也是无定员，期间多次变化，直到元丰三年，规定设御史六人。从宋代初年的御史无定员，而且经常被临时差遣，这一方面说明宋代对监察官员的重视，另一方面说明对监察工作的随意性。在宋仁宗时，选拔资历较浅但有才干的人员担任御史，但是符合条件的不多。宋神宗熙宁三年，以秀州军事判官李定为太子中允，权监察御史里行，负责起草圣旨的知制诰认为李定资历太浅，拒绝起草任命李定为太子中允的圣旨。

御史台属吏还有检法官、主簿、推直官等。

在宋初，谏院并没有独立的办公机构，由中书、门下两个左右拾遗充任判谏院事。下设左右谏议大夫、左右补缺、左右拾遗。有些谏议大夫谏诤并不是他们的工作，而只是文官本官阶的称号。宋真宗时，正式在门下省设立谏院，在门下和中书省设置谏官六人，不再兼任其他职务，也不再使职差遣。元丰改制，谏院定员八人，为左右散骑常侍各一人，正三品；左右谏议大夫各一人，从四品；左右司谏各一人，正七品。左右散骑常侍因为级别高，从不授人，左右谏议大夫就成为谏院的最高长官。

御史台与谏院都属于监察性质，因其职位特殊，这些官员往往要由皇帝亲自任命，不允许宰相执政举荐。几任皇帝都曾下旨，宰执不得荐举台谏官。到了仁宗庆历年间还规定，凡是现任宰执推荐过的官员，不得任命为台官，称之为“祖宗之制”。

皇帝任命台谏官主要有两种方式。一是皇帝直接遴选。皇帝从自己身边和熟悉的官员中直接任命台谏官。欧阳修就直接被仁宗皇帝任命为“并知谏院”。二是侍从官荐举。皇帝身边的侍从官员有权向皇帝推荐谏官人选。

台谏官员监察范围广泛，“谏官职在拾遗补缺，凡朝政缺失，悉许论奏，则自宰臣至百官，自三省至百司，任非其人，事有失当，皆得课正。台官职在绳愆纠谬，凡官司稽违，悉许弹奏，则宰臣至百官，自三省至百司，不循法守，有罪当奏，皆得纠正”(9)。

2. 九寺

九寺指太常、宗正、光禄、卫尉、太仆、大理、鸿胪、司农、太府等寺。北宋前期，虽然保留了九寺的名位，但大部分已成闲官，而另外委派朝官一至二名兼充“判本寺事”。其中只有大理、太常两寺还有一些职权。南宋时，把光禄、鸿胪两寺并入礼部；卫尉、太仆两寺并入兵部。

太常寺　在元丰改制前，不但机构是闲曹，官员也是闲官。元丰改制后，设太常寺卿、少卿和太常寺丞各一人，博士四人，主簿、协律郎、奉礼郎、太祝各一人。太常寺分设五案，设属吏十一人。到孝宗时，增设为礼仪、祠祭、坛庙等九案。附属机构还有提点管干郊庙祭器所、诸陵祠所、太医局等。

宗正寺　在宋初也是由他官判寺，元丰改制，设卿、少卿、主簿各一人。下设属籍、知杂案，属吏胥长一人，胥佐和楷书、贴书各二人。高宗以后，宗正寺卿常常由太常寺卿兼任。

光禄寺　北宋前期，光禄寺卿和少卿只是用作寄禄官的官阶，光禄寺的具体工作由皇帝派官判寺。设府史四人，驱使官二人，供官十五人。元丰改制后，设卿、少卿、丞、主簿各一人。下设五案与十局，高宗以后，光禄寺划归礼部，到孝宗时，又划归太常寺。

卫尉寺　卫尉寺设判寺一人，府史二人。元丰改制后，设卿、少卿、丞各一人，下属机构有四案十三所，有内弓箭库、南外库、军器弓枪库、军器弩箭库、六军仪仗司等。高宗时，撤销卫尉寺，归兵部。

太仆寺　与他寺一样，元丰改制后，设卿、少卿、主簿各一人。下属机构有十二个，群牧寺、车辂院、左右骐骥院、鞍辔库、驼坊等。南宋撤销太仆寺，所属机构并入兵部。

大理寺　宋朝初年，设升朝官一人判部事，为大理寺卿，一人为权少卿事，大理寺其他职官有大理正、大理丞、评事，也由他官判事，称为“详断官”。大理寺官员在北宋时期变化较大，元丰元年，设立大理狱。大理寺设大理寺卿一人，少卿二人，推丞四人，检法官二人。元丰改制后，将刑部详议司划归大理寺，大理寺成为重要司法机构，职官人数也随之扩充。大理寺设左断刑，置卿一人，从四品，少卿一人，正六品，正一人，从七品，丞二人，正八品，司直一人，正八品，评事八人，正八品，主簿二人。右治狱设少卿一人，正一人，丞一人，监门官一人，监法使臣、都辖使臣各一人。大理寺还有其他众多内设机构与职官。南宋开始精简大理寺机构与职官，如在高宗建炎三年，就减少职官三分之一。

鸿胪寺　设置与太仆寺同。

司农寺　设判寺事二人，主簿一人，府史一人，驱使官四人。宋神宗熙宁三年（1070 年），将制置三司条例司划归司农寺管辖，增设同判寺事一人，增设丞一人。熙宁年间增设丞四人，主簿三人。绍圣年间一度撤销司农寺，司农寺附属机构有五十所仓岸司。

太府寺　在宋初，太府寺同其它八寺一样，都是由他官判事，元丰改制，设卿和少卿各一人，丞和主簿各二人。太府寺下设九案，属吏六十五人。南宋一度撤销，绍兴元年（1131 年）恢复太府寺。北宋时，太府寺附属机构有二十五所，南宋大为减少。

3. 六监

宋代先后设置国子、少府、将作、军器、都水、司天等六监。

国子监　宋初，是全国最高学府，仁宗以后成为掌管全国学校的总机构。元丰改制后，国子监正式设祭酒、司业各一人为正、副长官，主管国子学、太学、武学、律学的政令。又设丞一人，参领监事。各学设太学博士多人，分表讲授各种课程。南宋初期，国子监并归礼部。高宗绍兴十三年（1143 年）重建太学。设祭酒、司业、正、录、书库官、国子博士、太学博士。国子监附设太学、武学、宗学、书库等机构。

少府监　宋初职权大部分已划归文思院和后苑造作所，只管一些制造门戟、神衣、旌节等物。元丰改制后恢复了应有的权力。少府监设监、少监各一人，丞一人，主簿二人。少府监下设四案。少府监直属机构有文思、绫锦、染、裁造、文绣五院。南宋一度撤销，职能划归工部，绍兴三年(1133年)恢复。

将作监　掌管土木工匠之政。京都缮修隶三司修造案。在元丰改制前，只负责祭祀、供给牲牌、镇石、炷香、盥手等事。将作监下设五案，属吏二十七人。直属机构有修内司、东西八作司等。

都水监　仁宗嘉祐三年(1058年)设立，掌管修治河道之事。都水监原属三司河渠案，设判监事一人为长官，同判监事一人为副长官，丞二人，主簿一人。在檀州设局，称之为“外监”。元丰改制，设使者一人为长官，丞二人，主簿一人，南北都水丞各一人，都提举官八人，监埽官一三五人。绍兴十年(1140年)撤销都水监，划归工部。

军器监　北宋前期，兵器制造由三司胄案负责。宋神宗熙宁六年(1073年)撤销胄案，成立军器监。军器监设监、少监各一人，丞二人，主簿一人。下设五案，属吏十三人。南宋初期，一度撤销，绍兴三年恢复。下属机构有五所。

司天监　负责观察天文祥异、钟鼓漏刻、编制历书等。北宋前期，司天监设监、少监、丞、主簿、春官正、夏官正、中官正、秋官正、冬官正、灵台郎、保章正等官吏，元丰改制时被撤销，另设太史局，隶属秘书省。

宋代前期，九寺与各监(除司天监外)都设“判本监事”一至二人，或设“同判监事”一人，以及丞、主簿等。元丰改制后，除国子监外，各监都设监和少监作为正副长官，其下又设丞和主簿等。

4. 内侍省

内侍省是宋代宦官的总机构，另设入内侍省，以统辖亲信宦官。内侍省官阶繁而层次分明，最高为左班都知，最低为内侍黄门等。宋初接受汉唐以来外戚宦官擅权的教训，不准宦官参与政事。可是，宋神宗时又重用宦官，徽宗时宦官竟掌握兵权。南宋时又重申宦官职责，不准干预朝政，违反者重罚。

宋代前期，内侍省宦官人数比较少，宋仁宗曾经限定内侍省人数为一八〇人，但到了仁宗晚年，内侍省人数已经增加到四千余人。宋朝初年，内侍省机构分为内班院和内中高品班院，真宗改为内侍省与入内内侍班院。内侍省设监、少监、内侍、内常侍、内给事、内谒者、内寺伯、宫教博士、掖庭令、宫闱令、奚官令、内仆令、内府令等职。内侍省掌“内朝供奉之事”。内侍的升迁、任子、选授、给使，都由内侍省负责。以后，内侍省还被皇帝派遣出宫公干。鉴于前代宦官为患的教训，宋太祖对于宦官的级别作了严格限制，宋真宗限定内侍的官阶最多可升为节度观察留后，不得迁升节度使。到宋徽宗时，开始重用宦官，有的宦官不但官至节度使，而且开府仪同三司。南宋吸取北宋童贯、谭稹、梁师成等宦官误国的教训，对宦官又进行了严厉的限制，对干政的宦官进行严厉制裁。大臣也对宦官进行监督，一旦发现宦官有不轨之事，就进行弹劾，甚至杀死。宋高宗时，苗傅、刘正彦发动兵变，杀死宦官一百余人，给宦官以沉重打击。

5. 翰林院学士

宋代中央文职机构之一，沿用唐制。宋代能入翰林院任职的，都是一些文学之士，资格最老的称翰林院学士承旨，其下称翰林学士、知制诰。承旨不常设，其他也无定员。翰林院的职权是负责起草朝廷的制诰、赦敕、国书以及宫廷所用文书，还侍皇帝出巡，备顾问，实际是皇帝的秘书处和参谋官员。宋初，翰林学士有被委任他职的。元丰改制后，不再另任他职，但仍带知制诰。到南宋时，亦有以尚书兼权翰林学士而不带知制诰的。

唐代的翰林学士，是皇帝的亲信顾问，地位重要，宋代的翰林学士则只是一种清要显职。“其为翰林学士者，职始显贵，可以比肩台长，举武政路矣”(10)。进入翰林院，如果没有被授予学士，称之为“直院学士”。因为翰林学士缺员，由他官来担任，则称为“学士院权直”。“凡他官入院，未除学士，谓之直院学士，他官暂行院中文书，谓之权直。自国初至元年，官制行，百司事失其实，多所厘正，都学士院承唐旧典，不改”(11)。在宋代，有些官员虽然带着翰林学士的官衔，但是并不一定是翰林学士院的人，有些翰林学士虽然是翰林院的官员，但并不一定在翰林院上班。

在宋代，有些官员往往带着大学士的官衔，但他们并不是翰林院的官员，而只是给一个高官的名誉称号。

在宋代，还有一种“殿学士”，如资政殿大学士、观文殿大学士，更是一种对有文化修养，资历很深，威望很高官员的尊衔，这些人一般都是皇帝的顾问。这些尊衔一般不轻易授人。这些学士、殿学士，表现了宋代皇帝对高级知识分子的尊崇。这也是有宋一代重视知识的具体体现。

第三节 地方机构与职官

宋代的地方机构与职官，如上所谈到的，基本沿袭唐制。宋太宗以后把全国分为若干路，路相当于唐代的道，元代的省。这样可以概括为路、州、县三级。必须指出的是，宋代的地方行政单位名称是非常复杂的，路之下有府、州；府、州之外有军、监，下属有县。府有与节度军号同的，也有不同的；节度州有不改府的，升府之后也有不立节度军号的。

一、路

适应宋代形势的需要，太宗至道三年(997 年)，改道为路分十五路；仁宗时分十八路。宋神宗元丰改制(1082 年)中增至二十四路。南宋疆域缩小，仅辖十六路。路的划分，起初并非作为行政区划而设置，而是中央的派出机构。因此，路一级的官僚机构不成体制，设官也没有正式定员，甚至连驻地、辖境、名称都随意变动。

大体说来，路的机构主要有四个监司：帅，即安抚使司；漕，即转运使司；宪，即提点刑狱司；仓，即提举常平司。

安抚使司，是一路高级军政长官，虽然由文臣担任，但往往带都总管衔，统辖军队，掌管兵民、军事、兵工工程等事务，到南宋时还兼管民政，成为一方大员。

转运使司，设转运使、转运副使、转运判官。原则上，这些官员都是从升朝官以上官员选派。三种官职并不是各个路都予以配备，多数有使，无副使，或者无判官。到了南宋后期，一般只设转运副使和判官。转运使与判官的选任一般都要担任过知州和通判的经历，而且对于他们的年龄也作了规定。转运使司属吏有勾当公事和管勾文字官。勾当公事与管勾文字官要从京朝官知县人选中选任。南宋以后，因为避高宗赵构的讳，勾当公事改称干办公事。其他属吏有：准备差遣、准备差使、指使、守次押纲官、勾押官等。

提刑司，管一路司法，设提点刑狱一至二人。如果设二人，必有一人为武臣担任，称“同提点刑狱”。同提点刑狱的设立引得官场多有诟病，所以，时设时废。提点刑狱属官有检法官和勾当公事、缉捕盗贼、指使等。担任提点刑狱必须要有担任知州或者两任通判的经历，并且有政绩，没有犯过错误。中书门下和枢密院各司官吏以及伎术官员不得出任提点刑狱。

提举常平司，提举常平司在有宋一代，废置无常，官员设置也比较复杂，但对此官要求也比较高，对于属吏的任用也有很高的标准。

安抚使司、转运使司、提点刑狱司、提举常平司四个机构互不统属,直接受朝廷节制,但权力却是各有侧重。可以说,设置最早,事权最重的是漕,即转运使司,不仅经管一路财赋,保障供给地方经费的足额,还要巡察辖境,稽考簿籍,举劾官吏。因此,久而久之,转运使便成为事实上的路的监司官。正因为如此,为了防止转运使权力膨胀,皇帝一般差遣品秩不很高的人充任。而这些地方长官如知府、知州很可能过去就是转运使的上司。由此看来,转运使在职权上较为广泛,而在体制上却不完全以下属对待知州,甚至知县。

正由于如此,宋代无论是安抚使还是转运使,都没有成为像唐代那样的割据一方的节度使。四个系统互不管辖,职权有不相同,所以其长官办事往往不能做到认真负责,自然就出现了许多紊乱现象。

宋代路设置简表

路	府、州、军、监	
京畿路	开封(东京)	
京东东路	府	济南(兴德军节度)
	州	青(镇海军节度)、密、沂、登、莱、潍、淄
	军	淮阳
京东西路	府	应天(归德军节度)、袭庆(泰宁军节度)、兴仁(彰信军节度)、东平(天平军节度)
	州	徐(武德军节度)、济、单、拱(保庆军节度)、濮
	军	广济
河北东路	府	大名(北京)、开德(镇宁军节度)、河间(瀛海军节度)
	州	沧(横海军节度)、冀(安武军节度)、博、棣、莫、雄、霸、德、滨、恩(贝州)、清
	军	德清、保顺、永静、信安、保定

（续表）

路		府、州、军、监
河北西路	府	真定（成德军节度）、中山（定武军节度）、信德（安国军节度）、庆源（庆源军节度）
	州	相、浚（平川军节度）、怀、卫、洺、深、磁、祁、保
	军	天威、北平、安肃（静戎军节度）、永宁（宁边军节度）、广信（威虏军节度）、顺安
京西北路	府	河南（西京）、颍昌（忠武军节度）、淮宁（镇安军节度）、顺昌
	州	郑（丰宁军节度）、滑（武成军节度）、孟（河阳三城节度，未加军号）、蔡（淮康军节度）、汝（陆海军节度）
	军	信阳、永安
河东路	府	太原（河东军节度，未加军号）、隆德（昭德军节度）、平阳（建雄军节度）
	州	绛、泽、代、忻、汾、辽、宪、岚、石、隰、慈、麟（镇西军节度）、府（靖康军节度）、丰
	军	庆祚、威胜、平定、岢岚、宁化、火山、保德、晋宁
永兴军路	府	京兆（永兴军节度）、河中（护国军节度）、延安（彰武军节度）、庆阳（庆阳军节度）
	州	解、陕（保安军节度）、商、同（定国军节度）、醴、华（镇潼军节度）、耀（感德军节度）、邠（靖难军节度）、坊、银、环、鄜（保大军节度）、宁、虢、丹
	军	清平、保安、绥德、庆成、定边
秦凤路	府	凤翔（凤翔军节度）
	州	秦（雄武军节度）、陇、成、凤、阶、渭（平凉军节度）、泾（彰化军节度）、原、会、西安、熙（镇洮军节度）、河、巩、岷、兰、洮、廓、乐（向德军节度）、西宁（宾德军节度）
	军	德顺、镇戎、怀德、震武、积石

（续表）

路		府、州、军、监
两浙路	府	临安（宁海军节度）、绍兴（镇东军节度）、平江（平江军节度）、镇江（镇江军节度）、庆元（奉国军节度）、瑞安（应道军节度）、建德（遂安军节度）、嘉兴（嘉兴军节度）
	州	湖（昭德军节度）、婺（保宁军节度）、常、台、处、衢
	军	江阴
淮南东路	州	扬（淮南军节度,未加军号）、亳（集庆军节度）、宿（保静军节度）、楚、海、泰、泗、滁、真、通、安东
	军	高邮、招信、淮安、清河
淮南西路	府	寿春、安庆（德庆军节度）
	州	庐（保信军节度）、蕲、和、濠、光（光山军节度）、黄
	军	六安、无为、怀远、安丰、镇巢
福建路	府	建宁（建宁军节度）
	州	福州（威武军节度）、泉、南剑、漳、汀
	军	邵武、兴化
江南东路	府	建康、宁国（宁国军节度）
	州	徽（歙州）、池、饶、信、太平
	军	南康、广德
江南西路	府	隆兴（镇南军节度）
	州	江（定江军节度）、赣（定远军节度）、吉、袁、抚、瑞
	军	兴国、南安、临江、建昌
荆湖北路	府	江陵（荆南军节度）、德安（定远军节度）、常德（常德军节度）
	州	鄂（武昌军节度）、复、澧、峡、岳（岳阳军节度）、归、辰、沅、靖
	军	荆门、汉阳、寿昌

（续表）

路		府、州、军、监
荆湖南路	府	宝庆（宝庆军节度）
	州	潭（武安军节度）、衡、道、永、郴、全
	军	茶陵、桂阳、武冈
广南东路	府	肇庆（肇庆军节度）、德庆（永庆军节度）、英德
	州	广（静江军节度）、韶、循、湖、连、梅、南雄、贺、惠
广南西路	府	静江（静江军节度）、庆远（庆远军节度）
	州	桂、容（宁远军节度）、邕（建武军节度）、融（清远军节度）、象、昭、梧、藤、龚、浔、柳、贵、宜、宾、横、化、高、雷、钦、白、郁林、廉、琼、平、观
	军	南宁、万安、吉阳
京西南路	府	襄阳（山南东道节度）
	州	邓（武胜军节度）、随（（崇信军节度）、金（昭化军节度）、房（保康军节度）、均（武当军节度）、唐
	军	光化
利州路	府	兴元（山南西道节度，未加军号）、隆庆（庆远军节度）、同庆
	州	利、洋、阆、巴、文、沔、蓬、政、金（昭化军节度）
	军	大安、天水
夔州路	府	绍庆（武泰军节度）、咸淳、重庆
	州	夔、施、忠、万、开、达、涪、恭、珍
	军	云安、梁山、南平
	监	大宁
梓州路	府	潼川（剑南东川节度，未加军号）、遂宁（武信军节度）、顺庆
	州	资、普、昌、叙、泸、合、荣、威、渠
	军	怀安、宁西、长宁
	监	富顺

（续表）

路		府、州、军、监
成都府路	府	成都（剑南东川节度，未加军号）、崇庆（崇庆军节度）、嘉定（嘉定军节度）
	州	眉、彭、绵、汉、邛、简、黎、雅、茂、威
	军	永康、石泉
	监	仙井

二、府、州、军、监

路以下的行政单位是府、州、军、监。凡政治、经济、军事三者兼重的地方设府，有驻重兵的军事地区设军，工业区如煮盐、冶铁等重要地区设监。府的地位比州略高一些，因此，稍大的州，多升为府。升府的州，一部分是沿袭唐五代的旧名，一部分是因为皇帝未即位时所封或曾是任官之地，派去担任知府的也都是重要官员。

1. 府

府分为京府和一般次府，长官为府尹（一般是京府所设）或权知府事，即知府。有宋一代，只要是经济上和军事中比较重要的地方都设府。北宋府最多的时候有三十四个。到南宋时，尽管区域已经比较狭小，还设府四十多个。可以说是府的设置已经到了一种混乱的地步。宋初仅有二京府，京师所在地为开封府，陪都为河南府。真宗大中祥符年间，以太祖曾任归德军节度使，于是升应天府为京府。仁宗庆历中（1041—1048 年），为壮声势，震慑契丹，乃升大名为京府。北宋钦宗靖康年间（1126 年）以上四京府先后沦入金人之手。南宋无京府之置，高宗建炎（1127—1161 年）中，升杭州为临安府，并陆续升一些州为府（次府），但其地位没有实质变化。京府的府尹或权知府事和一般府的知府事品位很高，特别是府尹，须由历任待制、学士一类带有兼职的官员充任。太宗、真宗为皇太子时，都曾担任过开封府尹。京府的府尹或权知府事掌京畿（府）民政、司法、捕治盗贼等事，并为朝参官，与京朝官同议国政。府尹下有判官、推官，掌户口、刑狱、赋税等机构，还有司录、功曹、仓曹、户曹、兵曹、法曹、士曹等各曹参军，分掌各曹事务。

2. 州

宋代的州等于秦汉的郡，隋唐以后改为州。宋代州的长官是知州或权知州事，宋初一般在二品以上，受皇帝差遣方能拥有职权，这主要是便于皇帝的控制。如果没有皇帝的差遣，知州只能是一个闲官。同时还设“通判州军事”，即通判，与知州互相牵制、监督。“知州，掌军国之政令，通判为之贰”[(12)]。通判这种官的权位有些特殊，论官位，在知州以下；论职权，不但可与知州同理一州之政（宋朝规定，州府公事须经知州与通判同时签名方可下发），而且通判作为皇帝的耳目，所在州官有功过及职事修废，可直接通达皇帝。所以不能说通判就是知州的副职，视之为“监州”更符合其身份。

宋代的州分为上、中、下三等。参照唐制，上州户口在三万户以上，中州是二万户左右，二万户以下则为下州。除户口因素外，还以各州军事政治地位酌情定其等次。州升府这些因素也是重要原因。

知州一般都由文官担任。担任知州的条件要求也比较高，必须是殿试前三名或者是省元，太学释褐状元，在朝廷任官时间比较长的。从宋神宗开始，知州任用条件稍微放宽了一些。到南宋后期，“吏部条法”还规定，担任两届通判的，可以选任知州。知州，作为一州之长，负责向辖境百姓宣布朝廷政令，教育百姓向善，惩罚犯罪，纠正邪恶，管理户口赋役、钱谷，审理案件；对于属县知县无法决定的案件，由知州决断；考核所有官员德行，向朝廷推荐；发现官员懈怠或者违法乱纪，奏请朝廷惩处；遇到水旱灾害，抚恤赈济百姓；对于所有州、县，出现祥瑞之事或者百姓孝义值得称道，及时上报朝廷等。在元丰前期，知州有权判处死刑案件，从元丰年间开始，取消了知州死刑终审权，知州在判处人犯死刑之后，要报本路提刑司批准，方可执行。北宋前期，知州还兼任本路安抚使、马步军都总管，或者兵马钤辖、兵马巡检、提辖兵马等武职。元丰改制，知州失去兵权。

州的下属机构有州治（又称州衙）、通判厅、签厅、签判厅（判官厅）、教授厅、节推厅、察推厅、录事厅、州院、司理院、司户厅、司法厅、路钤厅、州钤厅、路分厅、支盐厅、巡辖递捕厅等。在这些众多机构中，通判厅是最重要的机构。

通判全称“权通判某州军州事”。一般来说，府州都设立通判，重要的州设立两个通判，甚至更多。宋徽宗为了安置多余闲官，设立“添差通判”，添差有编外之意，所以添差通判并不问事，就像当代的调研员。到南宋时，一州的添差通判多达三人。宋代对于通判的任用总的来说，要求比较严，原来军、监的判官也可以兼任通判，后来规定军、监判官不得兼任通判，担任馆职者可以带职出任通判，京朝官两任或三任知县的，可以升任通判。宋徽宗规定，凡是武臣出任知州，不得选宗室为通判。“吏部条法”对通判的任用做了详细的规定。

通判作为一州第二把手，不但主管一州财政，还参与司法。宋代皇帝为了利用通判监督制约知州，不断给通判增加行政职能。一州兵民、钱谷、户口、赋役、狱讼等大事，必须要有通判的参与签名方可施行。对于一州职官，通判更有监督监察的权力。每天除了与知州对重大事情进行签字画押外，还要巡行所有各县。有些时候，通判比知州的权力还要大，通判成了第二知州。朱熹说：“本

朝立法,以知州不足恃,又置通判分掌财赋之属。”(13)

签厅,又称“都厅”,为一州幕职官办公场所。有宋一代,知州、通判以下官员,都属于幕职官,有的设,有的不设,到了南宋,签厅人员增多,还有的兼签厅。

签判厅,为签署判官厅公事的办公场所。主官为“签署判官厅公事”,简称签署判官或签判,位置仅次于知州与通判。如果通判不在,签判就代理通判的职权。担任签判官厅的官员要求比较高,必须是升朝官或京官。如果是选人充当,则称“节度判官”或“观察判官”。“吏部条法”对于担任判官的顺序作了规定,第一,通判;第二,第二任知县;第三,初任知县;第四,第二任监当官。进士第一名也可以担任判官。如果签厅不设签判,由判官主管签厅的工作。

节推厅,节度推官办公室。节度推官属于幕职官,每个节度州最多设一人。

节度掌书记厅或察推厅,节度掌书记和察推厅观察支使不常设,节度掌书记以有出身的人担任,观察支使以无出身的人担任。各个州大小不一,区别很大,这些幕职官也就有的设,有的不设。

录参厅,又称录事参军厅,设录事参军。以京朝官担任称为“知录事参军”,虽然不是京朝官,如果任职资历深,也可称为知录事参军。不满万户的州不设录事参军。

州院,州审判机构和监狱,由录事参军兼领。下设推级、杖直、狱子等。

司理院,州审判机构和监狱,长官为司理参军。宋徽宗时,改左右司理院为左右狱。一般来说,大州设州院与司理院,小州只设司理院。

司户厅,设司户参军,徽宗时期改称户曹掾,大州设,小州不设,或者由司户兼任。

司法厅,设司法参军,小州不设司法厅,由司户参军兼任。司法参军与司理参军均为法官。“吏部条法”规定，担任司法参军必须是曾试中刑法而获得推恩，曾历刑狱差遣没有差失，或者曾经任两考与流外出身经任两考者。

教授厅，宋代比较重视教育，每州设立教授厅，主管兴建官办学校。一开始，教授由各府州推荐本地有德艺的学者担任，从神宗开始，由中书门下选差京东、陕西、河东、河北、京西五路已仕或未仕而有经术、行谊者担任权教授，其他州、军皆命两制、两省等荐举现任京朝官和选人有学识可以为人师表的，报中书门下审核，兼任教授。学生一百人的州学，可以增加添差教授。州学教授一般要在三十岁以上，进士出身，曾经试中词学兼茂科等条件。教授主要从事教学工作，以儒家经术训导学生。

以上官员并不一定州州都设，通常根据州户口多寡，事之繁简酌情增减。除了这些朝廷任命的官吏外，州还有一批胥吏，有孔目官、勾押官、开拆官、押司官、粮料官等。

3. 军和监

宋代的军沿唐制而来。宋代的军已成为与府州平级的地方行政机构，设官称“知军事”，或称知军、军使。监为矿务而设，不仅管理矿务等事，还兼管矿区附近的民政事务。所以，监与州、军同样为直隶朝廷的地方行政机构。长官称知监事，又称知监、监使。

在宋代盛世时，共设府三十八个，州二五四个，军五十九个，监四个。

三、县及其他职官

宋代县制是沿秦汉以来常制，不过其长官多是皇帝差遣文臣充任，故其县令又称知县事，即知县。就全国而言，县分八等：赤、畿、望、紧、上、中、中下、下。赤县和畿县是京县的等级，其余则按户口多寡分等级。知县或县令总治一县之政，劝课农桑，平决狱讼,宣布朝廷德泽和禁令。对于知县的任命条件,宋代各个时期变化不大,从宋神宗开始,选人磨勘改为京朝官后,必须担任知县,称为"须人"。南宋"吏部条法"对于知县任用作了详细规定:第一,改官后考试书、判合格;第二,奏补京官曾历两任,年三十岁以上,无过犯,有监司知州荐举;第三,使臣试换京官,曾历两任四考;第四,六十岁以上的不准任用为知县。

知县衙门设有县丞、县尉、主簿等官。县丞为知县佐贰之官,主管常平、坑冶、农田、市易、山泽等事。如果一个县户数少,并且无山泽坑冶,则不设县丞,其职掌由主簿兼任。主簿主要掌管钱物出纳和文书。县尉掌管训练弓手,缉奸禁暴,并负责巡禁私盐、私茶等事务。除此之外,县衙还有押司、录事、手分、贴司、狱卒等一大批胥吏。无论是州衙的胥吏,还是县衙的胥吏,他们都不是朝廷任命的官员,这些人一方面是州、县自己招募的,有的则是世袭相传的。胥吏成为底层一部分人的世袭职业。

宋代县以下还有镇、寨的设置。凡居民稠密处设镇,镇设监官,掌管商税及镇里民政等事务。凡地形险要之处设寨,寨官又叫知寨(如果寨筑城堡,又称知城),《水浒传》的花荣就是知寨。知寨负责招收士兵,教习武艺,用以防备盗贼。在边远及少数民族地区,县下设巡检司,训练甲兵,巡防境内城邑,缉捕盗贼。

熙宁变法(1069 年)王安石推行保甲法,构成农村最基层的组织。保甲法规定:"十家为一保,选主户最有心力及物力最高者一人为大保长;十大保为一都保,仍选主户最有行止,心力财勇为众所服及物力最高者为都副保正。"(14)保甲组织规定,无论主户客户,凡家有两丁,除非有病或残疾,则编为保丁一人,保丁置备弓箭,练习武艺。大保内轮差保丁巡查,遇有盗贼,击鼓报警,各户互相策应。同保内有人犯罪,保内人户必须告发,如果知而不举,则连坐追究责任。

总而言之，宋代统治者为了扩大以皇权为中心的中央集权统治，吸取借鉴前代的经验、教训，制定了一套相当严密的中央和地方的政权机构，在置官上以便于皇帝控制为前提，摆脱了藩镇割据的噩梦。但是，随着时间的推移，其“吏既滥冗，吏目紊杂”[15]，机构庞杂扯皮等弊端，日益无法收拾。

北宋地方机构与职官简表

机构	职官	品级	说明
路			
转运司	都转运使 转运使 副使 判官		宋代之路原为监察区，后成为事实上的大政区。 转运使掌管一路财政，又兼管监察官吏之事。
提刑司	提点刑狱公事		提刑司最初归属转运使，真宗时分出，掌一路狱讼之政。
提举常平司	提举常平茶盐公事		掌义仓、常平仓、市易、水利等事。
提举学事司	提举学事		徽宗时设提举学事司，掌一路州、县的学政，不久废。
经略安抚司	经略安抚使		宋初与西夏有战事，在陕西沿边设立经略安抚司，以后在广州、桂州也设立，置经略安抚使，掌一路兵民之政。 各路转运、提刑、提学等职官统称为“监司”。各路还设有提举茶盐司、提举茶马司、提举坑冶司、提举市舶司等。

（续表）

机构	职官	品级	说明
府	牧 知府事（府尹、少尹） 判官 推官	开封府尹从三品 开封府少尹从六品 从六品 从六品	不常设，如太宗曾为开封尹，钦宗未即位前为开封牧。 宋如唐制，在首都、陪都及重要城市称府，如东京开封府、西京河南府（洛阳）、南京应天府（商丘）、北京大名府（大名）等。以后，皇帝未即位前封的采邑也都升为府。 宋初，宋太祖削去藩镇之权，地方实行由文官担任。所任之官都属于差遣，如“知某府事”等。
州	判某州事（刺史） 权知某州事 知某州事 通判 签书判官厅公事 推官判官 诸曹官（户曹参军、司讼参军等）	从五品 正八品 从八品至从九品	知州、知府兼经略使、安抚使、马步军都总管，以指挥军队。宋代不设太守，刺史是虚衔。 宋太祖鉴于五代藩镇的弊端，在各地设立通判，以监督府州。
军	知某军事		如江阴军、无为军。
监	知某监事		如利国监等。

（续表）

机构	职官	品级	说明
县	知县（县令）	赤县知县正七品 畿县知县正八品 其他知县从八品	宋代之县分为八等，赤县、畿县、望县、紧县等。宋朝以京朝官判知县，称之为“知某县事”，知县就是县令。
	县丞	赤县正八品 畿县从八品 其他县从八品	
	主簿	赤县从八品 畿县正九品 其他县从九品	
	尉	赤县从八品 畿县正九品 其他县从九品	

据《宋史·职官志》制作。

第四节 官吏管理制度

唐代后期，国家主要职官与机构被武夫所把持，国家需要的强国栋梁奚落凋零。宋朝建立后，选拔贤能，奖励军功，与稳定前朝各藩镇人心同等重要。鉴于此，宋代选拔官吏的途径以科举为正途，同时还有门荫补官、纳粟摄官、流外出职、从军补授等。考察宋代官吏制度，以门荫奏补与科举取士数量最多，其次为军功补授，吏人出职，纳粟买官。值得注意的是，科举取士是影响和决定宋代官僚队伍素质的最主要途径。

一、科举制度

宋代的科举,分为贡举、武举、制举、词科、童子科以及宗室应举等。贡举即“常科”,在宋代地位极高,分为进士、诸科(包括九经、五经、三礼、三史、开元礼、学究、明经、明法等)。与唐代相比,宋代科举在大体上沿用唐代的同时,又进行了改革,可谓“宋承唐制,抑又甚焉”(16)。参加科举考试的各科人员,统称“举人”或“举子”,参加进士科合格的,称为“进士”。无论是举人,还是进士,一次考试不及格,还可再考。举人与进士的最大区别就是举人没有出身,也就是没有做官的资格,而进士可以做官。举人虽然没有出身,但可享有免除本人丁役和各种粮赋的特权。凡是参加礼部考试的举人,如果犯轻一点的罪,可以赎免。

宋代的科举考试分为解试、省试和殿试三级考试制。解试又称乡试、秋试,由地方官举行。解试包括州试(乡试)、转运使司试(漕试)、国子监试。解试每年八月十五开考,连考三天,考试合格者由州、转运使司、国子监报送礼部。礼部举行的考试称省试。从英宗治平三年(1066 年)开始,省试每三年举行一次。省试结束是殿试。有宋一代的科举制度,具有以下特点:

第一,应试范围广大,录取人数大大增加,录取程序简化。隋唐两代的科举由于受魏晋以来的“九品中正制”以及门阀士族的影响至深,其考生大多属名门望族,“工商杂类”出身的士人不能参加科举考试,宋代冲破了这种限制,应试者“家不尚谱牒,身不重乡贯”(17),也就是说不管你是什么人,不问阶级出身,都可以参加考试。到北宋末年,甚至僧道也参加了考试,可以说有奇才异行便可参加科举考试。科举应试者范围的扩大,对选拔人才的质量无疑是有好处的。与此相适应,宋代科举录取名额大大增加。隋唐时期的进士科,每年录取不过三十人,宋初进士登科的也不多,一般每年录取十名左右。宋太宗逐步放宽。太平兴国二年(977年),御殿复试,礼部所上及格人员姓名,录取进士一〇九名。北宋中期由科举入仕的人数更多,仅仁宗一朝十三次科举考试,就录取进士四千余人,诸科五千余人。南宋每科进士及第一般都在四五百人左右。根据考证与统计的结果,两宋通过科举共取士一一五四二七人,平均每年三六一人,分别是唐代的五倍,元代的三十倍,明代的近四倍,清代的三倍多。[18]可见,宋代科举取士之多是空前绝后的。

应当指出的是,与唐代相比,宋代在科举录取程序上大为简化,为它如此大量取士开了方便之门。唐代的科举制度录取后,只不过是取得了做官的资格,还必须经过吏部再考核后选出所谓优秀人才才授予官职,而宋代大体上一经考试及第即可授官。

第二,对科目的设置进行改革。沿用唐代的制度,宋代考试科目大体上仍分常科与制举。同时,为了适应社会发展的需要,以常科为主,对旧制进行了删选和补充,因而科目设置又呈现出不少新的变化。首先,宋代大量删减唐代科目,比如贡举各科,与唐代相比,数量显然已经大为减缩,同时还注意了重点科目的建设。宋代统治者很清楚,唐末的藩镇割据及其战乱,是与中央的权力削弱,权臣当道分不开的。因而从太祖赵匡胤起,就着手建立高度的中央集权统治,在通过杯酒释兵权等和平手段收缴中央和地方重镇官员权力的同时,以重文轻武思想为指导,广泛吸收中小地主阶级知识分子参加到政权中来。这样,进士科就自然成为知识分子通向仕途的主要科举枢纽,并且越来越优于其他各科,这就为进士科后来成为最高科举科目,创造了条件[19]。再则,根据需要,宋代又增加了武举(唐武则天时曾一度试行)、童子科等,做到了删减过时的科目,突出重点的科目,增加了急需的科目,使宋代的仕途呈现多元化的趋势。

第三，创立“精贡举、重进士”的科举之风。唐代贡举中诗赋特别重要，虽然由此推出了许多诗词名流，但有诗词天才并不代表有治国能力，被越来越多的人们所共识。在庆历新政(1043年)中，范仲淹首先提出了“精贡举”的改革措施。这一举措主要是指，进士科必先考策论，后考诗赋，改变了过去以诗赋为主的华而不实的传统，强调注重考查进士的政治素质和潜能。接着，熙宁变法(1069年)，王安石以“除弊强政”为旗帜，提出“罢诸科，独存进士”等措施，并进行了一系列大胆的尝试。其中王安石强调了经义取士不重诗赋，注重考查进士科举考生的整体素质，制举与范仲淹的“精贡举”达成默契，从而有力推进了进士一科作为科举制度中主要科目的进程。在熙宁变法中，王安石还为废除制举科而创设了“三舍升试法”(20)并加以推行。后来虽然由于反对派反对而被否定，但制举已失去以往的地位。司马光当政时制定“十科制举取士法”(21)意在重振制举，但此时制举已成强弩之末，与进士科不能同日而语了。后来，随着主德之风的日益盛行，又增加了德行科，到徽宗大观元年(1107年)，蔡京又提出一个空洞的“德行八行科”(22)，并颁布施行，但因众人不齿，很快也被终止。蔡京虽然是一误国害民奸臣，竟然也摆出高度重视思想政治工作的面孔。

宋代对科举科目的改革是大胆的，其历程是迂回、曲折的。尽管如此，范仲淹的“精贡举”与王安石的“重进士”的改革倡议最终赢得了社会和历史的认可。

第四，确定殿试制度。由皇帝亲自主持考试，称作“殿试”。这在唐代武则天时曾经举行过，但没有形成定制。宋太祖开宝六年(973年)，有落第的考生，告发考官录取不公，太祖知道后亲自在讲武殿命题重试。此后，殿试便成为定式。殿试确立之前，全由考官主考，一经录取，考官往往被称为考生的“宗师”或“座主”。进士也自称是考官的“门生”。太祖开殿试之制后，“御试”进士不许称门生于私门[23]，统统称之为“天子之门生”，从而改变了“自唐以来，恩出私门，不复知有人主”[24]的故习。由此观之，殿试制度的确立，是宋代加强中央集权专制统治的反映。

宋代殿试，每三年举行一次，殿试及第分为五等三甲：一等学士优长、词理精绝；二等才思赅通，文理周率；三等文理俱通；四等文理中平；五等文理疏浅。一等、二等者赐进士及第，三等赐进士出身，四等、五等赐同进士出身。关于殿试名次的名称，两宋略有不同：北宋时第一名为榜首，第二、三名称榜眼（或俗称状元）；南宋时第一名称状元，第二名称榜眼，第三名称探花。殿试后一律实行登科典礼，由皇帝亲自宣布进士名次并大加封赐。尤其是第一名（状元）获荣甚殊，除得到皇帝封赐外，其家乡还要立状元碑或牌坊，衣锦还乡时所在州、府、县官们都得设宴庆贺，其荣耀远胜过得胜凯旋的将帅。状元、榜眼、探花以及其他进士都授予官职，而且还授予使职差遣。如在仁宗时期，前三名不但授给京官职务，还注明通判差遣，第四名授校书郎，第五名授奉礼郎，州判官厅事差遣。第二甲授初等职官，第三甲授试衔知县，第四甲授试衔主簿或县尉，第五甲授判司簿尉。

殿试制度确立后，宋代的科举考试制度就由过去的两级制度增加至三级制——州试（解试、漕试）、省试、殿试。州试属于地方级资格考试，省试是由礼部主持，属于中央级的资格考试，通过礼部省试后，再进行殿试。这种制度一直为后来的元、明、清三代继承。

第五，考试内容的变化。前面已经提到，唐代科举制度考试不重经义，而重诗赋。北宋前期，大体沿用唐制，但究竟以诗赋为主，还是以经义为主是有争论的，但改革唐制的态势日趋明显。下表是宋代科举九科的内容：[25]

宋代科举考试九科内容简表

进士科	诗赋论各一	策五道论语10贴	墨义春秋10条
九经		贴书120条	墨义60条
五经		贴书80条	墨义50条
三礼			墨义90条
三传			墨义110条
三史			墨义300条
开元礼			墨义300条
明法		律令40条	墨义50条
学究	墨义50条	论语10条,易、书各25条	尔雅孝经10条

以上九科,唯进士和经科最为重要。神宗熙宁变法中增设了明法科。由于王安石主张务实,1068—1077年(神宗在位)的进士中恢复以前的内容,并制定“科场法”,但诗赋考试还是退居次位,经义、国策考试升于首位。下表将熙宁年间与南宋建炎年间的进士考试做一对比:

北宋熙宁年间(1068—1077年)	南宋建炎年间(1127—1130年)
第一场:本经大义	第二场:经义十大道
第三场:论一道	第四场:策五道
诗赋各一、经义三道	论孟各一
论一道	策一道

从表中可知,神宗始罢诸科,而分经义、诗赋以取士,其后遵行,未之有改[26]。南宋建炎时代,进士着重考试经、论、策,已趋向井然有序。宋代科举考试内容的变化反映了随着封建社会政治的发展,到宋代已失去平衡。行政管理需要真才实学与务实干练的人才。当然这个变化过程是曲折不平的。

第六,对主考官的权力进行限制。唐代的主考官是吏部考试郎中、员外郎或礼部侍郎,更换也不频繁,往往形成主考官权力膨胀,不可避免地出现任人唯亲与私人势力聚结的现象。宋代吸取了这个教训,对主考官的权力进行了限制。首先在任用上,主考官临时差遣,年年不同,届届各异,任何官员均可充当,而且还派出“权知贡举”即副主考官若干人,与主考官相互监督,并明确规定主考官们的职权范围,对违法越权者追究刑事责任,这就必然限制了主考官的权力,以保证科举考试的比较公正。

第七,严格考试的各项规章。总结唐代考试制度的得失,宋代形成了一套相当严密的规章制度:

首先,废除公荐、公卷旧制,规定不准朝廷官员推荐考生应试。这是与宋代皇帝意在削弱大臣权力,加强皇权专制的措施相一致的。公荐之风始于五代,“台阁近臣得荐所知之员艺者,号曰公荐”[(27)],结果官朋亲友互相请托,贿赂成风,形成了士人与考官之间的恩师与门生关系。建隆三年(962 年)宋太祖废之,次年(乾德元年)下诏:“自今朝臣不得更发公荐,违者重置其罪。”[(28)]公卷,又叫纳公卷,始于唐代,规定考生可将平时所写诗赋文章先送礼部,考试作为参考。这本是全面考察考生的一种方法,但却滋长了借人托作等虚假风气,录取时官员更容易隐私、庇亲,影响极坏。仁宗庆历元年(1041 年),下诏废止,进而规定试卷作为决定录取的唯一标准和依据。

其次,建立锁院制度。宋太宗淳化三年(992 年)正月,苏易简等人被任命为贡举主考官。他们认为,既然掌握贡举大权,就应“义在无私”,于是,受命当天就到贡院锁宿,以避免请求、杜绝请托[(29)]。太宗下诏今后沿用此法,锁院制度就从此确立下来。无论是解试还是省试,所有考官都必须在前几天进入贡院,进行各种考试准备工作,包括试题、考生座位排定等。在考试期间,考官与外界隔离，不得接见亲朋好友，锁院时间有时近两个月。这种方法直到今天仍可借鉴，它对减少考官舞弊及其权臣高官操纵考试无疑是有很大作用的。

其三，建立别试制度。别试也称别头试。宋真宗（998—1022年在位）时，监察御史张七逊任考场巡捕官，因为有亲戚应试，向主考官提出辞职，以避嫌疑，于是真宗下诏："自今举人与试官有亲嫌者移试别头。"[30]别试制度就此建立。以后考官及朝廷官员的子弟亲戚赴考时要另设考场，另派考官，以防止他们依仗特权徇私舞弊。

其四，建立复试制度。乾德三年（965年），宋太祖下诏："食禄之家，有登第者，礼部具姓名以闻，令复试之。"以后确立了复试制度，凡官僚弟子被录取者都要另派大臣，在中书省进行复试。复试合格，才能赐第[31]。这也是为了防止朝廷重臣仗势舞弊所作的规定。在复试中，一旦发现有徇私舞弊，皇帝亲加处理。太宗雍熙二年（985年）宰相李昉舞弊，其子李宗谔、参政政事吕蒙正之弟吕蒙亨、盐铁使王明子王扶等皆被下令罢去进士第，并分别对当事官员严惩。

其五，规定试卷糊名。把考生试卷上的姓名籍贯密封起来，不让阅卷考官知道是谁的试卷，评卷后再行开视。糊名又叫弥封或封弥，武则天曾用此法，但未形成制度。宋太祖淳化三年（992年）开始试行。真宗景德四年（1007年）正式设官负责糊名封印。仁宗明道（1033年）年间又令诸州考试举人（解试）时也弥封卷首，将糊名制度逐渐推行到各府、州、县的考试中。

其六，建立誊录制度。誊录又称誊录试卷法。糊名之后，还有考官串通举人在试卷上作暗号或认识举人笔迹而偏袒等舞弊现象。为此，宋朝设立了专门机构负责誊录试卷。它首创于真宗大中祥符八年（1015年），当时特置誊录院，派书吏将考生的试卷抄成副本，供考官评卷。仁宗景祐四年(1037 年)下诏，将其正式推行到各地的考试中。可以说，誊录试卷法与糊名制度并行，为宋朝选拔人才和皇权专制起到了积极的作用。

为了严肃贡院考场纪律，宋代还建立了严格的科举考试监督制度，派遣台谏官员担任监试官，委派总辖诸司官、中诸司官、外诸司官、弹押受卷官等，负责考场事务。

综上所述，宋代科举制度已经形成了一个相当严密的体系。正如欧阳修所说："其天情如造化，主公如权衡。"科举选拔人才的优势得到真正的发挥。且不说宋代出现的科举选举人才数量众多，单出类拔萃者就数不胜数，比如寇准、吕夷简、范仲淹、王安石、李纲、岳飞、文天祥等，他们活跃在宋代政治、军事舞台上，为巩固宋朝中央集权竭尽忠诚，为国家和民族的繁荣做出了贡献。当然，作为封建社会的入仕之途，宋朝科举制度也存在着自身难以克服的弊端，但就科举制度本身而言，宋代在科举制度方面的整理、改革，无疑更接近了实际，有力推动了科举选拔人才的制度发展。

二、学校考选制度

在前面已经讲到，宋代不但国家设立国子监作为最高学府，而且各个州也都设立监学。这些学生除了参加国家统一组织的科举考试外，还可以参加单独的国子监组织的学生考试，考试优秀的注授官职，成绩优秀者与进士享受同等待遇。

对于太学学生的考试称之为"太学三舍考选法"，简称"三舍法"。太学学生分为三等，初进太学第一年要进行预科补习，称之为外舍；考试合格，升入内舍学习；内舍学习二年，考试合格，升入上舍，又是学习两年。这就是说，太学学制是五年。在这个期间，每月都有考试。这些考试由太学学官出题，称之为"私试"。每年二月底三月初，由朝廷派遣官员对外舍和内舍生进行考试，太学派出二名官员陪考,称之为"公试"。考试合格升入内舍。由外舍升入内舍称之为"外优"。内舍生升入上舍,为"内优"。内舍生还可以参加上舍试。上舍试每两年举行一次,由朝廷派员主考,不但考题难,而且也隆重。考试成绩分为优、平、否三等。优、平合格,否为不合格。内舍生若上次取得优等,这次考试又取得优等,升为上等上舍;如果一优一平,则升为中等上舍;如果是两平,或者是一优一否,或者一否一优,可补为下等上舍,称为"赤脚升"。凡是上等上舍,予以释褐授官。释褐授官意思就是脱去布衣,穿上官服,成为朝廷官员,原来只是太学学生,现在成了国家干部。考试成绩最高的称之为"释褐状元",或"两优状元",赐进士出身,授予官职与榜眼、探花相同,一般来说授予京官,有时也授予幕职官。中等上舍,可以免去州试与省试,直接参加殿试。下等上舍,可以免去州试,直接参加省试。在理宗时期,增加两优录取人数,由一人增加到三人。中等上舍不用参加殿试,就可以释褐授官。下等上舍不用参加省试,直接参加殿试。

这样,州学、国子监成为国家官吏的重要来源之一。他们不但通过科举考试成为科举考试的主力军,而且还通过太学单独考试进入仕途。

三、铨选制度

按理说,吏部应该主管官吏的铨选,但是宋代的官吏管理制度却有一个奇怪的现象,对于官吏的铨选,经常是吏部并不主管其事。吏部只是负责一些具体业务事,牵涉到官吏铨选则是吏部南曹、磨勘院、审官院、京朝官差遣院、吏部流内铨、三班院等机构。磨勘院又分磨勘京朝官院和磨勘幕职州、县官院。元丰改制,将所有铨选职能归于吏部。铨选实行吏部四选制,以审官东院为尚书左选,以审官西院为尚书右选。宋代根据官员的官阶,将官员任命分为三个等级:升朝官、京官和幕职州县官。在北宋前期,太子中允以上为升朝官,也就是五品以上的官员为升朝官,元丰改制前通直郎以上官员为升朝官。也就是说,升朝官都是中高级官员。京官与历代所说京官区别很大,并不是说在京城当官就是京官,在北宋前期京官指秘书省著作郎到将作监主簿这一级的官员,元丰改制后,则是指从承务郎到宣德郎这一级别的官员。此类官员都是从九品到从八品之间的官员,属于级别比较低的文官。幕职州县官,北宋前期指签署判官厅公事到县尉的文官,元丰改制后改为承旨郎到将仕郎这一级别的官员,也属于级别比较低的官员。宋代铨选官员则根据三类官职进行铨选。武官则分为横班、诸司使和使臣三个等级。

宋代铨选官吏有"铨格"。铨格规定,官员必须年满二十岁,七十岁则要求致仕。不是通过科举考试及第和特旨的官员,必须在二十五岁以上,才可以"注官",按照资历授官。这种年龄上的要求结果使得宋代官场年龄上的虚假现象泛滥,为了早日做官,早日退休就虚报年龄。初次做官的人要申报自己的"脚色"。脚色内容包括乡贯、户头、三代名讳、家口、年龄、出身、履历。如果是注授差遣或者是升迁官阶,还要增加举主(荐举人)和有无犯罪经历。

官员注授差遣主要有三种途径:一、左、右谏议大夫或者太中大夫以上官员,由皇帝直接圣旨任命,也就是说,高级官员由皇帝直接任命。二、卿监以下中散大夫由堂官除授,也就是由宰相们任命,称之为"堂除"。三、从朝议大夫到迪功郎由吏部注授差遣,称之为"部注"。无论何种任命,都必须依照官阙选注差遣。官阙分为堂阙和常调阙两种。堂阙由都堂奏请皇上任命的差遣,常调阙则是由吏部注授的差遣。堂阙一般都是现阙,不用等待,得到圣旨就可以走马上任。常调阙虽然有了官阙,但还要"待阙",等到有了位置才能赴任。在南宋,堂除的官职有路通判、州教官、监察御史、秘书省书局编修官、寺监丞、法寺官、知州、大县县令。堂除的官职都是要职。常调阙分为正格、破格、残零、无人愿就残零、破选等阙。从这些阙名可以看到,吏部管理的有些官职多么的可怜,有的竟然是无人愿就的阙份,还有的是破选阙。这些名词已是对吏部职能的调侃。正格阙又分非次、经使两种,是根据吏部公布阙榜时间长短而定的。吏部为了防止铨曹官吏卖阙,专门建立了阙亭,对待阙人员进行公示。由于这些待阙人员必须等到上一任官员出阙才能有官做,所以,随着时间的推移,待阙人员越来越多,有的要等到四五年甚至十几年,才能等到阙位出有官做。有的几个人等一个官位。由于官阙难等,就出现了专门卖阙的中间人。卖阙成了最好的买卖。待阙官员在上任之前,朝廷会给一定时间的假期,准备行装。朝廷还给路程假,要求上任官员必须在规定的路程假日内到任。不在规定的时间内到任,根据情况给予不同的杖责。官员到任之后,当地长官要验明正身,看其是否假冒,确认不是假冒,给以证明,令其上任。这时候,任何官员都不能阻止其上任。

选人(文官)、使臣(武官)因恩荫得官、宗室子弟、贡举特奏名者、进士第五甲中第者,以及各州文学,首次赴吏部注授差遣,称之为"出官"。出官要进行铨试。铨试在尚书省锁试,试卷实行糊名和誊录。考判词三道,按考试成绩高低分为三等。各个时期,铨试的要求各有不同。到南宋时,铨试制度更加严密,考试内容更加复杂,考试场次也多,一般要考五场。当然,有关系的可通过各种途径免试。尽管南宋管理比较严,但因为南宋已经走上末路,吏治腐败,严格的制度也成为摆设。

宋代科举制度的发展,使选官有了一个更加客观的测试标准,有利于从更广泛的普通地主子弟和普通百姓中选拔优秀人才,为封建国家输送较得力的统治人才。但是,当官的总是要首先维护当权者的利益,所以,恩荫补官制度在选官时代一直被沿用着。宋代更滥，前面已经提到，宋代科举入仕每年约三百六十人，而恩荫入仕者每年约五百人，此外，吏职疏补、特恩补官的人数在宋代都多于科举出身的士人。宋代如此众多的贵族子弟和吏人是怎样通过这些途径做官的呢？

一、门荫补官。凡以亲属官荫奏补入官，称为“荫补”，或“奏补”、“任子”、“荫子”、“门荫”、“恩荫”等。在宋代，“一人入仕，则子孙亲族俱可得官，大者并可及于门客、医士……群臣子弟以荫得官，往往未离童齿即受俸”[(32)]。宋代荫补名目繁多，有郊祀荫补、皇帝生日荫补、改元荫补、致仕荫补、遗表荫补等。荫补也有一定的规则，皇族宗室、皇后、太后、太皇太后的家族，台、省官六品以上，其他官五品以上（武官八品以上）[(33)]，都可享受此权力。受荫补者范围，包括以上所列官员之子、孙、曾孙、兄弟、叔侄、旁系血亲及异姓门客等，没有严格限制。宋朝每三年举行一次门荫大礼，每次恩荫，品级最低的官员受荫一人，品级最高的可受荫六人甚至几十人。文武官吏七十岁以上致仕后，或死难，其子孙也可受到荫补。

宋太祖规定，五品以上的文武官员，可荫子弟一人。到宋真宗，荫补子弟成为一项制度。文官从侍御史知杂事以上，每年可以奏荫一人；带职员外郎以上，每三年奏荫一人；武臣从横班以上，每年奏荫一人；诸司副使以上，每三年奏荫一人。奏荫没有兄弟、叔侄、曾孙的远亲限制，有的甚至是老乡。

宋代荫补大致分为五类：一是“大礼”（郊祀）荫补，每三年一次，宰相、执政可荫补子孙、异姓、门客、医人各一人；东宫三师、三少到谏议大夫，可荫补本宗一人；寺、监长贰到左右司谏、开封少尹，可荫补子或者孙一人。宋太宗规定，翰林学士、两省至知杂御史以上，赐一子出身，也就是给一子干部身份。不但官员可以有荫补的权力，皇亲国戚更是有荫补的特权，且更大更多。有的不但在职官员可以荫补子弟，就是致仕高官，皇帝要照顾了，也可荫补。

总之，宋代荫补名堂繁多，官员子孙荫补的机会很多。通过荫补，每年都有一批中高级官员和皇族母后家族子弟进入官场，这些人根本就不管聪明还是傻瓜，只要荫补就能得到皇上的批准，有的还是襁褓孩子，就已经成了国家干部。这些非正途出身的官吏进一步加剧了冗官泛滥成灾。

门荫补官虽非选官正途，却是宋代官员来源的主要渠道。宋代的冗官问题与此有着直接的关系。荫补人数虽然每年比科举选录人数要多，但受恩荫者出官还要经过铨选考试，文官初出官有铨试之科，武臣初出官有呈试之法，其试中者始得放行参选[34]。屡考不中除非受到特恩受官，否则只能做一般的吏人。况且宋代"官、职、差遣"分离，当了"官"并非有权，即并非一定受到差遣。而受恩荫者在差遣机会上及差遣职务上无法与进士及第等科举出身者相比，大多都下沉在州、县官、财务监当官、巡检使等低级、中级差遣上。皇帝有权给他们出身，但不少恩荫子弟却无法得到差遣。宋代受恩荫的人政治地位低于科举出身的人，不被列为"有出身人"。一些官员子弟力争及第中举，也不想恩荫，这样的例子不少，这里就不一一列举了。

二、吏人出职。秦汉之前官员通称为吏，如《左传·成公二年》："王使委于三吏。"汉以后始称位职低微的官员为吏，汲黯讽刺张汤为刀笔之吏。到了宋代，吏专指介于官和公人之间的这一相对独立的社会阶层。宋代官府的人事编制，明确规定了哪些属于官职，哪些属于吏人。宋代的官与吏人有着天壤之别。用现代的官场作比喻，官就好比正式干部，吏就是以工代干的合同制工人，或经常当替罪羊的"临时工"。吏人虽然大多是常任制，但多数职位不是终身制。当了数十年的吏人，少数人（主要是中央政府部门和诸州、监司的吏人）虽然有机会出职注官，然而仍然受到各种限制。首先，必须经过正名，即授官。宋代吏人授官有两种主要形式:一是职位授官法,二是资历授官法。按职位等级确定任期,任满则授以官阶称作职位授官法。“吏职补官至从政郎(从八品)止”(35)。就是说吏人授官一般到从八品为止。资历授官法又叫入职通计法,一般是在出授差遣之前安排,通计时间因职位高低有别,少则二十年,多则二十五年,亦有三十年之久的。如“宗正寺的胥长,任满五年,通入仕及三十年”(36),可授将仕郎,安排出职差遣。其次,通过考试,经过“勒留”方能出职。按宋代“年劳补官法”规定,凡在京城各机关的吏人,经过考试律法三道及格的,可以补为正名,但名额很少,“岁以二十人为额”(37)。也就是说每年国家只有二十个干部指标用于转正。得补正名者,不同机构的吏人还要经过三年或四年后授以勒留“官”(该出职而继续留任吏职成为“勒留”),遇恩泽的可缩短为一年便授勒留官。授勒留官后五、六年或七、八年才正式出官。

吏人经过转官后,即便受到差遣,多数也是到州、县任地方官,所授官职高低与原任吏职高低有着直接的联系。即使这样,也只是中央各衙门的吏人才有机会。吏人出职也叫吏人流外(要做官非下州、县不可),而地方上的吏人与此几乎无缘,一生只能做听差跑腿的差使。

吏人出职授予差遣,可以免除铨试,虽然有这点优势,但往往在注授差遣时,又受到诸多限制。比如规定在一个州、县内,不能全部注授吏人出职,三省吏人不能在同一个州担任知州和通判。南宋时还规定,吏人不能注授司法参军,只能注授破格司理参军。有宋一代,吏人出职,升为官的比例不大。宁宗嘉定六年,吏部四选中,尚书右选有三八六六名武臣,其中杂流非泛吏职三四〇员,约占8.8%;侍郎左选有一七〇〇六名选人,其中流外一六五员,约占1%弱。侍郎右选有一五〇〇六员参部使臣,其中吏职一二二一员,约占7.8%。可见流外人极少担任文官,绝大多数人充当低级武官[38]。

另外,对连续参加科举不中的人,皇帝采取特恩办法赐本科出身,并任以官职叫做特恩制。《宋史·选举志一》中记载:"凡士子于乡试合格后,礼部试或廷试多次不录取者、遇皇帝亲试者,得立名册以奏,经特许附试,谓之特奏名。凡特奏名者,一般皆能得中。"能受到特恩进入官场的士人,年龄须在四十岁以上[39]。

五、军功补授与纳粟买官

后面将要提到,宋代使用官吏的指导思想是重文轻武,高级军事部门的将军一般用文人执掌,临战任命的元帅大多是文人,武举及第者大都担任将官。为了避免军人特别是一般士兵因虑及前途而影响作战能力,宋代继续沿用奖励军功的做法,有特别功绩者还可授官。亲冒矢石,斩获重敌首级;战争中负重伤、击退贼寇解围、押运粮草守城、修筑关隘有功者等,都在授官之列。宋代军功授官者为数不少,特别是南宋。南宋因为宋金、宋元对峙,战争,保卫宋朝安全成为头等大事,所以,杀敌立功升官也就成为无论是百姓,还是官员,都是首要的事情。南宋在军功立功授官上由原来兵部归入吏部,军功补官人员都要到吏部参选。《吏部条法》对所立军功大小以及以前的做官资历,授予官职,都做了详细规定。比如,军功补授人员,不管以前担任没有担任过官职,都可以注指使差遣。年龄没有超过六十岁,经任和识字的,可以注巡辖。年龄未超过五十岁,经任,可注缉捕盗贼;历任亲民官、监当官,可注作院。历两任指使,年龄未超过五十岁,可注监当官,等等。据记载,南宋宁宗嘉定六年吏部侍郎右选参部使臣中,因军功而得参部注官的有八四七名,占侍郎右选参部员额总数的5.4%[40]。

纳粟买官者即"纳粟官",又称"进纳官"。在中国封建社会,以资财换取权力、地位屡见不鲜。在宋太宗时期就规定,凡是各个州、军遇到灾害，允许家庭富裕的“进纳”，也就是买官。一千石，赐爵一级；二千石，授本州助教；三千石，授本州文学；四千石，授试大理寺评事或者三班借职；五千石，赐出身，授三班奉职；七千石授别驾，不签署本州公事；一万石授三班殿直或者太祝。从宋太宗开始，只要国家一遇到灾害，需要赈灾，就开始卖官。进纳原来只是限制在有钱人家买，以后发展到不管什么人都可以买，富商大贾，甚至僧人，当官的也可以买。原来只是局限于粮食，以后根据国家的需要，需要什么，就可以进纳什么。甚至买官时，还根据国家需要的市场行情论价，当国家急需的时候，价格就便宜，不急需时购买，价格就高，随行就市。在国家急需的时候购买不但容易买到官，还容易得到差遣。到了宋徽宗时，通过进纳入仕的官员已达到千计。到理宗时，进纳人员到了“校尉连车，而迪功(郎)平斗”[(41)]的地步。进纳卖官虽然给国家解决了暂时的经济困难，但后遗症也是很大的。国家一方面通过科举考试为国家择取了优秀人才，另一方又通过进纳混进了一些无知庸才。然而像北宋真宗景德二年(1005年)二月，朝廷堂而皇之下诏“许入谷授官”[(42)]实属惊人之举。诏文规定：纳粟的数量与所得官职高低有关，同等级别，据进纳者距京城的距离，由远及近，相应增加进纳数量。比如：从河北边塞进粟的，一千石可在本州担任助教文学职务，进一万石的可以担任大理寺丞、供奉官等。从一千石到一万石其中分了十个等级。凡是纳粟而得官的，称为“进纳出身人”，享有赎刑权利，改转至朝官后可免去一些徭役等权利。北宋前期，已将进纳官列入吏部流内铨选的对象。南宋嘉定六年吏部四选官员名籍共三八八六四员，其中纳粟官出身的为九四〇员，占总数的2.4%。一般来说，遇有灾荒年，纳粟官的数量就相应多些，这说明这种入仕途径之门，某种程度上也是为了聚敛财物打开的，而入官者，素质最不能保证。

显而易见，宋代的选官制度具有鲜明的时代烙印。不同来源的官人，其素质有着鲜明的差异，“纳粟胥吏不如补荫，补荫不如进士、武举”。当然，宋代官员远非“职事官”的地位，只是按照级别领取俸禄，官职类同荣誉虚衔。这种官制使国家各种贤能者、武艺超群者、巨富者等社会贤达人士趋之若鹜，聚集在皇权翼下，有利于社会安定，但也造成了宋代的闲官、冗官众多以及繁重的财政开支，成为顽症。

六、差遣制度

前面谈及宋代职官的时候，提到宋代中央和地方的职官名称，大致沿用唐朝和五代十国旧制。然而，宋代中央的宰相、三省六部长官的权力被诸多使职分走，地方上保留的节度使已成空衔，其权力被皇帝派来的京朝官（知府事、知县事）控制着，出现了“官”与“职事”分离的局面，从而形成了“官以寓秩禄、叙位著，职以待文学之选，而别为差遣以诏内外之事”(43)的官吏任用制度。在这种制度下，“官”的大小只确定其待遇的多少和地位的高低，职则是照顾高官和文人的职位，无论是官还是职，都没有权，而掌权的必须经过差遣。差遣制是宋代官吏的主要任用制度。此外，还有其他一系列相应的规定。

赵匡胤夺取政权后，为了达到皇帝集权的目的，在完善中央和地方机关设置的同时，从改革任官制度入手，将各级职事官权力采取“官、职、差遣”分授：官，旧朝各级职事官保留官衔但“夺其权，制其钱谷，收其精兵”(44)，即按品次授以俸禄养起来，罢去原有的权力。职，即三馆兼职、馆职、诸殿职、诸阁职等，让许多高官脱离政治、军事权力，到这些地方任“职”，不但可利于选拔有才华的文学之士，为宋代倡导的“文治”服务，同时也消除了重臣武人飞扬跋扈的风气。差遣，是宋代官员实际职权的总称，尤其是在宋初，统治者推行差遣，一则可以夺去后周遗老的实际职权，二则可以把财、政、军大权不因官品、资历限制，授给皇帝所信赖的人，以巩固中央集权统治，杜绝地方割据势力。

显然，宋代“官、职、差遣分授制度”是：以官俸养封建士大夫，以职选拔皇帝的顾问与秘书，以差遣掌握中央和地方的实际职权。在唐代，实行过“使职差遣”制度，当时三省六部，九寺五监官的实际职权虽然逐渐被差遣取代，但在制度上仍有法定的职权和地位。而宋代的官、职、差遣分授制度显然比其发展了一步，这当然与宋初统治者迫切需要稳定政局，削弱藩镇势力，收揽人望以达君主专制之目的有着直接的关系。不过单就宋代而言，官、职、差遣分授制度的完全建立也有一个过程。

一、宋太祖在中央首先推行“官、职、差遣”分授。建隆二年(961 年)，宋太祖在任官制度上实行了两项紧急措施：其一，明确今后任官打破按年限升迁的旧制；其二，推行“其官人受授之别，则有官、有职、有差遣”[(45)]。这二项措施的实行，使“台、省、寺、监官无定员，无专职，悉出入分莅庶务……居其官不知其职者十常七八”[(46)]。绝大多数官员虽然当官，但并不知道自己是干什么的，因为皇帝让自己当这个官，并没有说就干这件事。中央政府的一切实际职权由皇帝任命的差遣掌握，即便是“谏议大夫、司谏正言皆须别降敕，许赴谏院供职，方为谏官”[(47)]。

二、在地方上推行“官、职、差遣”分授制度。宋朝刚刚建立，原来的节度使及其安排在下属、县里的亲信，常常与县令等官对抗。建隆三年(962 年)，先后在县里“诏县令佐检察差役”[(48)]，并置县尉二人。乾德元年(963 年)开始以京朝官出任县级差遣，即派出县知事。接着对原来节度使盘踞的州、府，逐渐派出知州事等京朝官，如乾德元年三月，平定湖南后，“命户部侍郎吕馀庆权知潭州”[(49)]。而原来的节度使、承宣、观察、团练、防御、刺史退为次要地位。

三、健全差遣机构。宋太祖时，还没有正式设置差遣机构，一般来说，文臣京朝官差遣由宰相府堂负责，低级文臣的差遣由吏部流内铨负责，武臣由枢密院负责，供奉官、殿直、承旨等三班差遣由宣徽院负责。太平兴国六年(981 年)九月，宋太宗设置了差遣院，专门负责这项工作，具体事务是考察将被差遣者的素质、能力，并且根据皇帝旨意安排差遣。雍熙四年(988 年)，宋太宗又正式设置三班院，专门负责对三班使臣的考课和差遣的有关工作。淳化四年(993 年)二月，又改磨勘京朝官院为审官院，幕职州、县官院为考课院[50]。五月，撤销差遣院并入审官院。这次整顿后直到熙宁变法没有大的变动。熙宁三年(1070 年)，在王安石等人的建议下，宋神宗下诏"以审官院为审官东院，别置审官西院，参知院官两名，专领阁门祗候以上诸司使磨勘、常程差遣"[51]。审官西院的设置，剥夺去枢密院的部分职权。至此，差遣机构基本定型。

差遣机构的健全，标志着官、职、差遣分授制度的完善。尽管宋神宗元丰年间(1078—1086 年)改革官制时费力甚大，使宋初以来的官僚制度有了一个较大的更改，然而，官、职、差遣制度却未被废除，只不过把旧有散官略加增删，作为新官制下的寄禄官阶，用台、省、寺、监的称号代替了中央机构中的差遣之名。改制后的台、省、寺、监之官仅表示官员的实际职权，并不表示官员的地位高低和俸禄的多少，和唐初的台、省、寺、监既表示官员地位又表示其实际职权相比，仍属差遣性质。官、职、差遣分授制度贯穿于北宋一代的任官制度之中，南宋尽管"官失其守"[52]，但这种制度仍在施行。

可以说，官、职、差遣制度在宋代初期推行，有力地推动了统治者强化中央集权制构想的实现。但是，这一制度的长期推行，又逐渐变得弊多利少，并给宋代官僚制度带来了自身难以医治的弊病。

其一,这种制度的长期推行,使宋代官僚队伍不断扩大,官员不断增多。真宗景德年间(1004—1007 年)官员总数是一万余人,到仁宗皇祐年间(1049—1054 年)就翻了一番,增加到二万余人[53],此后仍在不断增加,使宋代冗官问题日趋严重。宋代为了保障这支庞大官僚队伍的各种费用,加重对农民的税收,所以必然引起阶级矛盾的尖锐与激化。其二,推行官、职、差遣分授制度,三省六部和九寺五监等机构因不能适应新制度的需要,而逐渐变为闲散之所,等于前朝遗老旧臣养尊处优之处所,而新的握有实权的差遣机构又在不断增加,从而使官僚机构形成了庞杂臃肿、叠床架屋的特征。其三,推行这种制度,使官、职、差遣名称混杂,官僚制度显得相当紊乱、复杂,对普通百姓来说,更不知道谁是真正主事的官。更重要的还是造成官场官员忙的忙死,闲的闲死。有差遣的,天天忙得团团转,而没有差遣的,则天天闲得没事干,干的干,闲的闲。

宋代的地方官任期为三年,任满三年就要调离,即"三年一易"[54]。这是宋太祖接受赵普的建议:"列郡以京官权知,三年一替则无虞。"[55]在地方统治机构中自下而上确立的差遣制度更换制度。开宝五年(972 年)十月,太祖"诏诸州场院官、粮料使、镇将,并以三周年为任"[56]。接着,宋太宗又于太平兴国六年(981 年)八月,"诏诸道知州、通判、知军监县及监榷物务官,任内满三年,川、广、福建满四年者,并与除代"[57]。所以,严格地说,宋代没有真正的地方官。地方官多为临时差遣,当了三年就得离开任地,又不准本地人在当地当官。这就使宋代地方官没有一个能够真正熟悉所任地方的情况,其优、缺点自然就不言自明了。

对中央统治机构官员的差遣,宋初统治者虽然没有规定任期,但为了防止宰相和枢密使专权,采用了常调政策,特别是宋太宗雍熙年间及以后,"为平章、为参政、为枢密、总百揆、掌六师者,乍登乍降,如拈棋子之之,颠倒而屡迁。……十馀年间,进之退之,席不暇暖而复要摇荡其且前且却之心,志未申,行未果,谋未定,而位已离矣"[58]。这种常调中央官员的制度,在宋初由混乱走向安定的历史进程中,对于防范重新分裂割据起到了积极作用。然而,这种制度长期推行,特别是在和平时期,官员及机构之间就出现了一味听从皇帝召唤,自身缺乏主动进取的被动局面,仍不利于国家的发展。

另外,宋代府州设立通判,对于地方官吏进行监督,也是其任官的一大特征。

七、磨勘考课制度

宋代对于官吏的考绩亦称"磨勘"。唐代用法律手段确立了考课体系,宋代在继承唐代官员考绩制度的基础上,使其机构在建置和施行细则上更趋完备,并且根据封建社会向后期发展过程的历史特点,重视对州、县考课法令的制定。宋代首创磨勘制度,使皇帝直接掌握考绩与铨选的权力,以适应强化中央集权的需要。"磨勘"即审核或勘验,在考绩方面专指对国家官员的考核与迁移。可以这样认为,宋代文武官员通过各种途径入仕以后,其在仕途中的进退升降,荣衰浮沉,主要取决于磨勘考课的结果。

磨勘的渊源可上溯至唐代中叶,它与开元时期循资格的规定有着密切的联系。宋代立国之初,宋太祖曾奉行唐代的规定,实行"选曹磨勘",令合格的候选人到南曹、铨司、门下省去磨勘,注拟官职。宋太宗赵光义即位后,于淳化三年(992 年)设置磨勘京朝官院、磨勘幕职州县官院,"自是考绩之司,各有条制矣"[59]。次年,由于有人认为"磨勘之名,非典训",太宗将磨勘京朝官院改为审官院,磨勘幕职州、县官院改为考课院(后并归流内铨),要求所有官员受差遣时均到相应的磨勘机构领取(或发给)印纸、历子,用以登记考核官员政绩、过失与举主姓名,不得遗漏,作为任官届满时磨勘考课的依据,或得到提升,或遭到罢免。

磨勘考课制度是与宋代任官的差遣制度紧紧联系着的,所以通常认为,磨勘制度正式确立的标志是对差遣任期与磨勘年限的确定。真宗咸平四年(1001年)四月,"罢郊恩迁官,行磨勘京朝官法","京朝官引对磨勘自此始"[60]。具有宋代特色的官员"考绩法"——磨勘法确立。按磨勘法规定,磨勘之文武官,均有年限规定:文臣京朝官任及五年,武臣七年无赃私罪听磨勘。景德四年(1007年)后,规定京朝官三年,武臣五年一磨勘。英宗治平三年(1066年)九月,文臣京朝官改四年一磨勘,武臣皇城使以上七年一磨勘。在以后特别是南宋绍兴四年(1134年)以后,磨勘法根据形势需要也有一些变动,但其实质依然,这里就不赘述了。

磨勘的程序包括磨勘与引对两个部分。第一程序是磨勘,凡是磨勘对象在接受磨勘之前,必须呈交规定的全部文状,包括:一、解状,又称解由,是各州根据选格规定即应格官吏本人的申请,付给选人解发赴阙的证明文件;二、举状,是举主为磨勘人撰写的推荐书;三、家状,包括本人籍贯(州府)、三代、出身,以及任官期间的治绩、过失情况,属于一种履历档案;四、考状,是朝廷发放的印纸或南曹历子,是用于官吏考核的表格材料。只有具备了上述文状之后,主管部门才进行审核与勘验,勘验的重点首先是资格和举主,然后才是政绩。第二程序是引对。引对也叫引见,首先施行于赵匡胤立宋初年,当时他亲自接见流内铨选及京朝官,曾受到官场士林的高度赞扬。太宗赵光义更注意吏治的整顿,虽"九品之贱,一命之微,亦引对便殿"。宋真宗领行磨勘法时,依然遵循开国二祖的旧制,对各种人选者实行引见。北宋中期以后,引见对象仅限于磨勘改官者,而对磨勘的京朝官一般不再引见。所以,凡有幸能面君人选者,皆对此引以为豪,将其视为光宗耀祖的大事。

宋代主持磨勘的机构不一,文臣京朝官的磨勘由审官院(熙宁时改为审官东院),幕职州、县官磨勘改官由流内铨,文臣小使臣归三班院,大使臣以上归枢密院(熙宁后归审官西院),元丰五年(1082 年)改革官制,审官东院改为吏部尚书左选,流内铨改为吏部侍郎左选,审官西院改为吏部尚书右选,三班院改为侍郎右选。

磨勘,意味着有升迁的机会,由于磨勘法系选人磨勘改官,文武官磨勘迁秩的制度,主要决定官员的寄禄官等级,即俸禄与待遇,因此在官场影响很大。纵向考察,宋代的磨勘法既继承了唐朝、五代稽核官员任内功过的传统考课形式,又有侧重于按规定年限审查资历为主的新型考课方式,即所谓"率以法计其历任岁月、功过而序迁之"。然而,就宋代而言,磨勘中最起作用的不是治绩,而是资历,即重资历而不重门阀,重岁月而不重才能。这在防范任人唯亲、门阀政治方面起了积极作用,但是,以资格压抑人才的做法也给后代留下了无法克服的弊病。

宋代在唐代考课制度的基础上,建立了自己的考课制度。宋代规定,文官五年,武官七年,经过考核没有发现赃私罪,可以转官,如果犯有赃罪,文官延长七年,武官延长十年。官员每年一考,州、县官的户口和赋税增加十分之一,就增加一考,每减一分,则降考一等。宋真宗时,由审官院负责考核外任京朝官,考核合格,予以磨勘。这就是说,官员的考课是与官员的磨勘升转紧密相连的。考课分为三等。公勤廉干惠及百姓为上等;干事但无廉誉,清白但没有政绩,为第二等;畏弱贪猥第三等。但是这些考核标准并没有得到严格实行,而且考核流于形式,大部分官员认为,只要自己任官几年,都应该上等或者第二等的考核成绩,无所谓工作好坏,因此考课并未能达到惩劝的目的。在北宋见诸历史的,只有一人因为考课被降罚。有个知州李田因为考课劣等,被降为临淄州盐酒税务。倒是北宋因为党争被降级、降职的不在少数,不少官员因为犯了"路线"错误而受到处罚,大文学家苏轼因为太正派,无论是改革派还是保守派，都对他有成见，几度被贬官到偏远地区任职。

宋神宗时期加强了对官员的考课，由御史台负责对各路监司的考课，并且设立了考课监司簿。根据不同的职务制定了不同的考课标准。对于监司的标准有七项：举官、劝农桑、招流亡、兴利除害、按察部吏赃罪、部内置狱及平反狱讼、稽查盗贼。根据考课情况分为三等。七项达到五项为上等，三项为中等，三项以下则是下等。到南宋时，七项考课标准增到十五项，又用“四善”、“四最”考课州、县。四善是：德义有闻、清谨明善、公平可称、恪勤非懈。四最则把对州、县职能考课更加细化。州、县如果任期不够一年而被罢官者，则不予考课。

考课总是与奖惩挂钩的。《吏部条法》将考课成绩分为四十分、三十分、二十分、十分、八分、六分、四分、一分八等。根据等次给予不同的奖励。如果是三十分的等次，可以减三年的磨勘，如果有过错的话，可以冲替。如果抓获强盗七人，或者抓获凶恶强盗五人，可以减磨勘三年，就等于提前三年转升提拔。如果官员犯了罪，则根据所犯罪行的轻重给予不同的延长磨勘期限的处分。宋代行政处分名堂很多，有落职、降官、降职、责授（授予一个低级职务）、安置、送某州居住、羁管、编管、除名勒庭、除籍等。

八、监察制度

为了巩固封建专制主义中央集权统治，使文武官员尽忠职守，宋代统治者异常重视对中央和地方官吏的监督和监察。监察制度是宋代人事管理制度的重要内容。

宋代监察制度总体上来说分中央与地方两种建制。中央监察机关是“台谏、六察和两院”。

“台谏”即御史台与谏院，是中央的主要监察机构，史称台谏合一。御史台的职责是：“掌纠察官邪，肃正纲纪，大事则廷辩，小事则奏弹。”[61]虽然御史台仿唐制仍设台院、殿院、察院三院，但与唐制已有明显区别：宋代台院地位最高，察院权力最重，正好与唐相反。谏院设左右谏议大夫（即知谏院）职掌谏院，谏官称为司谏、正言。谏官的职责本来是向皇帝提出批评建议，而宋代却徒有虚名，至多是向皇帝提提建议，而其主要职责已转为监察官吏，最终混同御史。“凡发令举事，有不便于时，不合于道，大则廷议，小则上封。若贤良之遗滞于下，忠孝之不闻于上，则以事状论荐，乞依此修举职事”[62]。谏议大夫既可以对朝廷的失策实行“规谏讽喻”，又可对百司考谏得失，而且往往以宰相为主要监察对象，可见权势之大。

为了维护自己的集权统治，宋代皇帝赋予御史台与谏院无限的监督权力，由此也使统治者特别注意对御史和谏官的选拔与管理。宋代选任御史与谏官有两种方式：皇帝亲擢与臣僚荐举。唐代及其之前，皇帝亲擢御史已屡见不鲜，而真正作为选任御史的一项制度则是在宋代。赵匡胤登位之后，明令规定，凡经宰相及重臣荐举做官的，或者他们的亲朋故旧，均不得做御史。整个宋代，皇帝亲擢中丞的事例不胜枚举。关于谏官，唐代选任一般由四方巡察使荐举，朝廷考试任命，其职责主要是谏诤。宋代为了加强对宰相的监察，将谏官职能由谏诤扩大到监察，对其选任特别强调“须出自宸选”[63]，不许宰相等重臣除任。总之，为了加强中央官员的控制，以免尾大不掉，宋代在选任御史和谏官的时候，历任皇帝都强调“必由中旨”，“当出圣意”。特别是宋钦宗在靖康元年（1126年）四月把皇帝亲擢御史和谏官“立为定制”[64]以后，皇帝亲擢御史和谏官便成为宋代的一项制度。至于臣僚荐举，亦大大有别于唐代。宋代臣僚荐举御史和谏官的程序是：先由朝廷下诏令臣僚荐举，然后，皇帝再在被荐举人员中点名任命。宋代御史和谏官的任选在上述两种途径上进行的时候，被任选人的资格资历和文化修养是皇帝考察定夺的重要依据。然而由于监察机关的职能特点,重视被选人的资历,并不利于合格人才的选拔。

宋代对御史和谏官的管理也是相当重视的。首先制定回避法。其一,切断监察与行政的裙带关系。宋代规定,选任御史和谏官回避宰相和执政,即执政的亲属,不论关系亲疏,皆不能充任御史与谏官;同时,凡新宰相、执政上任,现任监察机关中任职的如有亲戚或有曾是自己荐举的,一律要改授其他差遣。其二,御史台、谏院内部长官与属官之间避亲嫌。其三,御史与谏官之间避亲嫌。当然,回避法不过是皇帝手中的工具,按回避法应该回避的官员若皇帝认为可以不回避,下一道"不回避"的诏令即可,这种现象在宋代很多。

其次,实行"月课"。为了保证监察机关尽职尽责,宋代规定,御史与谏官每月必须奏事一次,叫做"月课"。对御史,要求每月奏事一次,不奏弹者,则认为失职。如上任后百日内无所纠弹,则或被罢免,或被罚款(称为"辱台钱")。这等于允许御史与谏官"风闻而奏",即可以把平时道听途说或捕风捉影的小事报告给皇帝,不必有真凭实据,即使弹劾不当也没有什么责任。这势必导致御史和谏官弹劾权的滥用,使各司官员瞻前顾后,工作缺乏主动并且忠奸混淆,良莠不分。

"六察"是针对尚书六部实施的行政监察。包括吏察,以吏部、审官院及三班院为主;户察,以户部、三司及司农寺为主;刑察,以刑部、大理寺、审刑院为主;兵察,以兵部、武官为主;礼察,以礼部与太常寺为主;工察,以工部、少府、将作等部门为主。六察实际上是一种在御史台直辖下的对权力中枢机构的督察形式,是六部给事中的前身。

"两院"即鼓院与检院。两院为监察的耳目。宋代专设登闻鼓院和登闻检院(简称鼓院和检院),以受理平民的审诉,尤其重视告官的诉状。宋代非常重视百姓的"上访",要求对于上访事件必须立即处理，更不允许对上访百姓进行刁难，或以上访为名予以劳教。鼓院和检院制度的建立不仅可使百姓有处申诉冤屈，而且可在惩治贪官污吏中发现一些制度上的弊端。同时也可在廷辩曲直中，使最高统治者发现一些有用人才，以激励士风。因此，鼓院与检院对于中央御史监察职权的行使可起到特殊的辅助作用。

宋代地方的监察，主要由通判负责。宋代在州府创设通判是适应宋初形势之需和加强对地方控制的需求而作的一项政治体制改革。通判是中央的派出机构，其职责有两大项，一是佐理州政，一是按察官吏。正是因为皇帝赋予它刺举州官的权力，从而使通判在佐理州政的时候，又能分知州、知府之权，并且相互牵制。所以，通判又称监州。此外，前面提到的宋代地方最高行政机构——路，其设置本来是为便于监察地方官员，其官员大都属于外任御史，在完成本司工作的同时，还带着刺举监督地方官吏的任务。

总之，随着封建专制中央集权统治的加强，监察制度在宋代得以完善和发展。宋代各级监察机构的职权目标虽然仍是“掌纠察官邪，肃正纲纪”，但其地位大大提高了，职权也扩大了。随着历史的发展，统治者也加强了对监察队伍的管理。各级行政官员谈御史、谏官而色变，形成了胆小怕事，不求有功但求无过的心理定势。宋代社会政治死气沉沉局面的形成与此有着直接的关系。由于宋代统治者高度重视监察工作，宋代绝大多数时期贪官较少，官员多注重名节。

九、致仕制度

致仕制度，是关系官僚队伍不断更新，统治集团内部稳定的重要制度。宋代整个国家行政管理制度较为成熟，周密的致仕制度也日趋健全和完善。

宋代致仕制度分为两类，其一，是陈乞致仕，规定官吏的年龄一到致仕的年龄，即“引年”，应自动请求致仕；其二为特令致仕，即如果已到致仕的年龄官吏恋栈不退，就强令致仕退休。关于致仕的年龄，宋初虽遵行“大夫七十而致事”的古礼，但在宋太祖、宋太宗统治时期，要完成社会的稳定和各种制度的重建，正系用人之际，一些亲信重臣到了七十岁仍未致仕，说明七十致仕尚未严格执行。随着封建统治机器再造基本结束，到了真宗咸平五年(1002年)，便重申了文武官员年龄到了七十岁如果陈乞致仕即被允许的旧制，同时下诏令，患疾病不能履职者不到“引年”也可请求致仕，而负赃犯者，则必须离开职位。仁宗皇祐三年(1051 年)两次下诏，除待制以上侍从官外，其余文武官员凡不自请致仕，一经弹劾查实，则“不许考绩”，即不能进行磨勘与升迁。神宗即位后，更是严格执行七十致仕的制度，并正式实行特令致仕[65]，即实行到了七十岁引年不自动请求致仕，就强迫致仕退休。

宋代致仕制度中关于致仕官员的待遇是比较优厚的，差遣官致仕后就转为寄禄官，享受所转寄禄官级别的俸禄。自熙宁三年(1070 年)十二月以后，高级文武官员可以带原职名致仕退休，拿原职俸禄一半[66]，同时还享受所转寄禄官的俸享。元丰五年(1082年)十一月规定，文臣承务郎(从八品)及武官小使臣(从九品)以上致仕官员曾经获得战功或奖励升迁的，致仕后俸禄全发。仁宗景祐三年(1036 年)以后，按官品的高低，官员致仕时可享有优劣不同的荫补恩泽：员外郎以上致仕，可荫补子一人试太庙斋郎[67]。升朝官以上官员致仕，其父曾为官而健在的，遇皇帝庆典时可恩授为致仕官，享受寄禄官待遇；其父没有当过官的，也将受到照顾。元祐四年(1089 年)八月规定，致仕官不愿转官的，可以推恩荫子；文臣中大夫(从四品)、朝奉郎(正七品)及武臣诸司使(正七品)本宗有服亲一人；横班诸司副使(从七品)及有身自荫补人，及内殿承制、崇班(正八品)、阁门祗候(从八品)理亲民资序人，并承议郎

(从七品)、奉仪郎(正八品),许陈乞有服亲一人[68]。未致仕而病危,虽年未及七十,太中大夫以下,许陈乞守本官(即不转官)致仕,终身奏之,则有荫补恩泽。太中大夫(从四品上)以上高官,如遗表恩泽。侍从官(从四品)以上致仕,遗表恩泽荫补三人,六部尚书(从二品)以上致仕,遗表恩泽荫补四人[69]。

为了保证致仕制度的正常运行,在致仕官员的待遇问题上采取特令致仕官与自陈致仕官有别的制度。凡年龄到了七十岁而不请求致仕的,除了不准进行磨勘考绩升迁外,经监察机构举后将被特令致仕外,南宋隆兴元年(1163 年)孝宗还下诏"更不奏子"[70],即不得荫补恩泽。而朝廷对引年自陈致仕的,则予以优待奖励。

十、品级与俸禄

品级与俸禄是封建社会确定官吏秩序,稳定官僚阶层的重要措施。由于宋代官制庞杂,官吏繁冗,而官吏的品级与俸禄也就相当复杂多变。

(一)官品

官品,指品秩,即用以划分官吏地位高下、衡量等级的标尺。它是中国封建专制国家行政管理制度的产物。宋代初期官品多沿用唐制,仍分为九品,每品分正、从,文职从第四品起又分上、下,武职则从第三品起各分上、下。所以文职共三十级,武职共三十二级(见附表一、二),宋初曾封尚书令为正一品[71],以后,一般不设,即使有些时候设立,也只授给地位高但无实际权力的"三师"、"三公"等大臣。因此,宋代初期文散官实际上为二十九阶,武散官为三十一阶。

宋代官品之制不是一成不变的。宋代前期,就出现了新官品制,与上述官品之制(旧官品制)并存(见表三),这种两制并行的局面一直到宋神宗元丰五年(1082 年)五月一日新官制——《官制格目》的颁行(见表四)。元丰改制中重新订定的官品,“总为名十有八”,即订定九品正从十八阶官品制,罢去了文、武散阶。从此以后,几代延续的九品正从、上下三十阶的官品旧制被废除。元丰改制之后,虽屡经元祐、政和、绍兴、乾道、淳熙、庆元、嘉定等历朝修订《官品令》,然而直到南宋灭亡,九品正从十八阶官品制一直沿用着。

宋代,官吏职权的形式由于受皇帝差遣的支配,因此,官与品的轻重失准,致使士大夫有“品不可用也”的感叹。这种感叹绝非指官品本身不可用,而是说正品之官与正品之阶不相称。这表明,随着宋代政权的建立与巩固,及其机构的调整,沿用唐、五代旧的正官官品已不适应宋代历史的要求,尽管如此,官品在宋代政治、社会生活中仍然具有重要意义。

第一,宋代官品仍然是划分官户与编户的界级。在我国封建社会里,士人一旦跻身于官品行列,其家庭则一般就划人“官户”,即“官品之家”,从而获得较高的社会地位,宋代官户享有荫补子弟做官、赎刑,免除一些赋役等特权。

第二,官品又是划定流内官与流外官的标准,也就是说,官品是划定官与吏的标准。宋代流内与流外界限是十分严格的,流内官指九品以上的官员,流外官则是指没有勋品级别的办事吏员,也就是说,凡吏人与官品无缘,和品官相比,其政治地位无异于另外一个世界,除非有朝一日改吏为官,否则在官场上就永无出头之日。

第三,官品是划分官员尊卑的标准。宋代文武官员等级森严。宋代初期总的来说分贵官与卑官两大类。一至五品为贵官,六至九品为卑官。元丰改制后等级稍稍放宽,把六品列入贵官。品高之官所享有的权利与待遇大大高于位卑之官。官员高卑的显现主要反映在章服的不同与荫子、赎刑、丧仪、导从等优待的多寡上(见

表五)。

第四,官品是协调因职务与禄秩分开(差遣制)可能造成两者失调的调节器。没受差遣或差遣执事不大的官员可能有心灰意冷的情绪,但因有较高的官品而保持心理平衡,仍卖力为朝廷服务。

附表:

宋代文官散阶简表(一)[72]

阶级	品级	文散官	阶级	品级	文散官
1	正一品		17	从六品上	奉直郎
2	从一品	开府仪同三司	18	从六品	通直郎
3	正二品	特进	19	正七品上	朝清郎
4	从二品	光禄大夫	20	正七品	宣德郎
5	正三品	金紫光禄大夫	21	从七品上	朝散郎
6	从三品	银青光禄大夫	22	从七品	宣奉郎
7	正四品上	正奉大夫	23	正八品上	给侍郎
8	正四品	中奉大夫	24	从八品	承事郎
9	从四品上	太中大夫	25	从八品上	承奉郎
10	从四品	中大大	26	从八品	承务郎
11	正五品上	中散大夫	27	正九品上	儒林郎
12	正五品	朝奉大夫	28	正九品	登仕郎
13	从五品上	朝散大夫	29	从九品上	文林郎
14	从五品	朝清大夫	30	从九品	将仕郎
15	正六品上	朝奉郎			
16	正六品	承直郎			

宋代武官散阶简表(二)[73]

阶数	品级	武散官	阶数	品级	武散官
1	正一品		17	从六品上	昭武将军
2	从一品	骠骑大将	18	从六品	昭武副尉
3	正二品	辅国大将军	19	正七品上	振武校尉
4	从二品	镇国大将军	20	正七品	振武副尉
5	正三品上	冠军大将军	21	从七品上	致果校尉
6	正三品	怀化大将军	22	从七品	致果副尉
7	从三品上	云麾大将军	23	正八品上	靖麾校尉
8	从三品	归德将军	24	从八品	靖麾副尉
9	正四品上	忠武将军	25	从八品上	宣节校尉
10	正四品	壮武将军	26	从八品	宣节副尉
11	从四品上	宣威将军	27	从八品上	御侮校尉
12	从四品	明威将军	28	从八品	御侮副尉
13	正五品上	定远将军	29	正九品上	仁勇校尉
14	正五品	宁远将军	30	正九品	仁勇副尉
15	从五品上	游骑将军	31	从九品上	陪戎校尉
16	从五品	游击将军	32	从九品	陪戎副尉

宋前期新官品简称及示例(三)[74]

简称官品	罚俸例	正官定品举例	章服定品例
一品	八贯	《官品令》一品:尚书令、太师、太傅、太保、太尉、司徒、司空 东宫一品:太子太师、太子太傅、太子太保	
二品	六贯	二品:侍中、尚书左、右仆射、诸州府牧、左、右金吾上将军 东宫二品:太子少师、太子少府、太子少保	

（续表）

简称官品	罚俸例	正官定品举例	章服定品例
三品	五贯	御史台三品:御史大夫 东宫三品:太子宾客、太子詹事左、右庶子 诸司三品:太常卿、宗正卿、秘书监、光禄、卫尉、太仆、大理寺卿、鸿胪卿、太府寺卿、国子监祭酒、少府、将作大匠、司天监、诸卫上将军、大将军、将军、六军统军,神武大将军、将军、龙武大将军、将军、三京府尹 两省三品:门下省侍郎、中书省侍郎、左右散骑常侍 尚书省三品:六部尚书	三品以上紫褶
四品	三贯五百	御史台四品:御史中丞 东宫四品:太子少詹事 诸司四品:太常、宗正少卿、秘书少监、光禄寺等七寺少卿、国子监司业、三京府少尹、殿中、少府、将作、司天少监、太子率更令、太子家令、太子仆、东宫诸卫率、府率、诸卫中郎将、诸王府长史、司马 两省四品:门下省左谏议大夫、中书省右谏议大夫 尚书省四品:六部侍郎	
五品	三贯	两省五品:门下给事中、中书省舍人 尚书省五品:左右司郎中、二十四司郎中 诸司五品:国子博士、五经博士、太子中允、太子左右赞善大夫、都水使者、祥符、洛阳、宋城县令、太子中舍、太子洗马、太常、秘书、殿中丞、秘书省著作郎、殿中省五尚奉御、大理寺正、诸卫郎将、司天监五官正、太史令、诸王府史、谘议参军事	五品以上绯褶

（续表）

简称官品	罚俸例	正官定品举例	章服定品例
六品	二贯	六品:御史台侍御史、六部二十四司员外郎、门下省起居郎、中书省起居舍人、东宫诸率府副率	
七品	一贯七百五十	七品:御史台殿中侍御史、诸司副史、左右司谏内殿承制、内殿崇班	七品以上绿褶
八品	一贯三百	八品:御史台监察御史、秘书省著作郎、左右正言	
九品	一贯五十		九品以上碧褶

元丰改制后官品表及示例(四)[75]

官品	元丰正官定品例	元祐正官定品例	乾道正官定品例	庆元正官定品例
正一品	侍中、中书令、尚书令	侍中、中书令、尚书令	左、右丞相	左、右丞相
从一品	尚书左、右仆射	尚书左、右仆射	枢密使	枢密使
正二品	门下侍郎、中书侍郎、尚书左右丞	门下侍郎、中书侍郎、尚书左右丞、吏部尚书	参知政事（副相）	参知政事（副相）
从二品	吏、户、礼、兵、刑、工部尚书	吏、户、礼、兵、刑、工部尚书	吏、户、礼、兵、刑、工部尚书	吏、户、礼、兵、刑、工部尚书
正三品	龙图、天章、宝文阁学士	龙图、天章、宝文阁学士	龙图、天章、宝文阁、显谟、敷文阁学士	龙图、天章、宝文阁、显谟、敷文、焕章、华文阁学士

（续表）

官品	元丰正官定品例	元祐正官定品例	乾道正官定品例	庆元正官定品例
从三品	尚书省六部侍郎	尚书省六部侍郎	尚书省六部侍郎	尚书省六部侍郎
正四品	秘书省监	秘书省监	秘书省监	秘书省监
从四品	龙图、天章、宝文阁待制	龙图、天章、宝文阁待制	龙图、天章、宝文、显谟、敷文阁待制	龙图、天章、宝文、显谟、敷文、焕章、华文阁待制
正五品	观察使	观察使	观察使	观察使
从五品	秘书少监	秘书少监	秘书少监	秘书少监
正六品	尚书省左、右司郎中	尚书省左、右司郎中	尚书省左、右司郎中	尚书省左、右司郎中
从六品	尚书省左、右司员外郎、尚书省六部二十四司郎中	尚书省左、右司员外郎、诸司郎中	尚书省左、右司员外郎、诸司郎中	尚书省左、右司员外郎、诸司郎中
正七品	二十四司员外郎	诸司员外郎	诸司员外郎	诸司员外郎
从七品	秘书省丞、太常博士	秘书省丞	秘书省丞	秘书省丞
正八品	秘书郎、著作佐郎	秘书郎、太常博士	秘书郎、著作佐郎、太常博士	秘书郎、著作佐郎、太常博士
从八品	秘书省校书郎、正字	秘书省著作佐郎、校书郎、正字	秘书省校书郎、正字	秘书省校书郎、正字
正九品	太学正	光禄寺太官令	太学正	太学正
从九品	县主簿	县主簿	翰林医学	翰林医学簿

宋代品官章服简表(五)[76]

品级	服色	冠	带	佩鱼带	笏
一品	紫	七梁冠	玉带	金鱼袋	象笏
二品	紫	六梁冠	玉带	金鱼袋	象笏
三品	紫	五梁冠	玉带	金鱼袋	象笏
四品	紫	五梁冠	金带	金鱼袋	象笏
五品	绯	五梁冠	金涂银带	银鱼袋	象笏
六品	绯	四梁冠	金涂银带	银鱼袋	象笏
七品	绯	三梁冠	黑银及犀角带	七品以下无	木笏
八品	绿	三梁冠	黑银及犀角带		木笏
九品	绿	二梁冠	黑银及犀角带		木笏
庶人	皂白	帽	铁角带		无

(二)爵号与勋级

官品虽然是历代仕人追逐的目标,但官品本身只不过是衡量等级的标尺,是抽象的,不系于官衔之中。官品在官场中发挥的作用,近似于商品流通领域中等价物的货币,但又不能与“等价物”等同视之[77]。官品的体现依赖诸多载体,比如散阶、正官、爵位、勋级等,而诸种载体之中,又有主次之别。这里我们主要介绍宋代的爵号与勋级。

爵在上古时期代表禄位,或与封土相联,或与租税相联。宋代爵名沿唐代之制,其等级屡有变化:北宋前期有十二等(见表六);神宗时期定为九等:王、郡王、国公、郡公、县公、侯、伯、子、男;哲宗时《元祐官品令》定为十等:王、嗣王、郡王、国公、郡公、开国县公、开国侯、开国伯、开国子、开国男;南宋时为十等:王、嗣王、郡王、国公、开国郡公、开国县公、开国侯、开国伯、开国子、开国男。宋代的王(包括嗣王、郡王)只能封皇室、宗室成员,“非赵氏不能封王”,虽然王安石被封过“舒王”,岳飞被封过“鄂王”,但都属于死后追封。所以,宋代进行封爵的对象也是严格限制的:皇子皇兄弟封亲王,亲王之嫡系长子封嗣王,宗室近亲的嫡长子封郡王、国公、郡公等。另外像宰相一类异姓的高官功臣通过皇帝特令也有封国公的。其他文武臣僚,北宋前期文臣少卿监以上,武臣诸司副使、宗室率府、副率以上方有封爵。元丰改制后,侍从官以上才被列入封爵之列,卿监以下仍没有资格。封爵时将被授予食邑,按等级有严格的区别,比如三百户者为开国男,五百户者为开国子,七百户者为开国伯,一千户以上为开国侯,二千户以上者为开国公。

勋一般是指军队里面作为酬赏勤劳的秩阶,源于北朝西魏所设的“柱国”。宋初沿袭唐朝的勋级(见表七),而在叙授之制方面又有自己的特点和规定。淳化元年(990年)正月,太宗下诏命令文臣京官、幕职县官可以授勋(武骑尉),朝官也可以授(骑都尉),以后有功就历阶而升;武臣三班小使臣、军员、吏职自武骑尉、内殿崇班以上初授骑都尉。并且规定,自此以后,授予勋级的人一般不能再以勋赎刑。元丰三年(1080年)九月,规定有功的文臣经皇帝特恩也可以加勋到上柱国(如三司副使、知杂侍御史)并封加食邑。到徽宗政和三年(1113年)二月,相继废除文、武官勋级,仅在边防戍官(蕃官)和兵士中偶有初授。南宋以后,勋作为一种酬劳臣僚的制度逐渐沉寂。

此外,赐名“功臣”称号在宋代也是一种酬劳稳定人心的制度。和唐代一样,宋代宰相、枢密使上任,必首先赐予“功臣”。宋代还对参知政事、枢密副使当中一部分人,根据皇帝特令赐予“功臣”。这类情况都是为了增加所任官员的感召力而为。这里就不一一详述了。

宋代爵号简表(六)[78]

等级	爵号	附　　注
一	王	
二	嗣王	
三	郡王	
四	国公	
五	郡公	
六	开国公	
七	开国郡公	现任或前任宰相食邑万户
八	开国县公	食邑二千户以下,封公
九	开国侯	食邑一千户以下,封侯
十	开国伯	食邑七百户以上,封伯
十一	开国子	食邑五百户以上,封子
十二	开国男	食邑三百户以上,封男

宋代勋级简表(七)[79]

等级	勋号		等级	勋号
1	上柱国		7	上骑都尉
2	柱国		8	骑都尉
3	上护军		9	骁骑尉
4	护军		10	飞骑尉
5	上轻车都尉		11	云骑尉
6	轻车都尉		12	武骑尉

(三)俸禄

宋代俸禄制度是职官制度中的重要内容，它包括俸禄的名色、等级、支付方式等方面。从纵向考察，宋代俸禄之制既承继前代，又变化较多；从横向考察，则表现为既纷繁复杂，又完备周密。

宋代俸禄制度中关于俸禄的分类很多，就基本情况而言，可划分为请受、添给两大类。请受又称请给、本俸，包括料钱、衣粮。这类在北宋前期，由本官决定。元丰改制后，由寄禄官决定。添给是按照地位高下，职务不同随时、随分而定，即本俸或请受之外的补贴，其名色不一，有添给（增给）、职钱、贴职钱、折食钱、雪寒钱、公使钱等。宋初添给中较重的是公用钱、职田、给券（驿券、仓券、馆券等），元丰改制后为职钱、贴职钱。得到请受和添给的多少与官员的品位高低、差遣轻重直接挂钩。无论是请受还是添给，宋代均以货币（现钱：铜、铁钱）为主，采取月俸支付的方式发放。除了发现钱外，宋代还按春、冬两季在官员本俸里增发绢、绫、罗、丝、锦和米、麦等实物。有时铜钱紧缺，也按一定比例折支实物。所以宋代俸禄制度中全支钱的官员不多，如果哪个官员俸禄全支现钱，就会被看作是优待。官吏如果一百天请假不上班，就要停发俸禄。家里有事需要钱财，还可以“借支”，即预支。这一部分在下次发俸时扣除。整个来说，宋代官吏的俸给是比较优厚的。

宋代俸禄制度是酬劳百官，稳定官僚基层的核心部分，具有以下特点：

第一，就俸禄制度本身的发展来看，宋代完成了由官品决定俸禄向寄禄官（北宋前期为本官）决定俸禄的转变。宋初俸禄沿袭五代之制。为了稳定官僚队伍，赵匡胤建立宋朝不久，便进行改革，下“省官益俸”之诏，并且于乾德四年（966 年）颁布州、县官《复置俸户诏》，开宝四年（971 年）颁布《幕职官置俸户诏》，将州、县、幕职官月俸分摊给俸户,每一贯俸钱,由二俸户逐月各输五百文,以此类推,从而保证亲民之官之禄足以代耕。太宗时仍坚持“益俸”政策。到仁宗嘉祐二年(1057年)十月,又颁行《嘉祐禄令》,标志着中国封建社会俸禄制度史上的重要转折,它正式完成了由唐代以前按官品定俸禄向按本官定俸禄的转变,并确定俸禄以现钱为核心,辅以实物及职田的新型支付方式。元丰三年(1080年)九月,颁行《元丰寄禄格》,即《寄禄新格》,一改依本官定禄为依寄禄官定禄(武臣至政和改名),同时新创职事官职钱(在京官员)与外任官职田并存的俸禄之制。

南宋的俸禄制度,仍坚持以寄禄官为本俸,辅以职事官寄职钱的元丰禄制。高宗绍兴九年(1139年)正月,颁行《绍兴重修禄秩敕令格》,于寄禄本俸,职事官寄职钱外,内外官有添支料钱,职事官有职食、厨食钱等。可以说,两宋对官员俸禄“不计资品,任官者但常食其俸而已”,官品只起衡量官员地位高下等差的作用,不再是发放俸禄的唯一依据。

第二,宋代俸禄高低差距悬殊。最高等节度使,每月俸钱四十万,禄粟二百石,绫四十匹,绢六十匹,绵二百两,而最低的官员俸禄仅三百钱。宋代官与吏的差别就更是悬殊了,除了一些地方长吏有本俸、职钱以及公用钱外,一般吏人“廪给不均”,州、县吏“无常俸”。

第三,宋代俸禄之制皇室特别优待。宋代皇帝不许宗室干预朝政,但在物质上却十分优宠宗室成员,其俸禄总数往往超过文武百官的总数。

宋代俸禄制度以优待士大夫为国策,以减少唐末五代以来官吏刻剥百姓而使社会矛盾加剧,以达维护朝廷长治久安为宗旨,特别是“省官益俸”的思想,就宋太祖而言,其初衷是不无道理的,然而由于封建特权思想以及其阶级的局限性,乃至不惜鱼肉百姓而得到了“益俸”，而“省官”的结果导致冗官、闲官多而成瘫痪的局面。我们在认识宋代俸禄制度对促进宋代稳定、发展方面的积极作用时，还要看到它的消极作用。

总之，宋代为了消除藩镇给皇权造成的威胁，宋太祖一方面采取一种非暴力的方式，杯酒释兵权，让一大批高级将领交出权力，另一方面建立了具有宋代特色的官吏管理制度，维护皇权，确保中央的绝对权力。杯酒释兵权和平解决了皇权与将领的矛盾，这是历代皇帝，包括后世的领导人所不曾有过的。历代最高统治者在解决自己与手下将领在权力问题上的矛盾，都是采取暴力与阴谋，不知有多少功臣将领被扣上谋反的罪名，有多少功臣将领被满门抄斩。只有赵匡胤用和平的方式处理皇帝与功臣将领之间的矛盾，可惜的是后世的统治者并没有认真学习吸取。正由于赵匡胤为他的子孙开了一个好头，有宋一代的官场要比任何一代都和谐得多。虽然在北宋改革派与保守派权力斗争不断，但是谁上台也无法将对方置于死地。收拾对手最常用的手段就是贬官，留有生路。

宋代的官吏管理制度也处处都有杯酒释兵权的影子，这就是官场大家人人都有饭吃，人人都有官做，人人都无权，人人又都可以随时当家作主。使职差遣决定着每个官员有无事做。使职差遣虽然保证了无人擅权，但也造成了大量的闲曹冗官，浪费了官场资源。宋代花钱买来官场的平安，但却忘记了当遇到外敌侵犯的时候怎么办。重文轻武繁荣了宋代文化，创立空前绝后的宋词。宋代文臣多都满腹文章，但缺乏御敌的韬略。面对周边强敌的入侵，只能苟且偷安。苟且偷安的思想烙印深深嵌在两宋皇帝的脑海里。与西夏辽金元的征战虽然产生了一些将才，但他们也多不得志，甚至丢上了性命，像岳飞。

任何官吏制度有其利必有其弊，这是我们在研究宋代官制时需要注意的。

注释：

(1)《续资治通鉴长编》卷五。

(2)(6)(7)(8)(11)(15)(16)(26)(27)(31)(33)(37)(43)(45)(61)(62)(65)(67)《宋史·职官志》。

(3)(4)(12)(36)(64)《宋会要辑稿·职官》。

(5)《续资治通鉴长编》卷二六、二八。

(9)(70)《宋会要·职官》。

(10)《通典·职官考》。

(13)《朱子语类》卷一〇六。

(14)《宋会要辑稿·食货四》。

(17)陈傅良《止斋文集·答林宗简》。

(18)《北大学报》1987年第5期张希清《论宋代科举取士之多与冗官问题》。

(19)日本荒木敏《宋代科举制度》(1969年)。

(20)参考《宋史·王安石传》。转引李铁《中国文官制度》:《三舍升试法》主要规定了通过增加太学生名额，以学校取士代替其它诸科的取士。

(21)(22)(25)参见李铁《中国文官制度》。

(23)(24)(30)王栐《燕翼诒谋录》。

(28)《资治通鉴长编》卷四。

(29)马端临《文献通考·举考》。

(32)《廿二史札记·宋恩荫之滥》。

(34)《宋会要·选举》。

(35)(40)《野朝杂记》。

(38)参见《中国政治制度史》第六卷。

(39)《续资治通鉴长编》卷一五五。

(41)吴潜《许国公奏议》卷二《奏论计亩官会一贯有九害》。

(42)《宋大诏令集·许入谷授官制》。

(44)《续资治通鉴长编》卷二。

(46)(47)(59)《文献通考·职官》。

(48)《续资治通鉴长编》卷三。

(49)《续资治通鉴长编》卷四。

(50)《续资治通鉴长编》卷三十四。

(51)杨仲良《续资治通鉴长编纪事本末》卷八二。

(52)岳珂《愧郯录》卷六。

(53)《文献通考》卷四七《职官一》。

(54)《宋史纪事本末》卷二《收权》。

(55)王君玉《国老谈苑》卷一。

(56)《续资治通鉴长编》卷十三。

(57)《续资治通鉴长编》卷二八。

(58)《宋论》卷二。

(60)《续资治通鉴长编》卷四八。

(63)杨士奇《历代名臣奏议》卷一五一《用人》、卷二〇七《听言》。

(66)龚延明《宋代官吏管理制度》。

(68)(69)《续资治通鉴长编》卷四三二。

(71)北宋孙逢吉《职官分纪》。

(72)(73)(74)(77)(78)(79)参考王汉昌《中国古代人事制度》。

(75)(76)参见《西南师大学报》90—1《论宋代官品制度及其意义》。

第六章 辽、金、元官制

第一节 辽、金、元政治概述

辽是由北方少数民族契丹建立的政权。公元六、七世纪，契丹居住在潢河（今辽宁省西拉木伦河）和土河（今辽宁省老哈河）一带，过着随寒暑，逐水草的游牧渔猎生活。开始，他们在这一地区置东、西、南、北四楼为政治中心，没有固定的都城。这时，中原地区正是盛唐时代。唐贞观十二年（648 年），契丹人归附唐朝，唐在原契丹地区置松漠府，以契丹首领窟哥为都督。唐玄宗开元时，耶律氏控制契丹各部，开始了建立制度，设置官署的政权建立阶段。他们刻木为契，穴地为牢，将旧有的八部划为二十部。

唐天复元年（901 年），耶律阿保机被立为“夷离堇”，代替遥辇氏，成为契丹首领，并在后梁贞明二年（916 年）称帝，即辽太祖，建立契丹国。阿保机率领契丹军马开始对周围的各民族部落征战，先后吞并了室韦、奚、渤海等族，并对掳掠来的各民族，采取了汉人的州、县制度进行统治。阿保机在契丹境内设置了一些与河北地区同名的州、县以居汉人，并使其保持汉人习俗，从事农业。

阿保机在建立辽国之后，使用了从唐代燕蓟地区掠去的许多汉族知识分子，为辽朝制定了一些封建的典章制度。辽太宗（927—947 年）耶律德光即位后，侵占了“燕云十六州”，辽的政权走上了封建化的道路。这时,中国历史正处于“五代十国”的藩镇割据时期。

公元947年,辽太宗改国号为“大辽”,定皇都为上京(今内蒙古巴林左旗南波罗城)。从太祖灭渤海国,到太宗侵占后晋燕云十六州,辽国的国势已十分强盛,疆域已东到今日本海,西至内蒙古中部,南到渤海(今天津海河、山西雁门关一带),北至黑龙江。耶律德光统治时期,辽朝便制定了“胡”汉分治的制度,即所谓“以国制治契丹,以汉制待汉人”(1)。其具体办法是:统治契丹族和其他游牧民族的,一律用契丹贵族,办事处所设在皇帝的牙帐之北,称为北面官。凡是属于“宫帐、部族、属国”的和“兵机、武诠、群牧”范围内的政务,都由他们负责。统治汉人和旧渤海国的,杂用汉族地主和契丹贵族,办事处所设在皇帝牙帐之南,称为南面官。凡属于“汉人州、县、租赋、军马之事”和“文诠、丁赋之政”(2),都由他们负责。

公元982年,辽圣宗耶律隆绪在继太宗、世宗、穆宗、景宗后即位,年方十二,母萧太后当政。在此时期,北宋统一中国后,遂展开对辽用兵,企图解除北方的威胁。在军事未能取胜的情况下,公元1005年1月,宋、辽在澶州(今河南省濮阳市)达成“澶渊之盟”,北宋每年向辽输纳白银十万两,绢二十万匹,双方约为兄弟国家。

公元1125年,辽为崛起的金所灭。辽共历九世,凡二百一十年。

辽中央机构实行胡汉分治的南、北面官体制,而地方行政机构,从阿保机开始建置许多州、县,到后来的设官分职,均大略采用唐制,分设刺史、县令,也有节度使、观察使、防御使等名号。在地方行政机构中,还有一种“头下军州”。到十世纪末,辽的行政上中央集权的趋势已日益加强。

金是女真族于公元1115年建立的政权。女真族原名黑水靺鞨,五、六世纪以来,居住于今黑龙江与松花江流域以及长白山麓,在八、九世纪役属于渤海国。在辽灭渤海国后，又受辽的统治，处于原始部落的历史阶段。公元十二世纪，女真族的完颜部落开始取得作为部落联盟的世袭酋长的权力。

公元1114年，完颜阿骨打举兵反辽，大败辽兵，遂在第二年称帝建元，是为金太祖，正式建立金国，定都会宁府（今黑龙江哈尔滨市阿城区南白城子）。十年之后，即在公元1125年，灭辽并乘机侵犯北宋。公元1127年，金攻破开封，把徽、钦二帝俘虏北去，遂灭了北宋。

在金政权建立之初，女真族的社会，已向着奴隶制发展，那时的金政权是一个奴隶主政权。到它灭亡了辽国，特别是颠覆了北宋之后，既吞并了辽的旧境，也侵占了黄河以北的大片土地，在这些地区，受到了高度发展的封建主义的政治、经济和文化的影响，很快转化成为封建政权。金朝建立以后，很快建立起作为阶级压迫机关的国家政治制度。如封建皇权专制制度、勃极烈制度、军事制度和法制。到金熙宗（1135—1149年）时，封建专制制度完全建立起来，废除了勃极烈制度，采用北宋的政治制度，在皇帝以下建立起从中央到地方的封建统治机构。在中央，设三师三公，以为论道辅弼之官；设六部尚书，总理行政；设枢密院（行兵时则为元帅府）管理军政；设御史台和谏院作为最高监察机构。在地方，仍沿用宋制，分路、府、州、县四级。在官吏管理上，则采用汉人的一套办法，如尊孔、科举取士等。

到公元1234年，金为蒙古军队所灭。金从阿骨打建国，到哀宗亡国，传帝九世，立国一百二十年。

元是蒙古族建立的以蒙古贵族为主体的蒙汉等各族地主阶级的联合政权。

蒙古族在唐朝时称为“蒙古室韦”，原居住在今内蒙古自治区的额尔古纳河上游，约在八世纪时开始西迁，游牧于斡难河、怯绿连河之间。公元十一、十二世纪时,当时的蒙古族,还只是蒙古草原上许多大小部落中的一个。到了蒙古族统一以后,“蒙古”一名才成为草原部落各部的通称。

公元1206年,蒙古孛儿只斤(意为黄金甲族)部的贵族,在统一了各部落之后,结束了蒙古长期分裂的局面,建立了蒙古国,在斡难河源做了蒙古大汗,被各个部落尊称为成吉思汗。蒙古统一后,从公元1211年开始向金发动战争。窝阔台继位后,公元1234年在南宋夹击下灭亡了金。紧接着,又展开对南宋的进攻,并在公元1279年灭南宋。

在此期间,元世祖忽必烈至元八年(1271年)定国号为元,建立了元朝。次年将大都(今汗八里)定为国都。

在灭了南宋之后,元代的疆域北逾阴山,西极流沙,东尽辽东,南越海表,成为空前的大帝国。在元统治期间,中国是当时世界上最强大最富庶的国家。但由于元代政权是在军事暴力政府的基础上建立起来的,所以又是我国封建社会后期一个最野蛮、最黑暗的朝代。

元代领土较之唐代更为广阔,为了便于控制,元政府除以今河北、山东、山西等地为“腹里”外,还设置了岭北、辽阳、河南、陕西、四川、甘肃、云南、江浙、江西、湖广等“行中书省”,简称“行省”或“省”。

元政府组织大都“尊用汉法”,在中央设中书省统领全国行政,枢密院管理军事,御史台负责监察。又设宣政院掌宗教,通政院掌驿站,此外还有翰林院、集贤院、太常礼仪院、太史院、太医院、将作院等机构。中书省设有中书令、左右丞相、平章政事、左右丞、参知政事。枢密院设枢密使、枢密副使。御史台设御史大夫等官职。在地方设行中书省,行中书省各设丞相一人,凡地方军政大事无不统领。行中书省下为路、府、州、县。路、府、州、县皆置达鲁花赤,掌管并督察辖区内的行政。

综上所述，辽、金、元是我国少数民族分别建立的政权。辽、金存在的时期，大致与北宋、南宋两朝存在的时间相同，因此，辽、金成为北部中国地区的与中原汉族政权相对峙的统治阶级政权。该两民族在建国初，其社会形态的发展，均远远落后于中原汉民族，或为奴隶制社会，或为原始封建制后期。立国之后，特别是在与中原汉民族的长期接触中，受到汉族文化的影响，发生了飞快的变化，社会形态朝封建社会过渡。中国古代封建文化的最大特点之一，就是同化外族，使外族统治者不得不搬照汉族统治阶级旧有的方式，辽、金、元国家机构与职官制度就充分说明了这一点。在职官制度上，既有少数民族原有制度的一些残留，但更多的是吸收和继承了宋代的制度。辽、金两代相比，金的进化速度则比辽更迅速，其汉化程度也比辽更高。

元代的官制，虽基本上是采用唐宋以来的汉民族官制，但也有一些变化，同时保留了蒙古族的一些官职设置。在地方机构中，行省的设置，对于后世影响深远。创建行省，是中国行政体制中的一大变革，省作为地方一级行政区的名称从此保留下来，一直沿用至今。

但元代的政治制度，带有明显的民族压迫和歧视特点，所以王朝一开始建立，就受到各族人民的反抗。蒙古贵族建立的元朝不足百年，到公元1368年，就在农民大起义的洪流中灭亡了。

第二节　中央机构与职官

一、辽代中央机构与职官

辽代官制有几个显著特点：一、蕃汉并行，自成体系。即官分南北两制，以契丹官制治契丹人，以源于后唐、后晋、北宋的汉官制治汉人。《辽史·百官志》说:“辽国官制,分北、南院,北面治宫帐、部族、属国之政,南面治汉人州、县、租赋、军马之事。”对“胡”汉分治的北、南面官制的确立,是辽国中央政权组织的重要特点。二、名实不一,复杂多变。这是由于在民族大融合中,各民族的语言互相渗透、影响,同时在理解上也容易发生歧异造成的。三、制度疏略,记载混乱。这是因为其社会形态发展程度低,社会组织比较粗糙造成的,加上文化落后,各种制度也不可能有细致准确的记载,后世的史载必然发生错误。

由于辽代是蕃汉并行的制度,所以中央官制中比较完备的还是在占领了汉民族地区后,保留下来的汉族王朝官制,也叫做“南面官制”。而原来契丹族的官制则称为“北面官制”。

1. 北面官制

辽国的北面官系统,由大于越府、宰相府、诸帐官、部族与属国之官组成。

大于越府　大于越府是一个辅弼机构,以备皇帝咨询顾问。“于越”是契丹语,有如汉语的“太傅”。《辽史》中说,于越属于坐而论道之官,类似三师之一。于越,契丹“贵官,无所职。其位居北、南大王上,非有大功德者不授”[3]。在唐代,三公三师是训导、论道、顾问之职,为天子所师法,多由德高望重之大臣充任。辽沿唐制,因而如出一辙。

宰相府　辽代宰相府属于北面官系统,但却又有南北两府之分。除了两府为宰相机构,又有仅次于二府的北、南两院。这是因为辽太祖时将“迭剌夷离堇”(汉语为统军马之大王的意思)分为北、南二大王,谓之北、南两院的原因。所以,两府与两院,实际上就是辽的中枢机构。两府指北府与南府,两院指北院与南院。两府两院分统契丹各部落联盟。两府两院的首领均参与中枢政事。在两府中,北府长官称北府宰相,由皇族官员担任;南府长官称南府宰相，由后族充任（契丹族不歧视妇女，皇后亦参与军政大事）。后来汉人官员地位提高，也可担任两府宰相。两府宰相都不是辽所属诸部的成员，平时要居朝中参与政要。从中也可以看出，辽代宰相与中原汉族王朝的宰相是不同的，它带有很大的部落联盟首领的味道。在两院中，其长官为北院大王和南院大王，是仅次于两府宰相的重要职官。两院是原皇后所出的部落建国后分成的组织。两院大王平时居朝中参政，另设知北、南院大王事、太师、太保等官员，分治两部驻地的居民。

辽代宰相府由五院一司构成，由北南二相府总管。这五院一司虽无六部之名，但有六部之实。如北枢密院当兵部，南枢密院当吏部，北南大王当户部，宣徽北南院当工部，夷离毕院当刑部，敌烈麻都司当礼部，如唐代的尚书六部。北枢密院，又称契丹枢密院，管理军事行政事务。由于契丹族建国前后，带有浓厚的氏族社会末期的色彩，表现出军政、民政合一的特点，因此，军事长官与政事长官的职权也不分明。北枢密院的长官有北院枢密使、知北院枢密使事、知北枢密院事等，下设枢密副使、知副使事、同知枢密使事、签书枢密院事等职。枢密使权位极重，除军事外也能参与国政，并听决狱讼。

北面诸帐官　有御帐官、皇族帐官、诸帐官三类。其中御帐官有侍卫司、宿卫司、奉宸司、北南护卫府诸机构；皇族帐官有大内惕隐司、大横帐常衮司、四帐都详隐司、舍利司、亲王国、王子院、驸马都督府诸机构；诸帐官有著帐郎君院、皇太后祗应司、皇太后后妃祗应司、著帐户司、大国舅司诸机构。北面诸帐官分掌宫帐、皇族侍卫、政教事务。

北面部族属国官　分为部族官、属国官两部分，分掌辽国所属少数民族和有来往的属国事务，部族官有四大王府（为大部落）、四十九节度（为小部落）；属国官有女真国等十九国大王府，高丽、室韦、突厥等五十八国王府，八部大王府，渤海等部官四部分组成。

此外，还有掌管文翰之事的大林牙院。

在北面官制中，属于中央一级的职官有：

大惕隐司　掌管皇族的政教事务。官员称惕隐、知惕隐司事、惕隐都监。后族萧氏二帐事务，专设大国舅司掌管，官员有常衮(敞隐)、太师、太保、太尉、司徒、司空等。

夷离毕院　契丹建国前部落中处理纠纷的长老称夷离毕，建国后，朝中设夷离毕院掌管司法刑狱。职官有夷离毕、左夷离毕、右夷离毕、知左夷离毕事、知右夷离毕事等。官分左右，显然是受汉族官制的影响。

大林牙院　契丹语称文士为林牙，主管朝廷文书、诏令等事。官员有都林牙、林牙承旨、林牙等职。有的还在官职上加"北面"二字，因其主掌契丹语文的文书，而汉文字书则由南面官的翰林院管理。敌烈麻都司，礼仪官，掌朝廷礼仪和祖宗祭祀等事务。

2. 南面官制

辽代，建汉人枢密院以兼尚书省，作为南面官，用以治理诸州事。其后，逐渐设置了三师三公。吞并"燕云十六州"后，便采用唐朝旧制，设南面三省、六部、台、院、寺、监、诸卫、东宫等机构。辽的三师即太师、太傅、太保，三公即太尉、司徒、司空，三师三公均为加官，官位至尊，不轻易授拜。

辽太祖初年，尚书省并非独立机关，只设"汉儿司"，由韩知古总领其事。辽太宗置枢密院，掌汉人兵马之政，因而实际上以枢密院兼行尚书省事。此时，枢密院的组织是知枢密使、知枢密使事、枢密副使、同知枢密院事、知枢密院事、知枢密院副使事、枢密直学士、都承旨、副承旨等官员，分管院事。下设吏房、兵刑房、户房、厅房(即工部)等机构。其后尚书省扩大并成为独立的国家中央政府机构，置尚书令、左右仆射、左右丞，下设吏、户、礼、兵、刑、工六部。各部均设尚书、侍郎为正副长官,设郎中、员外郎分主各司政务。

辽的中书省,初名政事省,太祖时置。兴宗重熙十三年(1044年)改政事省为中书省。

门下省在辽代,其地位已大大下降,因为辽的决策多在北面官。

在南面官制中,属于中央一级的职官有:

政事省与中书省　中书省由政事省改来。政事省有政事令、大丞相、左右丞相、参知政事等官和六部。改为中书省后,出现过中书令、大丞相、左右丞相、知中书省事、中书侍郎、中书省令史、同中书门下平章事、参知政事、中书舍人等官名,是只管汉人事务的行政机构。其办事机构,辽还沿袭唐代政事堂制度,设"堂后官"主事,守当官及令史。另有中书舍人院、右谏院等下属机构。辽代中书省职掌已不能与唐代相比,职掌仅有册封太子时跪读册文、宋朝使节进礼物时上殿启事等任务而已。中书省权虽不重,但中书令、大丞相、左右丞相、平章事等官却多以贵族担任。

门下省　辽太宗灭后晋之后,曾沿后晋门下省官制设官,历代有门下平章事、门下侍郎、门下侍郎平章事及侍中、常侍、给事中、起居舍人等名目,但有些只是虚衔。与唐代的门下省不同,辽门下省虽有"登闻鼓院"、"匦院"等机构,但也是徒有其名。

南枢密院　是南面官中掌握军政实权的要职。长官有枢密使,以下有知南枢密使事、南枢密院副使、同知枢密院事、知枢密院副使事、枢密院直学士等官称。

翰林院　掌管汉文文书。与北面官的大林牙院分工,辽代南面官的翰林院也参与管理汉人事务,如上奏朝廷复决的案件,翰林院官员也可参加审议,其官员是总翰林院事,职名有翰林院学士、翰林学士承旨、翰林应奉、翰林待诏等。

辽代官制简表

北面系统

机构	职官	说明
大于越府	大于越	辽职官分北南两大系统，北官治契丹官帐部族之事，南官治汉族地区之事，大于越类似于南官三公
宰相府 北宰相府 南宰相府	左、右宰相总知军国事、知军国事 同北	在皇族之中选任 宰相在外戚中选任
枢密院 北枢密院 南枢密院	枢密使 同北	掌机要、武诠、群牧，职如兵部 掌文选、部族、丁赋、职如吏部
大王院 北大王院 南大王院	北院大王、知北院大王事、北院太师、太保、司徒、司空等 同北	掌部族军民之政，职如户部
宣徽院 宣徽北院 宣徽南院	宣徽使等 同北	掌御前供应之事，职如工部
夷离毕院	左、右夷离毕	掌刑狱，职如刑部
敌烈麻都司	敌烈麻都	掌礼仪，职如礼部
大惕隐司	大内惕隐	掌皇族政教，职如宗人府
大林牙院	北面都林牙	掌文翰，职如翰林院
其他	略	

南面系统

机构	职官
三师 三少 三公	太师、太傅、太保 少师、少傅、少保 太尉、司徒、司空
枢密院	枢密使等
三省 中书省 门下省 尚书省	中书令、大丞相、左右丞相、同中书门下平章事、参知政事、中书侍郎等 侍中、常侍、给事中、门下侍郎等 尚书令、左右仆射、左右丞等
六部	尚书、侍郎等
御史台	御史大夫、中丞、侍郎等
翰林院	翰林都林牙、南面林牙等
各寺 各监	卿、少卿等 监、少监等
三京宰相府、五京留守司	左右相、左右平章事、留守
州	节度使、副使、观察使、副观察使、 团练使、副使 防御使、副使 刺史、同知州事等
县	县令 县丞 主簿 县尉

此表据《辽史·百官志》。

大理寺　是南面官的司法机构。长官有大理卿、提名大理寺，后又增设少卿、大理正，办理朝廷复决的重大案件。

御史台　其职掌为受理已决冤案的上诉，是一种特殊的规定。其长官有御史大夫、中丞、侍御等。

辽代中央官制实行北、南两面系统，分而治之的情况表明，辽由于地处长城内外，长城外各族以游牧经济为主，长城以南则是以城郭为主的农业经济。这一经济基础，决定了辽中央政权的北南面官体制。辽统治者正是实行了这种“一国两制”的正确国策，即一方面沿用唐、宋高度发达的封建国家政权体制，一方面又保留了旧有的契丹部落统治时原有的制度，才得以日趋壮大。辽数十次打败宋朝，是与这种因俗而治的政策有着直接联系的。

我们看到辽代统治者非常善于利用长城以南汉人的心理，几乎把唐宋朝廷的高级职官名称都搬了过来，用在那些汉人统治者身上，满足汉人的虚荣心理，以换取他们对辽统治者的效忠。

二、金代中央机构与职官

金代立国前尚处于氏族社会后期，其社会组织以部落联盟为主，在各个部落走向统一的时候，开始产生了职官，但其制度十分简陋。金中央政府组织的演变和发展，大致有三个阶段：

第一阶段是太祖太宗时代的勃极烈制度。金建国后，太祖仍保留了部落时代的这一制度。金太祖完颜阿骨打称帝前，称“都勃极烈”，其属官均称勃极烈，仅在勃极烈之前加上各种称号，以示高低之别。“勃极烈”是女真语，即治理众人之意，是女真的尊官。勃极烈既有贵族部落议事会的性质，又是新王朝辅佐皇帝的统治机构。勃极烈之次，为谙版勃极烈，为皇帝继承人。国论勃极烈，相当于国相，有时亦置左、右国论勃极烈。其次为国论阿买和国论昃勃极烈，都是政府最重要的官员。后来又陆续增加了各种勃极烈，都有不同的职掌。

第二阶段是熙宗即位后(1136—1149 年),决定改用辽、宋官制,金代官制才成为一个体系。金熙宗废除勃极烈制度,袭用辽南面官的三省制度。起初,以三省事权位最高,次为尚书省的左右丞相;中书令与侍中则在丞相之下,由丞相兼任。中书、门下二省的侍郎,位在尚书左右丞之下,且多为虚设。

第三阶段是金海陵王(1149—1161 年)时确立金的尚书省一省制。海陵王正隆元年(1156 年)罢中书、门下省,只保留尚书省。自尚书省以下,设院、台、府、司、监、局、署、所,各统其属,各负其责,并有职有编制定员,官员人数固定。这种一省制体制很有金代特色,且一直延续到金末。

三师三公

金代的中枢及中央机构是从旧的勃极烈议事会转变而来的,它的中枢制令机构与中央执行机构职权的区分并不明显,相比之下,由皇族组成的三师三公,还可以算是具有中枢机构的性质。

三师为太师、太傅、太保;三公为太尉、司徒、司空。三师权力很大,一般由太师兼尚书令。

尚书省

是中央的最高行政机构。尚书省设尚书令一员,正一品,总领纲纪,仪刑端揆,往往是荣誉虚衔;左右丞相各一人,从一品;平章政事二员,从一品。左右丞相和平章政事相当于宰相,掌丞天子,平章万机。下辖有六部、架阁库、提点岁赐所、堂食公使酒库、直省局诸机构。设左右丞各一员,正二品,为执政官,是宰相的副贰,辅助宰相治理尚书省事;参知政事二员,从二品,职掌同左右丞。

尚书省之下,分置左司、右司。金初各置侍郎一员。金熙宗天眷三年(1140 年)改为郎中,正五品;又置员外郎各一人,正六品;各置都事二人，正七品。郎中、员外郎、都事各掌本司奏事，分别总察吏、户、礼、兵、刑、工部受事付事。

其下为吏、户、礼、兵、刑、工部，分掌全国行政事务。六部各置尚书一人，正三品，下各设：侍郎一人，正四品，其中户部设二人；郎中，从五品，其中吏部二人，户部三人，礼、兵、刑、工部各一人；员外郎，从六品，吏部四人，户部三人，兵部、刑部各二人，礼部、工部各一人；吏部有主簿四人，户部有主事五人，礼部有主事二人，均为从七品。侍郎、郎中、员外郎、主事等官，皆为尚书之副佐。六部所职掌，与唐、宋大体相同。

府台司院寺监

为中央一级专门负责各项具体事务的机构。

府　有大宗正府、宫师府。

大宗正府，专管纠率和敦睦宗族事宜。首长为判大宗正府事，下设同判大宗正事、同签大宗正事、大宗正丞等官。后改为大睦亲府，官名也作了相应更改。

宫师府，为皇太子东宫专设的官署，设太子太师、太傅、太保；太子少师、少傅、少保。下设詹事院，由太子詹事、少詹事总掌东宫内外庶务。以下还有左右卫率府等机构。

台　即御史台，为中央最高监察机关。首长为御史大夫，副职为御史中丞，下设侍御史、治书侍御史各二人；殿中侍御史二人，朝觐时负责监督朝仪；监察御史十余人，负责纠察内外官员违反纲纪，及出使等职。

司　有三司、殿前都点检司等。

三司，金章宗太和八年(1208 年)将户部独立改为三司，意指兼管户部中的劝农、盐铁、度支三科事，成为中央最高财经机构，不久即罢。三司各设使一人，从二品；副使一人，正三品。另有签三司事、同签三司使、判官、规措审计官等。其中，劝农使司置大司农一人，正二品，司农卿三人，正四品，掌按察官员的优良与否，负责或升或黜之政。可见，劝农使司更重要的职权并非管理农业，而是督察官吏。

殿前都点检司，主管侍卫亲军及宫中事宜。长官为殿前都点检，兼侍卫亲军都指挥使。下设殿前左、右副都点检，皆兼侍卫亲军副都指挥使；殿前都点检判官；殿前左、右卫将军、副将军；符宝郎；左、右宿直将军；左、右振肃等官。殿前都点检司下辖宫籍监、近侍局、器物局、尚厩局、尚辇局、鹰坊、武库署、武器署、卫尉司、给事局、掖庭局等官署。

院　有登闻检院、登闻鼓院、谏院、宣徽院、国史院、翰林学士院、审官院、弘文院、记注院、集贤院和益政院等。

登闻检院，隶属于御史台，负责向皇帝进告尚书省、御史台理断事务不当，设知院、同知院各一人。

登闻鼓院，起初隶属于门下省，金章宗承安二年(1197 年)改由谏官兼任，设知院、同知院各一人。

谏院，专司向皇帝进谏的机构，设左、右谏议大夫，左、右司谏，左、右补阙，左、右拾遗等。顾名思义，起着向皇帝进谏、拾遗补缺的作用。

宣徽院，主管朝令、宴享、殿廷礼仪、宫廷膳食生活等事。设左、右宣徽使，同知、同签宣徽院事，宣徽判官等官。下属机构有拱卫直使司(掌侍卫亲军)、客省司(接待陪同使臣)、引进司(管外方使臣贡礼)、阖门(掌赞导殿廷礼仪)、尚衣、仪鸾、尚食、尚药、宫闱、内侍局、太医、御药院、教坊及署，及其他司、署、库若干。

国史院，主管监修国史，设有监修国史、修国史、同修国史、编修官、简约官等。

翰林学士院，掌管草拟皇帝颁发的诏书。设翰林学士承旨、翰林学士、翰林侍读学士、翰林侍讲学士、翰林直学士、翰林待制、翰林修撰、应奉翰林文学等官职。

审官院，掌奏驳、除授官员失当事宜。有知院、同知审官院事、掌书等官属。

弘文院，掌校译经史。

记注院，掌修皇帝起居注。

集贤院和益政院，备皇帝顾问。

寺　有太常寺、大理寺。由于寺监机关在宋代地位已经降低，所以，金时便撤销了一些，如光禄寺、鸿胪寺、太仆寺等。

太常寺，为主管礼乐、宗庙、祭祀活动的官署。设太常卿、少卿、丞、博士、检阅官、检讨、太祝、奉礼郎、协律郎等官员。管辖太庙、廪牲、郊社、武成王庙、诸陵、太乐等官属机构。

大理寺，掌审判全国司法案件。设卿、少卿、正、丞、司直、评事、知法、明法等官员。

监　有秘书监、国子监、太府监、少府监、都水监、军器监等。

秘书监，主管经籍图书资料。设监、少监、丞、秘书郎、校书郎等官。下属有司天台（掌天文历法）、著作局、笔砚局、书画局等官属。

国子监，主管学校教育。设国子祭酒、司业、丞等官。管辖国子学、太学。

太府监，主管出纳国家财用钱谷。

少府监，主管百工建筑。

都水监，主管河渠、川泽、舟楫、津梁等事。

军器监，主管修治军器等事。

以上太府、少府、都水、军器四监均设监、少监、丞等官。

金代中央官制简表

机构	职官	品级	俸禄			
			钱	帛	绢	绵
三师 三公	太师、太傅、太保 太尉、司徒、司空	正一品 正一品	8000 贯	100 段	500 匹	5000 两
尚书省	尚书令 左右丞相 平章政事 左右丞 参知政事 左右司郎中 员外郎	正一品 正一品 从一品 正二品 正二品 正五品 正六品	8000 贯 6000 贯 2000 贯	100 段 80 段 20 段	500 匹 300 匹 100 匹	5000 两 4000 两 1000 两
六部	尚书 侍郎 郎中 员外郎	正三品 正四品 从五品 从六品	5000 贯 4000 贯	60 段 40 段	200 匹 150 匹	3000 两 2000 两
御史台	御史大夫 御史中丞	从二品 从三品				
都元帅府	都元帅 左右副元帅 左右监军	从一品 正二品 正三品	 6000 贯 5000 贯	 80 段 60 段	 300 匹 200 匹	 4000 两 3000 两
大宗正府	判大宗正事	从一品				
国子监	祭酒 司业	正四品 正五品	4000 贯 2000 贯	40 段 20 段	150 匹 100 匹	2000 两 1000 两
谏院	左右谏议大夫 左右司谏	正四品 从四品	4000 贯	40 段	150 匹	2000 两
其他	略					

注：俸禄数为金贞祐年间(1212—1217 年)标准。

三、元代中央机构与职官

元代是以武力征服汉民族后迅速向封建社会过渡的，因此，其政治制度、经济制度等都处于由简单粗疏向复杂严密的转化之中。同金代一样，元代在中枢和中央官制中，制令机构与行政机构的区分也不明显，甚至无法确定有一个单独的制令机构。元代虽然也同金代一样，设置了三公（太师、太傅、太保），只是虚衔，地位虽高，并无实权。因此，元代实际上并不存在中枢机构。

无论是辽，还是金，还是元，都是依靠武力取得政权，落后的文化使他们没有气魄像北魏那样，吸取先进的汉文化，实现民族大融合。他们总是提防着汉民族，而没有把自己当做中华民族的一员，从而使得自己孤立起来，表现在官制上对汉民族充满了歧视与不信任，这就无法调动汉族官员共同参与对国家的管理，形不成合力。但无论如何，元代奠定了中国地域广阔的基础。

蒙古族最早推行的是大汗制度。汗由氏族首领会议“忽里台”推选，也就是部落首领。大汗具有至高无上的权威。铁木真在公元1206年被推举为成吉思汗。成吉思汗建立了自己的护卫军——“怯薛”，一开始怯薛只有一千人，以后发展到一万人。怯薛不仅负责护卫大汗，而且负责大汗的生活、产业和行政事务。怯薛不仅是侍卫，而且是大汗的参谋助手，侍臣传令兵，大汗的命令往往通过怯薛传达下去。忽必烈即位之后，改国号为大元。元代官制渐渐走上正规。这时候好多怯薛已经不是侍卫，而是侍中。一些汉族怯薛就是通过接近皇帝，为皇帝所信任，向皇帝提出种种建议。元代的很多官制与制度都是这些汉族怯薛提议被皇帝所采纳的。元代官制草创于太宗时代（1229—1241年），主事者为耶律楚材。元世祖时，又命刘秉忠定官制。耶律楚材依辽之制，置中枢，不设尚书。于是，元代中央政府机构就只有中书省、御史台和枢密院。

元代由中书省一省制代替沿袭已久的三省制，主要目的在于加强封建国家的统治效能。用中书省一省制代替三省制，这是元代官制的一大特点，重新确立了宰相制度。元代虽然设立中书省长官的地位，但是，好多时候中书省长官并无法统一政令。皇帝主要还是依靠怯薛参与政事，各个部门的长官要见皇帝也是通过怯薛。元代并不是绝对不设尚书省，元时曾三次置尚书省，不过时间均不长就罢省，这除了财政的原因之外，也有权臣企图立尚书省与中书省分争权力的因素。整个元代，权臣往往不以大局为重，在朝会上各执己见，互不相让，如此，则往往连朝会都不欢而散。整个元代从中央体制就没有形成合力。

中书省之下设六部，其次为从属于六部的行政机关，有院、寺、监、府等，基本上沿袭了唐代的九寺五监，略有增减而已。中央最高军事机关为枢密院。元代中央机构与职官设置情况是：

中书省

元代中书省代替了金朝的尚书省，实际上仍起着唐宋以来各代尚书省的作用。中书省的最高长官是中书令，只在四朝由皇子担任过，一般不设此职。中书省的实际长官为右丞相和左丞相各一人。蒙古习俗尚右，所以右在左上。其副手为平章政事。右、左丞相与平章政事是元代真正的、实际上的宰相，均可以议决军国大政。有元一代，除个别例外，汉人只可当平章政事，色目人（蒙古人所称汉人以外的西方各民族，主要指西域人）只能当左丞相，右丞相照例是由蒙古人担任。元代规定："官有常职，位有常员，其长则蒙古人为之，而汉人、南人贰焉。"(4)汉人连副丞相都没有资格当，只能当参知政事，其他各个机构，包括各级地方衙门，汉人只能当三把手以下的职务。宰相之下设右丞、左丞，作为宰相的辅佐，称右、左辖。参知政事，在右、左丞之下，作为宰相的副手参决政事。以上都是执事官，统称为宰执。再下为参议中书省事，主管右左司文牍，管辖六部，参与决定军国大事，他们的治所称参议府。元代中书官员设置是比较多的一个朝代，至元二十三年(1286年)，规定中书省“除中书令外，左、右丞相并二员，平章政事二员，左、右丞各一人，参知政事二员”[(5)]。成宗大德三年中书省设右左丞相、平章政事二员、右左丞各一员，参知政事二员，号称“八府”。武宗时滥设官职，中书宰相增加到十四人，御史大夫四人，当别人说宰相太多时，他根本就不予理睬，继续增设功臣左丞相。整个元代，宰相人数不固定，职数多的时候多，少的时候少。能够担任丞相的当然多数都是蒙古人，汉人很少，担任也都是左右丞或参知政事。因为担任宰相“脚跟”很重要，比如怯薛属于皇帝最亲近的人，就属于“大脚跟”，所以很容易当宰相。

中书省右左丞相“统六官，率百司，居令之次。令缺，则总省事，佐天子，理万机”。平章政事“掌机务，贰宰相，凡军国重事，无不由之”。右丞和左丞“副宰相裁成庶务，号左右辖”。参知政事“副宰相以参大政”[(6)]。

中书省的办事机构是右司、左司。左司掌管吏礼房(分九科)、知除房(五科)、户杂房(七科)、科粮房、(六科)、银钞房(二科)、应办房(二科)。右司掌管兵房(五科)、刑房(六科)、工房(六科)。共计三十一科。每司各设郎中、员外郎、都事诸官。在三十一科具体办事的胥吏称为省掾。这些胥吏名堂很多，有提控掾史、勾销、贴黄、知除应办、杂房等。中书省办事机构还有断事官厅、客省使、检校厅、架阁库、承发司等。每个部门都有众多的胥吏。

中书省下一级为吏、户、礼、兵、刑、工六部。元初以吏、户、礼为左三部，兵、刑、工为右三部，后又以吏、礼为一部，兵、刑为一部，户、工为一部，其后才分列为六部。六部各设尚书、侍郎、郎中、员外郎等官。吏部掌职官铨选、吏员调补、勋封爵邑、考课官员政绩等事。吏部公堂称之为考功堂。户部管天下户口、钱粮、田土及赋税、钱钞、府库等事，下辖各种库、仓、提举司、都漕运司、各种转运盐铁使司。礼部管天下礼乐、祭祀、朝令、宴享、贡举政令等，下辖仪司、拱卫直都指挥使司、仪凤司、教坊司、会同馆等机构。兵部掌管天下驿传、邮递、屯田、牧场等事，下辖大都陆运提举。刑部掌管天下刑名、法律等事，下辖司狱司、司籍所。工部掌管全国营造百工之政令等事，下辖各种民匠、造作人总管府、提举司、工局、场、所等机构数十处。

另外，在尚书省设立之前，元世祖至元三年（1266 年）设制国用使司，其长官为制国用史，以平章政事兼任。尚书省设立之后，设官同中书省。元朝三度设尚书省，专理财赋，与中书省专掌政务并立，并有时也行使行政权。后省罢。

御史台

又称中台、宪台、乌台，为中央最高监察机构，主管纠察百官善恶、政事得失。设御史大夫、御史中丞、侍御史、治书侍御史等官。下辖殿中司，置殿中侍御史二人，纠察百官朝仪。察院，设监察御史三十二人，专司刺举官员功过，政事得失。元代中央机构中提高了御史台的地位，构成与中书省、枢密院互不统属的关系。监察御史品秩虽低，但作用和影响很大。御史台在地方还设立行御史台和廉访司等机构。元代御史台的地位较金、宋时为高，在中央机构中，与中书省、枢密院三足鼎立。

枢密院

简称枢院、密院，为中央最高军事机关，元世祖中统四年（1263 年）始建。主管宫禁禁卫、边防、驻军、征伐、举功转官、节制调度等事务。其长官为枢密使，由皇太子兼任。此职常缺。实际主事的只有枢密副使（简称副枢）、佥书枢密院事（佥院）二职。至元七年（1270 年）置同知枢密院事（同知）、枢密院判官（院判）各一人。二十八年（1291 年），始置知枢密院事（知院）一人，作为枢密院长官。

以下依次为同知、副枢、佥院、同佥枢密院事、院判、参议等官。枢密院内分设客省使及处决军府狱讼的断事官。在枢密院初置时，四怯薛各出代表一人参与院议，中书省派平章政事商量院事（注：四怯薛为元世祖的四亲信侍卫，任中枢右丞相、知枢密院事、左丞相、御史大夫）。

除了中书省、御史台、枢密院三个重要的机构外，元代的中央机构中还有许多府、院、寺、监，重要的有：

宣政院　元朝统治者崇信喇嘛教，设有宣政院，掌管天下佛教事，并统辖吐蕃地区，初名总制院，以国师八思巴管理，后以帝师领院事。长官为院使，常以朝廷大臣兼任。位居第二者由帝师推荐僧人担任。宣政院官职人选僧俗并用，可见宗教僧侣在元代国家组织机构中的地位以及对政治的影响。院使以下设同知、副使、佥院、院判、参议等官。所辖吐蕃地区，分设三路宣慰司都元帅府。宣慰司下辖安抚司、招讨司、宣抚司和元帅府、万户府等机构，官员多由当地僧俗首领担任，由帝师或宣政院荐举，朝廷授职。

宣徽院　掌管宫廷膳食，宴享宗戚、宾客等事。诸王、怯薛、怯怜口粮，蒙古万户、千户应纳差发，官牧孳畜的抽分和岁支饲料等事。设院事、同知、副使、佥院、同佥、院判等官，辖光禄寺、尚舍寺、阑遗监等大小机构数十处。宣政院、宣徽院同枢密院、御史台一样，有时政务可以自行处理，所辖各机构官员有权自选，都不必经过中书省。

大宗正府　主管诸王驸马头下（元代诸王的分封地和勋臣的食邑）、蒙古、色目等犯罪一切公事。以诸王为府长，诸王之中有国封者均派出札鲁忽赤（断事官）一同理事，又有怯薛派人奉旨署事。元代定置正官札鲁忽赤四十二人。

大司农司　主管劝课农桑、水利、乡学、赈济等事的官署。长官为大司农，下设大司农卿、少卿、丞等。辖有籍田署、供膳司、永平屯田总管府等机构，一度还下辖若干道劝农使司，各设劝农使和副使一人，分道巡行督催、检查农业生产及应办水利等事。

元代赋予大宗正府、大司农司二机构的地位，仅次于省、台、院，以示重要。

翰林兼国史院　主管起草诏令和奉旨撰写文稿，兼撰修国史。长官为翰林学士承旨，下设学士、侍读学士、侍讲学士、直学士；属官有待制、修撰、应奉翰林文学、编修官、检阅、典籍等。

蒙古翰林院　主管译写一切文字，用蒙古新字颁降玺书，附以各国文字。主要官员设置及名称与翰林国史院相同。

集贤院　主管提调学校、征求隐逸、召集贤良，吸收社会闲散人才，兼管道教、阴阳、占卜祭祀等事。设有大学士、学士、侍读学士、侍讲学士、直学士、待制、修撰等官。下辖国子监，掌学校之教令，设祭酒、司业、监丞等官。国子学，以博士领之，掌教授生徒，考校儒人著述，督察教官所业文字，下设助教，分教各斋学生。兴文署，掌提调学生饮膳及文牍簿书等事，设署令、署丞、典簿等官。

除此之外还有：奎章阁学士院，为儒臣研习经典、著作之机构。太常礼仪院，掌管礼乐、祭祀之机构。典瑞院，掌管宝玺、金银符牌之机构。太史院，掌天文历法。太医院，掌管御用医药及各种医药。将作院，掌管宫廷制作珍贵关佩首饰、器具、织造及白色造作。通政院，主管全国驿站。詹事院，亦称储政院，辅翼皇太子。徽政院，掌管皇太后所属事务。中政院，掌管皇后中宫事务，并掌管负责寺庙事务的隆禧院、会福院、崇祥院、寿福院、殊祥院等。

中央官署机构中，品秩较低的称为司、寺、监等。

崇福司，掌管宗教事务。设使、同知、副使、丞等官。

武备寺，主管制造、收发兵器。设卿、同判、少卿、丞等官，下辖库、各路军器人匠提举司、局数十处。

称寺的机构还有太仆寺、尚乘寺、长信寺、长秋寺、承徽寺、长宁寺、长庆寺、宁徽寺等，管理诸帝、后个人私产及人户。

称监的机构有：

太府监，主管钱帛出纳之数；

度支监，主管供给马驼刍粟；

利用监，主管出纳皮货衣物；

中尚监，主管帝、后私人所属人口及其收获、生产等；

秘书监，掌管历代属籍图册。

以上各监设卿、太监、少监、监丞等官职。

都水监　主管河渠、堤防、水利、桥梁、闸堰、舟楫等事，设都水监、少监、监丞等官员。

司天监　主管历象教学等事。设提点、司天监、少监、丞等官。属官有提学、教授、学正，下分天文、算历、三式、测验、漏刻等小官署。

回回司天监　是回回族星学者观象衍历的官署，设官与司天监同。

司湮监　主持师翁（巫师）祭祀祈禳之事，设内监、少监、监丞等官。

元代将管理国家事务与皇家事务及个人私产的机构混为一体，表明了其官制的不完备。同时，机构增设过分繁琐，职缺重叠很多，例如同为管理财政的机构，就有很多。再加上元代十分重视宗教事务，又添设了许多机构，设官予爵。这些都造成了元代中央机构十分庞大，冗员过多则俸禄滥发，财政开支增加了，但是办事效率却非常低下了。元代的建立者虽然是一个马背上的民族，绝大多数人对官制一窍不通，但一旦走向官场，一个个却是官瘾十足、架子很大，利用一切机会扩充机构，满足蒙古人的做官发财瘾。官场使他们恍然大悟，过去发财是靠战场掠夺，还要冒着生命危险，而当官利用手中的权力就可以发大财。元代官吏可以说上上下下没有几个是真心为了国家的，大都在利用手中的权力不停地捞取钱物。历史的经验告诉人们，越是官多的时候，往往越是行政效率低下。官越多，干事的就越少，负责任的就越少，一旦发生了事情，就谁也不负责任，甚至互相拆台。元代的机构不谓不庞大，对付老百姓的官吏不谓不多，但当农民起义爆发的时候，各级官吏都成了多余。朱元璋的起义军包围了大都（北京），周围各路蒙古军作壁上观，元朝皇帝无人勤王，只有仓惶逃命。元代不足百年而亡，官制的混乱与机构膨胀，官员的极端腐败，也是一个重要因素。

元代中央官制简表

机构	职官	品级	俸禄		
			上	中	下
三公	太师、太傅、太保	正一品			
中书省	中书令	正一品			
	右、左丞相	正一品			
	平章政事	从一品	6 锭	5 锭	
	右、左丞	正二品	5 锭 25 两	4 锭 15 两	4 锭
	参知政事	从二品	4 锭	3 锭 35 两	3 锭 25 两
	断事官	正三品	3 锭 25 两	3 锭 15 两	3 锭
	参议中书省事	正四品	2 锭 25 两	2 锭 15 两	2 锭
	员外郎	正六品	1 锭 20 两	1 锭 15 两	
	都事	正七品	1 锭 10 两	1 锭 5 两	
六部	尚书	正三品	3 锭 25 两	3 锭 15 两	
	侍郎	正四品	3 锭	2 锭 25 两	2 锭 15 两
	郎中	从五品	2 锭	1 锭 30 两	1 锭 20 两
	员外郎	从六品	1 锭 15 两	1 锭 10 两	
枢密院	知院	从一品	6 锭	5 锭	
	同知	正二品	4 锭 25 两	4 锭 15 两	4 锭
	副枢	从二品	4 锭	3 锭 35 两	3 锭 25 两
	院判	正五品	1 锭 40 两	1 锭 30 两	

（续表）

机构	职官	品级	俸禄		
			上	中	下
御史台（内台）	御史大夫 御史中丞 侍御史 治书侍御史	从一品 正二品 从二品 正三品	6锭 4锭25两 4锭 3锭25两	5锭 4锭15两 3锭35两 3锭15两	 4锭 3锭25两 3锭
宣政院	宣政院使 同知 副使	从一品 正二品 从二品	6锭 4锭25两 4锭	5锭 4锭15两 3锭35两	 4锭 3锭25两

注：史书无一品俸禄资料，本表俸禄为元至元二十二年标准。

第三节　地方机构与职官

一、辽代地方机构与职官

辽在建国之前为游牧民族，社会组织多以血缘关系的部落组成，无所谓地方机构。建国后，为了加强对汉族地区的统治，对州、县进行治理，同时对契丹人仍采用契丹的“国制”，保持着原来的部族、属国的统治方法，其地方机构与职官，十分简陋。

辽地方行政大体上分为道、府州、县三级。州设刺史，县置县令，京城所在地称府。关于道，当时又称五京道。其中，上京临潢府，在今内蒙古巴林左旗东南波罗城；东京辽阳府，在今辽宁省辽阳；南京析津府，在今北京西南；中京大定府，今内蒙古宁城县西南大明城；西京在大同府，今山西省大同市。辽以此五京为中心，将全国划分为上京、东京、中京、南京、西京五道，亦称五路。五道设官建置不一。五京所设机构有宰相府、内省司、诸使、留守司兼府尹、都总管府、都虞候司、警巡院、处置使和学校等。设有宰相的有东京、中京、南京，三京设左右相和左右平章事。设内省司的为上京和东京。至于五京诸使则有上京盐铁使司、东京户部使司、中京度支使司、南京三司使司和转运使司、西京计使司等。五京长官称府尹，多以留守兼任。

但是，由于五道是中央分治的区域，采取分权而治的办法，因而还不能算是严格意义上的地方机构。

不过，整个辽代大部分时间与宋代同期，以后不免又受到宋代一些制度的影响，表现在道一级所设的行政机构上，和宋代路一级所设的行政机构相仿。如前所述，辽的道也采取三权分立制度：所设都总管是承袭唐代的都督府而来，相当于宋代路中“帅司”的安抚使司，掌一道之军权；所设的处置使司掌一道司法监察大权，相当于宋代路中的“宪司”的提点刑狱司；管理财政方面仅南京道为转运使司，其他各道名称均不一：上京道为盐铁使司，东京道为户部使司，中京道为度支使司。这些都相当于宋代路中“漕运”的转运使司。

州

辽五京各州皆有节度使。中京高州、东京益州等地区有观察使，另有团练使、防御使、刺史，多沿唐制。辽南面分司之官有：分决诸道滞狱使、按察诸道刑狱使、采访使，主平理庶民事务，体恤民情，但不常设。辽南面财赋官除转运使外，长春、辽西、平州等路，俱有钱帛司及“某州钱帛都提点”。辽代的州，以节度州为最高，节度使助手为节度副使。其他州有观察州，观察州设观察使、副使。团练州设团练使、副使，防御州设防御刺史、副使。刺史州设刺史、同知州等。

县

辽代官分北、南面的体制也用于地方。北面官治其游牧之部落、属国，南面官则置汉人州、县。凡县皆置县令一人，主持全县政务。各设县丞一人，作为县令副贰。置主簿以掌文书簿册，置县尉以主捕盗之事。

奚王府与东丹国

是辽代征服奚族和渤海国后的特殊建置。奚王府，在奚王以下，设宰相二人，常衮二人，其五部官员有太师、太保、详稳等。东丹国以辽代皇帝长子为王，沿渤海国旧制设左右大相、左右次相及平章等官。

除此之外，辽代的地方机构还有一些独特之处：

一是地方机构中，有的州下面又有属州，有的属州辖县，有的属州不辖县，不辖县的属州实际似县。这种现象以前从未有过，发展到后来便有了直隶州与散州之分了。就县而言，县之上为府州，县有属于府的，有属于州的，也有属于节度州使直辖的刺史州的，没有定制，十分混乱。

二是辽的贵族在征伐过程中掳掠的大量人口，成为他们的私奴，建为州、县，称为头下州军（又名投下州军）。当时规定，只有诸王、国舅、公主、大臣可以创立这样的州城，其余贵族虽有奴隶，但不得建城郭。投下州、县按被俘人口多少分为州、军、县、城、堡等级次。这些投下州分布很广，主要在今天的辽宁省、吉林省接壤的辽河以西至阜新一带地区。

三是斡鲁朵所辖州、县。斡鲁朵是皇帝、皇后的宫殿、行帐所在地，辽代约有十二宫一府。这些就是皇帝、皇后的私产。

四是边防城。主要在辽的西北边境，为了防御而设置的州、军、城。这些边防州实际上并非地方机构一级建置，完全是为了国防需要而设，不承担普通州、县所纳之赋税责任。

二、金代地方机构与职官

金代地方机构的设置情况，既受辽代的影响，又受宋的影响，因而比较复杂。沿辽制，建五京府，置十四总管府，二十个路，三十六节镇。金在辽后，基本上沿袭了辽的五京，名称未变，只是升会宁府（今黑龙江哈尔滨市阿城区南白城子）为上京后，便将辽上京改为北京。另外，金代一般称辽的南京为燕京，灭北宋后又有汴京（今河南开封市）共七京。而政治中心在上京会宁府。受中原宋制的影响，地方机构分为路、州（府）、县三级制。

路

金代地方机构基本上是沿袭辽宋的的道和路。每路设兵马都总管府，辖本路兵马。官员有都总管一人，同知都总管一人，掌通判府事。副都总管、总管判官等。但是总管府均由所在地的府尹兼，即兼管本府行政。都总管等分别兼府尹、同知府尹、少尹，唯有另设府判管理民政事务。

上京、东京、南京、西京、北京五路又各置留守司，设官有留守、同知留守事、副留守，分别兼本府和本路前三职。另设留守判官一人管理民政。中都则由大兴府尹兼领本路兵马都总管府事。皇帝出巡时，则另置留守、同知留守事、副留守。路所设的机构有转运司和提刑司。转运司主管赋税钱粮，仓库出纳、权衡度量之制。唯中都路置都转运司，其余各路置转运司。长官为转运使，下设同知、副使、都勾判官、户籍判官、支度判官、盐铁判官、都孔目官、知法等。提刑司，掌审查刑狱、照刷案牍、荐贤举能、纠察贪官污吏豪滑之人，兼管劝农、采访、屯田、镇守诸军，后改名按察司，设按察使、副使、签按察司事、判官等。泰和八年（1208 年），诸路按察使并兼转运使，副使兼同知，签按察司事兼转运副使。

州（府）

路下设置府、州机构。

府，凡不兼总管府的为散府，设府尹、同知、少尹、府判、推官各一人。

州，仿照宋制，减去防御州之下的团练州，分为节镇、防御、刺史三等。节镇州设节度使，负责镇抚防御、刺史诸军，总判本镇兵马事，兼本管内观察使事。下设同知节度使（兼州事者带同知管内观察使）、副使、节度判官、观察判官、知法、州教授、司狱等官。防御州设防御使，下设同知防御使事、判官、知法、州教授、司军、军辖兼巡捕使等官。刺史州设刺史、同知、判官、司军、知法、军辖兼巡捕使等。

在中都、五京及府、州之下，均设平理狱讼、维持治安的地方机构。中都、五京各置警巡院，官员有警巡院使、副使、判官，各府和节度州置录事司，官员有录事、判官。防御州和刺史州置司候司，官员有司候、司判。

县

隶属于府或州，分为若干等次：赤县、次赤县（亦叫剧县）、次剧县、上县、中县、下县，以户口多少而定。金代共有六百八十三县。金代规定，凡县皆置县令一人，掌教养百姓，按察所部，宣导风化，劝民农桑，平理狱讼，捕除盗贼，禁止游闲懒惰之人，兼管常平仓及通检推排簿籍，总制县事，为一县之行政长官。置县丞一人，佐理县政；主簿一人，职同县丞；县尉一人，专司巡捕治安之事。中县以下不置丞，下县不置尉。县衙所置属吏，上县二十八人，中县十八人，下县十六人。

州、县以下，还有镇、城、堡、寨等建置，分别设知镇、知城、知堡、知寨等。

总的来说，金代地方政权基本上沿袭了辽、宋一套制度，但同时在州、县以下基层机构组织上，还残留了一些原来的氏族社会末期的部落联盟组织的猛安、谋克等称呼。早先猛安是部落单位的称呼，谋克是氏族单位的称呼，金太祖耶律阿保机在公元 1114 年规定三百户为一谋克，谋克称为百户长，十谋克为一猛安，猛安称千户长。后来进入中原后，又将这一制度推广到汉人居住地区。到金熙宗以后，便演变成了军事编制、地方行政机构、生产单位三位一体的封建化基层机构。至今济南市仍有“闫千户”的地名。金代在金世宗大定二十九年(1189 年)时，共有二二〇个猛安，一七七八个谋克。

金代地方政府官制简表

机构	职官	品级	俸禄			
			钱	帛	绢	绵
大兴府 京都	府尹	正三品	5000 贯	60 段	200 匹	3000 两
五京留 守司	留守	正三品	同上			
路	都转 运使					
府	府尹 同知 少尹 府判 推官	正三品 正四品 正五品 正六品 从六品至正七品	同上 4000 贯 2000 贯 500 贯	 40 段 20 段 16 段	 150 匹 100 匹 50 匹	 2000 两 1000 两 200 两
州	刺史 同知 判官	正五品 正七品 从八品	2000 贯 400 贯	20 段 16 段	100 匹 40 匹	1000 两 500 两
县	县令 县丞 主簿 县尉	从六品至从七品 正八品至正九品 正九品 正八品至正九品	250 贯	10 段	26 匹	100 两

注：俸禄数为金贞祐年间(1212—1217 年)标准。

三、元代地方机构与职官

元代的地方机构，大体上仿照宋、金旧制，初建时期，置路、府（州）、县三级。增设行中书省作为中央临时派出机关，以加强对地方的控制。创设行中书省制有利于中央集权制的加强，也是中国行政制度中的一大变革。因此，元代的行中书省便作为一级行政区的机构名称保留下来，形成省、路、府（州）、县四级地方政权。省的制度，从此沿用至今。

行中书省

简称行省、省，是元代的地方最高行政机构，也是一级政区的名称。行省之制渊源于三国两晋南北朝的行台，但承继却在金代。金于中央置尚书省，在全国内地又置行台尚书省，除不置尚书令外，一切官属与中央相同，但行台官员的品秩，均比中央台省官员低一等。金章宗时（1190—1208 年），派遣尚书省宰执出征、戍边或处理地方大事，在职权范围内自行处理事务，称“行尚书省事”或“行省”于某处，意为代表中央的尚书省行使权力，所以，行省是尚书省派出相臣主持的临时机构。

元代沿用金制，但由于元代废除尚书省和门下省，只置中书省作为中央行政中枢机构，故在地方上称行中书省，以中书省丞相行中书事，作为中书省的临时派出机构。所以，实际上只有到了元代建立行中书省，加上元朝疆域辽阔，行省增多，作为常设的地方行政机构，行省制度才完全确立下来，成为一级地方行政机构。行省的设置，是元代地方行政机构的一个重大而显著的变化。

至元二十四年（1287 年），先后建立江淮、江西、福建、四川、云南、湖广、甘肃、安西、辽阳等九个行省。以后行省名称辖区范围有大的调整。元仁宗时（1312—1320 年），中国已经有十一个行省：

岭北行省，统辖今蒙古大沙漠以北到北冰洋、西至鄂毕河的广大地区，省会设在和林路（今蒙古鄂尔浑河上游东岸哈尔和林），仅统一路，其余大部分地区为诸王封地及部落的游牧地。

辽阳行省，辖七路、一府、十二个州，十个县。辖区大约包括今蒙古、俄罗斯西伯利亚中部和西部，省会设在辽阳路（今辽宁省辽阳市）。

河南江北行省，统十二路、七府、四十一州，一百八十二县。辖区在今河南黄河以南、湖北长江以北，及皖北、苏北地区，省会汴梁路（今河南省开封市）。

陕西行省，统四路、五府、三十九州、八十八县。辖区在今陕西省及甘肃黄河和宁夏以东地区，省会在奉元路（今陕西西安市）。

甘肃行省，统七路、七州，辖区为今甘肃黄河以西，青海东北部、宁夏及内蒙西部地区，省会在甘州路（今甘肃张掖）。

四川行省，统九路、五府、三十六州、一军、八十一县，以及几十个"蛮夷长官司"，辖区为今四川甘孜、阿坝、雅安以东地区和湖北恩施地区，省会在成都路（在今四川成都）。

云南行省，统三十七路、五府、五十四州、四十七县，以及二十多个设在今国境外的军民府。辖区在今云南及四川凉山、贵州西部，以及缅甸北部和老挝、越南莱州府等地区，省会在中庆路（今云南昆明）。

江浙行省，统三十路、一府、二十八州、一百四十三县，辖区为今上海、苏南、皖南和浙江、福建两省地区，省会在杭州路（今浙江杭州市）。

江西行省，统十八路，二十二州、七十八县，辖今江西、广东、湖南桂阳等地，省会在龙兴路（今江西南昌）。

湖广行省，统三十路、六府、三十州、十五个安抚司、三个军、一百五十县，辖今湖南、广西两省区及湖北恩施地区以外的江南部分和武汉市地区、贵州东部、中部和西北部地区，省会在武昌路（今湖北武汉)。

征东行省,统军民总管府二、招讨司一、劝课使五个,辖今朝鲜半岛,省会在高丽京城(今朝鲜开城)。征东行省的行政首脑为丞相,由高丽国王兼任,属官也由高丽国王选择,治理也从其俗,实际上是一个徒有其名的行省。

行省官员的名称、品秩与中书省相同。行中书省职官设置一直变化不定,直到元文宗时才最后定下编制员额。每省设丞相一人,从一品;平章政事二人,从一品;左右丞各一人,正二品;参知政事二人,从二品。部分地域广大、事务繁多的行省有时设丞相或者左右司合二为一,也置郎中、员外郎、都事,但品秩比中书省官低一等。行省的丞相、平章多由蒙古亲王以及蒙古功臣后裔充当,权力极大,总揽一省军、政、财三大权,主要是行政权,但军国大事,无不领之。平章政事是行省的重要官员。平章政事“凡钱粮、兵甲、屯种、漕运、军国重事,无不领之”。大德十一年(1307 年)规定:“以行省平章总督军马,得佩虎符,其左丞等所佩悉追纳。”(7)行省左右丞主要处理行省行政事务。

行省重要下属机构为左右司,设郎中二人,正五品;员外郎二人,从六品;都事二人,从七品。其他属吏有掾史、蒙古必阇赤、回回令史、通事、知印和宣使,人数各省不一。

各行省还设检校所、照磨所、架阁库、理问所和都镇抚司。检校所设检校一人,从七品,书吏二人。照磨所设照磨一人,正八品。架阁库设管勾一人,正八品。理问所设理问二人,正四品;副理问二人,从五品。知事一人,提控案牍一人。都镇抚司设都镇抚一人,副都镇抚一人。

在这十一个行省外,山西、山东、河北、河南北部、内蒙古中部及东部地区,由中央中书省直辖,称为“腹里”,即内地的意思,不另设行政机构。腹里地区共有二十九路。

元代行省的设置,既加强了元朝的中央集权统治,巩固了我国多民族国家的统一,也促进了各族人民在政治、经济、文化上的交流。元朝创设的行省制度,对我国后世地方行政制度具有深远的影响,为以后我国省级行政机构的发展奠定了基础。

路

行省以下为路。元朝有"路一百八十五,府三十三,州三百五十九,军四,安抚司十五,县一千一百二十七"[8]。元朝的路所辖范围比金、宋时小得多。路分两等:十万户以上或虽不足十万户但地位重要者,为上路;十万户以下者为下路。路的机构为路总管府,设达鲁花赤、总管各一人,同知、治中(下路不设)、判官各一人,专治刑狱司法的推官二人(上路)或一人(下路)。至元二年(1265年)规定:"以蒙古人充各路达鲁花赤,汉人充总管,回回人充同知,定为永制。"[9]达鲁花赤,蒙古语为镇压者、制裁者、掌印者,转而为监临官、总辖官之意,既可以监督地方行政长官,又是地方政权的最高负责人。元朝规定,自路以下,无论是总管府、州府、县廷,均设握有实权的"达鲁花赤"一人掌印办事。而总管由汉人,同知由回回人充任。根据规定,上路设达鲁花赤、总管各一人,正三品;同知上路总管府事一人,从四品;治中一人,正五品;判官一人,正六品;榷官二人,掌刑狱,从六品。下路设达鲁花赤、总管各一人,从三品;同知下路总管府事一人,正五品;判官一人,正六品,榷官一人,从六品。

至元八年(1271年)"罢诸路转运司总管府",设置提举、同提举、副提举各一人,掌管课税征收[10]。各路还设有平准行用库,置提领、大使、副使各一人。府仓置大使、副使各一人。织染局,置局使一人,副使一人。杂造局,置大使、副大使各一人。

路总管府的下属还有儒学提举司,设提举、副提举各一人。各儒学提举司设儒学教授、学正、学录、蒙古教授、医学教授、阴阳教授等。除此之外还有录事司、惠民药局、税务等官员和机构。

由于大都（今北京市）和上都（今内蒙古多伦西北）为蒙古和元朝的都城，所以大都路和上都路总管府特加“都”字，并置留守司，称为“大都留守司兼本路都总管府”及“上都留守司兼本路都总管府”，其官属设置多同于其他路。

散府

为元代设置较为杂乱的地方机构，隶属于路、宣慰司或行省，或直隶都省。有的下辖州、县，有的不辖州、县。散府设达鲁花赤、知府或府尹，均为正四品；同知散府事一人，从五品；其他属官有判官、推官、知事、提控案牍等，各一人。

州

隶属于路或府，或直隶于省。分上中下三等。各个时期州的划分标准不一，到至元二十年（1283 年）规定，以户五万以上为上州，三万户以上为中州，三万户为下州。州皆设达鲁花赤、州尹、同知、判官等。上州达鲁花赤从四品，州尹从四品，同知正六品，判官从七品，其他属官有知事、提控案牍等。中州达鲁花赤正五品，州尹正五品，同知从六品，判官从七品，其他属官有吏目、提控案牍等。下州达鲁花赤从五品，知州从五品，同知正七品，判官正八品，属官有吏目等。

除了上述州，元代与辽、金一样，也有投下军州（又叫头下军州）。在元代建立以前，蒙古族就有分封贵族的制度，当他们统一中国后，就将大片的土地与百姓分封给皇族与蒙古勋臣。这些土地与百姓就称之为“阿合塔木儿”，意思是战利品，就像辽金将俘虏分给皇族勋贵一样。分给谁，谁就是投主。投下军州的百姓要给投主缴纳丝料。投下主把封户当做自己的属民，残酷剥削压榨属民，还经常科派劳役。同时他们还不断招收接受投献户口，以增加财富。投下军州的百姓虽然遭受严酷剥削，但是比国家的百姓似乎又好一些，这就使得好多地主主动投到投主的名下，以取得他们的保护。

县

隶属于路、府或州，分上中下三等。三万户以上为上县，一万户以上为中县，不到一万户为下县。设达鲁花赤、县尹、丞、主簿、尉、典史等官，下中县不置县丞。上县达鲁花赤为从六品，县尹从六品，县丞正八品。中县达鲁花赤正七品，县尹正七品。下县达鲁花赤从七品，县尹从七品。各县还设有主簿、县尉、典史。另外还设有巡检司，置巡检一人。

无论是府，还是州、县，达鲁花赤都是府、州、县的一把手，因为这些人都是蒙古人，那些汉族官员只是摆设，一切都要由达鲁花赤说了算。这些达鲁花赤绝大多数都是武夫蛮夫，大字不识一个，国家下达的文件，书吏念什么就是什么。达鲁花赤既没有文化，也没有管理才能，他们所以能够担任达鲁花赤就因为他们是蒙古人。这些官员虽然没有什么管理才能，但是捞钱发财的本事却是个个无师自通，而且没有廉耻。"元朝末年，官吏贪污，始因蒙古、色目人惘然不知廉耻之为何物，其问人讨钱，各有名目。所属始参曰拜见钱，无事自要曰撒花钱，逢节曰追节钱，生辰曰生日钱，管事而索曰常例钱，送迎曰人情钱，勾追曰赍发钱，论讼曰公事钱。觅得钱多曰得手，除得州美口好地分，补得职近曰好窠窟，漫不知忠爱民之为何事也"[(11)]。因为这些蒙古官员只知道游猎喝酒嫖女人，也都懒得处理政务，一切都交给那些胥吏去办。"随路各州司县长次正官，但遇差故将印信吩咐吏目、典史权管，多有不敢处决，两耽事务，恣纵吏目、书吏、典吏人等通同作弊，于民不便"[(12)]。元代吏治如此，岂能不被取代！

元初，州、县地方官实行世袭制。元世祖时为了加强中央集权，采纳汉官廉希宪的建议而废除，从而削弱了蒙古贵族在辖区内可以自行派官的权力,加强了中央集权的统治。

元代在县以下,建立村社、里甲等基层组织。凡五十家编为一社,用汉族地主、乡耆为社长,负责统治基层,催缴税收。但在社长之上,另有蒙古提点官进行监督,特别是派遣蒙古军队或探马赤军驻社,名义上是与民共同编社,实际上是进行军事控制。村社以下有里甲,凡二十户编为一甲,甲有甲主,由蒙古人和色目人担任,甲主对甲内老百姓有无上权力,为所欲为,甲主的衣食进项,全部要由所属村民供给。村社、里甲都是元代统治汉人的最基层组织。

除了上述一般性的机构外,元代还设有一些特殊的地方机构:

吐蕃等处宣抚司都元帅府,治河州(今甘肃临夏),辖境包括今青海东部、甘肃甘南、四川阿坝等地。吐蕃等路宣慰司都元帅府,辖境包括今四川甘孜藏族自治州、西藏昌都及青海玉树、果洛等地区。乌思、藏、纳里速古鲁孙三路宣慰司都元帅府,辖境乌思(前藏)、藏(后藏)和纳里速古鲁孙(阿里)地区,包括整个西藏地区。宣慰司设宣抚使三员,从二品;同知宣慰司事、副宣慰使一至二人,同知为从三品,副使为正四品。其他属官有经历、都事、照磨等职官。还设置驿站、军站,派驻军队,征收赋税。宣慰使司是省与路府之间的传承机关,设官有宣慰使、同知、副使等。边陲之地,宣慰使兼调度军旅之事,故而兼都元帅府,设官与宣慰使司相同,分别兼任都元帅、副都元帅、佥都元帅事。都元帅府是镇抚边疆少数民族地区的军政官署。

王傅府、王相府、内史府

是元代皇子封王以后,在所在地建立的王府,具有地方军政官署的作用,设王傅、府尉、司马等官。王傅官之下,诸王有权自置官署,官员可以自选属员,由朝廷宣授承认,分辖诸王的领地与属民。

都护府

掌管所辖高昌(今新疆吐鲁番)等城及畏兀儿人(今维吾尔

族),迁居汉地者所发生的刑事民事词讼。设大都护、同知、副都护等官。

元代的一些中央机构还在地方设立派出机构:

地方监察机构

有御史台分设的两个行御史台,简称行台。一个是江南诸道行御史台,治所建康道(今江苏南京),监临东南各行省,简称南台;另一个是陕西诸道行御史台,治所在奉元路(今陕西西安),监临西北和西南各省,简称西台,其设官品秩与中央御史台相同。

肃政廉访司

在御史台和两个行御史台下设立的机构,起初叫提刑按察司,统辖情况是:

御史台置台于大都(今北京),统辖八个肃政廉访司:

山东东西道,置司济南路(今济南市);

河东山西道,置司冀宁路(今太原市);

燕南河北道,置司真定路(今河北正定);

江北河南道,置司汴梁路(今河南开封市);

山南江北道,置司中兴路(今湖北江陵);

淮西江北道,置司庐州路(今安徽合肥市);

江东淮北道,置司扬州路(今江苏扬州市);

山北辽东道,置司大宁路(今辽宁宁城)。

江南诸道行御史台置台于集庆路(今南京),统辖十个肃政廉访司:

江东建康道,置司宁国路(今安徽宣城);

江西湖东道,置司龙兴路(今江西南昌);

浙东海右道,置司婺州路(今浙江金华);

江南浙西道,置司杭州路(今杭州);

江南湖北道,置司武昌道(今武汉);

岭北湖南道,置司天临路(今长沙);

岭南广西道,置司静江路(今广西桂林);

海北广东道,置司广州路(今广州);

海北海南道,置司雷州路(今广东海康);

福建闽南道,置司福州路(今福州)。

陕西诸道行御史台于奉元路(今西安),统辖四个肃政廉访司:

陕西汉中道,置司凤翔路(今陕西凤翔);

河西陇北道,置司甘州路(今甘肃张掖);

西蜀四川道,置司成都路(今成都);

云南诸路道,置司中庆路(今昆明)。

共计二十二道肃政廉访司。每道设廉访使二人,下设副使、佥事等官。每年除二使司以总制一道外,副使以下分头到各州、县执行廉访公务。

此外,枢密院在地方也有行枢密院,有征伐时设置,无事则罢。大司农司在地方设有行大司农司,负责巡行劝课,举察府、州、县的劝农官优劣勤惰情况。都转运使司,掌国家专营的场灶盐课。

行中书省、行枢密院、行御史台是元朝代表中央分治地方的军、政、监察三大机关,其建立表明元朝中央对地方控制的加强。行省、行院、行台,都是“行动的”中央政府机关,如果某个地方出了问题,即可由他们代表中央去处理和解决。这不仅说明元朝统治者对地方机构也需要由皇帝派心腹大臣去控制,同时反映出当时的民族矛盾、阶级矛盾是多么的尖锐,因此才需要在地方建立拥有大权以便随时镇压的机构。

元代地方政府官制简表

机构	职官	品级	说　明
行中书省	丞相 平章政事 左、右丞相 参知政事 郎中 员外郎 都事	从一品 从一品 正二品 从二品 从五品 从六品 从七品	元分全国为 11 个行省，"行省"制度始于元。
宣慰司（分道设）	宣慰使 同知 副使 经历 都事	从二品 从三品 从四品 从六品 从七品	元在山东东西道、河东山西道、淮东道、浙东道、荆湘北道、湖南道六道各设一宣慰司。
路 万户府 总管府	达鲁花赤 万户 副万户 达鲁花赤 总管	正三品至从三品 同上 从三品至从四品 正三品至从三品 正三品至从三品	府分三等，万户府为上、中、下三等。
府、散府	达鲁花赤 知府（或府尹）	正四品 正四品	有统州、县散府，有不统州、县散府。
州	达鲁花赤 知州（或州尹） 同知 判官	从四品至从五品 从四品至从五品 正六品至正七品 正七品至正八品	州分上、中、下三等。
县	达鲁花赤 知县 县丞 主簿 尉 典史	从六品至从七品 同上 正八品	县分上、中、下三等。

第四节 官吏管理制度

一、辽、金、元时期的科举与选官制度

辽、金、元是少数民族建立的政权，因为最高统治者文化水平低，因而很不重视科举。虽然也曾开科取士，以笼络汉族地主和知识分子之心，但高官显位多由本民族贵族把持，重臣显宦多非科举出身，而是由“世选”。辽代的军事首领夷离堇都是由契丹贵族首领选举产生，当他们建立国家之后，国家的重要职官如宰相和节度使都由皇帝与契丹贵族推选产生。因此，在科举取士上，无论是在内容还是在规模上，都远比唐宋逊色。

辽金元三代却都提倡尊孔崇儒，因而广立学校，以培养人才，充任封建官吏。在科举取士的同时，绝大多数官吏还是由其他途径入仕的。辽代初期，官职多由帐院所选，不设科举取士之法。直到辽圣宗统和六年(988 年)，才采用唐宋之制诏开贡举，从而开始对汉人实行科举取士。而对契丹人仍用辽之旧制，不许参加科举考试。辽对这一限制要求甚严。兴宗时，耶律庶箴因儿子参加科举，被鞭笞二百。

辽代科举考试专为汉人而设，契丹人和“贱庶”之人如奴隶、屠贩、医卜是不允许应试的。契丹人不经科举而仕，表明了他们的特权。不让他们参加科举，也就是不让他们习文，也是为了保持他们骑马驰骋的尚武旧习，借以维护他们的统治地位。不让契丹人参加科举，除了说明契丹贵族的愚昧，同时也说明了辽代社会封建化的进程和汉官势力的增加，使辽代更多地依靠地主阶级知识分子进行封建统治的历史事实。

辽代的科举，分乡、府、省三试。乡试合格者曰乡荐，府试合格

者曰府解，省试合格者曰及第。科举考试科目有诗赋、经义两科。道宗时，又增设制举及贤良科。圣宗时，以辞赋、法律取士，辞赋为正科，法律为杂科。试期不定，在正常情况下是每年一次。也有时两年或者三年考试一次。对于进士及第者，贡院用二寸纸书写其姓名，发给本人，叫"喜帖"。第二天举行隆重仪式，奏乐击鼓，迎接入朝殿试。殿试第一名特赠一官，授奉直大夫翰林应奉文学，第二、第三名及其余人授从事郎。

从统和六年开始科举，当年及第者只有一人，以后进士及第者每年也仅有二三人。至辽兴宗景福以后增至六十余人。辽代二百余年中，科举考试五十三次，取进士超过一百人者，仅有九次。

金代初期，女真人以世袭法和奏补法入仕，海陵王时主张打破贵贱之分和民族界限，但中央最高一级的军政大权仍由其弟、岳父等亲族所掌握。三省长官、都元帅、枢密使等官职，也主要由女真人以及渤海人担任。再以下的官职，才用汉人。

金代对汉人的任用，沿宋辽之制设科举。金代科举考试女真人与汉人分科进行，女真人录取者较多，入仕途径也容易。科目有辞赋、经义、策论（专为女真人而设，当然内容简单，容易考取）、律科、经童、宏词（制科）等。其试辞赋、经义、策论中选者，称为进士；律科、经童中选者，称为举人。考试分乡试、府试、会试（省试）、御试（即殿试，或称廷试）四级。四试皆中者，则授其官。如廷试五次落选，则赐及第，叫做恩例；又有特命及第的，叫做特恩。考试内容，辞赋进士试词、赋、策、论各一道，并有程文作为定式。这实际是后代八股文之肇始者。经义进士试经义、策论各一道。经义之试有定注，如《易》用王弼注，《书》用孔安国注，《诗》用毛苌注，《左传》用杜预注，《礼记》用孔颖达注，《周礼》用郑玄注，《论语》用何晏注，《孟子》用赵岐注，其思想束缚超过前代。金代虽然文化落后，但是却知道如何束缚文人。策论进士试诗、策、论，以诗、策合格为中选，而以论排出考生名次。女真人在参加进士考试之前，还必须试射。宏词科试诏、诰、章、表等文体。及第进士并在官六品以下无公私罪者，在有外官推荐的情况下，才能应试。乡试第一名称解元，省试第一名称省元（也称会元），殿试第一名称状元。状元例授翰林学士院应奉翰林文学，阶官为承务郎（从七品上），其他翰林官亦有进士已仕者中间考选。一般进士初授从八品官，第三任始授县令。从其考试内容来看，这些所规定的内容，都是汉族儒家门徒为金朝统治者出谋划策制定的。作为金代统治者，他们不可能有这样的文化水平与思想认识。我们从这里可以明显看到这些儒家之徒的思想局限。

金代科举考试的考场纪律很严，凡府试、会试，对汉人每四人派一军兵监视，再以官一员看管；殿试时，策论进士则派荷枪带刀的军士随考生出入，对汉人则每人一名，均用不识字的军人监视。在考试前，对考生检查极其严格，甚至要解发和脱光衣服，乃至检查口腔耳鼻，看是否有夹带。以后此法改为沐浴，由官家准备衣服更换，既不失礼，又可防弊，确实有办法。

金代在科举取士的同时，也有荐举入官的。由于封建化的进程和官僚机构的增加，官吏人数不断增多，章宗太和七年，在仕官吏达四万七千人之多，比世宗时增加了三倍。

元初选任官吏多由保举，即大臣向朝廷保荐认为有才能或有功的所谓官吏，以供提拔任用。元初主要依此作为选官途径，弥补了不实行科举的缺陷，但由于缺乏对保举者作弊的防范措施，无法保证官吏的质量。元代不重科举，所以直到仁宗皇庆二年（1313年）才正式制定科举办法。仁宗延祐二年（1314年）开始第一次科举考试。也就是说元朝建立四十多年后才开始科举考试。元制，全国乡试中者三百人，赴京师参加会试，再于其中录取一百人，即蒙古人、色目人、汉人、南人各二十五名。最后参加廷试。乡试、会试、廷试均分两组，蒙古人、色目人为一组，汉人、南人为一组，两组分卷考试。廷试中者分两榜公布，蒙古、色目人为右榜，汉人、南人为左榜。每榜三甲，第一名赐进士及第，从六品；第二名以下赐进士出身，皆正七品；第三名以下赐同进士出身，皆正八品。尽管蒙古人、色目人参加科举的人数远比汉人要少得多，但是录取的人数却是一样的。而且乡试录取三百人，名额要在全国各区分配，大部分地区蒙古人、色目人更是少数，但是他们占了一半的比例。

尽管同为进士出身，其叙官品两榜也无区别，但是，南人汉人与蒙古人色目人分两组考试，试题深浅难易差别很大。考试规定，蒙古人、色目人，第一场经问五条，在《大学》、《论语》、《孟子》、《中庸》之内设问，以朱子章句集注为标准；第二场试策一道，以时务出题，限五百字以上。而汉人、南人第一场明经、经疑二问，在《大学》、《论语》、《孟子》、《中庸》内出题，并出朱子章句集注，限三百字以上；第二场在赋诏诰章表内设一道；第三场试策一道，经史时务内出题，限一千字以上。蒙古人、色目人自愿试汉人、南人科目，中选者比汉人南人官加一等注授。

尽管如此，元代科举考试也是屡建屡废，而且取人很少。元顺帝至元六年(1340 年)仅取十八人。元代的任官制度，既有世袭，又有荐举；既有荫叙，也有科举。授官有出身于宿卫、勋臣之家者，有出身于学校者；有因捕获盗贼而以功叙，有因入粟而进赀，还有政府通过访求隐逸而得者。所以，选官制度之一的科举取士是有名无实，不经科举选任的官吏很多。可见隋唐以来的科举制度，在宋代得到巨大发展，到元代跌入谷底，这与元代实行的民族歧视压迫和统治有极大的关系，更与蒙古族文化水平低下，不懂如何治国有着直接的关系。

进士录取之后，在辽代，开始多任为秘书郎及校书郎，优等者亦有授右补阙的，金代则多任用为县令、丞、主簿、尉及幕职等官，在中央则多充任尚书令史之职。由进士出身累迁官职,辽时有升迁南枢密院副使的,金代更有位至宰辅者。

辽金元三代均以游牧与武力起家,本来就轻文重武,轻南重北,虽注意利用科举缓和民族矛盾,笼络汉族地主阶级知识分子参加统治集团,但民族歧视与压迫是贯穿如一的用人路线。但总的来说,辽要比金开明,金又比元开明。辽、金的民族歧视与压迫远比元代要轻,在接受汉族先进的官吏制度上也比较容易。但是元代皇帝却没有想到,自己虽然很不重视科举,对汉人采取歧视态度,不予信任,但在最后,尽忠元朝的科举官员最多,而那些蒙古贵族却多是坐观元大都被朱元璋攻破,而不援助。

二、官吏任用

元代在官吏选拔上有一套制度,当然这套制度是极不合理的官吏制度。

元代的官吏可以分为三级:官、首领官、吏。

官主要指国家机构中的具有决策行政权力的主官,从一品到六七品都有。这些官中除了主官,还有助手,如行省中的参知政事、左右丞等。这些人也都属于官的系列。第二等级的是首领官,他们都是管理胥吏的官员,如行省中的照磨、检校、经历、典史、主事等。他们具体负责各种胥吏的工作安排。首领官的品级一般是五六品至八九品不等。第三种是胥吏,这些胥吏负责各个政府机构的案牍、翻译等。胥吏名目繁多,有掾史、令史、通事、奏差等,不一而举。

元代对于官员的任用除了上面所说的科举之外,还有荫叙、承袭、怯薛出职和胥吏出职。而科举所任用官员只占很少一部分,更多的是荫叙、承袭、怯薛出职和胥吏出职。

荫叙承袭

元代对于官员的任用从来不从德能勤绩考虑,他们也没有德能勤绩的概念,他们任用官员首先考虑是不是皇族,是不是勋贵,是不是蒙古人,是不是色目人。只要是此类人,他们就有百分之百的理由担任各种官职,尽管是啥也不懂的武夫一个,但都可以担任各级政府的要职。元代在任命官员的时候根本就不考虑是否能胜任。蒙古古代就有世袭的传统,皇帝荫叙他们的子孙也就成为再正常不过的事了。所以,只要当过官的蒙古人,色目人,凡是有“脚跟”的蒙古人子孙都能得到荫叙,得到官职。蒙古官员不但荫叙,而且还实行承袭,父亲死了,儿子可以继承父位。“承荫者例皆弱冠乳臭之子,着衣吃饭之外,他无能为”,但是可以“当一面之重任”(13)。“承袭骄脆子弟,但知酒色裘马为华好。一旦直欲冒矢石,执干戈,以犯勍敌,不惟本人自取肝脑涂地,从军将吏,死复何辜”(14)!也正由于如此,强悍的民族执政几十年就彻底堕落了。

怯薛出职

怯薛出职就是皇帝的侍卫出任做官。担任怯薛的都是蒙古、色目贵族、官僚子弟,这些子弟担任一段时间的怯薛都被安排出去担任各种官职。怯薛,也就是皇帝的侍卫成了高级党校。怯薛出职一般都是重要的职务,而且升迁速度也比其他要快得多。中书省、御史台、枢密院以及行省的主要官员都是怯薛出身。有的怯薛一出职就是正二品、从二品官员,一般都是五品以上。这些怯薛都是官宦富家子弟,多数都是四肢发达,头脑简单,但是发财的手段却是不简单。他们担任要职可想而知,治国无能,但是贪赃发财却是个个都行。

胥吏出职

胥吏在宋代饱受诟病,但是在元代却时转运来。“曰掾史、令史,曰书写、铨写,曰书吏、典吏,所设之名,未易枚举。曰省、台、院、部,曰路、府、州、县,所入之途,难以指计。虽名卿大夫,亦往往由是跻要官,受显爵,而刀笔下吏,遂致窃权势,弄文法矣”(15)。一般来说，府、州、县的胥吏则在各自衙门升迁。“州司吏有阙，县司吏内勾补；路司吏有阙，州司吏内勾补”[16]。路总管府和廉访司以上衙门的胥吏则考满就可出职为官。这些胥吏出职为官的级别与衙门的级别有着直接的关系，衙门级别高的胥吏出职的官职品级就高。好多胥吏“自部典吏转为省典吏，又转而部令史，部升之院，院升之省，通理俸月，不十年已受六品之官。而各处州县以吏进者，年二十即从仕，十年得补路吏，又十年得吏目，又十年可得从九。中间往复给由待阙，四十余年才登仕版，计其年已逾六十矣。”[17]中书省的胥吏则就不同了。中书省掾史、宣使、通事、译史、知印等出职之后升到三品甚至三品以上，有的当了行省平章政事、参知政事等。这是历朝历代都不可能的事情。而且，在元代，各个衙门的不少官员是从胥吏中选用。当然，更多的胥吏出职都是五品至九品官员，也就是多数都是首领官，能够做到五品以上的官员，都是出类拔萃的。元代所以如此，除了其传统外，元代统治者认识到，各级胥吏不但熟悉各级衙门的工作，而且也很会逢迎蒙古官员。胥吏多年的习惯就是不管谁来做官，我都好生伺候，所以能够得到蒙古官员的青睐。更重要的是蒙古官员没有歧视胥吏的封建陋习。汉族官员看到的是胥吏的短处，蒙古官员看到的是胥吏的长处。胥吏本来就擅长官场，给他们一个舞台，他们自然就能长袖善舞。有元一朝，“惟习于刀笔者为适用于当时，故自宰相百执执事皆由此起，而一时号称人才者，亦出于其间，而政治系之矣”[18]。所以时人总结元代官场：现在的官员就是以前的胥吏，今天的胥吏就是明天的官员。元代官场大多数源于胥吏。但是，我们也必须看到，在胥吏中确实有一部分人才，他们并不是像封建文人和统治者所说的那样都是上下其手，欺下瞒上，无法无天的刀笔小吏。胥吏之所以受到元代官员的重用，更与元代的大环境有关。元代各级蒙古权贵多是文盲，不懂官场运作，他们只知贪赃享受，不想干事,有胥吏替他们把工作干了,自然对胥吏信任有加。元代是个产生贪官的朝代,元代官员根本就没有廉洁勤政的概念,很多胥吏的所作所为非常合乎元代官员的口味,他们一拍即合,所以,能够被元代官员所重用,充分发挥其特长。元代国家机器正常运转,胥吏出职有着不可低估的重要作用。

迁转诠注

元代官员都有任期,任期一般是三年。朝廷官员和各省行省、宣慰司官员三十个月为一任期,地方官则是三年一任。官员任期未满,其长官不得随意调动或保升。“内任官率一考一等,十五月进一阶。“外任官或一考进一阶,或两考升一等,或三考升二等”[19]。从九品经过三考升至从八品,正九品经过两考升至从八品,从八品经过两考升至正八品,从八品经过三考升至从七品,从七品经过三考升至正七品,正七品经过两考升至从六品,从六品经过三考升至从五品,正六品经过两考升至从五品,从五品经过三考升至正五品。正五品经过两考,需担任一任上州州尹,才能升入四品。如果没有上州州尹的窠阙(元代缺位称窠阙),再担任正五品一任,可以升入从四品。如果升到正四品,就与京官一样升迁。不过绝大多数官员能够升到四品二品也就到了头。

对于胥吏出身的官员迁转也有单独的规定。一开始元代对于吏人迁转没有规定,使得好多人升到级别比较高的官职。仁宗规定,胥吏迁转到从七品为止。这一规定遭到很多胥吏出身的官员反对,仁宗又规定胥吏迁转到五品为止。这些规定并没有完全起作用,有特殊才能的胥吏还是有升到三四品官的。

中书省吏部负责内外大小官员的迁转。吏部“掌天下官吏选授之政令。凡职官铨综之典,吏员调补之格,勋封爵邑之制,考课殿最之法,悉以任之”[20]。吏部铨选的官员称之为“常选”,“从七品以下属吏部,正七品以上属中书,三品以上非有司所与夺,由中书进取止”[21]。除此之外,还有“别里哥选”,也就是皇帝直接任命。怯薛都是皇帝别里哥选。在宋代,皇帝直接任命吏部不承认,但是元代皇帝却是绝对的权威。官员迁转要有“解由”,也就是本人的档案材料。“考满职除曰解,历其殿最曰由”[22]。元朝对于官员的解由要求很严,要求必须实事求是地填写,否则就是犯罪。但是元代就是不缺少官场犯罪。“今各官解由之内,无有不备五事者,皆是满替之后,巧装饰词,私家填写。上司更不催问,但辨凭无伪,俸月无差,便给半印,依本抄连,到选之日,真伪无别,实备五事而无力者止于常调,虚称五事者则引例升等”[23]。官员迁转实行回避,官员的原籍称为“自己地面”、“跟脚地面”,这些都是元代很有特色的官场语言。同其他朝代一样,元代有些官员虽然得到窠阙,但是却到不了任,因为前面还有官员正在任上,只好“守阙”。国家也给了官员守阙的时间,一般是半年到二年,有的甚至时间更长。有的官员不放心,就提前带着家属到达任地守阙,等着前任离任。元代不但官员有任期,就是胥吏也有任期,而且对胥吏平时工作也有考核。

三、监察与考核制度

辽代对官吏的检查与考核制度,史载不详,比较确实的是在辽监察机构中,南面官设有御史台,主管官员为御史大夫。北面官的北枢密院的中丞司,是监察机关 ,掌握监察百官之实权。辽将唐宋时期的御史台三院合二为一,在州郡,则设监察使以掌之。监察使分为常设和临时两种,常设在诸京则有五京处置使,中京按问使。州则有观察使,皆设“司”以掌纠察监察之任。临时的则有分决滞狱使。辽圣宗太平七年,下诏对贪暴残民的官吏,立即罢黜,终身不录,对廉洁自持的,在卑位亦可提拔。这种“任贤弃邪”的政策,一度产生法度严明、朝野无异的局面。

金初无考核定制，实行廉察与廉访之法，皇帝派使臣到各地察访百官的贤愚功过。开始是派监察御史每年巡行一次，后来增为一年两次。到金章宗时，才开始比较重视考核。承安四年设审官院，还设九路提刑司（后改为按察使），以考核百官的政绩。泰和四年，参考唐朝的考课办法，定了“四善二十七最”，才算是有了正式的章法。县令以下考三最四善者为上，官升一等。但到宣宗时又废除此法，仍以廉察之制考核官吏。

在监察机构上，金代的御史台组织恢复了唐之旧制。中央御史台以掌纠举朝仪，弹劾官邪，地方监察除监察御史外，还不时派专官巡察审录。为了保证御史有丰富的经验和相应的威望，更好地执行监察任务，金代规定，年不满六十岁者，不得充任御史，还规定御史台奏事，其他官员必须回避。

据《元史·选举志》载，元代“官”与“吏”并用，所以考核也分“职官”与“吏员”两大类。内任官以三十月为满，外任以三年为满，钱谷典守以两年为满。而考核则一律按三十个月为准，考满升迁。内任官一考升一级，十五个月进一级；外任官一考进一级，两考升一级或三考升两级。

元代格外重视对官吏的监察。元世祖时，采纳张雄飞的建议，命汉人刘秉忠、许衡定官制，仿唐宋制，在中央置御史台，掌纠察官吏善恶与政治得失。御史大夫为长官，非蒙古王公亲族不得担任，而且品秩由唐代三品提到从一品。可见元代监察机关地位之高。元代御史台之组织大体依宋之制，但元则不设谏官，改唐宋三院为二院，即殿中司和察院。

元代在地方，将全国划为二十二道监察区，设监察御史，称提刑按察使。元世祖至元二十八年又改称肃政廉访使，常驻地方，司官吏之考核黜陟。后来发展为行御史台，作为中央御史台的派出机关，领肃政廉访使，形成了从中央到地方的一套较严密的监察机构。行御史台的设置，是监察制度前所未有的特点。元代在地方又有台道监察之制。道，是提刑按察司巡视的区域，年终由台省考核成绩，同时行台也要有申报举劾的数目。元依宋制，御史一面建言，论时政之得失，一面可以纠察百司的邪害。

但是，元代监察带有民族压迫的特点。世祖时，曾诏定，官吏贪污五十贯以上皆决杖除名不叙，百贯以上者死。但蒙古人却不在此限之内，因而蒙古人可以横行霸道，贪赃枉法，霸占土地，卖官鬻爵，贿赂公行。

元代文官考课，制度也不健全。元代用“廉访”之法，在每个道都设肃政廉访司，每司有肃政廉访使八人，二人留司掌握总的情况，其余六人到下面巡查。官员的功过优劣，民政钱谷等事，都在考察范围之内。元仁宗皇庆年间，东平人赵天麟曾提出过一个对官员考课的详细标准，内容包括“九微”、“二十六美之三十九类”，还有“三要”之说。“九微”意即将人放到一定环境中去观察考验他，共有九项考核办法，其中有的单纯为了考验而考验，如“醉之以酒而观其性，杂之以处而观其色”等。“二十六美”是指各行各业应有的美德，有的一美之中又有几类，共有三十九类，由于实在繁琐，所以无法实行。元代在监察机构的设置上比较齐全，但似乎是并不是为了监察。担任监察官员的主官当然是蒙古人，其次是色目人，汉人。在汉人中还有从众多胥吏中提拔起来的官员。整个封建社会，只有元代不歧视胥吏，大胆提拔使用胥吏。本来各级监察机构就是胥吏具体干事，等到他们担任了官员更是得心应手。元代虽然是个尚武的朝代，但是又喜欢摆排场的朝代，没有做过官的牧民一下子当了官，虽然啥也不懂，但一个个官气十足、架子很大。元代各级机构都是人满为患，而且机构重叠臃肿。大德五年（1301年）“减内外诸司官千五百一十四员”[24]。监察机构一成立，确实发挥了惩治贪官污吏的作用。御史台成立数月之间，就处理了很多官员，追缴粮粟二十几万石。对元代来说，只要处理，到处都是贪官。但是监察官员很快就处理不下去了，首先监察官与权臣发生了矛盾。当监察官员与权臣发生矛盾的时候，皇帝当然要站在权臣立场上说话。我们知道，担任监察主官的都是蒙古人，他们也都是贪财枉法的，而且他们贪赃枉法起来，比其他官员还要厉害，因为这些监察官也都是花钱买来的。"自亲王伯颜专政，台宪官皆谐价而得，如唐债帅之比。于是，有司承风，上下贿赂，公行如市，荡然无复纲纪矣。肃政廉访司官分巡州县，各带库子检钞秤银，殆同市道矣"(25)。肃政廉访司官员巡防惩治官员为了贪污受贿方便，竟然自己随身带上秤，以便秤银方便。元代吏治腐败以致如此。有元一代，担任御史大夫的多是权臣的亲属，他们贪赃枉法自然无人敢过问。元代监察机构职能陷于瘫痪。元代又实行"奉使宣抚"，"七道奉使宣抚所罢赃污官吏凡一万八千四百七十三人，赃四万五千八百六十五锭，审冤狱五千一百七十六事"(26)。这是发生在成宗年代的事情，而元朝刚刚建国只有三十多年。但无论监察机构还是奉使宣抚，都无法抑制官场的腐败。奉使宣抚的官员也像监察官员一样，一边反腐，一边发财。有个公正无私，真心反腐的官员苏天爵"究民所疾苦，察吏之奸贪，其兴除者七百八十有三事，其纠劾者九百四十有九人，都人有包、韩之誉"(27)，但因为不合丞相之意，以不称职罢官。对于奉使宣抚官员，当时老百姓的一些民谣最能反映这些官员的实际："九重丹诏颁恩至，万两黄金奉使回。""奉使来时惊天动地，奉使去时乌天黑地。官吏都欢天喜地，百姓却啼天哭地。"(28)

四、官吏俸禄与品秩

辽代百官品级与待遇，史志不详。

金代杂采唐宋旧制，官品沿用九品，品有正、从之分，共十八级。官吏俸禄包括钱与粟，另外，还有杂给，外官有职田。元朝时期，官吏待遇制度要比唐宋繁冗，如文官官阶，虽只有八品，但同品不同阶，共分为四十二阶。

1. 文官四十二阶

元代文官品阶简表

官品	官　　阶
正一品	开府仪同三司、仪同三司、特进、崇进、金紫光禄大夫、银青荣禄大夫
从一品	光禄大夫、荣禄大夫
正二品	资德大夫、资政大夫、资善大夫
从二品	通奉大夫、正奉大夫、中奉大夫
正三品	正议大夫、通议大夫、嘉议大夫
从三品	大中大夫、中大夫、亚中大夫
正四品	中议大夫、中宪大夫、中顺大夫
从四品	朝请大夫、朝散大夫、朝列大夫
正五品	奉政大夫、奉议大夫
从五品	奉直大夫、奉讯大夫
正六品	承德郎、奉直郎
从六品	儒林郎、承务郎
正七品	文林郎、承事郎
从七品	徵事郎、从事郎
正八品	登仕郎、将仕郎
从八品	登仕佐郎、将仕佐郎

2. 百官俸禄

元初未置俸禄，元世祖后命朝官百司，自三公宰相直到州、县胥吏,莫不有禄。元代禄以米给之,按品级高下定多少。至元二十二年,定俸银之制,以锭计算,每锭五十两,以品级定数。但发放又是按九品,并未按官品而来,因而比较复杂。九品中没有正一品,以从一品为最高;同时各品有的分为上中下三等,而有的又未分。情况见下表:

元代俸禄简表

官品	俸禄		
	上	中	下
从一品		6 锭	5 锭
正二品	4 锭 25 两	4 锭 15 两	4 锭
从二品	4 锭	3 锭 35 两	3 锭 25 两
正三品	3 锭 35 两	3 锭 15 两	3 锭
从三品	3 锭	2 锭 35 两	2 锭 25 两
正四品	2 锭 25 两	2 锭 15 两	2 锭
从四品	2 锭	1 锭 45 两	1 锭 40 两
正五品	1 锭 40 两	1 锭 30 两	
从五品	1 锭 30 两	1 锭 20 两	
正六品	1 锭 20 两	1 锭 15 两	
从六品	1 锭 15 两	1 锭 10 两	
正七品	1 锭 10 两	1 锭 5 两	
从七品	1 锭 5 两	1 锭	
正八品	1 锭	45 两	
从八品	45 两	40 两	
正九品	40 两	35 两	
从九品	35 两		

注:该表为元至元二十二年(1285 年)官俸资料。

其后，复改银为钱，丞相一四〇贯，米十五石；六部尚书钱七十八贯，米八石；御史大夫钱一一八贯，米十二石；知州钱二十贯，上县县尹钱十五贯。

元代外官有职田之制。职田的数额根据所任职的路、州等级不同而异。在上路任职的达鲁花赤为十六顷，同知是八顷，治中是六顷，府判是八顷。在上州任职的达鲁花赤是十顷，同知五顷，州判是四顷。县达鲁花赤是四顷，县丞是三顷，主簿二顷，县尉二顷。元代府州等级不同，职田的数额差距很大。比如上州与下州相差4顷。职田原来都是官田，但是成了职田以后又不一样。职田的地租一般都要比官田地租要高。每亩要收白米六斗，比官田多收三斗八升，而且还要每斗加斗面米三升五合，鼠耗米三升五合，加起来一亩地要一石以上。更可恶的是不管是丰年还是歉年，一点也不能少，照收不误。老百姓租种职田还不如租种官田，租种官田遇到灾年还可以减租。职田地租一般都是由官府派人下去征收，而且什么都要，不但要粮，还要银子、鸡鸭鱼肉，甚至马草柴薪。害得好多百姓职田种不下去，只有举家逃亡。对于京官和没有职田的官员则根据每个官员俸银数量加给俸米。元代的俸银经常不能按时发给，有一个时期一年多没有发俸禄，但是官员照样生活得很好，那就是贪污敲诈勒索百姓。还有的地方长官连下属官员们的俸银都喝了酒。

对官品的品官服制，也有区分。其中，一至五品，服色紫，一品绣紫大独科花，径五寸；二品绣小独科花，二寸；三品绣散答花，无枝叶；四品、五品绣小杂花，一寸五分；六品、七品，服色绯，绣小杂花，径一寸；八品、九品，服色绿，无花纹。

四、退休制度

辽代官吏致仕（退休），亦仿照唐制于致仕时加官一阶，以示礼遇。或在职死亡,皇帝以示恩遇,都在死后赠官。

金代官员致仕,早期只加官而未有致仕俸禄(退休养老金)。金世宗大定十一年正月规定:职官年七十以上致仕者,不论官品,并给俸禄一半。

元代官吏致仕制度始于元成宗大德七年(1303 年),规定政府内外官员年及七十者,合令依例致仕,以免因年龄太老而误事。但翰林、太史院、司天台官员均无退休之制,这与他们所从事的文化科技的工作性质有关,以保持学术工作的完整与连续。从成宗以后,元代官吏退休,一般是月给半俸以养老,少数达官显贵及功臣、近臣亦有全额发给养老俸禄的。

尽管辽金元三代均有致仕制度,但因其政治制度保留了较多的奴隶制的落后残余,契丹、女真、蒙古人官僚贵族享有很多的特权,官僚制度的腐败现象也十分严重,一些老病者至死不退,本人不以为耻,朝廷也不以为非。这也是元朝后来腐败不堪的原因之一。

五、回避制度

辽、金、元三代,种族统治的色彩比较浓厚,回避制度大为削弱,但也并未完全取消。如金代授官有"不许就本乡"(29)的规定,元代的制度也是"自己地面里休做官"(30)。但又把不避本籍作为一种信任和照顾官吏的优待。对于蒙古官员来说,他们都是蒙古人,到汉人区域做官,也就不存在区域回避问题,回避实际专对汉族官员而言。元成宗时,由于各行省的长官多与当地居民结为婚姻,危害朝政,曾下诏调换。元代又规定:"父子兄弟做官回避。"(31)但后来又下诏令:"父子兄弟有才者,许并居风宪(即监察官)。"(32)可见制度很不严格。因而元代后来出现了父子同居一省部,子与侄并列于州衙,形成亲套亲的裙带关系,更增加了官场的腐败之风。

总之，辽金元三个朝代，由于都是少数民族建立的朝代，在官制上表现出很不完善，这与他们都是从氏族社会直接进入封建社会有着直接的关系。这些少数民族有的虽然已经有了文字，但这些文字非常的简单，还远远不能适应建立国家管理所必须的官吏制度的需要。一个文化落后的民族统治一个文化先进的民族，不仅表现出不适应性，更表现出排斥性。可以说，在中国历代建立的少数民族政权中，除了鲜卑族所建立的魏国能有兼容并包的胸怀外，其他几个民族所建立的朝代都难以做到。而且，他们往往都把本民族落后的官制当做先进的东西，自然得不到汉族官吏的认同。正由于如此，这些少数民族所建立的政权都未能长久统治。任何一个民族都必须不断地吸取其他民族的长处，为我所用，这个民族才能发展。时代的局限性使这些少数民族没有认识到自己也是中华民族大家庭的一员，因此无法吸取汉族政权长期统治所积累的官吏管理经验，也就无法保证自己政权的稳固与发展。但是，我们必须看到，这些少数民族所建立的政权对于整个中华民族大家庭的发展都曾经起到了促进作用，也包括野蛮统治的元朝。这种促进作用是多方面的，其中就包括官吏制度。比如，历代实行的三省制，就是由金元改为一省制。作为维护中央政权的作用来说，一省制要比三省制合理得多，起码起到了促进机构精简的作用。

注释：

(1)(2)(3)《辽史·百官志》。

(4)(5)(6)(7)(20)《元史·百官志》。

(8)《元史·地理志一》。《元史·世祖纪十四》载：元朝路一百六十九，府四十三，州三百九十八，县一千一百六十五，宣抚司十五，安抚司一。官府机构大小二千七百三十三，官员一万六千四百三十五。

(9)《元史·世祖纪三》。

(10)《元史·世祖纪五》。

(11)(25)叶子奇《草木子》卷四下《杂俎篇》。

(12)(16)《元典章》卷十二《吏部·吏制》。

(13)(17)(23)《历代名臣奏议》卷六十七《治道》。

(14)马祖常《建白一十五事》，《国朝文类》卷十五。

(15)《元史·选举志一》。

(18)《经世大典序录·入官》，《国朝文类》卷四十。

(19)(21)《元史·选举志三》。

(22)徐元瑞《吏学指南》。

(24)《元史·成宗纪三》。

(26)《元史·成宗纪四》。

(27)《元史·苏天爵传》。

(28)陶宗仪《辍耕录》卷十九《阑驾上书》。

(29)《金史·选举志》。

(30)(31)(32)《元典章》卷八《吏部·官制》。

第七章　明代官制

第一节　明代政治概述

曾是皇觉寺和尚的朱元璋，受元末红巾军农民起义的影响，参加了郭子兴的红巾军，很快由一个普通士兵升到红巾军大帅。元至正十六年(1356 年)朱元璋率领大军攻取元集庆路(今南京市)，改为应天府，置大元帅府，称吴国公。此时，朱元璋不但有军队，还有地盘，于是便模仿元制，设江南行中书省，同时还设立了行枢密院、帐前总制亲兵都指挥使司等国家机构与职官。每攻占一地，即将元朝的路改为府。朱元璋以应天府为基地，招降纳叛，广罗人才，江南名流刘基、宋濂、章溢、叶琛也都来到他的帐下。

至正二十四年(1364 年)，朱元璋称吴王，设置百官，置中书省，以李善长为中书右相国，徐达为中书左相国，常遇春、俞通海、汤和为中书省平章政事，汪广洋为左司郎中，长子朱标为世子。又制定大都督府、行中书省、都镇抚司、各卫亲军指挥使司等机构与职官。此时元尚未亡，朱吴政权仍带有军事性质，朱元璋亦积极向国家政权过渡，在所辖区域内置行省、提刑按察使司，在少数民族地区设置宣慰司、宣抚司等。

至正二十七年正月，朱元璋改称吴元年，大封功臣，制百官礼仪，以左为上，李善长为左相国，令其制定律令。同时加快了灭元战争,命徐达为征虏大将军,常遇春为副将军,率军二十五万,北取中原,直取元大都。次年,朱元璋即皇帝位,国号大明,建元洪武,是为明太祖。

朱元璋即位后,首先要做的是加强中央统治。第一步是改元代的行中书省为承宣布政使司。元代行中书省丞相无所不统,是一行省实权人物,承宣布政使司之布政使只负责一行省财政与民政。布政使是皇帝派驻各地的使臣,直接对皇帝,而不是对中书省负责。承宣布政使司的设立为取消中央中书省做了准备。朱元璋在各行省又设提刑按察使司,主管刑名司法。军事则归都指挥使司,这就是人们所说的三司。

在地方行政体制中,朱元璋又取消了元代的路,承宣布政使司下属是府与直属布政使的直隶州,再次是州、县。这样,减少了政令下达的层次。

地方与中央的矛盾解决后,丞相与皇帝的权力冲突日趋激化,中央基本上大权都归于中书省。朱元璋采取残酷杀戮手段,以解决权力矛盾。先是找理由撤消了李善长的丞相职务,又杀了副丞相汪广洋。公元1380年,以谋反罪名杀丞相胡惟庸,株连三万余人。趁此机会,取消了中书省,将隶属于中书省的吏、户、礼、兵、刑、工六部改为直接对皇帝负责,实行六部治国。同时审谕不许嗣君设立丞相,臣下敢提此事者,置重典。

为了便于控制军队,朱元璋于同年将大都督府改为中、左、右、前、后五军都督府。每府设左右都督,各领所属都指挥使司和卫所。都督虽管辖军政,但不直接统率军队,都督率兵打仗须由皇帝的决定,兵部的调兵命令,而兵部虽有调兵和任免军官的权力,但又不能指挥军队。军权牢牢掌握在皇帝手中。

继“胡惟庸案”不久,朱元璋于公元1393年又兴“蓝玉案”。大将蓝玉等一万五千余人被杀,大戮功臣,使人们不敢再觊觎皇位。

总之，凡是朱元璋认为对皇权构成威胁的，不管是什么人，都给安上谋反的罪名，一律杀无赦。跟随朱元璋造反起家的将领、公侯都督所剩无几，前后有三万余人被杀。朱元璋与赵匡胤正好是两个极端。朱元璋杀得文武百官朝不虑夕，上朝回来，庆幸又多活了一天。同时，朱元璋还刷新吏治，严惩豪强势力，缓和了阶级矛盾。为了加强对于官员的监督监察，又加强了监察机构。都察院下设十三道监察御史，监察御史虽然官位不高，但在监察弹劾官员上却有很大权力。为了选拔官吏，朱元璋还加强了科举制度建设。为了强化控制，又设立了特务组织“锦衣卫”。

在朱元璋执政时期基本上健全了行政、军事、监察三权分立，共对皇帝负责的体制。这套国家机器的核心就是巩固皇权。以后虽然有所变化，但也只是很小的变动。

总结历史经验教训，朱元璋严禁宦官干政，他还对宦官做了其他规定，使宦官成为名副其实的宫廷仆役。但这些规定在朱元璋身后很快就被他的后代破坏殆尽，宦官干政较前代有过之而无不及。

公元1398年，明太祖死，长孙朱允炆继位，是为惠帝，建元建文。建文帝要削藩，引出个“靖难之役”。燕王朱棣攻入南京打败了建文，当了皇帝，建元永乐，是为明成祖。明成祖为了巩固皇位，迁都北京，但又不好改变祖制，在南京保留了原中央机构，又在北京成立了新的中央机构。在南京的六部称为“南六部”，与北京六部相比人数要少得多，权力也小得多。中央两套机构并存，在中国官制史上，为明代所独有，两套六部机构并存，自然也就少不了权力之争。

建文削藩导致“靖难之役”，但并没有影响明成祖的继续削藩。他解除了藩王的兵权，进一步加强中央集权统治。在明成祖后，内阁学士逐渐得到重用，权力日重，已经看到了宰相的影子。不但朱元璋不设宰相的禁令被打破,而且严禁宦官干政的敕令也遭到破坏,宦官开始受到宠用,干预朝政。永乐皇帝又建立了特务机构东厂。从永乐开始,政治由明转暗。公元1435年,不满九岁的英宗即位。他宠任宦官王振,任为司礼太监。王振利用年幼的皇帝排除异己,成为左右朝政的人物。英宗在王振的蒙蔽下,出征瓦剌部,在怀来城外兵败被俘,全军覆没,王振也被乱军杀死。于谦北京保卫战击退瓦剌也先。英宗在宦官曹吉祥等人的策划下,杀害于谦,重新复辟。英宗并没有吸取土木之变和曹吉祥阴谋夺权的教训,继续宠信宦官。以后的皇帝无不如此,宠用宦官是明朝政治由盛转衰的标志。宠用宦官造成了政局不稳。政局越不稳,皇帝则越相信宦官,以维护统治,恶性循环。武宗宠信以刘瑾为首的八个宦官,人称八虎。刘瑾引诱武宗吃喝玩乐,乘机窃据大权,控制特务组织东厂、西厂和锦衣卫,杀戮打击朝中和地方官员。地方长官入京觐见,须向刘瑾纳银二万两,才能见到皇帝。朝中官员出京也须行贿方可离京。刘瑾被人称为“立皇帝”。到世宗时,表面看来宦官受到抑制,实际仍在左右政局,而且又出了奸相严嵩,把持朝政二十年,世宗本人则不理朝政,迷信道教,成了道教徒,这就使朝政更加黑暗。在这一时期不但内部矛盾尖锐,财政危机,而且外部矛盾突出,北方有鞑靼入侵,南方有倭寇骚扰,抵抗外敌的官员将军则受到严嵩的刁难和陷害打击。

明朝的皇帝自太祖、成祖之后,昏庸的占据多数。他们宠信宦官,但是对朝中大臣却是视如奴仆,不是杀戮就是鞭笞。明熹宗几乎忘记了自己的身份,专心致志地当起了木匠。明穆宗时,张居正出任内阁首辅,进行改革,整顿吏治,明朝政治出现清明。在戚继光清除倭患之后,又调其到北方与鞑靼作战,多次打退鞑靼人的进攻,迫其言和。神宗即位,张居正仍为内阁首辅,政治还算清明。不久,张居正去世,神宗开始了二十年不见大臣的奇怪现象。皇帝在宫中过着荒淫无耻的生活,朝廷许多重要机构没有主官,官员们你争我斗。以顾宪成为首的东林党人要求政治改革,却受到排挤和打击。这边明王朝腐败不堪,那边北方女真族努尔哈赤崛起。努尔哈赤利用明王朝的腐败与混乱,频频发动进攻,连连得手。明熹宗更是不思国家安危,宠信宦官魏忠贤,形成阉党集团,迫害打击东林党人。

政治腐败造就了大批贪官污吏。贪官污吏横行,皇亲国戚更是无法无天,侵掠百姓,使得广大百姓民不聊生,走上反抗道路。在明朝中期,影响比较大的有刘六、刘七起义。到了明末,爆发了高迎祥、张献忠领导的农民起义。高迎祥战死之后,李自成继任义军首领。公元1643年,李自成起义军攻克西安,次年建立大顺农民政权,李自成自称大顺王,同年攻克北京,崇祯皇帝在煤山(今景山)自缢身亡,明代灭亡。

第二节 中央机构与职官

明初中央机构与职官沿袭汉唐旧制,实行丞相制,设左、右丞相,同时还设有宋代的参知政事,作为副丞相。1380年废中书省后,将中书之权划归吏部、户部、礼部、兵部、刑部、工部,加强了六部之权。从宣宗时期开始,内阁大学士权重,国家大事多由内阁大学士,尤其是首辅内阁大学士决定,六部之权削弱。到严嵩擅权时,虽无宰相之名,已造成宰相之实。

一、公孤

公、孤为明代中央政府最高级职官。公即三公:太师、太傅、太保;孤即三孤:少师、少傅、少保。三公为正一品,三孤为从一品。三公三孤虽然位尊,但却是虚衔,是一种名誉职务。这种职务多由朝中重臣和德高望重的大臣充任，是皇帝对大臣的加官和赠官，显示皇帝对大臣的宠信恩荣。因其是名誉虚衔，因而三公三孤无定员，无专授。在洪武时期，朱元璋赠大将军常遇春为太保，李善长为太师，徐达为太傅。在建文、永乐年间一度取消三公三孤。仁宗复设，授张辅太师、沐晟太傅、陈懋太保；蹇义少师、杨士奇少傅、夏原吉少保。自宣德朝后，大臣加三公三孤者越来越少。除了"佐天子理阴阳，经邦弘化"的三公三孤，还有辅导太子的太子太师、太傅、太保和少师、少傅、少保，前者为从一品，后者为正二品。太子太师、太傅、太保与少师、少傅、少保，也多由德高望重的大臣担任，也是虚衔，无定员、无专职。太子东宫的具体主管官员为太子宾客，正三品，"掌侍太子赞相礼仪，规诲过失"。

二、宗人府

宗人府为管理皇族内部事务的机构，因其管理皇室故其官员官品最高，在政府机构排列之中总是排在前面，列入政府职能之前。这是封建社会机构设置的一大特征。可以说，从封建社会建立之日起，管理皇室的机构就是位尊权重的机构，充分体现了封建社会家天下的特点。皇帝是朕，皇帝的家族也就地位显赫，要专门设立单独的机构来管理，以显示皇帝的地位。宗人府设宗人令一人，左、右宗正各一人，均为正一品。宗人府长官的品级与丞相等同。宗人府"掌皇九族之属籍，以时修其玉牒，书宗室子女适庶、名封、嗣袭、生卒、婚嫁、谥葬之事"[1]。在洪武三年，朱元璋设大宗正院，洪武二十二年(1389 年)改为宗人府，以秦王朱樉为宗人令，晋王朱棡、燕王朱棣为左、右宗正，周王朱橚、楚王朱桢为左、右宗人。以后由有功勋皇戚大臣兼领宗人府官职，不设专职，宗人府具体事务移交礼部。宗人府下属机构有经历司，设经历一人，正五品，掌管宗人府文案出纳。管理皇族事务的机构除了宗人府，还有其他机关,下面还要提到。

三、内阁

朱元璋在做吴王时,即设立了左、右相国。当了皇帝后,仿唐旧制,设中书省,改左、右相国为左、右丞相,正一品;平章政事,从一品;左、右丞,正二品;参知政事,从二品。中书省的官员都是高官。左、右丞相统领朝廷百官。中书省下属机构有左右司、参议府、都镇抚司。左、右司郎中,正五品;员外郎,正六品;都事、检校,正七品;照磨、管戈,从七品。中书省不但品级高,职权大,而且机构庞大。所有给皇帝的奏章,都要先交中书省,一切以皇帝名义发布的命令,也都要通过中书省下达。朱元璋说:"国家大事,总之者中书,分理者六部,至为要职。"(2) 我们看到,明朝的中书与金朝元朝一样,中书省实际就是唐朝的尚书省。作为中书省左丞相的李善长本身就是开国元老,威望极高,明朝建立之后,又位居中书,权势无比,很快就引起了喜欢大权独揽的朱元璋的不安,于洪武四年(1371 年)以李善长"其年既高,驱驰侍立,朕心不忍"为借口,令其致仕。李善长致仕之后,朱元璋又选择了资历较浅,比较听话的胡惟庸为丞相。

胡惟庸为丞相,掌握中书大权,忘乎所以起来,甚至对于官员的生杀黜陟,有时也不上奏,即自行决定,各部及各地奏章,他首先拆阅,凡是认为对自己有利的,就上奏,凡是认为对自己不利的,就隐匿不报。毒死大臣刘基之后,胡惟庸更是无所顾忌。为了削弱中书省的权力,朱元璋于洪武九年(1376 年)撤销平章政事、参知政事,又勒令六部向皇帝奏事可不必经过中书省。对于朱元璋限制丞相职权的措施,胡惟庸仍然忘乎所以,不知收敛。朱元璋也加强了对胡惟庸的监督,占城(今越南中部)入贡,胡惟庸没有上奏,被宦官告知了朱元璋。御史中丞亦告发右丞相汪广洋对胡惟庸毒死刘基知情不举。朱元璋将汪广洋赐死,同时酝酿对胡惟庸大开杀戒。颇不知趣的胡惟庸还以为朱元璋所采取的这些措施,都是为了加强丞相的权力。公元1380年,御史中丞涂节告发右丞相胡惟庸与御史大夫陈宁谋反,朱元璋亲自审问,将胡惟庸及党徒一万五千余人全部问斩,以后又加株连,开国功臣诛杀殆尽。胡惟庸是否谋反,只有朱元璋一人最清楚。自古以来,谋反之罪就是皇帝清除异己最得力的手段。在杀胡惟庸同时,朱元璋借机撤销中书省。中书省属官除了中书舍人全部革去。中书省政务多划归六部。鉴于丞相权重,皇帝难以驾驭的经验教训,朱元璋在洪武二十八年(1395年)敕谕群臣:"国家罢丞相,设府、部、院、寺以分理庶务,立法至为详善。以后嗣君,其毋得议置丞相。臣下有奏请设立者,论以极刑。"自秦朝设立的丞相制度,至明而终。

取消丞相制度,虽加强了皇权,但朱元璋也感到政务负担太重,许多政务奏章实在不能一一朱批。原来由中书省一帮官员处理的政务一下子集中到朱元璋身上,真是感到力不从心。为了协助自己处理政务,朱元璋又设立了"四辅官",以春、夏、秋、冬为号,均调四时。四辅官地位很高,仅次于公侯都督,正一品。作为皇帝的辅佐官员并没有多少权力,因为他们只是生长在农村的老儒,并没有做过什么官,在朝中也没有什么势力,秉性淳厚,朱元璋看中的就是这一点。四辅官有李干、何显周、杜佑等人。这些人虽然没有什么野心,但不是处理朝廷政务的行家里手,朱元璋也看出了这一点,一年后就取消了四辅官。

洪武十五年(1383年)朱元璋又仿照宋制设置殿阁大学士,置华盖殿、武英殿、文渊阁、东阁、文华殿。大学士为皇帝的顾问官,职掌"献替可否,奉陈规诲,点检题奏,票拟批答,以平允庶政"。大学士的职权具体说来,使皇帝诏令下达,下情上通;皇帝出巡则随驾扈从。大学士虽然为皇帝身边的亲信官员,但官的品级却不高,为正五品官，担任内阁大学士既有尚书之类的官员，也有不曾做过官的名儒。如文华殿大学士为辅导太子的，多由德高望重的名儒充任。大学士虽然在皇帝身边参与国家大政，但由于官品较低，资历较浅，不能直接处理行政事务。实际上朱元璋也不需要他们处理重大事务。无论是四辅官，还是大学士，都只能是大秘书而已，不是什么内阁人员。从明成祖才开始有了内阁。

明成祖即位，令解缙、胡广、杨荣为文渊阁大学士，参与机务。此时的大学士多为编修、检讨、讲读之类文官，大学士也无办公机构与僚属，仍无权指挥六部与各司。“永乐初，命编修等官，于文渊阁参与机务，谓之内阁，渐升大学士诸职。仁宗或加师、保及尚书、侍郎、卿，仍兼学士、大学士衔。自后因之，称内阁大学士。凡大学士加三师，则为一品；加尚书，二品；侍郎，三品；若未加升而只系大学士者，则仍正五品”(3)。内阁大学士的地位及所兼官职大小与皇帝的宠信有着直接的关系。“至仁宗朝，升（杨）士奇为吏部侍郎，寻加少保，转少傅，兼华盖殿大学士。（杨）荣为太常卿，进太子少傅，兼谨身殿学士。（杨）溥为太常卿，兼翰林学士。盖以东宫旧恩，非例也。后杨荣升尚书，授以工部，盖不欲以兼官压六卿之上。杨溥丁忧起复不入阁，宣德间以九年考满升礼部尚书，至英宗时复命入阁，故宣德以前，内阁与外九卿为平交，执礼持法，不相顾忌。宣德以后，三杨眷重，渐柄朝政。英宗以九岁登极，凡事启太后，太后避专，令内阁议行，此内阁票旨之所由始也”(4)。“至仁宗而后，诸大学士历晋尚书、保、傅，品位尊崇，地居近密，而纶言批答，裁决机宜，悉由票拟。阁权之重，偃然汉唐宰辅，特不居丞相之名耳。”所谓票拟，就是内阁大臣在收到臣下奏章，用小票写上自己所拟的批答意见，再由皇帝朱笔批出。“至世宗中叶，夏言、严嵩迭用事，遂赫然为真宰相，压制六卿矣”(5)。严嵩“俨然以丞相自居”，朝中不管事情大小，都是严嵩专断，哪个官员稍微有点不同意见，那就大祸临头。凡是政府各部的政务,必先请示严嵩以后,才能在御前会议上提出,至于任命官员更是必须严嵩同意才行。连明世宗也承认,严嵩“虽无相名,实有相权”(6)。隆庆年间,首辅高拱以首辅兼掌吏部,权力大得不得了。万历年间的首辅张居正更是名副其实的丞相。在他面前,“百僚皆惕息”,他提出来的问题,其他阁臣不敢有任何不同意见,阁臣们一个个就像张居正的属官。朱元璋虽然取消了丞相,并且严禁后人提议设立丞相,但这并不是说丞相就不存在,只是换了一个叫法而已,而且阁臣威权并不比前代丞相差。朱元璋看到相权对皇权构成威胁,就采取取消丞相的方式,来个一劳永逸,但他根本就没有想到,国家行政管理体制不可能没有丞相,就像当代社会一样,不可能只有部长,而没有总理。明代阁臣由于朱元璋严禁设立丞相的铁律,使得内阁无法取得法定地位,成为一级高级国家机构,但内阁实际成了中书省。中国自设立丞相以来,自始至终存在着皇权与相权的矛盾,这种矛盾也存在于明朝始终。明代的阁臣虽然权重,但是名不正,言不顺,不能成为真正意义上的丞相,而且下场多悲惨。当然,那些“纸糊阁老”、“青词宰相”、“清茶宰相”还是比较安全的。朱元璋对相权的抑制达到了目的,特别是明代的监察制度对相权的监督监察发挥了作用。抑制了相权,就维护了皇权,但又助长了宦官擅权,甚至连张居正那样的阁臣,都不得不走宦官冯保的后门,迁就宦官。阁臣由于不是名正言顺的丞相,在行政管理上,就必然与各部院产生矛盾,互相扯皮,行政效率降低。

四、六部

洪武之初,就设立了吏、户、礼、兵、刑、工六部,隶属于中书省。废中书省后,六部直接对皇帝负责。

吏部

同前代一样，因吏部为管官的机构，故列六部之首，吏部成了真正意义上的天官。

吏部设尚书一人，正二品，建文时期曾一度升为正一品。尚书职掌“天下官吏选授、封勋、考课之政令，以甄别人才，赞天子治”。“吏部尚书，表率百僚，进退庶官，权衡重地，其礼数殊异，无与并者”。尚书主要属官有左、右侍郎，正三品。

吏部下属机构有司务厅与文选、验封、稽勋、考功清吏司。司务厅类似于今日的办公厅，“掌催督、稽缓、勾销、簿书”。明初在司务厅设主事，正六品，司务四人，从九品。以后改主事为司官，司务由四人减为二人。文选、验封、稽勋、考功四清吏司各设郎中一人，正五品；员外郎一人，从五品；主事一人，正六品。

文选清吏司协助尚书掌管官吏的“班秩迁升、改调之事”。凡是全国文职官员的升迁、铨选、注缺、署职、试职、改调、保举等事宜，统由文选清吏司负责。验封清吏司协助尚书掌“封爵、袭荫、褒赠、吏算之事”。稽勋清吏司协助尚书掌“勋级、名籍、丧养之事”。考功清吏司协助尚书掌“官吏考课、黜陟之事”。

从诸司职掌可以看到，文选清吏司权力最大，朝中官员都对文选清吏司侍郎非常客气。在明代，吏部不像宋代那样，是闲曹，是实实在在有职有权的天官，在明代前期，吏部用人，皇帝一般不加干预。到了明代中叶，无论是皇帝，还是阁臣，还是太监，都插手吏部用人，吏部也就成为处于风口浪尖的衙门。吏部尽管被称之为“体至尊”，但是却害怕太监掌管的司礼监，不少职权被太监夺去了。

户部

吏部掌握用人大权被人称为“体至尊”，户部则因为掌握财政大权，被人称为“权最重”。

户部主掌全国土地、户口、赋役。“稽版籍、岁令、赋役实征之数,以下所司。十年攒黄册,差其户上下畸零之等,以周知其等耗。凡田土之侵占、投献、诡寄、映射有禁,人户之隐漏、逃亡、朋充、花分有禁,继嗣、婚姻不如令有禁,皆综核而纠正之。”

户部在六部中,事务最多,机构最庞大。户部尚书正二品。明初户部设尚书二人,侍郎二人,下设第一、二、三、四、五科。洪武十三年(1380 年)将户部尚书定为一人,改五科为四部:“总部、度支部、金部、仓部。”洪武二十三年(1390 年)分四部为河南、北平、山东、山西、陕西、浙江、江西、湖广、广东、广西、四川、福建十二部。每部又分四科:民科、度支科、金科、仓科。民科主管“所属省府州县地理、人物、图志、古今沿革、山川险易、土地肥瘠宽狭、户口物产多寡登耗之数”。度支科主管“会计夏税、秋粮、存留、起运及赏赉、禄秩之经费”。金科主管“市舶、鱼盐、茶钞税课,及赋罚之收折”。仓科“主漕运、军储出纳科粮”。永乐年间(1403 年)改北平司为北京司。公元 1410 年撤销北京司,设云南、贵州、交趾三清吏司。宣德十年(1435 年)撤交趾司。户部计十三清吏司。除十三清吏司外,户部直属机构有照磨所、宝钞提举司、印钞局、广济库等,具体负责印钞、藏储、收纳、保管等工作。

户部主管财政、民政,机构庞大,官员也较他部为多。尚书属官有:左、右侍郎,正三品;司务二人,从九品;十三清吏司各设郎中一人,正五品;员外郎一人,从五品;主事二人,正六品;照磨所照磨一人,正八品;检校一人,正九品。宝钞提举司提举一人,正八品;副提举一人,正九品。宝钞局大使、副使各一人,宝钞广惠库大使一人,副使二人,广积库大使一人,副使一人。户部下属机构时撤时立,因而官员的设置也多有变化。

礼部

礼制是封建统治的重要基础,因而礼部在国家机构中具有重要地位。礼部的位置在历朝历代都是排在老三的位置。礼部尚书多由翰林儒臣充任,许多人由此升为公孤,这又是他部尚书所不能比拟的。礼部主要职掌礼文、宗封、贡举、学校。凡是天子即位、加冠、大婚、册立皇太子、妃嫔、太子妃、朝贺、朝见、皇帝巡狩、献俘等仪式规定,统由礼部按所规仪奏明皇上办理。

明初礼部下属机构除司务厅外还有:总部、祠部、膳部、主客部。洪武二十二年(1389年)改总部为仪部。洪武二十九年(1396年)改仪制、祠部、膳部、主客为仪制、祠祭、精膳、主客清吏司。仪制清吏司主掌礼文、宗封、贡举、学校事宜。祠祭清吏司主掌祀典、天文、国恤、庙讳事宜。主客清吏司主掌外国朝贡接待赏赐事宜。精膳清吏司主掌国家宴会事宜。礼部直属机构有铸印局。

尚书,为正二品。属官左、右侍郎,正三品;司务二人,从九品。四清吏司郎中,正五品;员外郎,从五品;主事,正六品。铸印局大使一人,副使二人。

除此之外,礼部还有两个重要机构,太常寺与光禄寺。"太常寺掌祭祀礼乐之事,总其官属,籍其政令,以听于礼部"。太常寺卿为正三品;少卿二人,正四品;寺丞二人,正六品。太常寺下属机构有典簿厅,设典簿、博士、协律郎、赞礼郎、司乐等职官。牺牲所,负责有关祭祀礼乐事务。典簿厅设典簿二人,博士二人,正七品;协律郎二人,正八品;赞礼郎九人,正九品;司乐二十人,从九品。天坛、地坛、朝日坛、夕月坛、先农坛、帝王庙、祈谷殿、长陵、献陵、景陵、裕陵、茂陵、泰陵、显陵、康陵、永陵、昭陵各祠祭署俱奉祀,从七品;祀丞,从八品;吏目,从九品。太常寺虽然只是个负责祭祀的礼仪机构,但是专业性很强,要求必须从进士中选拔,也就是说担任太常寺官员必须是高学历。

太常寺直属机构还有提督四译馆,主管翻译事务。

光禄寺"主掌祭享、宴劳、酒醴、膳馐之事"。光禄寺卿"率少卿、寺丞官属,辨其名数,会其出入,量其半约,以听于礼部”。光禄寺卿为从三品,少卿二人,正五品;寺丞二人,从六品。光禄寺下属机构还有典簿厅、大官、珍馐、良酝、掌醢四署和司牲司、司牧局、银库等机构。典簿厅设典簿二人,从七品;录事一人,从八品。大官、珍馐、良酝、掌醢设署正,从六品;署丞四人,从七品;监事四人,从八品。司牲司设大使,司牧局设大使,从九品。光禄寺主要负责祭祀与朝廷接待使臣和国家重大活动的宴会安排,类似于现代各级政府的接待处。这是一个消费、贪污腐败比较严重的衙门,每次宴会耗费数千两银子,但是真正用到宴会上的也只有十分之二三,都让光禄寺官员中饱私囊了。

兵部

兵部为全国最高军事机关。明初兵部置总部、驾部、职方三部。洪武十三年(1380 年)增设库部。洪武二十二年改总部为司马部。洪武二十九年(1396 年)改四部为武选、职方、车驾、武库四清吏司。武选清吏司主管军官的选授、升调、袭替、功赏事宜;职方清吏司主管舆图、军制、城隍、镇戍、简练、征讨事宜;车驾清吏司主管卤簿、仪仗、禁卫、驿传、厩牧事宜;武库清吏司主管兵器、符勘、尺籍、武学以及皂隶的薪给事宜。

兵部官员在洪武时期变化较大,以后基本固定下来。尚书,正二品;左、右侍郎,正三品;司务厅司务,从九品;四清吏司郎中,正五品;员外郎,从五品;主事,正六品。下属会同馆大使,正九品;副使,从九品,大通关大使、副使则为未入流。

兵部还有一个重要机构是太仆寺,主要负责牧养军马事宜。太仆寺虽然是一个饲养军马的机构,但因为军马是国家的重要作战工具,所以,太仆寺属于国家保密单位,朱元璋下令太仆寺的所有马匹数量不得让外人知道。太仆寺官员有卿,从三品;少卿二人,正四品;寺丞四人,正六品;主簿厅主簿,从七品。常盈库大使、各牧监,正八品;监副,从九品。

刑部

刑部亦属六部中的大部。在明初,刑部下设总部、比部、都官部、司门部,部设郎中、员外郎各二人,都官部则各设一人。总部与比部设主事各六人。都官、司门各四人。洪武二十二年(1389 年)改总部为宪部。次年,分四部为河南、北平、山东、山西、陕西、浙江、江西、湖广、广东、广西、四川、福建十二部。云南司法由浙江兼管。每部设郎中、员外郎各一人,主事二人。洪武二十九年(1396 年)改为十二清吏司。永乐八年(1410 年)撤销北平司,增设云南、贵州、交趾三司。宣德十年(1435 年)撤销交趾司,遂为十三清吏司。

尚书,正二品;左、右侍郎,正三品;司务厅司务,从九品;清吏司郎中,正五品;员外郎,从五品;主事,正六品;照磨所照磨,正八品;检校,正九品;司狱司司狱,从九品。

工部

明初工部分总部、虞部、水部、屯田四部。洪武二十二年(1389 年)改总部为营部。洪武二十九年改四部为营缮、虞衡、都水、屯田四清吏司。营缮主管土木工程建设,虞衡主管山泽采捕、陶冶,都水主管山泽、坡池、桥梁道路、舟车、织造、券契、度量衡器事宜,屯田主管屯种、抽分、薪炭、夫役、坟墓事宜。各部设郎中、员外郎、主事。又设营造提举司和营造提举分司,隶属将作司。将原将作司隶属工部。将作司卿,正三品;少卿,正四品;丞,正五品;左、右提举司提举,正六品。洪武六年(1373 年)将将作司卿改为正六品,提举司降为正七品。洪武十年(1377 年)罢将作司。洪武二十二年在将作司基础上,设营缮所,为正七品机构。工部下属机构还有:文思院、皮作局、鞍辔局、宝源局、颜料局、军器局、节慎库、织染所、杂造局、广积、通积、卢沟桥通州、白河抽分竹木局、大通关提举司、柴炭司等。

工部设尚书一人,正二品;左、右侍郎,正三品;司务,从九品;清吏司郎中,正五品;员外郎,从五品;主事,正六品;所正,正七品;所副,正八品;所丞,正九品;大使,正九品;副使,从九品;提举,正八品;副提举,正九品。

永乐迁都之后,朝中的机构随着皇帝北迁,但是南京作为留都还保留着一套机构,这套机构与北京的机构一样,也有六部与其他衙门。因为南京已经不是皇城,所保留的机构也就真正成了闲曹。好多衙门几乎常年没有事干。如果北京六部官员或者其他官员,即使提升职务到了南京,也属于贬官。同样,如果南京六部官员调到北京,就是提升。南京的官场成了北京排除异己的地方,凡是皇帝不喜欢的,或者与阁臣有矛盾的,就可能被安排到南京做官。还有一些资格老的官员,到了年龄,北京无法安排,就在南京安排职务养老。

五、都察院

都察院为司法行政监察机关,其职责为“纠劾百司,辨明冤枉,提督各道,为天子耳目风纪之司。凡大臣奸邪、小人构党、作威福乱政者,劾。凡百官猥茸贪冒坏官纪者,劾。凡学术不正,上书陈言变坏成宪、希进用者,劾。遇朝觐考察,同吏部司贤否黜陟,大狱重囚会鞫于外朝,偕刑部、大理谳,平之。其奉敕内地,附循外地,各传其敕行事。”

都察院设于洪武十五年(1382 年),由原御史台演变而来。都察院设监察御史八人,正七品。又分设监察御史为浙江、河南、山东、北平、山西、陕西、湖广、福建、江西、广东、广西、四川十二道,每道设御史三至五人,正九品。各道监察御史主掌察纠内外百官之官邪,或露章面劾,或封章奏劾。洪武十六年(1383 年)升都察院为正三品,设左、右都御史各一人,左、右副都御史各一人,正四品;左、右佥都御史各二人,正五品;经历一人,正七品;知事一人,正八品。朱元璋认为:“台官职掌风纪,品秩太轻。”次年又升左、右都御史为正二品,其他官员也依次升级。“自此台职与部权并重。七卿之名遂为一代定制。”(7)建文时期,都察院机构小有变动,成祖时恢复旧制。永乐十八年(1420年)罢北平道,增设贵州、云南、交趾三道。宣德十年(1435年)罢交趾道,遂定为十三道。

十三道监察御史共一百一十人,均为正七品。浙江、江西、河南、山东各十人,福建、广东、广西、四川、贵州各七人,陕西、湖广、山西各八人,云南十一人。

十三道监察御史“主察纠内外百司之官邪,或露章面劾,或封章奏劾”。具体职掌:“在内,两京刷卷,巡视京营,监临乡、会试及武举,巡视光禄,巡视仓场,巡视内库、皇城、五城、轮值登闻鼓。”“凡朝会纠仪,祭祀监礼;凡政事得失,军民利病,皆得直言无避。有大政,集阙廷预议焉。”

“在外巡按,清军,提督学校,巡盐、茶马、巡漕、巡关、攒运、印马、屯田。师行则监军纪功,各以其事专监察。而巡按则代天子巡狩,所按藩服大臣,府州、县官诸考察,举劾尤专,大事奏裁,小事立断。按临所至,必先审录罪囚,调刷案卷,有故出入者理辩之,诸祭祀坛场,省其墙宇祭器。存恤孤老,巡视仓库,查算钱粮,勉励学校,表扬善类,剪除豪蠹,以正风俗,振纲纪。”

十三道监察御史所监察的,都是关系民生和老百姓所关注的事情。朱元璋出身于贫民家庭,非常清楚基层百姓的疾苦,他清楚地知道,元朝所以灭亡,就是各级官吏不管百姓死活,只知盘剥鱼肉百姓,所以才迫使农民起义造反。正由于如此,朱元璋作为一个红巾军的将领,当他当了皇帝之后,首先想到如何维护普通百姓的利益,严格限制官僚集团的利益,严厉打击豪强势力。对于贪官污吏的惩罚,可以说有明一代是最为严厉的,这自然得到百姓的欢迎。大量贪官受到惩罚,与各地的监察御史不无关系。在封建社会,老百姓无法举报贪官,这些贪官更多的是靠监察御史的监察惩处。朱元璋杀了那么多的官吏,但是并没有影响社会的安定,因为这些所谓的谋反者被杀与百姓生活没有多大直接关系。史学界一个传统的观念,封建统治者都是代表地主阶级的利益,残酷压迫剥削普通百姓。而历史事实却难以一概而论。无论汉朝、唐朝、宋朝,还是明朝,包括以后的清朝,统治者都要在一定程度考虑到老百姓的利益,在这些朝代,绝大多数时候老百姓尚能做到安居乐业。如果说封建皇帝仅仅代表地主阶级的利益,对那些国家采取抑制打击地方豪强地主的行动就无法解释了。

十三道监察御史虽然官品不高,但权力很大,既监内还监外,甚至连都察院也归属河南道监察。史学家称朱元璋的这种办法是以小制大,以内制外。

监察御史常常奉旨外出处理某项事务,因外出公务不同而名称也不同,有总督、提督、巡按、经略、总理、赞理、巡视等名称。如景泰年间,因漕运不畅,皇帝命令副都御史王竑总督,又兼巡抚淮、扬、庐、凤四府,徐、和、滁三州。明初总督、巡抚均非固定官职。这项任务完成了,回朝复命,职务也就自然取消。巡抚之意是代皇帝巡行天下,安抚百姓。到宣德年间,许多巡抚不再回朝,而成为一省最高行政长官。巡抚始于明。

明太祖朱元璋对于监察御史特别重视,希望通过他们对官员的监督,以保证官员对皇帝的忠诚与廉洁,保证官员不但不扰民,还要亲民,为老百姓干实事。都察院在国家机器中处于重要地位,其官员拥有其他官员所没有的权利。自然,对于监察官员的要求更高,“凡御史犯罪,加三等,有赃从重论”(8)。若知善不举,见恶不拿,杖一百,发配烟瘴之地。不许假公济私,公报私仇,虚应故事。

这些规定在朱元璋时期得到较好的执行。从明中叶以后,这些规定逐渐遭到破坏,一些监察官员往往成为权相排除异己的打手,当然也还有不少监察官员保持了节操和坚持了原则。但总的说来,朱元璋所建立的监察制度到了明后期已基本流于形式。

六、通政使司

通政使司设置于洪武十年(1377 年),在此之前有察言司。为什么要设通政使司,朱元璋做了这样的说明:“政犹水也,欲其畅通,故以通政名官。”他要求通政使司官员“审命令以正百司,达幽隐以通庶务。当执奏者勿忌避,当敷陈者毋隐蔽,当引见者勿留难”。建文时期,改司为寺,通政使为通政卿。明成祖时又恢复旧制。通政使为正三品;左、右通政,誊黄右通政为正四品;左、右参议,正五品;经历司经历,正七品;知事,正八品。

通政使作为三品官员,属于九卿之一,参加廷议与廷推,以及大案要案的会审,地位仅次于都御史。通政使司工作独立性很强,直接对皇帝负责,但是却越不过太监这一关。当遇到宦官擅权干政的时候,通政使司的作用也就大大打了折扣。通政使司到最后被宦官剥夺了。

朱元璋赋予通政使司以特殊的权力:“受内外章疏、敷奏、封驳之事。凡四方陈情建言,审诉冤滞,或告不法等事,于底簿内誊写诉告缘由,赍状奏闻。凡天下臣民实封入递,即于公厅启视,节写副本,然后奏闻。”凡有重要机密大事,通政使司可以不受时间限制,随时入宫奏明皇帝,他人不得阻拦。这样,保证了下情及时上通,使皇帝便于及时掌握下情。通政使司同时又是皇帝的传令官,皇帝圣旨多通过他们传达下去。通政使司的奏疏一般在朝廷公开拆阅,这样大臣做坏事能当众暴露,使皇帝立即处理,这对于抑制奸臣误国欺民起了重大作用。从明朝中叶开始,通政使司的职权渐被宦官把持，也就失去了其作用。

七、大理寺

大理寺与刑部、都察院称为“三大法司”。在朱元璋任吴王时即设立大理寺，以后取消，洪武十四年(1381 年)重设。大理寺卿为正五品，左、右少卿为从五品，左右寺丞为正六品。洪武二十二年(1389 年)，朱元璋升大理寺卿为正三品，左右少卿，正四品；左右寺丞，正五品。其他属官，寺副，从六品；评事，正七品；司务厅司务，从九品；左右寺正，正八品。左右寺分管全国的刑狱，左寺负责浙江、福建、山东、广东、四川、贵州六司道，右寺负责江西、陕西、河南、山西、湖广、广西、云南七司道。

大理寺作为执法机关，与刑部、都察院及五军断事官又有不同。大理寺职掌“审谳平反刑狱之政令”。凡刑部、都察院、五军断事官所判案件，均交大理寺复审定案。凡大理寺认为不合法律的案件，则予以纠正，或交他司重审。皇帝要求大理寺对于各种案件公允判决。随着明朝吏治的腐败，大理寺官员也大都不依法判案。对于担任大理寺的官员也有严格的要求，要求大理寺官员必须熟悉法律，才识出众。对于此类官员，吏部在任用时，可以不受年资限制。……而且，大理寺官员的最后裁决往往还受到皇帝与首辅的干预。大理寺之权也渐渐被剥夺。

八、詹事府

詹事府为辅导太子的机构，它关系着封建世袭制度能否得到理想的交替。同其他明智帝王一样，朱元璋也非常重视辅导太子官员的选拔。

明初，朱元璋建立大本堂，收集古今图书，征召名儒训导太子及亲王，同时设置了少师、少傅、少保、左右詹事等众多太子东宫官员。洪武二十年(1387 年)设詹事院,洪武二十五年(1392 年)改院为府,作为辅导太子的专门机构。詹事府下属机构有左右春坊和司经局。

詹事府设詹事一人,正三品;少詹事二人,正四品;府丞二人,正六品,主簿厅主簿一人,从七品;左右春坊大学士,正五品;左庶子,正五品;左谕德,从五品;左中允,正六品;左赞善,左司直郎,从六品;左清纪郎,从八品;左司谏,从九品;司经局洗马,从五品;校书,正九品;正字,从九品。

詹事府官员对于太子有着直接的影响,朱元璋认为:"辅导太子,必择端重之士。"(9)他看到兵部尚书唐铎谨慎敦厚有德量,就任为詹事,并继续享受尚书的待遇。东宫官员除了少师、少府、少保由德高望重的官员担任外,其他官员多由朝臣充任。朱元璋实行朝臣兼领东宫官员,目的是为了避免朝臣与东宫官员发生摩擦,让小人借机启衅。这是朱元璋对前朝经验教训的总结。

九、翰林院

翰林院是皇帝的顾问机构,翰林院的政治地位与作用有一个演变过程。吴元年(1363 年)朱元璋即已设立翰林院,学士为正三品;侍讲学士,正四品;直学士,正五品;修撰,正七品;编修,正八品。洪武十八年(1385 年)将学士降为正五品,侍读学士、侍讲学士为从五品,侍读、侍讲为正六品,修撰升为从六品,编修升为正七品。翰林院其他官员有五经博士九人,正八品;典籍二人,从八品;侍书二人,正九品;待诏六人,从九品;检讨,从七品;孔目为未入流。还有庶吉士,无定员。翰林学士虽然官品较低,但在天子身边备顾问,为皇帝出谋划策,左右朝政。在重大活动时,虽官为五品,却侍坐在五品京官之上。

建文时期翰林院官制有所变化,明成祖又恢复了洪武旧制,明成祖时期翰林院学士虽然仍为五品官，但政治地位大大提高，明成祖选侍读、侍讲、编修、检讨等官员参与国家机务，谓之内阁。翰林学士杨士奇等人"官至师保，礼绝百僚"。以后，亦称翰林院为内阁。明宪宗后，礼部尚书、侍郎必出自翰林，礼部两侍郎必有一个是翰林。翰林学士因为天天在皇帝身边伺候，"备天子顾问"，因而往往能够左右朝政，干预官吏的黜陟，地位优崇，为人们所羡慕。明代绝大多数阁臣都出自翰林，翰林院地位可见一斑。

十、国子监

国子监为国家最高学府，其任务是培养各类官员。国子监的前身是国子学。国子监分为五厅六堂，五厅是绳愆厅、博士厅、典籍厅、典簿厅和掌馔厅。六堂是率性堂、修道堂、诚心堂、正义堂、崇志堂、广业堂。五厅是国子监官员办公机构，六堂为国子监学生学习的场所。明代国子监分南北两个国子监，即北京国子监和南京国子监。国子监设祭酒一人，从四品；司业一人，正六品。祭酒司业"掌国学诸生训导之政令"。绳愆厅监丞一人，正八品；博士厅五经博士五人，从八品；率性、修道、诚心、正义、崇志、广业六堂助教十五人，从八品；学正十人，正九品；学录七人，从九品；典簿厅典簿，从八品；典簿厅典籍，从九品；掌馔厅掌馔二人，未入流。

洪武时期，朱元璋对功臣大开杀戒，杀得不少衙门缺人，于是，就将正在学习的国子监学生不待毕业就出监任官。随着科举制度人数的不断增加，国子监学生出仕的开始减少。

十一、其他

明中央政府职官除以上外，还有鸿胪寺、尚宝寺、六科，中书科、行人司、钦天监、太医院、上林苑等。

鸿胪寺

鸿胪寺主持朝会、宾客、吉凶礼仪事宜,凡是国家的大典礼、郊庙、祭祀、朝会、经筵、册封、奏捷以及外国的入贡,百官使臣的复命、谢恩等礼仪安排,都有鸿胪寺负责。鸿胪寺卿为最高长官,正四品;左右少卿,从五品;左右寺丞,从六品。主簿一人,从八品;署丞二人,正九品;鸣赞四人,序班五十人,从九品。

尚宝寺

明王朝根据不同的级别和不同的用途,将国家宝印分为二十种,尚宝寺主掌其保管。尚宝寺卿为正五品,少卿,从五品;司丞,正六品。

六科

六科:即吏、户、礼、兵、刑、工科。六科与六部相对应,有相同的职能,但又有很大的区别。六科主掌侍从、规谏、补阙、拾遗、稽查事宜。从其职能可以看出,六科是六部的监督监察机构。六科不但督察六部,而且其他各个衙门业务也参与。每日上朝,六科长官轮流立殿左右,记录圣旨。将大臣们的题奏五日汇总交内阁,若宫中官员传出圣旨,六科长官复奏明皇帝,得旨后再颁行。朱元璋所以这样规定,只要为了防止宫内人员假传圣旨。乡试时六科充任考试官。册封宗使、藩王或告谕外国,则充任使臣。甚至大臣们会审重大案件,六科也要参与监督。

明朝还对六科各自职能作了规定:“吏科,凡吏部引选,则掌科同至御前请旨。外官领文凭,皆先赴科画字。内外官考察自陈后,则与各科具奏。拾遗纠其不职者。”

“户科,监光禄寺岁入金谷,甲字第十库钱钞杂物,与各科兼莅之,皆三月而代,内外有陈乞田土、隐占侵夺者,纠之。”

“礼科,监订礼部仪制,凡大臣曾经纠劾削夺、有玷士论者纪录之,以核赠谥之典。”

“兵科，凡武臣贴黄告敕，本科一人监视，其引选画凭之制，如吏科。”

“刑科，每岁二月下旬，上前一年南北罪囚之数，岁终类上一岁蔽狱之数，阅十日一上实在罪囚之数，皆凭法司移保而奏御前焉。”

“工科，阅试军器局，同御史巡视节慎库，与各科稽查宝源局。”

六科虽然职责重要显赫，但因其是皇帝直属办事机构，其官品并不高。每科都给事中（都给事中掌本科大印，又称掌科），正七品；左右给事中、给事中从七品。六科给事中的设立也体现了朱元璋以小制大的特点。给事中各科数额不等，吏科四人，户科八人，礼科六人，兵科十人，刑科八人，工科四人。在各个时期，各科给事中名额也不一。

中书科

中书科为皇帝起草文书的秘书机构。在洪武七年（1373 年）朱元璋设直省舍人十人，从八品，隶属中书省。1375 年改为中书舍人，升为正七品，又改为从七品。次年，改变隶属关系，归承旨监。建文时期，革中书舍人，改为侍书，正七品，隶属翰林院。明成祖又恢复旧制，不久，在午门外设中书科，置中书舍人二十人，从七品。中书舍人有直文华殿东房中书舍人，直武英殿西房中书舍人，从七品。内阁告敕房中书舍人，制敕房中书舍人。

行人司

行人司设司正一人，正七品；左右司正各一人，从七品；行人三十七人，从八品。

钦天监

监正一人，正五品；监副二人，正六品；主簿，正八品；春、夏、秋、冬官正，正八品；五官灵台郎，从七品；五官保章正，正八品；五官挈壶正，从八品。

十二、宦官

在京职官中，宦官机构最为庞大。共分十二监四司八局，人称二十四衙门。如此庞大的宦官机构，这又是历代所没有的。

十二监：司礼监、内官监、御用监、司设监、御马监、神宫监、尚膳监、尚宝监、印绶监、直殿监、尚衣监、都知监。在每监中设掌印太监，正四品；左右少监各一人，从四品；左右监丞各一人，正五品；典簿一人，正六品。除此之外，还有众多的长随、奉御宦官。从宦官官品来看，与鸿胪寺平等，其他官员也都高于知县、都给事中。

四司：惜薪司、钟鼓司、宝钞司、混堂司。

八局：兵仗局、银作局、浣衣局、巾帽局、针工局、内织染局、酒醋面局、司苑局。四司八局掌印太监为正五品，其他从五品至九品不一。

十二监四司八局合称二十四衙门。在二十四衙门中，权力最大的是司礼监与御马监。司礼监设立于洪武十七年，被称为内府第一署，与外廷内阁对掌机要。凡是内阁票拟的有关军政大事，由司礼监秉笔太监代表皇帝进行批红，就成了皇帝的圣旨，然后命令御马监发出调兵遣将的兵符、火牌。司礼监还是内府的吏部，派往各地镇守的宦官都由司礼监推选。表面上各个镇守的宦官由兵部任命，但人员推选却是由司礼监决定，兵部任命只是一个形式。大宦官刘瑾说："各处镇守出去，皆司礼举用。"(10)连明世宗自己也承认："各处内官亦非朕亲用，皆系司礼监指名奏请。"(11)司礼监还负责南京的守备工作。可以说，外廷所有的一切军政大事，都要经过司礼监秉笔太监之手。可以说，在二十四衙门，司礼监掌印太监（秉笔太监）是所有太监的首领，谁担任了司礼监掌印太监，谁就等于掌握了宫中的大权，连朝中大臣也都对他刮目相看。

除了二十四衙门，还有内府供应库、司钥库、内承运库与十库：

甲字、乙字、丙字、丁字、戊字、承运、广盈、广惠、赃罚等。从表面看来，这些宦官机构多为服务机构，尽管宦官品秩较高仍为服务人员。但因其是服务，故能经常接近影响皇帝。作为皇帝，一方面将宦官视为奴仆，另一方面又作为耳目。因而，又让他们管理着许多重要机构，如特务机构东厂、西厂、内厂都由宦官主持。京城午门、东华门、西华门、奉天门、宣武门等，也都以宦官为门正、管事把守，掌管早晚城门开关。其中文书房“掌收通政司每日封进本章，并会极门京官及各藩所上封本。其在外之阁票，在内之搭配，一应圣谕旨意御批，俱由文书房落底簿发。凡升司礼者，必由文书房出，如外廷之詹、翰也。”礼仪房、中书房宦官以及御前近侍也都直接参与国家机要。这些就为宦官干政奠定了基础。

朱元璋对于历代宦官干政亡国有着较深刻的认识。他对侍臣这样说过：“朕观《周礼》，阉寺不及百人。后者至逾数千，因用皆乱。此曹止可供洒扫，给使令。非别由委任，毋令过多。”他也看到，宦官中好的为数极少，恶者却是多数。“若用为耳目，即耳目蔽，用为心腹，即心腹病。驭之之道，在使之畏法，不可使有功。畏法则检束，有功则骄恣”。朱元璋身边有一个宦官，跟随他多年，因言及政事，当即斥退。在洪武十七年（1384 年）朱元璋令铸铁牌：“内臣不得干预政事，犯者斩。”将铁牌立于宫中。同时又颁行敕令，大臣不得与宦官书信往来。表面看来，朱元璋非常重视对宦官的抑制，而实际上以后的宦官之祸都与他有着直接的关系。庞大的宦官机构大都是在洪武时期建立的，而且朱元璋首开让宦官奉使行事的先河。朱元璋自己制定的制度，自己又加以破坏。

明成祖仍能对宦官进行抑制。他自己也说：“朕一遵太祖训，无御宝文书，即一军一民，中官不得调发。”有一宦官私令应天府工匠为自己盖房，明成祖知道后，令锦衣卫逮捕治罪。从永乐以后，宦官权势日涨。宦官不但把持朝政，而且领军镇守要津。杖责大臣，也由宦官执行。这些太监大多心狠手辣，在行杖时扒掉受杖官员的衣服，许多大臣被行刑打死。以宦官压制群僚，这又是明代政治的一大特点。自永乐后，每个皇帝执政，都有几个臭名昭著的宦官，如英宗时有王振，宪宗时有汪直，武宗时有刘瑾，熹宗时有魏忠贤等。有的宦官不但权倾当朝，还有免死诏。这些宦官与皇帝有着特殊的关系，他们的一言一行，都影响着大臣的政治前途，因而许多大臣奔走宦官门下，狼狈为奸，更加剧了吏治的黑暗。明朝的灭亡与宦官横行朝廷有着直接的关系。

明代中央官制简表

机构	职官	品级	俸禄（石）	
			（月）	（年）
三公	太师、太傅、太保	正一品	87	1044
三孤	少师、少傅、少保	从一品	74	888
内阁	大学士	正五品	16	192
六部	尚书 左右侍郎 各司郎中 各司员外郎 主事	正二品 正三品 正五品 从五品 正六品	61 35 16 14 10	732 420 192 168 120
都察院	左右都御史 左右副都御史 左右佥都御史 十三道监察御史 （明末增为十五道）	正二品 正三品 正四品 正七品	64 35 24 7.5	732 420 288 90
朝廷特派官员	总督、总理、巡抚			

（续表）

机构	职　　官	品级	俸禄（石）	
			（月）	（年）
翰林院	学士 侍读学士 侍讲学士 侍读 侍讲 修撰 检讨 翰林院五经博士 待诏	正五品 从五品 从五品 正六品 正六品 从六品 从七品 正八品 从九品	16 14 14 10 10 8 7 6.5 5	192 168 168 120 120 96 84 78 60
国子监	祭酒 司业 五经博士 助教 学正	从四品 正六品 从八品 从八品 正九品	21 10 6 6 5.5	252 120 72 72 66
六科	都给事中 左右给事中 给事中	正七品 从七品 从七品	7.5 7 7	90 84 84
二十四衙门	十二太监 四司司正 八局大使	正四品 正五品 正五品	24 16 16	288 182 192
其他	略			

注：俸禄为洪武二十五年（1392 年）的修订数。

明代二十四衙门简表

衙门名称	职官	职掌
司礼监	提督太监	掌督理皇城内一应仪礼、刑名及钤束长随、当差、听事各役，关防门禁，催督光禄寺供应等事。
	掌印太监	掌理内外奏章及御前勘合。
	秉笔太监	掌章奏文书、照阁票批条。
	随堂太监	与秉笔太监同等。
内宫监	掌印太监	掌木、石、瓦、土、塔材、东行、西行、油漆、婚礼、火药十作，及米盐库、营造库、皇坛库，凡国家营造宫室、陵墓，并铜锡妆奁、器用、冰窖等诸事。
御用监	掌印太监	凡御前所用围屏、床榻诸木器，及紫檀、象牙、乌木螺甸诸玩器，皆负责造办。
	里外监把总二人	
司设监	掌印太监	掌卤簿、仪仗、帷幕诸事。
御马监	掌印太监 监督太监 提督太监	掌御厩诸事。
神宫监	掌印太监	掌太庙各庙洒扫、香灯诸事。
尚膳监	掌印太监 提督光禄太监 总理太监	掌御膳及宫内食用，并宴会诸事。
尚宝监	掌印太监	掌宝玺、敕符、将军印信。凡用宝，外尚宝司以揭帖赴监请旨，至女官尚宝司领取，监视外司用毕，存号簿，回交。
印绶监	掌印太监	掌古今通集库，并铁券、告敕、贴黄、印信、勘合、符验、信符诸事。
直殿监	掌印太监	掌各殿及廊庑打扫。

（续表）

衙门名称	职　官	职　　掌
尚衣监	掌印太监	掌御前冠冕、袍服、鞋袜诸事。
都知监	掌印太监	旧掌各监行移、关知、勘合之事，后只负责随驾前导警跸。
惜薪司	掌印太监	掌所用薪炭之事。
钟鼓司	掌印太监	掌管出朝钟鼓及内乐、传奇、过锦、打稻诸杂戏。
宝钞司	掌印太监	掌造粗细草纸。
混堂司	掌印太监	掌沐浴之事。
兵仗局	掌印太监	掌制造军器、火药等事。
	提督军器库太监	
银作局	掌印太监	掌打造金银器饰。
浣衣局	掌印太监	凡宫人年老及罢退废者，发此局居住。惟有此局不在皇城内。
巾帽局	掌印太监	掌宫内内使鞋靴，驸马冠靴及藩王之国诸旗尉帽靴。
针工局	掌印太监	掌造宫中衣服。
内织染局	掌印太监	掌染造御用及宫内应用缎匹。
酒醋面局	掌印太监	掌宫内食用酒醋、糖酱、面豆诸物。
司苑局	掌印太监	掌蔬菜瓜果。

本表参考陈茂同《历代职官沿革史》。

第三节　地方机构与职官

一、承宣布政使司

省最高行政机关为承宣布政使司，布政使则为一省最高行政长官。承宣布政使司由元代的行中书省演变而来。朱元璋在统一战争中，每攻占一地，即仿照元代行中书省的制度，设置行中书省，或中书分省。行中书省机构设置与中书省大体相同。行中书省长官为平章政事（从一品），左右丞（正二品），参知政事（从二品）。其他属官有郎中、员外郎、都事、检校、照磨、管勾等。公元1380年（洪武十三年）废行省制度，改为承宣布政使司，罢平章政事，左右丞等，改参知政事为布政使，由从二品升为正二品。左右参政，从三品。后增置左右参议，从四品。布政使司下属机构有：经历司：设经历一人，从六品；都事一人，从七品。照磨所：设照磨一人，从八品；检校一人，正九品。理问所：设理问一人，从六品；副理问一人，从七品。司狱司：设司狱一人，从九品；库大使一人，从九品；副使一人；仓大使一人，从九品，副使一人。杂造局大使一人，从九品；副使二人。军器局大使一人，从九品；副使一人。宝泉局大使一人，从九品；副使一人。织染局大使一人，从九品；副使一人。在机构设置上，全国十三个布政使司各有不同。

布政使作为一省最高行政长官，主掌一省之政，“朝廷有德泽、禁令，承流宣播，以下于有司。凡僚属满秩，廉其称职、不称职，上下其考，报抚、按以达于吏部、都察院。三年，率其府州、县正官，朝觐京师，以听察典。十年，会户版以登民数、田数。宾兴贡，合省之士而提调之。宗室、官吏、师生、军伍，以时班其俸禄，廪粮。祀典神祇，谨其时祀。民鳏寡孤独者养之，孝弟贞烈者表扬之，水旱疾疫灾祲则请于上蠲赈之。凡贡赋役，视府州、县土地人民丰瘠多寡，而均其数”。总之，布政使作为一省行政长官，无所不管。同时，明王朝还规定，一省重大事情，布政使会同按察司长官商议。议定之后上报巡抚、总督定夺。布政使主要属官参政、参议分工本省各道，主管粮储、屯田、清军、驿传、水利、抚民等事宜。

二、提刑按察使司

提刑按察使司与都指挥使司、布政使司称为三大司，为司法机构，其长官为按察使，正三品，在明初，即设立提刑按察使司，以后设置各道按察分司，府州、县按察分司。洪武二十九年(1396 年)改按察分司为四十一道。

按察司主掌：一省刑名按劾之事。“纠官邪，戢奸暴，平狱讼、雪冤抑，以振扬风纪，而澄清其吏治。”从其职掌可以看出，按察使司不但是执法机构，而且也是监察机构。其重要职掌之一就是监督一省官吏是否廉洁勤政。提刑按察使司属官有副使，正四品；佥事，正五品；经历司经历，正七品；知事，正八品；照磨所照磨，正九品；检校，从九品；司狱司司狱，从九品。除佥事无定员外，其他均为一人。副使、佥事的职责是分道巡查，负责各道兵备、提学、抚民、巡海、清军、驿传、水利、屯田、招练、监军事宜。

三、都指挥使司

都指挥使司是一省军事机构，与布政使司、按察使司合称“三司”。三司呈鼎立之势，无论是布政使司，还是按察使司和都指挥使司，都无法形成地方势力。《明史・职官志》称：“都司掌一方之军政，各率其卫所以隶于五府，而听命于兵部。”都指挥使司直属兵部领导。

都指挥使司设都指挥使一人，正二品；属官有同知二人，从二品；佥事四人，正三品。都指挥使掌一省卫所、军籍、练兵、屯田、漕运等事宜。卫所为明军的基本编制，实际是明代军队的预备役。卫以下为所，所分千户所、百户所。千户所设正千户一人，正五品；副千户二人，从五品，镇抚二人，从六品。

朱元璋实行地方三司鼎立，互不协调，防止出现地方割据势力，但是三司的工作还需要有人协调，于是出现了巡抚与总督。

四、巡抚、巡按与总督

巡抚、巡按为明代初次设立的官职，虽然巡抚、巡按地方工作，但不是一级机构。“洪武二十四年辛未，太祖令皇太子巡抚陕西地方，巡抚之名，始见于此”[12]。以后，皇帝经常派文官巡行天下，安抚百姓，这种官员就称为“巡抚”。出巡的官员一般都是尚书、侍郎、都御史一级的官员，完成使命，就回京交差。如果巡抚加上军务就是总督。明代还派出监察御史巡视地方，称为“巡按”。这些巡抚、总督、巡按就成了省布政使司的临时上级。有时朝廷还就某项工作，比如漕运派出官员办理，这样的官员也称总督。还有就军事任务进行督办协调指挥，也称为总督。有的巡抚虽然是临时性的差遣，但往往是常驻地方，也就成为布政使司事实上的上级领导。巡抚的职责是：抚巡地方，考察属吏，提督军务，“凡徭役、里甲、钱粮、驿传、仓廪、城池、堡隘、兵马军饷，及审编大户粮长、民壮快手等地方之事，俱听巡抚处置”[13]。凡是一省之政，巡抚无所不管，可以说是上马管军，下马理民。当然，巡抚只有兼提督衔，才能处理军务。巡抚是标准的派出机构。到明朝中叶，三司权力向巡抚转移，巡抚成了事实上的省级权力机构，三司成了巡抚的下属，但三司又都是法定意义的省级机关，而巡抚仍然属于派遣。巡抚虽然权力很大，也得接受巡按御史的监督监察。平时，布、都、按三司要向巡抚汇报工作，但巡按巡行到了，三司就得向巡按汇报工作。巡按成了一省最高监察机关。巡按作为监察官员，一年一换。

总督，作为朝廷的派出机构设于景泰年间。总督的内容很多，但后期主要是军务，有的总督管辖三四个巡抚，实际是大战区司令长官。比如总督蓟、辽、保定等处军务，兼理粮饷，开府密云，辖顺天、保定、辽东三巡抚。总督也都是派出机构，有的虽然时间长，但也不是法定意义的地方政府。

五、府

省下为府。府长官为知府。明初改路为府。洪武初年,分府为三等,产粮二十万石以上为上府,知府为从三品;二十万石以下为中府,知府正四品;十万石以下为下府,知府从四品。不久,将知府统一为四品官。明代有一百五十九府。

知府作为一府长官,“掌一府之政,宣风化,平狱讼,均赋役,以教养百姓”,这是知府的基本职掌。除此之外,知府还主掌一府官吏的三年考绩。下情上达,重大事情的处理要请示巡抚、布政使、按察使,布、按允准方可实行。地方科举、学校、祀典也由知府主掌,“籍帐、军匠、驿递、马牧、盗贼、仓库、河渠、沟防、道路之事,虽有专官皆总领而稽核之”。

知府属官有同知,正五品;通判,正六品;推官,正七品。经历司经历,正八品;知事,正九品。照磨所照磨,从九品。其他属官有检校、司狱。除同知、通判无定员外,其他均为一人。重要府的同知有六七人之多。同知、通判分掌清军、巡捕、管粮、治农、水利、屯田、牧马等事。推官则掌司法审判。

六、州

州分属州和直隶州。“属州视县,直隶州视府。”直隶州知州,从五品。属官有同知,从六品;判官,从七品,无定员。吏目一人,从九品。属州属官设置与县相同。在洪武十七年,朱元璋曾经裁撤了一批小州,对于那些不满三千户的小州,一律改为县。对于小州还规定不设同知、通判,以减少行政编制。

七、县

知县为一县行政长官,正七品。明初,朱元璋分县为三等。产量十万石以下为上县,知县从六品;六万石以下为中县,知县正七品;三万石以下为下县,知县为从七品。以后统一为正七品,也就是人们所说的七品县官。

知县作为一县之长,其职掌主要有,全县的赋税徭役、养老、祭祀、贡士、读法、表彰善良、抚恤贫乏、稽保甲、缉捕犯罪、听讼断狱等。知县可以根据本县的丰歉,决定赋税的多少和劳役的征发。知县还要定时向朝廷供奉当地的土特产。

知县属官有县丞,为正八品;主簿,从九品;典史则属于未入流。县丞、主簿分管粮马巡捕事宜,典史主管文书档案出纳事宜。一县如果没有县丞、主簿,则由典史代理县丞、主簿的事务。可以说,一县之中,流内官很少,绝大多数都是胥吏衙役。县级官员在整个封建社会比较干练,有利于知县权力集中,更有利于减少国家的财政开支,也就减轻了老百姓的经济负担。朱元璋非常重视减轻农民的负担。

在地方职官中,除了省、府、州、县主官与属官,还有其他属官。府设教授一人,州设学正,县设教谕及学正,主管教育事宜。各府、州、县关隘要津还设立巡检司,设巡检、副巡检,主管缉捕盗贼,社会治安。驿站设驿丞,府设课税司,县设课税局,有大使一人,主管税收。府置仓大使,州、县设库大使,织染造局设大使、副使。还有河泊所官,批验所大使,递运所大使等。

除此之外,中央一些机构也在地方设有办事机构,如行太仆寺、苑马寺、都转运使司、盐课提举司等。这些机构长官品级较高,如行太仆寺卿、苑马寺卿、都转运使均为从三品,其地位远高于知府。

明代地方官制简表

机构	职官	品级	俸禄(石)	
			(月)	(年)
承宣布政使司	左右布政使	从二品	48	576
	左右参政	从三品	26	312
	左右参议	从四品	21	252
提刑按察使司	按察使	正三品	35	420
	副使	正四品	24	288
	佥事	正五品	16	192
都指挥使司	都指挥使	正二品	61	732
	都指挥同知	从二品	48	576
	都指挥佥事	正三品	35	420
府	知府	正四品	24	288
	同知	正五品	16	192
	通判	正六品	10	120
	推官	正七品	7.5	90
州	知州	从五品	14	168
	同知	从六品	8	96
	判官	从七品	7	84
	吏目	从九品	5	60
县	知县	正七品	7.5	90
	县丞	正八品	6.5	78
	主簿	正九品	5.5	66
	典史	未入流	3	36

注:本表俸禄为洪武二十五年(1392年)修订数。

第四节　官吏管理制度

明代对于官吏的选拔任用称为选举。选举分为四种:学校、科举、荐举、铨选。"学校以教育之,科目以登进之,荐举以旁招之,铨选以布列之,天下人才尽于是矣"[14]。在这四种选官形式中,科目，即科举，为主要形式，朝中大臣多由科举中产生；其次为学校。

一、学校

学校是科举的基础。在明初，朱元璋即设立国子学，选拔官员子弟和民间有文化的优秀子弟进国子学充当学生。各府、州、县也都设立学校。府、州、县的学生只有考上国子学，才能做官。进入国学的，称为监生。在洪武时期，选少年举人赵惟一等及贡生董昶等人入学学习，并赐以一副帐子等衣物，他们一边学习，一边在中央政府各机关实习做官之事，称之为历事监生。

不久，改国子学为国子监。入国子监学习，年龄必须在五十岁以下，由国家发给生活费用，并且国家还免去二丁差役。国子监监生入学途径主要有四类：举监、贡监、荫监和例监。举监指会试下第入国子监学习的举人；贡监分为岁贡、选贡、恩贡、纳贡。岁贡又称常贡，是府、州、县定期向国子监输送的生员；选贡每隔三五年由各省提督学官对本省生员进行考选的学生，要求学行兼优年富力强，多次考试都是优等，全国每次选拔五六百人。在诸生中，选贡生学习最为优秀，考试往往都是上等，做官也是干员。选贡是从全国生员中学行兼优、年富力强、累试优等的生员中选拔进入国子监学习的。这些生员可以说绝大多数没有什么社会关系与背景，都是凭真才实学选拔进国子监的。这样一大批人被选进国子监学习，说明当时的社会官场风气还是比较好的，不像后代完全凭关系，凭父母，不学无术，走后门等。

如遇皇帝登基大典或者大婚，朝廷在岁贡之外增选生员入国子监学习，属于皇上的特恩，称为恩贡。纳贡即缴纳钱财进入国子监学习的学生。生员纳钱入监学习的称为捐监，庶民纳钱入监称为例捐。荫监分为两种，一种是官生，即品官子弟入监学习。另一种是恩生，主要优待因为忠谏、战死将士子弟以及翰林院讲官的子孙。例监是景泰年间为了应付边事紧张，国家急需用钱，让天下生员纳粟纳马，入国子监学习。除此之外，国子监还有一批来自日本、琉球、暹罗等国的留学生。

国子监分率性、修道、诚心、正义、崇志、广业六堂，也就是六个专业。学生所学，除了四书五经作为必修课之外，还有律令、书、数、御制大诰，练习诏、诰、表、策论、内科二道。监生每天还要200字的书法。监生升级采取积分法。凡是通四书而未通经的监生，在正义、崇志、广业三堂学校。一年半以后，文理条畅的，升修道、诚心堂学习。学习一年半之后，若经史兼通，文理俱优的，方可升率性堂。进入率性堂后，则实行积分法考试。一年内考试达八分为及格，给以出身，即可做官。若不及格，继续留堂学习，才学特优的，奏明皇帝裁定重用。

由于国子监监生多是经过严格选拔录用的，进监后又刻苦学习，因而多以优异成绩毕业，得到重用。在洪武二十六年，朱元璋一次提升刘政、龙镡等六十四人为行省布政使、按察使以及参政、参议、副使、佥事等官职。这对那些正在学习的监生鼓舞很大。他们看到，只要刻苦学习，就能做官。这也看出朱元璋对于知识分子的重视。他知道，治理国家还得需要有文化的知识分子，那些开国将领一个个都是大老粗，在治理国家上，既没有多少本领，还简单粗暴，甚至还容易被地方邪恶势力所拉拢腐蚀，成为他们的保护伞。永嘉侯朱亮祖就是一个例子，他出镇广州，与地方黑恶势力勾结起来，欺骗朱元璋，杀死番禺知县道同。

在建文时期，定考核法为上中下三等，上等选用，中下两等学习一年继续再考，上等者按上等选用，中等者不管品级随才选用。下等者仍入监学习。

国子监是培养政府官员的，因而非常重视监生的历事，即官场实习。明代规定，监生历事，吏部四十一人，户部五十三人，礼部十三人,大理寺二十八人,通政司五人,行人司四人,五军都督府五十人。这些为正历。诸司写本,户部十人,礼部十八人,兵部二十人,刑部十四人,工部八人,都察院十四人,大理寺、通政司各四人,随御史出巡四十二人,这些称为杂历。除此之外,还有众多的监生历事。国子监监生一边学习,一边实习做官,这样,他们在学习结束时,就可以直接走上官场,担任具体职务。国子监成为培养国家官吏的摇篮。

明代初年,朱元璋非常重视学校,这与元代正好相反。他曾对中书省大臣这样说:"朕惟治国以教化为先,教化以学校为本。京师虽有太学,而天下学校未兴,宜令郡县皆立学校,延师儒,授生徒,讲论圣道,使人日渐月化,以复先王之旧。"于是,大兴学校,府设教授,州设学正,县设教谕主管教育工作。在府、州、县又设训导。府学生员四十人,各州学三十人,县学二十人。以后,各府州、县学生员不断增加。原先的生员称为廪膳生员,新增加的称为增广生员。以后又有增加,附于诸生之末,称为附学生员。生员在学由提学官三年两考。第一考为岁考,分为六等。增广生员考试一等,若廪膳生员有缺,可升为廪膳生员,附学生员则补增广生员。一、二等有赏,三等不奖不罚,四等挞斥,五等则廪、增广递减一等,附生降为青衣,六等黜革。为参加乡试又进行科考,也分为六等。三等以下不得参加乡试。生员入学时间十年,学无所成及有大过者,"俱送部充吏,追夺廪米"。学习不好的生员,就让他当吏,胥吏在明代的地位可见一斑。凡受赃、奸盗、冒籍、宿娼、居丧娶妻妾者,罚充附近学校为伙夫,"满日为民,俱追廪米"(15)。

明代初年,尊师重教,凡教有成绩则升给事、御史等官。岁贡多者更易得美官。同样,对于教官的考核也更为严厉。洪武时期制定了学官考课法,主要考核其岁贡和科举人数,就与现在的升学率一样。学官任期九年,在任期内生员考中举人数,府九人,州六人，县三人为最优等。若再考通经合格，即予升迁。考中举人少，即使通经合格，也不予升迁。考中举人很少或全无的为最差，通经考试又不及格的，则予以黜降。随着明王朝的日趋没落与腐败，对于教官和生员的管理办法也都成具文。生员人数也锐减，素质下降。

除了府、州、县学与国子监，明代还有内书堂，是专门培养宦官的学校。内书堂建于宣宗宣德元年（1426 年）。内书堂的设立主要是为了宦官参政的需要。参加内书堂学习的都是十岁左右的小宦官。一开始内书堂学习人数比较少，到嘉靖、万历年间，增加到四五百人。学制一般在三年。因为宦官大部分都没有文化，所以，从内书堂毕业的宦官提升很快。内书堂学习结束，分到各个衙门充当“写字”，有专门的老太监带领，称为“本管太监”，还有人专门照顾生活，称为“照管老叔”。照管这些小太监的都是有权有势的宦官，所以，这些内书堂毕业的宦官多数都成了宦官中的精英，好多人成了掌印太监和秉笔太监。

除了以上学校，明代还建立了一些民办书院，比较有影响的有白鹿洞书院、龙冈书院、东林书院等。在历代之中，明代是民办学校最多的朝代。这些书院不但为国家培养人才，还抨击朝政，书院在沉闷的独裁专制统治下，透出一缕民主的阳光。当然，像东林书院那样的学校只是少数。但这些学校在历史上产生的影响却是深远的。

二、科举

朱元璋一建立政权，即模仿唐宋旧制实行科举考试。这又是明代与元代的一大区别。蒙古族是马背上的民族，他们根本就不重视文化，也就不重视科举，到了后来开始科举，也只是应付，走走过场，而明代科举制度成为官吏的主要来源。

洪武三年(1370 年)朱元璋下诏:“汉、唐及宋,取士各有定制,然但贵文学而不求德艺之全。前元待士甚优,而权豪势要,每纳奔兢之人,夤缘阿附,辄窃仕禄。其怀才抱德者,耻与仕进,甘隐山林而不出。风俗之弊,一至于此。自今年八月始,特设科举,务取经明行修、博古通今、名实相称者。朕将亲策于廷,第其高下而任之以官。使中外文臣皆由科举而进,非科举者毋得与官。”于是,科举开始实行。这是中国最明确的“非科举者毋得与官”,当官必须要有较高的文化,大老粗不得做官。

洪武十七年(1384 年)公布“科举成式”,规定科举每三年举行一次,分乡试、会试和殿试三级。乡试又称“大比”,在子、卯、午、酉年的秋八月举行,所以,乡试又称“秋闱”。参加乡试的都是国子监和府州、县学的学生以及没有入学的“童生”。乡试的录取比例为30∶1。乡试考场设在省城,考场地点称为“贡院”。各省布政司要聘请主考官二人、同考官四人,主考官负责出题、判卷、排定名次、决定录取名单并上报礼部。担任主考与同考官的都是本省教官和耆儒,不但本人精通文学,还要持身廉谨。主考官与同考官由布政司、按察司推荐,这些考官地位卑微,难免要按布、按两司长官或者巡按的意见决定考取人员,弄得各地意见纷纷。从嘉靖年间开始,由朝廷派遣京官或者进士担任乡试主考。除了主考、同考官,各省还设立乡试提调官一人,监试官二人,供给官、收掌试卷官、弥封官、誊录官各一人,以及众多考务人员。考试开始,实行“锁院”。考试判卷结束,要张榜公示,考中者就成为举人,取得了功名。第一名为“解元”。

乡试第二年,参加全国举行的会试。会试的主考官一般都是翰林学士、侍读或侍讲。考试程序与乡试相同。会试中榜者为“贡士”,第一名为“会元”。由于会试名额与殿试名额是相同的,贡士实际就是进士。会试录取没有名额限制,但是在录取时要考虑地区平衡。殿试的主考官是皇帝。皇帝“亲策于廷”，这样，所有参加殿试的贡士就都成了天子门生。殿试只考时务策。所有试卷根据成绩定出一、二、三等，尤其是要定出前十名和前三名。当皇帝定出前三名，然后将所有人员填写黄榜放榜公布。殿试放榜称为“传胪”，一甲为状元、榜眼、探花，二甲赐进士出身，三甲赐同进士出身。殿试只是表示皇帝的重视，对没有事业心的皇帝来说，只是形式。明代有的皇帝连朝政都消极怠工，像专心致志当木匠的熹宗，更不可能对殿试重视。

明代初年，各级官吏缺乏，朱元璋令各省连试三年，中式举人俱免会试，赴京听选。朱元璋又选拔年少才卓者以翰林院编修、秘书监直长等显职。洪武十八年(1385 年)任命一甲进士丁显为翰林院修撰，二甲马京为编修，吴文为检讨，开始了进士入翰林的先例。以后，状元授修撰，榜眼、探花授编修成为定制。其他进士一般授给事、御史、主事、中书、行人、评事、太常、国子博士、府推官、知州、知县等官。没有考中进士的举人或贡生，若入国子监学习，一般授予小京官，或府佐及州、县正官和教官。

为了使进士能熟悉政务，朱元璋先令他们在各部、院、司实习观政。在翰林院、承敕监等衙门的，称庶吉士，进士称庶吉士始于明。在六部、都察院、通政司、大理寺等衙门的，称为观政进士。观政进士也是为明代所首创。庶吉士多为进士中才学兼优者，进翰林院则是为了深造。最高统治者也非常重视庶吉士。朱元璋听政之余经常关心他们的学习情况。庶吉士的选拔没有定制，并不像进士那样每科必选，有时连科连选，有时数科不选。庶吉士三年学成，优秀者留翰林院为编修、检讨，其他为给事、御史，称为散馆。自天顺年间开始，“非进士不入翰林，非翰林不入内阁，南、北礼部尚书、侍郎及吏部右侍郎，非翰林不任”[16]。进士地位得到空前提高，而庶吉士则被视为预备宰相。明代宰辅一百七十余人，十分之九出自翰林。国家高级官员要有高学历的人担任，这一点还是可取并值得后人借鉴的。

明代科举考试的目的仅仅是为了选拔官员，无论是在考试内容，还是考试形式上，都表现出很大的局限性。所以，到了中叶以后明朝的科举制度受到当时著名学者如顾炎武、何良俊等人的批评。从明代开始，可以说科举制度由其考试内容形式以及整个封建制度趋于没落等诸多因素所决定，已经开始走向下坡路。

三、铨叙

吏部负责文官的选拔任用，兵部则主管武官的升用。在吏部中，文选考功司负有直接选拔任用官员的重任。

明代官员铨叙主要从进士、举人、贡生与官生、恩生、功生、监生、儒士及吏员承差、知印、书算、篆书、译字、通事三类人员中选拔，称三途并用。被选者而未任职者称为选人。京官六部主事、中书、行人、评事、博士，外官知州、推官、知县，从进士中选用。外官推官、知县及学官，从举人、贡生中选拔。京官五府六部首领官、通政司、太常寺、光禄寺、詹事府属官，从官荫生中选用。州、县佐贰和都、布、按三司首领官，从监生中选用。外府、外卫、盐运司首领官、中外杂职、未入流及入流官，由胥吏、承差中选用。初次做官的称为“听选”，升任者则称为“升迁”。

吏部铨选官员，每年有六考、六选。引选六、类选六，远方选二。听选及考绩确定升降的，双月有大选、改授、改降、丁忧、候补者，单月急选。拣选则每三年举行一次。凡是升迁的官员，须三年考绩完成。若因为缺员急需递补不待考满的称为推升。内阁大学士、吏部和兵部尚书任用实行廷推或皇帝特旨任命。参加廷推的官员有内阁、部、院、寺、监衙门五品官与科道官，户、礼、刑、工部尚书及六部侍郎以下至祭酒，由吏部会同三品以上官员进行廷推。

太常卿以下官员由吏部决定,称为部推。通事、参事以下,由吏部于弘政门会选。詹事则由内阁各衙门主官决定。

外官、都督巡抚实行廷推,九卿参加,吏部主持。布政使、按察使出现员缺,由三品以上官员保荐。按察使则按顺序升迁。虽说是按顺序升迁,有的则一年之中连续几次升迁。对于边防重镇的官员,在选拔任用上远较内地官员严格,立功者可以越级提拔。当然,有罪也惩罚较严,往往是罪无赦。知府、知州、知县及其佐官,京官中大小九卿属官,为常选官,由吏部负责选拔任用。

因为等待推举的官员太多,好多人都想快点得到美缺,就想法设法打通吏部的关节。比较公正的吏部尚书为了避开请托,除了过年过节回家外,其他时间连家都不敢回。那些想得到美缺找不到吏部尚书和文选司郎中的,就找阁臣,找宦官。通过阁臣宦官向吏部托关系。吏部无奈之中想出了"掣签法"。每逢双月大选、单月急选,吏部就将所缺官额名单写在竹签上,放在筒里,让候选人按照资历深浅自行抽签,不管你抽到什么样的官阙,不管远近,都是天意。这种掣签法虽属无奈之举,但还是受到欢迎,当然也遭到批评。由于抽签的官员资历不同,特长更是差别极大,这样,掣签法的弊病就越来越暴露出来。有的官员虽然抽到了好签,但是没有治理才能,难以胜任。于是,又对掣签法进行改革,将抽签的筒由一筒改成四筒,分东北、西北、东南、西南,将抽签人分成四大片,解决上任的远近问题。同时,对科贡考选前三名与进士同时进行抽签。对州、县官主官和佐贰,进行回避。不管吏部想尽什么办法,都无法消除吏治腐败。至于吏部用人不公的时候,腐败更是不可收拾。

科道官,即给事中、御史,科五十人,道一百二十人。这些官员的选用在明初至天顺、成化年间,一般从进士、举贡、监生中选用,或从推官、知县、学官中提升。以后,监生与新科进士不得推为科道官。

在官员铨选上，明朝实行南人北官，北人南官的回避制度。江南人到北方做官，江北人则到江南做官。以后这种大区域回避制度发展为除学官外的易省做官。除了原籍回避，还有亲属回避，“凡父兄弟伯叔任两京堂上，其弟男子侄有任科道官者，对品改调。”“内外官署衙门官吏，有系父子兄弟叔侄者，皆从卑回避”[17]。

四、保举

保举亦是明代选拔官吏的重要制度之一。明称保举是“佐铨法之不及，而分吏部之权”。在明初，朱元璋曾下令手下大臣保举才德兼优者充任官职。朱元璋要求地方主要官员，“凡有一善可称，一才可录者，皆具实以闻”[18]。在永乐年间，要求京官七品以上，外官知县以上，务保举自己所熟悉的人一员，量才使用。所举者若任官贪污，则保举者连坐。

保举对于明王朝选拔官吏曾发挥了重要作用。在中央政治清明的时候，确实通过保举选用了一些德才兼备的官员，有的还成为名臣。保举最大的缺点是保举具有很大的随意性。“保举之令，历朝各异，或令在京三四品以上官，或两京科道部属等官，或布按二司官，皆得杂举，或进士办事，或监生历事，或吏员面考，或岩穴隐逸皆与举例”[19]。时间一长，尤其是到了明代中期以后，保举制度弊病丛生。封疆大吏所保举的多是自己的僚属门下。有的则是互相保举，你保举我的部下，我保举你的门生。因为这些封疆大吏保举的官员都能得到任命提升，而那些没有关系的，常常几年得不到升迁。一些大臣也因为保举不得其人而被治罪。但是，并不影响其他高官继续保举自己的亲信故旧。鉴于保举的弊端，正统七年(1442 年)首先罢保举县令之制。正统十三年(1448 年)又罢大臣举官制度。以后，随着政治的需要，保举制度时兴时废。

五、考核

明代的考核有考满与考察之分,称“考满、考察,二者相辅而行”[20]。考满分上、中、下三等。上等称职,中等为平常,下等为不称职。对官吏的考核工作由吏部与都察院共同负责,吏部考功司具体负责。考察科目有贪、酷、浮躁、不及、老、病、疲、不谨。

考满与考察有共同点,也有不同之处。

考满是对官员任职期满的总考核。“论一身所历之俸”,根据官员的职掌进行考核,以决定其升降。三年为初考,六年为再考,九年为通考。根据《考核通例》九年三次考核成绩评定等次,再按照所从事的职务繁简综合参照,最后确定升降等第。繁简都有具体的数字规定,比如州、县要完成多少万石粮食等。升降等第又分五种:第一种,繁而称职,第二种,繁而平常,第三种,简而称职,第四种,简而平常,第五种,不称职。根据五种情况决定官员的升降。除此之外,还有杂考,或一二年考一次,或六年、九年考核一次。

朱元璋在开国之初,即注意到了对官员的考核。洪武十一年(1378 年)朱元璋令吏部考核朝觐官。他采取了一种特殊的奖惩办法。对于称职而无过的官员为上等,“赐座而宴”;有过错但称职的官员为中等,赐宴但无座位;有过而不称职者为下等,既不赐宴也不设座,令他们站立在宴会厅外,等待参加宴会的官员完毕,才能依次离开。这是明代“朝觐考核之始”。这种特殊的考核奖惩方式对于官员们来说,无疑是一巨大刺激,刺激他们努力工作,别像今日这样出丑。

以后,官吏考核制度逐步形成,京官六部五品以下,由各部门长官负责考核,“察其行能,验其勤怠”。京官四品以上及近侍官、御史、布政司四品以上,按察司、盐运司五品以上,“任满黜陟,取自上裁”。其他未入流及杂职官，九年任满，由吏部考核，依照官例决定其升降。有特殊成绩的，则由皇帝决定其升降。

考察分京察与外察。专对京官的考察称为京察，每六年举行一次。“四品以上自陈以取上裁，五品以下分别致仕、降调、闲住、为民者有差。”

对于京外官员的考察称为外察。自弘治年开始，外官三年一朝觐，“察典随之”。州、县将每月官员考核情况上报于府。知府再据此进行全府的考核。岁末，将考核结果上报布政司。第三年，巡抚、布政使进行总考核，造册具报朝廷，“丽以八法”，称为大计。大计始于明，受大计处分的官员，永不叙用。“吏部会同都察院考察，奏请定夺，其存留者，引至御前，刑部及科道官，各露章弹劾，责以怠职。来朝官皆免冠，伏候上命，既宥还任，各赐敕一道，以申戒饬”(21)。对于接受考察的官员“丽以八法”：贪、酷、浮躁、不及、老、病、疲、不谨。处分分为四等：致仕、降调、闲住、为民。能够在金銮殿接受考察的都是四品以上的州官。这样的考察场面真是让那些四品以上的大员诚惶诚恐，平时的八面威风早就抛在九霄云外。

明代考核制度在其初期得到较好的坚持。朱元璋曾亲眼目睹了元代的吏治黑暗，官员腐败不堪，百姓饱受盘剥，最终导致各地农民起义而灭亡。所以，朱元璋当了皇帝，就十分注意整顿吏治，建立了严格的考核制度。对于为政清廉的官员，他破格提拔重用；对于违纪官员，不管其职位多高，都毫不客气，予以严惩。当然，有些惩罚手段也是比较残忍的。有的贪官斩首之后，还要掏出五脏，塞满稻草，放在衙门前示众，以警示他官。到了后来，这些惩罚手段成为处置贪赃官员的依据。随着吏治的腐败，贪官污吏则通过考核得到提升，而廉洁的官员则受到打击。明代的考核制度还有一个明显的弱点：对京官考核宽松，对地方官也就是外官考核严，对高官考核宽松,对一般官吏考核严,明显地给人两个标准。外官三年一考察,京官十年才考察一次。后来有人提意见,说不公平,到弘治十六年(1503 年)才改成六年一考察。明代的监察制度还表现在前期严,后期宽。“弘治以后,考察之法始密而严,世宗于议礼诸臣无所不假借,独严于大计,罢斥者如教官王瑶、光禄监丞钱子勋、御史虞守、随州同知丰坊辈,俱百端献媚于兴邸,而上终不为破例,其严如此。”到了万历年间,一些因为大计丢官的,很快就官复原职。考察不但不能成为奖惩官员的制度,还成为阁臣党同伐异的手段,他们往往利用大计打击自己的对手。明王朝的吏治也同其他朝代一样,由清明转向黑暗,最后灭亡。

六、监察

明代的监察制度是一种比较成功的监察制度。朱元璋一方面取消中书省,另一方面建立完善了以都察院与六科给事中为主体的监察体系。都察院是一个庞大的机构,光十三道监察御史就有一百多人。除了都察院,还有与之并行的六科给事中。都察院、十三道监察御史、六科给事中,他们虽然都是监察机构,但是工作各有侧重。地方上则有按察使司。按察使司有两方面的职能,司法与监察,以监察为主。在前面,我们已经就监察院、十三道监察御史、六科给事中以及按察使的职能作了介绍。从他们的职能我们可以看到,明朝监察主要有以下几方面的工作:

第一,监察制约皇权。

监督制约皇权是明代监察制度最大特点。这一点与朱元璋所采取的一系列加强皇权的措施似乎是相矛盾的,其实并不矛盾。朱元璋知道,要保证皇权的巩固,就必须保证皇帝所发出的一切政令不出错误。他知道自己所作出的所有决定都无法绝对正确,更无法保证自己的后世子孙个个都是精明勤政的皇帝。历史的经验教训是,开国的皇帝都励精图治,但往往几世之后,甚至从二世就开始走下坡路,要保证后世子孙都能像自己一样,必须有人制约皇权。朱元璋规定,无论是廷推,还是廷议、会审等,都要有御史与给事中参加。他们的职责就是对廷推、廷议所作出的各种决定找毛病。不但如此,御史还要经常谏诤建言,匡正君德,指出圣旨疏漏,以及各项大政方针的得失。制约皇权更是六科给事中的重要职责:"凡制敕宣行,大事覆奏,小事署而颁之;有失,封还执奏。凡内外所上章疏下,分类抄出,参署付部,驳正其违误。"保证从皇宫里发出的一切政令准确无误。"主德阙违,朝政失得,百官贤佞,各科或单疏专达,或公疏联署奏闻"(22)。从宣德皇帝开始,即使宦官传出的圣旨,也必须经过六科给事中复奏,证明确实是皇帝旨意,才能发出。

封驳诏议可以说是监官制约皇权的最大体现。即使是皇帝的圣旨,监官若认为有误,也可驳回不予下达。监察官员对皇权的制约还表现在参加廷议。廷议时,主持者是皇帝,参加者都是朝廷重臣,阁臣是主要参加者。监官受地位所决定,不可能有表决权,但若认为决策有误,则有权提出不同意见,并及时予以纠正,较大地发挥了监督制约作用。传统的以小制大,虽然包括了宰相,却没有制约皇权的内容。

朱元璋不但从制度上规定了监官可以制约皇权,而且还经常向监官们提出这样的要求:"臣不谏君,是不能尽臣职;君不受谏,是不能尽君道。臣虽有不幸,言不见听而反受其责,是虽得罪于昏君,然有助于社稷人民也。"(23)当然,就求谏而言,朱元璋不算是最典型的统治者,还有皇帝比他做得更好。但从制度上赋予监官制约监督皇帝的职能,将求谏纳谏思想变为监官的权力职责,这又是许多皇帝所不及的。求谏纳谏作为一种思想,是要求臣下对皇权进行制约,但思想毕竟有它的局限性,往往只有开明的皇帝做得到。把求谏纳谏思想变为制度，这是朱元璋的高明之处。朱元璋认识到，皇帝并不是什么都懂，什么都对，关键是皇帝犯了错误，要有人敢于指出来，只有这样，才能保证皇帝的决策不出现失误，这是政权巩固的必备条件。总结历史的经验，开国皇帝才略超群，多能虚心接受百官的建议与批评；后代子孙多昏庸无能，却一个个都刚愎自用。所以，必须建立一种制度，在皇帝做出错误决定时，有人敢于指出来并加以纠正。这就要求有一套制约皇权的制度，有一支刚正不阿的监官队伍。有明一代，产生了一大批刚正不阿的监官，好多人为此献出了自己的生命。

武宗在佞臣江彬唆使下，要到关外游玩。作为巡关御史的张钦自然清楚这件事的危险性，立即上前劝阻。武宗根本不听，为了活动方便，侍卫也不带，只与太监们微服出京，来到昌平。张钦命守关指挥孙玺紧闭关门，并将关门钥匙自己保管。武宗听说张钦闭关，就召指挥孙玺。孙玺却回答："御史在，臣不敢擅离。"武宗只好派太监刘嵩去请示张钦。张钦手持皇帝颁发的巡关大印，按剑坐在关门口，说："敢言开关者，斩。"当夜，张钦又草疏劝阻："陛下若果欲出关，必两宫用宝，臣乃敢开。不然万死不奉诏。"不久，皇帝又派太监催促开关。张钦拔剑斥责太监诈传圣旨，吓得那太监急忙逃走，向皇帝诉说张御史差点杀了他。

第二，监督制约相权。

就动机而言，朱元璋建立监察制度的主要目的不是为了制约皇权，而是为了制约相权，他所设计的以小制大主要是制约宰相与朝廷重臣。前面已经谈到，朱元璋虽然废除了丞相，但以后的内阁首辅不但成为事实上的丞相，而且其权力超过了前代丞相。杨廷和成为"门生天子，定策国老"。从嘉靖朝开始，内阁首辅的权力越来越大，张璁为首辅，百官"无敢与抗者"(24)。其他首辅或奸或忠，也都权势无比。张居正虽为贤相，他的助手张四维也是阁臣，竟

"恂恂若属吏,不敢以同僚自处"[25]。

对于相权的制约,在许多时候也是对皇权的制约。皇权与相权是紧密相联的,大多数政令都是宰相与皇帝共同制定的,宰相的错误同时也是皇帝的错误,皇帝的功劳同时也是宰相的功劳。正因为如此,监官们在弹劾阁臣时,往往要惹怒皇帝,具有双重的危险性。

皇权与相权有联系又有区别,有时又分不出彼此,皇权至高无上,相权仅居其次。所以,监官在制约相权上同样需要有刚正不阿的献身精神,因弹劾宰相而丢官直至献出自己生命的监官大有人在。在这方面,最为典型的是监官与严嵩的斗争。严嵩"无他才略,唯一意媚上","窃政二十年,溺信恶子,流毒天下,人咸指目为奸臣"[26]。嘉靖时期,朝政为严氏父子所把持,凡弹劾严嵩的,不是被杀,就是杖责流放。但监官们前赴后继,交劾不停,"主威愈振,而士气不衰,批鳞碎首者接踵而不可遏。观其蒙难时,处之泰然,足使顽懦知所兴起,斯百余年培养之效也"[27]。明代监察制度制约相权的功能,在此时得到最大最好的发挥和验证。严嵩为明代大奸之首,监官与他的斗争也最激烈,最坚决。没有一个朝代像世宗朝监官那样同心协力,不畏一死,共赴国难。可以说,没有他们的不停弹劾,也就没有世宗对严氏父子的疏远,也就没有邹应龙的最后成功。

第三,监督惩处贪官。

在惩治贪官污吏上,明代赋予监官极大的权力。没有哪一个朝代像明代那样,有一大批惩治贪官污吏毫不手软的监官,形成一个群体。陶垕仲为监察御史,"纠弹不避权贵,劾刑部尚书开济至死,直声动天下"[28]。他任福建按察使,诛赃官数十人。顾佐在永乐朝就任御史,一直到正统朝。为了便于执法,他上朝从不与百官同坐,人称"顾独坐"。在当时有这样的规定,监官若弹劾贪官,可以穿绯衣上朝。顾佐穿绯衣上朝,对贪墨不法者,当即在皇帝面前纠举,拿下问罪,有时不管皇帝同意不同意。所以,大臣们只要看到顾佐穿绯衣上朝,知道必有纠举,“莫不股栗”。顾佐之举不知得罪了多少朝臣,但他仍能长期从政,没有皇帝的支持是不行的。

监官们惩贪去恶毫不留情,是监察制度对他们的要求。明代要求监官巡行地方,若发现守法奉公、廉能昭著者,要随即举闻;若发现贪官污吏蠹政害民者,要当即拿下问罪。御史捉拿贪官污吏,地方长官不得干预,作为行省最高长官的布政使,若有不法行为,亦在御史捉拿权限之内。明代还规定:御史若知善不举,见恶不拿,杖一百,发配烟瘴之地。

第四,抑制打击宦官。

就御史、给事中的职能而言,他们并没有抑制宦官的权力。但当宦官危害朝政,危害百姓时,监官们又主动承担了打击宦官的重任。明代宦官制度的特点是:宦官机构庞大,人员众多,不但能干政,还能监军。太监王振要处罚大臣比宰相还容易,御史李铎就因为碰到他不下跪,被贬官谪戍铁岭卫。代代都有擅权的宦官,代代也都有与之针锋相对的监官。可以说,监官与宦官是水火不相容的。宦官成为监官们打击的主要对象,监官也成为宦官们迫害的主要敌人。宦官曹吉祥兴兵作乱,蒙难的就有都御史寇深。曹吉祥在作乱之前,首先要做的是把监官赶出朝廷。宦官刘瑾令群臣跪在金水桥南,宣示所谓“奸党”,共有五十余人,而其中监官就有四十多人。

抑制打击宦官之难,不亚于制约皇权。宦官们多有皇帝作靠山,许多权力是皇帝赋予的。而且,宦官由于生理上的缺陷,多变得凶狠残忍。在神宗朝,六科给事中与十三道监察御史一起猛攻太监冯保,还是以失败而告终,宦官势力之大由此可见。相信宦官,不相信大臣,又是朱元璋的不肖子孙的一大特点。对宦官干政,阁臣们多明哲保身,能忍就忍,能让就让。杨士奇、杨荣、杨溥"明称贤相,必首三杨"(29),就是这三位贤相,天赐良机除王振而不除。太后要杀王振,三杨还为之求情。抑制打击宦官,比抑制相权还要难,因为宦权与皇权是密切相联的。在许多时候,宦权就是皇权。宦权与相权多数时候也是一致的,只有当宦权对皇权构成威胁时,两者才会发生矛盾。所以,抑制打击宦官,也是一种对皇权的制约形式。从朱元璋之后,代代都有不可一世的宦官,但他们又都没有好下场,这不能不归功于监官们的不懈除恶。

七、俸禄

同整个官吏制度一样,明代的俸禄制度也是洪武时期形成的。洪武十三年,重新修订内外文武百官俸禄标准。官吏俸禄实行禄米与宝钞制度。正一品年禄米一千石,钞三百贯。从正一品至从四品,年禄米依次递减一百石,钞则都是三百贯。正五品年禄米二二〇石,钞一五〇贯;从五品年禄米一七〇石,钞一五〇贯;正六品年禄米一二〇石,钞九十贯;从六品年禄米一一〇石,钞九十贯;正七品,年禄米一百石,钞六十贯;从七品年禄米九十石,钞六十贯;正八品年禄米七十五石,钞四十五贯;从八品年禄米七十石,钞四十五贯;正九品年禄米六十五石,钞三十贯;从九品,年禄米六十石,钞三十贯。

未入流胥吏的俸禄只有禄米而没有宝钞。不同品级官署的胥吏,职务不同,其禄米也不相同。高者月禄米二石半,低者一石。州学正月禄米二石半,县教谕、府州县训导月禄米二石。内外官署提控、案牍、州吏目、县典史禄米均三石。杂职人员如仓、库、司、局、批验所大使月禄米三石,副使月禄米二石半,河泊所官月禄米二石,闸坝官月禄米一石半,宦官月禄米一石。

洪武二十五年，朱元璋重新修订官吏俸禄米标准，正一品月禄米八十七石，年禄米一〇四四石；从一品月禄米七十四石，年禄米八八八石；正二品月禄米六十一石，年禄米七三二石；从二品月禄米四十八石，年禄米五七六石；正三品月禄米三十五石，年禄米四二〇石；从三品月禄米二十六石，年禄米三一二石；正四品月禄米二十四石，年禄米二八八石；从四品月禄米二十一石，年禄米二五二石；正五品月禄米十六石，年禄米一九二石；从五品月禄米十四石，年禄米一六八石；正六品月禄米十石，年禄米一二〇石；从六品月禄米八石，年禄米九十六石；正七品月禄米七石半，年禄米九十石；从七品月禄米七石，年禄米八十四石；正八品月禄米六石半，年禄米七十八石；从八品月禄米六石，年禄米七十二石；正九品月禄米五石半，年禄米六十六石；从九品月禄米六石，年禄米六十石。这次调整除正一品和正八品以下有所提高外，其他均有降低。

嘉靖二十九年(1551 年)，明世宗大幅度增加文武官员禄米，首先将官员官升一品，从九品升正九品，正九品升从八品……随着官品的升级，禄米也随着提升。正九品月增米五石半；从八品六石；正八品六石半；从七品七石；正七品七石半；从六品八石；正六品十石；从五品十四石；正五品十六石；从四品二十一石；正四品二十四石；从三品二十六石；正三品三十六石；从二品四十八石；正二品六十一石；从一品七十四石；正一品八十七石。官品越高，增加的禄米也多，正品官又比从品官增禄米多。而且正品官还可以带支柴薪皂隶。正九、正八、正七品各带两名支柴薪皂隶；正六、正五品官员各带四名；正四品是六名；正三品是十名；正二品是十二名；正一品十四名。这些皂隶，也就是服务人员的费用都是由国家支付。这当然省去了官员们一笔很大的开支。这种情况就像当代各个机关发给官员的福利待遇一样。所不同的是明代的“福利待遇”是国家统一规定的,而当代的各种福利名堂五花八门,有的属国家统一规定的,有的则是各个机关根据自己情况制定的。有些机关的福利待遇已经远远超过了工资部分。

由于明王朝在俸禄中米与钞兼发,在米不足的时候就实行折色的办法,如在永乐年间规定,每薪钞二锭,折米一石。在各个时期,折色办法也不相同,有以物折物、以物折银、以物折钞等方式。有时上半年发本色银钞,下半年以胡椒、苏木折钞。折来折去,官吏的俸禄多数时候不能正常发给,而且数量减少。造成这种状况的原因是多方面的,既有财政收入不足的原因,也有军费、皇室支出费用过大的原因。商品经济的不发达,也是明王朝禄米宝钞制度破产的一个重要原因。到了明代中后期,国家收税只靠田赋,显然不够国家的财政支出。传统的抑制工商业政策,只知道保护农业的本位地位,但却让国家减少了大笔的税收。而且皇族藩王宗族势力开支更是占了国家的巨大开支,有的地方政府哀叹,将当地所有的税收全部交给藩王,都不够用。还幸亏国家对于官员的编制人数有着严格的限制,如果机构膨胀,滥设官职,明王朝早就垮台了。封建王朝由于时代的局限,不可能,也没有条件考虑如何出卖土地解决财政开支。

总之,朱元璋建立的明王朝,在总结前朝地方诸侯尾大难掉,危及中央政权的实际,在官制设置上动了一番脑筋,最重要的就是取消丞相,提高六部的地位,让六部直接对皇帝负责。在官制上,明代最有特点的还是以小制大的监察制度。正是这种以小制大的监察制度,培养了一批敢于献身、不畏权贵的监察官员。同时也培养了一批忠于明朝的官吏。正是有了这样一批官吏,一个个大奸接连倒下,甚至在皇帝消极怠工,不理朝政的情况下,国家机器仍能运转。我们必须看到,朱元璋是一个寡恩绝情多疑的皇帝,他用最残酷的方式对待文武百官，甚至使用各种侮辱的手段对待臣下。这一点也影响到他的后世子孙。正是由于多疑，总是担心别人会篡夺大明政权，朱元璋和他的子孙大都相信心理变态的宦官，而不信任忠于王室的臣下，使得宦官权势达到无以复加的地步，甚至给皇权构成极大威胁。明代的宦官机构是历代宦官机构最为庞大的朝代，在中国官制史上写下了不和谐的一章。

注释：

(1)本章引文未注明出处者，均引自《明史·职官志》。

(2)《明太祖实录》卷三十。

(3)《词林典故》。

(4)《春明梦馀录》第二十三卷"内阁"。

(5)《明史·宰辅年表一》。

(6)《明世宗实录》卷五一七。

(7)《明通鉴》卷八。

(8)《明史》第七十三卷。

(9)《明史》第一百三十八卷。

(10)陈洪谟《继世纪闻》卷一。

(11)《明世宗实录》卷八〇。

(12)沈德符《万历野获编》。

(13)《明会典》卷二一一《都察院》。

(14)(15)《明史》第六十九卷。

(16)《明史》第七十卷。

(17)《明会典》卷五八《改调》。

(18)《明太祖实录》卷一四一。

(19)《明会典》卷五《保举》。

(20)以下未注明出处者均见于《明史》第七十一卷。

(21)《明会典》卷十三《朝觐考察》。

(22)《明史》第七十三卷。

(23)《明太祖实录》第二十五卷。

(24)《明史》第一九六卷。

(25)《明通鉴》第六十六卷。

(26)《明史》第三〇八卷。

(27)《明史》第二〇九卷。

(28)《明史》第一四〇卷。

(29)《明史》第一四八卷。

第八章 清代官制

第一节 清代官制演变及特点

一、清代官制的演变

1. 入关前的官制演变

努尔哈赤自起兵后，经过三十多年的浴血奋战，基本上统一了女真族各个部落，到明万历四十四年（1616年），自称大汗，定都赫图阿拉（今辽宁省新宾县永陵镇），建立了国号为金的奴隶制政权。

在统一过程中，努尔哈赤以氏族部落组织为基础，创建了八旗制度，“以旗统人，即从旗统兵。盖隶属于旗者，皆可以为兵”[(1)]。就是把所有的女真人分编在黄、白、红、蓝和镶黄、镶白、镶红、镶蓝（红旗镶白边，其余镶红边）八色旗内，每旗七千五百人，旗设甲喇、牛录等各级首领，全由女真族贵族担任。一般女真人都是旗人，“处则为兵，入则为民”，平时耕猎，战时出征，其首领既是政治长官，又是军事统帅和生产的组织者。

努尔哈赤时代由于经济落后，国家草创，统治区域狭小，人口不多，其国家机关及其职官设置自然很不完善。在中央大汗之下，仅有五大臣议政，扎尔固齐（审判官）十人负责诉讼，以及八旗总管大臣管理军事,其他执行机关还没有具体化,当时无论是国家机构还是官制,都非常简单。

在努尔哈赤之子皇太极继位之前,金的首都已迁至沈阳。皇太极继位后,先后改女真族族名为满洲,改国号为清,自称皇帝,成为明朝雄踞东北的一强大割据势力。

随着满洲内部封建生产关系的发展,国家机构与职官也相应发生了变化。皇太极宣布照《明会典》行事,在保留五大臣与旗主议政的同时,于天聪三年(1629 年)设置了文馆,其官员负责翻译汉文书籍,记载本朝史事。二年之后,又仿明制设吏、户、礼、兵、刑、工六部,每部以贝勒(皇室贵族)为首长,下有承政三人,满洲、蒙古、汉各一人,再下有参政八人和满、汉启心郎若干人。1636 年,改文馆为内三院:内国史院、内秘书院、内弘文院。三院成为满洲独创的机构,各设大学士一人。内国史院负责记注诏令,编撰史书;内秘书院撰拟各国往来文书,并录各衙门奏疏;内弘文院为皇帝进讲经史,颁布制度等。这时的内三院似乎已经具备了内阁的雏形。大学士取得撰拟对内对外诏诰敕令的权力,削弱了议政诸王公贝勒的权力,参与国家大事,成了皇帝的助手。同时还设立了都察院,至此,军政分开。

为了实施进取中原,取代明代的既定国策,也为了既能保证漠南蒙古各部的稳定,又能借助其力量,皇太极在加封漠南蒙古各部落首领以王、公等爵位后,在适应蒙古族游牧生活特点的情况下,设置了中央机构蒙古衙门,专管漠南蒙古地区事务,后改名为理藩院。这无疑是清创建的一个特殊机构,是清欲代明这一国策的产物。

上述一系列的设置与首创,使清的统治机构和官制复杂化,并日趋完善。但是,由于清从原始社会进入奴隶社会,继而发展到封建社会,历时较短,速度较快,以致在入关前其原始社会末期部落酋长军事民主制的残余势力仍然存在，曾发生过贵族“共治国政”的情况，皇太极慑于贵族的力量，在沈阳宫中建立了“十王亭”，凡有军国大事，集众宗室贵族大臣议事于亭中，表明满洲贵族势力很大，制约着皇权的发展。

2. 入关后官制日趋完备

清入关后仿照明代内阁制度，置内三院于六部之上成为内阁，行使中央政府职权。顺治十五年（1658 年）改内三院为内阁，大学士加殿阁名衔。一开始为四殿二阁：中和殿、保和殿、文华殿、武英殿、文渊阁、东阁。乾隆十三年（1748 年），裁中和殿，增加体仁阁，成为三殿三阁的定制。有清一代，内阁“赞理机务，表率百僚”，大学士是辅助皇帝统领百官、综理政务、统治全国各民族人民的最高官员。

清内阁虽然沿袭明制，但与明代内阁又不尽相同。一是明代内阁处在初创阶段，而清内阁则进一步完善，其机构完备，职掌明确，是明代内阁不能与之相比的；二是明代内阁大学士参与机要事务，而首辅大学士俨然以宰相自居，曾几度出现朝政和阁权独揽的局面，清内阁只能在皇帝和议政大臣控制下，办理日常事务，不能向六部发号施令，仅起上呈下达的作用；三是明代内阁权力很大而大学士的官品不高，清内阁的权力日益削弱而大学士的官品很高，但仅是最高荣誉称呼而已。

清代为了进一步提高皇权，抑制议政王大臣和内阁的权力，康熙十六年（1677 年）十一月，玄烨在皇宫内设立了南书房，把特颁诏敕的撰拟权改由南书房翰林院担任，以改变内阁批答奏折，军国机要为议政处所垄断的局面，推选品才兼优的词臣入值，称“南书房行走”，组成皇帝处理政务的机要秘书班子。但自雍正时期成立军机处之后，南书房不再参与机密事务，而专管诗文书画等事。

雍正八年（1730 年）十二月，因西北两路用兵而特设军机房

（后改为军机处），召怡亲王允祥和蒋廷锡、张廷玉两大臣入内供职。从表面看设立军机处是为了保守军事机密和迅速传达皇帝圣旨，故设之于乾清宫西侧，实际上是雍正皇帝为了进一步加强皇权，而把一切军国机要掌握在自己手中。此后，一般政务仍由内阁经办，军国大政则由军机大臣面奉皇帝训示，拟旨缮发，这样，议政王大臣和内阁就形同虚设了。

军机处是封建专制主义中央集权高度发展的产物，其特点是处理政务迅速而机密，但本身没有独立性，也非正式衙门。军机大臣由亲王大臣兼任，不是实官，其下有军机章京（满语，汉译官员之意）若干名，他们都是皇帝的内廷使臣，没有官称，因此大小无专官，也是军机处的一个显著特点。事实证明，随着军机处的建立，使清代专制主义中央集权的发展达到了本朝的顶峰，而且从总体上来看，也比明朝有过之而无不及，达到了中国封建社会的顶峰。

清代的六部，大体上与明代六部相同，连设官员额都以明制为基础，不同之处是，清代的户部为十四司，刑部为十八司，六部中增添了七品小京官若干人，又在正规职官下设有笔帖式（满语，汉译文书之意）。六部长官尚书、侍郎也负责国务，其中两人还在军机处供职，其余长官也定期朝见皇帝，汇报本部事务。六部之中，户部是唯一的财政总机关，故权事最重，与唐、宋时期不同。唐宋财政机构除了户部，还有三司使等机构。清代重要官员的任命权操在军机处，吏部的事务只限于稽考中级以下官员的资历，根据案例予以准驳，故权力不及明代的吏部。由于重文轻武的习气，武官的任免不为时人所重视，所以，清代兵部向受冷落，至于军政军令，更非兵部所能过问。刑部是一个专业性机构，不谙习律令就无法胜任，故长官之中必有一人是本部司官出身，由其主持本部事务。工部因在外河工不由本部经手，只是在宫廷典礼时才有办事的机会，甚为清闲。至于礼部，更不起眼，几乎就是无事可做。

总之，清代的六部不仅是明代的遗制，而且也是历代递相沿袭。不过，清代六部官员中最突出的就是部办（书吏）的权势很重，他们父子师徒据为永业，舞文弄法无所不精，尤其是吏、户两部的部办最会上下其手，几乎所有官员都得和他们取得联系，如若不然，其公文必被留难。部办没有俸禄保障，常以索贿取得，美其名曰“部费”。各省的官署也同样为胥吏所操纵，致使清代官场昏庸而胥吏奸诈的现象尤为突出。下面胥吏制度我们还将详细论述。

笔帖式为清代的中央机构所特有，其名微但人数最多，官品最高不过六七品，全由满人充任，在官府供职，有委署主事、掌稿、缮折、牌子都名称，专管笔札、收发。笔帖式升官很快，满人一旦任之，不几年即可升任员外郎或主事官，掌握官印。笔帖式一开始虽然干的都是胥吏的活，但是结局却是大不一样，就因为胥吏是汉人，笔帖式是满人。有的笔帖式虽然不通文墨，但若能奔走攀援，将来定会飞黄腾达，甚至外升总督、巡抚，内任尚书、侍郎。笔帖式是满人升官的一种捷径，也是清代统治者对满人的优待。要不然怎么八旗子弟无能，但是官路亨通。至于汉人担任的胥吏不但收入低，而且社会地位也低，一生只能干胥吏工作，别想有提升的机会。在官场，汉人担任官职还有编制限制，但是，对笔帖式似乎没有编制名额限制，只要有满人需要安排，各个衙门随时都有笔帖式名额指标。

理藩院是清代新创设的一个中央行政机关，虽不称部，其体制却与六部大致相同，下辖有旗籍、王会、典属、柔远、徕远、理刑六个清吏司。其中，旗籍、王会两司专管内蒙古地区，典属、柔远两司专管外蒙古地区；徕远司管理回部（新疆维吾尔各族）的事务；理刑司专管内外蒙古、回部、番部（藏族）诸民族的各种刑法。满族最高统治者深知，清代是一个多民族的封建大国，民族问题及其政策在国家行政措施中极为重要，故设理藩院管理各族事务，按照各民族的不同风俗加以区别对待,以巩固清王朝的统治。

理藩院的官吏设置与六部相同,但尚书、左右侍郎由满人或个别蒙古人担任,郎中、员外郎和主事则全部都是满人,只有笔帖式有几名例由汉军担任。所以没有汉人担任职务,因为汉人多不懂少数民族语言,比如满语、蒙语、维吾尔语和藏语,不便进行民族工作。

清代另一创新的中央机构就是内务府。内务府设立于入关前,由总管内务府大臣主持工作,专管爱新觉罗皇室一家的日常生活事务。顺治死后,清政府鉴于历代宦官未有不招祸乱的历史教训,下令关闭明代的太监二十四衙门将其并入内务府。康熙之后,内务府的组织机构进一步健全,下设有七司三院:司、院官员的设置,多由明代二十四衙门因革损益而定。过去这些衙门都是太监管理,清代反其道把太监隶属于内务府敬事房,太监失去衙门,权势顿消,太监专政局面也一去不复返。清代还规定,太监不准考试做官,这样太监在宫内的任务只是供洒扫和应对而已。其实内务府也不能专权,因为总管内务府大臣是流官,要按期更换,堂司各官品级不过四品,又自成系统,不与各部、院、寺、监各官府相统摄,使宫中、府中分而为二,从而一扫秦汉以来宦官擅权之弊端。

清代还有一个新设立的中央机构——八旗都统衙门,包括满洲八旗、蒙古八旗,每旗设都统一人,副都统二人,分别管理本旗军民事务。

清代的都察院仍沿袭明制,是中央高级机关之一,但进行过调整和改革,把原来独立的监察机构,掌稽查六部和其他官署的六科给事中并入了都察院,为其下属机构。御史和给事中被合称为科道,改变了自唐宋以来监察机关台、谏分职的情况,是为官制上的一大变革,也是清代监察机关的特点。清代都察院一般不敢放声高论,更不敢犯言直谏。清代的权贵可不是前朝的高官,一旦得罪了他们，不仅是失去升官的前途，连到地方做官的机会都没有了。前朝的监官监督制约皇权的职能更是彻底不复存在。清代统治者一直认为汉人不服从统治，如果汉人对他们的工作失误进行监督，岂不是自找苦吃。

其他中央机构如詹事府、鸿胪寺、光禄寺、太常寺、太仆寺、国子监等，均沿袭明制而设，终清未改。

明清二代，中央官员有大、小九卿之别，但无严格的划分。一般说来，大九卿指六部、都察院、通政使司、大理寺的长官。詹事府、太常寺、光禄寺、太仆寺、顺天府、鸿胪寺、国子监、翰林院和尚宝司的长官则称为小九卿。大、小九卿的职权有许多互相雷同，清代更加突出，最不同于明代的是，清代官员为复职，除少数衙门外，设一汉官，必设一名满官，而且满官的地位都在汉官之上，处处显示出满族的尊贵与民族歧视。清代政府虽然经常标榜在职官设置上，不分满汉，一视同仁，而实际所行却是大相径庭。

清代地方官制，也大体沿袭明制而略有损益和变更。

清入关后，由于民族矛盾空前激烈，内地各种形式的反清反封建斗争此起彼伏。为了加强控制地方，清代将明代的都、抚制度保留下来。明代督、抚辖区大小不定，有的兼管几个省，有的一省之内却有几个巡抚，清代初年也是这种情况，督、抚辖区面积并不明确，中期以后才定为八督十二巡抚，各有所辖。督、抚职权也随时代而异，前期总督的权力远比巡抚要大，后来日渐削弱，到后期有的巡抚竟然不听总督的指挥了。纵观有清一代，督、抚各自辖区较为固定，巡抚所辖为一省，总督多数为两省，少数为一省或三省。总督官称之外另加兵部尚书、右都御史衔，巡抚则加兵部侍郎、右副都御史衔，借以表示是朝廷特派的部院大臣，不这样便不能统辖地方文武，行使纠察之权，让所有官员听从其命令。总督主管军事，统辖文武臣民，为一方保障。巡抚统治一省，各有定员，分寄以守土之责。从他们的兼衔,巡抚要比总督低一个等级。督、抚都是实官,是地方封疆大吏。督、抚官制的形成,改变了明代省级无首脑的弊端,也使省级长官的权力超过了明代。

为避免地方大权旁落,清代任命督、抚多用满人。自公元1644年到1735年,全国除陕西、山西、甘肃外,累计各省总督为一八五人次,其中满人三十二人次,汉军一二八人次,汉人仅二十五人次;巡抚共五一五人次,其中满人三十六人次。汉军二六〇人次,蒙古四人次,汉人二一五人次。八旗满洲、汉军、蒙古族统称旗人,他们牢固掌握了各省地方大权。

明代省级三司并存,其首长分别是布政使、按察使、都指挥使。清代裁撤都指挥使司,省下二司,名义上与省级平行。督、抚既是地方封疆大吏,布政使、按察使则降为督、抚的僚属。明时布政使、按察使要定期朝觐皇帝,康熙皇帝则因为二司地位已经下降,就取消了布政使与按察使的定期朝觐。明代布政使司与按察使司的佐官和布政使、按察使都住在省城,后来由于在省和府之间设立了道,布政使司的僚属参政、参议就被分派到各道,成了道员,称分首道,按察使的副使、佥事也下派为道员叫分巡道。清初沿用此制,不同之处是,明代的道员系临时派遣,其官品根据原来的职务来定;清代从乾隆以后,道员成了地方上的实官,定为四品官。此外,清代还有一些没有地域区划的专职道员,诸如粮道、驿传道、盐法道、海关道之类。就司道而言,本来平行,但后来道员脱离了司,结果成了下级,以致州、县文书必先报府,府再报道,道又送到司,司再呈督、抚。地方官制叠床架屋成为一种积弊。

清代和明代一样,州、县是省的基层,府是州、县的上级。有的长官称知府,京师首府长官叫府尹,这和明代相同。全国有二百多个府,府的佐官有同知、通判、推官等,后来裁去推官,一些同知和通判也被派往府境之内分防。久而久之就形成了府的一个行政单位——厅。也有的厅是设在边疆少数民族居住的地区。厅又分直隶厅和散厅,直隶厅很少辖有属县,大的直隶厅相当于府,直属于省,而散厅相当于州、县。

基层州、县的州,也分直隶州和散州两种,直隶州相当于府,散州与县相同。就像当代的一些县,不称县而称市,但级别还是县级。州的长官叫知州。佐官有州同、州判,无定员,全国总计有七十六个直隶州,七十八个散州。

县的长官称知县,每县设知县一人,佐官有县丞、典史各一人,主簿一人,但是主簿无定员,有的县设,有的县则没有。中国的县自设立之日起,县行政长官只有一人,一个县中绝对没有第二个县长,更没有在一县之中还有管着县长的一把手,也没有与县长平级的其他机构与职官,这样就保障了县长官第一把手的权力。整个封建社会,县衙门只有一个,其他机构全无,从而保证了县级机构的高效精简。无论发生什么事情,惟有县长负总责,找不到推卸责任的任何理由。由于县衙门只有一个,也避免了县级机构推诿扯皮的现象。更重要的是这种对国家负责,对老百姓负责的机构设置,大大减轻了老百姓的负担,真正体现了知县作为亲民官的特点。可以说,整个封建社会都始终坚持了县衙门只有一个的编制设置,这种设置充分反映了老百姓的利益,代表了老百姓的利益诉求。虽然在实际中有些县官并没有很好地代表人民利益,或者说有的县官根本就没有代表人民利益,但是这样的机构编制设置大大限制了县官对百姓的盘剥力度。历代封建王朝都坚持了县级机构设置的这一特点,可以说,他们在县级机构设置上比较明确地代表了老百姓的利益。清王朝作为一个少数民族建立的王朝,在县级机构设置方面并没有为了更好地维护满族的统治,滥设县级机构,继续沿袭历代王朝优良的传统,实在是难能可贵的。当时全国县的数量也比较少,共有一三五八个县。清代在县内的重要集镇,派驻巡检驻守。县下有保甲编制，但这些都非行政系统，就是说不用占用国家编制和开支，就可以达到维持社会治安的目的。

清代的地方官，上至督、抚，下到州、县，通常总要聘请几名能干又有学问的人帮办事务，叫做幕宾，俗称师爷。例如河南巡抚田文镜聘请邬思道为幕宾，河道总督靳辅聘请陈璜为幕宾等。督、抚的师爷无定额，可多可少，自己根据事务和关系安排。县的师爷一般都有定额，一般大县二人，分管钱粮和刑名；小县一人，无所不管。师爷不是朝廷命官，不占国家编制，各级地方官以宾礼相待，合则留，不合则去，年终支付报酬，一般在千两以上。谁聘请的师爷，谁支付酬金。当然，这笔钱最后还是羊毛出在羊身上，知县要通过县税收来解决。就县长的俸禄收入，只能养家糊口，不可能再有钱支付师爷的费用。由于师爷是一把手聘来的，与长官关系密切，所以，有的师爷狐假虎威，为非作歹，贪赃枉法，成了老百姓的祸害。

清代的府、州、县组织不健全，都没有属员，即使有也只是简单的几个佐员，不像唐宋的府州设有录事参军等，地方长官也没有任命僚属的权力，执行公务全靠胥吏。由于官府缺乏办公经费，官员俸禄又很低，至于胥吏几乎就没有工资，他们所以愿充当公差，主要的好处就是不负担徭役，再就是可以捞取好处。所以，这些胥吏就公开贪污营私，加剧了吏治的腐败。州、县官要敬见上司和接待过路的官员，尽量满足他们的要求，加上各种临时的摊派，使州、县官一年之中极少在官府，把本地的城池、命案、逃犯等事务，都置之高阁，唯以奔走、承顺、侍候上官意志为第一要务，至于百姓疾苦哪里顾得上考虑！知府则尸位素餐，看督、抚的脸色行事，只是他们升官比州、县官容易，特别是省城的知府，常有升道员的希望，而州、县官一旦做定，好似终身沦为下僚，很难有重新出头的日子。

清代在边疆地区的行政机构与职官相当复杂，也不一致，总的说来是因地制宜,实行特殊设置,即用军政长官制度来代替内地的行省制度。

东北三省是清代的发祥地,行政上实行双轨制。康熙年间,分设奉天将军、吉林将军和黑龙江将军,以及副都统、城守尉等武官管理八旗人丁和少数民族,另设奉天府和各州、县管理汉人。在原都城盛京(沈阳)设户、礼、兵、刑、工五部及内务府,就像明代的南京一样,保留着六部,不同的是清代只设了五部,没有吏部,说明这里没有人事制度。五部各设侍郎一人,都是满人,以示与京城顺天府有别。内务府总管大臣由奉天将军兼任,其权力显然在其他两个将军之上。

清代对西藏的统治仍沿袭元代以来的政教合一的制度,设驻藏大臣一人驻拉萨,帮办大臣一人驻日喀则,管理全藏的军民政务。下设四个噶伦组成西藏地方政府,任用各级藏官进行统治。

在新疆维吾尔族居住地区推行军民分治,设伊犁将军一人,总管天山南北地区的军政与戍务,在各地城市驻地分置官员统辖,名称不一。但军队编制略与内地各省绿营编制相同。民治则在维吾尔族原有组织的基础上推行伯克(官员)制,南疆三十一城各设伯克,但名号不同,用以统治民众。

清代对内外蒙古和青海地区少数民族地区各部落实行随俗而治,推行旗盟制度。旗设旗长(札萨克),由理藩院挑选旗内最有权威的王公贵族担任,管理一旗的军民。合数旗为一盟,设正副盟长各一人主持盟务。又在内蒙古设绥远将军一人,外蒙古设乌里雅苏台将军一人。另在青海设办事大臣一人,分别统领各自的旗盟而隶属于理藩院。

清代为了打通西南腹地少数民族区域的交通线,削弱各土司的割据势力,遂沿袭明制,在西南大部分地区实行"改土归流"政策,废除土司制度,由朝廷委派流官直接进行统治,把府、州、县的官制改得与内地相同,从而加强了中央对西南各族人民的统治。

二、清朝官制的特点

清代以满族为统治民族,具有鲜明的民族特点。综观清代初期和中期,与明代相比,在中央集权、机构庞大、官员众多等方面,都超过了明代。在官制上有以下几个突出特点:

1. 机构多元

以辅助皇帝的中枢机关而论,先有议政王大臣会议,后有内阁、南书房和军机处。以后议政王大臣会议被废除,南书房的性质也发生了变化,剩下内阁和军机处。虽然权归军机处,但是内阁的作用也不容忽视。再以行政机关而论,中央六部之外,又设许多院、寺。各部、院机构重叠,尤以财政、典礼、刑法方面为甚,例如礼部掌典礼、学校和科举,与太常寺、光禄寺机构重复,职责不清;兵部名义上是全国最高军事机关,但军务由军机处秉承皇帝意图指挥;刑部管理刑法案件,另有都察院、大理寺也管此事。在地方上,省级保留了明代的布、按二司,又于二司之上设一巡抚,再于一省或数省之上设一总督,这都是多元设置的表现,其结果造成机构庞杂,职责不清,互相牵制,行政效率低下,固然有利于中央集权,却使官僚队伍臃肿庞大。清朝在机构与职官设置上的这些弊端,在其他王朝也表现得非常明显。

2. 官员复职

这一点为历代所无(元代除外)。究其原因,盖为满洲以少数民族统治广大汉族,如不与汉族地主阶级实行联合统治,江山必不稳固,这就迫使清朝统治者以各种途径吸收汉族地主阶级知识分子参与政权管理。但为了维护满族贵族的族权地位,不使大权旁落,除少数机构不设汉官外,一般机构官员均为满汉复职,设一汉官,必设一满官。各个机构的满官地位都高于汉官,就像元代的达鲁花赤一样。例如,内阁满大学士名列汉人大学士之上,不仅如此,各个机构的权力都掌握在满官手中。比如各部尚书,汉人尚书实际就是侍郎,甚至还不如满人侍郎的权大。这种情况,在清代的初期和中期,汉官无力与之抗争,只有承认,而且还大都不敢勇于负责。到了清代后期,满官日趋腐败,执政能力也日益下降,汉官的地位才慢慢上升。这个上升期,主要是从太平天国时期开始的。在镇压太平天国起义军的军事行动中,汉族官员发挥了决定性的作用,从而大大提高了汉族官员的地位,迫使清政府不得不给汉族官员以应有的地位。以前的汉官,都不过是官场的点缀而已。尽管清代各个衙门的官员都是复职,但由于对各个衙门的职数做了严格的限制,所以,整个清代衙门领导职数与以后的政权相比还不属于庞大,无论是尚书还是侍郎职数,都能为国家财政支出能力所承受。

3. 文尊武卑

同品级的文武官员,论权力武官在文官之下,各文官大都是实职,而武官有的是虚衔,要转实官相当不易,还得降低品级。各省区的绿营提督,虽然品级与总督、巡抚相同,但按期阅兵不由提督主持,反而是总督、巡抚的职责。清代翰林出身的文人,可以领兵作战,可以当帅,但武官却不能担任文官的职务。这种重文轻武的风气,由来已久,从宋、明相承至清。重文轻武虽然避免了唐代藩镇割据的弊端,但是削弱了国家武装力量,不利于抵御外侮。宋代所以屡败于辽、金、元,重要原因就是军事不行,而且宋朝到了关键时候,是文官主战,武官主和,成了投降派。明代的军队面对八旗兵更是一败涂地。

4. 京官贵于外官

满族是统治民族,自然享有多种特权,特别是宗室成员做官,多在京城,官位显赫,权势炙手可热。道员以下的职官从不授予他们，一般满族和蒙古贵族做官，官品也没有七品以下的职官。外官微职多由汉人充任。事实上，即使基层政权“以汉治汉”也非汉人不可，因而形成内重外轻的局面。京官贵于外官的表现有以下两点：一是京官外放比较容易，反之外官内升相当困难，有的还得降低品级。二是同品级的京外官荫子做官，京官比外官优越。尽管如此，由于京官俸禄微薄，虽然外官薪俸也不高，但外官中饱私囊的机会远比京官要多。比如总督、巡抚就可以随意支配地方上的各项杂税收入，为京官所不及。这种利益所在，影响仕宦风气，京官一般都收受贿赂，有的部院翰林官员和旗员，为了鲸吞巨财，反以得外差担任地方官为荣了。

5. 引见制度

在我国封建社会，一般中小官员，特别是地方官员，极难亲睹龙颜，偶逢机会，也须有高级官员的引领，这种中下级官员由王公大臣引领面见皇帝的形式就是引见。它出现于封建社会早期，但直到明代，只是皇帝临时性的活动，很少举行。到了清代乾隆年间，引见制度最终定型，成为官制的重要组成部分之一。其应用范围很广，在官员的选拔任用、升调补选以及降革处罚等形成完整严密的制度。一位中下级官员，不管他是何种民族，在入仕之初及此后的宦海沉浮中，都不可避免地要和引见制度发生联系，这是前代所没有的，也是清代官制的特点之一。

第二节　中央机构与职官

一、辅佐皇帝的中枢机构

1. 议政王大臣会议

议政王大臣会议又称“国议”，初步形成于清的奠基者努尔哈赤统治时期。当时设八位议政王、八名大臣，全由满洲王公贵族担任。他们通过议论，可以举贤任能，罢黜奸臣，甚至废立国汗（君），提出有益于国家的大政方针。后来发展到可以议论、判断贵族的是非，议国政之得失，讨论攻战大事等。到了皇太极时期，更发挥着重要作用，经顺治、康熙、雍正，历时一百多年，到乾隆后期才废除。

2. 内阁

内阁是内廷殿阁的意思，它是皇帝以下的政权中心，总理全国政务的最高官署，是封建专制政治的产物。清内阁虽沿袭明制，但两者又有不同，前面已经谈到。顺治十五年（1658 年），清王朝参照明制，以内三院为内阁，大学士加殿、阁衔，称“保和殿大学士”、“文渊阁大学士”等。从顺治到乾隆年间，大学士的级别时高时低。高的时候是朝廷重臣，低的时候只是普通官员。康熙九年（1670 年）将大学士确定满、汉为正二品。雍正年间将内阁升为正一品，在各部尚书之上（尚书为从一品），因此，称内阁大学士为“宰辅”。乾隆十三年（1748 年）将原来的四殿（中和、保和、文华、武英）二阁（文渊、东阁），变成三殿（保和、文华、武英）三阁（文渊、体仁、东阁）。增设协办大学士，作为大学士的副职，品级为从一品。

内阁的职掌为“掌议天下之政”[(2)]，“钧国政，赞诏命，厘宪典，议大礼、大政”[(3)]，“赞理机务，表率百寮”[(4)]。内阁大学士的职掌让人看了就是丞相，所以，乾隆说：“夫宰相之名自洪武时已废而不设，其后置大学士。我朝亦相沿不改，然其职权仅票拟承旨，非如古所秉钧执政之宰相也。”[(5)]内阁大学士的职权虽然不是宰相，但个别内阁大学士看上去还是跟宰相一般。“雍正以后，承旨寄信有军机处，内阁宰辅，名存而已。”[(6)]“凡明发谕旨，皆有军机撰拟，寄信上谕，亦由军机封发，而内阁之任遂轻。是后凡阁臣不入枢府者，则一切要政皆不得预闻，宰相备位而已。”[(7)]阁臣成了闲曹。宣统三年(1911 年)责任内阁成立,内阁被废。

内阁的常务工作是:宣布皇帝的诏令,草拟和传达皇帝的上谕;处理奏章;凡遇隆重典礼和祭祀等活动,由内阁筹办和主持仪式;组织编写书籍和收藏档案材料。

内阁主要官员有:大学士,三殿(保和、文华、武英)三阁(体仁、文渊、东阁)满汉各二人,皆正一品。大学士照例要冠以殿阁的名称,如保和殿大学士(乾隆以后不再使用)、体仁阁大学士等,只是一种荣誉性质的虚衔,没有什么实际意义。大学士的职责名义上是辅助皇帝,处理机要事务,实际常务事务是替皇帝起草诏书,处理奏章;编写史、志等书,充任会试考官等。大学士位尊权微,但始终是清朝仕途中最华贵的官职和文臣的最高荣称。协办大学士,满汉各一人,从一品,不加殿阁衔,他们大多是六部中某部的尚书,可直称为某部尚书,是大学士的副官和助手。内阁学士,满六人,汉四人,例兼礼部侍郎衔,从二品,主掌传达诏命和奏章及对政事发表意见。侍读学士,满四人,蒙(古)、汉各二人,从四品,管理奏章并进行翻译,但不侍读,也不由文学之士担任。侍读,满十人,蒙、汉军、汉各二人,正六品,专掌校对奏章,检查手续是否完备。典籍,满、汉军、汉各二人,正七品,是典籍厅的长官,负责收藏图书,出纳文件。内阁中书,定额满族七十人,蒙十六人,汉军八人,汉三十人,又称中书舍人,办理奏章翻译和各种手续,为皇帝草拟命令等。另有贴书中书,满四十人,蒙六人,皆从七品,负责作文、记事、翻译、缮写等。笔帖式十人,旗人担任,负责书写皇帝的命令。

内阁主要机构有:典籍厅,分南北两厅,南厅掌关防(对外行文用印)、收发、办理文稿等事。北厅掌管奏章和皇帝的办公事务。典籍厅设学士十人,满族六人,汉族四人;典籍六人,满、汉、汉军各二人;供奉二十二人。满本房,负责校阅奏章的满文部分兼管重要档案。满本房设侍读学士二人，侍读四人，中书三十九人，贴写中书二十四人，供事三人，全部都是满人。汉本房负责把奏章译成满文。汉本房设侍读学士四人，满、汉各二人；侍读五人，满三汉二；中书四十二人，满三十一人，汉军八人，汉三人；贴写中书十六人，全部都是满人。蒙古房，主管蒙古文、维吾尔文、藏文及外国公文的翻译。蒙古房设侍读学士二人，侍读二人，中书十六人，贴写中书十六人，全部都由蒙古族人担任。其它还有一些机构和兼管机构，此不赘述。

3. 南书房

康熙皇帝为了加强中央集权，设立了南书房机构，在乾清宫西南，原是皇帝读书的地方。供职者称“南书房行走”，都是进士或翰林出身的中央官员，人数不定，除陪皇帝作诗写字外，还兼承帝意拟写谕旨，发布政令，实际上成了皇帝处理政务的机要秘书班子，内阁之权被分去一部分，只办例行事务。南书房处在深宫之中，带有宫廷御用机构的色彩，严禁他人擅入。供职者虽然学问渊博，但缺乏地方行政经验，不熟悉军国大事的处理。因为在南书房伺候皇帝的都是满腹经纶的饱学之士，尽管他们品级很低，但这些人一旦熟悉了朝廷大事，就会成为一代名臣。不少名臣如陈廷敬、王士禛、查慎行、徐乾学、王鸿绪、张廷玉等，都曾经在南书房呆过。因为南书房不是国家的正式机构，所以，在南书房的官员称南书房行走，甚至没有干部身份的方苞也以“布衣入直南书房”。到了雍正时期，为了进一步提高皇权，以果断迅速处理西北用兵的军务，防止泄密为口实，在隆宗门内设军机房，后改军机处，地近宫廷，便于宣召。军机处原先专办西北军务和处理政事，南书房在这方面的作用渐被取而代之。光绪勤政之后，经常与南书房的官员商量国家大政，慈禧太后担心南书房的文臣为光绪出谋策划，逼着光绪于1896年撤销南书房。

4. 军机处

军机处是“办理军机处”的简称。其办公地点为“值房”，又称“军机堂”。军机处设立于雍正时期，在乾隆时期，一度废除，改为“总理事务处”。乾隆二年(1737 年)又恢复办理军机处，简称军机处。一直到宣统三年(1911 年)设立责任内阁，存在一百八十多年的军机处才寿终正寝。军机处虽然靠近皇帝，权力很大，但不是国家的正式机构，也没有专门的办公机构，所以称“办理军机处”。在清朝的一些会典上也没有将军机处列入编制之内。到后来，军机处已经不是当初设立是为了处理军务的目的，而是为了有利于加强皇权统治，所以，军机处成为重要机构，军机大臣成为朝廷重臣。“军机者，宰相之职，天下事无所不综”(8)。“军国大计，罔不总揽。自雍、乾后百八十年，威命所寄，不于内阁而于军机处，盖隐然执政之府矣”(9)。军机处已经超越内阁。军机处的职掌可归纳为办文牍和备顾问二项，具体任务就是协助皇帝撰写谕旨和处理奏章；审核内阁、翰林院拟写的谕旨；考察军事行动山川路线与兵马钱粮供应；商议大政和决议大狱；为皇帝准备处理政事的资料；参与官员的任免和科举考试；奉派出京查办事件和陪同皇帝出巡、狩猎，作为扈从常侍，以备顾问；还要查阅国家大的典礼旧案以及各种文字材料出处，比如乾隆皇帝喜欢作诗，引用典故，章京们不但要帮他誊写，还要查明引用典故的出处来源。

军机处虽然是皇帝的御用机构，但是人员设置却不多，仅设军机大臣、军机章京二职。军机大臣名额不定，由皇帝安排，最初只有三人，后增至四到八人，最多时达十一人。其任用由皇帝决定，开始时在大学士中任用，后来也在六部尚书和侍郎、院寺堂官中挑选，少数人是从军机章京中升任的。初任职者称为军机大臣上学习行走，久之，改称军机大臣上行走，简称军机大臣，俗称“大军机”。他们每天按皇帝的旨意拟写谕旨承办各种政事，办事迅速，从不敢拖延。从以后的军机大臣可以看出，尽管有亲王不能担任军机大臣的规定，但首席军机大臣却大都是亲王，而且都是最近的亲王，难怪人们说，军机大臣唯用亲信，不问出身。军机大臣属官军机章京，俗称“小军机”，或从六部司员和内阁中书里考取选用，或从各中央机关抽调任用，其任务是缮写谕旨，记载档案，查核奏议，作为皇帝和军机大臣的秘书。章京也是满、汉人员各两班，每班八人，各设一领班，叫做达拉密章京。

军机处的下设机构有：内翻书房，设管理大臣，由满洲军机大臣兼任，负责翻译谕旨、御论，册祝文章；另有提调、协办提调各二人，收掌官、掌档官各四人，翻译四十人。翻书房承担了大量的翻译任务，各个衙门由内阁抄出的谕旨，有的要翻译成汉文，有的要翻译成满文，都要由翻书房负责翻译。还有其他文字材料，都要翻译成满文。除了内翻书房还有方略馆，设有总裁，由军机大臣兼任，负责编写方略。官员有提调和收掌，皆满汉二人。“方略馆以枢臣总领，于事无所不问，馆书无不汇集”(10)。除了编写方略，还从事其他文字材料。方略馆实际就是国家档案馆，政府机关的研究室。

与明代内阁相比，军机处有勤、速、密三个特点。皇帝除生日及年终几天外，每天都与军机大臣处理当天的所有公文和政事。勤政不怠，这是清代皇帝与明代皇帝的最大区别。在明代，皇帝可以消极怠工，几年甚至十几年不上班，不见大臣。清代皇帝绝大多数是积极勤奋的。军机处起草的谕旨，层层下达，叫做“明发”，有的不经过内阁直接由驿站传递，直达督、抚，称为“廷寄”。这种公文，根据缓急分日行三百、四百、五百、六百里，或八百里下达。上行公文也是如此，传递迅速，加强了中央与地方的联系。为首的军机大臣称领班，皇帝每日召见，后来改为一起召见，届时太监不能在侧，部院大臣也不许擅入。军机大臣不准私交地方官员，故而保密性强。军机处自成立后逐步取代了议政王大臣会议和内阁大权,是处理全国军政大事的常设核心机构。

二、政务机构及其职官

中央政务机构有吏、户、礼、兵、刑、工六部,理藩院和八旗都统衙门,除遵照皇帝的谕旨办事外,主要依据《大清会典》、《会典事例》、《六部则例》等成规处理公务。六部为清政府的“部”一级的重要机关,分掌全国政务。六部长官都要轮流定期觐见皇帝,陈奏本部事务,参议国政,具有国务大臣的性质。军机大臣总是兼任六部正、副长官,听候皇帝的裁决。

吏部

吏部列六部之首,主管文职官员的挑选、考察、任免、升降、调动和封勋等事务,但只能管理中、下级官吏,因为高级官员是由军机处秉承皇帝旨意任免的,加之督、抚也可以委派地方中、下级官吏,吏部的权力也就很有限了。

吏部最高长官为尚书,满、汉各一人,皆从一品,名义上总管文职官员的任免等政务。副长官为左、右侍郎,满、汉各一人,共四人,皆正二品,是尚书的佐官。左、右汉侍郎,大多是进士、翰林出身,常出差担任主考和学政官,即以他官兼任。属官有堂主事,其中清档房有满二人,汉本房有满二人,汉军一人,都是正六品,管公文奏章。司务厅司务,满、汉各一人,正八品,管出纳公文。笔帖式满五十七人,蒙四人,汉军十二人,七、八、九品官不等。

吏部下辖四司:文选清吏司、考功清吏司、稽勋清吏司、验封清吏司。

文选清吏司,负责官员班秩、升迁、改调之事。司的主官为郎中,满三人,蒙、汉各一人,皆正四品。副主官是员外郎,满、汉各二人,皆从五品。主事,满一人,汉二人,皆正六品,办理各项文牍杂务，分掌郎中、员外郎之职，往往握有实权。文选清吏司内设机构有：本房、题稿房、印房、都吏科、都书科、求贤科、开设科、缺科、升调科、册库、笔帖式科、典史科、凭科等房科。

考功清吏司掌管官员的考察、旌别功过之事，设郎中满三人，汉一人。员外郎满二人，蒙、汉各一人。主事，满一人，汉二人。考功清吏司内设机构有：本房、印房、都吏科、山东甲、江南甲、北直甲、广东甲（据明清史专家张德泽考证，以上科可能是档案库）、火房等。

稽勋清吏司掌管官吏的更名改籍，终养服制，兼稽核在京文官的俸禄，设郎中满、汉各一人，员外郎满二人，汉一人，主事，满、汉各一人。稽勋清吏司内设机构有：本房、甲库、贴黄科、都吏科、八旗科及山东、山西、陕西等科。另外，稽勋清吏司还有稽俸厅，掌管满、汉官员的俸银、禄米事宜。

验封清吏司掌管官吏的封赠袭荫和土司嗣职之事，设郎中满、汉各一人；员外郎满二人，汉一人；主事满、蒙、汉各一人。验封清吏司内设机构有：本房、印房、都吏科、京官科、外官科、土官科、内考科、外考科等。

吏部除了四司，还有清档房、本房、司务厅、督催所、当月处等机构。清档房掌管吏部档案。本房掌管誊抄满文汉文的题本。司务厅负责外省衙门文件的收发登记，分交各司办理，也就是吏部的办公室。督催所掌督催四司所办事务。当月处掌管吏部大印，并负责收发在京各衙门来往文件，分交各司办理。

户部

户部是国家财政最高机构，事务繁多，它所管辖的有户籍、土地、农垦、货币、租税、漕运、救荒、官吏俸饷等。它一方面是财务行政的监督机构，另一方面又兼管国库的开支，还带有民政的任务，并且直接负责造币、运输、仓储等业务。

户部设尚书满、汉各一人，负责全国的财政收入。副官为左、右侍郎，皆满、汉各一人。右侍郎兼管钱法堂事务，下有堂主事、司务厅司务、缮本笔帖式、笔帖式、内仓监督等官，品级与吏部相同，以下各部都同。

户部按省设司，除直隶、奉天、安徽三省外，共计十四个清吏司，每司除掌管本省事务，也监管在京各机关有关的公事，如山西司，掌管山西民赋收支、奏册，兼核游牧察哈尔地亩之事；福建司掌管直隶和福建两个布政使司民赋，兼核直隶内务府的庄田和游牧察哈尔地亩之事；陕西司掌管西安、甘肃两个布政使司民赋，兼管在京汉族官吏的俸廪，及巡捕营俸饷和各衙门经费；其它还有四川司、广东司、广西司、云南司、山东司、河南司、江南司、江西司、浙江司、湖广司、贵州司，各司情况基本相似，可知各司所辖业务，已经出现名不副实的现象，说明户部官制的混乱。

户部是一个庞大的部门，除了十四清吏司，还有司务厅、督催所、当月处、监印处、南北档房、井田科、八旗俸饷处、现审处、饭银处、捐纳房、钱法堂、宝泉局以及各个库房。

司务厅为户部的办公厅，负责收发外省衙门来往文件，根据处理权限，交部长官或各司处理，同时还负责本部吏员和工役的管理。督催所、当月处职能与吏部督催所、当月处同。监印处负责监管户部大印，每月由十四清吏司司员分日轮流值班，满、汉各二人，同时还负责管理盐茶引大印。两人管户部大印，两人管茶引、盐引大印。南北档房之南档房掌管满族档案，每三年稽查八旗人数，编造各旗丁档，并负责管理户部满族官员的升迁。所以，南档房官吏都是满族人。北档房掌管户部满、汉文题本、奏折和各省报解户部的饷银。井田科掌管核实八旗土地，内府庄户以及没收官府土地征收税租。八旗俸饷处专门负责八旗官兵的饷银、赏恤，并负责八旗档案。现审处掌管审理八旗户口、田房诉讼，对触犯刑律的，会同刑部一起办理。饭银处掌管各省递解户部饭食银的收支。这部分饭食银主要用于户部官员的养廉及生活补助。同时还要分出一部分补贴军机处、兵部、刑部机关食堂。管理这项工作的司员满、汉官员各二人,由尚书在户部郎中、员外郎、主事、七品小京官中轮流派任,每人只能干二年。看来这是户部内部一个有油水的差事。为了卖官,专门在户部设立了捐纳房。在清代,卖官是国家的一项制度,打着“赈济灾民”,或者“军饷不继”等名堂卖官。钱法堂是掌管钱币的机构。钱法堂由户部满、汉右侍郎监管,下设满、汉主事各一人,从户部司员中委派。办事官员有经承。铸币机构为宝泉局,宝泉局设满、汉监督二人,监督从各部司员中派任,二年一任。铸币机构也是个肥缺,所以需要轮流担任。宝泉局属官有局大使一人,笔帖式四人,均由满人充当。宝泉局下设东西南北四厂,设大使、经承等官吏。

和吏部各司一样(以下各部同),司设郎中总负其责,员外郎为副官,也有堂主事,司务厅司务和笔帖式各若干人,分别由宗室、满、蒙、汉军和汉人担任,各守其职。

除此之外,户部还有三库——银库、缎匹库、颜料库。管理三大库的机构称档房,又称“总档房”,主管由王大臣简派,三年一换。属官有档房主事、郎中、员外郎、司库、大使、笔帖式、库使、经承,共计七十余人。

户部还有仓场衙门,主管满、汉侍郎各一人,下设有笔帖式、经承、门吏等。除笔帖式之外,其他官员都是由满、汉担任。仓场衙门有坐粮厅、大通桥监督、京通十三仓监督,主要负责粮食漕运。户部还有众多的税关,这些税关遍布全国各地。在盛京也设有户部,机构小一些,人员少一点。总之,户部由其工作性质所决定,是一个无人匹敌的庞大机构。

礼部

礼部名义上掌管国家典礼、学校、科举等事务，其实只管典仪之事，没有礼教之权。礼部设满、汉尚书各一人，掌五礼程序和学校贡举等事。满尚书还兼管乐都、太常寺、鸿胪寺，副职为左、右侍郎，满、汉各一人。凡翰林出身者，除满人之外，都兼翰林学士衔，这说明礼部原则上与翰林院一体。

根据《光绪会典事例》和《历代职官表》，礼部除了尚书、侍郎等主官外，其他属官分别是：堂主事，满族三人，汉军一人。司务厅司务满、汉各一人。司局郎中，满六人，蒙古一人，汉四人。员外郎，宗室一人，满九人，蒙古一人，汉三人。主事，宗室一人，满三人，蒙古一人，汉四人。大使，汉一人。笔帖式，宗室一人，满三十四人，蒙古二人，汉军四人。堂子八人，堂书十人，儒士二十人，经承四十九人，除此之外还有额外郎中、员外郎、主事、七品小京官等，无定员。

表面看来，礼部是一个清闲衙门，但这种清闲也只是相比较而言。封建社会是一个重视礼教，礼仪充斥的社会，尤其是上层统治者，繁文缛节，多如牛毛，礼部疲于各种礼仪活动安排。封建统治者就是利用各种繁杂的礼仪来约束官员的行动，约束百姓的思想，让所有人都非礼勿动，非礼勿视，非礼勿听。朝廷大的礼仪活动有吉礼、嘉礼、军礼、丧礼、宾礼等五大项。吉礼包括祭祀天地、神祇、太庙、陵寝、历代帝王、先圣先哲等。吉礼属于祀典活动。吉礼又分“大祀”、“中祀”和“群祀”。嘉礼包括登基、传位、亲政、婚嫁、寿庆、册封、颁诏等。嘉礼属于庆典活动。军礼包括大阅、亲征、命将、纳降、凯旋、献俘、日食、月食、救护等。丧礼包括帝后大丧，妃嫔、皇子、亲王之丧。丧礼又称“凶礼”。宾礼有外国使臣朝贡、敕封、官员相见等。

礼部除了掌管礼仪工作，另一项重要工作就是学校、科举。同明代一样，清代学校府有府学，州有州学，县有县学。科举考试程序与明代大同小异。

礼部下属机构有：仪制清吏司、祠祭清吏司、主客清吏司、精膳清吏司、乐都、铸印局、会同四译馆、清档房、汉本房、司务厅、督催所、当月处、书籍库、板片库、南库、养廉处、地租处等。

仪制清吏司主管嘉礼和军礼之事，还负责管理府州县学、各省书院、义学等学校的考核管理，制定科举考试的科场条例。这些条例每十年修改一次，由礼部奏请皇帝审批颁布施行。各省科举考官的选派也由仪制清吏司选定，各省参加每三年举行的考试士子名籍也由该司管理存档。仪制清吏司职官有郎中，满二人，汉一人；员外郎，满三人，汉一人；主事，满一人，汉一人；笔帖式，满、蒙、汉军共计四十人；经承，十五人。

祠祭清吏司主管吉礼和凶礼之事。吉礼就是皇帝祭天地、祭太庙、祭社稷、祭山川鬼神和陵墓祠庙等。凶礼即丧礼，皇帝、皇后、皇子去扫墓叫“谒陵”。以上均归祠祭清吏司主掌。祠祭清吏司设郎中，满、汉各一人；员外郎，满三人，蒙、汉各一人；主事，满、汉各一人；笔帖式若干人，经承六人。另外，祠祭清吏司还负责僧官、道官、医学官、阴阳学官的管理任用。僧道官由内务府升补，礼部发任命状。

主客清吏司主管宾礼，即属国的朝贡，如贡使人数，道路远近，颁定贡额，供应食宿，及对属国敕封、遣使、互市等。主客清吏司设满、蒙、汉郎中各一人；员外郎宗室一人，满一人；主事满、汉各一人；笔帖式若干人，经承六人。主客清吏司主管东南两个方向来中国的外国人，西北两个方向则由理藩院负责接待。

精膳清吏司主管外廷宴会，及所用猪羊牛肉、山禽野味和米粮银两等。精膳清吏司设郎中，满、汉各一人；满员外郎一人；主事宗室、蒙、汉各一人；笔帖式若干人，经承七人。

礼部属下一个重要机构——乐都。乐都长官由礼部尚书兼任,称之为"管理大臣"或"典乐大臣"。管理大臣无定员,各部的侍郎、内务府大臣也可以兼任。凡是大的祭祀,管理大臣都要列班监乐。乐都设神乐署与和乐署。神乐署掌管郊庙祭祀奏乐,有署正、署丞、协律郎、司乐等,和乐署掌管朝廷筵饮礼的乐奏。乐都设署正,正六品;署丞,从八品;其余还有协律郎,正八品;司乐,从九品,以及供奉、供用等官。

礼部会同四译馆,长官为稽查大臣,下有提督馆事兼鸿胪寺少卿,管宾客和翻译,还有汉大使,正九品,正教、序班和朝鲜通事,六、七、八品不等。

另有铸印局,掌铸造印玺和官司印信,有员外郎、主事和大使等官。衙门不同,铸造的大印材质也不一样。

礼部清档房、汉本房、司务厅、督催所等机构与其他部相同,都是文字部门,不同的是书籍库、板片库、南库等。书籍库主要收藏与科举考试有关的"钦颁"图书,板片库主要管理与礼仪有关的法规图书,南库主要保存科举考试的试卷,以及各个衙门收回的旧印信。礼部还有一个养廉处与地租处。按照清代的规制,在俸银之外,再发给官员的银两,称之为"养廉银"。到雍正年间,养廉银与正常的俸银一起发放。户部每年发给礼部五千两养廉银,还有山东、安徽、福建、河南、山西等省递解的各一千两银子,由养廉处保管,负责按时发放。看来礼部没有外来收入,所以由户部单独拨给银两养廉。此外,地租处还有四百余顷土地,所有地租,也交养廉处,用于养廉发放。

兵部

兵部为清天聪五年(1631 年)设立的六部之中第四个部,以贝勒总领部务。下设满承政二人,蒙、汉承政各一人,参政八人,启心郎二人,掌全国军事和武官的任免。顺治元年(1644 年)改设满、汉尚书，无定员；满、汉左右侍郎各一人；郎中满八人，蒙古四人，汉军二人；员外郎满八人，蒙古四人，汉军六人；满堂主事四人。雍正以来，以大学士兼理部务，设满、汉尚书各一人；左右侍郎满、汉各一人；堂主事满四人，汉军一人；郎中宗室一人，满十一人，蒙古一人，汉五人；员外郎宗室一人，满九人，蒙古一人，汉三人；主事满四人，蒙古一人，汉五人；司务满、汉各一人；缮本笔帖式十五人，均是满人；笔帖式满六十二人，蒙古八人，汉军八人；堂书八人，经承六十五人。除此之外还有额外郎中、员外郎、主事、七品小京官等。

兵部掌管全国军事及武官的考核任免。清朝的军队分八旗兵与绿营兵。绿营兵虽然都是汉人，绿营中主要将领却都由满人担任。八旗兵军官有将军、都统、副都统、参赞大臣、办事大臣、领队大臣、城守尉、协领、总管、副总管、参领、副参领、佐领、防御、亲军校、护军校等。绿营兵军官有总督、巡抚、提督、总兵、副将、参将、游击、都司、守备、千总、把总等。总督管兵称“督标”，巡抚管兵称“抚标”，提督管兵称“提标”，总兵管兵称“镇标”，将军管兵称“军标”。

兵部名为全国最高军事机关，实际权力有限，只管绿营兵籍和武官升转的事，没有统御之权。

兵部辖四个清吏司：武选清吏司、车驾清吏司、职方清吏司和武库清吏司。武选清吏司主管武官的铨选、封荫，预保注册，推升降调，生病丁忧，终养等事。车驾清吏司主管全国八旗、绿营的马匹定额和牧放，在各边防之地设马厂、驼厂以蓄养备用，并管理驿站的人夫、车马、船只和经费，以及填发兵役所用证件“火牌”。职方清吏司主管全国各种军事地图“舆籍”，武官的功过、赏罚、抚恤以及关禁与海禁等事。关禁是在各关口隘盘查过往行人，年终造册报部。严禁沿海乡民下海出洋。对船只大小，航海路线，所带货物均有规定，这叫海禁。武库清吏司主管兵籍、武器和乡试、会试的武科考试之事。

武举考试同科举考试一样，三年一考，分内外场。外场主要考骑马射箭、步射与技勇，也就是武术比赛，以及武经。内场与科举考试一样，分乡试、会试、殿试。乡试有督、抚担任主考官，考试结束，报送兵部。兵部举行会试，会试由兵部奏请皇帝任命主考官。会试之后是殿试。一甲为"武进士及第"，二甲为"武进士出身"，三甲为"同进士出身"。

兵部其他机构有会同馆、捷报处、档房、本房、司务厅、督催所、当月处。清朝前期的兵部权力较大，从雍正设立军机处，凡用兵之事，由军机处承皇帝之命，直接进行指挥，则"兵部之职，不过稽核额籍考察升员而已"(11)。

刑部

刑部"掌天下刑罚之政令"。清初，刑部由贝勒主持部务，顺治年间，取消贝勒管部，设满、汉尚书主持部务。刑部职官在各个时期设置不一，雍正年间定为满、汉尚书各一人，满、汉左右侍郎各一人，堂主事满五人、汉军一人，司务满、汉各二人。缮本笔帖式四十人，十七清吏司、督捕司、提牢厅、赃罚库郎中三十八人，员外郎四十六人，主事三十八人，司狱六人，司库一人，库使二人，笔帖式一百二十四人，经承九十八人。除此之外，还有额外郎中、员外郎、主事等。刑部在六部当中是职官较多的部。

刑部管理全国刑法案件，每年会同都察院、大理寺于夏季及八月间审办各省所报刑名案件，主要是大案、要案，称"秋审"或"热审"。有五等徒刑，一是笞刑，即用小竹板打；二是杖刑，用大竹板打；三是徒刑，在本省服苦役；四是流刑，发往边区服役；五是死刑，有"绞"、"斩"、"枭首示众"、"凌迟处死"等。

清沿明制，在刑部按省区分司，共十七个清吏司和一个督捕司。直隶司主管直隶和八旗察哈尔左翼所属刑名案件。奉天司主管东北三省所属刑名案件和宗人府、理藩院公文和通告之事。江苏司主管江苏所属刑名案件,还专管大赦。安徽司主管安徽所属刑名案件,兼管镶红旗公文和通告之事。江西司主管江西所属刑名案件,兼正黄旗公文和公告之事。福建司主管福建所属刑名案件兼户部户科镶蓝旗公文和通告之事。以下各司除主管本省刑名案件外,浙江司兼管都察院刑科公文、通告及本部条奏汇题。河南司兼管礼部、詹事府、国子监、太常寺礼科、正红旗公文及通告,还筹办"热审"。山东司兼管兵部、太仆寺兵科公文、通告之事。四川司兼管工部工科公文、通告之事。广东司兼管銮仪卫、正白旗公文、通告之事。广西司兼管通政司公文,及定期发囚衣,并专管会审刑部狱囚的朝审。云南司兼管太医院、镶黄旗公文、通告之事。贵州司兼管吏部吏科、正蓝旗公文和通告之事。湖广司主管湖南、湖北所属州名案件。山西司主管山西和八旗游牧察哈尔右翼所属刑名案件,兼内阁、翰林院、内务府、钦天监等公文和通告之事。陕西司主管陕西、甘肃刑名案件,兼大理寺公文和通告之事,并核计囚粮的出纳。除了十七清吏司外,其他机构有督捕司、秋审处、减等处、律例馆、提牢厅、赃罚库、赎罪处、饭银处、清档房、汉档房、司务厅、督催所、当月处等单位。从上面十七司的职能可以看出,各司分工混乱,职能扯皮。

清代刑部办案的特点是依例不依法。以前处理过的案件例子就是法律,不管这件案例多么荒唐,都是后人执法办案的铁律。所以有专门的律例馆。

刑部部司设官名称、种类、品级和民族成分与上述各部相同,仅职官、人数有异。

工部

工部主管全国土木兴建、器物制作与水利工程等基建工程。根据《光绪会典事例》,工部设尚书满、汉各一人,为从一品;左右侍郎满、汉各一人，为正二品；郎中满十八人，蒙古一人，汉五人；员外郎宗室一人，满十九人，蒙古一人，汉四人；堂主事，满三人，汉军一人；主事，宗室一人，满十一人，蒙古一人，汉八人；司库满四人，司匠满二人，库使满三十一人；笔帖式宗室一人，满八十五人，蒙古二人，汉军十人；缮本笔帖式满十人；经承七十八人。

工部下设四个清吏司：营缮清吏司、虞衡清吏司、都水清吏司和屯田清吏司。营缮清吏司主管工程修缮，包括坛庙、官府、城垣、仓库、廨宇、营房等。营缮清吏司还负责木税与苇税，一年收入要四万多两白银。因为要营缮房屋，下属有皇木厂、木仓琉璃窑等单位。虞衡清吏司应管山泽采捕，度量衡器，陶冶器用，修造权衡武备之事，实际上只管军装军火，其山泽采捕职能被内务府控制着。虞衡清吏司直属机构有军需库、硝磺库、铅子库、炮子库、官车库等，大都是军工单位。虞衡清吏司实际成了军工署。都水清吏司主管河防海塘与水利政令，以及道路桥梁舟楫之制度。都水清吏司下属单位有皇差销算处、冰窖、彩绸库等。屯田清吏司管理屯田事务，实际上却管修建皇帝陵墓和屯种抽分夫役坟茔之事，名不副实。整个工部职能分工混乱扯皮，让人无法根据衙门的名称知道其职能，甚至有些司简直就是挂羊头卖狗肉。

工部另有节慎库、制造库、清档房、料估所等。节慎库掌库藏出纳，设满洲郎中、员外郎各一人，满郎中具体负责一千两以下工程的审批。制造库管理银工、皮工等制造事宜，设郎中满二人，汉一人，司库、司匠各二人，库使二十二人，经承七人。料估所，属于工程预算单位。清档房并不管理清文档案，而是管理工程档案与满族官员的人事任免。汉档房掌管满、汉文题奏，也是名不相符。黄档房掌管年终工程款项结算与工需物料。司务厅、督催所、当月处、饭银处与其他部属机构职能相同。与户部一样，工部为了工程的需要，也设立了钱法堂与铸币机构，长官为监督，满、汉各一人；

大使,满二人。与户部不同的是,户部的铸币机构叫宝泉局,工部叫宝源局。工部铸币只是为了工程用钱之需,所用材料都是云贵解来的铜锡。钱法堂由工部满、汉侍郎兼管。宝源局的铸币有时候也不单单用于工程,还用于军饷。除了宝源局,工部其他机构还有管理火药局。火药局设立管理大臣,由皇帝"钦派",从工部尚书或者侍郎中担任,其他官员由尚书从本部司员中选任。值年河道沟渠处,由工部尚书奏请皇帝从工部官员中钦派。督理街道衙门,一开始由工部官员担任,乾隆年间开始由满、汉御史、步军统领衙门和工部官员共同担任管理大臣。陵寝工部衙门主要负责陵寝的维修,礼部负责管理。同其他部一样,在盛京也设有工部,只是工作少一些,官员少一些。

理藩院

理藩院的职掌是"掌外藩之政令,制其爵禄,定其朝会,正其刑罚"(12)。具体说来就是掌蒙古、回族王公、土司等官员的封袭、年班、进贡、随围、给俸;满、蒙联姻与公主下嫁;藏族喇嘛事务;蒙古各旗会盟、划界、驿道、商贸;修订惩治少数民族犯罪的法律,参加少数民族案件的审理,凡是判处遣罪以上的案件,均报理藩院会同三法司一同审理。理藩院还负责少数民族对外通商贸易。理藩院是六部以外的部级机构,其编制和六部相同,是清代新设立的机构,由"蒙古衙门"演变而来。因当时称少数民族地区为藩人,故处理藩部事务的衙门叫理藩院,专管蒙古、新疆、西藏、青海和四川等地少数民族地区的行政,如爵秩、铨选、诉讼、土田、游牧、射猎、征发、贡纳、驿站、翻译等事务,还负责办理沙俄的外交事务,设有招待俄使和俄商的俄罗斯馆。清代对于民族工作非常重视,一般都是王公和大学士兼理理藩院。在清代盛世时期,它对国内少数民族地区的政治、经济、军事、司法、宗教和交通等各方面的事务无所不管,说明它是一个十分重要的中央行政机构。

理藩院设满尚书一人,从一品;左右侍郎各一人,从二品,满人担任;额外蒙古侍郎一人,由蒙古贝勒或贝子担任,正二品;郎中十二人,其中宗室一人,满三人,蒙八人,均为正五品;员外郎三十六人,其中宗室一人,满十人,蒙古二十五人,均为从五品;堂主事满一人,汉军一人;主事满二人,蒙古八人;司务满一人,蒙古一人;笔帖式满三十四人,蒙古五十五人,汉军六人;监督二人,满司库一人;满库使二人,堂书、经承二十六人,另外还有其他员吏若干人。

理藩院所辖有六个清吏司:旗籍清吏司、典属清吏司、王会清吏司、柔远清吏司、理刑清吏司和徕远清吏司。旗籍清吏司专掌内蒙古科尔沁等四十八个部落(内札萨克)的疆域、袭封、会盟、军旗、驿递等事务。旗籍清吏司设郎中满一人,蒙古二人;员外郎,宗室一人,满一人,蒙古二人;主事满一人;笔帖式满五人,蒙古十人;经承二人,贴写书吏二人(以下五司职官设置大体相同)。典属清吏司专管外蒙古、青海和新疆各部旗(外札萨克)的疆域、袭封、会盟、军旗、驿递和蒙藏各地喇嘛之事。王会清吏司专管内札萨克各部旗的俸禄、朝贡和赏赐等,皇帝每年到热河打猎,此司要负责札萨克王公的"朝觐"和率其官兵参加围猎。柔远清吏司专管外札萨克和喇嘛俸禄、朝贡之事,他们也要到热河围猎,其例同上。理刑清吏司专管"外藩"各部的刑罚之事,但大案须报理藩院审核。徕远清吏司主管新疆回部的札萨克和四川土司的封爵、朝贡、觐见等事,兼管回城卡伦外游牧的布鲁特人各部落的朝贡事务。

八旗都统衙门

八旗都统衙门专管八旗、蒙古八旗和汉军八旗的旗务。满洲八旗以镶黄旗、正黄旗、正白旗为上三旗,是皇帝的亲军,正红旗、镶红旗、镶白旗、正蓝旗和镶蓝旗为下五旗,由各旗旗主所掌握,行军或打猎,以镶黄、正白、镶白、正蓝为左翼,其它四旗为右翼。八旗听命于皇帝,兵部和督、抚无权征调。八旗官员全部都是旗人,不用汉人。八旗军分陆军和水师,守卫京师的叫“禁卫军”,包括骁骑营、亲军营、护军营、前锋营、步军营、健锐营、火器营、神机营、虎枪营、善扑营等,共十四万人,约占全部八旗官兵的一半。

八旗制度共设二十四旗,每旗有都统一人,从一品,副都统二人,正二品,共掌八旗政令,教养、训练士兵;参领,正三品,副参领,正四品,满洲、汉军各四十人,蒙古十六人,掌受政令,传达于佐领;佐领,正四品,掌管本部户口、田宅和兵籍,随时发布训戒;骁骑校,正六品,另有章京、笔帖式、随印外郎等官。

三、中央监察机构及其职官

都察院

都察院是中央监察机构,于清崇德元年(1636 年)六月仿明制而建,它主管对政府官员的监督与弹劾,有权参加讨论皇帝交下的议案,也有权参加最后的司法审判,如果诸王大臣有不法行为,可以列罪奏劾,即使奏事不实,也不坐罪。都察院按省区分为十五道,每道有监察御史,巡查各府、州、县,考察官吏的政绩。监察御史又因其监察事项不同而分巡按(巡察吏治)、巡盐巡漕、屯田、提学、茶马等。在京城有以巡视五城为任务的监察御史。都察院仍承古代御史台的规制,不在行政系统之内。监察御史、给事中(合称科道)不能兼任行政职务,其组织没有长官和属员之分,科道官都有单独发言权,低级官和士人如有建议,可由都察院代奏。官吏有冤抑或百姓有所控诉而行政官不予处理,或处理失当的,也可向都察院陈述。吏部官员有过失,也由都察院议定处分。但在极端专制制度下,不可能有真正独立的监察权,这些科道官常因派系不同,互相挟嫌报复,皇帝借此作为平衡内部力量、调节矛盾的工具。至于对皇帝和权贵,监官们则不敢有所评论。但是,我们看到,封建皇帝毕竟赋予监察御史替老百姓说话的权力,当老百姓遇到难以申诉的冤屈，在某种时候遇到监察御史，他们可能会利用自己的职权为民断明冤屈。所以，对于清代的监察制度，包括历代的监察制度，我们都要认识到它执政为民的一面。最起码，这种制度考虑到人民利益，考虑到利用监察御史来维护百姓的利益，而不是让百姓只能背后骂娘出气，而不能在衙门伸冤。

都察院长官为左都御史，满、汉各一人，从一品。左副都御史，满、汉各二人，正三品，他们共掌院务。右都御史、右副都御史例为督、抚的兼衔，借此对其辖境内于行政权外兼行监察权，以表明其地位的特殊。经历司经历，满、汉各一人，正六品，负责考察地方官府的胥吏。都事厅都事，满、汉各一人，正六品，负责抄写奏章。笔帖式和六科笔帖式百余人。

十五道

十五道监察御史为都察院的直属派出机构。十五道是根据全国省级区域划分设立的，分别是京畿、山东、河南、江南、浙江、山西、陕西、湖广、江西、福建、广西、四川、云南、贵州。十五道监察御史职责是弹举官邪，布陈治道，核实本省的刑事案件。十五道掌印御史，每道满、汉各一人，从五品。还有巡仓科、巡漕科和巡查科道官。

十五道监察御史除了监察所属省份的监察工作之外，还各有分工。京畿道设掌印监察御史满、汉各一人，监察御史满、汉各一人，笔帖式三人，经承九人。京畿道负责掌核直隶、盛京刑名，稽查内阁、顺天府以及大兴、宛平二县。河南道设掌印监察御史满、汉各一人，监察御史满、汉各一人，笔帖式二人，经承五人，掌核河南刑名，稽查吏部、詹事府、步军统领衙门及五城察院；江南道设掌印监察御史满、汉各一人，监察御史满、汉各三人，笔帖式二人，经承三人，掌核江苏、安徽刑名，稽查户部宝泉局、三库、左右翼税务衙门及在京仓库；浙江道设掌印监察御史满、汉各一人，监察御史满、汉各一人，笔帖式二人，经承三人，掌核浙江刑名，稽查礼部、都察院；山西道设掌印监察御史满、汉各一人，监察御史满、汉各一人，笔帖式二人，经承三人，掌核山西刑名，稽核兵部、翰林院、六科、中书科、总督仓场、坐粮厅、大通桥、总督通州仓库；山东道设掌印监察御史满、汉各一人，监察御史满、汉各一人，笔帖式二人，经承四人，掌核山东刑名，稽查刑部、太医院；陕西道设掌印监察御史满、汉各一人，监察御史满、汉各一人，笔帖式二人，经承二人，掌核陕西、甘肃、新疆刑名，稽查工部、宝源局；湖广道设掌印监察御史满、汉各一人，监察御史满、汉各一人，笔帖式二人，经承二人，掌核湖南、湖北刑名，稽核通政使司、国子监；江西道设掌印监察御史满、汉各一人，监察御史满、汉各一人，笔帖式二人，经承二人，掌核江西刑名，稽查光禄寺；福建道设掌印监察御史满、汉各一人，监察御史满、汉各一人，笔帖式二人，经承三人，掌核福建刑名，稽查太常寺；四川道设掌印监察御史满、汉各一人，笔帖式二人，经承二人，掌核四川刑名，稽查銮仪卫；广东道设掌印监察御史满、汉各一人，监察御史满、汉各一人，笔帖式二人，经承二人，掌核广东刑名，稽查大理寺；广西道设掌印监察御史满、汉各一人，笔帖式二人，经承二人，掌核广西刑名，稽查太仆寺；云南道设掌印监察御史满、汉各一人，笔帖式二人，经承三人，掌核云南刑名，稽查理藩院、钦天监；贵州道设掌印监察御史满、汉各一人，笔帖式二人，经承二人，掌核贵州刑名，稽查鸿胪寺。

光绪三十二年(1906年)，十五道监察御史增设为二十道，增辽沈道、甘肃道、新疆道，改江南道为江苏道和安徽道，改湖广道为湖北道、湖南道，共计二十道。各道在职能上也作了调整，不再监察中央机关，而只监察本省。实际，清朝到了末期，作为监察机构，别说是监察中央机构，就是省级及其以下机构也难以进行有效监察。

监察御史作为监察官员，清代在任命上要求也不同于其他官员。要求监察御史“勤敏练达，立心正直”，“才守兼优”，“上之则匡过陈善，下之则激浊扬清，务求知无不言，言无不尽，乃称厥职”(13)。在年龄上要求年富力强，在任职上实行回避，不但回避亲属，还回避师生、同乡、姻亲等。在出身上要求是正途，而不是杂途，如果不是正途出身，即使保举，也不准考选御史。御史不准兼任其他部的职务，御史接到皇帝出差的命令，立即谢绝会客，领旨三日之内必须出城。

六科

六科是吏、户、礼、兵、刑、工六科。六科原来是独立的机构，雍正元年(1723 年)划归都察院。台监合一不是清代官制的一种进步，而是一种倒退。六科每科有掌印给事中，满、汉各一人，正四品；给事中，满、汉各一人；笔帖式八十人，经承六十三人。六科每天的任务就是派一名给事中到内阁接收题本，按照题本的内容，抄给有关衙门具体承办。原题本到年终交还内阁存档，抄写的题本叫“科抄”。科抄分“正抄”和“外抄”，抄给具体承办衙门的叫正抄，抄给相关衙门叫外抄。如果是机密文件，则就不抄。另外，还抄写两份，一份叫史书，供史官编写历史之用，一份叫录书，存于六科，作为档案保存。在抄写的过程中，如果发现不合适的题本，允许各科进行驳正。当然，这种驳正已经远远没有明代给事中封驳的力度。至于六科的“谏诤”职能更是徒有虚名。

六科除了科抄，再就是稽核、注销工作。按照清代的规定，凡是红本到了内阁，六科立即派人去领取，称为接本，然后分科稽核。六科将副稿与皇帝批发的红本进行核对，如果发现有私自更改之处，立即奏参。如果发现消息提前泄露，也要奏参查处。如果各部不能及时将文件交六科稽核，六科也要提出批评。各个衙门每月分两次将自己所办事项造册送交六科进行注销。逾限不报送，六科即可进行奏参。六科具体分工是：吏科稽核铨选，注销吏部、顺天府文卷,吏部所举行的京察、大计,吏科都要派人全程参加,司道以下官员接到任命之后,五日之内,由吏部文选司填写任命书盖印之后,送吏科填写时限,逾期不报,吏科即予以注销;户科稽核财赋,注销户部文卷;礼科稽核典礼,注销吏部、宗人府、理藩院、太常寺、大理寺、光禄寺、鸿胪寺、国子监和钦天监文卷;兵科稽核军政,注销兵部、銮仪卫、太仆寺文卷;刑科稽核刑事案件,注销刑部文卷;工科稽核工程,注销工部文卷。另外,六科还负责颁发内阁给官员的敕书。官员任职期满交还六科,由六科送还内阁。监察刑事案件可以说是六科的重要任务,秋审、朝审案件,各道具题后,由刑科复奏,批复之后,密封交刑部施行。处决犯人,刑科还要亲临现场监场。

五城察院

清代除了都察院、六科给事中、十五道监察御史,还有五城察院。五城察院职责监察京城地方机关,分东、西、南、北、中五城,长官为“巡城御史”,满、汉各一人。巡城御史从科道官中选拔,一年更换一次。实际,五城察院监察不是主要的,主要的是负责刑事案件的处理。

宗室御史处

宗室御史处,又叫“稽察宗人府衙门”,以十五道中的宗室御史监管,一人为掌印,一人为协理。宗室御史处主要监察宗人府各种账目。

四、中央各事务机构与职官

1. 为宫廷服务的机构

(1)宗人府

这是专管皇室宗族的机构,其名称始于明,也大致沿明制,然而明不设官,而清则设官。《清史稿·职官志》把宗人府排在内阁和六部之上，是为了显示皇族的重要，可以想见皇族的特殊地位。满洲皇亲国戚分为宗室和觉罗两个等级，凡属于努尔哈赤之父塔克世这一直系的是宗室，束黄金带载入黄册；而属于塔克世叔伯兄弟旁系的是觉罗，束红带载入红册。宗人府的任务是处理宗室的谱牒、爵禄、教戒、赏罚、祭祀等事项。

宗人府设宗人令一人，左、右宗正，左、右宗人各一人。最初以亲王、郡王为宗人令，贝勒、贝子为宗正，镇国公、辅国公为宗人，后来就不拘此制了。府丞，汉人，正三品，负责校核汉文册籍。堂主事，管清文奏稿；汉主事，管汉文典籍。经历司经历，管出纳公文，都是正六品。左、右理事官，正五品；左右副理事官，从五品，共管八旗左翼、右翼、宗室、爱新觉罗的家谱、嫡庶、生卒、婚嫁、官爵等事。还有笔帖式二十四人，都是七品俸饷。

宗人府内设机构除了经历司，还有左右二司、银库、黄档房、左右翼宗学、八旗觉罗学等。

(2)内务府

内务府是管理宫廷事务，照料皇帝生活的新创机构，职权广泛，官署庞大，官员众多，除了无数的宦官、近役、军丁外，职官达三千多人，比六部还多一千三百多人，这是以皇权为核心的专制主义政治特点在组织上、人事上的突出反映。清王朝对各个政府机构的编制严格限制，但是对宗人府与内务府的编制却是宽松得惊人。服务自己生活的人员不怕多，而且还根据需要不断地增加，但是国家机构官员却是不怕少，越少越好。国家机构与职官少了，就可以减少国家的财政开支。国家的财政开支减少了，宫廷就可以尽情地享受奢华，充分体现了封建社会家天下的特征。清王朝的聪明之处就是把明代皇宫宦官的位置换成了爱新觉罗氏皇族与其他满人。

内务府的前身是十三衙门，包括司礼监、尚方司、御用监、御马监、内宫监、尚膳监、尚衣监、尚宝监、司设监、兵仗局、惜薪司、钟鼓司和织染局，是沿袭明制的二十四衙门而来。顺治帝鉴于历代宦官之祸，规定太监最高官阶不得超过四品，不准擅离皇城外出，特立铁牌于宫内，严禁太监干政。到顺治十八年(1661年)，又废除十三衙门，设立了内务府。此机构建立后，宦官失去官署，不能专权，使清代宦官之害不像明代之深。

内务府全称“总理内务府衙门”，长官为“总管内务府大臣”，简称“内务府总管”，没有名额限制。清代既设宗人府，还设内务府，这是与历代不同的，表明清代更加重视皇族宗室的利益。好像清代是爱新觉罗氏的天下，爱新觉罗氏的就要高人一等，就应该为他们安排更多的官职。清代是满族人的天下，满族人即便是傻瓜，也要当官做老爷。内务府总管一开始为三品官，雍正十三年(1735年)定为正二品。内务府总管从侍卫、内三院(上驷院、武备院、奉宸院)卿选任，或者以王公、内大臣、尚书、侍郎兼任。总管大臣属官有堂郎中一人，正五品，主事二人，委署主事兼笔帖式一人，共管文官的选任与奏章公文。内务府下辖七司三院，另有造办处，管理宫内各种手工业，敬事房则管太监。

七司为：光储司，下有银库、缎匹库、衣库、皮库、茶库(兼收人参等贵重药材)、瓷器库，各自职掌一看就知，江宁(今南京市)、苏州、杭州的三个制造监督也属此司管领；会计司，管理皇室庄田及其赋税收支事项，还管理挑选秀女入宫和收录太监等事；掌仪司，管理祭祀、宴会、礼仪、乐舞等事项；都虞司，管所属的警卫部队，以及这些部队的管理、训练、执勤、武器等；慎刑司，管理宫廷罪犯的处理；营造司，管理宫廷建筑修缮；庆丰司，管理牛羊牧场和宫中肉类、乳品的供应。

除光储司设总管郎中外，七司均设郎中、员外郎、主事、委署主事各官。

三院是：上驷院，管理宫廷马匹，专供宫内使用；奉宸苑，管理皇室园林如圆明园、清漪园（颐和园的前身）等；武备院，管理御用武器和赏赐支出。各设监管大臣、卿、郎中、主事等官。

内务府除了七司三院等机构外，还有三大殿（皇极殿、中极殿、建极殿）、宁寿宫、文渊阁、武英殿修书处、御书房、养心殿造办处等十几个机构。总之，内务府不但机构庞大，也人员众多，这些机构大都富得流油。因为他们多是八旗子弟，个个都专横跋扈，贪婪无比，成为所有部门最轻松又能发财的衙门，可以说是八旗子弟的养老院，这又是清代与明代的最大不同。明代对于宗室子弟，可以让他们养尊处优，但是不让他们有权，而且到了年龄，就得离开京城，就国居住，不到朝觐的时间，任何人不得进京，哪怕是皇帝的亲兄弟也不行。这种制度从汉代建立之后，就是如此，并被历代严格执行。清王朝作为少数民族建立的政权，没了这条皇室的铁规矩。宗室子弟不但养尊处优，而且身居要职，真正体现了家天下的特征。清代始终坚持的是让宗室子弟、八旗勋贵掌握朝廷政权，让满族掌握地方政权。也正由于如此，清代不敢预设太子，使得故宫内幕重重，皇子之间，皇族之间，满人之间，你死我活，势如仇敌。如果皇帝再稍微软弱一点，形势将会不可收拾。

（3）通政使司

通政使司沿明制而设，事务较少，故设官不如明代多。康熙六十一年（1722 年），把原属都察院的登闻鼓改归通政使司，其任务是收受外省官员的奏章和各地臣民的密封申诉之件，登录后送呈内阁。由于宫廷内部的需要和京官的奏章可以直呈内阁，所以，它只相当于皇帝的外收发室，权力也不及明代时大。雍正以后，重要公文都是由军机处直送皇帝，事情更少。地方奏章上达时，通政使司须先看过，把内容作一摘要，用黄纸抄好贴在奏章之后，以便皇帝能迅速了解其内容，这叫“贴黄”。通政使司设通政使，满、汉各一人，正三品，总抓全盘工作；通政副使，满、汉各一人，正四品，为通政使副官；经历、知事，满、汉各一人，皆正七品，负责出纳公文，还有笔帖式和登闻鼓厅笔帖式满、汉若干人，管雪冤和积压案件，但诬告或越级上诉的要依法治罪。很显然，通政使司已经不是原来意义上的通政使司，实际是一种摆设。对清代的皇帝来说，他们需要的事情，并不需要通政使司这条渠道来实现，他们需要的是更机密、更快速的渠道。说白了，通政使司就是国家的信访办公室，而且这个办公室还对百姓的上访作出规定，不得越级上访。通政使司的功能也就是给皇帝提供一些社情民意信息。

通政使司内设机构有：奏科、稿房、吏房、礼房、工房、火房、登闻鼓厅。

(4)銮仪卫

銮仪卫为清代所设，主管皇帝的警卫部队和仪仗队伍。在职权划分上，它和内务府的武备院有时并不很清楚。其长官为侍卫大臣，正一品，由王公大臣兼任，另有銮仪卫使三人，正二品，属官沿明代锦衣卫之制，有左所各官、右所各官、中所各官、前所各官、后所各官、训象所各官、旗手卫各官、主事、经历和笔帖式等。

(5)上书房

地点在乾清宫南薰殿西边，专为皇子、皇孙和近亲王公子子弟读书而设，有如宫廷内部的贵族小学，距南书房很近，便于皇帝检查。官员有总师傅、师傅，还有教满、蒙文的谙达，教弓箭的外谙达等。除武职外，都是进士或翰林出身，也大多是从文学侍从中选任的。

(6)太医院

这是皇室的医疗机构，沿明制而设，但不如明代完备。太医院分大方脉、小方脉、伤寒、妇人、疮疡、针灸、眼、口齿、正骨九科。长官为院使，正四品；副长官为左、右院判，正五品。另有御医十五人，吏目三十人，医士四十人，医员三十人，都是由汉人担任，没有满、蒙人。还有治药院使和教习厅教习。

2. 一般中央事务机构

（1）大理寺

沿明制而设。明代自少卿以下官分左、右职。大理寺具有法庭性质，但只能审核案件，与刑部、都察院合称三大司，凡大案必须由三法司会审，先由刑部判定，都察院复核，大理寺最后裁定。如遇有应议的大政、大狱，由大理寺、六部、都察院和通政使司的长官共同开会议定，这就叫九卿会议。

大理寺设卿，满、汉各一人，正三品，总负其责，平反重案，以助审定；少卿，满、汉各一人，为卿的副官。还有堂评事、司务厅司务、左右寺丞、左右评事、笔帖式等官。

大理寺内设机构有左右寺、档房和司务厅。左右寺主要参与审理案件，档房全部都是满人和汉军。司务厅就是大理寺的办公室。在众多中央机构中，大理寺是人数比较少的部门。按理来说，大理寺作为三法司之一，负责案件的最后审核裁定，应该职官多才是，但恰恰相反，甚至还不如内务府一个很小下属单位人多。清代大理寺的地位与作用远远不如以前的朝代。在机构序列上被列入一般中央事务机构。

（2）翰林院

沿明制而设，负责编修国史，写起居注，向皇帝进讲经书，起草册立、封诰、祭文、碑文等一类文章，其职务并不重要，只因接近皇帝，易受赏识，升迁较快，故在仕途中翰林官为显赫荣衔。例如七品翰林官可挂朝珠着貂褂，七品翰林经过考察，可担任四品地方官；翰林官还可入阁当尚书、侍郎，这是其他官所不能与之相比的。这也说明清朝对于高级知识分子的特殊重视，当然，这根本还是由于翰林在皇帝身边，近水楼台先得月。

翰林院长官为掌院学士，在明代为五品，清代则提升从二品，满、汉各一人，连升三级。掌院学士在大学士和尚书中特派，以下有侍读学士、侍讲学士（均从四品）以及修撰（从六品）、编修（正七品）、检讨（从七品）和学习性质的庶吉士等官，均称为翰林。翰林非进士出身者不可能充任，必须是进士。除此之外，还有典簿（从八品）、孔目、待诏（从九品）和笔帖式各若干人。

翰林院有文渊阁，是宫内藏书之所，文渊阁设有领阁事、直阁士、校理、检阅、内务府司员、笔帖式等职官，多由他官兼任。国史馆负责编修国史，设总裁、清文总校、提调、总纂、纂修、协修、校对等官，也都是兼官。还有经筵讲官，为皇帝读、讲经书，以及讲官、日讲起居注官、待诏、主事、笔帖式等官，亦都是兼官。

翰林院内设机构有典簿厅与待诏厅。典簿厅掌奏章、文件上传下达，并负责管理吏员、差役，以及图书保管。典簿厅设典簿，满、汉各一人；孔目，满、汉各一人；笔帖式若干人。待诏厅掌缮写、校勘，设满、汉待诏各二人，笔帖式若干人。

翰林院其他机构有庶常馆、起居注馆、国史馆。庶常馆是进士继续深造学习的地方，因为进士称"庶常"，所以，他们学习的地方就叫"庶常馆"。庶常馆类似于当代的博士后工作站。国家的重要官员都是从庶常馆出来的。但由于清代多是亲王掌权，汉族官员多是陪衬，庶常馆的地位也就远远不如明代显赫，明代的庶常馆是大学士阁臣的摇篮。起居注馆是纪录皇帝言行，编纂起居注的机构，设日讲起居注官满十人，汉十二人；主事满二人，汉一人；笔帖式满十四人，汉军二人，供事二人。国史馆设总裁，满、汉各一人；总纂，满四人，汉六人；纂修，满十二人，汉二十二人。

（3）詹事府

詹事府沿明制而设，原是管理太子宫内事务的衙门，但自雍正以后不立太子，故无事可做，本应撤销，而实际上仍在，转变为皇帝安置文学侍从和备翰林升转的衙门，专管经史文章之事，也参与议政。凡是承担日讲官、纂修、殿试、提学等差，都与翰林的官相同。这两个性质与任务相同的机构合称为“翰詹”，但詹事府只空有府名，并不成其为机构。

詹事府主官为詹事，正三品，副官是少詹事，正四品，都是满、汉各一人。府内分左春坊、右春坊、司经局。左、右春坊各设大学士，其下有庶子、中允、赞善。司经局有洗马、校书、正字等官职。

(4)太常寺

沿明制而设，主管宗庙、祭祀和礼乐。清初将其职能分归礼部，几经反复，到乾隆十四年(1749 年)，又成独立机构而为定制，但仍以满人礼部尚书兼管寺事，它的地位仅次于大理寺。

太常寺长官为太常寺卿，满、汉各一人，正三品；少卿为副官，满、汉各一人，正四品。以下有寺丞、赞礼郎、学习、读祝官、博士厅博士、典簿厅典簿、满洲司库、库使、笔帖式等。太常寺直属机构有博士厅、典簿厅、工程处、寺库、祠祭署。

(5)光禄寺

清沿明制于顺治元年(1644 年)而设，但职权不如明代时大，经费也有限，主要主管外廷宴会和祭品。内务府设立后，主管内廷宴会和祭品的职权则为内务府所取代，变成了清闲衙门。其内部分为大官、珍馐、良酝、掌醢四个官署，裁去明代的司牲司和大使、副使等官，乾隆十三年(1748 年)，开始任命大臣兼管寺事。

光禄寺长官为卿，从三品，副长官是少卿，正五品，皆满、汉各一人。以下有典簿厅典簿、银库司库、笔帖式若干人。大官署设署正，从六品，署丞，从七品，均为满、汉各二人。珍馐署、良酝署和掌醢署设官与大官署相同。

光禄寺直属机构除了大官署、珍馐署、良酝署、掌醢署外，还有督催所、典簿厅、当月处、银库、黄册房等机构。

(6)鸿胪寺

鸿胪寺沿明制于顺治元年设立，裁去明时左、右少卿和左、右丞官职，隶属于礼部，主管朝廷礼仪、朝会和宴会。后曾两次独立出礼部，从雍正四年起又归礼部兼管。

鸿胪寺长官为卿，正四品，少卿为副长官，从五品，皆满、汉各一人，在列卿中地位最低。以下还有鸣赞、学习、序班、主簿和笔帖式等，满、汉均有，从八品到从九品不等。

(7)太仆寺

沿明制而设。主管外地的马匹和牧地，宫廷马匹及京师范围内的马匹、牧地，则由内务府上驷院掌管，虽有分工，但职责常有重复。寺内组织设有左、右二司，与它司不同，主簿、笔帖式都是满人。

太仆寺长官为卿，从三品，副长官为少卿，正四品，均满、汉各一人，遇皇帝出行到外地，卿和少卿必须有一人随行，供应马匹和骆驼载运之需。每年夏季，卿、少卿各一人须去牧场清点马匹数量并造册登记。左右司设员外郎、主事若干人，都是满、蒙人担任，各一人。除此，还有主簿、笔帖式。张家口外的牧场，两翼各设总管一人，正四品，都是蒙古人担任。

(8)国子监

沿明制于顺治元年建立，为全国最高学府，即国立大学，仅此一所，在北京。其制度也大体与明制相同，只是官员有所减少，曾几度隶属于礼部。康熙十年(1671年)又成为独立机构。由于捐纳之风兴起，非生员出身者欲入仕途可出钱捐的监生，有的并不在监学习，只是挂名而已，使国子监有名无实。国子监长官祭酒、司业必须是翰林官员出身，府、州、县的优秀学官，国子监可以授给国子监学正、学录，这对府、州、县学官来说，是无比荣耀的事情。乾隆四十八年(1783年)建辟雍(太学)于集贤门，使国子监的规模更加盛大。

国子监长官称祭酒，满、汉各一人，正四品；副长官为司业，满、汉各一人，正六品。绳愆厅监丞，正七品；博士厅博士，从七品；典簿厅典簿，从八品，都是满、汉各一人。司籍厅典籍，汉一人，从九品。率性堂、修道堂、诚心堂、正义堂、崇志堂和广业堂，各设助教、学正、学录若干人。还有八旗官学助教、教习、笔帖式。国子监除了绳愆厅、博士厅、典簿厅、典籍厅等机构外，还有八旗官学、六堂、南学、算学、档子房、钱粮处等。另外，国子监还兼管俄罗斯、琉球学等。

(9)钦天监

钦天监也是沿袭明制于顺治元年建立，掌管天文、气象、历法、漏刻(报时辰)等事务机构。它主要为皇室的祭祀和占卜服务，但对农业生产也有一些好处。钦天监最初设官全都是汉人，曾隶属于礼部，后又脱离。康熙三年(1664 年)增设天文科，才开始用满官。下分三科：天文科掌管天象，漏刻科掌管时日，时宪科管历法。特任王大臣总理监务，往往用西洋人或蒙古人当理事，自监正以下都是专业官，不任它职。

钦天监长官为监正，正五品，副长官为监副，其下还有左、右监副，主簿厅主簿、时宪科五官正、五官司书、天文科五官灵台郎、五官监候、漏刻科五官挈壶正、五官司晨、博士、天文生、阴阳生、笔帖式等官。

(10)三公三孤

清沿明制，也设立了三公三孤官衔，凡文武大臣功勋卓著者，由皇帝特旨加衔，有的作为赠典，表示一种特殊荣誉。三公为太师、太傅、太保，正一品。清初偶尔有加衔太师的，以后最高加到太傅为止。三孤是少师、少傅、少保，均从一品。太子太师、太子太傅、太子少保，皆从一品。太子少师、少傅、少保皆正二品。这些师、傅、保官,其实都是加衔、虚衔,既无职掌,也没有定额,只是表示恩宠,毫无实职可言。

五、鸦片战争后新设机构与职官

鸦片战争之后,暴露出来的不仅是清政府的腐朽无能,也暴露了封建官制远远落后时代发展需要。旧的官制尤其是皇族把持的机构虽然没有多少用处,但却权大职高,人员膨胀,符合形势发展需要的机构与职官又没有建立起来。在这种形势下,清政府不得不对原来的旧有官制进行修补增设。作为官僚队伍中的一些有识之士,也都根据鸦片战争后的形势,开展一些新政,进行变法。这些变法尽管遭到以慈禧太后为首的极端保守势力的反对与扼杀,但还是有些新的机构与职官建立起来。这些新机构与职官有:

通商大臣

鸦片战争以前,清代实行闭关锁国政策,对外贸易只限于广东、福建两省,贸易的方式也只限于民间,由商行代办。至于在政府机关中,既没有设置管理对外贸易的官员,也没有专管通商的机构。1840 年,英国发动了侵略中国的鸦片战争。腐朽无能的清政府战败求和,于 1842 年 8 月 29 日签订了中国近代史上的第一个不平等条约——《南京条约》。依据这个不平等条约,中国开放广州、福州、厦门、宁波、上海等五处为通商口岸。外国资本主义侵入中国,使中外交涉、通商事务不断增加。外国侵略者暗示清政府设置一个专职的大臣总揽通商事务,该大臣必须相当于总督的地位。清政府经常办理对外交涉的耆英认为,对英、法、美等国,断不能“绳之藩属之礼”。他奏请皇帝“与其争虚名而无实效,不若略小节而就大谋”。道光皇帝不得不采纳这一“权宜之计”,批示:“只可如此办理。”根据这一原则,清政府设置了办理各国通商事务大臣——“五口通商大臣”。

五口通商大臣不是专设的职官，也没有专门的衙门，一般由所在地总督兼任。五口通商大臣在较长时间内是由投降派、满族亲贵耆英兼任的，并且随着耆英职务的调整，南北移动了两次。1842年10月，耆英任两江总督，兼办苏、浙、闽三省通商事务。1844年3月，耆英调任两广总督，随着耆英南下，五口通商大臣成了两广总督的兼差。

五口通商大臣名义上是办理通商事务，实际上是代表清政府办理外交。任职五口通商大臣的耆英除了代表清政府在《南京条约》上签字以外，从1843年以后曾先后两次南下与西方侵略者交涉，签订了《五口通商章程》、《虎门条约》、《望厦条约》、《黄埔条约》。此外，他还与比利时、荷兰、西班牙、普鲁士、丹麦等国代表签订了不平等条约。

外国侵略者为了扩大对中国的侵略，进一步驯服清政府，发动了第二次鸦片战争，战争以清政府的失败而告终。1858年、1860年清政府先后与外国侵略者签订了屈辱的《天津条约》和《北京条约》。根据这两个条约规定，清政府除开放原有五口通商口岸外，又开放了营口、烟台、汕头、琼州、汉口、九江、南京、镇江、天津等地为通商口岸。清政府鉴于新开放的口岸太多，设置了南北洋通商大臣。

南洋通商大臣原为五口通商大臣，总理衙门成立后（1861年），设置了江、浙、闽、粤、内江各口通商事务大臣，掌管除北方三口（营口、天津、烟台）外的十三个已开口岸的通商事务，起初沿用“五口通商大臣”的名称，或称“上海通商大臣”和“上海钦差大臣”的名称。1863年，南洋通商大臣由江苏巡抚李鸿章继任。1865年，李鸿章调任两江总督，南洋大臣又归两江总督兼任。此后，两江总督兼任南洋大臣遂成定制。

北洋通商大臣于1861年1月设立，初名三口通商大臣，驻天津，负责营口、天津、烟台三口外交通商事务，洋务派首领奕䜣的得力助手崇厚担任此职。但是，三口通商大臣不是固定的职务，是一个临时性的差使，因而办事时往往地方官员不但不协助，反而坐观成败。1870 年 10 月，三口通常大臣改为“北洋通商事务大臣”，由直隶总督李鸿章兼任。直隶总督兼任北洋通商大臣成为定制。北洋通商大臣掌管三口通商、直隶省交涉及北洋洋务、海防、招商、各路电线等项事务。它的实权在南洋大臣之上。

总理各国事务衙门（外务部）

第二次鸦片战争后，由于增开通商口岸、公使驻京，使中外交涉日益频繁。由地方官兼差的五口通商大臣主管对外交涉已不能满足侵略者日益增长的胃口，为了进一步控制清政府，外国侵略者多次要求在清中央政府建立一个专门办理对外事务的机构。应该说，尽管列强的目的是为了他们自己办理交涉事务方便，但国家也必须有这样的对外机构，只是自以为自己是天朝的清政府孤陋寡闻，还不能认识到这一点。为了换取外国侵略者的支持，奕䜣等人秉承列强的意旨，1861 年 1 月 13 日奏请设立总理各国事务衙门。咸丰帝予以批准，但将职权限制在通商范围，即“京师设立总理各国通商事务衙门”。这进一步表现出清政府不愿也不敢与列强打交道的恐惧思想。奕䜣等人一方面感到这样的衙门职权实在太小，一方面又害怕列强不满意，竭力要求取消“通商”二字。咸丰帝同意取消“通商”二字，改称总理各国事务衙门。总理各国事务衙门成立前，奕䜣曾派人征求列强的意见，受到各国公使的欢迎与嘉许。总理各国事务衙门的设立虽然适应了帝国主义入侵的需要，但它毕竟是国家适应整个世界局势的一种新式机构，作为对外机构已经不是所谓的天朝理藩院，而是一种新式的外交机构与商务衙门。

总理各国事务衙门简称“总理衙门”，又称“总署”或“译署”，仿军机处的体系,设有大臣和章京两级。总理大臣由皇帝直接择选,有从亲王、郡王、贝勒中选任的,有以军机大臣身份兼任的。总理大臣上行走则在内阁与各部院堂官内选任。章京一级的官员分为四种,即总办章京、帮办章京、章京、额外章京,负责办理具体事务,草拟奏章,综理文书等。下设英国、法国、俄国、美国、海防五股,负责对外交涉及各项“洋务”。

但是我们也看到,总理各国事务衙门作为办理洋务的机构,与帝国列强的需要,显然不如人意。首先,这些大臣、总办章京、帮办章京们,都不是专门的职务,他们都是其它衙门的司员,都是六部根据总理各国事务衙门所遇到的业务而派遣本部官员充任,今天是他,明天可能又是另一个官员。这些章京们也不是每天到衙门上班,而是五日为一班,轮流上班,一个月也就是有十五天的上班时间。这是清朝衙门多少年的积习,有的衙门因为无所事事,也就不用天天上班。这些章京老爷们根本就没有考虑到总理各国事务衙门面对的对象不是中国的官员,而是讲究工作时效的外国使臣与商人。封建章京对洋人心怀恐惧,能回避就回避,更何况他们无法从洋人身上得到好处,也就缺乏积极性,其办事效率也就可想而知。

总理衙门主要职责本是办理外交与贸易,但由于外国侵略者在中国的利益不断增加,列强通过总理衙门而控制清政府,干涉中国的内政,因而总理衙门的职权不断扩大。它不仅主管外交,还负责管理通商、海防、军务、开矿、关税、制造、教育等,成了一个权力大,职权广,居于六部之上,与军机处平行的包揽一切的机构,被外国侵略者视为“帝国政府(指清政府)的内阁”。

总理各国事务衙门内设机构有:英国股,负责英吉利、奥斯马加(奥地利)两国交涉及各国通商及关税。法国股,负责法兰西、荷兰、日斯巴尼亚(西班牙)、巴西各国外事交往,并掌管保护民教及各国招用华工事务。俄国股,负责俄罗斯、日本两国外事交往,并掌管陆路通商、边防、疆界事务。美国股,负责美利坚、德意志、秘鲁、意大利、瑞典、挪威、比利时、丹麦、葡萄牙等国外交事务,并掌管参加各国公会,保护华工事务。海防股,掌管南北洋海防,并掌长江水师、北洋海军、沿海炮船厂购买轮船、枪炮、弹药、制造机器、电线、铁路以及各省矿务。海防股实际是中国海军部的雏形。除此之外,还有司务厅、清档房等,都是办理衙门内部业务的部门。

根据外事活动的需要,清朝政府还设立了同文馆,主要学习外国语言文化与科学。被封建统治者奉为经典的四书五经,对洋人来说一钱不值,根本无法与洋人打交道。与洋人打交道面对各种新的语言,新的知识,清朝的官员简直成了傻瓜。于是,清王朝不得不设立同文馆,学习外国新的语言与知识。一开始,同文馆学制三年,光绪二十一年(1895 年)改成八年,课程包括语言文字、天文、算学、物理、历史、地理、政法等学科。光绪二十四年,又创办京师大学堂,同文馆的各个学科改为京师大学堂课程。光绪二十八年(1902 年),同文馆并入京师大学堂。京师大学堂即后来的北京大学。

在总理各国事务衙门中,还有一个重要机构,总税务司。该司成立于咸丰十一年(1861 年),负责全国海关关税和行政事务。最早设在上海,同治四年(1865 年)迁到北京。总税务司设总税务司一人,掌管全国海关税务和行政人事权;下设副总税务司,内设机构有总务、机要、统计、汉文、铨叙科。但是,无论是总税务司,还是副总税务司,都是由外国人担任,也就是说,中国的海关一直是由外国人管理着,外国人一直把持着中国的对外经济命脉。总税务司名义上是总理各国事务衙门的下属机构,实际它是总理各国事务衙门的太上皇。总税务司的官员,有职有权的都是外国人,中国人在里面只能当帮办。

总理衙门是适应列强侵略中国的需要而建立的,它受列强的影响和控制,是一个不完全独立的半殖民地性质的政府机构。它的设立是清政府统治机构半殖民地化的重要标志。殖民地的痕迹最容易从机构与职官上表现出来。我们所以说,总理衙门是中国半殖民地化的重要标志,并不是说这种机构不该设置,而是因为这种机构并不是清朝政府根据世界形势的发展,自己为了适应世界经济潮流而主动与国际对接而设立的,它是列强为了自己侵略需要强迫清朝政府设立的。一个政府在职官设置上要受制于列强,充分说明清朝政府的无能与腐朽。

帝国主义列强的胃口越来越大,总理各国事务衙门根本无法满足他们的要求。光绪二十六年(1900 年)德、日、俄、法、英、美、意、奥八国借口中国政府排外,组成八国联军,进攻中国。中国不能抵御,北京被攻陷,清政府与列强签订丧权辱国的《辛丑条约》。面对一次次战败丧权辱国,清政府看到了自己的弱点,要求各地官员上书条陈。不少地方大员纷纷上书,只有变通政治,改革官制,才有出路。适应舆情,清政府于光绪二十七年成立督办政务处,以庆亲王奕劻、大学士李鸿章、荣禄、昆冈、王文韶、户部尚书鹿传霖为督办政务大臣。同年六月,改总理各国事务衙门为外务部。需要指出的是,将总理各国事务衙门改为外务部,实际是由美日公使向奕劻提出的。在议定《辛丑条约》的时候,就写明:“总理各国事务衙门必须革故鼎新……其如何变通之处,由诸国大臣酌定,中国照允施行。”另外,《辛丑条约》特别写明:“将总理各国事务衙门按照诸国酌定改为外务部,班列六部之前。”[14]1901 年 4 月西班牙公使葛罗干按照列强的意见向清政府发出正式照会,将总理各国事务衙门改为外务部,冠于六部之首,并要求管部大臣以近支王公充任,另设尚书二人,侍郎二人。尚书中必须有一人兼军机大臣,侍郎中必须有一人通西文西语。中国的机构设置已经不是清政府说了算,而是完全由列强来决定,清政府只是"照允施行",连讨价还价的余地都没有了,甚至连机构的官员人选列强都给决定好了。1901 年 7 月 24 日,清政府将总理各国事务衙门改为外务部。

清政府可以对维新人士的建议不屑一顾,甚至大加杀戮,但是对列强的话却必须洗耳恭听,照办不误。虽然外务部的设立是列强干预的结果,但毕竟是一种新式职官,与封建职官相比毕竟反映了时代的要求。

外务部以亲王为总理,下设会办大臣、会办大臣兼尚书各一人,左右侍郎各一人,内设四司、一厅、五处。

四司分别是:和会司、考工司、榷算司、庶务司。每司各设郎中一人,员外郎、主事各二人,额外行走各六人。和会司"专司各国使臣觐见、晤会、请赏宝星,奏派使臣,更换领事,文武掌堂,本部员司升调,各项保奖"。考工司"专司铁路、矿务、电线、机器、制造、军火、船政,聘用洋匠、洋员,招工,出洋学生"。榷算司"专司关税、商务、行船、华洋借款、财币、邮政、本部经费、使臣支销经费"。庶务司"专司界务、防务、传教、游历、保护、恤赏、禁令、警巡、词讼"(15)。一厅为司务厅,掌来往文书及杂务工作。五处为俄、德、法、英、日五处,负责与各国的外交事务。外务部还有其他内设机构,没有对外职能。在新的外务部职官中,总办章京改为左右丞、左右参议。

宪政编查馆

随后,在维新人士的建议下,光绪皇帝撤消了毫无意义的詹事府、通政司、光禄寺、鸿胪寺、太仆寺、大理寺六个衙门。这六个衙门最能反映封建官制腐朽堕落落后的特征,最能反映封建礼教的腐朽虚伪统治,但是,随着戊戌变法的失败,这些衙门又被慈禧太后迅速恢复了。越是没有意义,腐朽的机构,越不能撤销,这是保守落后势力的特征。保守势力谁也不想触动自己的既得利益,总想千方百计维护旧的官制。因为,官制最能代表自己的利益,当然,也最能反映一个政权是进步还是落后。而在改革大势逼迫下,清政府,或者说是慈禧太后及其所代表的顽固守旧派,也不得不做出假立宪的样子,这就是成立宪政编查馆。

清政府于1905年,决定派考察政治大臣,分赴东西洋各国考察政治。次年设立考察政治馆。考察政治期间,由政务处王大臣管理,设提调二人,其主要任务是研究各国政治可以效法者,编纂成书进呈,供慈禧太后与光绪皇帝决策。虽然成立了考察政治馆,但是其内部机构设置却未见有文字记载,看来,考察政治馆在考察东西洋政治期间,根本就啥也没干。或者说,清政府虽然派出高官考察,根本就没有想着改革官制,西方的资本主义官制他们根本就不想学,也不敢学,只是让几个王大臣看了几处西洋景。考察政治馆只是临时凑齐几个人,摆摆改革的样子,应付一下舆论。当然,可以相信,考察的五大臣,尽管多是保守官员,但通过走马观花也看到大清天朝与西方列强的差距,这种差距不仅表现在经济与教育科技发展上,还表现在官吏制度上。西方的文官制度,这些官员无论如何不敢接受,一旦接受了,他们的权威就会一落千丈。在任何时代都是这样,尽管看到了别国政治制度与官吏制度的优点,更清楚自己的弱点与弊端,但是没有一个政权勇敢地去改正自己的不足,哪怕是修修补补,也就是历史上的变法,都绝对不允许。变法者无不是头破血流。当权者往往都是既得利益者。这些既得利益者,尽管清楚制度的弊端必须进行改革,但是谁也不愿意改革。在国家前途与个人既得利益上,官员毫不犹豫要站在后者立场上,维护维持个人的既得利益。

1907年,考察政治馆改称宪政编查馆。

改为宪政编查馆以后,由军机处王大臣督饬,设提调二人综理馆中一切事务。1911年,又决定内阁总理大臣、协理大臣均兼充宪政编查馆大臣。宪政编查馆的职掌是:议复奉旨交议有关宪政折件,及承拟军机大臣交付调查各件;调查各国宪法,制定宪法草案;考核法律馆所订法典草案,各部院、各省所订各项单行法及行政法规;调查各国统计,颁成格式,汇成全国统计表及各国比较统计表。可以说,从1906年至1911年,对清王朝的生存来说,是关键性的6年,如果在这六年内能够卓有成效地进行政治体制改革和官吏制度改革,一定会得到人民的支持,从而延缓清王朝的寿命,但是他们在关键的时间内,只是调研应付,能拖一天算一天。他们根本就没有想到,人民不会再给他们拖延变法改革的时间。

宪政编查馆内部机构设置有二局三处。

编制局:设局长一人,承提调之命管理局务;副局长一人,协助局长管理局务。下设三科:第一科,掌属于宪法之事;第二科,掌属于法典之事;第三科,掌属于各项单行法及行政法规之事。

统计局:设局长、副局长各一人。下设三科:第一科,掌属于外交、民政、财政之事;第二科,掌属于教育、军政、司法之事;第三科,掌属于实业、交通、藩务之事。

上述各科,根据事务繁简,酌设科员三至四人分司科务。

庶务处:专司收发文书,款项出入及各项杂务。设总办一人,商承提调督率本处委员,办理一切庶务。

译书处:掌翻译各国书籍,无定员,视必要"取足备用"。

图书处:设收掌二人,专管收藏中外书籍。

另外,宪政编查馆设总核二人,掌稽核各项奏咨文牍及官报事件。

1908年8月27日,清政府颁布《钦定宪法大纲》,宣布"预备立宪"期限为九年。所谓的《钦定宪法大纲》只是以宪政的旗号来保障君主极端集权专制。11月14日、15日,光绪、慈禧先后死去,溥仪登基。1910年10月清政府成立中央资政院。资政院设总裁一人,副总裁二人。总裁"以王公大臣简放",副总裁"以曾任尚书、侍郎、督抚及出使大臣简放”。资政院议员分“钦选”和“互选”两种。钦选的是宗室王公世爵、满汉世爵、外藩王公世爵、宗室爱新觉罗等，这些人由皇帝钦定为议员。由各个省谘议局互选之后，督抚报到资政院的就是互选议员。按照《资政院官制》规定，皇帝委派王公世爵十人，宗室五人，中央各诸官员一百人，业主资产一万元以上者十人，共计一百二十五人。各个省谘议局互选议员大约一百六十多人，各级大约三百人。资政院已经具有了议院的雏形，但是资政院的一切议决案都要经皇帝请旨裁决。在封建统治下，能够产生百姓自选的议员，而且各省选举的议员要比皇帝钦定议员数量要多，这显然是民主政治的良好开端。

1911 年 5 月 17 日，清政府颁布内阁官制，宪政编查馆被撤销。

内阁官制

光绪三十二年(1906 年)以载涛为首的考察各国政治五大臣回国，他们在指出原有官制的弊端后，提出厘正各部名称。这次厘正各部名称可以说是清政府在行将就木的时候，进行的一次不得已的官制改革。促使这次官制改革有以下几个方面的原因，第一，面对列强入侵，中国百姓强烈要求改革腐朽落后不合时宜官制的大趋势。戊戌变法虽然失败了，但是改变清朝落后统治的要求却是已经深入人心，改革官制已经成为一种社会趋势。腐朽的清朝统治者高层，包括慈禧太后，如果不做出一副改革的姿态，是很难过关的。一旦让革命党人得手，就不是改革的问题，而是革命了。第二，清朝统治集团内部开明人士的推动。到了清末，一些满族有识之士也越来越认识到，再不改革，清朝就要彻底灭亡了，他们为了挽救清王朝，不停劝说慈禧太后进行官制改革，特别是出洋考察五大臣的建议，对慈禧太后产生触动。多少年来，清朝官员从来不知道外国是什么样子，当他们出去一看，才明白清朝官制多么的不合时宜，多么的可笑。第三，帝国主义列强适应对中国进一步殖民地化的需要，非常需要清政府改革落后的官制。帝国主义需要大力发展对中国的殖民地贸易，但是早期按照他们要求所成立的总理各国事务衙门，已经无法满足他们的要求，迫切需要改革清王朝旧有官制，建立与他们的殖民地贸易掠夺相适应的官制。第四，各省督、抚的改革要求。到了清朝后期，担任各省督、抚的多是汉族官员，尤其是沿海地区的督、抚，他们与列强接触多了，认识更深刻了一步。这些督、抚已经不是鸦片战争初期的只看到列强船坚炮利的官员，到了后期，特别是甲午海战的失败，使他们看到了资本主义制度的优越性，尤其是日本明治维新的成功，给这些督、抚很大启示，他们中很多人也都迫切希望改革官制。诸多因素促成了这次官制改革。但是，由于慈禧太后及一批满清权贵的顽固性，官制改革变成了应付与糊弄，一拖再拖，使得清王朝再也没有改革的机会。

清代的这次官制改革，满族权贵掌握的部门几乎一动未动，内阁、军机处、外务部、吏部、学部、宗人府、翰林院、銮仪卫、内务府、各旗营、侍卫处、步军统领衙门等部门都被完整地保留下来。将礼仪机构太常寺、光禄寺、鸿胪寺合并到礼部，使得礼部更加庞大。清朝最后的改革只是将一些机构进行了合并，人员不动，国家编制不但没有减少，反而继续增加，尤其是宗人府、内务府最该改革撤消的机构，却一点也没有触及。

巡警部改为民政部，设尚书一人，左右侍郎各一人，左右丞、左右参议各一人。下设承政厅、参议厅、民治司、警政司、疆理司、营缮司和卫生司。各司设郎中、员外郎、主事，及七品小京官若干人。下属机构还有内城巡警总厅、外城巡警总厅、内外城预审厅、缉探总局、教育局等。

户部改成度支部。度支部设尚书一人，左右侍郎、左右丞、左右参议各一人。度支部内设机构有承政厅、参议厅、田赋司、漕仓司、税课司、莞榷司（盐课）、通阜司（货币）、库藏司、廉俸司、军饷司、制用司(稽核工程、款项及杂支)、会计司与金银库。各个厅、司、库职官有郎中、员外郎、主事、笔帖式、额外司员等。宣统三年改尚书为大臣,侍郎为副大臣。度支部下属机构还有宝泉局、崇文门税关、大清银行、造币总厂等单位。

兵部改成陆军部。陆军部成立后,将练兵处和太仆寺并入。设尚书一人,左右侍郎、左右丞、左右参议各一人。陆军部内设机构有承政厅、参议厅、军衡司(军官任用)、军乘(管理军台、驿站、军马)、军计(负责军官功过奖惩记录)、军实(器械、弹药)、军制、军需、军学、军医、军法、军牧十司和捷报处。承政厅下设秘书、典章、庶务、收支四科,各设科长一人,科员若干人。参议厅设谘议官、检察官十余人。各个司设司长一人。各司一般设二至七科,设置多少根据各个司的职能而定。各科设科长一人,科员若干人。捷报处设总办一人,差官数十人,各省提塘十余人。除此之外,还设有承发官、译员、绘图员、艺师、艺士、录事等。宣统二年(1910 年)裁撤尚书、侍郎、丞参等,设正副大臣管理部务,撤销军乘、军计、军学三司,增设承政司、军学处、审计处。

海军部。宣统元年,将隶属陆军部的海军处分出,单独成立"筹办海军事务处",第二年,将筹办海军事务处改为海军部。下设正副大臣各一人,参谋官六人,参事官三人,秘书官六人,司电员、艺师、艺士、录事若干人。海军部下属机构有:军制司(军规制度、考绩)、军政司(营造船舰、检校器械)、军学司(教育、训练)、军枢司(人事、文书)、军储司(经费及物资)、军法司、军医司。各个司设立司长、科长、科员、司法官若干人。

刑部改成法部。法部掌管司法行政,监督大理院及京内外审判、检察机关。设尚书一人,左右侍郎、左右丞、左右参议各一人。内设机构有承政厅、参议厅、审录司(掌朝审)、制勘司(掌秋审)、编置司(掌减等编发)、宥恤司、举叙司、典狱司、会计司、都事司(掌将清文翻译成汉文)。承政、参议两厅主官是参事,八司主官是郎中,属官有员外郎、主事等,还有众多的小京官、九品录事、额外司员等。法部下属单位还有京师高等审判庭、检察厅,京师内外城地方审判庭、检察厅,京师初级审判庭、检察厅等。

商部与工部合并改成农工商部。农工商部设尚书一人,左右侍郎、左右丞、左右参议各一人。内设机构有农务司、工务司、商务司、庶务司,司有郎中、员外郎、主事以及额外司员。下属单位有农事试验场、京师商务总会和自来水公司。

邮传部。邮传部于光绪三十三年(1907 年)成立,设尚书一人,左右侍郎、左右丞、左右参议各一人。下设承政厅、参议厅、船政司、路政司、电政司、邮政司、庶务司。两厅设佥事、员外郎、主事。司设郎中、员外郎、主事、小京官、额外司员、录事等。

这次官制改革不少机构只是名称的改变,理藩院改为理藩部,将尚书、侍郎改称大臣、副大臣,原来的业务没有什么变化。大理寺改为大理院,职能上由原来的平反刑名案件改为审判诉讼案件。在内设机构上有所增加,除了刑科四庭、民科二庭、典簿厅外,还有商业审判庭、检察厅和看守所等。这次改革最大的失败就是最不需要的宗室机构被完整地保留下来。在清朝统治者看来,无论怎样改,皇族的利益不能触动。

当然,我们必须看到,这次官制改革,在各部尚书、侍郎名额设置上,仍然坚持了精简原则,侍郎既没有四人以上的现象,更没有给侍郎加括号,升为尚书。这一点是值得充分肯定的。

这次官制改革最有新意之处,就是资政院的设立。资政院设立总裁二人,由王公大臣担任。总裁之下有协理四人,帮办、参议各二人。资政院设议员三百人,其中一百二十五人由皇帝委派,其他由各省谘议局互选本省议员。资政院从光绪三十三年八月(1907 年)下谕成立,直到宣统二年九月(1910 年),才正式开业。

各省谘议局成立之后，迅速开展活动，他们联合各省督、抚要求清政府"速开国会，成立责任内阁"。

在各种舆论的迫使下，清政府不得不把预备九年立宪的时间缩短为五年，于1911年5月颁布《新内阁官制》，成立了短命的皇族内阁。责任内阁内设机构有承宣厅、制诰局、叙官局、统计局、印铸局，下设外交、民政、度支、学部、陆军、海军、法部、农工商、邮传、理藩十部。撤销内阁、军机处、会议政务处、宪政编查馆，改礼部为典礼院，监政处为监政院，军谘处为军谘府，成立弼德院、法制院、盐政院。内阁总理大臣为奕劻，协理大臣为那桐、徐世昌，加上十名部长，共有十三名内阁成员。在这十三名内阁成员中，满洲贵族占八人，蒙古贵族一人，汉族官僚只有四人。在满洲贵族中，皇族又占了六人。所以，本届内阁被讽为"皇族内阁"。皇族内阁一成立，就遭到立宪党人的反对。立宪党人原想在这次官制改革中能够多分几杯羹，却是半杯羹都没有，大失所望。清朝廷自建立之日起，哪里听到过反对的声音？立宪党人反对的结果就是被清廷立即下令驱逐出京。清朝廷直到此时，仍然没有明白社会发展的大趋势，还是皇帝独尊，一家天下，不允许有任何不同的声音出现。清朝皇族连唯一的盟友——立宪党人都失去了，彻底成了孤家寡人。皇族内阁成了清王朝灭亡的助推器。随着革命党人武昌起义的枪声，两千年的封建官制结束了。

清代中央官制简表

机构	职官	品级	年俸银	年柴薪银
内阁	大学士	正一品	215.5两	144两
	协办大学士	正一品	215.5两	
	学士	从二品	120.5两	144两
	侍读学士	从四品	105两	72两
	侍读	从四品		
	中书	正七品	27.4两	36两

（续表）

机构	职官	品级	年俸银	年柴薪银
军机处	军机大臣 军机章京			
六部	尚书 左、右侍郎 各司郎中 各司员外郎 主事	从一品 从二品 正五品 从五品 正六品	183.8 两 120.5 两 48.7 两 42.5 两 35.4 两	144 两 144 两 48 两 48 两 48 两
理藩院	管理院务大臣 尚书 员外郎 主事 笔帖式			
都察院	左都御史 左副都御史 六科给事中 十五道监察御史	从一品 正三品 正五品 从五品	183.8 两 88.8 两 42.5 两 42.5 两	144 两 120 两 48 两 48 两
其他	略			

注：本表俸银数为顺治元年（1644 年）标准，据《清史稿・职官志》。

第三节　地方机构与职官

一、内地的政权机构和职官

清代地方机构与职官可分为省、道、府、县四级，在皇帝和中央管辖下，层层统属而达于基层。

省

清初，各省范围很不明确，设有八个总督和十二个巡抚，后来又有变化，改为十五个巡抚，最后定为十八个巡抚。八个总督是：

直隶总督，驻保定，也驻天津，辖直隶省（今河北省）；两江总督，驻南京，辖江苏、江西、安徽三省；湖广总督，驻武昌，辖湖北、湖南两省；两广总督，驻广州，辖广东、广西两省；云贵总督，驻昆明，辖云南、贵州两省；陕甘总督，驻兰州，辖陕西、甘肃两省；四川总督，驻成都，辖四川省。

除行政区外，还设有漕运、河道两种专职总督。漕运总督一人，驻江苏淮安，督办漕粮运输。河道总督二人，其一为江南河道总督，驻江苏清江浦（今江苏淮阴市）；其二为山东河南河道总督，驻山东济宁。他们的任务就是督办黄河、运河堤防及疏通河道。

清代很重视总督的人选，一般以元老重臣担任，因直隶担负着保卫京畿的重任，两江之地是清廷财政和粮秣主要来源地区，故对直隶、两江总督更为器重。

清初巡抚不是按省设置，而是派往有兵事的地方视察吏治，检查民政，乾隆时才固定为每省一人，全国十八个省中有十五个省区设有巡抚，它们是：江苏巡抚，驻苏州；山西巡抚，驻太原；安徽巡抚，驻安庆；山东巡抚，驻济南；广西巡抚，驻桂林；河南巡抚，驻开封；云南巡抚，驻昆明；贵州巡抚，驻贵阳；湖北巡抚，驻武昌；湖南巡抚，驻长沙；福建巡抚，驻福州；广东巡抚，驻广州；陕西巡抚，驻西安；浙江巡抚，驻杭州；江西巡抚，驻南昌。

总督与巡抚都是省级最高长官，但总督辖一至数省，巡抚只管一省；总督兼都察院右副都御史衔，为正二品官，加兵部尚书衔为从一品；巡抚兼右副都御史衔为从二品，加兵部侍郎衔为正二品。所以，总督比巡抚官阶高半级，管辖范围大，职权相应为重。但巡抚不是总督的属官，二者处于平等的地位。督、抚兼部院衔，这是清代与明代的最大不同。明代则是以部院职务兼任督、抚。为了使督、抚相互监督与牵制，以便皇帝牢固控制地方，清政府在有的地方既设总督，又设巡抚，甚至有的地方督、抚共驻一城，造成事权不一,出现混乱扯皮的现象。

督、抚握有省级军政大权,“掌总治军民,统辖文武,考核官吏,修饬封疆”。总督既负责对官吏的考核,也负责对下属官员的奏请题调升转,还负责所辖省份的科举事宜。总之,所辖省份政务无所不统。不但管民,还治军。因为总督权力大,对于总督职务的全称也比较复杂,都是总督,但是职务名称有所不同。如直隶总督是“总督直隶等处地方,提督军务、粮饷,管理河道兼巡抚事”。陕甘总督则是“总督陕甘等处地方,提督军务粮饷,管理茶马兼巡抚事”。总都衙门机构设置没有史料记载,但根据其职掌来看,职官不会少了,至少要有一大帮幕僚。

巡抚“掌宣布德意,抚安齐民,修明政刑,兴革利弊;考群吏之治,会总督以诏废置;三年大比,献贤武之书,则监临之;其武科则主考试”(16)。就职能而言,巡抚更侧重于民事,而且对于巡抚提出“会总督以诏废置”,就是说,有些大事要会同总督共同请示皇帝诏命决定废置。但是对于总督并没有提出让他会同巡抚干什么。这应该是总督与巡抚的权力大小区别之一。同总督一样,国家都没有为巡抚安排属官,只是对使用胥吏人数多少作了规定(详见本章第五节)。

总督标下有副将、参将等武官,巡抚标下有参将、游击等官,低了一个等级。各省大比时,督、抚都担任监临官,也任武科的主试官。各省还设有一名提督学政,由中央各部院进士出身的官员担任,掌管学校政令,负责省内的科举考试,考察生员的品行与学业,选拔贤能者,管教恶劣者,凡有学政大事,与督、抚会商决定。

清代保留了明代布政司与按察司,二司虽与省级平行,但自从督、抚制度建立后,二司长官实际上成了督、抚的属官。布政使,俗称藩台,每省一人,只有江苏是二人,一在苏州,一在江宁,分辖本省各府、州、县,从二品,主管全省的民政、田赋和户籍等事项。其属官有经历司经历,从六品,每省一人;都事,从七品,负责出纳公文;理问所理问,从六品,负责刑狱之事;照磨所照磨,从八品,掌管照刷案卷;库大使,正八品,掌管库藏和账本;仓大使,从九品,掌管清查仓库。清末改革地方官制,各省成立清理财政局,以藩司为总办,其他财政机构一律撤销。度支部奏请将藩司划归度支部管辖,并负责其奖惩,藩司成了双重领导。藩司在撤销其他机构的同时,成立了财政公所。财政公所一般下设总核科、田赋科、榷算科、俸饷科、庶务科等,各省不一,有的省还设会计、制用等科。科下分股。

按察司俗称臬台,每省一人,正三品,地位略次于布政使,主管全省的司法、刑狱、监察和驿传。其下有经历司经历一人,正七品;知事一人,正八品,负责核实刑狱;照磨所照磨一人,正九品;司狱司司狱一人,从九品,负责检查囚犯。

督、抚与藩、臬之间关系微妙,藩、臬是属员,但督、抚不能任免他们,却可以在年终密考折内出具考语,作为朝廷考核他们政绩的依据。督、抚空缺,藩、臬可以代理,也往往获得实位。今天的藩、臬可能就是明天的督、抚,故督、抚一般不会轻易得罪他们。

顺天府

清政府把京师附近的一些州、县,划为一个特殊的地区来管辖,叫顺天府,相当于省级。顺治初顺天府有五州二十二县,后经变化,到康熙时成为六州二十县。又设东南西北四路厅,分辖所属各州、县,其设置也与各省不同。长官称府尹,正三品,由部院大臣兼任,政务很多,主要管辖所属各州、县官吏,审核和批准重大案件,监督各项财物,皇帝祭祀要竭力相助,还充当考官等。顺天府属官有:府丞一人,正四品,负责学校及考试等事;治中,汉一人,正五品,专管文武乡试的生活供应和考试事项;通判,汉一人,正六品,管理京城市场贸易和税收;经历司经历,从七品,掌管出纳公文;照磨所照磨,从九品,掌管抄写和弥封试卷;司狱司司狱,从九品,掌管囚犯和监狱;崇文门副使,未入流,掌管崇文门库藏;儒学教授,正七品,训导,从八品,都是掌管教育的学官。四路厅官,皆正五品;二十个州、县官,大多为正七品,其中大兴县、宛平县因在京师,知县均为正六品。以下有县丞、巡检、典史等官。

奉天府

清廷把留都盛京也划为特殊行政区,设与省级平行的奉天府。顺治年间,奉天府只管辖三县,康熙时增加到一州五县。《光绪会典》载奉天府辖二府、四厅、五州、十四县,到光绪年间增至五府、四厅、六州、二十六县。其行政区划的设置规格与顺天府相同,长官也称府尹,满人担任,负责管辖全府的官吏、刑狱、财务和学校等事。其下有治中、围场通判、库大使、经历、司狱、巡检兼司狱、府学教授各一人。治中以下各官的品级、职掌基本上与顺天府相同。奉天府还辖海防同知和军粮同知官。

顺天府和奉天府,是由清廷直接管辖的特殊行政单位,是后来的直辖市之滥觞。

道

明代的道是监察分区,非行政单位,道员是因事派遣的职务,本身没有品级,后来在省和府之间划分为道,由布政使的参政和参议派出当道员的叫分守道;由按察司的副使、佥事派出为道员的叫分巡道。清初沿用此制,不同的是,明代的道员是临时派遣的,其品级由参政、参议和副使、佥事的原品级来定。到乾隆十八年(1753 年),取消原来的参政、参事和副使、佥事等名称,把道划为省的直属机构,道员才真正成了地方上的实官。

道的长官叫道员,俗称道台。有两种道台:一种是若干府、县为辖区,道员管辖行政区的政务,叫分守道,一省分若干道,如山西省分四道,四川省分为六道。另一种道员是专管省内某一项目,称之为巡道,例如有提学(管教育)、兵备、河工(管水利)、屯田、驿传(管邮政、交通)、海关、盐法(指产盐地区)、督粮、粮储等各种道。

道员为正四品官,多加兵备衔,以节制境内都司以下的武官,全国计有道员(守道):甘肃八人,直隶、江南各七人,浙江、福建、四川和广东各六人,河南、湖北、湖南、陕西和云南各五人,山东、山西和江西各四人,广西和贵州各三人。

道员"分守、分巡及粮储、盐法各道,或兼兵备,或兼水利,或兼学政,或兼茶马屯田,或以粮盐兼分巡之事,皆掌佐藩臬,核官吏、课农桑、兴贤能、厉风俗、简军实、固封守,以倡所属,而廉察其政治"[17]。也就是不管什么道,都是藩臬的属官。道台衙门没有属官,办事人员诸如典吏、攒吏都是胥吏。

府

清代的府分特别府(顺天、奉天二府)和普通府两种,这里专讲后者。全国各省道下都设府,例如清初直隶省的大名道,就有大名、顺德、广平三府;四川省的建昌上南道,下设雅州、宁远和嘉定三府。府最先隶属于省,有了道后,就成了道的下级机构。府的长官知府,大多数是由京官外放,从翰林院编修、检讨、都察院六科给事中、各道御史,以及中央各部郎中、员外郎中拣选,少数是从知县和知州中升任,所以,府有很大的独立性。清廷为了控制府,设有"知府保举连坐法",明确规定知府对其所属州、县官吏的违法行为要负连带责任。应该说,这是防止地方官员任人唯亲,纳贿卖官的有效办法。清王朝所以能够统治这么多年,与对地方官员的廉政监督措施有着直接的关系。

府设知府一人,从四品,负责本府所属各州、县的行政事务,如宣布政令、兴利除害,每三年对下属官吏考查一次等。至于地方大事必须上报督、抚,得到批准才能办理。其辅助官员有同知,正五品;通判,正六品;两者都无定员,有的府未设,有的一二人,也有的多至三四人。他们各有分工,分管缉捕、粮饷、水利、江防、海防、抚边等事务。知府下属机构有:府堂,设吏、户、礼、兵、刑、工六房。六房人员多是知府的幕僚与胥吏,不属于国家正式编制序列。经历司,掌管知府衙门文书出纳,设经历一人,正八品。外府经历一般从应升兵马司副指挥、京县县丞、外县知县、按察司经历、盐运司经历及州判中任命。照磨所设照磨一人,从九品。照磨从应升按察司知事、外县县丞、布政司照磨、按察司照磨及府知事中任用。司狱司,设司狱一人,掌监狱事务,从九品。司狱从应升府知事、县主簿任用。除了以上三司,还有宣课司、税课司、茶引批验所、驿站、医学、僧纲司等机构。

自从裁撤推官之后,常有同知和通判被派到府境内分防,久而久之,形成了府的一个行政单位——厅。也有的厅设在边区,凡是不宜与内地同样设州、县的少数民族地区便设置厅,派同知和通判总领政务。厅有直隶厅和散厅两种。直隶厅很少辖有属县。大的直隶厅相当于府一级,如四川省的太平厅、松潘厅、杂谷厅等,就是直隶厅。设有属县的直隶厅,有些地方由相当于县级的土司管辖,如云南省腾跃厅的干崖司、南甸司等,就是这种情况。散厅隶属于各府,和县同级,如直隶省的张家口厅、独石口厅等。厅虽然是固定的行政单位,但不能单独算一级政权机构。

与府有关的单位还有州。州也分直隶州和散州两种。直隶州有属县,直隶于省,与府平级;散州没有属县,分隶各府,与县平行,但是品级比知县高。例如直隶省的遵化州,下有玉田、丰润两县。州也都是固定的行政单位,但和厅一样也不能单独算一级政权机构。全国有直隶州七十六个,散州四十八个。

州的长官称知州,负责一州的治理。直隶州的知州为正五品,散州知州为从五品。知州属官有同知和通判。为了便于与府同知、通判相别,我们都加上州同知、州通判,简称州同、州判。州同为从六品，州判为从七品。无论是州同，还是州判，都设置无定员，有的州有同无判，有的州则是有判无同。州同、州判分掌粮务、水利、海防、管河等事务。还有吏目一人，从九品，主管州里的刑狱之事。除此之外，还有巡检、驿丞、闸官、税课司大使等。这些虽有编制，但属于胥吏。巡检设在交通要道之地，主要任务是缉捕盗贼，维护治安。驿丞则负责地方接待和邮件工作。闸官掌管水利设施关闸启闭，税课司大使自然掌管税收事务。

县

每县设知县一人，正七品，管全县的治理，包括决讼断狱、奖农赈贫、惩奸除恶、兴养立教，凡是贡士、读法（宣读教令）、养老、祭祀无所不管，官小品低但有实权，升迁调补极为不易。知县主要以进士朝考后分发各省录用者担任。下属有县丞一人，正八品，主管全县的粮马和征税。县丞有自己的办公机构，并有攒典一人为助手。县丞设置无定员，有的县设，有的县不设，根据公务情况而定，很多县不设。《光绪会典》共有二百四十五县设了县丞。主簿，也是无定员，正九品，管户籍和巡捕。典史一人，未入流，管全县监察和刑狱，如县无县丞和主簿，则典史权力更大，可以代替县丞、主簿的职能。训导、教谕，管全县的教育和科举考试。巡检，从九品，是派到离县城较远的市镇、关隘，负责巡逻缉捕，维持治安的官员。此外，还有驿丞，管理驿站和马匹，负责递传迎送。税课大使，掌管商业税收。河泊所大使，未入流，管理渔业税收。闸官，管理水利枢纽闸门的启闭。这些职官也同县丞一样，设置无定员。

各州、县内部组织，有所谓"三班六房"。三班是：皂班、捕班、壮班。皂班掌管州县长官护卫和仪仗；捕班掌管拘捕缉拿，维持治安；壮班掌管护从站堂。各班都设有班头。六房是：吏房、户房、礼房、兵房、刑房、工房。吏房掌官制与官规；户房管理财务、田粮、赋税和盐务；礼房管理学务、礼俗和祭祀；兵房管理缉捕、马政、邮传和递解;刑房管理刑狱案件;工房管理河道、水利、城工和桥梁等。另有仓房,管理存储粮谷;库房,管理银、钱。直接为州县官服务的还有“家丁”,种类繁多,有的管公文收发,有的管差朱画朱,有的专管签押房,有的看守监狱,有的在衙门当差,有的护从左右,有的管传达拜会等。还有夫役若干人。这些胥吏家丁一般都是富裕县设置多一些,穷县,小县,想要这些排场,但财力有限也养不了多少人。

以上对地方四级机构和职官做了简介,需要一提的是关于首道、首府和首县。凡省会所在地的道、府称首道和首府。同样,知府所在地的县称首县,例如四川省省会成都在成绵道的成都府,而成都府所在又在成都县。所以,成绵道、成都府和成都县就分别叫首道、首府和首县。凡首道的道员、首府的知府、首县的知县,一般都是挑选其中品级较高、资历较深的官员担任。

另有特殊地方官员也需要提及,一是巡盐运使,设在主要的产盐省份,管理盐务,其下有盐运使、运使、运副、监制官和监课大使等。巡盐运使官阶略低于按察使而高于道员,有代办宫廷采办贵重物品的特权,盐官富埒王侯,生活糜烂。二是织造监督,是负责织造供应宫廷绫罗绸缎和各种布匹之类的官员,清代在江宁、杭州、苏州都设有此官,统称江南三织造。织造下有司库、库使、笔帖式等官。织造监督品级不算高,但因是钦差,可专折奏事,故很有特权,在经济上也极富有。三是关税监督,专门负责督理关税,其中粤海关监督权力最大,外贸及对内税收全由他包办,收入一部分上交,其余由他全权处理,其巨富是不言而自明的。四是僧官和道官,府、厅、州、县都有管理僧、道的机构与职官。这些官员一般都由僧人或道士担任。管理僧人的机构,府有僧纲司,设都纲和副僧纲。州有僧正司,设僧正;县有僧会司,设僧会。管理道士的机构,府有道纪司,设都纪、副都纪;州有道正司,设道正;县有道会司,设道会。

二、边区的政权机构与职官

边区与内地不同，清王朝因地制宜，采取灵活办法，特实行将军府制度，即用军政长官制度代替内地的行省制度。

东北地区旗民分治

清代定都北京后，因盛京是“龙兴之地”而作为留都，设内大臣一人和副都统二人留守，以管旗大臣和府尹为盛京总管，统辖东北地区。从顺治三年(1646 年)到康熙年间，先后改盛京总管为盛京昂邦章京和镇守辽东等处将军，并陆续恢复了盛京的五部设置，因吏部事归中央，故不设。

各部长官只设侍郎一人，不设尚书，其编制与京师也稍有不同，户部只有经会、储粮和农田三个司以及一个粮库，各设郎中、员外郎、主事等官，侍郎以下官员全部都是用满人，品级与京师各部分别相同，其它四部亦同。礼部设左、右二司，有赞礼郎、读祝官等，附设牧务总管一人。兵部设左、右司，附设驿站监督。刑部设肃纪左、右、前、后四个司。工部设左、右二司和一个银库。

康熙时，又改镇守辽东等处将军为盛京将军，其下设副都统四人，分驻锦州、熊岳、金州和兴京四处；城守尉八人，四人驻盛京，兴京、凤凰城、辽阳和开原各一人；以下还有协领、防守尉、佐领、防御、骁骑等各若干名。又设吉林将军驻吉林城，有副都统五人，一驻吉林，一驻宁古塔(旧城为今黑龙江海林市，新城为宁安市)，一驻伯都讷，一驻三姓，一驻阿勒楚喀。设黑龙江将军驻齐齐哈尔城，有副都统三人，齐齐哈尔、墨尔根和黑龙江各驻一人，以下设官与盛京将军同。

东北所设三将军，实际上以盛京将军为首，分别掌管三省军、民诸政，从将军衙门、都统衙门带旗佐衙门，专管八旗旗人之事而不过问民事。

另设府、州、县各衙门管理一般人民，即主要是汉人，例如除设奉天府外，在辽河以西各州、县设有锦州府，其机构与职官设置与内地的府相同。常有旗人与民人因田产纠纷等事发生争讼，州县官员慑于旗人的势力，往往不敢受理而难以解决。

西藏政教合一

清初，西藏地方政府和中央政府之间，仍旧沿袭明代的政治关系，清政府承认黄教在西藏的统治地位和达赖、班禅的权力及继承法，双方关系比较密切。

雍正五年(1727年)，清廷在西藏设驻藏大臣一人，驻拉萨，加强了对西藏的控制。乾隆十五年(1750年)，清廷平定西藏割据势力叛乱后，废除了汗王制度，由达赖总理政务，设四个葛布伦协助达赖掌权，达赖成为西藏宗教和政治的首脑。

乾隆末期，清政府在平定西藏葛布伦叛乱之后，对驻藏大臣的地位和职权作了明确规定：驻藏大臣和帮办大臣，任期为三年，主管全藏所有高级僧俗官员的任免，并稽察财政的收支，掌管西藏军队的调遣，督察司法、田产、户籍、差役(乌拉)等事，还负责巡视边防和办理一切涉外事务。在此之前，达赖、班禅及其他活佛的灵童转世，由大农奴主操纵。清政府创立“金奔巴瓶”制度，规定转世灵童的抽签听选，由驻藏大臣亲临监视，中签的“灵童”，还需要报请清朝廷批准，才能成为新一世达赖或班禅。

清政府分西藏为卫、藏、喀木、阿里四部分，各设一个葛布伦分治其地，由他们共同组成西藏地方政府，其中有仔俸，四品，掌管喇嘛库藏出纳事务；商卓特巴，四品，掌管大活佛的仓库；协尔帮，五品，管刑名；硕第巴，五品，掌治理布达拉藏民。达琫，四品；如琫，五品；甲琫，六品；定琫，七品，都是各个城市的带兵官。此外，还有边营官，五品；大营官，五品；中营官，六品；小营官，七品，他们是统治各城藏民的地方官。

新疆军民分治

清初,新疆分为准部和回部,后来定为天山南、北两路。乾隆二十七年(1762 年),设立伊犁将军一人,驻伊犁,负责边防,率兵屯田,总掌全疆军政,统辖南、北各地参赞大臣,是最高军政长官,由满族权贵或亲信大臣担任。下设参赞大臣三人,办事大臣九人,协办大臣三人,领队大臣十人,正副总管各八人,分驻各地。其下有协领二十三人,参领四人,佐领一百七十三人,防御九十九人,骁骑校一百七十九人,印房章京十三人,笔帖式三十三人,署员五十八人,管理粮饷官十人,卡伦侍卫六十五人。新疆驻军设提督、总兵、副将、参将、游击、都司和守备等武官,与内地各省绿营之制略同。

新疆民治则因维吾尔各族的故俗,建城设官,实行伯克制。伯克是维吾尔各族对官员的称呼,清朝沿用伯克名称而废除其世袭制度。阿奇木伯克地位最高,总理民政事务;其次是伊罕伯克,为阿奇木伯克的副官;葛杂拉齐伯克,管理田亩粮赋;商伯克,负责征收赋税;哈资伯克、撕帕哈资伯克、拉雅哈资伯克,分掌各种狱讼;都管伯克,掌管递送兵马粮饷文卷等事务;密喇布伯克,负责水利;明伯克、玉资伯克,分掌千户、百户的征输杂物;什和勒伯克,负责驿馆薪刍诸务;帕察沙布伯克,掌管巡缉牢狱之事。还有六七品伯克,以及采铅、挖铜、管铜等各种伯克若干人。

内外蒙古与青海的旗盟制度

蒙古以漠北为外,漠南为内。内蒙古于清初归中央,康熙平定喀尔廓和准格尔叛乱之后,外蒙古也纳入清朝版图。清在内、外蒙推行旗盟制度,这是根据满族八旗制度的组织原则,在蒙古族原有社会组织的基础上,依据满、蒙自身的特点逐步建立的。

旗盟制度分之为旗,合之为盟。旗设札萨克(旗长)一人,由理藩院奏请选派旗内最有威望的王公贵族担任,掌管一旗的军政、民政和进京觐见、年班等事。有协理台吉二或四人助理旗务，管旗章京一人，副章京二人，及参领、佐领和骁骑尉，共同辅佐札萨克治理民事。合数旗组成一盟，每盟设正、副盟长各一人，在所属各旗札萨克内选任。盟长主持各旗会盟事务，并代表皇帝监督各旗。

乾隆三年(1738 年)，清在内蒙古设建威将军一人，后改为绥远城驻防将军，驻今呼和浩特新城，兼管土默特蒙古事务，佐官有副都统一人，另在热河和察哈尔各设都统一人，下有协领、佐领、防御、骁骑尉百余人，分管内蒙古各地旗、民的民政、刑名、钱粮、捕盗之事，因民人不多，故不设府、州、县。

外蒙古设乌里雅苏台(又称定边左副将军)将军一人驻守，以参赞大臣二人为副官，并在各大城设办事大臣，小城设领队大臣，更小者则设帮办大臣驻守。从将军到各大臣，均由皇帝选任。属官有总管、副总管、参领、佐领、骁骑尉等，都从京师派任，三年一轮换，掌管轮番戍边的官兵，还兼管屯田垦殖事宜。

清政府还在青海置设办事大臣一人，驻西宁，管理青海各地的军政和民政。青海与内外蒙古一样，也设置旗，官员设置也相同，只是旗之上不再设盟。内外蒙古各旗盟及青海各旗，都受都统、大臣和将军的管辖而隶属于理藩院。

西南地区与改土归流

清初，西南地区聚居的各少数民族，仍沿袭明制因其俗而治之。凡投顺清朝并立有战功的土著军官，就封为土司，有各种名称，如宣慰司，设宣慰使，从三品，宣抚司，设宣抚使，从四品，还有安抚司、招讨司、长官司等。对于降清的一般部落首领，则授为土官，其名称有：土知府，从四品；土同知，正五品；土知州，从五品；土通判、土经历、土知事，都是正六品；土州同，从六品；土州判，从七品；土推官、土吏目、土知县、土县丞，都为正八品；土主簿、土典史、土巡检，皆从九品。土官的品级比相同的汉官低一级，但和土司一样可以世袭。其子弟继任时，必须报请清廷批准，还得亲赴京师授职。如无子弟，其妻可以继任。土司隶属于兵部，土官隶属于吏部，但土司和土官的贡赋都交给户部。

土司实际上是割据一方的地方政权，土官则无其名却行土司之实。雍正为了打通西南三省腹地的交通线，以加强对这一地区的控制，沿用明代时期和顺治、康熙一脉相承的改土归流政策，任命鄂尔泰为云、贵、广西三省总督，大规模对这一地区实行改土归流，就是废除土司制度，改为清朝政府委派的流官直接进行统治。在广阔三千里的贵州“苗疆”，云南的东川、乌蒙、镇雄三土司和广西的一些土司辖区内，五年之内，由土司改流官的地区达三百零九处之多。乾隆时，又在平定了四川西北大小金川土司叛乱后，也对该地区实行了改土归流，从而消除了割据势力，加强了对西南一带的统治，维护了清的统一。

三、鸦片战争后新设机构与职官

谘议局

在清政府成立资政院的前一年，各省按照清政府的要求，纷纷成立谘议局。按照清政府的《谘议局章程》规定，谘议局是“各省采取舆论之地”，属于“民意”机关。具体职责是：议决本省兴革事项；议决本省岁出岁入预决算、税法、公债及担任义务的增加；议决本省单行章程规则的增删和修改及权利的存废；选举资政院议员；申复资政院、督抚咨询事件；公断和解决本省自治会的争议，接受自治会或人民陈请建议事件等。谘议局所有议决的事件，同中央的资政院一样，都要经过督抚的同意。谘议局设正副议长，主持谘议局事务。谘议局议员的人数各省不一。奉天五十人，吉林三十人，黑龙江三十人，顺直一百四十人，江宁五十五人，江苏六十六人，安徽八十三人,江西九十七人,浙江一一四人,福建七十二人,湖北八十人,湖南八十二人,山东一百人,河南九十六人,山西八十六人,陕西六十三人,甘肃四十三人,新疆三十人,四川一〇五人,广东九十一人,广西五十七人,云南六十八人,贵州三十九人。各省的议员与中央资政院不同的是,议员都是本省产生的,没有皇帝钦定的。尽管清政府对于资政院和各省的谘议局做了种种限制规定,但谘议局毕竟具有议会的特征,有的省的谘议局成立之后,就立即开展工作。各省谘议局的立宪派议员纷纷发表演说,批评时政。江苏谘议局议长张謇联合十三省谘议局议员组成"国会请愿联合会",并联合各省政团、商会和海外华侨向清政府请愿,要求"速开国会,组织责任内阁"。还有一些省的议员到督抚衙门前请愿,要求召开国会,在中国大地上出现了从未有过的民主空气。议员虽然是在清廷和各省督抚直接控制下选出的,但是好多议员却要求民主,召开国会,成立责任内阁,修改政体,批评时政,这又是清朝政府所意料不到的。清朝政府尽管腐朽反动,但还是非常明智地承认了议员对自己的批评,而不是顽固坚持大朝的无比正确。作为议员来说,能够认真履行职责,不以皇帝意志为准则,以国家民生为重,开了民主政治之先河。

提学使

1906年,由学部、政务处奏议,裁撤各省学政,改设提学使司。提学使司设提学使,统辖全省地方学务,归督抚节制。奉旨"依议",各省学政遂撤,均著回京供职;原设各省学务处亦随之撤销,所有原学务处绅士及办事委员,择其佐理学务有成绩的,留充学务公所人选。

提学使司提学使,每省一员(江宁、江苏各设一人,照布政使管辖地方之例管理学务;吉林、黑龙江、新疆三省均各添置),正三品。在布政使之次,列按察使之前,总理全省学务,考核所署职员。各省提学使员缺,由学部以京外所属学务官员内开单请简。提学使三年俸满,由督抚考核所办事项,咨报学部奏闻。其留、升、更、调,请旨遵行。其升转,凡由四品、五品京堂或实缺道员简任者,升转与臬司同。

提学使职掌教育行政,稽核学校规程,考查所属教师、教职,各驻防学堂,亦概归管辖。提学使对科长以下各员有权选用委派;对劝学所总董有权及时札委、更换;对所属州县之学务进行考成,均申详督抚办理。凡学务议长、议绅之才品学识,亦由提学使密陈督抚转咨学部察核;其所属高等学堂以下各学堂监督、堂长及教员等,均由提学使聘用,受其节制、考核,并随时详请督抚举劾;所需经费,会同藩司筹划,详请督抚办理;其所办一切事务,随时禀报督抚,由督抚咨报学部。提学使亦于每学期及年终,将本省学堂办理一切情形,及学务人员情况,详报于学部考核;如遇紧要事件拟出省考察时,须电请学部允准。

提学使之衙署称"提学使司",设有专署。按《学务官制章程》规定,提学使衙门可仍用旧学政衙门,其原学政不与督抚同城者,应改归一律同城。提学使衙门的内部组织机构有总务、专门、普通、实业、图书、会计六科。设科长、科员。

提学使属官还有"省视学"六人。承提学使之命,巡视各府、厅、州、县之学务。

提法使

1907年,总核官制大臣等遵照皇帝谕旨,拟定《外省官制通则》。将各省以原设提刑按察使改设提法使,受本管总督、巡抚节制,管理各省司法行政事务,监督各审判厅,并调度监察事务。

依宪政编查馆奏定考核提法使官制之规定,各省设提法使一人,秩视正三品,承法部及本省总督、巡抚之统率,管理全省司法上之行政事务,并监督各级审判厅、检查厅及监狱。提法使之具体职掌权限，略分为以下六项：

一、凡遇省内各级审判厅及各级检查厅对现行之各项法律有疑义不能决定时，提法使应详拟解释，申请大理院核示。

二、对各死罪案件，由提法使备缮供勘，详请督抚具奏，交大理院覆判。法部核定，汇集具奏。军流以下人犯，由提法使汇案详督抚咨报法部。

三、提法使对于本省各级审判厅、检查厅，随时亲往视察或派员往视，并将巡视情况申报总督、巡抚及法部。

四、提法使于筹办司法上一切事宜时，应随时申报该管总督、巡抚，并转咨法部。年终，汇造表册，报部审核。

五、提法使按监狱法督饬办理本省监狱事宜。

六、提法使对所属科长及以下各官员，依《考用提法司属员章程》之规定，负责考试、录用及考核。

提法使内部机构有：总务、刑民、典狱三科。每科设科长一人，秩视五品，秉承提法使之命，综理本科职任。各科分设一等科员一人，秩视六品；二等科员一至四人不等，由提法使酌量各科事务之繁简而定，秩视七品。各科员承提法使之命，协同科长，分理本科事务。科长、科员应以谙习政法之员照章考试，合格者由提法使详由督抚咨达法部奏补。各科配置书记五人，秩视八、九品，受科长、科员之指挥，缮写文件、办理庶务。书记员照章考试，合格者由提法使详请督抚酌情署外，并咨明法部存案。

从提法使的机构与职官设置来看，尽管清朝进入封建社会的末期，在这一时期处处表现出的都是腐朽没落与反动，但是这些新的机构与职官使用，却显现出现代文官制度的影子。提法使司一般官员的录用采取考试形式进入，而且都强调专业对口，这不能不说是在当时具有很大的进步意义。

劝业道

1907年，随着中央官制的改革，奕劻等总核官制大臣将奉旨拟定的《外省官制通则》奏请钦定颁行。在这些外省机构中就有劝业道。根据通则，劝业道每省设一人，秩视正四品，归本省总督、巡抚统属。劝业道以各省衔缺相宜之实缺道员、知府或本省候补道员中选任。出任劝业道的官员，要求曾经任过办理农工商矿及交通事务等项差使，并办理得宜者；或提倡公司、局、厂，创办卓有成效者；或者曾在农工商部任职，对该项业务办理娴习者；以及讲求实业，对农工商矿及交通等诸学科研究有素者。从劝业道官员的任职条件我们看到，统治了中国近两千年之久的重农抑商政策已经被打破。商人不得做官，乃是历朝历代的铁律，如今这铁律成为废纸。在当时，讲求实业，办公司、局、厂，已经成为时髦的词汇，尽管这些词汇对一些官僚和百姓来说，还是非常的陌生，但毕竟它们代表了中国社会经济发展方向，具有极强的生命力。劝业道的选用要由各省总督、巡抚选择合适人才保举二三人，出具切实考语，请旨简放。农工商部、邮传部亦可将堪任此任的相宜人员，会同予保，遵旨交军机处存记，俟遇有缺出，由军机处开单候简。

劝业道掌全省之农工、商业、交通、矿务、邮传等各项实业之管理，其具体职掌包括：对本职所涉各项实业，应随时进行详细调查，认真揣度，何以兴办农工，何以开发矿务，何以推广船路、邮电，均应得有成见，以呈明农工商部、邮传部及本省督抚，设法筹办。劝业道有督饬地方官奉行兴办实业之责，并应随时考查所属人员办事之勤惰。劝业道对本省原设之农会、商会等，有劝导和稽查之责；对本省原设工商局、铁路局、电报局、邮政局以及商办之铁路公司等所办一切事宜，劝业道应会同各该管人员筹商并督饬保护；对省内设立之实业及交通各学堂以及各公司、局、厂等，除由农工商部、邮传部或督抚奏派大员特办者外，均由劝业道随时考查。凡本省原设之工商矿各局厂，有不便概行归并劝业道者，可将旧有尚称得力之总办，改为会办、坐办，仍旧分任局所事务，而由该道总司稽核办理。如系农工商部、邮传部在各该省特设之专局，亦可定章指交由劝业道兼辖，该道即应遵章筹办。劝业道亦有兼理本省之其他事务者，如四川省之劝业道兼管水利事务等。

劝业道在本省开办各项事务，应随时详明该省总督、巡抚，或申报农工商部、邮传部。凡是部颁各项章程、条例，劝业道要切实遵照执行。劝业道兴办实业所用各种款项及办公费用，请由督抚筹拨，或由农工商部、邮传部酌给。

劝业道任期三年，任内受该省总督、巡抚考核，并由农工商部、邮传部随时考查，若有办事不得力的官员，随时奏参。道员任职期满，则由该省总督、巡抚会同农工商部、邮传部，将该员任内办事有无成效，以及平日考验的成绩等，详细考查，分定优劣奏闻。

以上为清代鸦片战争之后地方官制中三个主要机构与职官介绍。实际上，当这些机构设立之后不长时间，清代政府就在武昌起义的枪声中垮台，这些机构并没有发挥多大的作用。

清代地方官制简表[①]

机构	职官	品级	俸银	养廉银
都部	总督	正二品（加兵部尚书衔为从一品，加大学士衔为正一品）	年 152.1 两	15000 至 20000 两[②]
抚院	巡抚	从二品（加兵部右侍郎衔为正二品）	年 120.5 两	10000 至 15000 两
学院（学道）	提督学政（提学使）			

（续表）

机构	职官	品级	俸银	养廉银
司道 承宣布政使 （藩司）	布政使 经历 理问 知事	从二品 正六品 从六品 从七品	年 120.5 两 年 35.4 两 年 29 两 年 25.8 两	500 至 9000 两
提刑按察 使司（臬司）	按察使 经历 知事	正三品 正七品 正八品	年 88.8 两 年 27.4 两 年 24.3 两	3000 至 8000 两
道	道员	正四品	年 62 两	2000 至 8000 两
府	知府 同知 通判	从四品 正五品 正六品	年 48.7 两 年 42.5 两 年 36.4 两	1200 至 4000 两
直隶州	知州 州同	正五品 从六品	年 42.5 两 年 29 两	500 至 2000 两
州（散州）	知州 州同 州判	从五品 从六品 从七品	年 37.6 两 年 29 两 年 25.8 两	500 至 2000 两
县	知县 县丞 主簿 巡检 典史	正七品 正八品 正九品 从九品 未入流	年 27.4 两 年 24.3 两 年 21.5 两 年 19.8 两	500 至 2000 两

①本表俸银据《清史稿 · 职官志》。

②省份不同，各级官员的养廉银也差别较大，比如山东巡抚养廉银为 15000 两，陕西是 12000 两，贵州则是 10000 两，同样是知府，山东养廉银 3000 至 4000 两，贵州则是 1200 至 1500 两。其他同样。

第四节 官吏管理制度

一、选官制度

清代官与吏区别明确，凡经吏部或兵部铨选（量才授官）而任命者为“官”，非经两部铨选而任事者称“吏”，例如内阁和各部院以及地方政府的经承、书吏、承差、典史和攒典等，都不是官而是吏员，也就是所谓的“未入流”。

清代文官的来源，主要有两个途径，一是正途，一是异途。清沿明制，继续实行科举制度，作为培养和选拔官员的正途。同历代封建王朝一样，清代的老百姓也有良、贱之分。所谓良民是指身家清白的平民，称为民人，与八旗成员“旗人”相对称，可以应试做官。凡属于“下九流”的人叫贱民，包括倡优、娼妓、皂隶（奴仆）、乐人（充当奏乐的官妓）、剃匠、衙役、批（修脚趾甲者）捶（捶背者）、疍民（艇户），不能应试为官，除非三代以后的子孙已改业者，方可捐考出仕。这里的所谓下九流表现了统治者对普通百姓的歧视，更不可思议的是把为政权服务的衙役也列入下九流，他们又如何会真心为政府服务？

科举、学校

科举由层层考试完成。县试为第一试，每年阴历二月举行，由知县担任主考。县试合格参加府试。府试为第二试，每年阴历四月举行，知府担任主考。院试为第三试，提督学政使担任主考。院试考中者入“府学”、“州学”、“县学”学习为生员（俗称秀才）。学政使负有向朝廷荐举优秀生员之责。因荐举方式不同，所荐生员分为岁贡、优贡、拔贡、恩贡、副贡，称为“五贡”。五贡朝考合格，分发省内任职，由学政使会同巡抚验看，按科分名次与年分先后任用。拔贡、恩贡、副贡以教谕选用,岁贡以训导选用。优贡朝考一等者以知县补用,二等以按察司经历、散州州判、府经历、县丞分省补用。

乡试为第四试。乡试又称“大比”,三年举行一次,于子、午、卯、酉八月(阴历)举行,称为“正科”。遇皇帝即位或其他大典加试,为“恩科”。乡试在省会城市举行,由朝廷派“主考官”主持。主考官分正、副主考二人,同考官十八人,巡抚为“监临”。乡试考中者为举人,第一名为“解元”。

考中举人就取得了做官的资格。举人若会试三科不中,可以到吏部注册,取得任为国子监丞、翰林院待诏、知县、直隶州州同等资格。清廷还就会试三科不中的举人进行“大挑”。大挑由大臣主持,经大臣面试定为一等二等。一等任为知县,二等任为教谕、训导等职。大挑六年举行一次,大挑举人到省试用二年期满(光绪三十二年改为一年),由巡抚即行甄别,咨报吏部。可以知县任用的,自咨部下月起,若有升调、告病、休致所遗官缺,准其按班补用。甄别后的大挑举人均按科分先后作为补缺次序。

除大挑举人,清廷还规定,候选期满(远省一科,近省三科)的其他举人,由吏部按照科分、名次先后,核定截止年限,题请予以截取。现任教职举人,也可参加截取。如因参加会试正逢截取举人,亦准此类举人取具同乡京官印结,到吏部验看,参加举人截取。一等以知县用;二等以直隶州州同、盐、库各大使用;三等以按察司、盐运司经历、州判、府经历、县丞用,无须领见。截取举人由于未定选用班次,任用希望不大。

科举废除之后,清廷规定,各省举人不必限定三科,准许以拣选知县注册登记,由吏部酌定班次选用。中举已过十年,愿分发到省的,可令缴纳分发银两,即准分省试用。截取举人已奉旨以知县用的,准其随时分发,无须以年限为限。截取举人除以知县用外,兼用直隶州州同、盐、库各大使,无须再任教职。

举人做官如要保障大一些,还是要参加全国会试,考中者为贡士,贡士殿试为进士,进士任官较举人有更大的优先权。进士一甲为状元、榜眼、探花,除用翰林院修撰、编修。二、三甲进士朝考合格入翰林院学习,为“庶吉士”。最初庶吉士选取无定额,以后,就各省名额作了限制。如山东省名额为四人。庶吉士经过三年学习,考试散馆,优者留翰林院为编修、检讨,次者任给事中、御史、主事、中书、推官、知县、教职。庶吉士任知县,可以带缺出京,到了哪个省都有县长当,不存在候补,称为“老虎班”。没有考中庶吉士的进士,若任用为知县称为“榜下即用”,分发各省候补,遇有缺出,即任用为知县,但不像庶吉士那样直接戴着帽到省。总的来说,分发省内的进士举人,大多不能很快得到官缺,若无关系或不捐钱,往往迟至十年始得一官,有的则终身是进士、举人。总的来说,做官的大多为进士、举人,其次为五贡。到了清代,科举制度已经发展到极端腐朽的地步,严重地影响了人才的培养,成为当时人事制度的一个赘瘤,资产阶级维新派就猛烈抨击科举取士制度的弊端。

变通科举制度,是戊戌变法的一个重点。1898 年 6 月 23 日,光绪皇帝采纳康有为的建议,下诏规定,从下科开始,乡会试及生童岁科各种考试,一律改试策论。乡会试考试程序分为三场:第一场考试科日为历史政治,第二场考试科日为时务策,第三场考试科目为四书五经。以后的岁科,亦依此例。科举章程还规定,嗣后一切考试,均以讲求实学实教为主,不得凭楷法之优劣为高下。7 月 21 日,光绪下令改革科举分发制度,规定嗣后考生一经殿试,即可直接按照成绩“量为授职”。光绪的上谕还决定停止朝考一场,重申取士以讲求实学实政为主,不凭楷法。但在变法失败后,上述改革又全部取消。

1905 年 8 月,直隶总督袁世凯,会同盛京将军赵尔巽、湖广总督张之洞、两广总督岑春煊、湖南巡抚端方等，联名共同上书，要求立停科举。8月4日，清廷在各方面的压力下，不得不接受袁世凯等人的建议，谕令立即停罢科举，所有乡试、会试，一律停止。其以前举、贡、生员，分别量才予以出路。

这样，清政府在1904年举行了“甲辰恩科”进士考试以后，就再也没有举行过科举考试。1904年的“甲辰恩科”成为中国科举制度的最后一次考试。至此，延续一千多年的中国科举取士制度宣告结束。

清末废除科举考试以后，还遗留一批举人、贡生和生员。其中举贡人数有数万人，生员达数十万人。对于这批人员，清政府又举行生员补考优贡、拔贡与考职，分别予以“出身”与官职。

首先，对于原来的生员，除可进入师范学堂和已进入师范学堂者以外，均可参加优贡和拔贡的考试。考优贡只限三次，拔贡只限一次。凡廪、增、附生均由所在府、州、县会同教官申送报考。八旗生员，由所在地的都统、副都统备文报送。拔贡、优贡考试分两场进行。通过考试者，第二年6月赴京参加朝考。朝考地点在保和殿，优贡、拔贡合并考试，内容仍旧是经义和史论。由皇帝指派阅卷大臣。录取分为三等，一等和二等前十名，中年以下的授七品小京官，年龄较大的任以知县；二等第十名以后，一部分授京官在各部司任职，另一部分授外官，如任盐库大使、州判、州同、经历、县丞等；三等不授官。

生员如没有取得优贡、拔贡出身，可以参加“考职”。具体方法是在考优贡之年，由各州县会同教官遴选保送，人数相当录取名额的十倍。考试在优贡考试结束后，在省城举行。录取名额一般大省一百人，中省七十人，小省五十人。成绩列为一等者授任巡检，二等者授予典史。录取后将试卷交督抚复审，由吏部分别铨选派送。

对于原来的举人、贡生,每三年举行一次会考。参加戊戌年(1898年)会试名额加三倍派送,凡有举人和各类贡生身份而尚未取得官阶者均可保送参加。考试成绩分为三等,一等和二等前十名分别授予主事、中书、七品京官、知县等;成绩列为二等第十名以下者,分别授予州判、盐库大使、府经历、县丞等;成绩列为三等者,不予录用。

正途的第二类是学校出身的官员,在国子监肄业的贡生,有的是遇庆典而得贡生资格的叫恩贡,有的经地方考试后保送入京的叫拔贡,可授州同、州判和县丞;有的每年从府、州、县学中选送入国子监的叫岁贡,有的是每三年由各省学政考选保送国子监的叫优贡,有的是因乡试而取在副榜上的叫副贡,可授主簿、吏目等官。

到了近代,国子监以及地方的府、州、县学也一并废除,代之而起的是模仿西方教育制度的新式学校。

清政府开办新式学校最早可以追溯到同治年间(1862—1874年)洋务派开办的学校。如1862年北京开设的同文馆,1863年上海开设的广方言馆,1864年广州开设的同文馆,1865年上海开设的江南制造局及其附设的机械学校。1895年清政府开设了中国第一所普通新式学校天津西学学堂,不过当时也没有在全国推广。

清朝末年制定的新教育制度产生于1902年所颁布的《钦定学堂章程》。该章程由张百熙草拟,由于当时是中国旧历壬寅年,因此称为壬寅学制。

壬寅学制是清末制定的系统学制。该学制将学校分为七级:蒙学堂四年,寻常小学堂三年(相当于初小),中学堂四年(相当于初中),高等学堂或大学预科三年(相当于高中),大学堂三年(相当大学)。大学院无定期(相当于研究生院)。与中学堂并行的有中等实业学堂和师范学堂,与高等学堂并行的有高等专门实业学堂等。壬寅学制颁布后,清政府又组织人员进行修订。1903年,清政府根据张之洞、张百熙、荣庆合拟的《奏定学堂章程》,颁布了修订新学制,即“癸卯学制”。

癸卯学制是清末正式颁布并在全国实施的学制。该学制分为三段七级。第一段为初等教育,分为蒙养院、初等小学和高等小学三级,共十三年;第二段为中等教育,只有中学堂一级,共五年;第三段为高等教育,分为大学预科、分科大学和通儒院三级,共十一年到十二年。

除了普通学校之外,还有师范学校和实业学校。师范学校分初级师范与优级师范学堂两级。实业学校分初、中、高三等,分别相当于小学、中学和高等学堂。

清末的学校主要是模仿日本的学校制度。在清朝统治者看来,日本的学校制度保存较多的封建因素,有利于维护封建统治。为了确保封建主义思想在学校教育中占统治地位,《奏定学堂章程》还规定:“立学宗旨,勿论何等学堂,均以忠孝为本,以中国经史为基,俾学生心术壹归于纯正。”表明清朝统治者力图使新式学堂继续为封建政权培养人材。1906 年,清廷颁布的《上谕》更强调指出:“学堂以中学为主,西学为辅,培养通才,首重德育;并以忠君、尊孔、尚武、尚实绪端定其倾向。”但是清末的新式学校毕竟与原来的旧式学校和科举制度不同。在学习内容上,增添了许多实用学科;在学生成分方面,增加了大批小资产阶级知识分子。据统计,1907 年全国学校总数三七八八八所,学生为一百零二万四千人。到了 1909 年,全国学校达五九一七七所,学生人数增加至一百六十三万九千余人。

清朝政府一方面建立新学校,一方面向外派遣留学生。到了 20 世纪初,在革命运动不断高涨形势下,清政府派遣留学生人数迅速增加。1901 年 9 月,清政府下令各省选派留学生出国学习。1902 年清政府又下令督催各省督抚加快选派留学生。当时,以向日本派遣留学生为主。据统计,1896 年,中国向日本派遣留学生仅十二名,到 1901 年增加到二百八十人,到 1906 年增加到八千多人,到 1907 年剧增到一万五千多人。清朝政府虽然进入末期,但在派遣留学生问题上,却表现出高瞻远瞩的气魄。中国近代的大师精英群体的出现,与清代末期高度重视派遣留学生有着直接的关系。这是清代在其末年干的一件顺应历史发展潮流的大好事。这一点历史是不能忘记的。

在派遣大量留学生出国学习的同时,清朝拟定了一整套留学章程、制度。1905 年清政府学部开始制定留学章程,1906 年订出关于出国游学章程、管理日本游学章程、贵胄游学章程,对出国留学的资格、费用、管理、奖励作了具体的规定。

在留学资格方面,规定分为长期、短期两类。凡长期出国留学和准备进入外国高等以上学校的学生,必须具有中学堂以上毕业程度,并且掌握所赴之国的语言;短期留学者,须年满二十五岁以上,精通中文且有实际工作经验才为合格。1906 年 6 月,学部又规定停止派遣短期留学生,如未具中学堂以上的学历,不得随意出国留学。

在留学的费用方面,分为官费与自费两种。由各级政府考送的留学生为官费生;由本人筹费出洋或华侨子弟原来在外国学习的学生为自费生。官费生的学习费用由政府供给,自费生学习成绩优异的可提升为官费生。

在留学生管理方面,原先全国没有统一的规定,由各省自派“游学监督”前往监察、照料。1906 年制定的管理日本游学章程,规定了统一的管理办法。以后又制定了管理赴欧洲、美国等留学生的章程。

在留学生奖励方面,《奖励章程》规定:凡从外国正式高等学堂以上学堂毕业的留学生,回国后须受政府考试,考试列入最优等的给予进士出身，列入优等及中等的给予举人出身。考试每年举行一次。这些接受现代文化科学教育的留学生，回国以后又给他们戴上了一顶封建主义的冠帽。《奖励章程》还严令在外留学生，如果学业不长进者，即勒令退学回国。

承荫、保举、题补升调

承荫分恩荫、难荫和特荫三类。恩荫指皇帝推恩于高级官员的子孙，准其当官，京官四品以上，外官三品以上，武官二品以上的子弟，凡遇大庆典而得官位者叫恩荫。难荫，指中、高级官员因公殉职，允许其子弟做官；死难的三品以上官，其子弟可授知州，四品以下官员的子弟可授知县，这都叫难荫。特荫，指皇帝对辅治全节之臣的子孙，特加恩赐，让其当官，或将其微职子孙加以提拔。此例始于乾隆年间，不如恩荫、难荫者多。

凡是办理河工、军工、边防、赈灾等事务有功者，由主官推荐得官的叫保举。保举分为明保与密保。地方官员的明保，藩、臬、学三司可参加意见，密保则由巡抚一人决定。所保官员，吏部若查无短交银两，都可议准引见，回任候升。对于保举来说，巡抚具有决定权，如果是巡抚的亲属好友，即使普通人物，花钱买个佐杂（主簿、县丞之类）通过保举，用不了多少时间，就能弄个正印官，不数年就可以保举到知府、道员。

保举范围广泛，官吏、幕僚、教职、候补官员、富绅均可保举。富绅主要通过赈捐保举得官。官吏、幕僚等多以劳绩列保。河工为官员保举重要方式。清代规定，黄河决口一处，允许保举卓异、寻常官员六人。巡抚等诸要员则根据要保举人数的多少，来确定向朝廷汇报黄河决口之数。所保的官员，不一定参加黄河工程。在这种保举下，往往是治河官员中饱私囊之后，又能得到升迁。

为抑制河工保举泛滥，光绪三十二年（1906 年）清廷规定：黄河防汛两年准保四十人，其中卓异十人，寻常三十人。汇保时要将沿河口岸地名,相距里数及所在有工无工详细注明,并将派某员驻某地,一并汇报吏部备案。如经大汛三年平稳无事,方准以寻常劳绩列保,文武职官各准保二十人。若有抢险工程,准于二十人内声明,按卓异劳绩保二至三人。规定形同具文,而且这些规定根本就难不住他们,并不影响巡抚诸要员巧立名目,保举亲朋好友亲信属员升迁。

巡抚对于属官的替补升调,只准以应升官缺题请升补,不准越级保题。州县缺出,知州以候补人员题补,知县以例准请补的候补人员并进士即用人员题请升用。候补人员与进士即用人员无人,准以应升人员题请升用。实无合例提升人员,可于现任人员中拣选题补。曾经选补题补因事离任及因公案或私案撤职开复赴部引见,发回各省任职的,若比补任人员熟悉情况,遇有缺出,巡抚亦可将此类官员拣选题升,前后任职时间合并接算。保题升用人员其任内若有承审案件、承缉盗案、征解钱粮及已降调革职参劾官员,不准请升。若是繁要之缺,人地相需,巡抚可陈明吏部例外任用。州县以上应升缺出,巡抚须先将考绩卓异引见回任候升人员先行升用。如无此类人员,可以其他劳绩拣选升用。

巡抚题保升用人员须是试俸期满官员。试俸试署未满,试署已满但未请实授的,可出钱捐免。否则,不予题保升用。

知县、知州应调缺出,巡抚于现任人员中拣选调补。若无合格人员,知州准以候补人员请补,知县准以例准候升人员和进士即用人员酌补升用。无此类人员,可于应升人员中拣选题升。请调用人员若有征解钱粮、承审缉盗案件未办理完毕及已受降调革职参劾人员,不准调用。若确系繁要之缺需为地择人,巡抚可向吏部陈明理由予以调用。丁忧人员不准调用。

任职满三年的官员,巡抚于年底细加察访,若才守兼优,政绩卓著,民心爱戴,有益地方的,题保到部,以贤员注册,加一级留任。

再任满三年，果能称职，题保到部，知府加道员衔，直隶州知州加知府衔，知州加同知衔，知县加通判衔注册。遇有应升缺出，即予题升。

皇帝直接任用官员称为“特简”，不受任何法律条例的限制。“会推”是由大臣互推而任用的官。“荐举”，一种是孝廉方正和山林隐逸名士，可以随时荐举，另一种是各省学政在常科之外认为有才学之士，列其名于生员之内也可做官。

捐纳

捐纳就是拿钱买官，这是清朝的弊政，始于清初，但当时还只是捐虚衔，不能做实官。康熙七年(1668 年)规定：“满洲、蒙古、汉军并现任文武官弁，捐升衔加级，捐输银千两或米二千石者加一级。银五百两或米千石纪录二次。银二百五十两或米五百石纪录一次。进士、举人、贡生捐银及额出仕时，照现任官例议叙。生员捐银二百两或米四百石，准入国子监读书，称监生。俊秀(汉人无出身者)捐银三百两或米六百石，亦准入监读书。富民捐银三百两或米六百石，准给九品顶戴。捐银四百两或米八百石，准给八品顶戴。”(18)到了后来，什么职官都可以明码标价出售，而且还打折，最多打到四折。光绪年间，有一个叫万来庆的八岁小孩捐了个监生，到十五岁时，又花了一百三十两银子买了个州同知衔，度支部发给万来庆的买官执照至今还在。

康熙十二年(1673 年)开始出钱买实官，结果三年之中，政府收银二百多万两，捐纳的知县达五百多人。后来，凡是捐钱多者，可得知府以下的官职，不仅无官者可以捐纳得官，而且有官者也可以通过捐纳得到更高一级的官职，受处分的官员则以捐纳抵销处分，甚至捐巨资者，还可以“报效”名义弄到很高的职衔。不过，捐纳仍有一定的限制，并非任何官都能够买到，高级官职不鬻卖，举人资格也不出售，京官以郎中，外官以道员，武官以参将为限，再往上则属非卖品。捐纳者得先买得贡生或监生身份，后买官职。要想升郎中以上，如能多花钱，取得窍门，也非难事，但不能算是合理的捐纳。以上都为异途，这种出身的官员，在官场上比较受轻视。不过，由此得官，而后成为高级官员的也不乏其人，如李世杰入资为巡检，后升至兵部尚书、四川总督；张允随入资为光禄寺典簿，后升至云贵总督，东阁大学士。道光以后，捐官名目繁多，有大捐，有常捐，各省争相卖官捐输，任官每一步骤，均须用金钱贿买。甚至地方官之分发，有愿纳赀者，允许其自指省份，称之为“指分”。

捐纳制度开辟了地主、商人当官的捷径，使封建官僚机构进一步膨胀。“有力者，子弟相沿，争为垄断”，依靠捐纳当官成风。

到了清代后期，捐纳已经泛滥成灾。不但封典、贡生、监生可捐，虚衔可捐，实官可捐，降职革职的官员也可以捐复。官员送部引见、投供、验看、回避等，都可以捐免。看捐纳多少，官已能卖到四品道员、知府、盐运司运同一级。捐了官不一定有官做，要想快点做官，还得捐钱。不论是朝廷，还是地方政府，都设立名堂开捐卖官，户部有捐纳房，负责收钱开条，就是各省也都成立了捐局。为了广招徕，各省都竞相打折竞争，简直成了当代的大卖场。山东巡抚阎敬铭给清廷上书称：“各省捐输减成，接之筹饷定例，不及十成之三。彼辈以官为贸易，略一侵吞钱粮，已近厘捐之数。明效输将，暗亏帑项，请将道、府、州、县照筹饷例减三成，专于京铜局报捐。”(19)这样的上书，同治皇帝当然是求之不得，当即批准。清朝末年，“官价”大跌，不但减成打折，而且还允许先交部分银子，将来上任之后再将银子补齐。就像现代购买房子一样，可以先交上首付款，其他款项拿到房子之后再付清。这些买官的人上任之后，还欠着一屁股债务，自然是抓紧时间贪污受贿，补齐欠款。清朝的捐纳让人看了封建统治已经进入末世景象。清朝虽然公开卖官，而且让具体卖官的官员发了财，但毕竟还是有一部分银钱入了国库。

就卖官的目的来说，也是冠冕堂皇的，用于赈灾。花钱买了官还不一定当时就有官做，还要等，甚至有的等了十几年，都没有官做。要买到现缺，保证按时走马上任，就得花高价。到了太平天国时期，因为国家急需要打太平军的军费，大开捐纳之门。一是价格便宜，二是好多可以得到实缺。所以，捐纳的人踊跃购买，使得官场杂途出身的官员剧增，原来正途官员占一半以上，太平天国之后，正途官员只占三分之一。同样，杂途官员比例上升，官场猛卖官，以致一些镇压太平军立下军功的人无官做，虽然拿着五品高官的执照，却是农民一个。

捐纳风又助长了腐败贪污之风。官职既然是以大量金钱买的，在获得官职后，自然加倍地搜刮百姓，贪赃枉法，"以本求利"，取回更多的钱财。从清代中期以后，非法的贪盗、合法的"馈赠"，充斥于乌烟瘴气的官场。道光年间，黄河工程经费每年数百万两，"实用之工程者，十不及一"，其余皆入私囊。从嘉庆五年（1800年）到道光二十三年（1843年），户部官员"通同作弊"，平均每年从银库中贪污白银二十余万两。在地方州县，"吏役人等，通同作弊分肥"，更是"层见叠出"。以河南为例，从道光二年起的十年间，各州县共短缺正杂钱粮银二百四十余万两，包谷二十余万石。

由于贪污成风，清朝国库并没有因捐官而增加积余，反而年年亏损。正如咸丰时江西道监察御史所说："所捐之项即库款，所亏之项即捐款。"这就是说捐款买官的钱大多都是公库的钱，国库亏空的钱都被人用来买了官。捐纳制度变成了清代的"以乱召乱之道"，吏治腐败的一个根源。

二、任官制度

任官的名称

任命做官有六种名称：其一叫除或授。不论通过科举或是捐纳，只是取得了做官资格，有了它才能给予官职，例如考取一甲进士的状元，授予翰林院修撰，榜眼和探花都授给翰林院编修职务，考取二甲、三甲的进士，依名次可授京官当部员见习，次等的可去外地做州、县官或任教职。其二叫补。凡是原来官署复职的或改任其他衙门的官员都叫补，即补用为官，有候补之意，有的因回避原籍或亲属而候补，如此等等。其三是转。指在同一衙门内改任相同品级但位次稍高的官职，例如六部中的右侍郎改任同部中的左侍郎，位次要比原来的要高。其四叫改。即从一个部门调到另一部门担任同一品级的官职，例如吏部尚书改任同一品级理藩院尚书等。其五叫调。因办事需要或其他原因，以一种官职改任另一种官职就是调。其六叫升。即担任比原职务更高的官职。

任官的种类

主要有以下几种：一是署职，即见习官。署职二年（后改三年）如称职，再授予实官，例如中央各衙门的学习行走，新进士任各部额外主事，都是署职。二是兼职。即以一种官职兼任其他官职，例如经筵讲官、日讲起居注官、文渊阁领阁事、提举阁事、直阁事、国史馆、方略馆、实录馆的总裁和副总裁官等，都不设专官，而以它官兼职。三是署理。本官不在而用其他官代任其职叫署理，也就是代理。代理尚书、侍郎等官，要经过特命批准，总督和巡抚之间，布政使与按察使之间，可以互相代理。四是护理。低级官兼任高级官叫护理，如布政使暂代巡抚之职即其例。五是加衔，在本官称号之外再加品级稍高的官衔称加衔，如立大功的官员，授太师、太傅、太保等虚衔，其实总督和巡抚以外的官衔，诸如右副都御史、兵部右侍郎等也可视为加衔。六是差委。就是由皇帝所派遣，又叫“钦差”。除钦差以外，还有学政、盐政、税监等差官，此外还有由上级所委派的官叫委员，宗人府的黄册房、内阁诰敕房、工部的皇木厂、理藩院的内馆和外馆都设有专官，由委员掌管。七是额外任用，这是皇帝的特殊优遇，如康熙因徐元梦翻译成绩优异，授予他额外内阁侍读学士。八是革职留任。有的官员虽已革职，但仍在原职上主事。

官缺制与回避制度

(1)官缺制。

这是清政府在任用汉人做官的同时，为了保证满人做官的优先特权，在任官制度上创设了历代封建王朝所无的官缺制，将所有官职分为满官缺、蒙古官缺、汉军官缺和汉官缺，根据这种固定的官缺来任用各族的官员。有些职官是专门留给皇族宗室，有些留给满族人，有的则是留给蒙古人，最后一等的才是给汉族人考虑的。留给宗室的，都是京城机关衙门有职有权的高官，尽管有的宗室看上去是傻瓜，但是照样可以担任。满族出身的也是优先考虑，比如各个中央衙门的一些职官就明确由满族人担任。中央机构的宗人府、理藩院及管理钱粮、火药、仓库，以及各省驻防的将军、都统、参赞大臣等重要官职，全是满员缺，只有满人才能担任。地方总督、巡抚也多由满人或汉军旗人任职，知府以下的职位汉人才占大多数。凡是满官缺，汉人不得补任，但京内外的汉官缺，允许满人充任。就全国的文武官员的总数而言，汉官无疑多于满官，然而文武要职官员，则满官多于汉官。这是民族歧视政策在任官制度上的体现。

从各个衙门官员的满、汉比例人数可以看到，尽管满族人口根本无法与汉族人口相比，但是他们占去了一半的比例。还有一些衙门明确哪些官职都是留给满族人的。一般来说，宗室当官都是中央一级的高官，为满族、蒙古族准备的官缺没有低级官位，更不会有斗食之缺。在地方当官也绝不会去当七品知县，不像元代那样，一杆子捅到底，连里长都要由蒙古人担任。

这是清代为了维护宗室、满族和蒙古利益设置的规定，在对汉族官员的任用上，还有具体的规定。比如，清代根据各个县人口、赋税、地理位置、民风的强悍等因素，分为四等缺：最要缺、要缺、中缺、简缺。用四个字来划分就是冲、繁、疲、难。冲是地方冲要，繁是任务繁重，疲是民风强悍，难是地方治理难度大。如果四字俱占，就是最要缺，如果占三个字就是要缺，只占一字或者一字不占，就是简缺。知县必须要从简缺县干起，三年任满，再干中缺知县，成绩特殊，可以干要缺知县。由中缺县到要缺县担任知县，就是提升。这些规定对于那些皇室和满族官员来说，他们就不存在了，因为他们不会去干知县这种低级官吏。对于知府、知州来说，也是同样。这种缺等制度无疑给汉族官员的提升延长了时间。当县长从简缺当起，至少要干完三届，中间顺利，没有等待再任时间，也要十多年时间，才能提升到更高一级的衙门。

边疆地区又有"烟瘴缺"和"苗疆缺"的划分，这些地方条件艰苦，无人愿去做官，如果去的话，就放宽条件。

清代在官员的任用上，还有一些缺分名堂，有"请旨缺"、"开列缺"、"题补缺"、"拣补缺"、"题调缺"、"留缺"、"选缺"等。每种缺分，都有明确的规定。如总督、巡抚、布政使、按察使为"开列缺"，遇到缺出，如果没有皇上的特旨补放官员，吏部就必须将应补、应改、应升人员，开列官员官衔、简历，提请皇帝任命。全国共有道员缺九十三个，这些道员缺又分请旨道缺、拣补道缺、题补道缺、调补道缺、留缺、选缺。请旨缺共有六十五缺，这些缺是由军机处请旨任命的官缺。拣补道缺主要是照顾满族蒙古官员的缺位。题补道缺主要是由总督巡抚提请任命的缺位。调补道缺主要是奉天东边道、湖北汉黄德道及新疆镇迪道，由奉天将军和督抚提请皇上任命的官缺。留缺也是由各省督抚在道员缺出，由他们提请皇上任命的缺位。选缺才是由吏部铨选提请皇上任命的官缺。除去请旨道缺、拣补道缺、题补道缺、调补道缺，留给吏部和各省督抚的道缺已经数量有限。

吏部铨选官员根据官员的情况，又分不同“选班”。这些选班有服满、俸满、开复、应补、降补、散馆庶吉士班、进士举人贡生荫生班、议叙班、捐纳班。科举出身的官员叫甲班，捐纳出身的叫捐班。省亲、修墓或者病假结束为服满，俸满则是任职期满。根据不同的地区，俸满也有不同的规定，内地各道、府、州、县任职五年为期满，边疆偏远地区的烟瘴缺、苗疆缺三年就是任职期满。山东、江苏、福建、广东沿海地区为沿海缺。直隶、山东沿河州县为沿河缺，这些州县三年就为期满。这些官员任职期满，有政绩没有过错就可以按班选用。开复就是恢复原职。应补就是因故，比如回避需要安排职务的官员。降补则是因为过错等原因降职人员。散馆庶吉士与进士、举人、贡生、荫生都是科举人员，这些人为一个班次。根据担任官职的地方，又分为京官和外官等班次。在任用时根据每个人做官的经历又分除（首次担任官职）、补（原来担任官职，任满等待分配）、转（在同一衙门担任职务，转任另一职务）、改（从这一衙门调到另一个衙门担任官职）、调（从这一衙门调任到另一衙门）、升（提升）六个班次。在任用时间上又分单月选和双月选。双月选“除班”、“升班”官员，叫大选，单月选只选“补班”，叫做急选。吏部确定好单月双月铨选人员名单，称之为“出叙”。在选班时间安排上，又对满族、蒙族、汉军进行单独安排照顾，对笔帖式也进行单独时间安排。吏部在选用官员时实行掣签的方式。吏部官员写好官缺与参加抽签人员名单后，吏科与都察院河南道派满汉御史各一人，到吏部查看缺签后，将缺签封存。抽签在天安门外进行。吏部尚书、侍郎都要现场参加抽签，为了显示用人的公开透明，抽签的时候要有九卿和科道官员现场监督。具体办理抽签的吏部官员抽出人名和官缺竹签之后，吏部尚书和科道官员要进行验看。抽完签之后，还要检查该员是不是官员出身，类似今天是不是干部身份。还要验看本人是不是假冒，虚报年龄等，有没有不符合任职规定要求的，有没有达到任职的年限，有没有需要回避的，如果抽到的官职需要回避，另行安排。一切符合条件了，方可走马上任。在各个班次官员的选用上，首先要选用的是正途官员，其次是捐班。当然，皇族、满族、蒙古族要优先照顾选用。清朝虽然规定了各种缺分应对等安排，但是，清朝各个衙门的职官人数又有着严格的限制，任何人不得擅自增加职官数额，这就为吏部选官提供了难度。而且清朝中央衙门有限的职官还被庞大的毫无用处的宗人府、内务府以及太常寺、光禄寺、鸿胪寺、詹事府等机构占用，留给汉族官员的官缺非常有限。

职官人数有定额，但是等待选官的人却是不断增加，除了正常等待补、调、改、升的官员，还有科举考试取得功名的，再加上国家不停地捐纳卖官，等待选官的队伍越来越大。据资料统计，康熙年间国家文武官员是一万五千六百人，其中在京大小京官二千五百四十六人，各省职官六千四百零四人，学官三千零一人，武官二千六百五十一人。道光年间，京官由二千五百四十六人减为二千三百六十九人，各省文职官员由六千四百零四人增加到八千九百四十七人，加上其他武职官员所有职官额数为二万六千三百七十二人。光绪年间京官增加到三千七百八十六人，但是仍然远远满足不了需求。举清朝一国职官之和还不如当代一省干部人数多，清代选官矛盾之大可想而知。由于僧多粥少，不少排队等待选官上任的官员往往一等就是好几年，甚至十几年也没有等上一个实缺官。而一些任职期满的官员，往往任职期满就是失业。所以，清朝到了后期，在慈禧太后的主政下，已经是腐败不堪，在官场上公开进行买官卖官，但就国家机构编制来看，还不算是腐败透顶。清朝尽管官场就业矛盾压力巨大，却谁也没有想着去增加机构，增加编制，扩充官场队伍，以解决这一矛盾。清朝尽管疆域辽阔，也没有想到去扩省增官,或者将道、府、州、县升格,大幅度增加官员队伍编制。据光绪《大清会典》统计,当时全国共有省十九个,道九十七个,府一百八十五个,直隶厅三十二个,直隶州七十二个,厅七十八个,州一百四十五个,县一千三百零三个。到了宣统年间,全国共有省二十二个,道九十七个,府二百一十六个,直隶厅六十一个,直隶州七十五个,厅七十八个,州一百二十九个,县一千三百四十二个。无论是省,还是道府县,都远比现在要少得多,尤其是省这一级。不但省少,而且也没有众多的副省级城市。各级机构内设机构与职官设置,更是远比现在要少。清代坚守机构编制的法定性,虽然加大了官场的矛盾,但是降低了国家的开支,也就减轻了百姓的负担。所以如此,因编制在国家手中,编制具有法定性。无论是皇帝,还是各级长官,都无法突破被历代王朝所遵行的国家机构编制之法。

(2)回避制度。

清廷既要利用汉官进行统治,又唯恐汉官结成势力集团与满族亲贵对抗,故在利用之中又加以防范,制定了回避制度和连坐制度。清代规定本省汉官不能做本省官,即使不同省而原籍在五百里以内的,也必须回避,直系亲属在同一省当官的,儿、孙要回避父、祖。不回避本省的,只有教官和武官。教官照例用本省人,但须隔府。应该指出,这种回避制度对于建立官场上下级之间、亲族之间、地域之间的正常关系,防范某些官员利用这些关系营私舞弊、拉帮结伙、狼狈为奸也起到一定的作用。连坐制度规定,高级官员荐举的低级官员,如果被荐者犯罪,那么荐主也得受处分,叫做保举连坐。还规定即使上下级官员没有荐举关系,如果下级犯法,上级也负有连带责任。连坐制度将迫使一些官员在荐举官员时不得不谨慎从事,在一定程度上防止了对官员的"带病提拔"。

在回避制度上,清代也根据情况不断做出调整。比如,原来只是规定道府州县正印官必须回避,佐贰官吏无需回避,雍正年间扩大了回避面,“各省佐贰杂职驻扎地方,在原籍五百里以内者,亦令回避”。盐大使因为没有管理地方职责,是不属于回避的职官,乾隆五十二年(1787 年)规定:“盐斤既关系民食,且所属晒丁、灶户钱粮词讼,俱归该员经理,究恐有徇私顾瞻等弊”,要求回避本省。牵涉到直隶、山东、河南、江南等省的河道官员也进行回避。

一开始,对八旗官员没有回避要求,到雍正年间,开始对汉军官员也提出回避,以后又对旗人也提出了回避。道光三年(1823 年)规定:“驻防各省旗员,其驻防住所五百里以内员缺,照旗员回避直隶之例办理。”

以上是地区回避,还有亲属回避。凡是嫡亲祖孙父子,叔伯兄弟,妻之父及兄弟,不得在同一衙门任职,或者是上下级关系,或者互相监察的工作单位。回避的原则是,小辈回避长辈,官小的回避官大的,官品一样的,当官晚的回避当官早的。对于担任外官涉及到刑名钱谷考核纠参官员,不论远近,只要是族中之人,都得回避。“户部十四司、刑部十七司分省者,司官应回避之宗族”[20]。藩台、臬司不得在本省任职。

除了地区、亲属回避,还有师生与乡试会试座主回避。老师如果在江南做官,学生必须回避江南,如果当初乡试的主考官是山东人,做官必须回避山东。总之,清代官员回避非常详细。为了将回避落实到位,清政府要求所有到吏部候选的官员,必须向吏部呈交履历亲供和京官同乡证明,写明原籍、祖籍、寄籍、祖孙三代身份,有姻亲关系也必须写明。官员到任之后,各省督抚还要根据本人所写进行核实。若发现有隐瞒回避的,将要受到降革处分。总的来说,清代在回避制度上,是坚持比较好的,没有存在父子兵、夫妻店的现象。至于个别情况,因为皇帝的特旨不需回避的事情,则是例外。

顺便说一点，清代也有丁忧制度。官员任职期间，遇父母死亡，必须开缺回家守孝，时间三年，实际是三十七个月，期间不能参加科举考试，不准举行婚嫁宴会。期满再复官，但必须得有地方官的丧期已满证明，如果时间有差错，一经查出要受重大处分。只有满人和武官不必守制，只穿孝衣百日，不须离任。还有汉官一请病假就要离任，而满人可继续留任养病，过半年才离任。丁忧制度所以得到严格坚持，一方面是封建礼教所致，另一方面可以缓解官场僧多粥少的矛盾，就像上山下乡解决了城市就业矛盾一样。

三、封爵与品级制度

清代对宗室贵族有大功者和其他功臣勋将都授予爵位，宗室贵族的爵位分为十二等，依次为：和硕亲王，多罗郡王，多罗贝勒，固山贝子，奉恩镇国公，奉恩辅国公，不入八分镇国公，不入八分辅国公，镇国将军，辅国将军，奉国将军，奉恩将军。公主、格格分为：固伦公主，和硕公主，郡主，县主，郡君，县君，乡君，六品格格。封爵之事由宗人府掌管，爵位世袭。清朝优待蒙古王公贵族，也设有爵位，由理藩院管理，共九个等级，其名称为：汗、亲王、世子、郡王、贝勒、贝子、镇国公、辅国公和札萨克，均世袭。

满、蒙贵族以外的旗人，汉人的功勋封爵分世爵和世职两种。世爵分公、侯、伯、子、男五级，其中公有三等，以下四级各有四等，公、侯、伯属于超品级。子为正一品，男为正二品。世职分为轻车都尉、骑都尉、云骑尉一等、恩骑尉四级。其中轻车都尉有四等，为正三品；骑都尉有二等，为正四品；云骑尉一等，为正五品；恩骑尉一等，为正七品。世爵与世职均可由下一代承袭，归吏部验封司掌管，这些受封者有的有爵无职，有的是在本职外加的爵号。

清承明制，文官分九品，每品各有正、从，共九品十八级，世袭爵位公、侯、伯都不用品级计算，子、男品级见上。土官百长以下也不列品级，如果只有品而无正、从之别的官员就是以品级来表示差别，翰林院庶吉士是七品俸禄，都察院有七品小京官，还有七、八、九品的笔帖式，他们也不分正、从。武官亦分九品，各有正、从，没有未入流，共九品十八级。文、武官员的品级定得虽很细致，但实际上比较紊乱，品级高的有时反而是属官，这与官场的社会风气变化有关。

清代官员因受皇帝加封而有官阶和称号：正一品光禄大夫，从一品荣禄大夫，正二品资政大夫，从二品通奉大夫，正三品通议大夫，从三品中仪大夫，正四品中宪大夫，从四品朝议大夫，正五品奉政大夫，从五品奉直大夫，正六品承德郎，从六品儒林郎，正七品之林郎，从七品征仕郎，正八品修职郎，从八品修职佐郎，正九品登仕郎，从九品登仕佐郎。

封建社会盛行夫荣妻贵，清朝亦不例外，故又有命妇之制。一品官员之妻封为一品夫人，公爵、侯爵、伯爵官员之妻均封一品夫人，二品官员之妻封为夫人，三、四、五、六、七品官员之妻分别封为淑人、恭人、宜人、安人、孺人。八、九品官员则只封本人，不再封妻子（另说：亦均封为孺人）。

还有赠封官员祖宗之制。一品官员封赠其三代祖先，二、三品官封赠其两代祖先，四至七品官员只封赠父母。无论是封三代两代，都只封赠直系亲属，旁枝侧宗则不在内。另外规定，文、武五品以上的加封称“诰授”，六品以下的官员为“敕授”。

四、考核制度

清代对所有官员都要进行考核，视其好坏，分别去留，以示奖惩。京官的考察称为“京察”，最初六年进行一次，后来改为三年，外官也是三年考察一次，叫做“大计”。京察与大计合称为“考满”。

京察

其制度是：所有在京三品以上的高级官员，都由王大臣负责考察，分别把他们的政绩考察清楚，列出事实，区分等级，上报皇帝，听候圣旨处理。其他官员，内阁从侍读以下，六部、理藩院从郎中以下，都察院从御史以下，都由各自本部门的长官进行考察。京察从四个方面进行，即守、政、才、年，称为四格，也就是四项标准。四项标准中又各有几个小等级。其中守就是操守，分为清、谨、平；政指政绩，分为勤、平；才即才能，分为长、平；年就是年资，分为青、健、壮三等。凡是守清、政勤、才长，年龄处在青壮年或虽年高但身体尚健的官员，定为一等。凡是守谨，政平、才长或平，年龄处在青、壮或年岁大但仍健壮的官员，列为第二等。凡是守谨、政平、才平，年纪符合条件的官员定为第三等。以上三等都是考察合格的官员，其中第一等官员，只占京官的七分之一，可升一级，还可以得到保荐。第二等官员，纪录一次，为今后提升铺阶。第三等官员仍回原单位照常任职。凡是考察不合格官员，就是属于"八法"范围需要处理的坏官员。所谓八法就是对不称职官员所定的八个等级，即贪、酷、疲软无能、不谨、年老、有疾、浮躁和才力不及。清代规定，凡贪酷者革职查办；疲软无能、不谨者予以革职；年老有病不能坚持工作者，勒令退休；办事浮躁者，降三级调用；才力不及者降二级调用。对于此类官员均加以集中，弄清其问题，决定去留，缮册奏报皇帝，待批准后列榜公布，以儆效尤。如果主管其事的长官，对其包庇隐瞒，查实后也要受到处分。凡是因公出差、出征或丁忧、生病，赡养双亲，因事请假，未能参加京察的官员，由各衙门的主管官员详细注明理由即可。凡列入"八法"业已革职或降级的官员，有权上诉伸冤，但若经查属于诬告主管长官的，则要判罪。

大计

指对地方官员的考核。主要由各省督抚负责，各省的布政使和按察使，一向不在考察之列，因与督抚关系密切，故由督抚写一评语单独上报即可。道、府以下的官员到未入流，都由督抚考察他们的功过事迹，整理成册限于十二月内上报中央吏部，再由该部会同都察院、吏科给事中、京畿道监察御史等官员进行复查。考核列上等的官员叫卓异，记入名册，能受到皇帝的接见，还得到一件赐衣，回原单位后，等候升官。凡是才守兼优的官员，从道员直至佐杂人员，只要任期满三年，都可以受到荐举，但他们只占道、府、州、县官的十五分之一，佐杂、教职只占三十分之一。凡是属于"八法"范围内的官员，对其处理与京察相同。考察合格的官员，知州、知县以上，由总督或巡抚按"四格"之法，写出考察结论，上报吏部重审，以确定其等级，再上报皇帝批准后公布。

清代初期对于官员的考察很严，康熙年间共进行了十四次大计，卓异官员有五七〇人，纠参贪酷官员五〇九人，不谨官员九二二人，疲软官员四一二人，年老官员一二一五人，有疾官员六九九人，才力不及官员七三六人，浮躁官员五三七人，共纠参、罢斥、更换官员五〇三〇人。在康熙年间，解职、降革总督、巡抚四十八人，二十六人因为贪污受贿，其他则是因为居官不善、匿灾不报、互相攻讦、大计自陈不合、不赴行在朝觐、年老不克任使、才力不及等原因。到乾隆年间，进一步加大了京察、大计惩罚力度。乾隆年间有记录在案的京察、大计三十三次，卓异官员八七六人，纠参斥罢不谨官员四七二人，罢疲官员三五九人，年老官员一七九〇人，有疾官员七八七人，才力不及官员七八六人，浮躁官员二六〇人。这些官员既有普通官员，也有身居要职的高官，说明清代的京察、大计绝不仅仅是走过场，只处理品级低的官员，有的总督、巡抚通过京察、大计确实发现存在的问题也都受到严肃处理。当然，这种情况一般都发生在康熙、雍正、乾隆这样的有为皇帝时代。但总的来说，清代积极有为的皇帝要比明代多，至少清代没有像明代有的皇帝那样，消极怠工，不见大臣，取消朝会。清代中期以后，吏治愈益腐败，官员上下勾结，官官相护，徇私舞弊的情况极为严重，虽然考察、大计仍在进行，但已流于形式，京官不过是挑几个年老无能的官员让其退休，外官的进退则操在督抚手中，凭其好恶行事，没有公正可言。整个清代慈禧太后执政时期最为昏暗，然而即使最为黑暗的时期，在小白菜一案中，仍能秉公处理，严肃处理了一大批涉案舞弊官员。

光绪二十八年，清廷下令各省设立课吏馆，具体负责对各级官吏的考核管理。半年考察一次，分最优、优、平、次四等，上报清廷。同时要求督抚加强年终密考和俸满甄别，但清朝已经进入末世，这些京察、大计都无济于事。主持大计的是督抚，往往都是他们的亲信官员才成为大计的卓异，参革的都是一般官员。大计甚至成为督抚提拔亲信，排挤异己的手段。巡抚对于卓异参革人员的评语都是官场习惯用语，并不能真实反映官员的实际任职情况。比如不谨官员的评语一般都是操守不谨，声名平常；关说民词，指控有案；性好揽事，借公营私；贪鄙无耻，不恰士林等。才力不及官员的评语则是才力竭蹶，难应民社，因循废弛，不知振作等。浮躁官员的评语多是恃势妄为，举止乖方；性情浮躁，心地糊涂等。清廷就根据巡抚的评语确定大计官员的升贬。

五、议叙与处分

议叙

就是对官员的奖励。议叙有三种形式：一是纪录，又分三等，纪录一次为一等，依次类推。二是加级。加级也有三等，从加一级、加二级直至三级。把纪录与加级合在一起，又分十二个等级：第一等，纪录一次；第二等，纪录二次；第三等，纪录三次；第四等，加一级；第五等，加一级纪录一次；第六等，加一级纪录二次；第七等,加一级纪录三次;第八等,加二级;第九等,加二级纪录一次;第十等,加二级纪录二次;第十一等,加二级纪录三次;第十二等,加三级。三是即升,就是升官。一旦即升,俸禄随之增加,顶戴也与过去不同。给予相应的官衔,但要得到皇帝的批准。官员有过,受到罚俸或降级的处分,如果有记录,可以用来抵销处分。如加级可以顶替降级处分,纪录可以顶替罚俸处分。官员如果因为工作失误被降级,可以用以前的加级奖励进行抵销。议叙对于三年一次的京察、大计也是重要材料,都是评定京察、大计优劣的重要依据。

处分

清代对于违法乱纪的官员,一经查实,要按其错误给予处分,一般官员由吏部或都察院拟定,高级官员由军机处向皇帝请旨拟定。处分有三种:一是罚俸,分为七等,轻者有罚一月、二月、三月、六月、九月的俸禄,重者罚一年、二年的俸禄。乾隆时期,一些外官因过失而被罚银充公,有的总督、巡抚甘愿罚银数万两,可见外官贪污之多。二是降级。降级分降级留任和降级调用两种。降级留任就是对所任官职之级别食俸进行降级,但是保留现任职务。也就是只降低工资,但职务保留。降级留任分为三等,降一级留任、降二级留任和降三级留任。降级留任属于轻型处分。降级调用就是对所任官职级别食俸进行降级,并且调离职务。降级调用也分为三等,降一级调用、降二级调用和降三级调用。降级调用属于重型处分。例如巡抚可降为司道官,司道官可以降为府厅官,被降者不准不就位。其实,降级调用在实行时往往改为降级留任,但最多只能降四级。三是革职。革职就是革除官员职务,属于重型处分。革职分为两种:革职留任和革职。革职留任即革除官职而继续留任职务,比降三级留任还要重一等,属于重型处分。按照处分细则,降级不足者则议革职。如从八品降三级调用,正九品降二级调用,从九品降一级调用,都因为这些处分已经无级可降,只能对其进行革职处分。有的官员虽被革职，却可以继续留任，如果四年无过，也能复职，但重者革职后永不叙用，就不好处理了。如果将来在工作中有立功表现，可以提前开复。官员最重的处分是交刑部治罪。给官员定罪先区分是公罪还是私罪。公罪是因为公事而犯罪，犯罪不是出于私心。私罪则是因为私事而犯罪。一般来说，公罪要比私罪处理得轻得多。治罪有处死或发往边疆效力赎罪，后者称为遣戍，就是流放或充军，东北的宁古塔和新疆的伊犁，都是官员流放的指定地点，经过一段时间，可以释回，有的甚至仍复起用，当然也有先流放后处死的，只是特例。官员犯罪处死，有弃市、正法、斩、枭首、赐自尽等不同方法。

六、待遇及其它

引见皇帝

引见皇帝由王公大臣或部院长官带领进行，地点一般在乾清宫，有时在养心殿，特殊情况下在斋宫、勤政殿或行宫。引见那天，负责引见的衙门司员、书吏和引见官需要五鼓进入朝房，等大臣来后，编成队列，填好引见单，写明每个引见官的简历及引见缘由等内容。引见官各拿自己的绿头签，都是白硬骨纸制成，上半段染绿，首尖下长，中间书写引见官的姓名履历，然后由带领引见的王公大臣引入殿内。引见官分别跪奏自己的履历，奏毕，皇帝在一般情况下只聊问数语，并注意观察每个引见官的相貌举止，于引见单上批写自己的决定，在引见结束后交军机处拟旨。

武官的引见，先在兵部报到，于十天之内由兵部尚书、侍郎在东长安门外考试步箭和马箭，把获得“好、中平、平常”三等评语的武官，分别注明于绿头签内，在第十五天，带领引见，考试劣等的武官奏明皇上，勒令其退休。引见武官时要脱褂，执弓引满而立北面，向皇帝跪奏自己的姓名，如果皇帝要亲阅其射技，引见武官要各向布靶射五箭,再跪奏其名。

引见体现了皇帝的绝对权威,是皇帝控制用人权的重要手段之一。另一方面在一定程度上也有亲自考察官员的作用,也使一些中下级官员受宠若惊,更加效忠于皇帝。

官俸与服饰

(1)官俸。

明代的官俸低,清沿明制,官俸数额比明太祖时期还要少些,政府每年发给的俸银和禄米,没有一种官员能靠它维持生活。清代实行“量能授官,因官制禄,银米兼支”。按规定,文官正一品年俸一百八十两,禄米九十石;二品年俸一百五十五两,禄米七十余石;三品官年俸一百三十两,禄米六十五石;四品官年俸一百零五两,禄米五十余石;五品官午俸八十两,禄米四十石;六品官年俸六十两,禄米三十石;七品官年俸四十五两,禄米二十余石;八品官年俸四十两,禄米二十石;九品官年俸三十五两,禄米十余石。武官比文官还少。根据顺治元年(1644 年)的文武官员俸银标准,正一品汉文官年俸银二百一十五两半,正一品汉武官则只有九十五点八两。正一品武官的俸银还不如柴薪银多。文武正一品的柴薪银都是一百四十四两。官品越低,俸银差距也就越大。正五品文官年俸银四十二两半,武官则只有十八点七两。但是,清代对于旗人武官还是照顾的,这种照顾主要表现在发给这些武官人口粮。将军和都统每人发给四十口人的,副都统发给三十五人的,协领发给三十人的,佐领发给二十人的,就是笔帖式也发给十二口人的。

造成官吏低薪的原因是各方面的,其中之一,就是满清政府真正会理财的人少,完全靠赋税收入作为国家的财政收入,而清朝尽管是人口大国,但是实际纳税的人并不是很多,一些农民依附于大地主,地主豪强想尽千方百计不交或者少交赋税。第二,八旗军队日趋腐化堕落,失去战斗力,清政府不得不增加绿营军编制,使得军费开支巨大。第三，宗室、世爵王公优厚的俸禄占了国家很大的开支。亲王年俸银一万两，禄米五千石，而年俸银最高的一品官年俸银只有一百八十两，禄米九十石，二者之间的差距大得不可同日而语。清代不同于历代王朝，历代王朝宗室人数较少，不像清代皇帝宗室人员多，其他旗人也都享有种种特权。在不同时期，清代官员俸银也不断有变化。这种变化一方面根据官员的收入实际情况，另一方面根据国家财政收入情况。考虑到官员的俸银禄米实在太少，入不敷出，乾隆年间给京官加俸一倍，但是，仍不能解决问题。于是，出现了中国历史上为清代所特有的养廉银。

所谓养廉银意在避免官员贪污，在银米太少的情况下，另给官员的补助钱。地方征收赋税银两时，在正项外多收 20% 的耗羡银，不论交公与否，把这部分“耗羡”用作开支官员养廉银的经费。此法于雍正二年（1724 年）始于山西省，后来各个省纷纷仿效。雍正皇帝一开始并不同意这种所谓的养廉银，但是他又无法解决官员们俸银禄米太少，难以养家糊口的现实，权衡来权衡去，批准实行养廉银。各种官员每年所得养廉银大致是：直隶总督一万五千两，巡抚一万五千两至一万两不等。知县为二千两至四百两不等。盛京将军二千两，其他将军各一千五百两，提督二千两，把总九十两。养廉银的数额发放并不仅仅是按照官员的官品高低，还参照所担任职务的重要程度和工作任务的轻重。比如同样都是总督，有的是一年二万两，有的是一万三千两，两者相差七千两，这就看你在什么地方担任总督。同样都是知县，差别也很大，最高的一年二千两，最低的只有四百两。至于那些佐贰官员养廉银则就更低了。官员的养廉银多少往往根据各省的经济情况，经济情况好的省份，收取的耗羡银就多，发的养廉银就多。经济情况差的省份收取的耗羡银少，自然养廉银也就少。京官也都有养廉银，这些银两都是各省解部税收银两，由户部发给各个衙门，有的衙门还设立了养廉处，管理养廉银事务。尚书、侍郎养廉银一般都是一万七千二百两，比最高的总督低一些。由于在京官员拿的都是双份俸银，所以，养廉银要比地方少一些。清代官员正俸很少，有的少的甚至不能养家糊口，但是养廉银却是正银的几倍甚至十几倍，几十倍，这就是清代俸禄制度的特点。养廉银对于官员确实起到一定的养廉作用，但对那些贪官来说，给他多少银两，都无法养廉。

此外，官员还有一项收入，即办公费，名为办公，实际上全都进入私囊。以上是合法收入，至于不合法的收入，恐怕比合法收入还要多。虽然官员收入很低，但是人们还都想尽千方百计做官，甚至花大钱买官，如果做官生活得不好，真像他们所说入不敷出，就是傻瓜也不会做官了，更不会挤破头花巨款购买穷官。

(2)服饰。

清代文武官员的服饰有严格的规定，它以品质、数量和颜色的不同，来区别官位的大小与等级。一是顶戴，一品官员用珊瑚，七品以下用金。二是蟒袍，按刺绣的蟒数及其爪数加以区别。三是朝服，即蟒袍之外的罩褂，按品级穿戴，文官为鸟形，武官为兽形图案。四是腰带，如一品官用金方玉版，未入流用乌角圆版等。五是坐蓐，一品官冬用狼皮，夏用红毡，未入流分别用旱獭皮、白毡等。六是朝珠。朝珠五品以上官员才能挂用，但翰林、御史例外。七是特赐的服饰，如赏戴花翎(孔雀翎)，赏穿黄马褂等，都有所不同。

终养与丁忧

(1)终养。

历代帝王都大力提倡臣民孝敬父母，清代亦不例外，也制定了祖父母、父母年高时，官员必须离职回原籍侍养至寿终的制度。其目的无非是要求臣民移孝作忠，像孝顺父母那样忠于皇帝和朝廷。

清代对汉官、满官和武官的终养规定各不相同，也随时代不同而有所变化。大致说来，汉官父母年龄在七十、八十岁以上，愿意回家奉养，一般都能批准。终养完毕，也可官复原职。如果弄虚作假，为人告发，本人要被解职，与此事相关的官员也会受到降级处分。满官父母年至七十五岁以上未能迎养的，要敕令满官弃职终养，以充当孝亲的表率。大小武官除现办紧要机务的不许终养外，其余祖父母、父母年七十岁以上，家中又无成丁，许回籍终养。终养制的实行，借孝亲之名，实收忠君之效，在一定程度上起到了巩固政权的作用。

终养制度只对汉族官员严格要求，对满族官员则要求不严。“八旗官员无终养之例，凡父母年至七十五岁以上者，均不准保送外任，后因父母年老呈请回旗侍养者，该督抚取具印结到部，按改补京职之例办理。汉军佐杂人员，亦照此例。”(21)

当父母过世之后，或者由其他兄弟接替赡养老人，官员可以申请起复。京官终养起复一般都回到原来单位。外官知府、知州、知县需要赴吏部排班引见，多数都是回到原地任职，但也有官员因为离职后，已有别人接替工作，很难马上到任，只能重新等待候选。其他副职官员则不需要赴部等待引见。清代官场僧多粥少，那些终养归来的官员，很难很快得到官缺，所以，不少人弄虚作假，不愿回家终养父母。

(2)丁忧。

官员父母去世叫丁忧。父母丁忧，官员要申请辞职回家安葬老人，叫守制。守制时间三年，具体时间三十七个月。虽然都是丁忧，但是满族官员要求不同，满族官员只要百日期满，就可以回衙门上班。看来孝道只是对汉族官员的规定，满族就可以不尽孝道。孝道似乎变成了一种对汉族官员的惩罚，变成了解决官场僧多粥少矛盾的良方。

汉族官员父母去世,必须及时上报,写明系是嫡亲父母或过继父母,对于祖父母也要求回家守制。将父母去世情况上报之后,须穿素服等待其他官员接替自己的职务,新官一到,就可离任回家。那些督抚大员则要等待皇帝的圣旨到了,方可回家。如果父母去世,因为工作需要离不开,皇上不允许回家守制,称之为"夺情"。夺情的官员一般给几个月的假期回家安葬好父母之后,再回单位上班,叫做在任守制。有清一代,被夺情的官员不少,当然,这些官员都是方面大员,普通官员不值得皇帝下旨夺情。在提倡孝道的封建社会,当皇帝对某位官员颁旨夺情的时候,往往会有官员提出反对意见,有时候弄得皇帝也很为难。因为反对的理由冠冕堂皇,让人无法反驳。官场就不缺所谓的卫道士。

官员如果贪恋官位,父母去世匿情不报,一旦被发现就要受到严肃处理。对官员来说,得到一个官缺确实是不容易,尤其是那些肥缺,所以,一些官员往往将父母的丧事隐瞒起来。对于这样的官员,一旦发现,一般都是革职,永不叙用,甚至发配。有清一代,有不少官员因为丁忧受到处理。回不回家为父母守制,成为重大原则问题。

请假与致仕

(1)请假。

官员身体有病,或者需要回家省亲,或者护送老人出远门,或者探视老人病情,或者需要回家修墓等,均可以请假。

病假一般都是重病或者慢性病。如果请了病假,上级批准,就可以离职休息治疗。病假没有时间限制,病好就可以重新上班。批准了假期,就等于解除职务。那些满族官员请病假,还给半年的治疗期,超过了半年才算解职。官员病愈要求起复,由吏部开列铨选,一般都是按照原来的职务选用。

官员请事假也有详细的规定,如果是请假回家祭祖,京官要求工作十年以上;如果是省亲,工作满六年以上;如果是迁葬祖上坟墓,工作要五年以上;如果是送父母回原籍,则就没有工作年限的限制。如果是父母年龄大了,或者有大的疾病请假,也没有工作年限的限制。作为地方官来说,一般很少请事假,都是在任满三年之后,交代完工作,等待吏部重新安排工作期间休假。因为这段时间比较长,有足够的时间回家处理家庭事务。作为朝廷来说,一般情况也不予准假。因为多数官员都是跨地区任职,路程比较远,没有特殊情况不予准假。当然,如果家中父母去世,不请假守制,还会受到严肃处理。

(2)致仕。

致仕即官员的退休。致仕也叫休致。清制规定,官员凡是年老或年老患病,则需要办理退休手续,年龄定在七十岁。新中举人,若其年龄已满七十岁,不许铨选任官。官员年老有病,恋职不愿致仕,要勒令其退休。

官员在致仕前,必须把所经手的业务交代清楚,尤其是地方官还要交代清楚所经手的钱粮事务。如果钱粮有短缺,或者未完成征收任务,根据未完成情况和短缺情况,给予不同的罚款。

有清一代也有官员致仕之后又重新起复的。这些情况只是对一些有影响的要官而言。

不同品级的官员退休之后的待遇也不一样。大臣退休,必须经过皇帝审批,有的获准,有的挽留,有的半准,只解除部分职务,有的非但不准,还要受到指责。退休大臣除个别人留在京师充当皇帝的顾问外,一般是回原籍养老。有的以原品级退休,有的享受全俸(禄),有的退休后只能得到半俸。康熙时,一方面防范退休大臣,另一方面也加以优待,遇到国家庆典,一些受宠信的老臣可以回京庆贺;有的老臣生病在家,皇帝还派御医诊治,赐给人参等药物。大臣死后,皇帝总要赐官衔,谥号,还命人代为致祭,有的还入祀贤良祠。一般官员退休后,拥有原官衔和原官顶戴,即保持原官的身份,其退居故里,地方官要以礼相待,犯过失不许打板子,更不许轻易治罪,对其过失的惩治只能降顶戴和革职衔。至于主动请求退休的官员,有各种原因,有的横行不法,民怨沸腾,惧祸临头;有的确因年老体弱,应当退休;有的一生饱经官场风波,忧谗畏讥;有的办事失误,引咎告退。另外,清代也把致仕作为淘汰平庸官员的一种措施。如有的官员被参后,情况属实,皇帝就勒令其休致,这有利于人事更迭,使各级官员不断推陈出新,具有一定的积极意义。

第五节　胥吏制度

整个封建社会,在机构与职官设置上,始终坚持精简的原则。无论是中央机关,还是地方政府机构职官设置基本上都是主官一人,除了中央机关,地方长官几乎没有副职,属官也很少,其内设机构也比较少,官吏人数也很有限。比如中央机关六部,几乎都是一个尚书,两个侍郎。即使在清代,虽然实行满、汉官员复置,但是副职也很少,一个部门很少正副职超过四人的。作为地方政府机构官员的设置更是严格控制,无论是叫太守,还是叫知府、知州、知县,长官只有一个,绝对没有出现一个知府,另设几个副知府的现象。更不可能出现在省、道、府、州、县衙门中,有多个一把手的现象。比如,从中国的县制建立之日起,中国的县官就只有一个,没有一个朝代出现与县官同级别的好几个不同的县官(北魏政权例外)。单一的主官负责制,确保了各级机构的精炼。作为各级政府机构的主官是如此,其内设机构职官设置也是如此。一些内设机构实际就是一个人,一种官职就是一个机构。

由于整个封建社会在职官设置上始终坚持主官只有一个,属官也从简的原则，这样使得各级衙门国家正式编制的官员很少。但是部门的工作又很多，这就促使各级衙门不得不在国家正式编制之外，再聘请一些人员协助处理日常事务。于是，就产生了封建社会所特有的胥吏制度。

在秦汉之际的胥吏称之为斗食，也叫掾吏。《汉书·百官公卿表上》有“百石以下有斗食、佐史之秩，是为小吏”。这些掾吏收入非常可怜，不到百石，所以称之为斗食。掾吏或者斗食，只是泛称，根据每个人所从事的具体工作又有不同的名称，如东曹掾、西曹掾、佐史、书佐、录事、小吏等等。从历史记载可以看到，很多衙门都有众多的胥吏从事着不同的工作，尽管他们收入很低。《后汉书·百官五》注释《汉官》载，“河南尹员吏九百二十七人，十二人百石。诸县有秩三十五人，官属掾史五人，四部督邮(史)[吏]部掾二十六人，案狱仁恕三人，监津渠漕水掾二十五人，百石卒吏二百五十人，文学守助掾六十人，书佐五十人，(循)[修]二百三十人，幹小史二百三十一人。”在汉代，各级主官对于所聘用的胥吏都是信任的，无论是中央，还是郡县衙门的具体工作都交给他们去办理。这些胥吏也都不负长官之托，尽职尽责地去完成分内工作。他们有的从事具体的业务，还有的充当参谋，出主意，搞策划，特别是刑事案件更是帮主官想法破案。就当时的形势而言，封建制度刚刚建立，官场对于胥吏还不像后代那样歧视贬低。作为胥吏来说，尽管收入比较低，但一般还没有后代胥吏的恶习。有的胥吏从低级掾史干起，成为名臣，像张汤就是长安县大牢的一名狱卒，最后成为御史大夫。于定国的父亲是县中狱史，他继承父业，从狱史干起，“郡决曹，补廷尉史，以选与御史中丞从事治反者狱，以材高举侍御史，迁御史中丞”，以后为廷尉，“为廷尉十八岁，迁御史大夫”[22]。当然，这时候官场已经开始歧视胥吏，将他们称之为“刀笔小吏”。当张汤当了御史大夫之后，汲黯当着他的面讽刺说：天下人都说，刀笔小吏不可为公卿,原来就是说的你啊!虽然汲黯这么讽刺张汤,但是汉代还是有刀笔小吏通过自己的才能和努力做了大官。当时的胥吏同正式官员一样,还没有达到泛滥的程度,其存在能够为百姓的承受能力所接受。

唐代胥吏称之为"流外"。流内为官,流外为吏。对于这些流外小吏,唐代也给他们分品级,只是在品级前面加上流外。在唐代,这些流外胥吏在整个官场中,占有很大的比重,甚至自成一个系统。这些流外胥吏主要有录事、令史、书令史、府、史、典事等。录事主要管理衙门文书的收发记录日期,考核、检查文书有无错误。无论是中央机关,还是州县衙门,都有录事,管理文书事务。令史、书令史也是各个衙门掌管文字工作的胥吏,只是叫法不同,所在的衙门不同而已。府管理书契和器物,也就是衙门的仓库保管员,史负责衙门文书的草拟。不同的衙门有不同的胥吏。在京官中,掌管衙门事务的有内典引、女史、内阍人、谒者、赞引、诸计史、司直史、评事史、狱史、园史。不管是大大小小的衙门,都有无数的流外胥吏。隋唐时代的胥吏也是有区别的。吏作为流外官,有一定的经济待遇,有的免除税课,可以不服徭役。流外官的出路就是干得好了,可以转入流内官。也就是可以由合同制干部转成国家正式干部。胥吏"其叙次六七年有至本司主事及上县县尉者"[23]。主事与县尉虽属流内官,但都级别较低。流外官转成流内官还要进行考试,考一经一史。这些胥吏虽然转成流内官,成为国家的正式干部,仍被视为杂途,不受重视。而且从唐代开始,胥吏很少有当大官的,胥吏一旦解除了职务,就要继续缴纳赋税。一大批没有报酬或者报酬很少的胥吏,担负着国家各级衙门的大量工作,虽然减轻了国家的财政支出负担,但是也存在着很大的弊端。胥吏制度也造就了一大批刀笔小吏夤缘为奸。"高祖之世,以刀笔吏类多小人,年久长奸,势使然也,于是立法:州县佐史,三年而代”[24]。也就是为了防止胥吏干时间长了，犯奸作科，实行三年一换。

到了宋代，胥吏已经成为一部分人的固定职业。我们知道，宋代实行使职差遣制度，各个衙门的主官经常更换，但无论主官怎样更换，无论官员们怎样差遣，胥吏却是没有变化，他们照样迎来送往，照旧履行自己的职责。胥吏大多熟悉各种法律法规和公文格式，尤其是擅长文字，更重要的他们都是本乡本土，不但熟悉衙门的规矩和办事程序，还非常熟悉民俗民情。无论官员怎样调动变迁，谁来上任，都离不开胥吏。官员要当好官，离不开胥吏的配合，胥吏对官员来说，绝不是可有可无。胥吏的劣根性在宋代越来越明显地暴露出来。司马光分析胥吏多奸猾小人原因时说：“府史胥徒之属，居无廪禄，进无荣望，皆以啖民为生者也。上自公府省寺、诸路监司，州县乡村仓场库务之吏，词讼追呼，租税徭役，出纳会计，凡有毫厘之事关其手者，非赂遗则不行，是以破家破产者，非县官赋役独能使之然也，大半尽于吏家矣。此民之所以重困者也。”[25]司马光的分析可谓切中时弊。胥吏本身多是一些不守本分的农民，让他们担任胥吏，收入没保证，前途更是没有希望，而且长官乃至整个社会都歧视他们，要他们忠于职守，勤于敬业，不干违法乱纪的事情，岂不成了咄咄怪事！要滑弄奸成了胥吏的行规，更何况官场为他们提供了这样的条件。所以，宋代百姓被逼得破产破家的，并不仅仅是国家赋税太重的原因，还有胥吏抓住机会，让百姓倾家荡产。

北宋中央衙门的胥吏有主事、录事、令史、书令史、勾覆官、贴司、守当官、贴房、贴书、孔目官、都勾押官、法司、楷书、通引官、驱使官等。各个衙门的胥吏多少，国家都有编制名额限制，胥吏的编制与国家各级衙门官员的编制是两个概念。中央衙门的胥吏分为正名、守阙、私名三种。正名和守阙是正式的吏职，守阙要比正名低个等次。私名是从州县胥吏中考取的，私名也有编制名额限制，并不是各个衙门想用多少就用多少。

府州县胥吏有孔目官、衙前、押司、录事、散从官、手力、手分、造账司、祗候典、院虞候、攒司、贴司、典书、专知、杂职、所由、医人、解子、斗子、厅子、库子、门子、狱子、弓手、杖直等。名堂繁多，其中孔目官、衙前只有州衙门有，押司则是县衙有，如宋江作为胥吏，吏职是押司，人称“宋押司”。

宋代胥吏录用主要采取招募、委任和轮差三种形式。凡是应募中央衙门的胥吏要求本人户籍分明，不妨碍本户差役，行为端正未曾犯罪，身无残疾等，还要有保人担保。然后进行考试。考试分为笔试和口试。考试也非常严格，要进行锁院和巡搜，弥封，防止考生作弊。为了保证吏职人员素质，宋代还实行各个衙门长官推荐自己亲属参加吏职考试。在他们看来，官员们的亲属一般素质比较高，使用起来放心。

宋代的一些衙门还实行委任制，委任胥吏。有些吏职需要有专长的人担任，所以实行委任制，或者招收熟悉此项吏职的人来担任。这些委任的吏职，朝廷都给划定了范围，如有些低级武官就是委任制。还有的是对犯错误官员的惩罚。官员犯了错误，就惩罚他们充任胥吏。本来是受人尊敬的官，一下子变成胥吏，对这些官员来说，无疑是极大的羞辱与惩罚。

州县胥吏来源复杂，基本上都是按照所管辖的乡户轮流充任，也有委任制，有的还实行招募制，这根据不同的吏职需要。在宋神宗时期还实行雇募制。

从中央到地方的胥吏根据自己所担任的不同吏职，从事着不同的工作，有的属于文字，有的则属于纯体力。胥吏所在的衙门不同，他们的待遇也不同。在中央衙门担任吏职的，虽然不是官，但是也都有一定的薪水。枢密院承旨最高月俸四十贯，最低一月只有七贯，仅能维持自己的生活之需，甚至连生活必需都难以维持。到了州县，连七贯钱也没有了。因为俸禄实在太低，这就难免保证胥吏不会利用机会贪赃枉法。元丰改制后，又给胥吏增加了俸钱，在原来俸钱的基础上，再增加一倍，称之为“重禄法”。同时规定，凡是领取重禄的胥吏如果受贿勒索，从重处罚。受贿一百文，判处一年徒刑，受贿一贯，流放二千里，满十贯，刺配沙门岛。对胥吏的惩罚不谓不重，但是并不能达到惩恶劝善的目的，而且胥吏个个狡猾无比，有不法的事又如何会让长官发现？至于州县大多数胥吏，就没有什么俸钱可言了，要生活得好，除了寻找各种名堂勒索他人，再就是受贿了。

虽然国家各级衙门离不开胥吏，但胥吏的社会地位越来越低。首先各级衙门虽然使用他们，但都防着他们，不信任他们，歧视他们。胥吏被称之为“流外人”，成为一种被人歧视的人群，尽管他们都在衙门里公干。在官场，当看不起某官的时候，就说这个官员是一个“俗吏”。士大夫更是看不起这些流外人，尽管无事可干，也不去干吏职。宋太宗甚至规定吏职之人不得参加科举考试。宋太宗说：“科举之设，待士流也。岂容走吏冒进窃取科名。”[26]宋代庸官冗吏特多，但每次机构改革，裁减人员，胥吏首当其冲，但那些冗官没听说裁减多少。宋代的胥吏已经声名狼藉，夤缘为奸，蠹害百出，至于州县衙门胥吏欺上压下，横行乡里，敲诈勒索，鱼肉百姓，更是成为一种普遍的社会现象，甚至胥吏盗贼本一家。《水浒传》中的那些英雄好汉，有些就是胥吏，表面上仗义豪侠，实际是地痞无赖，甚至是恶棍。爱打抱不平，仗义疏财的英雄好汉尚且如此，其他也就可想而知。有的胥吏本身就是盗贼，成了衙门中的胥吏，无恶不作，更是如鱼得水。

元代因为前期不实行科举制度，各级衙门往往就是胥吏的天下。蒙古族毕竟人数少，分到全国各地，只能当官，要当胥吏，根本就人数不够。再说,蒙古人也没有看不起胥吏的观念,事事处处倒是放心让胥吏去干。元代不但大胆放手使用胥吏,还大胆提拔胥吏,一些胥吏还成为中央和地方政府的大员。元代有的名臣都是胥吏出身。不重科举重胥吏,这是元代与历代的最大不同。这些胥吏与官员狼狈为奸,荼毒生灵,弄得百姓民不聊生。有的人只有十多岁就托关系当了胥吏,“司、县贴书,民家子弟才及十四五岁,托吏投充,影占门户,久则接识官员,把持司吏。官司差遣不到己身,安然为恶,无所顾忌”(27)。各个衙门的胥吏工作还被一些家族世代把持。所以,当时的文人就说:“我元有天下,所与其治出刀笔吏十九。”(28)鞑子的骄横无法与胥吏的助纣为虐,共同推翻了元代统治。关于元代胥吏出职为官见本书第六章,在此不多叙述。

明代建立之后,作为生活在底层的朱元璋,自然清楚胥吏的所作所为。他认为,元代所以腐败不堪,就是胥吏弄权,架空长官,祸害百姓,弄得民不聊生。朱元璋当了皇帝,专门作出规定,胥吏不得为官。朱元璋也知道,衙门的工作离不开胥吏,但不能让他们掌权。所以,明代的胥吏制度,将掌权的分为官,将具体办事的称之为吏。明代的胥吏吏职有:提控、都吏、令史、通史、掾史、司吏、典史、书吏、承发、攒典、狱典等。除了典吏各个衙门都设置外,其他衙门根据自己的工作需要来设置。六部与都察院的主管胥吏叫都吏,其他衙门叫令史或司吏,地方衙门则叫通吏或者司吏。南北五军都督府和各省总兵府的主管胥吏则叫提控或者掾史。司法、财政部门的主管胥吏则叫狱典和攒典。明代的胥吏大体可分为四类:主管胥吏、案牍胥吏、司财胥吏、司狱胥吏。主管胥吏主要协助长官检查起草文案,统领其他胥吏的工作。案牍胥吏主要是典吏,这是衙门中使用最多最广的胥吏,无论是中央衙门还是地方衙门都有设立,他们的职责是抄写、收发、保管文案。攒典的任务是协助长官和大使、副使保管、收支钱粮以及其他仓库材料实物。司狱胥吏主要任务是带领狱卒管理监狱人犯。

除此之外，明代还有其他胥吏，如驿吏、闸吏、坝吏等。

明代胥吏有三个来源：佥充、罚充和求充。胥吏主要从农家子弟选用，要求本人没有犯过过错，年龄三十岁以下，识字能书写。所以从农民中选用胥吏，主要是吸取有元一代官昏吏贪，民怨沸腾的教训。明代规定，凡是在元代担任胥吏的都不许为吏。朱元璋希望从农民中间建立起新的胥吏队伍，保证胥吏的公正淳朴。罚充主要对各类学校犯错误的学生，罚他们为吏。罚充主要有以下几种：生员罚充。洪武二十七年(1394 年)规定，廪膳生在校十年，学习无成效，增广生二十年以上仍然不通事理，罚为胥吏。以后又增加了罚充范围，贡生充吏，岁贡生员进京，由翰林院进行考试，考试及格，进翰林院学习，不及格，罚为胥吏；监生罚充，监生因为省亲、丁忧等原因回家，超过路途期限三个月至一年的，罚为胥吏；举人充吏，举人会试落第，学习几年再次考试，如果还不及第，就罚充为胥吏。这些生员不以学业为务，素质较低，让他们进入胥吏队伍，岂不是破罐子破摔？还有犯错误的官员罚充为吏也是一种处罚。当然，罚充的官员还有机会重新为官，不像有些胥吏，只能终生为吏。这些规定表现了对胥吏的极度歧视和不信任。一方面要选拔正派的人补充胥吏队伍，另一方又在政治与舆论上歧视这些胥吏，又如何能保证胥吏队伍的纯洁？朱元璋似乎忘记了，那些学习没有出息的生员，一旦当了胥吏，比那些没有文化的农民还要奸猾十分，在架空长官方面更有办法。明代还规定，胥吏只能穿皂衣，在穿着上将胥吏与官员，甚至与普通百姓区别开来。从打扮上让人一看就是胥吏，这种歧视的方式又如何让胥吏们心里平衡？朱元璋还规定不许胥吏参加科举考试，认为“吏胥心术已坏，不许应试”[(29)]。福建布政司官员拷打胥吏致死，朱元璋不但不惩罚，还褒奖他们。可以说，朱元璋是对胥吏最歧视的皇帝。

胥吏也分九品。典吏有一品,也有七品。都吏、提控、掾吏也是同样,品级不等。明代控制胥吏的手段就是根据他们的工作年限,提升他们的品级。胥吏充役九年叫考满,三年则叫役满,役满后可以转补。转补一是由低级衙门转补高级衙门,二是由地方衙门转补京城衙门,三是由京城衙门转补地方衙门。由京城衙门转补地方衙门一般都是比较高一级的胥吏,都是转任地方衙门的主管胥吏。比如在京城衙门是从七品典吏,转到地方衙门则可以升为二品。当然,这都是在京城衙门表现比较好的,有文化有前途的,可以塑造的。这些胥吏在地方衙门经过两考合格,可以获得出任官职的资格,也叫"出职"。根据不同的衙门,给以不同的出身。所在的衙门级别越高,给予的出身也就越高,一般都是从九品到从七品。他们担任的职官都是经历、知事、照磨、吏目、检校、司狱、典史、大使等低级职务。以后即使升迁,"非有保荐者,不得为州郡正官"(30)。

胥吏在明代官吏队伍中占有很大的比例。据正德年间的统计,地方衙门的胥吏有五万五千余人,京城衙门的胥吏有五千余人,加起来六万余人。到了明代末年,据当时人士侯方域估计,地方衙门胥吏有三四十万人之多。胥吏虽然被人看不起,不但在官场上看不起,就是那些没有文化的农民也看不起,但当胥吏毕竟给自己带来许多好处,所以,许多无良之民当官难当,就想尽千方百计为胥吏。再说,官场上也需要这些胥吏。于是,官场上虽然官不多,但是胥吏却是人满为患。这就迫使历届皇帝裁员,裁员自然是要裁胥吏。官场裁减胥吏的办法利用丁忧、省亲过期、或者提前胥吏的退职年龄,让胥吏退职。再就是加大考满力度,一等的照本资格任用,二等在杂职内继续使用,三等的发给冠带,也就是发给一顶帽子令其回家,四等的罢黜。罢黜性质就不同了,那是一种惩罚。对胥吏们来说,考满就是失业。就是考满一等二等的胥吏也要停俸到部等待候选。有些人干脆不去吏部候选，托关系重新进入衙门。这样，各级衙门胥吏总是泛滥成灾。

清代继续歧视控制胥吏，但是又离不开胥吏，尤其是文字工作更是离开不得。清代的官员主要通过科举选拔。清代的科举制度继续沿用明代的八股取士，科举考试无论从考试内容，还是考试形式，都是腐朽落后的，这种科举制度考取的官员多是理论与实践相脱离，缺乏实际工作能力。虽然科举考试是专门为官场举行的，但是科举考试的内容，包括平时学习的内容，都严重脱离官场实际。这些人别说是当官，就是当胥吏也当不好。对于那些满族官员来说，汉文是第二种语言，能够认识汉字就不错了，哪里有什么驾驭文字的能力，这样，一切只能依靠胥吏。八旗官员虽然水平不高，但是架子不小，啥事干不了，啥事不想干。作为汉族官员，多都不敢负责任，不想多事，这样，一切只能依靠胥吏来完成。当官的越当越懒，虽然当官，但是不熟悉官场公事，一切都是胥吏说了算，这就给胥吏擅权提供了方便。而且清代的官员同明代一样，也都有任期。新上任的官员更是不熟悉该衙门的情况，还得继续依靠胥吏。尤其是那些从事文字工作的胥吏，更是各级官员须臾离开不得。满族也有人从事文字工作，比如笔帖式，职别比较低，而且法律明确这些笔帖式只能由满族人担任。这些笔帖式尽管文化水平不高，却是清代培养官员的苗子，干不了多久就能提升，绝不干胥吏从事的文字辛苦活。

清代的胥吏根据服务的衙门，有不同的称呼。在宗人府、内阁、中书科、翰林院、詹事府、总理各国事务衙门的胥吏，叫供事。在六部、都察院、理藩院、内务府以及几大寺的，叫经承。经承按照从事的不同工作，又有堂吏、门吏、都吏、书吏、知印、火房、狱典等称呼。在户部工作的则叫攒典，在总督、巡抚、学政等衙门的叫书吏，在司道州县衙门的则叫典吏。在县衙，清代县太爷还按照朝廷六部设立了吏、户、礼、兵、刑、工六房。各房都有专门的胥吏。除了六房胥吏，其他名称的胥吏数不胜数。清朝上上下下也成了“与胥吏共天下”(31)。

清代给胥吏的俸银叫“食米”，单从字面上就可以看到，食米只是口粮钱，数量有限。尽管如此，但很多人还是趋之若鹜，这其中自有奥秘，看来胥吏所得到的绝不仅仅是勉强养家糊口的食米。

对于各个衙门的胥吏，清代也都有编制限额，从实际执行情况来看，这种编制限额不可能得到严格的执行。我们知道，掌握中央和地方各级衙门权力的都是满洲贵族，当旗人掌权之后，面对各项复杂的事务，他们的惰性便表现出来，他们只要当官，享受尊贵，但却一个个不想干事。这样一来，从事各项具体事务工作的秘书办事人员原来越多。清代与其他朝代相比就是书吏明显增多。根据《清会典事例》统计，清代中央机关光从事文字工作的书吏有一千二百多人。各个地方衙门的书吏更是一个庞大的数字。以山东为例，国家规定的书吏编制名额，巡抚衙门书吏四十人，学政衙门八人，布政司五十一人，按察司三十一人，盐运司八人。五个衙门光书吏就将近一百四十人。这只是国家规定的编制限额，至于超编用人更是说不清楚。加上各个道、府、州、县衙门，从事文字工作的胥吏何止千人！到了后期，一个县的胥吏竟然达到上千人之多。

在整个清代，无论是总督巡抚，还是州县，都得聘请幕僚，为自己出谋划策，尤其是刑名和钱粮两项工作，需要熟悉此项工作的人来管理。这些幕僚虽然从事着胥吏的工作，但是与胥吏又有区别。幕僚与督抚及府州县长官的关系，是主人与客人的关系，主人对他们比较客气，也很尊重，称之为老夫子、西席、馆客，其他人则尊称“师爷”。幕僚在唐代就有，不像清代那么盛行。有的幕僚还是由朝廷指派的，当然能够指派幕僚的，都是督抚一级的大员，其他官员只能自己聘请。就是朝廷指派的，也不全都是指派，督抚还得找些自己比较熟悉放心的人担任幕僚。从事幕僚工作的一般都是有学问的人士，有的是进士，有的是举人，最差的也是秀才。有的是丁忧的官员，有的是门生故旧，还有的是亲戚小舅子。他们不但有文化，主意也多，还都熟悉官场的套路。幕僚与胥吏的区别在于，他们不在各级衙门的胥吏编制之内，都是各衙门长官自己聘请，所有费用要由衙门长官自己掏腰包。一般来说，衙门级别高，官员品级大的，聘请的幕僚就多，而且也有名气，自然支付的费用就多。小小知县本身就级别低，收入少，自然不敢多聘幕僚，更不敢聘请名气高的幕僚。名幕绝不是七品知县所能聘请起的。但是，你只要出去做官，就不能没有幕僚。所以，产生了幕僚职业工作者——绍兴师爷。

绍兴师爷掌握着一门绝活，个个熟悉精通衙门中的刑名与钱谷。各个衙门的官员对于刑名与钱谷多数都是门外汉，其他胥吏也不精通，但是绍兴师爷通过师传密授，掌握了这门密不外传、衙门必需的专业绝活，从而垄断了衙门幕僚的职业。清朝断案，都是以例断案。某年某月某日发生了一件什么样的案子，又是如何处理的，这些成例就是断案的依据。钱粮收入支出更是衙门的大事，绍兴师爷对于这两件事绝对的精通。有了这样的师爷，到了地方为官，就不会为地方胥吏所控制和愚弄。尽管绍兴师爷名声欠佳，缺乏职业道德，甚至操纵主人，有时主人吃了他的亏，都不知道是怎么回事，但是各个衙门还都离不开他们。绍兴师爷都是衙门长官的幕僚，帮助长官出主意的，也就成了衙门中实际的长官。绍兴师爷不但操纵着衙门的工作，还管理着衙门中大大小小胥吏的工作安排，成了胥吏的总头领。

清代统治者也深知胥吏弄权蠹害，想出了种种限制胥吏的办法，规定胥吏五年役满，必须退役回家，重新换人。同时，为了选拔那些表现比较好的，保证衙门工作后继有人，五年期满，对胥吏进行考核，对那些考核合格的，继续留任。各个衙门的官员已经离不开胥吏，再说，胥吏别的不懂，就是熟悉官场的潜规则，自会应付衙门长官。所以，不管换了谁当官，不管怎么考核，都是胥吏的天下。这根本原因还是在封建制度。制度培养了一大批不会干事的官员，而且多数都是贪官，这些贪官离不开胥吏，只有不断增加胥吏，才能有利于自己的工作，更重要的是他们从胥吏身上捞到了好处。还有一点，官场出了事，可以拿胥吏做挡箭牌，反正他们都是临时工。再说胥吏名声不佳，推给他们人们也都相信。

韩非子在战国时期就提出明主治吏不治民，但是封建社会延续了两千多年，也没有治好吏，反而吏治越来越糟。

总之，清代作为封建王朝最后一个王朝，为两千年的封建社会画了一个句号。清王朝作为一个少数民族建立的朝代，就官吏制度而言，带有更多的落后的一面。在官吏制度上不是从巩固政权考虑，不是从有利于国家管理考虑，而更多的是为满族子弟当官掌权着想。满族虽然文化落后，但是他们能够吸收汉族先进的文化，特别是在总结明代亡国的经验教训的同时，改进我国传统的行之有效的官吏管理制度，建立自己的官吏管理制度。这套官吏管理制度从建立之日起，虽然经康熙、雍正、乾隆三朝不断完善，但由封建制度末世性质所决定，腐朽的落后的内容大于先进合理的内容。清王朝尽管已经走上了封建社会的末期，仍能坚持二百多年的统治，重要一点就是清代三个有为之君康熙、雍正、乾隆不断完善了清代的官吏管理制度。自汉唐之后，这是一个唯一连续出现三个励精图治皇帝的朝代。就整体而言，清代的皇帝远比明代的皇帝要优秀。尤其是光绪帝，能够正确认识到封建官制的弊端，接受汉族官员的建议，积极进行维新变法。对于光绪皇帝，我们不能以成败论英雄，他是一个想使清朝强大的皇帝，但生不逢时，遇到一个顽固守旧的太后。就当时情形而言，中国封建社会虽然长了一点，但是此时要进行维新变法图强，还为时未晚，只可惜的是让一个顽固女人葬送了，这也就决定了清王朝的命运。慈禧太后至少将中国现代化步伐向后推迟了几十年。

就整个封建社会官制来说，各个朝代在总结前代亡国教训的基础上，不断加以改进官吏管理制度，从而形成了我国官吏管理的不同发展阶段。从战国到秦汉是我国封建官吏制度建立发展时期，这一时期的标志就是丞相与九卿制度和郡县制的确立。汉代的中央职官不但被后世所沿袭，而且县制更是从它建立那天起，就始终未变。县制成为我国久经考验的地方体制，县官成为我国最古老，最具有生命力的职官。隋唐则是封建官吏制度的完善发展时期，这一时期的标志就是三省制以及科举制度的建立。科举制度对察举、九品中正制来说，是一次用人制度上的革命，使得更多的平民子弟能够参与国家管理。从宋代开始，是封建官吏管理制度的停滞时期，但是宋代对于官员采取了一种宽松的管理制度。宋代的官吏管理制度虽然有效防止了地方诸侯割据，但也养成了官员们不思进取，只知追求歌舞升平的惰性。重文轻武又使得国家面对外敌入侵无力应付，议和苟安占据上风。元代虽然武力统一了中国，蒙古族作为统治民族却没有鲜卑人的胸怀，不知道如何用什么样的官制管理庞大的帝国。明代官吏制度集中强化了封建集权制，为了强化中央集权，取消了宰相制度，对跟着自己一起打天下的功臣武将，予以无情的杀戮，为后代树立了恶劣的榜样。明代在官吏制度上，可圈可点的就是建立了监督制约皇权、相权以及各级官吏的监察制度。监察官员敢于对皇帝的圣旨说不，这是历代所做不到的。正是有了这一制度，才使得明代在庸帝辈出的情况下，仍能取得二百多年的统治。清代作为一个少数民族建立的王朝，虽然继承了明代的官吏制度，但这种官吏制度打上了深深的少数民族烙印。对于满族官员，不论贤愚，都让他们充当各级衙门的一把手，同时还建立了专门安排满族官员的众多机构，让满族人人都有官做，结果培养了众多八旗子弟。虽然八旗子弟不敢恭维，但是清代励精图治的皇帝却是远比其他朝代要多，对于官吏的管理也比其他朝代要严得多。当然，清王朝在继承明代官吏制度上，还是有取有舍的，比如明代监督制约皇权相权的制度就抛弃了，只保留了都察院的机构。清代的官吏制度具有很强的保守性和落后性。这种保守性和落后性集中体现在维护满族和蒙古族的既得利益上。为了维护满族既得利益，面对列强入侵的新形势，不敢改革，不愿改革落后的官制，在迫不得已的情况，虽然进行了改革，但也不想触及满族官员的利益，因此其官制改革都是糊弄百姓的。慈禧太后如果接受了维新变法，真可能挽大厦于即倾，但是她不但没有接受维新变法，反而将其扼杀。清王朝末期的官制改革不但老百姓不满意，很多官员不满意，就是列强也不满意，最后只能被推翻。

封建社会无论是在它的上升期，发展期，还是没落期，在官制管理上，都有一个共同的特征，就是历代王朝都坚守了机构与职官法制性和精简原则。除了个别时期机构、职官有些泛滥成灾外，绝大多数时期无论是中央机构与职官，还是地方机构与职官，都始终坚持机构与职官设置的法制性和精简原则。封建社会虽然是人治与法制并存的社会，但即使比较腐败的王朝也没有违背机构与职官设置的法制性和精简原则，滥设机构与职官。这一点让人看了有点不可思议。尽管在很多朝代，都有官员们就业的压力很大的现象，一些官员待缺很长时间还得不到一个官缺，但是无论是皇帝，还是主管部门吏部，都没有想到增设机构，增设职官缓解矛盾。各级官员，尤其是地方大员，他们公务忙不过来，也无法要求皇帝或者吏部再增加一些机构，增加一些职官，而只能自己花钱雇人，帮助自己处理政务。这在近代官员来看,这些封疆大吏是多么的傻帽,处理公家的事情,还要自己掏腰包雇人!似乎无论是皇帝、吏部,还是封疆大吏,他们都看到,只要增加机构,增加职官,就必然增加国家的财政开支,增加人民的赋税负担。虽然官员都以人民父母官自居,但是父母官没有增加人民负担的权力。所以,他们任何人都不能随意增加机构,增设职官。封建社会所以能够延续两千年之久,各个朝代所以能够长期存在,恐怕与国家坚守机构职官编制的法制性和精简原则有着很大的关系。这正是我们学习了解掌握封建社会官制所要关注和借鉴的。当然,我们也应看到,封建社会的一些机构与职官没有设立的必要,那些礼仪性的机构和维护皇族利益的机构,简直是对国家管理资源的浪费。这些机构与职官的设置,是由封建社会家天下的性质决定的。皇帝姓什么,这天下就是谁的。为了维护皇室的利益,设置机构与职官,也就成为理所当然的事情,谁也没有必要去考虑这些机构与职官的设置,对于国家管理有无必要。

注释:

(1)《清朝文献通考》卷一七九《兵考》一。

(2)光绪《大清会典》卷二《内阁》。

(3)《清史稿·职官志一》。

(4)《乾隆会典》卷二。

(5)《清高宗实录》卷一一二九,乾隆四十六年四月辛酉。

(6)《清史稿·大学士年表·序》。

(7)何圣生《檐醉杂记》。

(8)《光绪东华录》二十七年四月。

(9)《清史稿·军机大臣年表序》。

(10)《枢垣记略》卷二十八。

(11)《历代职官表》卷十二。

(12)《光绪会典》卷六十三。

(13)光绪《大清会典事例》卷一〇二九、卷九九八。

(14)《辛丑条约》附件十八,王铁崖《中外旧约章汇编》第一册。

(15)钱实甫《清代的外交机关》。

(16)(17)《清朝通志》卷六十九,《职官略》六。

(18)光绪《大清会典事例》卷二八八。

(19)《清史稿》志八十七,《选举》上。

(20)光绪《大清会典事例》卷四十七。

(21)光绪《大清会典事例》卷一四〇。

(22)《汉书》卷七十一《隽疏于薛平彭传》。

(23)《唐六典》卷一《尚书都省》。

(24)《隋书》卷七十五《儒林传》。

(25)《续资治通鉴长编》卷一九六。

(26)《文献通考》卷三十八《选举八》。

(27)《元典章·吏部六·吏制》。

(28)《善余堂记》,《揭傒斯文集》卷下。

(29)《明会典》卷七十七《科举》。

(30)《大学衍义补》卷十《公铨选之法》。

(31)《清稗类钞》第十一册,《例吏利》。

第九章　北洋军阀政府官制

辛亥革命结束了封建帝制,建立了共和制的中华民国。在中华民国的不同时期,有着不同性质和不同组织形式的政权机关。1912 年 1 月在南京建立了中华民国临时政府,推选孙中山为临时大总统,但是不久,该政权被以袁世凯为首的北洋军阀窃取,在北京建中华民国政府,统称“北京政府”或“北洋军阀政府”。1925 年 7 月,国民党以孙中山在广州建立的原陆海军大元帅府大本营为基础,成立了国民政府。在北伐战争中,蒋介石于 1927 年 4 月定都南京,开始了以蒋介石为代表的国民党统治。经第二次北伐,北洋政府于 1928 年 6 月垮台。

第一节　南京临时政府官制

1911 年 10 月 10 日,爆发了辛亥革命武昌起义,次日宣布成立中华民国军政府鄂军都督府,随之在全国有大部分省区陆续宣布独立,脱离清王朝,建立地方军政府。按照中国同盟会 1906 年制定的革命方略之规定,中华民国军政府为起义地区建立的革命政权组织。这些地方性的军政府,实际上成为临时政权机关,为建立全国统一的中华民国临时政府奠定了基础。

1911 年 11 月 15 日，在上海成立“各省都督府代表联合会”，为统一政府成立之前的各省联合机构。同年 11 月 30 日，各省代表在汉口召开第一次会议，决议以鄂军都督府为中央政府大都督，代行中央政府之职权。12 月 2 日又通过《中华民国临时政府组织大纲》，为南京临时政府建立之先声。

1911 年 12 月 29 日，十七省都督府代表会依据《组织大纲》有关规定，选举孙中山为临时大总统。1912 年 1 月 1 日，孙中山于南京举行就任宣誓典礼，3 日成立中央政府，宣告中国历史上第一个资产阶级民主共和国正式成立，统治中国两千多年的封建帝制从此结束。中华民国临时政府定都南京（简称南京临时政府），以红黄蓝白黑五色旗为国旗，以 1912 年 1 月 1 日为民国纪元。1 月 28 日，成立临时参议院。3 月颁行《中华民国临时约法》。

南京临时政府存在时间虽然很短，其机构和职官设置还不完善，但它在中国历史上毕竟是第一个资产阶级民主共和制的政府，它是开创性的，对后来产生了深刻的影响，体现了国人对民主、自由共和制国体的追求与向往。因此，本书专列一节叙述。

一、南京临时政府中央机构与职官

1. 临时大总统与总统府

中华民国开始仿美利坚合众国政府，采行总统制，不设国务总理，由大总统实际兼任行政首长，直接领导中央行政各部。大总统有统治全国、统率陆海军、任免部长、决定官制，以及对外宣战、讲和、缔约等权。大总统与参议院之关系为同意权与复议权并行。

临时政府置大总统一人，副总统一人。大总统的官署为总统府。总统府内置秘书处、法制院（局）、铨叙局、印铸局、公报局、稽勋局等机构，以及顾问、参赞等职官。各处、院、局内部机构与职官的设置分别是：

秘书处　置秘书长一人，秘书若干人。下设总务科、军事科、财政科、民政科、文牍科、英文科和电报科。

参军处　置秘书长一人。

法制局　开始称法制院，后改称法制局，掌办编纂与修订法令、法规事宜，置院（局）长一人，副局长一人，秘书长一人，参事数人。

铨叙局　掌理职官之任免、升迁及颁予阶位、勋章、荣典等事宜。

印铸局　掌办制造官用文书、票券、印信、关防等事宜。

公报局　掌理编纂、印刷、发行政府公报、缙绅录等事宜。置局长一人，编纂员若干人。

稽勋局　掌办调查开国之役应赏应恤之人，详订应赏应恤之条。

中央临时裁判所　置所长及枢密顾问、政治顾问、参议和参赞等官职。

2. 中央行政各部

据《中华民国临时政府中央行政各部及其权限》规定，中央行政共设九部，直属大总统。又据《各部官制通则》规定，各部一般设总长一人，次长一人，秘书长一人，参事二至四人。大总统与各部部长组成“国务会议”，处理重要政务。各部内部机构设厅、司、处、局。各司局分科办事。所设的九部及其内部机构分别是：

陆军部　管理陆军，经理军事教育、卫生、警察、司法和军队编制，监管所辖军人军佐。陆军部除设总长、次长外，还置一等顾问官、二等顾问官各数人。下设秘书处、副官处、军衡局、军务局、军械局、军需局、军学局、军医局、军法局。秘书处置秘书长，副官处置副官长，其他各局置局长、副官等重要官职。

海军部　管理海军一切军政事务，监管所辖军人军佐。内设军政局、船政局、教务局、经理局、司法局、军械处、上海要港司令处。各局处重要职官与陆军部类似。该部另设北伐海军总司令。

外交部　管理对外交涉和外国人事务以及外国侨民，保护在外商业，监督外交官及领事。外交部内设秘书处、外政司、商务司、编译司、庶务司。秘书处置秘书长，各司置司长及主事或佥事等重要职官。该部另设驻沪通商交涉使。

财政部　管理会计、库帑、赋税、公债、钱币、银行、官产事务，监督所辖各官署及府、县与公共之会的财产。财政部内设承政厅、会计司、库务司、钱币司、赋税司、公债司。承政厅置秘书长，各司职官与其他各部类似。该部还有直属的中央造币厂和江南造币厂。

司法部　管理民事、刑事诉讼、户籍、监狱，保护出狱人员，以及管理其他司法行政事务，监督法官。内设承政厅、法务司、狱务司。

内务部　管理警察、卫生、宗教、礼俗、户口、田土、水利工程、善举公益及行政事务，监督所辖官署及地方官。内务部内设承政厅、民治局、警务局、疆理局、卫生局、礼教司、禁烟所。禁烟所置总理、顾问等重要职官。

教育部　管理教育、学艺及历象事务，监督所辖各官署学校，统辖学士教员。内设普通教育司、高等教育司、社会教育司。

实业部　管理农、工、商、矿、渔、林、牧猎及度量衡事务，监督所辖各机构。内设农政司、工政司、商政司、矿政司。

交通部　管理道路、铁路、航路、邮信、电报、船舶及运输造船事务，统辖船员。交通部内设承政厅、邮政司、船政司、路政司、电政司。

其他中央行政机关有:招商总局,主要职官为督办、总办;中央银行,主要职官为监督、副监督。

南京临时政府虽然成立了,但是不少立宪党人和旧官僚总长并没有到任,一来他们没有得到实权总长,二来不想当临时总长,因为政府名称就是临时政府。内务总长程德全在上海所谓养病,交通总长汤寿潜不但辞去总长,还远走南洋。实业总长张謇对该项职务更是不感兴趣,黎元洪也没有到任。更重要的是这些立宪党人和旧官僚看到手握重兵的袁世凯对南京临时政府虎视眈眈,不敢贸然加入。在职的都是革命党人。

以上为国家的行政机关。

3. 中央军事机关

南京临时政府中央军事机关,除上述掌办军事行政的陆军部、海军部外,还设置以下几个专门军事机关:

参谋部　掌管军务,直属大总统,设总长、次长各一人,分置总务局、陆地测量局及第一至第四局。

大元帅大本营　为战时最高军事统帅机关,由大总统兼任陆海军大元帅,下设总站总监、作战局、兵站局。

南京卫戍总督府　为统辖南京卫戍勤务之军事机关,直隶属于大总统。置总督一人,统辖指挥卫戍区内之驻军、宪兵、要塞等。总督府内置参谋长一人,辖区内分东、西、北司令部。

南京留守府　为处理临时政府北迁善后事宜之特殊军事机关。1912 年 3 月 31 日建立,直隶于大总统,有“维持整理南方各军与南京地面之责”,置留守一人,府内置总参谋长、秘书长各一人,分设政务、军务共七处。该机构于同年 6 月 14 日撤销。

4. 临时参议院

临时参议院是中华民国临时性国会,其前身是“各省都督府联合会”。临时参议院拥有立法、制宪、财政预决算、选举临时大总统、副总统，以及弹劾、咨询等职权。该机构于1912年1月28日由十七省区都督府选派的议员和代理员四十二人在南京组成，4月29日迁至北京正式开院，至翌年4月正式国会开幕时，该院即宣告解散。

临时参议院设议长、副议长各一人，内置全院委员长、财政案件审查长、法律案件审查长、外文案件审查员、请愿案件审查员等职。

南京临时政府虽然存在时间短暂，只有三个月，但是却公布了具有划时代意义的第一部资产阶级宪法性文件——《中华民国临时约法》(简称《临时约法》)。《临时约法》明确了三权分立体制，规定了人民享有的民主权力："中华民国人民，一律平等，无种族、阶级、宗教之区别。"人民享有选举、参政等"公权"和居住、言论、出版、集会、信教"私权"。孙中山幻想用《临时约法》将袁世凯限制在法律规定的范围之内，他即使当了大总统也必须按照《临时约法》行事，但是孙中山忘了，这些法律对于军阀来说一文不值，他们随时都会将法律条文变成废纸。南京临时政府在官制上也建立了与封建官制截然不同的资产阶级官制，废除清朝官制和称呼，官员不得称呼"大人"和"老爷"。《大总统令各部局整饬官方慎重铨叙文》指出："官厅为治事之机关，职员乃人民之公仆，本非特殊之阶级。"这是中国第一次提出官员是人民的公仆。中国几千年封建社会根深蒂固的官员是人民的父母官，人民的老爷，民国政府第一次将官员定格为公仆，这不仅仅是官制观念的变化，更是对人民主权地位的确立与尊重。

附:中华民国临时政府中央机构建制表

(1912.1—1912.4)

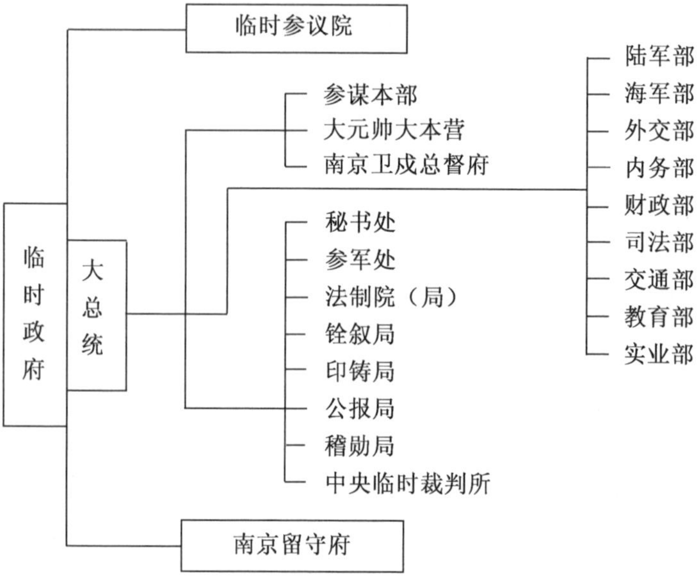

二、南京临时政府地方机构与职官

南京临时政府所属的地方政权机构,为辛亥革命时期所创立的各省(区)军政府(都督府),置都督一人,掌理全省军民两政。府内一般设置部、院、局、司、处机构。诸如枢密院、参议院、民政部、军政部(军务部)、财政部、外交部、司法部、教育部、交通部、实业部、警务处(军务处)等,有的还专门设置军政分府。但是,由于全国尚无统一建制,各省军政府的具体机构设置有所不同。1912 年2 月 4 日,临时政府因为中央行政机构设部,故电令各省都督府所设之“部”一律改为“司”。2 月 19 日电令各省裁撤军政分府,都督府内设司令部,专管军事;民政财政两司由地方官主持,以倡“军民分治”。

南京临时政府之辖区，包括江苏、上海、浙江、安徽、福建、江西、湖南、湖北、广东、广西、四川、云南、贵州、陕西、山西等十五省区。在山东、河南、直隶、甘肃、新疆以及东北三省，虽曾建立过军政府，但均属所在省临时性或局部性的政权，因这些军政府在当时只控制了本省部分地区，就全省政局而言，仍属清王朝之统治区域。

省下设县，清代在省下按行政区划所设之道、府、直隶州的封建建制被取消。但由于当时正处于由清王朝的帝制向共和制变革时期，新的地方政权尚不巩固，许多地方的清王朝旧势力和革命党人组织领导的革命力量还在继续进行较量。凡在义军和革命派取胜的县，一般建有临时性的县军政府，其县级军政职务亦是临时性的。县以下新的地方行政管理体制尚未建立。

第二节　北洋政府中央机构与职官

一、北洋政府的建立

中华民国临时政府在南京成立后，北方大部分地区仍属于大军阀袁世凯的势力范围。经南北议和的协议，临时参议院于 1912 年 2 月 15 日选举袁世凯为临时大总统。3 月 10 日，袁氏正式就任中华民国临时大总统，孙中山于 4 月 1 日辞职，辛亥革命的成果被袁世凯窃取。中华民国政府北迁，定都北京，史称“北京政府”或“北洋军阀政府”。这个政府冠以中华民国的招牌，以共和制的名义，进行了长达十五年的军阀统治，直到 1928 年 6 月，第二次北伐的国民革命军攻进北京，最后掌权的奉系军阀垮台。

按照《中华民国临时约法》的规定，“中华民国之主权属于国民全体”、“以参议院、临时大总统、国务员、法院行使其统治权”。中央政治体制采行责任内阁制，参议院（国会）为国家立法和权力机关；大总统为国家元首；国务院（内阁）为国家行政中枢，国务总理为行政首长，与各部总长同属国务员，通过国务会议处理政务，对参议院负责。这个依法建立的“中华民国”被北洋军阀窃权之后，便遭受到不断的摧残，在“民国”招牌之下异化为各种变态的军事封建的独裁政权。在1915年袁世凯称帝和1917年张勋复辟时期，“民国”招牌也曾被抛弃过。由于操纵中央政权的北洋军阀派别各异，实力不同，加之他们相互角逐，其结局又不断变化，中央府（总统府）院（国务院）之建制、职掌及其相互关系，亦不断发生变化。按照中央府院之变动及所依“法统”之沿革，可将北洋政府分为五个时期，即：袁世凯统治初期、袁世凯统治中后期、皖系直系军阀统治时期、临时执政时期、军政府时期。以下分别叙述北洋政府各个时期中央与地方机构与职官。

二、北洋政府中央机构与职官

1. 大总统

大总统居于国家元首地位。军阀政权的特点是以军权为中心，由军队支配一切，政治只是军事的附庸。因此，北洋政府的大总统有时属于最大的军事头目，有时则属于几派军阀支持的傀儡。

（1）临时约法时期的大总统（1912年3月10日至1914年5月1日）。

根据《临时政府组织大纲》的有关规定，北洋政府临时大总统、副总统由临时参议会选举产生，正式大总统、副总统根据《大总统选举法》由正式国会选举。但在正式宪法未颁布前，大总统之职权暂以《临时约法》的规定行使，即规定大总统任期五年，可连选连任一次。其主要职权是：代表国家公布法律、发布命令、任免国务员及外交大使等重要官员，统率海陆军队，依法宣布戒严，对外宣战、讲和及缔结条约，授予勋章和其他荣典，发布大赦、特赦等。

大总统与官制相关的职权有：制定官制官规，任免国务员和其他官员，但是任免国务员和外交大使、公使，须经过参议院同意。国务员如果受到参议院的弹劾，临时大总统应免去其职务，并经参议院复议一次。袁世凯为了当皇帝，利用《临时约法》中关于总统"得颁给勋章并其他荣典"，接连颁布勋章令、给勋条例、勋位令、陆海军奖章令、陆海军叙勋条例，而且特别说明，他所颁布的勋令与亲王、郡王、贝勒、贝子以及公、侯、伯、子、男等同挂钩，暗示人们他要当皇帝。

(2)新约法时期的大总统(1914 年 5 月 1 日至 1916 年 6 月 6 日)。

该时期是袁世凯统治的中后期。袁世凯于 1914 年 5 月 1 日公布其御用的《中华民国约法》，即《新约法》。这是对《临时约法》的篡改和否定。同年 12 月 29 日又公布由"约法会议"奉命制定的《修正大总统选举法》，其中规定大总统被选举资格须在国内住满二十年，实际上是对革命党人的排斥。同时规定大总统任期十年，没有连任的限制次数。大总统任期未满去职时，应在三日内补选，副总统只能"代行"三天，不能继任大总统。1915 年底，袁世凯宣布 1916 年元旦为"洪宪元年"，登上洪宪皇帝的宝座。袁世凯的"帝制自为"不但惹怒了全国人民，而且在北洋军阀内部也是一片反对之声。在举国讨伐声中，袁世凯被迫取消帝制。

(3)"护法"时期的北京政府(1916 年 6 月 7 日至 1924 年 11 月 2 日)。

1916 年 6 月 6 日袁世凯死后，由副总统黎元洪"接任"大总统，这里的"接任"是当时通电中的措辞，意思含糊，故引起新旧约法之争的风波。至 29 日，北洋政府命令恢复《临时约法》，使风波告一段落。此后，皖系直系军阀相机操纵中央政权，总统都是傀儡，执政的是皖系、直系军阀段祺瑞、冯国璋、曹锟、吴佩孚等。这一时期中央建制曾有所变动,但均采行责任内阁制,在法统上亦属《临时约法》的基本范畴。

(4)临时执政(1924 年 11 月 24 日至 1926 年 4 月 20 日)。

1924 年 11 月 24 日,段祺瑞在北洋军阀"推戴"下就任中华民国临时执政,即日公布《中华民国临时政府制》,临时政府废止"法统"和责任内阁制,不设国务总理。临时执政兼任行政首长,直接指挥各部,统率陆海军,对外代表中国,总揽军民两政,集总统与总理大权于一身。临时政府设国务员若干人,由执政任命,掌行政各部。临时执政通过国务会议操纵、议决重要国务。这种"府院合一"的政治体制,是军事独裁统治的一种特殊形式。1925 年 12 月 26 日,在全国民主革命浪潮不断高涨的冲击下,段祺瑞被迫公布《修正临时政府制》,增设国务员与国务总理,恢复责任内阁。1926 年 1 月 4 日又改行 1916 年 7 月官制。4 月 20 日,段祺瑞被迫下野,中央政府元首顿成虚位,暂以国务总理"摄行"临时执政职权,成为临时政府与军政府之间的一种过渡性中央政权。

(5)军政府陆海军大元帅(1927 年 6 月 18 日至 1928 年 6 月 3 日)

1926 年北伐军节节胜利,直皖系军阀相继失败,北洋政府中枢元首处于虚位状态,于是北洋军阀的各种残余势力不得不推出距南方较远而保存势力较多的奉系军阀头目张作霖。同年 12 月 1 日,张作霖就任安国军司令。翌年 6 月 18 日改称安国军大元帅(即陆海军大元帅),同时公布《中华民国军政府组织令》,建立军政府。军政府不设任何代议机关和民意机关,由大元帅总揽陆海军全权,在军事期间代表中华民国行使统治权。大元帅下置国务院,以国务员组成,辅佐大元帅处理政务。国务员包括国务总理及各部部长。内阁制名存实亡,原将军府也命令撤销。

附:北洋政府历届总统及任职时间

职务	姓名	任职时间
临时大总统	袁世凯	1912 年 3 月 10 日至 1913 年 10 月 10 日
大总统	袁世凯	1913 年 10 月 10 日至 1916 年 6 月 6 日(其中 1916 年 1 月 1 日至 3 月 23 日称洪宪皇帝)
大总统	黎元洪	1916 年 6 月 7 日至 1917 年 7 月 30 日(1917 年 7 月 1 日张勋拥宣统帝复辟。7 月 14 日黎元洪通电辞职,7 月 6 日冯国璋通告就任代理大总统)
大总统	冯国璋	1917 年 8 月 1 日—1918 年 10 月 10 日
大总统	徐世昌	1918 年 10 月 10 日—1922 年 6 月 2 日
大总统	黎元洪	1922 年 6 月 11 日—1923 年 6 月 13 日
国务院摄行大总统	高凌霨	1923 年 6 月 14 日—1923 年 10 月 10 日
大总统	曹　锟	1923 年 10 月 10 日—1924 年 11 月 2 日
摄行大总统	黄　郛	1924 年 11 月 2 日—1924 年 11 月 23 日
临时执政	段祺瑞 (虚位)※	1924 年 11 月 24 日—1926 年 4 月 20 日 1926 年 4 月 20 日—1926 年 5 月 12 日
国务院摄行大总统	颜惠庆 杜锡珪 顾维钧	1926 年 5 月 13 日—1927 年 6 月 17 日
军政府大元帅	张作霖	1927 年 6 月 18 日—1928 年 6 月 3 日

※本时期因段祺瑞辞职,临时执政成虚位。

2. 国会

北洋政府在名义上维持“民主共和”体制,大部分时间设有两院制的国会。按《临时约法》规定,其国会可以说兼有三重性质:立法机关、民意机关、制宪机关;除了立法权和制宪权之外,还有弹劾权和同意权,而国会在法律上是不被解散的,但实际上国会一再受威胁、干涉、迫害，最终被取消。因此，北洋政府时期的国会，有它特殊发展过程，不但曲折复杂，断续而分裂，腐朽而蜕化，而且还多次出现过冒牌和变种。

（1）临时参议会。

该机构在南京临时政府时期建于南京，1912 年 4 月 29 日迁北京，1913 年 4 月 8 日自行解散，按原规定参议院是国会的前身，不仅是最高立法机关，又赋有“制宪”任务，并由该院选举临时大总统、副总统。

临时参议院由全体议员组成。参议员由各省都督府派遣，每省三人为限，在北京开院时共到参议员一一三人。由参议员互选议长、副议长及全院委员长。

（2）第一届国会。

北洋政权第一届国会于 1913 年 4 月 8 日根据《国会组织法》产生，到 1924 年 11 月 24 日结束，前后达十二年之久，其间被解散中断两次，实际存在时间约四年左右。国会由参议院和众议院两院组成。第一届国会参议院议员（简称参议员）二七四名，众议院议员（简称众议员）五九六人。两院议员共八七〇人。两院议员通称国会议员。

国会两院均设议长、副议长各一人，由议员互选。两院各设以下三种委员会：

一是全院委员会，两院均由全体议员组成，由委员长一人主持。

二是常任委员会。两院为审查各项案件，于每次会期之初，选举各项常任委员，组成委员会。

三是特别委员会，两院为审查特别事件，得设特别委员会，员额依院议决。众议院所派委员由议长指定，参议院所派委员由议长审定或由议员互选。以第一名委员为委员长。

(3)第二届国会(新国会、安福国会)。

张勋复辟帝制失败后,段祺瑞于1917年8月2日成立御用国会,称"第二届国会",又叫"新安会"。由于它是段祺瑞御用政客团体安福俱乐部一手包办制造的,故称"安福国会"。这个国会实际存在两年。安福国会仍由众议院和参议院两院组成,两院议员名额比第一届国会略有减少,共五七四人,其中众议员四〇六人,参议院议员一六八人。

(4)其他几种非法组织。

民国初年的临时参议院和第一届国会,均按当时的组建程序成立的,在当时是合法的,而且具有一定的积极意义。此外,还有一些所谓立法机关、造法机关或其他代理机关,在维持反动政权方面起过一些作用,但是非法机关。非法组织除上述的第二届国会外,其他主要还有:国会第一期常会(1914年1月10日第一次解散);政治会议(1913年12月15日至1914年6月20日);约法会议(1914年3月18日至1915年3月18日);参政院(1914年6月20日至1916年6月29日);国会第二期常会(1917年6月12日第二次解散);临时参议院(段祺瑞)(1917年11月10日至1918年8月12日);国会第三期常会(1924年11月24日取消),善后会议(1925年2月1日至同年4月21日);临时参政院(1925年7月30日至1926年4月20日)。

3. 内阁

《中华民国临时约法》的宗旨,是实行责任内阁制,以国务院为行政中枢,国务总理和各部部长同属国务员,国务总理居于行政首长地位。通过国务会议处理重要国务,对国会负其责任。但在整个北洋政府统治期间,内阁多次受到冲击,除袁世凯称帝、张勋复辟时曾短时内取消共和制外,袁世凯统治的中后期和段祺瑞临时执政政府时期,也曾取消责任内阁制。其余较长时间虽在形式上存在内阁制，但实际上内阁也成为军阀统治的工具。不同时期的具体情况是：

(1)袁世凯统治前期(1912年3月至1914年5月)。首届国务院于1912年3月，由唐绍仪任国务总理，4月21日组阁。以后陆征祥、赵秉钧、段祺瑞、熊希龄、孙宝琦等人担任或暂代、兼代国务总理并组阁。

(2)袁世凯统治后期(1914年5月至1916年6月)国务院取消，废弃了责任内阁制，而在总统府内设置政事堂，从而确定了袁氏独裁的总统集权的政治体制，为其称帝在组织上做准备。1914年5月3日，袁世凯颁布《大总统府政事堂组织令》，根据这一《组织令》取消了国务院，在总统府设立政事堂。取消国务总理，设置国务卿。根据《组织令》，政事堂于5月4日成立。政事堂下设机要局、法制局、印铸局、主计局和司务所。袁世凯对于现代机构与职官——国务院与总理似乎充满了仇恨，尽管他也曾经担任过此项职务，在他看来，国务院与皇帝是格格不入的，要当皇帝，必须先撤销国务院与国务总理。因为政事堂毕竟是一种封建职官，而不是共和制的产物。

据《新约法》规定："行政以大总统为首长，置国务卿一人赞襄之。"国务卿只有幕僚身份，同秘书长职务相近，没有国务员的性质。政事堂职官除国务卿外，还置左丞和右丞各一人，特任，"赞助国务卿与闻政事"。置参议八人，审议法令。政事堂实际上是大总统的办公厅。袁世凯通过政事堂可以把一切实权集中在府内。在此期间，先后有徐世昌、陆征祥、段祺瑞任总统府政事堂国务卿。1916年1月袁世凯称帝，但在全国上下一片反对声中，不足三个月就不得不取消帝制，并于1916年5月8日撤消政事堂，恢复国务院。袁世凯在众叛亲离中结束了自己罪恶的一生。他至死可能都不明白，在那么多人的劝进下，当皇帝怎会触犯众怒？国人为什么对帝制那么厌恶?

(3)皖直系军阀统治时期(1916 年 6 月至 1924 年 11 月)。国务院建制基本沿袭 1916 年 5 月 4 日公布的《修正政府组织令》之官制。国务院内官署为秘书厅、法制局、统计局、印铸局等。在此期间,先后有段祺瑞、伍廷芳、李经羲、王大燮、王士珍、钱能训、龚心湛、靳云鹏、萨镇冰、颜惠庆、梁士诒、周自齐、王宠惠、唐绍仪、王正廷、张绍曾、高凌霨、孙宝琦、顾维钧、黄郛等人担任或代理、摄行国务总理并组阁。国务总理上台下台如走马灯。

(4)临时执政时期(1924 年 11 月至 1927 年 6 月)。此间曾废止"法统"和责任内阁制,取消国务院及国务总理,由临时执政兼任行政首长。1925 年 12 月又恢复责任内阁制并恢复国务院。1926 年 1 月 14 日起又改行 1916 年 7 月官制。恢复责任内阁制后,先后又有徐世英、贾德耀、胡惟德、颜惠庆、杜锡珪、顾维钧等人担任或兼理摄行国务总理并组阁。

(5)军政府时期(1927 年 6 月至 1928 年 6 月)。在陆海军大元帅下置国务院,以国务员组成,辅佐大元帅处理政务。国务员包括国务总理及各部总长,均由大元帅任免,内阁制名存实亡。1927 年 7 月 12 日公布的《国务院官制》,将参谋本部与航空署并入军事部,府院建制均有重大变动,以确立其军事独裁政治体制。

国务院设国务总理一人,参事若干人。内部机构设秘书厅,置秘书长一人;设法制局、铨叙局、印铸局,其长官均为局长。

4. 中央行政各部

国务院下设各部,各部部长和国务总理共同组成内阁。没有国务院时,由大总统或临时执政直辖中央各部。

1912 年 3 月组建的中华民国首届内阁,下设外交、内务、财政、陆军、海军、司法、教育、交通、农林、工商十个部。同年 7 月 18 日,公布了《各部官制通则》,各部及其内部司局组织建制初具规模。

翌年12月22日，公布《修正各部官制通则》，24日将农林、工商两部合建为农商部，各部、司局之建制有所调整。1914年7月10日修正各部官制，仍设九部，部下裁局，一律改设为司，建制又有所调整。1914年5月至1916年5月不设国务院期间，各部总长承大总统之命管理本部事务，在法律上没有固定独立行使之职权。1924年11月至1925年11月，临时政府不设国务院期间，临时执政直接指挥各部，实行府院合一。1927年7月12日，中华民国军政府公布各部官制，部司建制又有较大调整：农商部分设为农工部和实业部，陆军部与海军部以及航空署、参谋本部合建为军事部，实行军令、政令合二为一。部内一般置设署、司、局、处等机关。1928年4月3日又公布《修正军事部官制》，将部内原参谋、陆军、海军、航空四署合并为参谋、军政两署，下置司、局等机构。

当时各部设总长一人，由大总统特任，总理部务，并依职权或特别委任得发布部令，对地方长官得发布训令、指令。部设次长一至二人，简任，辅佐总长办理部务。各部内一般设置总务厅和各司(局)。总务厅一般不设厅长，多由秘书和参赞分掌；各司(局)设司(局)长一人，简任，分理本司(局)事务。之下分科办事。各部内初设参事、秘书、佥事、主事等普通部员和技监、技正、技士等技术部员外，有的还根据需要设编纂、视察、视学等特别部员，其中参事与技监为大总统简任，其他为荐任或委任职。

北洋政府经常设置的中央各部及其内部机构、直辖机构分别为：

(1)外交部

1912年建该部时，内设总务厅、交际司、外政司、通商司、庶政司。1913年改设政务司、通商司、交际司。直辖机构主要有：驻外大使馆及公使馆、领事馆，其主要官员有全权大使、全权公使、大使馆参赞、公使馆参赞，以及随员等。各省交涉使，各省办理交涉事务设有特派交涉员，重要地方并设交涉员。特派交涉员公署称为交涉署，内设四科，分别掌办总务、交涉、外政、通商事务，设科长四人以下，科员八人以下。外交部直辖的临时性机构还曾设过"太平洋会议筹备处"、"善后委员会"、"鲁案善后督办公署"、"关税特别会议筹备处"、"关税特别会议委员会"、"法权讨论委员会"、"调查法权筹备委员会"、"中俄会议委员会"等。

(2)内务部

开始内设总务厅、民政司、职方司、警政司、土木司、礼俗司、卫生司；1913 年后改设总务厅、民治司、警政司、职方司、考绩司；1914 年增设典礼司。直辖机构主要有筹备国会事务局、赈务处、护军管理处、河务局等。

(3)财政部

原设总务厅、赋税司、会计司、货币司、公债司、库藏司。1913 年后又增设制用局。直辖机构主要有盐务署及盐务稽核所、全国烟酒公卖局及全国烟酒事务署、国税厅总筹备处、印花税处、造币厂、采金局、中国银行、交通银行等。

(4)陆军部

开始设军衡司、军务司、军械司、军学司、军需司、军医司、军马司，后增总务厅，军马司改称军牧司。直辖机构主要有陆军监狱、陆军测量局等。

(5)海军部

原设军衡司、军务司、军械司、军学司、军法司，后增设总务厅。直辖机构主要有海军总司令处(公署)、海军舰队司令处、各海军军港、海道测量局等。

(6)司法部

内设总务厅、民事司、刑事司、监狱司。直辖机构主要有特种司法事务委员会、司法储材馆等。

(7)教育部

内设总务厅、普通教育司、专门教育司、社会教育司。直辖机构主要有中央观象台、编译馆等。

(8)农商部

开始为农林部,1913 年并为农商部,由农林部与工商部合并而成。内设总务厅、农务司、垦牧司、山林司、水产司、矿政监督署及附设地质调查所、林业处、商标局等。

(9)交通部

原设路政司、邮政司、电政司、航政司。1913 年改路政司为路政局,邮政司、电政司、航政司合并为邮传司,增设经理司。1914 年恢复路政司,增设路工司、铁路会计司、邮传会计司,改邮传局为邮传司,改经理司为综核司。

5. 总统直辖机关

(1)参谋本部

参谋本部在南京临时政府时期就已成立,政府北迁后,随着第一任内阁阁员发表的同时,参谋总长亦即任命。1912 年 10 月 30 日公布了《总参本部官制》。张作霖军政府统治时期,把参谋本部并入军事部,改设参谋署,内部组织照旧。

参谋本部的职权是:掌管全国国防用兵事宜;统辖全国参谋将校,并监督教育,管辖陆军大学、海军大学、陆军测量;监督各国驻扎武官,以及掌办军事交通等。

该部设总长(参谋总长)一人,上将或中将,特任,统辖本部,并辅佐大总统统筹军务。次长一人,中将或少将,简任,辅佐总长。参谋本部内设机构为第一至第七局。1915 年改为第一至第六局及制图局。各局分科办事,各设局长一人,少将或上校,简任。设高级副官、科长、副官、科员等,平时员额以一六〇人为限。另设调查员若干人,平时以六十人为限。

(2)将军府

袁世凯为控制军队,于1914年6月30日下令裁撤各省都督,在京师特设将军府,直属大总统,派遣将军督理各省军务。7月18日公布《将军府编制令》,并建立各种将军名号。该机构于1925年元旦被临时执政段祺瑞下令撤销。

将军府是军事上的最高顾问机构,设上将军和将军,均不定额,由大总统特别任命,隶属该府。上将军和将军承大总统之命,会议军务,检阅陆、海军,或派驻各省,组织将军行署,督理军务。

各将军都冠有名号。当时公布的将军名号系用"武"或"威"字加上一个地名、谥号之类的简称作为冠字。派驻各省的冠"武"字,如驻江苏的冯国璋是"宣武将军",驻安徽的倪嗣冲是"安武将军"。留在京师将军府的冠以"威"字,如段祺瑞是"建威上将军",蔡锷是"昭威将军"。但东三省都比较特殊,如奉天的张锡銮是"镇安上将军",吉林的孟恩远是"镇安左将军",黑龙江的朱庆澜是"镇安右将军"。各省以文官(巡按使)兼充督理军务的,则只"加将军衔"。

将军府事务由大总统特任上将军一人管理,称"管理将军府事务"。将军府设参军若干人,由大总统任命,位次于将军。府内置设事务厅长一人,事务员四人,参事、副官各四人,秘书、书记各二人。

(3)审计处、审计院

1912年暂设审计处,1914年改设审计院,均为全国最高审计机关。审计处主要掌理全国国会监督事务,设总办一人,内分置五股办事,各股设主任一人,办事员二十五人。各股分课办事。审计处负责审计国家的岁出、岁入和一切财政规程,主要任务是稽核支出、审计决算、检查国库、检查簿记、检查官产、检查国债。

1914年6月公布《审计院编制法》,8月公布《审计院分掌事务规程》,就原来的审计处扩充为审计院,其职权主要是依据《审计法》,审定国家岁出岁入的决算。审计院直属大总统,设院长一人,特任;副院长一人,简任。审计院内设第一至第三厅,书记室、外债室、审计决算委员会等机构,全院共设审计官十五人,协审官二十七名。

(4)蒙藏事务局、蒙藏院及其他蒙古事务机关

1912 年设有直属国务院的蒙藏事务局,于 1914 年改为直属大总统的蒙藏院。

蒙藏事务局设总裁、副总裁各一人,均简任;参事二人,秘书二人,佥事八人,主事十二人。除此之外,设职事官四人,掌理接待和翻译事务。经国务总理同意,酌设名誉顾问。局内置设总务处和民治、边卫、功业、封赉、宗教五科。

附设蒙藏委员会,掌办研究和调查有关蒙藏事宜。

蒙藏院仍设总裁、副总裁各一人。院内分置总务厅、秘书厅、第一司、第二司,均分科办事。职官分别设有参事、秘书、司长、科长、佥事、主事、翻译官等。

1922 年 8 月,陆军部组织蒙藏善后委员会,由总长兼任会长,10 月正式成立,1923 年 5 月裁撤。该会长由总统特派。设委员十二人,置秘书长一人,秘书六人,后又增加专门委员若干人。

蒙古宣慰使,直属大总统,其行署置参议六人,秘书长一人,秘书二至四人,随员六至十人。

6. 国务院直属机关

(1)法制局

法制局于 1912 年在南京临时政府时置设,政府北迁后,于同年 7 月明确直属国务院。1914 年至 1916 年曾改属政事堂,后仍属国务院。1923 年 12 月临时执政下令废止,另设临时法院。1927 年 7 月军政府恢复法制局,亦属国务院。

法制局职掌主要是“拟定法律,命令案;对法令、命令提出制定、废止或修改意见;审定各部拟定的法律、命令案等”。该局设置局长一人,简任;参事八人,秘书一人,佥事二人,主事四人,必要时得设编译员四人,调查员若干人。

直属国务院法制方面的机构还有法典编纂委员会、修订法律馆等。

(2)铨叙局

铨叙局于1914年建立,直属国务院,不久改属政事堂,1916年仍属国务院,1924年11月改属临时执政,1925年12月复设国务院后,仍隶属国务院。该局主要职责是:荐任官以上的任免;文官考试资格审查、勋级考核;文官的任免与升迁、恩给和抚恤;爵位、勋章、荣典授予等。铨叙局设局长一人,简任;秘书一人,参事二人,佥事四人,主事八人。铨叙局内部机构设叙官、典试、恩恤、荣典、勋章、庶务六科。每科设科长一人,科员若干人。

(3)印铸局

印铸局主要职责是:印刷官文书用纸;制造勋章、徽章、印信、关防、图记等;刊行公报、职员录、法令全书等;印刷各科单据、簿记和官版书籍。设局长一人,简任;秘书一人,参事二人,主事八人,技正二人,技士六人,其他办事人员若干。

(4)统计局

1916年5月裁撤主计局,改设统计局。该局掌办各种统计,刊行统计报告,筹划各官署统计会议等。1917年官制具体规定该局有五项任务:各部院统计的统一,社会统计,统计报告,交换全国统计表,各官署统计会议。该局设局长一人,简任;参事四人,佥事十人,主事若干人。

(5)全国水利局

全国水利局于1914年设置,掌办全国水利并沿岸垦辟事务。

该局设总裁、副总裁各一人，视察二人，佥事二至六人，主事八至十二人，技正二至六人，技士十至十六人。内置四科，各设科长一人，科员若干人。各地设水利分局，置局长分理。

(6)币制局

币制局于1914年3月设置，12月并归财政部。1915年1月置设币制委员会，1918年复设币制局，直属国务院，12月复裁，仍归财政部。该局主要职权：监督全国造币厂，监督中国银行、国民银行发行券，监督、整理各省银行钱号，筹办其他关于币制事项。币制局原设督办一人，总裁一人，特任；副总裁一人，简任；评议员若干人，秘书三人；并得设临时特派员、调查员和外国顾问（由财政部顾问兼充）等。内置钞券处和圜法处，各设处长一人，副处长一人，处员若干人。1918年仍设督办一人，由财政部总长兼任，总裁一人。内置参事室、调查室、秘书处、泉币处、钞券处、技正办公室等。

(7)国史馆、国史编纂处

国史馆于1912年10月设置，直属大总统，1917年暂时停办，之后另设国史编纂处，开始设于北京大学文科中国史学门，1919年8月改属国务院。1927年9月，军政府公布《国史馆官制》，复称国史馆，仍属国务院。国史馆原设馆长一人，纂修四人，协修八人，秘书一人，主事二人。国史编纂处设处长一人，总纂一人，主任编纂四人，编纂若干人。1927年复设的国史馆设监修一人，由国务院总理兼领；馆长一人，总纂一人，纂修十二人，协修二十四人。国史馆置典籍厅，设厅长一人，典籍四人，主事三人，采访员若干人。

(8)礼制馆、礼制处

礼制馆于1914年始设，直属政事堂，1916年停办。1920年4月在国务院内附设礼制处。1927年9月仍设礼制馆，直属国务院。

礼制馆的职掌主要是掌办修订民国礼制。初设馆长一人,由国务卿兼领;副馆长二人,由政事堂左丞和右丞兼领。另设总编纂一人,主任编纂五人,提调一人,帮调二人,评议员若干人。礼制馆内置文书、庶务股。礼制馆改为礼制处后设处长、副处长各一人,总纂一人,编纂若干人。1927 年恢复国史馆置总裁一人,由国务总理兼领,副总裁一人,由内务总长兼领。馆长一人,总纂二人,编纂二十四人。国史馆设置有事务厅和五个股,负责国史馆的具体业务。

(9)侨工事务局、侨务局

第一次世界大战期间,北洋政府招募和派遣大批华工赴欧,为组织管理此事,于 1917 年设立侨工事务管理局,直属国务院。该机构为临时性的,战事结束后撤销。侨工事务局设局长一人,委员若干人。

1922 年成立侨务局,隶属国务院,掌办关于本国在外侨民的移植和保护事项有关的调查工作。该局设总裁一人,副总裁一人,以及参事、佥事、秘书、编译、主事、评事等职。

(10)经济调查局

经济调查局于 1920 年设置,直属国务总理,掌理国内经济状况的调查与研究。经济调查局设总裁一人,副总裁二人,参议十二人至十六人。经济调查局设置总务处,分科办事。设调查委员会,由委员长、副委员长、专任委员等组成。

(11)中央税务、海关机构

税务处。原建于清光绪三十二年(1906 年),主要是监督海关。由于海关实权早已落入洋人手中,所谓税务处的指挥、命令、监督和协同办理等,往往是徒有虚名。税务处置督办一人,会办一人,提调一人,帮办提调一人。税务处设置三股四科。

海关。当时海关行政的范围,包括不属于税务性质的各个方面，机构和人员编制都很特殊。就官制而言，由以下三个部分组成：

征税部或税课司。相当于各国关税行政部分，其职员分三种：内班或征税科，外班或稽查科，海班或巡稽科。内班相当于各国的管理部，外班相当于各国的监视部；海事部或海政局，专管用吨税收入而举办的海事行政。该部设于上海，以巡工司为部长，下设四科。工务部或工程局，设于上海，由总营造司主持，下设三科。据1916年6月统计，全国海关人员为七六四六人，其中华员六四一五人，洋员一二三一人。华员虽然占据多数，但都是办事人员，各个部门掌权的都是洋人。

总税务司署。为海关行政主管机构，设于北京。总税务司署设税务局、汉文局、统计局、审计局、伦敦局、人事局。

税务司。各地海关均设税务司，繁盛的地方增设副税务司一人或二人。各个税务司一般设置六科。

各关监督。清代各关监督均由地方官员兼任，1912年7月改由财政部直辖。除保留四海关仍由地方官员监管外，其他均设海关监督，共二十六处（其中有六处兼管它关）。

（12）航空署

原设航空事务处，1920年改署。1927年北京军政府成立时，该署并入军事部。

北京政府于1919年始购置飞机专供商业和练习之用。当时成立两个航空机构：一是国务院直辖的航空事务处，一是交通部的航空事宜筹备处，于直皖战后撤销。1920年，国务院所辖的航空事务处改称航空署，仍隶属国务院。

航空署设督办一人，特任；署长一人，简任；参事二人，秘书二人，佥事十人，主事二十四人，技正四人，技士十二人。航空署机构设置有：总务处、军事厅、机械厅、航运厅、经理厅。厅下设科，分科办事。航空署的直属机构还有:南苑航空学校、清河航空厂、东三省航空处、京汉航空线管理局筹备处等。

7. 中央司法机关

北洋政府的司法机关是根据其司法制度设立的。当时的司法制度,基本上沿用清末旧制,主要特点是:第一,采用大陆制司法制度,即把行政诉讼和普通民事、刑事诉讼分开,各设不同的法院管辖。第二,采行"四级三审"制度,即审判机关共分四级设置:第一级为初级审判厅,第二级是地方审判厅,第三级是高级审判厅,第四级是大理院。各级审判机关和检察机关是平行设置的,职权是完全分开的,其系统分别是:

大理院(分院)——高等审判厅(分厅)——地方审判厅——初级审判厅。

总检察厅(分厅)——高等检察厅(分厅)——地方检察厅——初级检察厅。

中央司法机关主要是大理院和总检察厅,另设专司行政诉讼的平政院,也曾设过执行官吏纠弹的肃政厅,以及负责官员惩戒的文官高等惩戒委员会和司法官惩戒委员会。

(1)大理院

最高审判机关为大理院,成立于 1912 年 5 月。其职权为:第一,终审,不服地方高等审判厅第二审判决而上告的案件,或不服高等审判厅的决定或命令按照法令而抗告的案件;第二,第一审并终审,依法属于大理院特别权限的案件。

大理院置院长一人,特任,总理全院事务,并监督行政事务,下置书记厅及总务处、民刑事处。总务处分设文书、券牍、统计等科;民刑事处分设民事科和刑事科;书记厅设书记官长一人。以后各处分科有所调整,并增设编辑处。大理院因事繁多,又增设民事和刑事各若干庭,分别执行审判案件。各庭设庭长一人,由推事或推丞兼充;设推事若干人,推事又称庭员。庭长、推事、推丞等,统称审判官。

各省因距京城较远,或交通不便,得于省高等审判厅内设大理分院,置民事和刑事各一庭,这样有些必须报大理院的案子,就可以在各省大理院分院处理了。

(2)总检察厅

最高司法检察机关为总检察厅,成立于1912年8月。其职权为:遵照刑事诉讼法律或其他法令的规定,实行搜查处分,提起公诉,实行公诉,并监察判决的执行;遵照民事诉讼法律或其他法令的规定,为诉讼当事人或公益代表人,实行特定事项。

总检察厅设检察长(或称总检察长)一人,简任,监督总检察厅事务。设检察官二人以上。据1920年4月规定,总检察厅置书记处,分设文牍、统计、会计、庶务四科,各科设主任书记官一人。

(3)平政院

最高行政诉讼机关为平政院,成立于1914年3月。平政院初期置肃政厅,主要是执行对官吏的纠弹,因而平政院兼具行政诉讼和弹劾两种职权。

平政院设院长一人,特任,直属大总统,指挥、监督全院事务。设评事十五人,简任。平政院分设三庭,执行审理权,由评事五人组织。院下置书记处,分置纪录、文牍、会计、庶务四科,由书记官分掌。

8. 其他中央机关

北洋政府直属的机关,在不同时期,还曾设过临时稽勋局(1912年初至1914年1月)、全国经界局(1915年初至1920年8月)、参战督办(1916年初至1919年7月)、边防督办(1919年7月至1920年7月)、步军统领衙门(原为清代守卫京师的机关,民国时期保留,组织和官员亦未变动,1924年11月裁撤)、京师警察厅

（沿袭清末旧制）等。

北洋（北京）政府中央机构建制表之一

（临时约法前期：1912. 3—1914. 5）

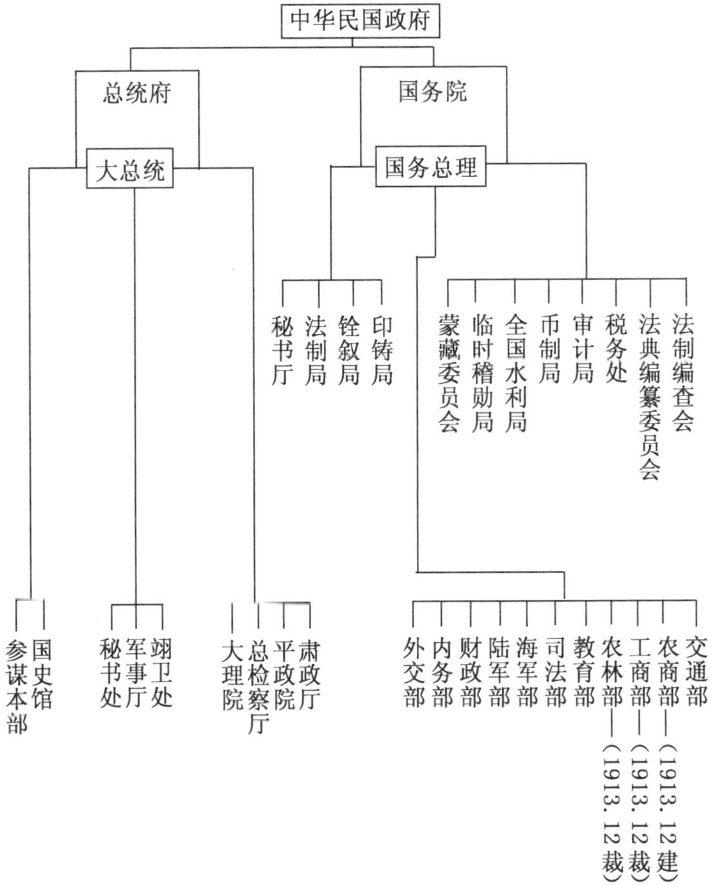

北洋（北京）政府中央机构建制表之二

（新约法时期：1914.5—1915.12）

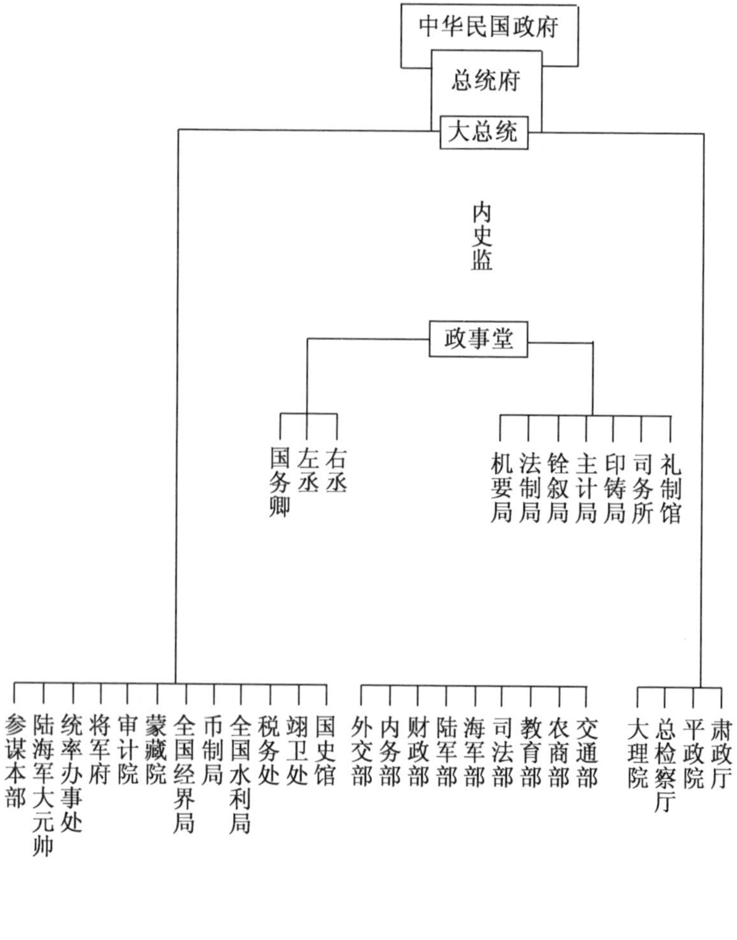

北洋(北京)政府中央机构建制表之三

(恢复临时约法后:1916.6—1924.11)

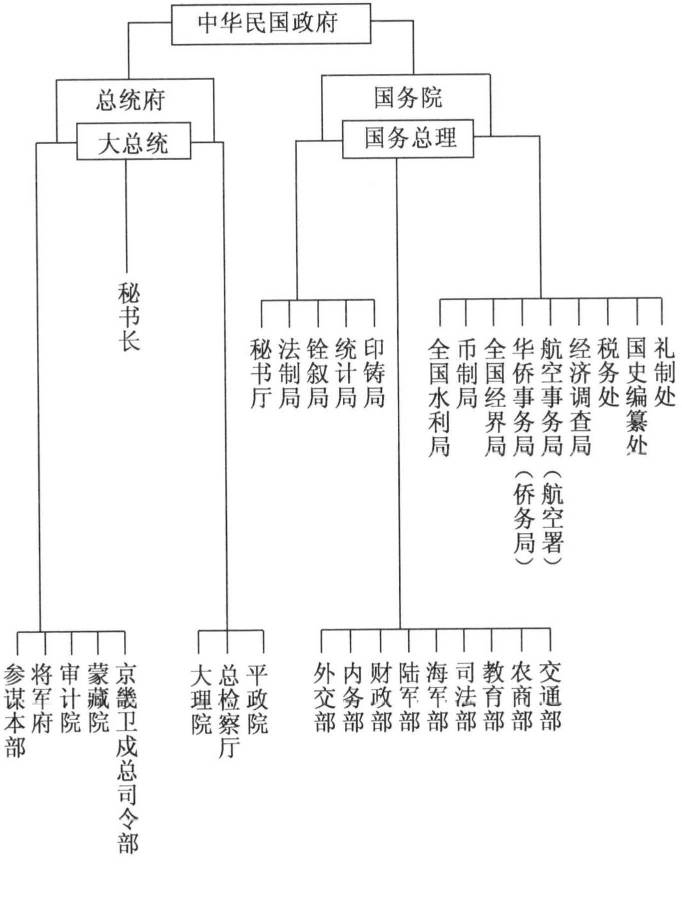

北洋(北京)政府中央机构建制表之四

(临时执政府时期:1924. 11—1925. 12)

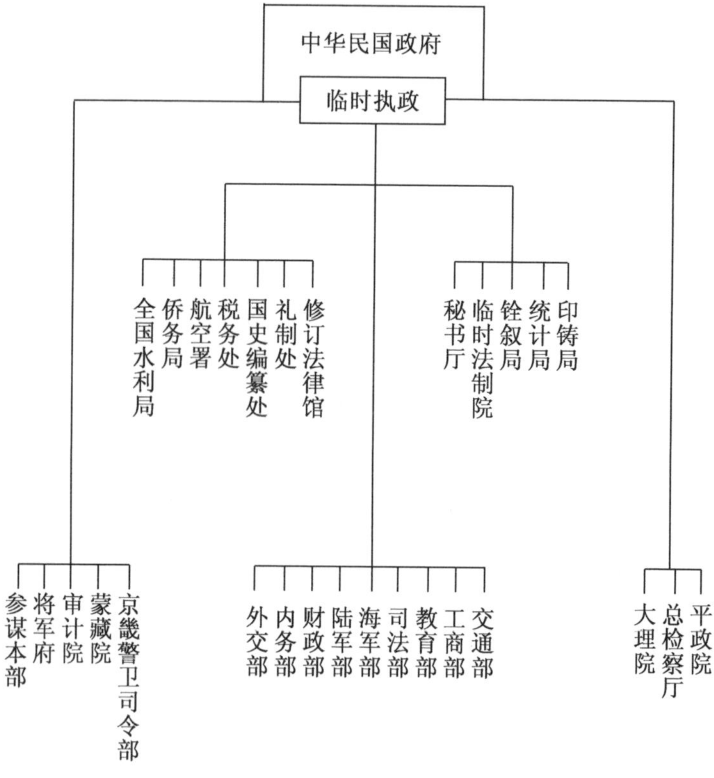

北洋（北京）政府中央机构建制表之五

（军政府时期：1927.6—1928.6）

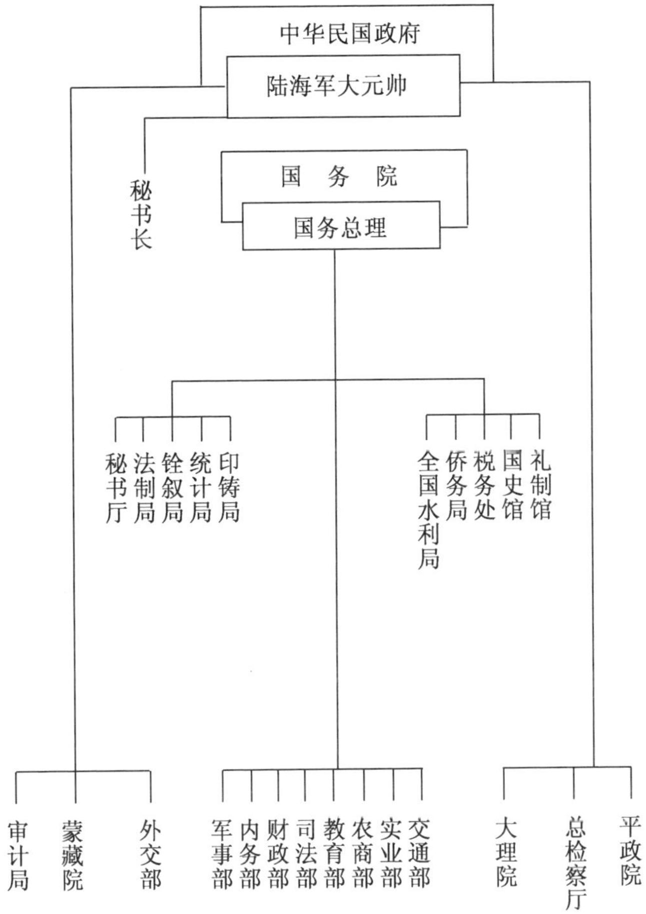

第三节 北洋政府地方机构与职官

北洋政府之地方官制,为省、道、县三级建制。其省(区)设置沿袭清末旧制。全国划分为直隶、奉天、吉林、黑龙江、山东、河南、山西、江苏、安徽、江西、福建、浙江、湖北、湖南、陕西、甘肃、新疆、四川、广东、广西、云南、贵州等二十二个省,"京兆"(顺天府)、热河、察哈尔、绥远、川边(西康)五个"特别行政区",以及宁夏、青海、蒙古、西藏四个"地区"。

由于民国政情复杂,国家分裂,地方割据势力不断扩张,各省区之军政、行政建制,均有所差异,特别是在南方联省自治时期以及1926年广州国民政府北伐之后,各省情形更为复杂,"总司令"、"总裁"、"联合会"、"省务院"等名义纷出。这些地方职官任命"虽与法不符",但"查有实据"。按照北洋政府不同时期的规定,省级政权机关往往是军政与行政交叉,有时军政合一,有时军政分设。以下分述省级地方行政、军政、立法机关及省下各种机关与职官。

一、省级行政机关

省行政机关,当时也称民政机关。省行政长官开始称民政长,1914年5月改称巡按使,1916年7月改称省长。其相应的公署亦先后称行政公署、巡按使公署、省长公署。省级公署所属各职能机构开始称司,一般设内务司、财政司、教育司、实业司及总务处。1914年以后改称厅,具体机构也有所调整,一般设政务厅、财政厅、教育厅、实业厅和警务厅。

省行政长官

民国元年尚无统一的制度,在本年先后任命为"民政长"的有山西、湖北、四川、福建、江苏、江西等省。其余各省实际上也都有主管或兼管省行政的长官，一般由军政长官"都督"兼管，也就是说，各省长官都是由军阀担任。各省省公署也叫"都督府"。1913年1月8日，北洋政府公布《划一现行各省地方行政官厅组织令》（简称《划一令》），统一规定各省行政长官称民政长，省行政机关称行政公署。省设民政长一人，总理全省政务，由中央任命。已设民政长的照旧，其余各省则按照1月10日命令，民政长一律暂由都督兼任。以后又陆续任命文人任民政长。

袁世凯为当洪宪皇帝，于1914年5月公布《省官制》，省民政长改称巡按使，行政公署改称巡按使公署。巡按使管辖全省民政官吏和巡防、警备队；受中央政府的特别委任，监督财政和司法行政以及其他特别官署的行政事务。巡按使依职权特别委任，得发布省令。对所辖地方官吏的命令或处分认为违背法令或妨害公益、侵越权限时，得予以纠正或撤销，按规定对所属下级官员进行任免、考核与惩戒。

1916年袁世凯死后，北洋政府于7月6日下令改巡按使公署为"省长公署"，称巡按使为"省长"，其机构设置与职权范围无多大变化。

厅、司、处

在民政长行政公署时期，省级机构有总务处和内务司、财政司、教育司、实业司等机构。巡按使公署时期省级机构有政务厅和财政厅，原来的总务、内务、教育、实业四司，改为科，隶属政务厅。袁世凯的《省官制》各个省并没有完全遵照执行，有些省根据自己的实际，设立了适合本省实际的机构。在省长公署时期各省的行政机构有政务厅、财政厅、教育厅、实业厅、警卫处等。

（1）总务处（科）

总务处以民政长名义执行公务，不设处长。主要职权是办理机要、印信、统计、人事、记录、文书、会计、庶务等项。总务处分科办事，内设秘书、科长等，有的省区还另设技正、技士等职。

(2)内务司

主要职权是管理选举、行政区划、户籍、赈济、征兵、土地调查、行政警务与监察、道路、海港、河道工程、著作出版、医疗卫生，整饬礼俗、宗教、古物保存，以及地方交通行政事项。设司长一人，简任，总理本司事务，以民政长名义执行公务。内务司分科办事。

(3)政务厅

1914年至1917年的政务厅，是巡按使公署的综合办公机构和省级行政机关的中枢。政务厅置厅长一人，简任，总理厅务。内设总务、内务、教育、实业四科，职权略同于民国初年的总务处和内务、教育、财政、实业各司，也略同于后来相应的各厅，至于各科名称和科内组织，各省略有差别，各科职掌，据《省官制》规定，由各省自定，故不尽同。如山东省1919年12月26日公布《山东省长公署组织大纲》，就公署机构设置作了规定，其中政务厅设四科，第一科职掌官吏任免及纪录奖惩等。

1917年6月以后，政务厅内教育科与实业科分别改建为与政务厅相平行的教育厅与实业厅，并另设警务处。政务厅职权范围大大缩小，但仍为省长公署的一个综合性的办事机构，因为它有人事任免的职能，相当于省长公署的大办公厅。

(4)财政司、财政厅

民国初财政司的主要职权是：管理地方税收，编制地方预算、决算，监督地方岁出岁入以及管理地方公债等。财政司设司长一人，科长、科员若干人，实行分科办事。

财政厅直属中央财政部，管理全省财政，监督所属职员和兼管征收各类事项。财政厅置厅长一人，内设总务、征榷、制用三科，各设科长一人，一、二、三等科员各若干人。各省财政厅的员额不同，编制也不完全一样。

(5)教育司、教育厅

教育司的主要职权:管理公立中等和初等学校、私立大学、公私立专门学校和外国留学生,以及各种社会教育;管理科学文化艺术事业,包括国语统一、各种学术、图书馆、博物馆、动植物园,以及戏剧、音乐、美术等事业。

教育司改称教育厅后,在执行公务时则须兼受省行政长官监督。教育厅置厅长一人,简任;厅内分科办事,最多不超过三科,各科设科长一人,科员至多三人;另设视学四至六人和其他组织。1917 年规定,把全国各省分成大中小三等,大中省各设三科,小省设二科。视学掌视察全省教育,不得兼任其他职务。教育厅对全省教育行政人员都有监督指挥权。省立专门学校校长由教育厅长遴选呈省行政长官任命,并监督、备查。省立中学校长均由教育厅长委任,分别呈报省行政长官和教育部备案。

(6)实业司、实业厅

实业司主要职掌:负责管理工业、矿业、商业、农林渔牧业等事业,并着重上述各业产品经营、科学实验、技术推广、调查统计、鼓励与奖励、监督检查、保险与保护,以及有关社会集团等事项。实业司置司长一人,科长、科员若干人,分科办事。

实业厅为中央农商部直属,在执行公务时则受省行政长官的监督。实业厅置厅长一人,简任,由中央按规定直接任命,但事实上受着地方势力的干预。当时实业厅长与财政厅长都属于"肥缺",为地方势力所争,中央各部实际上无权过问。为此,农商部于1920 年呈准公布《实业厅厅长预保及任用办法》,对任职资格加以限制,省行政长官可以预保两员存记,但不得呈请分发。实业厅也是分科办事,科的设置最多不得超过四科。各科设科长一人,科员至多四人,另设技术人员四至六人。

(7)警务处、地方警察厅(局)

①警务处。

民国初年各省警政缺乏统一制度，较早只是设置省会和商埠地方警察厅，没有管辖全省警政的统一机关。1918 年 1 月公布《各省警务处组织章程》，各省警政才逐渐统一起来。

警务处置处长一人，简任。1917 年因财力有限，国务会议决定处长兼任省会警察厅长。警务处分科办事，最多不超过四科。警务处兼办扩充警员。大县三百人，中等县二百人，小县一百人，并分配经费、训练警察、核定警章。

②地方警察厅(局)。

根据《划一令》规定，省会和商埠地方置设警察厅，承内务总长和各省、道行政官之命，办理警察行政。置警长一人，荐任。厅内分科办事。1914 年规定，商埠无置警察厅必要的，得设规模略小的警察局；各县设警察事务所，由县知事指挥、监督。

③水上警察厅。

根据 1912 年内务部公布《长江及其他水师改组令》规定，原有长江水师及其他水师，均改为水上警察，设厅管理。1915 年公布《水上警察厅官制》规定：凡濒海、沿江、滨湖、通河各地，有维持水上治安必要的，得在要冲地方置水上警察厅，次要地方设局。设于省会的直属巡按使，和道尹同驻一地的隶属道尹。

(8)军务厅

凡由民政长官兼任军政长官的，一般另设军务厅，使其军政机关与民政机关分立。军务厅设厅长一人，由兼理军务的行政长官荐请任命。厅内分置军务、军需、军法各科，掌办有关事务。员额根据情况拟定，并报陆军部叙等、注册。

二、省立法机关

1913 年初，各省先后依法成立新的省议会，使省级立法机关的组织形式统一。“二次革命”失败后，袁世凯非法解散国会，省议会也被解散。袁世凯死后，随着国会的恢复，省议会也奉命重新集会，但在军阀割据而且专横暴虐的情况下，各省议会实际上并未完全恢复，恢复的也很少发挥作用，甚至成了军阀的御用工具。

省议会设于省行政长官所在地，由全体省议员组成。议员的名额，按照1912年9月公布的《各省第一届省议会议员名额表》规定，少者四十至五十人，多者一百五十以上。最多的是直隶省，一百八十四人，其他如江苏一百六十人，四川一百四十人，山东一百三十二人，广东一百二十人，湖南一百零八人，陕西八十四人，黑龙江四十人。均按所规定的选举办法产生。议员任期三年，可连选连任。

省议会设议长、副议长各一人，由议员内选举产生，任期与议员同，议长因故不能执行职务时，由副议长代理。省议会设秘书，由议长任免，其员额及办事细则，由各省议会自定。

省议会的职权，主要有以下三项：

第一，议决权。议决事项主要有本省单行条例，省预算、决算，省税、使用费、规费的征收，省债募集和省库有负担的契约，省财产和营造物的处分和买入，以及上述各项的管理方法等。

第二，监督权。主要是：受理本省行政诉讼事件；认为省行政长官有违法行为，提出弹劾，经由内务总长得提交国务会议惩办；对省内官吏违法、纳贿情事，咨请省行政长官查办。此外，省议员对本省行政事项有疑义时，提出质问书于行政长官并限期答复。

第三，建议权。对本省行政或其他事件有意见时，可随时向省行政长官提出建议。

省议会的会议分为常会和临时会两种。常会每年举行一次，由行政长官召集，会期六十天，必要时延长至二十天。临时会遇有紧要事件或议员半数以上的请求时，由行政长官召集，会期至多二十天。

1921 年 6 月 23 日，北洋政府又颁布《省参事会条例》，根据条例规定，各个省又都成立了参事会。省参事会为省行政辅助机关，由省长及参事员十二人组成，由省长担任会长。参事员由省长从所属各厅、处长当中委任三人，省参议会选举六人，三人则是从本省人士中聘请。

另外，1920 年，在南方酝酿的联省自治运动期间，先后由省政当局宣布自治的省区中，湖南、四川、广东等省都颁布过"宪法"，对其本省议会的组织形式和职权均有单独的规定。

三、地方军政机关

北洋政府时期，各省军政和民政机关并立，名义上是军民分治，但实际上民政往往受着军政的支配，民政长官多由军政长官兼任，从而使民政处于附庸地位。北洋军阀统治时期最能体现有枪就是草头王的特征。地方军政长官一般由拥有"省军"的军阀充任。地方军政的实质是地方割据的体现。地方军政长官主要有巡阅使、都督或督军、护军使、镇守使。

巡阅使

巡阅使是北洋军阀派驻的最高地方军政长官，其管辖范围往往超出一省范围。最早于 1912 年 11 月置设长江巡阅使，后来曾设过直鲁豫、东三省、苏皖赣、两湖、两广、热察绥，以及南洋、沿疆等巡阅使，并设直鲁豫、苏皖赣巡阅副使。1924 年，临时执政段祺瑞下令裁撤一切巡阅使。该职先后存在十二年。

巡阅使按其性质来说，原属一种临时特殊措施，出于对大实力派的安排，未形成一种统一的制度，编制也无统一的规定。

巡阅使由大总统特派高级军官（上将或中将）充任，设巡阅使署，有的还兼省的军政长官和民政长官，如东三省巡阅使张作霖长期兼奉天省的军政、民政长官。直鲁豫巡阅使曹锟兼直隶省的军政长官，其后的吴佩孚则不兼。

巡阅使的职权，只应统率本区内的军队，但实际上既不以军队为限，也不受地区名义的束缚，形成了超省级的太上皇政府。

巡阅使一般设参谋长（有的自称参谋总长），作为使署的幕僚长。参谋长之下分置各处。另设顾问和谘议各若干人，以备咨询。有的设宪兵司令一人，宪兵三百人。还有编外的人员和机构。

都督、将军、督军、督办

省军政的最高长官，在不同时期有着不同的名称，曾先后设置过都督、将军、督军、督办等职。

辛亥革命时期，各省起义时一般都置设“都督”，统帅民军，并掌管民政，其后原则上实行军民分治，民政方面特设民政长（或用其他名号）专管。都督在名义上只管军政。1914 年 6 月，袁世凯令撤各省都督，在京师设置将军府，分遣将军掌办各省军政，都督改称将军。袁世凯死后，又于 1916 年 7 月改称“督军”。1922 年第一次直奉战争后，各省军政长官改称“督理军务善后事宜”或“督办军务善后事宜”，简称“督理”或“督办”。1924 年 12 月以后，临时执政段祺瑞陆续任命各省的军政长官，一律称“督办某省军务善后事宜”，普遍简称“督办”。山东军阀张宗昌就是督办。当时民谣“杀了张督办，人家吃饱饭”。

省军政机关的主要官职有参谋长、参谋、副官长、副官、书记官或书记等，内置军务、军需、军医、军法四课。各课设课长一人，课员若干人。

省级军政长官由民政长兼任，机关本身仍然分立，其军政机关为军务厅。

护军使

护军使是中央派驻省区的重要军职，但是一种临时措施，视各地需要派遣。主要目的是借此从军政方面强化中央集权,多加一种力量去控制地方割据。1913 年 12 月规定,护军使分为两种,一种是设于无军政长官的省区;另一种设于有军政长官的省区。前者成为实际上的督军或将军,一般冠以省名;后者只管辖省内的某一地区,一般冠以地区名。

护军使公署,称为护军使署。无军政长官的护军使署的编制均比照省军政长官的规定。有军政长官的护军使署,其编制也参照有军政长官公署的规定,但员额不得超过它的三分之二,护军使署只设军务和军营两课,另设军医和军法官各一人。

镇守使

镇守使设于省内重要地区,负绥靖地方责任。该职按具体情况分作繁、中、简三等缺分。镇守使由大总统简任(中将或少将),一般由师长、混成旅长、旅长兼充。某些地方也有另设副使的,又称镇守副使。

镇守使署置设参谋一人至三人(上校至少尉各一),设两人以上的以最高级的为参谋长。设副官一至三人,设两人以上的以高级者为副官长。设军需官、军医官、军法官各一人,书记官二人。镇守使还有比较特别的,其职权和编制也不同一般。

四、特别行政区

北洋政权时期的特别行政区域划分和某些行政制度原则,大体沿袭清末旧制。如二十二个行省的建制基本相同(只有局部调整),未设行省的地区,一般采用特殊制度,可分为三种类型:一是京兆(顺天府)、热河、察哈尔、绥远、川边(西康)等五处,正式称谓"特别行政区"。二是宁夏称"宁夏护军使辖地"或"宁夏镇守使辖地"。三是青海、内蒙古、外蒙古、西藏等地,仍沿用旧名。官制方面,这些地区不但和行省制度不同,它们彼此之间也不相同。第一类比较接近省的制度,相互间大致类似。第三类差别最大,各不相同,官制方面尤为特殊,不再详述。

五、道官制

北洋政府在1913年1月8日颁布《划一现行各省地方行政官厅组织令》,废除清朝的府、州、厅、县制度,在省和县之间设道一级行政组织。全国共设道九十多个,每省辖三至七道,多数省份设四道。每道辖县一般为十几个至二十几个。辖县最多者如陕西关中道,辖四十三县,最少者如黑龙江的黑河道,仅辖三县。各道的驻地,就辖区内选定适当的县建立道行政机关。驻在省会的道,叫做首道。道的行政首长,为观察使。北洋政府所设的道,实际上不是正式的行政区划,而是分片设置的监察区,因此,道的设置不像省、县两级那样稳定,变化也比较多,其机构也不是很完善,只有行政组织,没有权力(立法)机构。

1914年,袁世凯实行地方军民分治,于同年5月23日颁布《道官制》。根据新颁布的《道官制》,观察使改称道尹,由民政长官经由国务总理呈请大总统简任。道的公署初名为观察使公署,根据新官制改称道尹公署。署内分置内务、财政、教育、实业四科,各科设科长一人,科员若干人。各科职权略同于省公署各司。总务由内务科兼办。有的另设秘书一人,掌管机要事项。

道行政长官的职掌主要有:(1)颁行单项行政规程;(2)监督所属官吏;(3)节制调遣驻扎道区范围的巡防队、警备队等;(4)委任对于财政的监督;(5)委任对于司法行政的监督。道尹不但对所属官员负有监督考核之权,还有调动指挥一道地方武装的权力。

六、县行政机关

1913年1月8日,北洋政府为了统一地方政权机构,公布了

《划一现行各县地方行政官厅组织令》,根据组织令,县行政长官称县知事。1914 年公布的《县官制》明确规定:"县置知事,隶属道尹,为县行政长官。"到 1921 年前后,也有一些省份将县知事改称"县长"。

县知事的职权相当广泛,大致可以分为以下三个方面:

第一,关于行政方面的职权。这是县知事本职范围内的主要部分。县知事除办理本县行政事项外,兼办上级所委办事项,以及同邻县协办的各种事项。主要有:发布命令;任命所辖各级行政人员;实行行政监督;调遣本县警备队等地方武装。

第二,关于立法方面的职权。民国初年实行所谓自治制度,使县知事在立法方面有一定的职权。当时县参事会的会长由县知事兼充,因此,县知事所享有的立法职权较大。在立法方面主要有:提议权。可向县议会或参事会提出议案,开会时,县知事均得亲自或派员到会陈述;编制预算、决算权;请求复议权;议案撤销权;紧急处分权等。

第三,关于司法方面的职权。1913 年至 1914 年未设法院,各县设有审验所,由县知事执行检察事务,而以帮审员执行审判事务。1914 年后,县知事兼理司法,未设审判厅的各县,第一审的民事、刑事诉讼属于初级厅或地方厅管辖,都由知事审理,而受高等厅的监督。

县知事公署

县行政机关称县知事公署,署内行政人员均称佐治员。由于县知事是独任制,与历代封建王朝一样,没有副职,故公署内没有合议制的规定,县中一切政务,都是县知事一人说了算,不存在推诿扯皮。

根据《县官制》规定,县知事公署内一般设科。各县因事繁简,分设二至四科,而不是不管大县小县,行政事务多少,设置统一的机构。北洋政府时期虽然是中国历史上最腐败的时期之一,但就这一点来说,掌控得还是不错的。第一科掌管总务。各科设科长一人,科员二至四人,技士一至三人。当时有的省份,对于县制的规定比较完备,如《浙江省地方官制》规定,县设知事、参事、科长、科员、书记、撰史等。参事辅佐知事总理各科事务,相当于后来的秘书。县知事公署分置民政、财政、教育三科,职掌大体和省级相应的各厅相同。实业、交通等项均属民政科办理。

县参事会

民国初年各县设有议事会,同时还设有参事会。1914 年停办各级地方自治后,议事会和参事会均撤销。

县参事会由县知事兼任会长,参事员由县议事会互选,约当议员总数的十分之二,一般是四至十二人。另外酌设职员若干人,由县知事派充。

县参事会议决的主要事项有:县参事会议决事件的执行方法及其顺序;县议事会委托代办事项;县知事交与代替县议事会议决的事项;审查县知事提出县议事会的议案;处理选举舞弊的本县全体诉讼以及和解事件;公断或和解城镇乡自治权限以内的事件。县参事会得会同县知事(或其所派委员)查核自治经费的支收账目。

县其他行政机关

县知事公署还有若干署外的直属机构。这些机构在不同时期的设置情况也有所不同。直属机构主要有:公款局、劝学所(后改教育局)、劝业所(或实业公所、实业局)、警察公所,以及县佐等。

七、县立法机构

县级立法机构是县议事会。民国初年各省大都设有县议事会,其制度沿袭清末之制,略有改变。1914 年 2 月,袁世凯下令停办各级地方自治,县议事会被解散。1916年袁世凯死后,各县议事会逐渐恢复。1919年9月公布的《县自治法》规定,各县均设县议事会和县参事会。

县议事会由议员组成,数额为二十至六十人,按人口多少确定,并按规定的条件选举产生。议事会设议长、副议长各一人,由议员互选。

县议事会的主要职权,是对地方自治经费的财政权和对于下级地方组织的公断权,其议决的事项是:第一,县岁出岁入,预算决算;第二,自治经费的筹集和处理办法;第三,城镇乡议事会应议决而不能议定的事项;第四,城镇乡相互间争议事项的公断或和解。县议事会可推举议员若干人,会同县知事或其所派委员检查各项收支账目。此外,对于地方公益事项,可提出建议。

八、县的下级组织

民国初年,县以下各级组织一般是自治团体性质。各省县以下各级组织情况大致可分为两种形式:一是沿用清末旧制,即分作城、镇、乡,北方各省多属此类;一是自定制度,一般分作市、乡,南方各省多属此类。当时所谓市,只是城与镇的合称,尚无像后来正式建立市的建制。1913年停办各级地方自治后,这些组织在法律上已被废止,但作为官制补充的县以下各级组织在事实上仍然存在。

城镇乡制度

当时的城、乡、镇是同级的,都是县的下级组织。城指原府、厅、州、县治所在城区;镇指人口五万以上的村庄屯集地方;乡指人口五万以下的村庄屯集地方。

城、镇、乡自治组织议决机关为议事会(或称议会),由选民直接选出的议员组成。议员数额一般为二十人,人口多的地方按规定增加。议事会设议长、副议长各一人,由议员互选。城镇组织执行机关为董事会,其编制和职权略同市董事会(见本节市制);乡自治组织的执行机关为乡董、乡佐。乡设乡董一人,乡佐一人,均由乡议事会从本乡选民中选出,呈请县知事核准任用。自治事权主要是办理本地教育、卫生、道路、工程、农业、商务、慈善以及公共营业。乡董、乡佐主要职权,除执行议事会议决事项外,主要是执行县行政长官委办事项。乡置乡自治公所,设乡长一人,由乡自治会选出,再由县知事委任。乡长、乡董均为名誉职务,县知事酌给办公费。

区村制度

北洋政府统治时期的村治,开始尚不统一,后来各省陆续作出规定。大部分省区实行"村自治"。在县和村之间另设区一级,作为县内行政机关之补充,故又称"区村制度"。县以下一般分为三至六区,置区公所,设区长一人,酌设雇员一至二人,区警四至十二人。区长主要掌理县署委办事项,督饬村长办理行政事务。

村是自治单位,村以下组织为闾邻,其编制原则:五家为邻,设邻长;五邻为闾,设闾长。村自治主权主要是编查户口,人事登记,调节诉讼,执行村禁约,整理村范,组织保卫团,办理积谷、卫生、水利等事项。村自治组织的议决机关为村民会议,执行机关为村公所,由村长、副村长和闾长组成。

九、市制

市的组织形式萌芽于清末,民初各地在人口比较集中的地方"暂行市乡制",1914 年停办各级自治后,市制亦不存在。1921 年 2 月,广东省公布《广州市暂行条例》,开始了市制新阶段,各省且有仿行的。同年北洋政府公布《市自治制》,划定了几个特别市,随之津沽市和淞沪特别市的建制亦形成。

1. 民国初年的市制

当时尚无统一的市建制，有的省，如江苏省曾于 1911 年 10 月议决《江苏暂行市乡制》，其规定沿袭清末旧制，但把城和镇并称为市，乡则依旧。市的地位仍在县之下，其机构设置略相当于原来的镇，有立法机关和行政机关。行政机关是市董事会，立法机关是市议事会。董事会设总董事长一人，相当于市长；董事一至三人，名誉董事四至十二人。

2. 广州的市制

作为地方行政区划的市，最早是广州市。1921 年公布的《广州市暂行条例》规定，广州市为地方行政区域，由省政府直属，不列入县的行政区划范围，市县分立。这是一个开端。市的行政组织为市政厅，以市长和市政委员会为执行机关，市参事会为审议机关，另设有审计处。广州市设市长一人。市政厅下设财政局、工务局、公安局、卫生局、公用局、教育局等机构。

3. 市自治制

北洋政府于 1921 年 7 月公布《市自治制》，曾在北京和青岛实施。当时规定市分两种，一种是特别市，其地位相当于县。京都比较特殊，受内务总长监督，其地位相当于省。二是普通的市，隶属于县。市设自治公所为执行机关，即行政机关，设自治会为议决机关。特别市另设参事会，为执行辅助机关。

市自治公所相当于市政府，设市长一人。京都市市长由中央内务部遴选，经国务总理呈请大总统任命。特别市设佐理员，普通市设市董，承市长之命，辅助市长工作。

京都开始所设市政公所，暂由内务总长兼任督办（全称是“督办京都市政事宜”），另设坐办一人，主管市政事务。市政公所设置四个处。1922 年正式明确京都为特别市后，改设市长。

胶州湾收回后，辟为商埠，设督办一人，会办一人，秘书二人，内置五科，直辖水陆警察，另设财政顾问九人。1922 年定为青岛特别市后，市自治组织直接受商埠督办监督。

1925 年临时执政公布《淞沪市自治制》、《淞沪市区督办署官制》，1927 年内务部拟定的《直隶津沽市政公署编制草案》等法规以及南方联省自治活动期间对市制所作的规定，对于淞沪市（上海市前身）、津沽市（天津市前身）及浙江、湖南等省内之市的建制，均有较详细的规定，不再详述。

十、地方司法机关

1. 省级司法机关

省级司法机关由审判机关、检察机关和司法行政机关组成。省级审判机关为最高审判厅；省级检察机关为最高检察厅。省级司法行政机关则不健全，民国刚建立时，有的省曾设置司法司。1913 年各省曾按规定设置司法筹备处，不久即撤销，所掌事务由中央司法部高等审判厅或高等检察厅两厅中遴选人员呈请兼管，其后又将所掌职责按其性质分别划归高等审判厅和高等检察厅办理，或两厅会同办理。1914 年又改由各省巡按使监督司法行政事务。

(1)高等审判厅

各省高等审判厅直属中央司法部。厅长奉特别命令受所在省区行政长官的监督，凡司法上的行政事务秉承省区行政长官办理。置厅长一人，简任。高等审判厅下设审判庭，其数额根据各省事务繁简而定。庭长由推事兼充。厅内置书记厅，设书记官一人；分置总务处和民事处，均分科办事。审判案件采取合议制，由推事三人组织合议厅执行。合议审判厅以庭长为审判长。

各省因地方辽阔或其他不同情形，在高等审判厅所管辖的地方审判厅内设置高等审判分厅。分厅设民事一庭、刑事一庭，如设两庭以上,以资深推事作为监督推事。

1914 年九月规定,凡距省会较远,交通不便地方,除设分厅外,得因必要情形于道署所在地暂设高等审判分庭。内设推事三人,并配置检察官一人,书记官一至二人,得由道署掾属兼任。

由于当时财政困难,高等审判厅的分厅、分庭在一些地方并未普遍设立。

(2)高等检察厅

各省高等检察厅置检察长一人,简任;检察官二人以上。管辖范围和审判厅相同。高等检察厅依法独立行使职权。厅内置书记室,设书记官一人,分三科办事。

在省城以外的地方,与高等审判厅同样设置高等检察分厅,配置检察官一人,称为分厅检察官。

以上是一般省区级法官与检察官的设置,对于热河、察哈尔、绥远以及东北省区和外蒙古的司法机关的设置,另有专门的规定。

2. 县级司法机关

县级司法机关的设置有两种情况:一种是设置独立的司法机关,即普通司法机关;另一种是兼理司法机关,又有两种形式,或设于县行政机关,或由县行政长官兼理司法。

第一,普通司法机关。

县级普通司法机关有:地方审判厅、地方检察厅、初级审判厅、初级检察厅、地方分厅、地方刑事简易厅。

地方审判厅和地方检察厅(合并简称地方审检厅)相配设置于繁盛大埠或县,地方审判厅设厅长一人,并兼充一庭庭长。内置民事和刑事若干庭,每庭设推事二人以上,其中一人充任庭长。另设书记长一人,书记官若干人。厅内置书记室,分四科办事。地方检察厅设检察长一人,检察官二人以上,并设书记长和书记官若干人。厅内一般设总务、侦察、执行等处。

初级审判厅因事繁简不同，设推事一人至二人。初级审判厅的职权，为管辖第一审民事、刑事诉讼案件。

初级检察厅设检察官一至二人。初级检察厅行政事务，由地方检察厅检察长监督。

地方分庭。1914 年以后，废除地方审检厅，归并地方审判厅，另设简易庭或地方分庭，受理初级审检厅民事刑事诉讼案件。其未设厅的地方，司法审判事务由县知事兼理。地方分庭设于地方审判厅附近各县，亦可设于县知事公署，称为“某处地方审判厅某县分庭”。

地方刑事简易庭。1914 年各地裁撤初级审检厅时，许多地方逐渐设置地方刑事简易庭。

该庭设于地方审判厅，置主任推事一人，并配置检察官。

第二，兼理司法机关。

兼理司法机关指司法事务由县行政长官兼理，而不另设普通法院。

民国初年，各县多设置审验所，附设于县知事公署内。该所设帮审员一至三人，书记官一至三人。帮审员的职权是：办理管辖境内民事、刑事诉讼的初审案件，并办理邻县审验所的上诉案件。1914 年后，裁撤审验所。

据 1914 年 4 月公布的《县知事兼理司法暂行条例》和《县知事审理诉讼暂行章程》规定，未设法院的各县，应属初级厅或地方厅管辖的第一审民事、刑事诉讼，均由县知事审理，为此，得设承审员，最多以三人为限。

1922 年以后，在未设法院的县，原则上设置县司法公署。在该公署除县知事外，设审判官一至二人，书记监一人，书记官二至四人。县司法公署的职权是：凡关于地方所有初审民事、刑事案件，不论事务轻重大小，概归管理。

第四节 官吏管理制度

一、任用

北洋军阀政府的官吏称文官。文官主要指行政官、外交官、司法官、技术官、警察官。根据北洋军阀政府1914年9月24日公布的《文官任职令》,文官分特任、简任、荐任、委任四个等级。特任职、简任职、荐任职文官为高等文职,委任职为普通文职。国务院总理、各部总长、全权大使、省最高行政长官等为特任官。简任、荐任、委任又分为九个等级。简任官为一、二等,荐任官为三至五等,委任官为六至九等。总统府各局局长、国务院各部次长、司长、参事、省公署厅长、道尹等为简任官。总统府佥事、编译,国务院各部科长、秘书、佥事,省公署科长,县知事等为荐任官。其他官职较低的官员为委任官。

袁世凯为当皇帝做准备,于1914年7月28日公布《文官官秩令》,将文官分为九秩:上卿、中卿、少卿、上大夫、中大夫、少大夫、上士、中士、少士。同时还有同中卿、同上大夫、同少大夫、同中士、同少士。上卿、中卿、少卿为特任官。其中少卿中也有简任官。上大夫、中大夫为简任官。同样,中大夫中也有简任官。少大夫、上士为荐任官。上士、中士、少士为委任官。袁世凯死后,这些官秩也就取消,仍将原文官分为特任、简任、荐任、委任四个等级。特任官由大总统特令任命:简任官由大总统于合格人员中简任;荐任官由所属长官呈请大总统任用;委任官则由各长官任用。

北洋军阀政权对于文官的任职资格作了详细规定。《文官任用法草案》规定:

简任官任用资格:(一)现任或曾任三等荐任文官;(二)曾任简

任文官满一年以上;(三)曾任简任文官并受文官高等考试及格。

荐任官任用资格:(一)文官高等考试及格;(二)曾任荐任文官满一年以上;(三)现任或曾任审判官、检察官满一年以上,可任为司法部荐任文官;(四)现任或曾任北京大学校及官立中等以上经教育部认可各学校教官一年以上,可任为教育部荐任文官。

委任官任用资格:(一)文官普通考试及格;(二)文官高等考试初试及格;(三)文官高等考试及格;(四)曾任委任文官满二年以上;(五)曾任各官署雇员满三年以上。

凡具有上列资格之一者,即取得了简任、荐任、委任官资格。

北洋军阀政府鉴于众多官吏不具备上述资格条件,在颁行《文官任用法草案》的同时,又公布《文官任用法施行草案》。后者又对文官任用资格作了规定。后者是对前者的补充。《文官任用法施行草案》规定:

简任官任用资格:(一)国内外大学或专门学校修习政治、法律、经济三年以上并有文凭;(二)曾任简任文官;(三)现任或曾任四等荐任文官;(四)曾有和简任、荐任文官相当资格,并历办行政事务满三年以上而有成绩。

荐任官任用资格:(一)具有简任官一、二、四各项资格;(二)曾任荐任文官;(三)曾有和荐任文官相当资格,并历办行政事务满三年以上而有成绩;(四)国内外专门以上学校或国内政法讲习所学习政治、法律、经济一年半以上并有证书,并曾办行政事务满二年以上而有成绩;(五)文官高等考试及格,学习半年以上。

委任官任用资格:(一)国内外中等以上学校与中学相当或以上学校毕业;(二)有前项毕业的相当资格;(三)曾任委任官;(四)历办行政事务一年以上而有成绩;(五)曾任荐任文官。

《文官任用法施行草案》是对《文官任用法草案》的补充,就任职资格来说,前者比后者要低。实际,即使这样,北洋军阀政府仍难以做到。就整个社会而言,文化水平还是比较低的。作为一个军阀政府,能够对文官任职条件规定这样高的文化水准要求,不能不说是难能可贵的。军阀政权一般很少考虑百姓的利益和国家的利益,他们更多地考虑的是军阀集团的利益。正由于如此,北洋军阀政府虽然对于文官资格做了规定性的要求,但并不影响他们重用自己的亲朋好友担任要职。比如对于秘书的任用,关于文官任职资格就没有约束力,又有特殊的《秘书任用法草案》。

1915 年 9 月,北洋军阀政府又公布《文职任用令》、《简任文职任用程序令》、《荐任文职任用程序令》、《委任文职任用程序令》、《文职任用施行令》,对简任、荐任、委任制官员的任职资格和程序作了规定。

《简任文职任用程序令》规定:简任职须从下列资格人员中任用:(一)现任简任文职;(二)曾任简任文职,经大总统核准记名以简任文职记用;(三)现任或曾任荐任最高等文职,经所属长官特保或期满考绩优叙,由大总统核准以简任文职记名升用的;(四)经文官甄用合格,由铨叙局注册以简任文职用。

《荐任文职任用程序令》规定:荐任文职须从下列资格人员中任用:(一)现任荐任文职;(二)曾任荐任文职满三年以上有成绩;(三)经文官考试及格,学习期满有成绩;(四)经文官甄用合格,由铨叙局注册以荐任文职用;(五)现任最高委任文职期满后经所属长官特保或考绩优叙经大总统以荐任文职升用,或具有简任资格者。

《委任文职任用程序令》规定:委任职须从下列资格中任用:(一)现任委任文职;(二)曾任委任文职满一年以上有成绩;(三)经文官普通考试及格、学习期满有成绩的,或具有荐任职资格者。

无论是简任、荐任还是委任文职,虽然具备了任用资格,但有下列情形之一者,均不得任用:(一)曾受褫夺公权处分尚未复权;

(二)曾受夺官或褫职处分尚未开复;(三)亏欠公款尚未缴清;(四)年力衰弱不胜任职务。

在这里,需要指出的是,这些文职官员任用法令公布的时候,也正是袁世凯帝制活动紧锣密鼓之时,许多规定并没有得到执行,或者说,根本就没有时间去执行,倒是“大总统特令任用”得到认真贯彻执行。诸法令不能约束大总统的“特令”用人大权。

在北洋军阀统治时期,对于县知事的任用也特别重视。县知事虽然只是普通的荐任官,但自有其独特的任用制度。北洋军阀政权于1913年先后颁布《县知事任用暂行条例》、《县知事任用暂行条例实施细则》、《知事奖励条例》、《知事惩戒条例》。1915年又颁行《县知事甄别章程》。

根据这些法律法规,任用县知事,首先要进行知事试验,即考察验证。参加知事试验的资格是:在国内外大学或专门学校学习法律、政治、经济学三年以上并有文凭;在国内外专门学校或中国政治讲习所学习法律、政治、经济学一年以上有证书并办理行政事务二年以上;曾任简任、荐任文官三年以上;曾任与简任、荐任文官相当资格,在国内外专门学校或国内法政讲习所学习法律、政治、经济学一年以上并有证书。虽没有以上资格,经国务总理、各部总长、省最高行政长官保荐,亦可参加县知事试验。

凡受褫夺公权尚未复权或受褫职处分未满二年;品行不端曾受绅民控诉查明属实;亏欠公款尚未缴清以及侵蚀公款的,虽具有县知事试验资格,不得参加试验。

县知事试验分为甄录试、第一试、第二试、口试。甄录试为论文,第一、第二试为笔试,考现行法令解释、国际条约大要、地方行政策问、涉案判断、草拟文牍。口试是地方民情风俗习惯问答与经验问答。甄录试不及格不得参加第一试。第一试、第二试不及格,不得参加口试。各科试验平均满六十分为及格,为丙等。七十分以上为乙等，八十分以上为甲等。甲乙等按知事任用条例分发任用，丙等送地方行政讲习所学习，成绩合格再予分发任用。

在县知事试验条例施行前任用的县知事，由各省最高行政长官分期送内务部试验，未予试验的县知事一律改为署理和代理。

试验及格及保荐知事分发任用分指分、请分两种。指分由内务总长经由国务总理呈请大总统任命，知事领到分发凭证依限到省报到，省最高行政长官对于报到知事查验凭证及分发凭照注册，作为候补知事，各县若有缺出，即荐请任命。在北洋军阀时期，知事资格决定权在北京政府，实际任用权多操于各省最高行政长官之手。请分则是各省行政长官呈请内务总长和国务总理由大总统任命的县知事。

从北洋军阀政府的文官以及县知事任用资格可以看到，尽管北洋政权刚刚从封建官制蜕变而来，但在官员任用上却迈出了很大的步伐。第一，对担任文职官员和县知事的文凭要求很高，而这种要求在几十年之后尚未做到。北洋军阀对于文官和知事的高文凭要求，反映了当时我国的文化水平实际。清末国家就派出了大批留学生，北洋军阀政府也不曾间断留学生的派遣。此时，不少留学生已经学成归国。北洋军阀政府对于担任文官和县知事的文凭要求，对于学成归来的留学生是非常有利的。从历史资料看到，北洋军阀政府的要员不少是具有高文凭的留学生，如伍廷芳、唐绍仪等，都是民国风云人物。还有一些留学生成为一代学术大师和专家。为官者必须具有一定的文化水平，这是最起码的规定。这种规定在封建社会就得到严格落实执行。北洋政权对于文官和县知事的文化水平要求反映了时代发展的要求。要求文官与县知事必须具有与所从事的职务相关的知识，而不是像封建社会那样，不管担任什么样的官职，都是一门知识——孔孟之道。有的担任官员的进士举人，几乎是书呆子，当走上领导岗位的时候，所学知识一点也派不上用场。军阀政权虽然很少考虑国家和百姓的利益,就对于官员的文化水平要求这一点来说,确实难得。

二、考试

北洋军阀政府先后于 1913 年、1915 年、1919 年三次颁行文官考试法规。这些法规有的曾付诸实行,有的则未能实施。

北洋政权的文官考试分文官高等考试和文官普通考试。1913 年公布的《文官考试法草案》规定:凡年满二十一岁以上的中国男子均可参加考试。但是,褫夺公权尚未复权;受禁治产、准禁治产宣告,尚未撤销的;受破产宣告,尚未复权的;以及其它法律规定情况者,均不准参加考试。

文官高等考试分甄录试、初试、大试三种。甄录试为笔试,考国文、历史、地理、笔算。初试为笔试和口试。考试科目分主科和附科。主科有国法学、民法、刑法、国际公法、行政学、财政学、经济学等。附科从商法、政治学、民事诉讼法、刑事诉讼法、通商条约中任选一种。大试考现行法令解释、涉案判断、草拟文牍。

凡在中等以上学校毕业或有相当资格的,可免除甄录试。初试及格,授以学习员证书,由国务总理送中央各机关学习二年,由所属长官呈请参加大试。大试及格者授以补官证书,按考试成绩高低,予以任用。不及格者限期补习,三次补试不及格者,不得参加考试。

文官普通考试的内容有国文、历史、地理、笔算、法学通论、经济学。考试及格者发给补官证书,按成绩等第任用。

1915 年颁行的考试法规较 1913 年的法规更加完善,规范具体,对于考试时间亦作了具体规定,决定在 1916 年 6 月举行。第一次文官高等考试,录取一九四人,1917 年 4 月举行第一次文官普通考试,录取二九五人。

文官高等考试年龄限制在二十五岁以上，报考的条件是：(一)国立大学或高等专门学校修习各种专门学科三年以上，有毕业证书；(二)教育部指定的外国大学或高等专门学校修习各项专门学科三年以上，有毕业证书；(三)教育部认可的国内私立大学或高等专门学校修习各项专门学科三年以上，有毕业证书。

凡被褫夺或停止公权尚未复权；品行卑污、被控有案，查明属实；受破产宣告尚未复权；精神病或年力衰弱；亏欠或侵蚀公款；以及其他法令特别规定者，均不得参加考试。

高等文官考试分第一、二、三、四试。第一试考经义、史论、现行法令解释。第二试、第三试为专业考试，考试内容有政治、经济、法律、文学、物理、数学、测量、化学、采矿、土木工程、电工、农学、林学等二十几个科目。第四试为口试。四试均合格，方可录取。录取后即为荐任职文官。录取后须分发各机关实习二年，期满成绩优良者，即可作为候补官员。

文官普通考试的条件是：年满二十岁以上的中国男子，具有参加文官高等考试资格之一者；教育部指定或认可的技术专门学校毕业并有证书者，经地方考试及格取充"选士"的，曾任委任以上文职者。

文官普通考试较高等文官考试无论是从程序还是考试内容上，要简单得多。录取后授以委任职。实习一年期满合格，即可作为候补文官。

无论是文官高等考试还是普通考试，都是每三年举行一次。在封建社会刚刚结束，举行现代文官考试，具有积极意义，它可为政府选拔新型官员，以取代旧式官僚。但是，由于北洋军阀政府本身是一个反动政府，进行文官考试只是在形式上模仿西方文官制度，加上在实际执行中的诸多弊端，其积极意义也就打了折扣。无论是参加高等还是普通文官考试，虽然及格，但是没有后台，也就会永远候补下去。这就迫使人们去钻门子找路子，从而加剧了吏治的黑暗。但就考试形式而言，北洋军阀政府能够在封建社会刚刚结束，就模仿西方文官制度，建立文官考试制度，这一点要比其他政党好得多。

三、甄别

文官任用满一年，要进行甄别。按照《文官甄别法草案》，文官甄别有检验毕业文凭，调查经历，检查成绩，考验学识，考试经验五种。

检验毕业文凭、调查经历主要是验明所任用文官身份、文凭、经历真假。检验成绩主要是对文官任职一年的成绩考核验证。考验学识就是对该文官学识水平进行检验。检验方法有二，论文和现行法令解试。考试经验是对文官任期的从政经验进行检验。方法是，由被甄别者对现在所办行政事务得失进行分析，对所掌事务进行设案判断问答。对于甄别所发现无毕业文凭又不能证明其毕业资格，无经历又无法证明其经历的，可检验其工作成绩，若成绩优秀，可继续进行甄别。既无文凭，又无经历，成绩又差的予以免官。简任职和荐任职官员由高等甄别委员会呈请大总统免职，委任官由普通甄别委员会报告所属长官予以免职。甄别合格则发给合格证书。

对于县知事的甄别，北洋军阀政府亦作了特殊的规定。《县知事甄别章程》规定：甄别分到省甄别和期年甄别。到省甄别：凡分发任用的县知事应自到省之日起满一年由该长官认真考核，出具切实考语呈报大总统分别照章补用，其才具稍次之员应再留学习一年，期满再进行甄别，堪以胜任的，照章补用。才识短绌或不堪造就的，分别以县佐改用或咨送回籍。

期年甄别：凡在任的县知事无论补缺署事之员，除有特别劳绩并重大案件由该省长官随时呈明办理外，应由该管道尹将所辖县知事在任已满一年之员任内所办实事详为声叙，分别优劣，出具切实考语由该省行政长官核明加考呈报大总统。优者酌予嘉奖或仍留原任；其才具较次及庸劣不称职之员，分别撤任或按知事惩戒条例办理。

四、惩戒

北洋军阀政府的官员惩戒由文官高等惩戒委员会和文官普通惩戒委员会负责。中央和省设文官高等与普通惩戒委员会，置委员长一人，委员八人。高等惩戒委员会负责荐任职、简任职文官的惩戒，普通惩戒委员会负责委任职文官的惩戒。

1913 年北洋军阀政府公布《文官惩戒法草案》，1918 年修正公布《文官惩戒条例》。根据《条例》，官吏凡违背职务、废弛职务，有失官职威严或信用，要受惩戒。惩戒处分分为褫职、降等、减俸、记过、申诫五种。褫职要免去现职，停止任用二年以上，六年以下。受褫职处分的官员在办理其他公务有重大成绩满一年以上的，可撤销其褫职处分。荐任以上官员要撤销处分，须有所属长官开具事实，经国务总理核定后，呈请大总统，以命令执行。受降等处分不够一年的，不得晋升等级，无等可降的扣减月俸三分之一，时间一年。减俸数额为十分之一以上，四分之一以下的，时间为一月以上。记过由主管长官登记，一年之内受记过处分三次者减俸。申诫由主管长官以训令形式实行。

在对官员进行惩戒的同时，北洋军阀政府又对官员贪赃做了惩治规定。1914 年公布的《官吏犯赃治罪条例》实行期为三年。官员犯赃分枉法和不枉法两种。凡枉法赃在五百元以上者，处以死刑；不枉法赃在千元以上的，处以无期徒刑。携款五千元以上潜逃者，处以死刑。

1921 年，北洋军阀政府又公布新的《官吏犯赃治罪条例》，后者较前者要松得多。该条例有效期也是三年。《条例》规定:官吏利用职务之便,收受贿赂或其他不正当利益的,处三年以上有期徒刑,罚金三千元;官吏违背职务上的行为收受贿赂或其他不正当利益的,处以无期徒刑或二等以上有期徒刑,罚金五千元;侵占公款五千元以上的,处以无期徒刑或二等以上有期徒刑,罚金五千元。凡犯赃治罪者,同时褫夺公权。

对于县知事的惩戒,北洋军阀政府根据其职务特点,做了特殊规定。

县知事惩戒处分分为三种,第一种是褫职、免官,第二种是降等、减俸,第三等是记过、记大过。

县知事凡“行为卑鄙玷污官吏身份者”,“朋比或纵容痞棍暴徒鱼肉乡愚者”,“无故侵害人民身家财产经查明属实者”,“籍案违法勒捐科派者”,“地方水旱遍灾匿报或捏报者”,“交代亏短擅自远飏者”,“侵吞公款查有实据者”,“贻误河防要工致出险伤害人民生命财产者”……给予褫职或免官处分。

凡“仆役诈赃有据查明系失察者”,“受人请托处理公务意为出入者”,“征收赋税照额征数短收二成以上或一成以上者”,“监犯越狱至二名以上者”,“因公擅自挪用税款者”,“僚佐僚吏犯重大过失知情而不举发者”,“境内命盗案件逾限而不破获者”,受降等、减俸处分。

凡“不服从长官依法命令者”,“夫察僚佐过犯而不纠举者”,“受辖境内人民馈赠土仪者”,“征收租税报解逾限者”,“呈报命盗案件手续不完备者”,“行政事务办理错误或延缓者”,给予记大过、记过处分。

受褫职处分的县知事年满二年后方准参加知事试验;受褫夺公权处分,须恢复公权后才能参加知事试验;受免职处分不满二年,非特殊情况不得任用;受降等处分不满一年不得复职。功过允许相互抵销。

五、官规

官规为官吏所遵守的行为规范。北洋军阀政府规定:“凡官吏应竭尽忠勤,从法律命令所定,以行公务。”“长官就其监督范围内所发命令,属官有服从之义务。”若发布命令违反法令规定,命令形式不完备,所发命令非自己所该做,属官可以不执行。对于两级长官同时发布的命令,以上级长官命令为准;主管长官与兼管长官同时发布命令,以主管长官命令为准;属官对于长官所发命令如有意见,可随时陈明。

官吏除法令规定外,不得兼任其他官厅职务。官吏不经长官许可,不得擅离职守。凡有上下级关系的,不管是否涉及职务,不得馈受财物,或以家族及其他名义收受财物。“他人对于官吏所办事件有馈送者,无论用何名称,均不得领受。”“官吏不得兼充公私商业执事人员”,不得兼充新闻记者。不经大总统认可,不得接受外国政府的赠与或勋章。

官吏在处理公务过程中,凡有涉及本身及家族的事件,要进行回避。回避分为自请回避;上级长官敕令回避;与该事件相关人员请求回避。官吏要于规定时间到署办公,除年节、星期、病假及其他所规定的休假日期和长官特批假外,不得请假。

北洋军阀政府的官规,也就是官员行为规范,当时而言,是非常必要的,对今天而言,也是值得借鉴和遵循的。

六、恤金

文官恤金分终身恤金、一次恤金、遗族恤金。年满六十岁以上自请免职或因身体衰弱、残废不胜任职务而去职的,可享受终身恤金;虽未年满六十岁或因身体衰弱残废不胜任职务的,因公得病身体残废或精神丧失不胜任职务的,也可享受终身恤金。任职满一年以上,年满六十岁或因身体衰弱残废不胜任工作而去职的;任职未满十年,因公受伤、致病不胜任工作而退职的,发给退职时俸给六分之一。任职满十年以后,每增一年加给退职时俸给六分之一。因公受伤、致病无法胜任工作而退职的,除发给定额终身恤金外,增发退职时俸给二分之一。退职时未享受终身恤金,后因公所受伤病发展,致使身体残废,于退职后两年内声叙理由,可给予终身恤金及退职时俸给二分之一。凡褫夺公权;丧失中华民国国籍;在职未满十年而因致伤、致残不胜任工作享受终身恤金,又再任官者,褫夺终身恤金及赠给恤金。

凡停止公权;年满六十岁以上自请免官和因身体衰弱或残废不胜任工作退职而又任职的,停止终身恤金。年龄未满六十岁为了自己方便,而请免职及受惩戒处分或刑事处分免官的,均不得享受终身恤金。

文官任职满一年以上退职的,按退职时一月俸额范围内给予一次恤金。任职一年以上,每增一年,加给退职时五分之一月俸额。任职半年未满一年的,按一年计算。凡享受终身恤金以及因受惩戒或刑事处分免职的,不得享受一次恤金。

文官任职满十年以上死亡;享受终身恤金死亡的,按其终身恤金额二分之一范围内给予遗族恤金。任职未满十年因公致死;因公受伤退职后死亡;因公受病退职后死亡的,除按终身恤金发给外,并增加给三分之二遗族恤金。文官因从征阵亡或因职务上致险死亡,除发给遗族恤金外,并按文官死亡时三月俸额发给遗族一次恤金。凡褫夺公权,丧失中华民国国籍者,褫夺遗族恤金。

七、官俸

北洋军阀政府对于官员的俸给也有着详细的规定,这种规定远比封建社会要合理，更适合官员的使用。同整个封建社会的官俸一样，北洋军阀政府的官俸也是差别巨大。根据1915年的财政部预算，大总统月俸二万四千元。除此之外还有办公费四万元，交际费四万元。如果大总统的俸给是用袁大头支付的话，他一个月的官俸是十万多元，这在当时实在是一个惊人的天文数字。相比较来说，副总统的官俸就少得多，年俸是十万元，平均每月官俸八千多元。办公费也比大总统低了一半，是二万元。国务总理月俸一千五百元，各部总长月俸一千元。

中央其他行政官员分九等十二级：简任一等一级六百元，二等二级五百元，三级四百元；荐任三等一级三百六十元，二级三百四十元，四等三级三百元，四级二百八十元，五等五级二百四十元，五等六级二百二十元，五等七级二百元；委任六等一级一百五十元，二级一百四十元，三级一百三十元，七等四级一百一十五元，五级一百零五元，六级九十五元，六等七级八十元，八级七十五元，九级七十元，九等十级六十元，十一级五十五元，十二级五十元。

地方行政官员官俸是：

省最高行政长官月俸八百元，厅长（司长）五百元，秘书、科长、技正二百元，科员、技士一百元。

道长官月俸五百元，秘书、科长、技正月俸一百元，科员、技士五十元。

县知事一等县月俸三百元，二等县二百五十元，三等县二百元。一等科员四十元，二等科员三十元。录事长十二元，录事八元。

对于技术官俸给，北洋军阀政府又做了单独规定。技监分为六级，月俸为五百五十元至八百元，每级级差五十元。技正分为十二级，二百二十元至四百四十元，每级级差二十元。技士分为十四级，二百五十元至一百六十五元，每级级差五元。

从以上官俸可以看到，北洋军阀政府对于技术官，也就是知识分子还是比较照顾的，他们的月俸级别最高享受到省最高行政长官的月俸。（本章资料均见《现行法令全书》）

总之，由于资产阶级革命的软弱性和不彻底性，造成了北洋军阀统治。这一时期，是中国最混乱的时期，也是新旧官制的交替时期。北洋军阀政府在官制上，不得不顺应时代潮流，打着民国与共和的幌子，但实际是变相的封建军阀统治。在官吏制度上，打下深深的封建烙印。这一时期官制的显著特点就是军政不分，军政合一。谁拥有军队，谁就拥有政权，充分体现了什么是军阀统治。赳赳武夫们信奉的是有枪有军队就有天下，根本就不考虑国家和民族的前途，更不会考虑国家的主权完整和百姓的生计、民主、自由与人权。北洋政府可以说是乱哄哄你方唱罢我登场，有的短命总理上台之后，连唱都没有来得及，就下了台。中国的官制没有一个时期像北洋军阀时期那样混乱。北洋军阀是两千年封建社会结束之后，由封建官制向近代官制转折期间的一个怪胎，集中体现了封建军阀和封建余孽在封建社会向现代社会过渡时期，对封建官制的留恋和贪婪。但是我们也必须看到，北洋军阀政权比较重视官吏管理制度建设，在较短的时间建立了一系列官制官规，尽管这些官制官规带有较大的局限性，显得比较粗略，但毕竟是封建社会结束后一种新型的官吏制度。北洋军阀政权的文官考试制度是一种现代科学的文官考试制度，对后代是一种导向标。按照这种考试制度建立起来的必定是一种现代文官制度。在这种制度下，官员大都是掌握现代科学知识的新人，这支官员队伍已经看不到封建儒家腐朽思想文化的统治，也没有某种西方学说的思想束缚。很显然，制定这套文官制度的当是一批学成归来的年轻留学生官员，而不是北洋军阀的上层集团。

第十章 国民政府官制

第一节 国民政府的建立

孙中山领导的辛亥革命，通过武装起义，推翻了清王朝的统治，于1912年1月在南京建立中华民国临时政府。但是，这个政权维持时间很短，仅三个月，政权就被袁世凯为首的北洋军阀所取代。后来孙中山在南方组织革命力量，建立武装，自任陆海军大元帅，于1923年在广州建立大本营(即军政府)，并以此为基地，于1924年1月29日召开中国国民党第一次全国代表大会，通过了《组织国民政府之必要提案》，公布了孙中山手拟的《中华民国建国大纲》，确立了"国民政府本革命之三民主义、五权宪法，以及建设中华民国"之建国纲领。将建国程序分为军政、训政、宪政三个时期。

孙中山在中国国民党第一次全国代表大会《开幕词》及《关于组织国民政府之说明》等演讲中，又着意阐发了"用政府力量去改造国家"，"把党放在国上"，"以党建国"、"以党治国"的原则。在这种指导思想下建立的中华民国国民政府实际就是国民党政府。

国民党的"中华民国"，自1925年开国，至1949年10月中华人民共和国建立，国民政府撤到台湾，在大陆前后共统治二十四年。在1948年5月之前，它的中央政府统称"中华民国国民政府”,1948 年 5 月改称“中华民国总统府”。国民政府以其都治的更迁,划分为广州国民政府、武汉国民政府、南京国民政府三个时期。按其建国程序论,1925 年 7 月至 1928 年 4 月为“军政时期”;1928 年 10 月至 1948 年 5 月为“训政时期”;1948 年 3 月召开“行宪国大”,5 月,国民政府改称“中华民国总统府”,宣布开始“宪政时期”。

1. 广州国民政府的建立

孙中山逝世后,陆海军大元帅大本营总参议、代行大元帅职的胡汉民,于 1925 年 6 月 25 日公布了《中国国民党执行委员会关于政府改组议决案》。议决设置国民政府军事委员会、监察院、惩吏院、审政委员会等机构。7 月 1 日,国民党中央执行委员会公布《中华民国国民政府组织法》,国民政府在广州由军政府(大元帅大本营)改组成立,统称“广州国民政府”,同时开始了建国的“军政时期”。

2. 武汉国民政府的建立

随着北伐战争节节胜利,国民政府于 1926 年 12 月迁都武汉。1927 年 1 月 1 日,国民政府命令定都武汉,将武昌、汉口、汉阳三镇合建为“京兆区”,2 月 21 日宣布国民政府在“新都”开始办公。

3. 南京国民政府的建立

1927 年 4 月 12 日,蒋介石在上海发动反共政变,17 日于南京召开中国国民党中央执行委员会政治会议,议决定都南京。18 日,新的国民政府在南京正式成立,俗称南京国民政府。原驻武汉的国民党集团,继“四一二政变”之后,于 7 月宣布“清党”,使国共合作分裂。9 月宁汉政府合流,至此,开始了蒋介石的独裁统治。1928 年 6 月,国民革命军二次北伐,攻进北京,北洋政府垮台。同年 10 月,国民党声称“训政时期”开始。

4. 中华民国总统府的建立

1948年3月29日至5月1日，国民政府召开“行宪国大”，按照《中华民国宪法》选举总统，实行总统制。4月19日，蒋介石当选为中华民国行宪后第一位总统，5月20日就职，国民政府遂改为总统府，从而开始了国民党的“宪政时期”。1949年10月1日，中华人民共和国宣告成立，标志着国民党中华民国结束，其总统府不再代表中国政府。

鉴于广州国民政府和武汉国民政府均属国民党政权开创时期，时间较短，并且当时尚未达到全国范围的统治，其机构体制还不完善，故本书对该政权主要介绍南京国民政府和总统府的官制。

第二节　中央机构与职官

一、国民政府本部

1925年7月1日，国民党在广州建立国民政府，并举行北伐战争。至1927年7月张学良在东北易帜，宣布接受国民政府领导，国民党的整个北伐战争结束，国民政府在全国取得统治地位。国民政府从在广州建立到1949年撤离大陆，前后经历了几个阶段：军政时期、训政时期、宪政时期。在不同时期的国民政府，表现有所不同。

综合各个时期的《国民政府组织法》规定，国民政府总揽中华民国之治权；国民政府统帅海陆空军；国民政府行使宣战讲和及缔结条约之权；国民政府公布法律，发布命令；国民政府行大赦、特赦及减刑、复权；国民政府授予荣典。

1. 军政时期的国民政府(1925年7月至1928年10月)

这一时期又可分为两个时期，广州国民政府时期和南京国民政府时期。

广州国民政府(1925年7月—1927年4月)

1925年7月,孙中山将大元帅府改为国民政府,国民政府在广州正式成立。这时期的国民政府,虽然孙中山已经提出《建国大纲》,但由于当时的形势所限,还无法完全按照《建国大纲》的要求去组织国民政府。广州国民政府中央行政体制主要有六部分组成:最高执行机构、行政机构、法制机构、司法机构、监察机构和军事机构。

(1)最高行政机构。

国民政府最高行政机构是国民政府委员会会议。根据1925年7月1日公布的《中华民国国民政府组织法》,国民政府委员会由若干委员组成,其中五人为常务委员会委员,一人为主席。委员会会议掌管全国政务,常务委员会处理日常政务,国民政府"公布法令及其他关于国务之文书,由主席、主管部部长署名;其不属于各部者,由常务委员会多数署名,以国民政府名义行之"。

(2)行政机构。

广州国民政府行政机构有外交、财政、交通、军事、司法五部与教育、侨务委员会。各部设部长一人,各委员会设主任委员一人,委员若干人。外交部,管理国际交涉、在外侨民以及中外通商事务。财政部,管理国民政府财务行政、处理政府预算及监督所属机关。交通部,管理全国路政、电政、邮政、航政及监督一切交通电气事业。军事部,虽然名义上成立,但并未组成机构,军事工作由军事委员会负责。司法部,国民政府并没有成立,1926年1月21日,国民政府正式公布《司法行政委员会组织法》。根据《组织法》,司法行政委员会负责民事刑事、非讼事件、人口户籍登记、监狱及出狱人员保护及其司法行政。1926年11月国民政府改司法行政委员为司法部。1926年11月15日公布《国民政府司法部组织法》,

该法规定：司法部“管理全国司法行政，并指挥、监督司法行政”，“司法部长于主管事务对于各省、各地方最高行政长官之命令或处分，认为不合法或逾越权限，得呈国民政府取消。”教育行政委员会，管理中央教育机关并指导监督地方教育行政。侨务委员会，管理华侨事务并指导监督海外华侨公共团体，组织进行归国就学、旅游参观、投资兴办实业等。广州国民政府所以高度重视侨务工作，因为国民党人大多与海外华侨有着密切的关系，广州国民政府离不开华侨的支持。

(3)法制机构。

广州国民政府法制机构为法制委员会。1925 年 10 月 13 日，法制委员会正式开始办公，1926 年 4 月 12 日，将法制委员会改名为法制编审委员会，由国民政府派员组成，其中一人为主席，负责法律起草和审议以及法律的编定和审定。同年 9 月 30 日，该委员会撤销。

(4)司法机构。

广州国民政府司法机构分为司法行政和司法审判。司法行政归司法部，司法审判归大理院。大理院设立民事庭和刑事庭。大理院还有总检察厅，负责检察工作。

(5)监察机构。

广州国民政府监察机构为监察院。1925 年 8 月广州国民政府成立监察院。监察院由监察委员五人组成，一人为主席。监察院下设第一至第五局和政治宣传科。五局由监察委员分别兼任。以后，将五局一科改为三局一处一科。1926 年 1 月成立惩吏院，负责对官吏的惩处。凡是行政官员和司法官员有违法失职行为，监察院向惩吏院起诉，给以行政处分，如果涉嫌刑事犯罪，则提交司法机关处理。惩吏院对于监察院的起诉组成合议庭进行审理。惩吏院主席担任庭长。因为惩吏院委员多没有到任，同年 5 月，惩吏院就撤销,其工作移交监察院。1926 年 10 月公布《修正国民政府监察院组织法》,该法规定:监察院“受中国国民党之监督、指导与国民政府之命令,掌理监察国民政府所属行政、司法各机关官吏”。

(6)军事机构。

1925 年,广州国民政府成立最高军事委员会。1926 年 7 月 5 日公布的《中华民国国民政府军事委员会组织法》规定,军事委员会统率国民政府所辖陆海军和航空队及一切军事机关,负责国防计划实施、军事动员、军制改革、高级军官及同级官佐的任免,陆海军移防、预算、决算及高等军事裁判等。军事委员会由委员若干人组成,其中一人为主席。军事委员会下属机构有:秘书厅、政治训练部、参谋团、海军局、航空局、军需局及兵工厂等。军事委员会直属机构还有国民革命军总司令部,作为负责北伐战争的最高指挥机关。国民革命军总司令部设总司令和参谋长。办事机构有参事厅。参事厅由参谋长、总参议和高等顾问组成,协助总司令处理各项军务。北伐军总司令由军事委员会主席兼任。除此之外,军事委员会另一个重要机构就是黄埔军官学校。黄埔军官学校设校长和党代表,下设政治、军事、教授部和军需、管理、军医三处。黄埔军校校长由蒋介石担任。

就广州国民政府中央机构而言,由于是初创,各个方面很不健全,但是它毕竟是以后国民政府的雏形,为以后国民政府的建立打下了基础,特别是对于北伐战争的胜利起到了组织保障。

南京国民政府(1927 年 4 月—1928 年 10 月)

这一时期是南京国民政府“统一建国”时期。该时期中央政权虽有更迭,机构有所变动,但其建制同属“军政时期”体制,即采取二级制:在国民政府委员会下,直接设置并领导中央各部、委、院机关,立法、司法、行政、监察诸权汇一,“五权分立”的政府组织制度尚未实行。

(1)国民政府委员会。

南京国民政府初建时，暂沿广州国民政府旧制，设委员四十二人，常务委员五人，不设主席。1928 年 2 月 13 日颁布《修正中华民国国民政府组织法》，规定“国民政府受中国国民党中央执行委员会之领导及监督，掌理全国政务”。这样，国民党中央执行委员会实际就成了国民政府的太上皇，国家要受国民党的领导与指挥，把党凌驾于国家之上，不是以法治国，而是以党治国，一党治国。这又是与北洋军阀政府的不同之处，北洋政权虽然是军阀政权，但是没有一个党凌驾于国家之上。国民政府设委员若干人，常务委员五人，并于常务委员中推选一人为主席，“处理政务，以会议行之，日常政务由常务委员会执行之”。

国民政府委员会内部办事机构设秘书处、副官处、参事处(厅)及印铸局、法制局、劳工局。其中秘书处置秘书长一人，秘书若干人，分总务、机要、撰拟三科办事。副官处置副官长一人，高级副官若干人，分科办事。参事处(1928 年改称参事厅)置参事若干人，由国民政府简任。

(2)国民政府各部、委、院机关。

南京国民政府初建时，置民政、外交、财政、交通、司法等五部和教育、法制、财政、外交、建设、预算、财政监理等委员会，以及大学院、监察院等机构；1928 年 2 月 13 日公布《修正中华民国政府组织法》，将民政部改称内政部，另增设农矿、工商两部和审计、考试、法制三院，蒙藏、侨务、禁烟等委员会，以及赈务处、中央特种刑事法庭等机构；各部一般设部长、次长、参事、秘书长，以及有关司、局、处等机构和职官；各委员会一般置设主席(或称主席委员)、委员、秘书长等职。

2. 训政时期的国民政府(1928 年 10 月—1948 年)

1928 年 10 月 3 日，国民党中央常务委员会通过《国民政府组织法》,8 日,由南京国民政府正式颁布,10 月 10 日,五院制国民政府在南京宣告正式成立。国民政府下设五院,独立行使行政、立法、司法、考试、监察五种治权。五院分别是行政院、立法院、司法院、考试院、监察院。“五院制”又称“五权分立”。根据孙中山的“五权宪法”建立的中央组织制度,是以中央政府设立的行政、立法、司法、考试、监察五院来行使“五权”,以五权独立,行使“五权分立”。国民政府还设置了参谋本部、军事参议院、训练总监部、军事委员会(1932 年复设)等直属机构。

依《国民政府组织法》,国民政府废弃过去的委员会议制,采用以主席为中心的国务会议制。主席兼陆海空军总司令,对外代表国家接见外使,并举行参与国际典礼。国民政府通过国务会议处理国务。国务会议由国民政府委员会组成,以国民政府主席为国务会议主席。国民政府发布法律与命令,经由主席会同五院院长共同署名。这是一种由委员会议制向主席集权制过渡时期的中央建制,也就是加强蒋介石的权力。这引起了国民党内部其他派系对蒋介石的不满。1931 年 12 月 26 日,国民党四届一中全会议决修改《国民政府组织法》,明确国民政府主席为中华民国国家元首,对内对外代表国民政府,但不负实际政治责任,任期二年,连任一次;同时,将国务会议改称国务委员会,由国民政府主席及委员组成,取消原设于行政院的国务会议,行政院长负实际政治责任。国民政府主席、五院院长由国民党中央执行委员会选任,“五院”各自对中央执委负责。

国民政府委员会设主席一人,委员十二人至十六人。1931 年后规定国民政府主席、五院院长、副院长为当然委员,并设委员十六人至三十二人,不久,又增加为二十四人至三十六人。由国民党中央执委选任五院正副院长及所属各部部长,委员会委员长,而不是由国民政府主席提请任命。国民政府主席成了一种象征。我们看到,那些对蒋介石不满的官员,就利用国民党中央执行委员会限制他。这虽然限制的是蒋介石,但实际上还是党国不分,而且党在国上。这不能不说是国民党统治的一大弊端。蒋介石于是不再担任国民政府主席,选举林森担任,蒋介石担任行政院长。行政院长成了实权部门,而国民政府委员会则成了有名无实的最高权力机关。1943 年 8 月林森去世,蒋介石担任国民政府主席,国民政府又成了国家元首和最高代表,对外"代表国民政府接见外使,并举行或参与国际典礼",并"兼中华民国海陆空军总司令"。五院正副院长原来由国民党中央执行委员会选任改为由国民政府主席选任,五院院长也由对中央执行委员会负责改为对国民政府主席负责。国民政府主席的任期由任期二年,连任一次,改为任期三年,连选连任。这时候的国民政府起码在表面上部分消除了党凌驾于国之上的现象。这说明四十年代的蒋介石已经完全控制国民政府的局势,他现在是国民党中央执行委员会主席(以后改称总裁),国民党总裁可以根据需要随时修改《国民政府组织法》。国民政府实际是由国民党中央执行委员会说了算,充分体现了一党执政的特点。《国民政府组织法》还规定,现役军人不兼任国民政府委员。

国民政府委员会内部办事机构设文官处、参军处、主计处等机关。文官处置文官长、文书、参赞,及文书局、印铸局等职官和机构;参军处置参军长、参军与典礼局、总务局等职官和机构;主计处置主计长、主计官与岁计局、会计局、统计局等职官和机构。另设直属警卫团(旅、师、军)。

在这一时期,还有一个重要机构,就是国防最高委员会。1939 年 1 月,适应抗战的需要,撤销最高国防会议,成立国防最高委员会。国防最高委员会集党政军权于一体,国民党中央执行委员会所属各部、行政院所属各部委、军事委员会所属各部会都在最高国防委员会的指挥之下。

国防委员会由委员长、委员组成。委员长由国民党总裁蒋介石担任,委员由国民党执行委员会常务委员和国民党监察委员、国民政府五院正副院长、军事委员会委员充任,并由委员长指定十一人为常务委员,组成常务会议。国民党中央党部秘书长、各部部长、训练委员会主任委员、中央政治委员会秘书长、国民政府文官长、行政院秘书长、军事委员会正副参谋总长、各部部长、军事参议院院长、军法执行总监、办公厅主任、航空委员会主任、海军司令员、总动员委员会正副主任委员、战地党政委员会正副主任为执行委员。各执行委员根据委员长的指定,可以列席最高国防委员会常务会议。最高国防委员会日常机构为秘书厅,协助委员长处理日常事务。国防最高委员会有众多的临时机构,如总动员委员会、物价审查委员会等。

最高国防委员会下属有两个重要机构——中央设计局和党政工作考核委员会。适应抗战的需要,1940 年成立了中央设计局和党政工作考核委员会。

中央设计局为国防最高委员会主持政治、经济建设计划的设计与审核机关,局设总裁,由国防最高委员会委员长兼任。下设审议会、秘书处、设计委员会与预算委员会。审议会由审议员七至九人组成,组成人员由总裁选定,总裁为会议主席。审议会的主要任务是:政治、经济、建设、计划与预算;党政制度机构及重要法规的调整;重要政策的建议。也就是说,审议会负责战时党政机构的管理与调整。设计委员会的人选也是由最高国防委员会委员长选任,会议召集由中央设计局秘书长召集。预算委员会由九至十五名委员组成,国防最高委员会秘书长、财政部长、财政专门委员会主任委员、国民政府主计长及中央设计局秘书长为当然委员。

在整个抗战期间,国民政府机构在中央设计局的主持下,作了较大调整,增设农林部(1939 年设立)、全国粮食局(1940 年设立,

1941年改为粮食部)、水利委员会(1941年设立)、兵役部(1944年设立,1946年撤销);撤消了国民政府导淮委员会、黄河水利委员会、全国经济委员会、海军部、劳工委员会;将铁道部并入交通部,实业部改为经济部,禁烟委员会、卫生署改隶内政部;国民党中央社会部、司法院行政部、内政部、地政署改隶行政院。

党政工作考核委员会是战时党政机关的考核机关,主要考核中央及各省党务机关工作成绩;中央各部委院及各个行政机关的工作;考核核定设计方案实施进度;考核现行法令实施利弊;经济建设情况考核;各机关经费人事考核。考核委员会设委员长一人,副委员长二人,委员十四人。五院院长、中央执行委员会秘书长、中央监察委员会秘书长、国防最高委员会秘书长以及党政工作考核委员会秘书长、党务处主任、政务处主任为当然委员。党政工作考核委员会设秘书长一人,承委员长之命,办理该委员会的日常工作。秘书长由国防最高委员会提请国防最高会议指定。

委员会下设秘书处、党务处、政务处。秘书处负责该会文书事务、人事、会计与统计工资。秘书处除秘书长外设秘书、人事、会计、统计四室。秘书室置主任秘书一人,秘书一至三人,室主任三人,科长二人,专门委员三至四人,专员三至四人,助理秘书二至四人,总干事十至十二人,干事九至十一人,助理干事十至十二人,佐理员二十人至二十三人。

党务处负责战时党务工作考核。党务处下设秘书室和第一、二组。置秘书一人,组长二人,专门委员十六人至二十人,专员八人至十二人,总干事七人至九人,干事七人至九人,助理干事四人至六人,佐理员五至六人。

政务处负责行政经济建设工作计划、审核、编制、调查等事项的考核。政务处设秘书室及第一至第七组,置秘书一人,组长七人,专门委员三十人至三十四人,专员八人至十人,总干事十人至十二人,干事六至七人,助理干事六至七人,佐理员五至六人。

党政工作考核委员会每年都组织考察团,对中央和各省市党政机关工作进行实地考察。考察团分为两种,一种是中央党政机关工作考察团,一种是地方党政机关工作考察团。

应当说,中国人民在国民政府领导下,进行了艰苦卓绝的抗日斗争,可歌可泣,功垂千秋,但是,我们也应看到,在全国人民抗战期间,前方将士浴血奋战,敌后百姓水深火热,但国民政府的大后方,一批贪官污吏却在醉生梦死,尤其是宋子文、孔祥熙两大家族趁机大发国难财。尽管宋子文、孔祥熙两任行政院长,因为腐败问题,而被参议员傅斯年等人弹劾下台,但他们并没有受到法律的惩罚。国民党的一党统治无法解决腐败问题,从而导致国民政府被逐出大陆。

3. 宪政时期的中华民国总统府(1948 年—1949 年 9 月)

抗战胜利,1946 年 11 月 15 日,国民大会召开,12 月 25 日通过《中华民国宪法》,1947 年 1 月 1 日公布,决定于同年 12 月 25 日实行宪政。1948 年 3 月 29 日"行宪国大"召开,蒋介石主持会议并致开幕词,称这次大会是"中华民国实行民主宪政的开始"。蒋介石被选举为中华民国总统。从国民党的"行宪国大"我们看到,蒋介石虽然还是国民党的总裁,也比较顺利地当上国民政府总统,但是在副总统的人选上,蒋介石却已经不能左右局势,代表们按照各自的派系,各投各的票。蒋介石已经无法控制民主选举的大趋势。根据《中华民国宪法》,中华民国国民政府被中华民国总统府所取代。中华民国总统府设总统一人,副总统一人。据《中华民国总统府组织法》规定,总统府内设资政、参议各若干人;秘书长、副秘书长、参军长各一人;以及秘书、参军、参事、编审、典玺等官职。设第一至第六局及机要室、侍卫室和人事处、警卫总队。

总统府直辖机关,除"五院"和军事机关外,还有"戡乱"建国运动委员会、战略顾问委员会、稽勋委员会、国父陵园管理委员会。上述委员会置主任委员、副主任委员、委员、正副秘书长、战略顾问等职，总统府还直辖中央研究院、国史馆。

附：历任国民政府主席、总统一览表

时　期	姓名	时　间
（广州）国民政府委员会主席	汪兆铭	1925.7.1 任；1926.3.23 请假由谭延闿代理。
（武汉）国民政府委员会临时联席会议主席	徐　谦	（1927.1—9）
（武汉）国民政府委员会	汪兆铭	1927.1—9 谭延闿代理，1927.3.11 国民党第二届三中全会议决国民政府不设主席。
（南京）国民政府委员会主席	胡汉民	1927.4.18—9.17
	谭延闿	1928.2.7—1928.10.8
	蒋中正	1928.10.8—1931.12.15
	林　森	1931.12.15 代，1931.12.28 任，1943.8.1 病故。
	蒋中正	1943.9.14—1948.5
中华民国总统	蒋中正	1948.4.19 当选，1949.1.21 引退。
	李宗仁	1949.1.22 代理。

二、国民政府五院

按照国民政府建国大纲的计划，南京国民政府于 1928 年 10 月转入“训政时期”，“治权之行政、立法、司法、考试、监察五项，托付于国民政府总理执行之”，分别建立了行政院、立法院、司法院、考试院和监察院。1948 年 5 月，国民政府改为总统府后，仍实行“五院制”。

1. 行政院

行政院于1928年10月25日成立,为国民政府最高行政机构,设正副院长各一人。行政院正副院长总理行政院事务,监督所属各官署。行政院长、副院长及所属各部部长、各委员会委员长组成行政院会议,以院长为主席。行政院会议主要讨论和议决立法院的法律案、预算案、大赦案、宣战案、媾和案以及各种国际交涉政务,任免荐任级行政司法官吏,处理各部委之间不能解决的事。1930年11月将行政院会议改称国务会议。行政院各部部长、次长、委员长、副委员长、委员人选,由行政院长提请国民政府主席依法任命。行政院初设内政、外交、军政、财政、农矿、工商、教育、交通、铁道、卫生十个部及建设、蒙藏、侨务(1929年撤销,1932年恢复)、劳工、禁烟五个委员会,其后又相继设置的机构有赈灾(务)委员会、海军部、实业部、警察总监、全国经济委员会、司法行政部(1931年12月由司法院改隶行政院,1934年又改隶司法院,1942年又划归行政院)、卫生署、财政委员会、故宫博物院等。属行政院直接管辖的还有:蒙古地方自治政务委员会及绥远省境内蒙古各盟旗地方自治政务委员会、察哈尔省境内蒙古各旗盟地方自治政务委员会。1931年12月30日公布的《修改中华民国国民政府组织法》规定,各委员会除了委员长、副委员长,还设委员若干人。各部部长、委员长负责和管理本部委工作。各部委除了设置部长、委员长,还设置政务次长、常务次长、副委员长,协助部长、委员长工作。

行政院内设机构为秘书处和政务处。秘书处负责文书收发、编制与保管,文稿撰拟、翻译、典守印信,会计庶务以及行政院职员的任免等。秘书处设秘书长一人,负责全处的工作,秘书、科员根据秘书长的安排分管具体工作。政务处负责行政院的会议事项提交国务会议或国务会议发交行政院的议决事项;向立法院提交或立法院咨送行政院事项;撰拟行政院的各项命令。政务处设处长一人,下设参事、科员负责本处具体工作。

抗日战争期间,适应抗战的需要,国民政府增设、撤销、合并了一些行政机构和改变了一些机构的隶属关系。1939 年增设农林部,1940 年设立全国粮食局,1941 年改为粮食部。1941 年设立水利委员会,1944 年设立兵役部。撤销的机构有:国民政府导淮委员会、黄河水利委员会、全国经济委员会、海军部、劳工委员会。将铁道部并入交通部,实业部改为经济部,禁烟委员会、卫生署改隶内政部(1939 年改隶行政院),国民党中央社会部、司法院行政部、内政部、地政署改隶行政院。

抗战胜利,国民政府行政院及其所属机构又有较大变化。据 1948 年 5 月 19 日国民政府公布的行政院组织法,总统府行政院设内政、外交、国防、财政、司法行政、农林、工商、交通、社会、水利、地政、卫生、粮食、主计等十五个部和资源、蒙藏、侨务三个委员会。行政院各部会长官均为政务委员,另置不管部会的政务委员五至七人。行政院置院长、副院长、秘书长各一人。各部一般置部长、政务次长、常务次长、参事、专门委员等职官。行政院内设机构设司、厅、处、局等机构,各司、厅、处、局分科办事。各委员会一般置正副委员长或正副主席、委员、参事等职。有的还设有常务委员、专门委员。

1949 年 3 月 15 日,总统府立法院通过简化行政机构案,决定行政院裁并为内政、外交、国防、财政、教育、司法行政、经济、交通等八部及蒙藏、侨务两个委员会。这次机构裁并可以说是国民政府在大陆的最后一次机构改革。这次机构改革看上去力度很大,以挽救国民政府的颓局,但是大势已去,国民政府已经无法挽救失败的命运。1949 年之后的行政院机构设置已经没有代表性。下面将"训政时期"国民政府行政院所属各部内设机构和直辖机构做一介绍。

内政部　内设民政司、方域司、礼俗司、营建司、总务司、警察总署、会计处、统计处、禁烟委员会等机构和相应的职官。直属机构有首都警察厅。

外交部　内设亚东司、亚西司、欧洲司、美洲司、条约司、礼宾司、总务司、会计司、人事处，以及驻联合国办事处等机构。同时负责管理驻外大使馆、公使馆和领事馆。

国防部　内设第一至第六厅、民事局、政工局、保安事务局、预算局、兵役局、预备干部局、保密局等机构。负责分管的机构有中央训练团、陆军总司令部、海军总司令部、空军总司令部、联合后防勤务总司令部等机构。

财政部　内设国库署、直接税署、关税署、总务司、钱币司、公债司、地方财政司、盐务总局、会计处、统计处、人事处等机构。直辖有中央银行。

教育部　内设中等教育司、国民教育司、社会教育司、边疆教育司、总务司、会计处等机构，直辖有国立编译馆、国立边疆文化教育馆等机构。

司法行政部　内设总务司、民事司、刑事司、监狱司、人事处、会计处、统计处、法医研究所等机构。

农林部　内设总务司、农事司、农村经济司、林业司、渔业司、畜牧司、垦殖司、农业推广委员会、棉产改进处、人事室等机构，之下有中央农业实验所等机构。

交通部　内设路政司、邮电司、航政司、材料司、财务司、总务司、会计司等机构。直辖有邮政总局、公路总局、民用航空总局、第一交通警察总局、第二交通警察总局等机构。

社会部　内设总务司、福利司、组织训练司、人民团体司、工人司、劳动局、工矿检查处、会计处等机构。

地政部　内设地籍司、地价司、地权司、地用司、总务司、会计处等机构。

卫生部　内设医政司、防疫司、保健司、总务司、药品供应处、麻醉品经理处、黑热病防疫处、东南鼠疫防疫处、中央生物化学试验处等机构。

粮食部　内设管制司、储备司、分配司、总务司、财务司、田赋署、储运处、会计处等机构。

水利部　内设水政司、防洪司、渠港司、水文司、水利示范工程处、会计处等机构。直辖有海河水利工程局、长江水利工程局、淮河水利工程局、珠江水利工程局等机构。

主计部　内设岁计局、会计局、统计局、人事处等机构,置主计长一人,副主计长二人,主计官数人。

经济部　内设农林署、工业司、商业司、商标司等机构。直辖中央标准局、资源委员会等机构(1949 年 3 月,工商部和农林水利部及资源委员会合并,仍称经济部)。

资源委员会　内设财务司等机构(1949 年 3 月归经济部)。

蒙藏委员会　内设蒙事处、藏事处、总务处,外置驻藏办事处、驻北平办事处等机构。

侨务委员会　内设第一至第四处等机构。

就国民政府行政院的内设机构来说,还是比较精简的,部委机构没有超过二十个,而且各个部委的职官人数也不多,无论是行政院,还是各个部委次长一般都是两三人,没有超过四人以上。整个来说,国民政府行政院及其下属各个部委虽然效率比较低,但不是人满为患。应该说这是一个比较科学合理的职官机构设置。

2. 立法院

立法院是国民政府(总统府)最高立法机关,于 1928 年 10 月成立。该院有议决法律案、预算案、大赦案、宣战案、媾和案、条约案及其他重要国际事项的职权。立法院设院长、副院长各一人,委员四十九人至九十九人。委员由立法院长提请国民政府任免,每届任期两年,可以连任,不得兼任中央及地方政府机关之事务。1931 年 6 月,对立法委员任命方式做了新的规定,立法委员由立法院院长提出人选,由国民政府主席提请国民政府依法任免。立法院长会议以院长为主席。同年 12 月又规定,立法委员增至四十人至一百人。立法院本部置秘书处、统计处、编译处。院下初设法制、外交、财政、经济四个委员会,不久又增设军事委员会。各委员会由立法委员分任,委员长由院长指定。

1948 年 5 月总统府成立后,立法院仍设院长、副院长、秘书长各一人,增设副秘书长一人。据 1948 年 5 月《立法院组织法》规定,立法院置设内政及地方自治等二十一个委员会。各委员会委员由立法委员分任之。立法院本部内设秘书处和编筹处,各置处长一人;设会计处,置会计长一人;秘书若干人。所设的二十一个委员会分别是:内政及地方自治委员会、国防委员会、经济及资源委员会、预算委员会、农林及水利委员会、刑法委员会、社会委员会、商务委员会、粮政委员会、卫生委员会、教育文化委员会、外交委员会、侨务委员会、民法委员会、边政委员会、财政金融委员会、交通委员会、劳工委员会、海军委员会、法制委员会、地政委员会。各委员会一般置五人至十五人,其中召集委员一人,专门委员或主任秘书一至三人。

立法院虽然是立法机关,但是他们所议定的法律法规都要经过国民党中央政治委员会会议决定。这也正是中国国民党一党治国的特点,立法院根本不可能超然于党派之上立法。

3. 司法院

司法院是国民政府最高司法机关,于 1928 年 10 月成立。司法院设院长、副院长各一人。该院掌理司法审判、司法行政、官吏惩戒及行政审判等职权。1931 年 6 月 15 日公布的国民政府组织法，将司法院职权做了新的规定，只掌理司法审判。院内置设秘书、参事两处，下设司法行政、司法审判、行政审判三署和官吏惩戒委员会。1948 年 5 月后在司法院内增设大法官会议，以大法官十七人组成，行使解释刑法并统一解释命令的职权，以司法院院长为主席。司法院置参事六至八人，设秘书、会计两处，置秘书八至十二人，会计长一人。司法院直辖机关为：司法行政部、最高法院、行政法院、公务员惩戒委员会。

（1）司法行政部

1928 年 10 月置司法行政署，11 月改为司法行政部。该部掌理全国司法行政事务，设部长一人，政务次长、常务次长各一人，秘书四至六人，参事二至四人。内设总务司、民事司、刑事司、监狱司。1931 年曾将该部隶属行政院，1934 年 10 月复隶司法院。该机构于 1943 年 1 月撤销。

（2）最高法院

1928 年 10 月初置司法审判署，11 月改为最高法院。该院为全国终审审判机关，设院长一人，内置民事、刑事等庭及检察署。检察署置检察长。1931 年规定，最高法院院长由司法院院长兼任。国民政府实行的是三级三审制。国家设立最高法院，省和特别区设高等法院，县、市设地方法院。

（3）行政法院

1928 年 10 月初设行政审判署，掌理行政诉讼审判事宜，同年 11 月改为行政法院。依 1932 年公布的行政法院组织法规定，负责全国诉讼行政案件审判事务。设院长一人，分置二庭至三庭。1933 年 6 月，该院正式成立。

另外，在 1948 年 3 月，曾设置中央特种刑事法庭。

（4）中央公务员惩戒委员会

1928 年 10 月公布《司法院组织法》，置官吏惩戒委员会，直隶法院，掌理文官、法官惩戒事宜，但尚未见该会组织法，亦无职官任命。1931 年将官吏惩戒委员会改名为公务员惩戒委员会，同年 6 月 8 日公布的组织法，规定该会掌理一切公务员之惩戒事宜，分设中央公务员惩戒委员会和地方公务员惩戒委员会。前者设委员长一人，委员十一人至十七人；后者分设于各省（或直辖市），置委员长一人，由省、市高等法院院长兼任。对于荐任职以上的公务员，须经监察院成立弹劾案之后，公务员惩戒委员会方可进行惩戒。对于委任职公务员的惩戒，或者成立弹劾案，或者由其主管长官交付惩戒。1948 年 4 月 15 日公布的《公务员惩戒委员会组织法》规定：公务员惩戒委员会委员长为特任，委员均为简任，担任委员的至少有五至七人为简任法官，年龄要在四十岁以上，对于政治法律有较深的研究，担任简任职公务员五年以上或荐任职公务员十年以上。公务员惩戒委员会置书记长一人，简任或荐任；书记官二十人至二十五人，其中八人为荐任，其余为委任。公务员惩戒委员会设会计室、统计室和人事室。会计室置会计主任 ·人，荐任；统计室置统计员一人，委任；人事室设主任一人，荐任或委任，掌管人事管理事务。

4. 考试院

考试院是国民政府最高考试机关，1928 年 10 月开始筹备，1930 年 1 月正式成立。该院掌理考选、铨叙事宜，设院长一人，副院长一人。据 1928 年 10 月 20 日公布的《考试院组织法》规定，考试院设秘书处和参事室，1938 年后增设人事处，直辖机关有考选委员会与铨叙部，附设编译局。根据 1941 年 8 月 21 日公布的《考试院组织法》，考试院设秘书长一人，为特任。秘书处掌文书收发与保管、文件的分配与撰拟、典守印信、考铨行政调查、警卫与卫生诸事项。秘书处设秘书十人，四人为简任，其他为荐任。科长三至五人，简任；科员三十人至四十人，其中六至十人为荐任，其他为委任。从这里可以看到，秘书处级别之高，光简任职秘书就有四位。参事处设参事四至六人，简任。1948 年 5 月以后的考试院置院长、副院长各一人，秘书长一人，考试委员十九人。秘书处秘书与参事室参事的人数设置没有多大变化，秘书八至十二人，参事六至八人。直辖机关为考选部和铨叙部。

(1)考选委员会(考选部)

1930 年 1 月，国民政府成立考选委员会。根据 1941 年 8 月 21 日公布的《考选委员会组织法》，考选委员会设委员长、副委员长各一人，委员五至七人。委员长为特任，委员为简任；秘书长一人，简任，秘书四人，二人为简任，二人为荐任。考选委员会掌管考选各级公职候选人以及任命人员和专门职业人员。考选委员会置秘书长一人，主持整个考选工作。下设四个处，每个处设处长一人。第一处掌管中央与地方公职候选人的考试；第二处掌管任命人员的高等考试、普通考试及特种考试；第三处掌管依法应领证书的专门职业人员的考试；第四处掌管文书、议事、出纳、庶务与登记。考试分为高等文官考试与普通文官考试。每次考试都要成立典试委员会。高等文官考试由国民政府特派主考官，普通文官考试由国民政府简派主考官。考试结束，典试委员会就解散。考选委员会还设会计主任和统计主任各一人，办理岁计、会计、统计业务。

1947 年 3 月，考选委员会改为考选处，为院部机关。1948 年 7 月建考选部，为考试院直辖机关，掌理全国文职公务人员、专门职业及技术人员之考选；办理并组织典试委员会等事项。考选部设秘书处和一、二、三、四司，人事、会计、统计三室及各有关委员会。

(2)铨叙部

铨叙部于1930年1月正式成立，主要职权是掌理全国文官、法官、外交官及其他官员的铨叙事项，设部长、副部长各一人，后增设秘书长一人。铨叙部下设秘书处、登记司、甄核司、育才司，并附设铨叙审查委员会（以副部长、秘书长、各司司长及有关的科长组成）。1933年2月将铨叙部原设之副部长改为政务次长、常务次长，辅助部长处理部务，铨叙部设参事数人。部长为特任官，次长为简任官。铨叙部内设机构有总务司、登记司、甄核司、考功司、奖恤司和铨叙审查委员会。总务司为铨叙部的办公厅，登记司主要负责公务员调查登记以及考取人员的登记分发。甄核司负责公务员任免审查、升降、转调、叙资审查等。考功司负责公务员考绩考成审查、叙绩、叙俸等。奖恤司负责公务员奖励、抚恤、年金、退养金、公益福利等。铨叙部设参事二至四人，简任；秘书四至九人，三人简任，其他均是荐任；视察四至八人，荐任；科长十五人至十八人，荐任；科员七十人至一百人，委任；助理员四十人至六十人，委任。铨叙部还设立统计室，设统计主任一人，会计主任一人。

从1942年开始，铨叙部在各省设立铨叙处，办理省级以下公务员的考核与铨叙。根据《人事管理条例》，各省设立人事处，置处长一人，简任职。人事处长与各个厅长是一个级别。1946年铨叙处改为考铨处，负责公职候选人、任命人员、专业技术人员的考试，委任职公务员资格俸级审查、公务员考绩、考成、升降、转调审查，委任职公务员奖励、退休、抚恤审查、委任职公务员登记、考取人员的分发。考铨处置秘书一至三人，科长三至五人，都是荐任职；科员二十人至三十人，助理员十五人至二十四人，均是委任职。

5. 监察院

监察院为国民政府最高监察机关，1931年2月正式成立。初设院长、副院长各一人。监察委员十九至二十九人。1931 年监察委员增加为二十九人至四十九人。监察院会议由监察委员组成，以院长为会议主席。院内置设秘书处和参事处。1948 年 5 月总统府公布的监察院组织法规定：监察院设院长、副院长、秘书长各一人，参事四至六人。设秘书处，置秘书八至十二人。监察院设审计部。1948 年 7 月 28 日总统府制定监察院各委员会组织法，规定监察院设内政地司、外交侨务、国防、财政粮政、经济资源农业水利、教育、交通、司法、社会卫生、蒙藏等十个委员会。各委员会委员由监察委员分任。各委员会置召集人三人。

(1)审计部

审计部为监察院直辖机关，掌理监督政府各机关预算之执行；核定其收入与支付命令，审核其预算、决算；稽核其财政上的不法或不忠于职务之行为。审计部设正副部长各一人，审计九至十二人。审计部下设三厅，各厅厅长由审计兼任。1933 年 4 月将副部长改为政务次长和常务次长。1948 年 6 月，审计部部长正式改称审计长，内部机构也有所调整，内设三厅，各置厅长一人；设参事二人；设总务处。1949 年增设副审计长一人，审计改为八至十二人。依审计部组织法，审计部于各省及院辖市设审计处，置审计兼处长一人。

(2)各监察使署

1933 年 2 月，全国划分为十四个监察区，各区设监察使，其办公机构为监察使署，由监察院派驻监察使。据 1938 年统计，全国所设的十四个监察区分别是：江苏监察区、浙江福建监察区、安徽江西监察区、云南贵州监察区、湖北湖南监察区、广东广西监察区、河南山东监察区、河北监察区、甘宁青监察区、晋陕监察区、新疆监察区、浙江监察区、福建台湾监察区、四川西康监察区。

1948 年 7 月，总统令制定监察院监察委员条例，将全国划分为十六个监察区，设监察委员行署。其区划为甘宁青、豫鲁、晋绥陕、云贵、两广、两湖、皖赣、闽台、苏浙、冀热察、川康、新疆、辽宁安东辽东、吉林松江兴安、西藏区。监察委员行署由监察委员三人主持。

以上就是国民政府的五权分立。这种五权分立源于孙中山的“五权分立”学说，孙中山的五权分立又源于西方三权分立。由三权分立到五权分立，表面看似更加细化，更有利于防止独裁专政。但是，只要是国民党一党专政，就难以避免独裁现象出现。因为五院长官都是国民党一党之人，其他党派之人很难占据要职，即使身居要职，也难以行使其职权。况且，五院长官最后还得听国民党总裁的。国民政府的五院制，只是模仿了西方国家的形式，并没有真正学习其实质性的内容。更重要的是国民党实行三民主义，但并没有建立起真正的民主制度，其他党派对其执政难以进行有效制约。但无论如何，五权分立的行政管理体制，毕竟有利于各个职能部门的相互制约，有效预防了政府职能部门的一权独大，无人制约。

三、国民政府军事机关

国民政府军事行政机关，在不同时期有着不同的组织形式，先后建立过军事委员会、军政部、参谋本部、军事参议院、战略顾问委员会，以及训练总监部等机构。这些机构属“五院”以外，而又直属国民政府。

1. 军事委员会

军事委员会为最高军事行政机关，1927 年初建时，设委员若干人，常务委员五至七人，互选一人为主席，下置总务、参谋、军务、军事教育四厅及海军、航空、经理、政治训练四处。同年 11 月裁军委会主席，置主席团，下设主席团办公厅及参谋、军政等三厅，总务、经理、审计、军事教育四处。又置政治训练、兵站总监两部。1928年2月又复置军事委员会主席。同年8月裁军事委员会，改设军政部、参谋部、军事参议院及训练总监部等机关。

1932年3月，决定重建军事委员会，仍直隶国民政府，为全国最高军事机关。军事委员会设委员长一人，委员七至九人。行政院长、参谋总长、军政部长、训练总监、海军部长、军事参议院院长为当然委员，在委员中推选三至五人为常务委员，后来常委扩至五至七人，又增设副委员长二人。

全面抗战爆发后，一切服从抗日，军事委员会变成了强化部门。国民政府将原属于国民政府的参谋本部、训练总监部、军事参议院移归军事委员会管辖，行政院所属的军政部、海军部并归军事委员会兼领。1938年11月又改组军事委员会，裁撤参谋本部、训练总监部、政治部、海军司令部。至此，军事委员会直辖机构有：军令部、军政部、军事训练部、政治部、军法执行总监部、航空委员会、铨叙厅、军事参议院、海军总司令部、空军总司令部、后方勤务部、调查统计局，后又增设抚恤委员会、战地党政委员会、知识青年从军编练总监部及各局。军事委员会废除了常务委员制，一切军事行动由委员长一人负责。委员长兼任陆海空军大元帅，统率全国陆海空军。另外，军事委员会在各地设有战区司令长官、卫戍司令部、委员长行营（行辕）及“绥靖”公署。1946年5月，国民政府裁撤军事委员会及其所属机构，6月，在国民政府行政院设国防部。

2. 训练总监部、军事训练部

军事总监部于1928年11月正式成立，直隶国民政府，掌管全国军事教育、所属学校教育及国民军事教育事宜，设总监一人，副总监二人，参事六人。训练总监部下设总务厅、步兵监、骑兵监、炮兵监、工兵监、辎重兵监、交通兵监、通讯兵监、国民军事教育处、政治训练处和军学编译处等机构。该总监部直辖中央陆军军官学校及各兵种学校。1938 年 2 月，训练总监部改组为军事训练部，并改隶为军事委员会。

3. 参谋本部

1928 年 11 月决定将参谋部改为参谋本部，直属于国民政府，掌理国防及用兵事务，统辖全国参谋人员、陆海空军大学校、陆地测量总局及驻外武官。设总参谋长一人，综理部务；参谋次长一人。参谋本部初置四厅及各级参谋、副官、秘书、顾问若干人，1932 年 9 月改设总务厅和第一至第三厅、边务组及国防设计委员会，1933 年增设城塞组。1935 年国防设计委员会与工兵署资源司合并，改组为资源委员会。1938 年 1 月，参谋本部合并于军委会军令部。

4. 军事参议院

军事参议院为当时最高军事咨询、建议和高级军官储备机构，于 1928 年 10 月成立，直隶于国民政府。据 1929 年 9 月公布的《军事参议院组织法》规定：该院设院长一人，副院长一人，参议三十至六十人，谘议二十至四十人。下设军事、政治两个研究会（各会委员由参议、谘议分任，主任委员由院长指定）及总务、军事二厅。1932 年 2 月公布的修正军事参议院组织法，参议增至三十至九十人，谘议为二十至六十人，取消总务、军事二厅。1932 年 4 月复公布修正军事参议院组织法，参议增至九十至一百八十人，谘议六十至一百五十人，裁办公厅，复置总务、军事二厅。1938 年 2 月，军事参议院改隶军事委员会。1946 年军事委员会改组为国防部，军事参议暂隶国民政府，11 月成立战略顾问委员会，军事参议院同时撤销。

5. 战略顾问委员会

1946 年 11 月,国民政府公布战略顾问委员会组织条例。战略顾问委员会为全国最高军事建议及储备战时高级指挥官的机关,隶属国民政府主席。战略顾问委员会的委员必须是曾经担任重要军职勋望卓著的陆海空现役军官,由国民政府特任。委员名额为十九人,由国民政府主席指定一人为主任委员。1947 年 4 月 1 日,原军事参议院正式改组为战略顾问委员会。1948 年国民政府改为总统府后,亦于同年 11 月,总统令颁布战略顾问委员会组织条例,明确该会直属总统府,并规定该会在委员之外,由总统特聘战略顾问十九至二十九人,并就委员中指定主任委员、副主任委员各一人。

四、国民政府其他直属机关

国民政府(总统府)曾经设过的其他直属机构还有:国民政府主席行辕(1946 年 6 月至 1949 年 9 月)、"剿匪"总司令部(1948 年 1 月至 1949 年 9 月)、各"绥靖"主任公署(1946 年至 1949 年 9 月)、警备(总)司令部(1946 年 6 月至 1949 年 9 月)、"戡乱"建国运动委员会(1948 年 4 月至 1948 年 5 月)、各军政长官公署(1948 年 10 月至 1949 年 9 月),以及国民政府(总统府)驻外使馆等,不再详述。

附表1:中华民国国民政府组织机构表

（1928.10—1938.1）

- 国民政府
  - 主席
    - 文官处
    - 参军处
    - 主计处
    - 警卫团（1928.11~1931.12）
    - 军事委员会（1932.3~1937.7）
    - 参谋本部
    - 训练总监部
    - 军事参议院（1929.9~1946.11）
    - 全国经济委员会（1933.9~1938.11）
    - 建设委员会（1931.2~1938.1）
    - 黄河水利委员会（1929.1~1934.12）
    - 导淮委员会（1928.12~1934.12）
    - 财政委员会（1929.1~1932.1）
    - 首都建设委员会（1929.1~1933.3）
    - 国军编遣委员会（1928.12~1929.）
    - 陆海空军司令部（1929.3~1931.11）
    - 首都卫戍司令部（1930.3~1932.1）
    - 京沪卫戍司令长官公署（1931.11~ ）
    - 故宫博物院（1932.10~1934.2）
    - 考试院
      - 考选委员会
      - 铨叙部
    - 立法院
      - 法制委员会
      - 财政委员会
      - 外交委员会
      - 经济委员会
      - 军事委员会
    - 行政院
      - 内政部
      - 外交部
      - 军政部
      - 财政部
      - 农矿部（1928.10~1930.12）
      - 工商部
      - 教育部
      - 交通部
      - 铁道部
      - 卫生部（1928.10~1931.4）
      - 海军部（1929.4~1938.1）
      - 实业部（1930.12~1938.1）
      - 司法行政部（1931.12~1934.10）
      - 建设委员会（1928.10~1931.2）
      - 蒙藏委员会
      - 侨务委员会
      - 劳工委员会（1928.10~1936.5）
      - 禁烟委员会（1928.10~1935.6）
      - 赈灾委员会（1929.1~1930.1）
      - 赈务委员会（1930.1~1938.3）
      - 全国经济委员会（1931.6~1933.9）
      - 财政委员会（1932.1~ ）
      - 卫生署（1935.6~1938.1）
      - 警察总监（1931.3~ ）
      - 北平故宫博物馆（1834.2~1949）
    - 司法院
      - 司法行政部（1928.10~1931.12）（1934.10~1938.1）
      - 最高法院
      - 行政法院
      - 中央公务员惩戒委员会
    - 监察院
      - 审计部
      - 各区监察使署（1933.2~1938.1）

附表2:中华民国政府(总统府)组织机构表

(1948.5—1949.9)

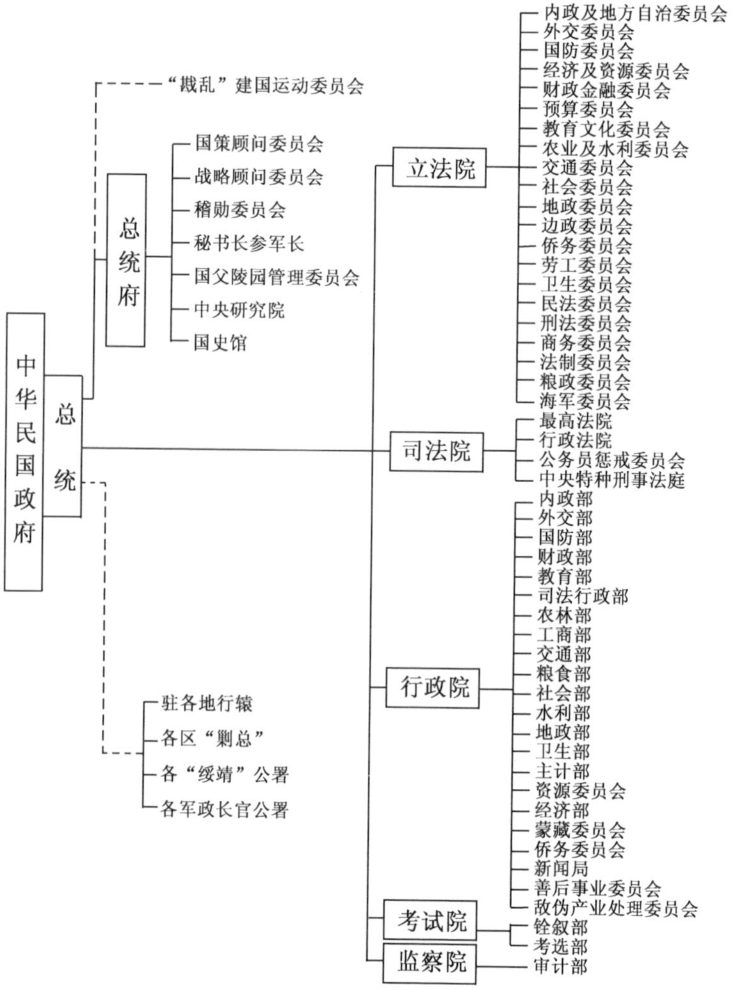

五、国民参政会、政治协商会议（旧政协）、国民大会

1. 国民参政会

1938 年 3 月 31 日，国民政府临时全国代表大会通过《组织非常时期国民参政会以统一国民意志加强抵抗力量案》，4 月 7 日，国民党第五届四中全会通过《国民参政会组织条例》，12 日由国民政府公布。依《条例》之规定，国民参政会为政府咨询机关，有听取国民政府施政报告、询问、建议之权；参议员人选由国民党中央决定后由国民政府公布。参政会设议长、副议长各一人，由国民党中央执委决定；在闭会期间，由参政员互选十五至二十人为驻会委员，在抗日战争结束时，国民参政会先后举行过四次会议。1947 年 11 月 24 日，国民政府宣告参政会正式结束。

（1）第一届国民参政会（1938 年 6 月至 1940 年 12 月）。

第一届国民参政会于 1938 年 6 月 21 日由国民政府公布参政名单，7 月 6 日正式在武汉开会。参政员总额为二百名，其中共产党以"经济团体和文化团体"名义参加，占七个席位。本届参政会先后于 1938 年 7 月、1939 年 2 月、1939 年 9 月、1940 年 4 月召开过四次大会，分别选出了本届次的驻会委员，除第四次大会选出二十一人外，其余均选出二十五人。汪兆铭、蒋中正先后任第一届国民参政会议长。

（2）第二届国民参政会（1940 年 12 月至 1942 年 7 月）。

第二届国民参政会于 1940 年 12 月 23 日由国民政府公布参政员名单。本届共召开两次大会，1941 年召开第一次大会，选出蒋中正等五人为主席团，驻会委员二十五人。1941 年 11 月召开了第二次大会，选出驻会委员二十五人。

（3）第三届国民参政会（1942 年 7 月至 1945 年 4 月）。

第三届国民参政会于 1942 年 7 月 27 日由国民政府公布参政

员名单。本届参政会共召开三次大会。1942 年 10 月召开第一次大会,选出蒋中正等五人为主席团,驻会委员二十五人。1943 年 9 月召开第二次大会,增选主席团成员三十三人。选出驻会委员二十五人。第三次大会于 1944 年 9 月召开,选出驻会委员二十五人。

(4)第四届国民参政会(1945 年 4 月至 1947 年 5 月)。

第四届国民参政会于 1945 年 4 月 23 日由国民政府公布参政员名单。本届只开过一次大会,即 1945 年 7 月开会,选出张伯苓等七人为主席团,选出驻会委员三十一人。

2. 政治协商会议(旧政协)(1946 年 1 月 10 日至 31 日)

政治协商会议是根据 1945 年 10 月 10 日国共两党重庆谈判签署的《政府与中共代表会谈纪要》(双十协定))的规定,于 1946 年 1 月 10 日至 31 日在重庆举行。参加会议的有五个方面的代表共三十八人。会议就改组国民政府、施政纲领、军队、国民大会、宪法草案等五个问题进行讨论争辩,达成了一些有利于民主的协议。这次政治协商会议与 1949 年 9 月中共在北京主持召开的中国人民政治协商会议相区别,通称“旧政协”。各方会议代表名额是:中国国民党代表八人,中国共产党代表七人,中国民主同盟代表九人,中国青年党代表五人,社会贤达代表九人。

3. 国民大会

(1)(制宪)国民大会(1946 年 11 月 15 日至 12 月 25 日)。

依照孙中山《建国方略》之规定,中华民国建国程序分为军政、训政、宪政三个时期。1935 年 12 月,中国国民党为结束训政,实施宪政,举行第五届中央执委会第二次全体会议,决定于 1936 年 11 月 12 日召开国民大会,实行宪政。1936 年 5 月 5 日,国民政府宣布宪法草案。5 月 14 日公布《国民大会组织法》及《国民大会选举法》,后又定于 1937 年 11 月 12 日召开国民大会。因全面抗战爆发,宪政暂告停顿。1946 年 11 月 15 日,国民大会于南京正式召开。会议法定代表人数为二〇五〇人，公布代表人数为一七四五人，出席代表一七〇一人。会议于12月25日结束。这次国民大会以制定宪法为主旨，通称“行宪国大”。大会制定的《中华民国宪法》共十四章一百七十五条，由国民政府于1947年1月11日正式公布，并决定从同年12月25日实行。

(2)(行宪)国民大会(1948年3月29日至5月1日)。

1948年3月29日至5月1日，国民大会于南京举行。本届国民大会代表名额为二九七五人。这次大会依《中华民国宪法》选举蒋介石为总统，开始实行总统制，因而对这次会议通称“行宪国大”。

第三节 地方机构与职官

中华民国国民政府暨总统府地方政权采用省(市)县二级建制。至1949年9月，全国最多时划分为江苏、浙江、安徽、江西、湖北、湖南、四川、西康、河北、山东、河南、陕西、甘肃、青海、福建、台湾、广东、广西、云南、贵州、安东、辽宁、辽东、辽北、吉林、松江、合江、黑龙江、嫩江、兴安、热河、察哈尔、绥远、宁夏、西藏、新疆等省。其中热河、察哈尔、绥远、青海、宁夏、西康六省是1928年后继由特别行政区及地区改为省的；安东、辽东、松江、合江、嫩江、兴安六省是1945年9月由原辽宁、吉林、黑龙江三省各一部分置建省的；台湾于1945年8月归回中国。特别市建于1929年1月，直隶于国民政府。1930年6月改称直辖市，隶属于国民政府行政院。截至1947年6月，全国共建置南京、北平、上海、天津、青岛、重庆、大连、哈尔滨、沈阳、广州、汉口、西安等十二个直辖市。

一、省级机构

1. 省政府

省政府为一省政事之执行机关,“依照国民政府建国大纲及中央法令综理全省政务”。省政府一开始实行委员会制,由国民政府任命省政府委员七至十一人(最多时规定九至十五人),组成省政府委员会。省政府委员均为简任。省政府委员会设主席一人,由委员互选。1928 年 10 月,国民政府实行五院制后,省政府改行主席负责制,由国民政府任命省政府主席及委员。这样,将省政府主要官员的任命权集中到国民政府手中。

省政府的职权是:在不抵触中央法令的范围内发布省令,制定本省单行条例和规程;对于所属机关之命令或处分,认为有违背法令、逾越权限或其他不当行为,可停止或撤销;明确地方行政区划;议决全省预决算、处分省公产或筹划省公营业、省行政设施或变更;任免省政府所属全省官吏。

省政府主席之职权,主要是召集省政府委员会会议,并担任主席;代表省政府,执行省政府委员会会议决案;监督所属行政机关职务之执行;处理省政府日常事务和紧急事务。

据 1927 年 7 月南京国民政府公布的《修正省政府组织法》,省政府下置民政、财政、建设、军事、司法、教育、农工、土地、实业等厅,各厅厅长由省政府委员兼任。1928 年 4 月又公布《修正省政府组织法》,明确省政府机构为一处(秘书处)四厅(民政、财政、建设、教育),必要时得增设农矿厅和工商厅。1928 年 10 月推行五院制后,省政府机关又有部分调整,增设了土地局(后改称地政局)、保安处、审计处、会计处、公安局(后改称警察局)、高等法院、保安司令部等机关。全面抗战期间,各个沦陷区的省政府根据自己的实际情况,调整省政府组织机构,有的省政府还设有政务、军务、总务各厅。1945 年 10 月,也就是抗战胜利后,撤消了政务、军务、总务等厅,以后又增设了社会处、卫生处、人事处、田赋粮食管理处、审计处、保安处、警务处、会计处,以及地政局、水利局、合作事业局等机构。有的还设有新闻处、统计处、农林处。在上述的后一种机构的设置中,各省略有差异。省政府除了主席、委员外,还设置省政府秘书长。秘书长一般由省政府委员担任。随着国民政府铨叙部的设立,各省还设立了铨叙处和考铨处。

2. 省政府所属各厅、处、局

省政府所属各厅处局机构,在不同时期变化较大。抗日战争胜利后,机构设置比以前增加较多。据 1944 年 4 月立法院公布的《省政府组织法案》,省政府所属机构与职掌为:

秘书处

掌理文书管理、人事管理、典守印信、审查各机关行政计划工作报告及不属于其他各厅处的事项。秘书处除了置秘书长以外,还设秘书科长、主任、技正、技士、科员若干人。

民政厅

掌理县市政府行政人员提请任免、户籍行政、警察与保卫、土地行政、卫生行政、合作赈济、礼俗宗教、选举禁烟、劳资纠纷与佃户纠纷、地方自治与经费及其他有关民政事项。

财政厅

掌理田赋税收、省财政预决算、管理公债、金融公库收支、粮食行政、公产管理、市县财政监督及其他有关财政事项。

教育厅

掌理学校教育、社会教育、学术团体、图书馆、博物馆、公共体育场所及其他有关教育事项。

建设厅

掌理建设工程、公路、都市建设、航务农林水利、蚕桑渔牧、矿业、工业、公营私营商业、度量衡及其他有关建设行政事项。

社会处

掌理人民团体、社会运动、社会保险、职业介绍、社会服务及其他有关社会服务事项。

主计处

掌理岁计、会计、审计及统计事项。

司法机构

省级司法机关分为司法行政机关与司法审判机关。司法行政由司法厅掌理，不久即裁撤。审判机关为省高等法院。高等法院设院长一人，总理法院所有行政事务。高等法院采取合议制。高等法院配置检察官，如果检察官配置二人以上，其中一人为首席检察官。检察官的职责：实施侦查、提起公诉，协助自诉、担当自诉，指挥刑事审判进行。

省政府各厅实行幕僚长制度及分层负责制。各厅设厅长一人，简任，由行政院就省政府委员中提请国民政府任命。厅长总理本厅事务，指挥监督所属机关与职员。各厅设秘书一至三人，荐任，承长官之命办理机要文秘事务。各厅都是采取分科办事，根据各自事务繁简设置科数。每科设科长一人，荐任；科员四至十二人，委任。各厅处局还根据需要配设技正、技士、技佐、视察、督学等技术和专业职官，其名额由各有关厅处局长提出，省政府委员会议定。另外，各厅处局还可根据实际需要，酌配雇员。在全面抗战之前，国民政府各省市县政府机构还是非常简练的，无论是机构设置还是官员配置，都非常的少，这在很大程度减少了国家的开支和百姓的负担。全面抗战开始后，沦陷区各个省政府机关基本上失去了官署，在敌后配合国民党的正面战场，积极开展对敌作战。可以说，沦陷区的各省政府及其他地方机关都对抗日战争的最后胜利做出了巨大牺牲与贡献，涌现出众多的像范筑先那样的爱国英雄人物。抗战胜利，各个省政府机构急剧膨胀，由原来的四厅二处增至三十余个机构。据 1948 年专门人士的统计，省政府机关官员人数达到四千人之多。这也是国民政府最终垮台的因素之一。

3. 省参议会

根据国民政府立法院 1944 年 3 月通过的《省组织法案》规定，省设省参议会，为一省政事之参议机关。省参议会由各县县民大会选举参议员一人共同组成。省参议员职权主要有：一、建议省政兴革事项；二、议决有关人民权利义务及省单行法规事项；三、议决省预算及审核省决算事项；四、议决省政府交议事项；五、听取省政府施政报告及向省政府提出询问事项；六、接受人民请愿事项。

省参议会设议长、副议长各一人，由议员互选。设秘书处，承办议长之命办理省参议会一切事务。秘书处设秘书长一人，由国民政府简派，设秘书一至二人，由议长派充。省临时参议会每六个月开会一次，会期一般为两周，必须有半数以上的参议员出席才能举行。省政府主席、秘书长、各厅长及省政府委员，可以出席会议，但没有表决权。抗日战争胜利后，国民党宣布“训政”结束，实施“宪政”，各省临时参议会去掉“临时”二字，成为正式的省议会。

二、市政府

1927 年 6 月南京国民政府公布了南京市《暂行条例》，翌年 7 月公布了《特别市组织法》，规定首都和百万人口以上的都市以及在政治经济文化上有特殊情形之都市设立特别市，直隶于国民政府，不入省、县区划。省会城市和人口在二十万以上的城市，以及在政治经济文化上地位重要，人口在十万人以上者，得设市。市区域之规定或变更，需经国民政府核准。实行五院制以后，特别市改隶行政院，称院辖市或直辖市。在全面抗战之前，国民政府设立的特别市有南京、上海、北平、天津、青岛、重庆。特别市因直属行政院管辖，所以特别市又称“院辖市”。普通市有广州、汉口、杭州、汕头、济南、成都、贵阳、长沙、福州、厦门、昆明、开封、桂林、衡阳、南昌、韶关、自贡。直属行政院的有威海卫行政区。除此之外，还有省直属的城市，如包头、武昌等。抗战胜利后，国民政府热衷于特别市和普通市的建立，就像当代的省市升格一样，直辖市由六个增至十二个，普通市增到近六十个。国民政府无论是直辖市还是普通市，都实行独任制，即由国民政府或省政府任命市长一人，管理一市政务，而不是设几个甚至十几个市级领导职务。市的下属机构也非常简练，一般是除了秘书处外，都设立社会、公安、财务、工务四局，各个市还可根据本市实际设立教育、卫生、土地、公用等局。凡是国民政府首都所在地和省会所在地不设公安局，因为公安工作由“首都警察厅”或“省会警察局”直接管理。

直辖市设市政府，负责办理市自治事项和执行上级政府委办事项。根据1930年国民政府公布的《市组织法》，市政府行政事务主要有以下几项：一、户口调查与人事登记；二、育幼养老济贫救灾等设备；三、粮食储备及调查；四、农工商业的改良与保护；五、劳工行政；六、造林垦牧渔猎保护及取缔；七、民营公用事业监督；八、合作社及互助实业的组织与指导；九、风俗改良；十、教育及其他文化；十一、公安及消防；十二、医院、菜市、屠宰场及公共娱乐场所的设置与取缔；十三、公共卫生及土地行政；十四、财政收支及预决算编造；十五、公产的管理与处分；十六、公营业的经营管理；十七、公用房屋、公园、公共体育场、公共墓地等的建筑修理；十八、市民建筑的指导与取缔；十九、道路、桥梁、沟渠、堤岸以及其他公共土木工程；二十、河道、港务及船政管理，以及上级机关委办的其他事务。

从国民政府的市政府职能可以看到，就其职能来说，市政府的工作与省政府有着较大的差异，用当代话说，市政府更注重民生。国民政府对市政府职能的定位都是市民切身利益，而没有党派特权。这一点非常难得。

直辖市与普通市在隶属关系上也有很大差别。直辖市（又叫院辖市）由行政院监督，直辖市直接对行政院负责，行政院各部委对直辖市同样有领导监督之权。普通市则直接受省政府的监督与指导。这种监督与指导表现在：任免市政府官员；审核市政府预决算；派员视察与调查；定期向省政府汇报工作；批准或批驳市政府的呈请；下发工作纲领；撤销市政府处分等。

市政府设市长一人，综理全市政务，并监督所属机关。直辖市在市长之下设秘书长一人，省辖市设秘书主任一人，掌管文书、庶务事项。市政府设立市政会议。市政会议主要负责议决秘书处及各局或各科办事细则、单行规则、预决算整理，市财政收入及募集市公债、经营市公产及公营业等。早期的市政会议由市长、秘书长、参事及各局局长组成，成立参议会后，参议员也是市政会议成员之一。此时的市政会议已经具有半立法机构的性质。

市政府根据需要设参事、技术人员及视导人员。市政府下设局或科，一般设置民政、财政、教育、社会、地政、卫生、工务、警察等局或科，分掌上述有关政务。

据1947年1月公布的直辖市《组织规程》，直辖市除了市长以外，又增设副市长一人。下设民政、财政、教育、社会、地政、卫生、工务七个局及秘书、会计两个处，分置秘书长、参事、局长、秘书、科长、视察员（视察、督学）、科员、技士、办事员等官职，并得酌用雇员。市政府职官员额及其职务分配，按各市人口多寡及事务繁简于该市市政府组织规程中规定之。正由于如此，各个市的设置有很大的区别，都是根据自己的实际情况设置机构与人数。总的来说，无论是直辖市（特别市），还是普通市，在机构与职官设置上，都采取精简的原则，不求与省政府机关上下一致，作为直辖市来说，更是不求与行政院机关上下协调统一。国民党虽然一党专制，但无论是省级还是市级都没有众多的党务机构与人员，更没有众多的党务人员干预市政府的民生事业。如果国民政府各部门有众多的党务部门和党务官员炙手可热，那其腐败更不堪想象。如上海市在机构设置上保持着八九个局处的设置，从而保证市政府机构简，人员精。

附：各市政府职员名额比较表

（中华民国二十七年公布）

秘书处

市别	秘书	科长	科员	技正	技士	技佐	室主任
上海	3	3	36—48				
广州	4—6	3	65—70	1	1	1	
南京	1—3	2	20—30		1—3		1
汉口	1—3	2	24—36				
重庆	1—3	2	20—30		1—2		2

社会局

市别	秘书	科长	科员	技正	技士	督学	指导员或视察员
上海		4	25—35	2—3	6—10	4	3—16
南京		3	40—58		1—3	2—4	1—3
广州	1	5	60—70		1	8	
重庆	1	3	35—40	1—2	2—4	2	2

公安局或警察局

市别	秘书	科长	科员	督察长	督察员	技士	水巡队长	侦缉队长	警察大队队长
上海		3	50—60	1	28—36		1	1	1
汉口	2	3	30—40	1	10—12	2			
重庆	1	3	35—45	1	10—30		1	1	1

财政局

市别	秘书	科长	科员	技正	技士	技佐
南京	1	3	45—60			
汉口		2	24—30	1	2—4	4—8
重庆	1	3	35—45	1	2	4

工务局

市别	秘书	科长	科员	技正	技士	技佐	工程助理员	测量员（或测绘员）	查勘员
上海		5	10 15	8 12	25 35				
广州	1	4	30—35	1	12	5	10	25	5
南京		2	12—17	3—5	15—19	7—10	25—26	4—6	
汉口		2	12—16	3—5	8—10	10—16			
重庆	1	2	12—17	3—5	12—15	5—10	10—15	4—6	

卫生局

市别	秘书	科长	科员	技正	技士	检验员	检验助理员
上海		3	6—9	3—4	20—30		
南京		2	18—24	1	3—4		
广州	1	3	35—40				
重庆	1	3	35—40	1—2	2—4	2	2

通过以上列表我们可以看到,国民政府的直辖市不但机构设置少,只有四局一处,而且各局的人员编制数额也是非常的少,尤其是领导职务,局长和科长更是非常的少,无论是市长、局长,还是科长,都没有副职。即使以后增加了一些机构,但就人员编制来说,仍可称得上精简。

市设参议会,由市民及依法成立的职业团体选举参议员组成。市参议会设议长、副议长,由参议员互选产生。据市组织法规定,市参议会要在区民代表会普遍成立后设置,在区民代表会未普遍成立之前,得设置市临时参议会。抗战期间,市临时参议会改为"全市人民代表机关"。抗战胜利后,市临时参议会与省临时参议会一样,去掉了临时二字。驻会委员会是参议会闭会期间的常设机构,在参议员中互选五人组成。参议会置秘书处,设秘书长一人,秘书一至二人,办理参议会日常事务。

市以下设区,区内实行保甲制度。根据1930年公布的《市组织法》:五户为一邻,五邻为一闾,二十闾为一坊,十坊为一区。区设区公所,坊设坊公所,闾设闾长,邻设邻长。在区长民选之前,直辖市区长由市政府呈请内政部委任,省辖市由省政府委任。1943年改为区、保甲制度。十至三十户为一甲,十甲至三十甲为一保,十保至三十保为一区。区设区民代表会和保民大会。选举代表,每保二人,任期两年,得连选连任。代表会的职权,主要是审议区规约及区与区相互之间的公约，议决区长交议及本区公民建议事项，以及其他有关本区重要兴革事项。区设区公所，置区长、副区长各一人，任期两年，得连选连任。区公所得置助理及雇员。

保设保办公室，置保长、副保长各一人，由保民大会选举产生。受区长之监督，负责办理本保自治事项及执行政府委办事项。

甲设户长会议，由本甲各户长组织。户长会议职权是选举或罢免甲长及本甲应兴革事项。

三、专署 行署

专署或行署，即行政督察专员公署。是省与县之间的一级行政机关，为省政府的派出机构，当时称“省政府的辅助机关”。国民政府成立初期，各省对这种机构的设置不一，有的称行政委员会，有的称行政督察委员会，还有的称首席县长、县政督察专员。1932年行政院颁布《行政督察专员公署组织条例》称：行政院为整顿吏治，绥靖地方，增进行政效率起见，得令各省划定行政督察区，设置行政督察专员公署，为省政府辅助机关。行政督察区的名称按数目字定之，如第一行政督察区、第二行政督察区等。很多省根据本省实际，也制定了相关规定。山东省政府在1936年公布《山东省分区设置行政督察专员公署暂行规程》，各公署设专员一人，简任待遇；专员公署设秘书主任一人，科长三人，科员事务员若干人，视导主任一人，视导员六人；秘书主任、科长、视导主任荐任待遇。

行署主要任务是秉承省政府之命，在所辖区域内代行省主席职权，对各县进行督导和监察。行署设主任一人，其主要职责是监督本区域内的市、县行政推行法令。在不抵触中央及省令的范围内，可发布署令，但应呈报省政府及行政院主管部门备案。驻署主任兼本区域内保安司令，负责指挥保安团队和水路公安警察。在行政督察专员公署任上，最有影响的则是赣南行政督察专员公署的蒋经国。蒋经国利用自己的“太子”优势,在赣南开展了卓有成效的工作和探索,充分显示了其出色的才能,树立了一个亲民专员形象。

行署办事机构,由省政府视各行署事务繁简而设定。一般设秘书、政务、保安等处,各配置处长一人,秘书、科长、技士、办事员等若干人,同时配置军事人员若干。

一开始,行政督察专员公署专员兼任驻地县的县长。全面抗战开始后,国民政府为进一步加强“行政督察专员公署”的职权,通令各省行政督察专员不再兼任县长。同时,将专员公署与保安司令部进行合并,以强化行政督察专员公署专员的行政监督权和军事指挥权。抗日战争胜利后,各省行署继续沿用旧制,在原有的基础上进一步扩充机构与人员,并以组织规程形式予以规定。在机构设置完善的省份,其行署一般设主任一人,副主任二人;内设机构一般设政务、保安、秘书、视察、会计等职能处室。

四、县政府

1. 县政府机构与职官

国民政府取得全国统一后,将北洋政权的“县知事公署”改为“县政府”。国民政府初期,县政府实行委员制,以县长为一县的最高行政长官。各县根据“区域大小,事务繁简,户口及财赋多寡”分为三等。县政府除了设置财政、建设、公安、教育局,还分别设科。一等县设四科、二等县设三科,三等县设二科。县政府各局直接对省政府各厅负责,使得形成了独立的系统,不利于县长的管理。1933 年,国民政府实行“县政府合署办公制度”,1934 年 12 月又“裁局改科”,以加强县长的权力。

据 1930 年 7 月国民政府公布的《县组织法》规定,县政府所设各局及其职掌分别为:公安局,掌户籍、警卫、消防、防疫卫生、救灾保护、森林及渔猎等事项;财政局,掌征税、募债、管理公产及其他地方财政等事项;建设局,掌土地、农矿、森林、水利、道路桥梁工程、劳工、公营业等事项及其他公共事业。

1939 年 9 月,国民政府颁布的《县各级组织纲要》规定,县为地方自治单位。各县按面积、人口、经济、文化、交通等状况,分为三至六等,由各省政府划分,报内政部核定。县以下设乡镇,乡镇以下实行保甲制度。面积大的县,可设区分片管理。

县设县政府,置县长一人,其职权为:受省政府监督,办理全县自治事项;受省政府指挥,执行中央及省的委办事项。县政府设民政、财政、教育、建设、军事、地政、社会各科。科的多寡以及职掌分配,由省政府依照县的等次及实际需要拟定,报内政部备案。虽然《县各级组织纲要》作了规定,但是还是有一些县没有将这些机构完全按要求进行设置。国家要求设置的机构而未能设置,这在现代是不可思议的。

县政府官员设置:秘书、科长、督学(视导员)、警佐、科员、技士、技佐、事务员、巡官等。其名额、官等、俸给和编制,亦由省政府依照县的等次及实际需要拟定,报内政部核准。县政府设县政会议,由县长、秘书及科长、各局局长组成,其任务是:向县参议会提出议案,讨论有关全县重大事项。

同时,国民政府要求各省根据《县各级组织纲要》规定,分别制定本省的县政府组织规程。各个省大多按照要求制定了自己的县政府组织规程。当然,各个省由于本省情况不同,政府部门的办事效率不同,县政府组织规程制定的时间也前后不一,尤其是沦陷区的各省政府忙于抗日,无暇制定县政府组织规程。对好多县政府来说,居无定所,天天打游击,根本就无法健全县政府组织机构。而且县政府还经常遭到日寇的袭击,使得县政府时常处于瘫痪状态。各省真正开始制定县政府组织规程,以加强规范县政府组织建设,还是在抗战胜利之后。据1948年《山东省县政府组织规程》规定,县政府内部机构设置及其职掌分别为:秘书室,掌理文书、庶务、出纳、交际等事项。第一科掌理民政、户政、地政及社会事项;第二科掌理财政、赋税事项;第三科掌理教育、建设事项;第四科掌理兵役行政事项;会计室掌理岁计、会计、统计事项;警察局掌理警察、治安事项;卫生院掌理卫生、医疗事项;救济院掌理救济、赈恤事项;田赋粮食管理处,掌理征实、征购、征借及有关粮政事项;税捐稽征处,掌理税捐、稽征事项。以上机构的人员构成、官员等级、编制名额,由省政府依照县的等级及实际需要,以命令形式下达,但对秘书室、警察局等机构的人员编制规定如下:县政府设秘书一人,助理秘书一人(一二等县设),科长四人,合作指导主任一人,科员十至十四人,督学一至二人,童子军指导员一人,会计主任一人,会计佐理员一至二人,户政股主任一人,指导员三至五人,技士、技佐各二至三人,农业指导员、度量衡检定员各一人,人事管理员一人,人事佐理员一人(五、六等县不设),事务员十人至十二人;无线电报务员二至三人,电话管理主任一人,电话管理员一至二人,雇员九至十一人,巡线士四人。县警察局设局长一人,科员二至三人,督察长一人,科员六至九人,督察员二至四人,巡官、办事员各四至六人,并得酌配雇员二至四人;会计员、人事管理员、训练员各一人。警察局所属各所班队另定。

国民政府时期的县政府,在机构设置上,总起来说坚持了精简的原则,而且这条原则也不是国民政府所独创,从县制建立之日起,历代政府都坚持了这一原则,即使最腐朽反动的北洋军阀政府在县级机构设置上也是坚持精简的原则。而且历代政府还坚持了这样一条原则,根据各县区域大小,人口多少,事务繁简、地理位置等因素,将各县分成不同的等级,根据县的等级确定机构与职官的编制员额,确定县级官员的俸禄。这表现了历代政府在县官制度管理上的科学性与合理性。历代在县级机构设置上,都坚持了县级长官负责制,县主官只有一个,县级衙门机关设置从简的原则,体现了历代政府在县级机构管理上的人民性。看一个政府是否代表人民利益,不是看他们说的如何,只要看看他们的机构设置情况,就能一清二楚。历代政府很多时候没有代表人民利益,甚至侵犯掠夺人民利益,这又是与整个统治集团的吏治有着直接的关系。机构与职官设置,只是吏治的一个方面,吏治的腐败是由多种因素促成的。

2. 县参议会

据历次公布的《县组织法》规定,县设参议会。早期规定县参议会以县民选举之参议员组成,任期三年,每年改选三分之一的参议员。1939 年 9 月规定,县参议会由乡(镇)民代表会选举参议员组成,每乡(镇)选举一人,并得酌加依法成立之职业团体代表为参议员,但不得超过总额的十分之三。

县参议会的职权是:议决县预算决算及募债事项,议决县单行规则,建议县政兴革事项,审议县长交议事项。

县参议会设议长一人。

五、区、乡(镇)村公所

1. 区

民国时期,县以下设区,分片管辖本县的十五至三十个乡(镇)。区署称区公所,为县政府辅助机关,代表县政府督导各乡(镇)办理各项行政事务。在未设区署之区,由县政府派员指导。区置区长一人,指导二至五人,分掌民政、财政、建设、教育、军事等事项,均为有给制。区署所在地,得设警察所,受区长指挥,执行地方警察任务、设建设委员会,“聘请区内声誉素著之人士担任委员,为区乡村建设之研究、设计、协助、建议之机关”,由区长担任主席。

2. 乡(镇)

乡(镇)之划分,以十保为原则,不得小于六保,多于十五保,其具体划分及保甲之编制,由县政府拟定,呈省政府核准施行,汇报内政部备案。

乡(镇)设乡(镇)公所,置乡(镇)长各一人,副乡(镇)长一至二人,由乡(镇)民代表会选举产生,并报县政府备案,任期二年,连选连任。乡(镇)长受县政府监督,指挥办理本乡(镇)自治事项及执行县政府委办事项。副乡(镇)长协助乡(镇)长办事。乡(镇)公所设民政、警卫、经济、文化四股,各设股主任一人,干事若干人。须有一人专办户籍,由乡(镇)长及乡(镇)中心小学教员分别担任,并应酌设专任事务员。

3. 保甲

保甲之编制,以十甲为原则,不得少于六甲,多于十五甲。人口稠密地方,如一村或一街为自然单位,不可分离时,就得设二保或三保,联合设立国民学校及仓储等机关,推举保长一人为首席保长。保设保办公处,置保长一人,副保长一人,由保民大会选举,再由乡(镇)公所报告县政府备案。正副保长任期两年,连选连任。保办公处设干事二至四人,分掌民政、警卫、经济、文化各事务,由副保长以国民学校教员分别担任。在经费不充裕区域仅设干事一人。

甲之编制以十户为原则,不得小于六户,多于十五户。甲置甲长一人,由户长会议选举,由保办公处报乡(镇)公所备案,甲设户长会议,举行甲居民会议。

六、其他地方机构

内蒙古和西藏由于情况特殊,其地方政权组织与全国有所不同。

1. 内蒙古地方旗盟(1931 年 10 月至 1949 年 9 月)

1929 年 5 月,国民党中央政治会议议决在蒙古地方行政制度尚未确立之前,地方旗盟组织沿袭旧制。1931 年 10 月,国民政府公布《蒙古盟部旗组织法》,盟政府设盟长、副盟长、帮办旗务等官职,下置政务、总务两处;旗之职官仍称札萨克(或称总管),设旗务委员会,下置总务、政务两科。盟旗直隶于中央蒙藏委员会。盟旗主官由国民政府明令任命。

2. 蒙族地方自治机构

(1)蒙古地方自治政务委员会及地方自治指导长官公署(1934 年 3 月至 1936 年 7 月)。

1934 年 1 月 7 日,国民党中央政治会议议决通过《蒙古自治方案》,3 月 7 日,中央执委会议决建立"蒙古地方自治政务委员会"(简称"蒙政会"),隶属行政院。是日,国民政府公布《蒙古地方自治政务委员暂行组织大纲》、《蒙古地方自治长官公署暂行条例》,规定指导长官公署设正副长官各一人,参赞二人;蒙政会设委员二十四人,从委员中推选委员长一人,副委员长二人。蒙政会下设秘书、参事二厅,民治、保安、实业、教育四处,并设财务委员会。是年 3 月 13 日至 29 日,指导长官公署与蒙政会分别成立于北平与百灵庙(蒙政会正式成立于 4 月 2 日)。1936 年 7 月,蒙政会撤销。

(2)绥远省境内蒙古各盟旗地方自治政务委员会暨指导长官公署(1936 年 3 月至 1945 年 8 月)。

1936 年 1 月,国民党中央政治会议议决建立"绥远省境内蒙古各盟旗地方自治政务委员会"(简称"绥境蒙政会"),与百灵庙蒙政会分会,直隶于国民政府行政院。国民政府同时公布该会《暂行组织大纲》,设委员十九人至二十四人,从委员中指定委员长一人,副委员长三人,内置秘书、参事、民治、实业、教育、治安、卫生等七处。2 月公布《指导长官公署条例》,设指导长官一人,参赞一人。

是年 3 月 28 日,“绥境蒙政会”正式成立于伊金霍洛。

(3)察哈尔省境内蒙古各盟旗地方自治政务委员会(1936 年 7 月至 1945 年 8 月)。

1936 年 7 月,国民党中央政治会议议决建立察哈尔省境内蒙古各盟旗地方自治政务委员会(简称“蒙境蒙政会”)直隶于行政院,办理锡林郭勒盟所属各旗及察哈尔左翼四旗和四牧群之地方自治事务。并公布该会《暂行组织大纲》,设委员九至二十四人,内中指定委员长一人,副委员长二人,下设秘书、参事、民治、实业、教育、保安、卫生七处。

3. 西藏地方政权

西藏地方设有政教合一的职官,最高首领是达赖喇嘛,下置司伦,秉承中央派驻官员和达赖喇嘛意志管理西藏政务。1933 年后,司伦成为虚设,由噶伦四名(一僧三俗)成为西藏地方政府主管官员,其办公机关为“噶厦”,又称“噶厦公所”或“噶沙公所”,内设各种牧仲(僧官)、车科尔(俗官)各一百七十五名。1931 年 2 月以后,在南京设立办事处。

1932 年 4 月,国民政府任命九世班禅额尔德尼为“西陲宣化使”,同年 12 月,在南京国民政府大礼堂举行就职典礼。1935 年 2 月 8 日,西陲宣化使公署正式成立。1938 年 5 月裁撤。

1928 年至 1949 年,国民政府在拉萨设有驻藏办事长官公署。1940 年 4 月至 1949 年 ,国民政府蒙藏委员会在拉萨设办事处。

在国民政府时期,国民党在省、市县还都设立了党部,但是有些省的县党部并没有建立起来,自然也就难以开展工作。更重要的是国民党的各级组织法并没有对党部机构的设立作出法律规定。总的来说,国民政府时期的省市县党部与国民党中央有着很大的区别。这些党部主任一般很难左右省市县的政局,从事党务工作的干部一般威望都不高,而且党务干部与政务官员因为权力之争矛盾重重。无论是县党部,还是省党部,党部工作人员都比较少,党部人员也都把精力用在党务工作上,这在一定程度上防止了以党代政弊端,减轻了党务干部对政务的干预,使得敌后各省市县政府能够有效地积极开展抗日战争,特别是在配合正面战场的对日作战做出了巨大牺牲和贡献。

第四节　官吏管理制度

继北洋政府之后的国民政府,在官吏管理制度上有了较大的变化,这种变化的主要标志就是实行了公务员制度。当然,我们亦应看到,国民政府虽然建立了一套公务员任用、考绩、惩戒、退休、恤金等制度,但在实际执行中,由于国民党没有解决腐败问题,所以,在公务员制度的推行中,也就显得差强人意,对某些官员来说,只是换了一个称呼罢了。

同北洋军阀政府官员一样,国民政府官员亦分为特任、简任、荐任、委任四个等级,同时又将四职官员分为政务官与事务官。1930 年 5 月 7 日国民政府颁布《确定政务官事务官界限令》规定,凡经政治会议决定任命的官员为政务官,其他则为事务官。

一、任用

1. 公务员任用

国民政府北伐战争一结束,就开始着手推行公务员制度。1929 年,国民政府公布《公务员任用条例》,决定实行公务员制度。1933 年 3 月公布《公务员任用法》,并于同年 4 月 1 日实行,原《条例》作废。根据《条例》和《任用法》,现任官员转为公务员须进行甄别审查。甄别审查分为资格和成绩两种。

简任官资格是:一、对“党国”有特殊勋劳或致力“革命”十年以上；二、在教育部认可国内外大学毕业具有专门研究者；三、曾在国民政府统治下任简任官一年以上或荐任官二年以上；四、曾任国立大学教授三年以上。

荐任官资格是：一、对“党国”有勋劳或致力“革命”七年以上；二、在教育部认可的国内外大学或高等专门学校毕业；三、曾在国民政府统治下任荐任官一年以上；四、曾在国民政府统治下各地方高等考试及格。

委任官资格是：一、曾致力“革命”五年以上；二、在教育部认可的高等中学或旧制中学以上毕业；三、曾在国民政府统治下任委任官二年以上；四、曾在国民政府统治下各地方政府普通考试及格。

公务员甄别审查成绩在乙等以上为合格，丙等者降等或降级，丁等不及格。合格者发给合格证书，按照原官等级任用；降等或降级者应按照应降之等级给予证书，以应降之官等任用；不及格者呈请国民政府或通知其主管长官免职。

据当时考试院的统计，从 1930 年 6 月至 1934 年 3 月，共甄别六万二千余人，甄别合格的四四六四〇人，降等降级的为一三九人，不及格的七一〇〇人，不予甄别的是五五二四人，保留或待补证件未办或其他原因的是四六一六人。当然还有一些偏远省份并没有按照要求将材料报上来，这也是一个不小的数字。

经甄别审查合格，可任用为公务员。简任职公务员任用资格：一、现任或曾任简任职经甄别审查或考绩合格；二、现任或曾任最高荐任级二年以上经甄别审查或考绩合格；三、曾任政务官一年以上；四、曾于民国有特殊勋劳或致力于国民革命十年以上有勋劳；五、在学术上有特殊著作或发明。

荐任职公务员任用资格：一、经高等考试及格或与高等考试相当的特种考试及格；二、现任或曾任荐任职经甄别审查合格或考绩合格；三、现任或曾任最高级委任职三年以上，经甄别审查合格或考绩合格;四、于民国有勋劳或致力于国民革命七年以上;五、在教育部认可国内外大学毕业并有专门著作经审查合格。

委任职公务员任用资格:一、经普通考试及格或与普通考试相当的特种考试及格;二、现任或曾任委任职经甄别审查或考绩合格;三、现充任雇员连续服务三年以上考绩优良;四、曾致力国民革命五年以上;五、在专科以上学校毕业。

凡褫夺公权尚未复权,亏欠公款尚未清结,曾因赃私处罚有案,吸用鸦片或代用品,均不得任用为公务员。

简任职、荐任职公务员任用由国民政府交铨叙部审查合格后分别任命,荐任职公务员应就考试及格人员中优先任用;委任职公务员任用由该管长官送铨叙机关审查合格后委任。各省委任职公务员任用、考绩、登记等事宜由各省政府组织审查委员会办理。

初任人员为试署,并从最低级俸叙起;曾任公务员有年资和劳绩的可按原级叙俸。

公务员甄别审查任用结束后,有些官员没有按照要求进行甄别,国民政府对这些官员进行登记。1934 年 4 月 23 日国民政府颁布《公务员登记条例》,规定现任简任、荐任、委任职公务员因特殊情况未甄别的,可申请登记。在《公务员任用法》实施以前的简任、荐任、委任职公务员,因机关变更组织或合并而退职的,因机关裁撤而退职的,因机关经费紧缩而退职的,因病或因事辞职的,可申请登记。

因上述原因而退职辞职,任职满一年的简任职公务员,具有下列资格之一的,可申请以简任职登记:一、在教育部认可的国内外大学毕业,并有专门研究的;二、曾任国立大学教授三年以上的;三、对国家有特殊勋劳或致力国民革命十年以上的。

因上述原因而退职辞职的荐任职公务员,任职满二年,具有下列资格之一的,可申请以荐任职登记:一、在教育部认可的国内外大学或高等专门学校毕业;二、对国家有勋劳,或致力国民革命七年以上。

因上述原因而退职辞职的委任职公务员,任职满二年,具有下列资格之一的,可申请以委任职登记:一、在教育部认可的高级中学或旧制中学以上毕业;二、致力国民革命五年以上。

各主管长官接到公务员填表和证明文件后,应就表内所列事项逐一查明,并将该公务员任职时成绩及奖惩评查填载,加具考语,按甲乙丙丁四等评出等第,转报铨叙部审查。成绩乙等以上为合格,由铨叙部登记,发给证书,其他为不合格,不予登记。现任简任、荐任、委任职公务员资格不合格的免职,资格合格而成绩列丙等的降级或降等登记,丁等免职。

1937 年,国民政府修正公布《公务员任用法》。修正后的《公务员任用法》就公务员任用权限做了调整。1933 年的《公务员任用法》规定,荐任职公务员由国民政府交铨叙机关审查合格后任命,修正后的《公务员任用法》改为荐任职、委任职任用由该主管长官送铨叙机关审查合格后分别呈请荐委任用。在请简呈荐拟委期间,主管长官认为必要时可派相当资格人员代理,代理时间不得超过三个月。

修正后的《公务员任用法》对公务员的试署年限亦作了具体规定,试署满一年成绩优良予以实授;成绩不良的则由铨叙机关酌情延长其试署期或降免。

全面抗战后,国民政府和一些省政府就非常时期战地公务员任用做了规定,在作战区域或战事状态地域服务的公务员未具法定资格,而其学识经验技能能担任拟任职务并能提出公立医院或指定医师健康证明书的,可派用为公务员。荐任职公务员条件是:在教育部认可的国内外专科学校毕业并任荐任职一年以上,或委任职三年以上著有成绩;在教育部认可的国内外专科学校毕业并任与荐任职相当的军用文官二等以上，或立案的中等以上学校校长三年以上，或教员四年以上著有成绩；在教育部认可的国内外专科学校毕业，参加抗战工作连续二年以上著有劳绩，经证明属实；任荐任职与荐任职相当的军用文官二年以上，或委任职或与委任职相当的军用文官四年以上，并参加抗战工作连续二年以上著有劳绩证明属实；任荐任职或荐任职相当的军用文官三年以上，或最高委任职或与最高委任职相当的军用文官三年以上，或最高委任职或与最高委任职相当的军用文官四年以上著有成绩。

委任职公务员任用条件：在主管教育机关认可的中等以上学校毕业或经本省党政军干部学校专门训练及格，并任委任职一年以上著有成绩；在主管教育机关认可的中等以上学校毕业或经本省党政军干部学校专科训练及格并任与委任职相当的军用文官二年以上，或立案小学校长二年或教员三年以上著有成绩；在主管教育机关认可的中等以上学校毕业或经党政军干部学校专科训练及格，参加抗战工作连续一年以上著有劳绩经证明属实的；任委任职或与委任职相当的军用文官二年以上，并参加抗战工作连续一年以上著有劳绩证明属实；任委任职三年以上著有劳绩。

从国民政府所公布的公务员任职资格条件，可以看到，国民政府对于公务员的文化要求很高，越是级别高的公务员，文凭要求越高。在三四十年代，中国的整个文化水准还是比较低的，而对公务员的文化要求却是比较高的。而且在公务员的任用上，中小学校长和教师还是一个比较硬的牌子。应当说，国民政府的各级官员，绝大多数具有较高的文化素养，不少人不但在国内受到较高的文化教育，还有些在国外接受了正规的文化科学知识教育。这些得益于从清末开始的派遣留学生工作从未间断，并不断发展的成就。即使在中国最困难的抗日战争时期，国民政府也没有放弃留学生派遣工作和国内教育工作，尤其是在抗日战争期间，中国的教育事业仍得到较快发展。但是,我们必须看到公务员的文化知识水平被国民党的腐败政治抵消了。

2. 公务员内外调任

调任官员都是职级比较高的官员,最低也是荐任级。公务员内外调任分定期与临时两种,定期调任每三年举行一次,临时调用则由行政院认为必要时随时进行。属于公务员内外调任的有中央国家机关的简任、荐任级公务员;各省政府委员、厅长、处长及其所属的荐任职人员;各县县长;省辖市市长。以上需要调任的公务员必须是担任现职满三年,成绩优良,其学识、经验、体力都能够胜任所拟调任的职务,才能办理调任。根据《公务员内外调任条例施行细则》,担任现职不满三年,但是在同一机关转任同官等职职务的时间,而且一直没有间断过,只要够三年,就属于担任现职满三年,主要指简任、荐任人员在国民政府各处及各院、部、会、署转任人员;厅长在同一省政府转任,县长、省辖市市长在同一省内转任,行政院直辖之市长在同一市政府之内转任的官员,都属于担任现职满三年。对于成绩优良也有具体要求:各省政府委员、厅长须政绩卓著,证明委员、厅长政绩卓著必须有详实的文字材料,并经省政府主席签字,证明属实。其他人员则要求必须是两次考绩在七十分以上。

现职定期内外调任,由中央机关与地方各机关,将适合调任的官员名单,报送行政院。内外调任官员以三年为一任,在任期内不得随意停职和免职。未满三年,不是因为辞职或者受到惩戒处罚去职的,由原单位酌调其相当职务。内外调人员调任前后年资,在考绩时,可以合并计算。在安排内外调人员职务时,按照同等职务进行安排,如果本人同意降一级安排,则可以按照本人意愿进行安排。在每年的内外调时间内,各个省应留有五人以上的缺位,以保证国家内外调人员能够及时到位上任。内外调人员的审查由行政院、考绩院会同公务员内外调任审查委员会一起办理。

国民政府在内外调任工作中,充分考虑本人文凭与学历,如果学非所用的话,则尽量给予调整。如《公务员内外调任条例施行细则》第六条规定:"被报送人员之学历、经历,应与拟调职务性质相当。如同一职缺,志愿调任人员在二人以上时,以学历经历相当者调任。学历经历相同者,以成绩较优者调任。"这一点是非常难能可贵的,在职务安排上充分考虑其学历与特长,而不是强调其他或者是让你干啥就干啥,体现了对公务员知识特长的人性尊重。

国民政府对于调任工作由专门的机构——公务员内外互调审查委员会办理。委员会设委员七至九人,这些委员都是由行政院长、考试院长从本院高级官员中选任的。委员会设主任委员、副主任委员各一人,下设秘书和办事人员若干人。这些人员都是行政院与考试院的现任官员。

3. 县长任用

县长为国民党各级政府所注重,国民政府先后颁行《县长考试条例》、《具长任用条例》、《县长任用法》、《补充县长任用资格标准实施办法》等法规。根据《县长考试条例》,要当县长必须参加县长考试。1928 年颁行的《县长考试条例》规定:具有以下资格之一者可以参加县长考试。一、在国内外大学或专门学校修习法律政治经济文哲社会学科三年以上毕业并有文凭;二、在党务学校一年以上毕业并有证书;三、在中学或有同等程度学校毕业并有证书并曾在行政职务服务满二年以上,有证明文件;四、曾应各种文官考试及格,年满二十五岁的均可参加县长考试。凡具有下列情形之一者,均不得参加县长考试:一、受褫夺公权尚未复权;二、被国民党开除党籍或受停职党籍处分未恢复;三、被告为贪官污吏土豪劣绅经法庭判决确定;四、亏欠公款尚未清结;五、有吸食鸦片或施打吗啡等不良嗜好。

经过县长考试合格,就取得了担任县长的资格。县长作为荐任官除依照县长任用法规外,还参照《公务员任用法》任用。根据《县长任用法》规定,县长须在三十岁以上,具有下列资格之一方可任用,否则不得任用。一、依法受县长考试及格;二、高等考试行政人员及格并曾任荐任官一年以上;三、在依法举行县长考试以前各省考取的县长,经考试院复核及格并曾任荐任官一年以上;四、在教育部认可的国内外大学独立学院或专门学校,或专门学校研究法律政治经济社会各学科有毕业证书,并曾任荐任官三年以上,经甄别审查合格,成绩列甲等并有证书;五、曾任简任官一年以上,经甄别审查合格,成绩列甲等并有证书;六、现任县长曾经内政部呈荐复经铨叙部甄别审查合格,成绩列甲等并有证书;七、曾任最高委任官五年以上,经甄别审查合格,成绩列甲等并有证书。

凡褫夺公权、亏欠公款、曾因赃私罪处罚有案、吸食鸦片或代用品的,均不得任为县长。

从高等考试及格人员中选任县长称之为县长挑选。县长挑选分考竣挑选与定年挑选。考竣挑选就是在每届高等考试完毕以后,由考选委员会查阅应挑选名单,送县长挑选委员会选用。定年挑选每三年举行一次,由考试院先期呈请国民政府核定。铨叙部查阅名单后,报县长挑选委员会。县长挑选委员会置委员长一人,属于特派官,级别很高;委员六至十人,简派。举行县长挑选时,监察院要派监察委员进行监督。挑选主要就有关县政法规进行考试以及见识、经验、言辞、体格进行面试。凡是挑取人员,由铨叙部造册,递呈国民政府分发各省政府任用。分发到省后,各省政府应尽先以县长任用,如果有依法应县长考试及格人员时,应依次轮补任用。暂时不能以县长任用的,要安排其他荐任职职务,并且要支付荐任俸。

县长任用分试署和实授，试署时间一年，实授三年为一任。县长试署和实授由省政府报内政部和铨叙部，经审查合格后由内政部呈行政院转国民政府任命。试署期满考核成绩优良的予以实授，不良者免职。试署期间省政府认为应予停职或免职时，应先开具事实专案咨内政部核定，情节重大的可先行停职再行报到部。

实授县长在任内除自行辞职或遇县合并外，非依公务员惩戒法交付惩戒或交付刑事审判依法停职或免职，不得停职免职。实授县长在任期内不得调任，任届期满，成绩优良的可连任或升较高级县。实授县长任满六年已支荐任最高级俸的，成绩特别优异的，可享受简任职待遇。县长因故离职或出缺时，由省政府派员代理，代理时间不得超过三个月。

除了国民政府制定的县长任用法规外，许多省政府也都建立了自己的任用法规。如山东省政府先后制定了《山东省县长任用暂行条例》、《山东省县长考试暂行条例》、《山东省县长暂行章程》等。韩复榘主鲁时对县长任用资格又作重新规定：中央高等考试及格及荐任职分发山东任用；本省考试县长经中央复核及格或山东省县长训练班毕业在省政府所属机关分发实习；韩复榘部队师长旅长及各方荐举人员；国民政府任命的荐任人员；曾任县长著有成绩，经山东省荐举县长资格审查委员会审查合格以县长注册。

凡褫夺公权，亏欠公款，曾因赃私处罚有案，吸食鸦片或其他代用品，有精神病年力衰弱，均不得任用为县长。

县长任用分为考试班和审查班。三等县县长缺出，从考试班和审查班人员中轮流任用，由民政厅长按注册名次先后提出一二人选，经省政府会议议决任用。一二等县县长缺出，则从二三等县现任县长中择优调用。

县长任用有代理、试署、署理、实授四种，代理时间三个月，试署六个月，署理一年，实授三年。初任代理县长，在代理期内无有过失著有成绩，改为试署；试署期满无有过失改为署理；署理期满无有过失著有成绩改为实授。试署、署理、实授县长改调他县时，仍以原资格任用。

1933年，国民党山东省政府成立山东省荐举县长资格审查委员会，委员长由山东省政府主席韩复榘兼任，省政府秘书长兼任委员会秘书长。委员会负责荐举县长的资格审查。被荐举为县长的资格是：现任韩复榘部队少校以上职务并任职二年著有劳绩；现任省政府各厅处荐任职或高级委任职二年以上著有成绩；曾任荐任职二年或最高委任职三年以上；于国民党有勋劳或致力革命七年以上；在教育部认可的国内外大学或高等专门学校法律、政治、经济科毕业。

审查合格后，由委员会定期进行考询、评定分数。考询分数与审查分数平均，评定甲乙等发给证书并予以榜示，按榜示先后由省政府以县长注册，即按山东省县长任用章程规定予以任用。作为国民政府的省政府主席在县长任用上如此公开透明，实为难得。只有在县长任用上公开透明，才能保证公正。县长任用的神秘性，只能说明任用者有黑幕和对任用者与人民的不信任。

对于未能得到荐举审查而又具有荐举资格的准予投效。投效县长的条件：韩复榘部队现任少校以上职务并任职二年以上著有成绩；现任山东省政府各厅处荐任职一年或最高委任职二年以上著有成绩；曾任山东省县长著有成绩；曾任荐任职二年或最高级委任职三年以上；在教育部认可的国内外或高等专门学校学法律、政治、经济科毕业并服务一年以上；于国民党有勋劳或致力国民革命七年以上确有成绩。

凡曾经国民政府各省市政府通缉有案，有嗜好或暗疾，曾受刑事处分或交付惩戒的，褫夺公权尚未复权，身体衰弱或精神病的，不准投效。投效县长由荐举县长资格审查委员会负责检定。检定科目分笔试、口试、身体检验。检定成绩各科平均六十分及格。及格人员按检定名次发给证书，由省政府以县长注册，遇有三等县县长缺出，即由民政厅厅长按山东省县长任用章程任用。

各省制定的县长任用地方法规，既反映了中央法规的内容，又体现了地方特色，更符合地方政府的需要。从作用来看，地方县官制度大于中央。地方县官制度的建立，是中国县官制度的一大发展，这也是中国县制发展的必然。而且这种发展更加科学、透明，体现了公正性，有利于地方吏治建设。历代对于县官的任用都有很多的法律法规，到了清朝，这些法律法规更多。尽管封建社会在县官任用上有许多的法律法规，但由封建中央集权制所决定，在县官任用上除了法制，更多的是人治。国民政府和地方各级政府一系列县官任用法律法规，则表明在县官任用上，已经逐步走上法制化的轨道。当然，我们不能排除近代在县官任用上的人治现象存在。随着县级政治经济文化等政务活动的增多，由皇帝统管县官的体制，越来越不适应社会的发展，中央政权与地方政权在县官任用权上的矛盾也随之产生。在封建社会由于皇权强大，整个社会官吏人数较少，皇帝能够控制掌握县官任用权。到了封建社会后期，皇帝对于县官的任用控制权受到削弱，在县官任用上往往要受掣于地方最高行政长官，派往各省的县官无缺难以上任。在北洋军阀统治时期，中央政府与各省地方政府在县官任用上的矛盾进一步加大，北洋军阀政府主要掌握了县知事资格审定权，实际任用权已旁落各省。到了国民政府时期，各省政府则以法律的形式使自己的县官任用权合法化。地方县官制度的建立，标志着中央独掌县官任用权时代的结束。

4. 县行政人员任用

县行政人员又称县佐治人员。县行政人员的提出，是国民政府官吏制度的一大进步。县行政人员指县政府秘书、科长或局长,县政府科员、技术员,均为委任官。这些人员在封建社会都属于胥吏的范畴。虽然他们从事着政府机构的工作,但是受到各级长官,包括皇帝的歧视。胥吏既无政治地位,又无经济地位,这就逼着他们在实际工作中上下其手,欺下瞒上,鱼肉百姓,制造吏治黑暗。国民政府用县行政人员取代胥吏不能不说是官制上的一大亮点与进步。

国民政府在公布实施《公务员任用法》等一系列制度的同时,也对县行政人员的任用作了规定。

县政府科长或局长任用资格是:一、经普通考试及格或与普通考试相当的特种考试及格,曾任委任职一年以上;二、经相当于普通考试复核及格,曾任委任职一年以上;三、现任或曾任委任职一年以上,经甄别审查或考绩合格;四、现任或曾任县政府科员连续服务三年以上成绩优良;五、曾于普通考试举行前在内政部备案的各省县政训练机关毕业,并曾任委任职一年以上;六、曾在主管的教育机关认可的专科以上学校毕业,并曾任委任职一年以上;七、曾致力国民革命五年以上,有成绩证明属实,并曾在主管教育机关认可的中等以上学校毕业。除此外,还须具有与所任职务相当的学识或经验,也就是要有一定的文凭与经验。

县政府科员任用资格:一、具有科长任用资格之一;二、经普通考试及格或与普通考试相当的特种考试及格;三、经相当于普通考试的考试复核及格;四、曾致力国民革命五年以上而有成绩证明属实并有相当学识;五、曾充任或曾任县政府办事员或书记连续服务三年以上成绩优良;六、曾在主管教育机关认可的中等以上学校毕业,并曾任行政事务一年以上;七、曾任小学教员二年以上;八、曾办地方自治二年以上确有成绩并有相当学识;九、于普通考试前在内政部备案的各省县政训练机关毕业。除此之外,还须具有与所任职务相当的学识和经验。

县行政人员应就考试及格分发人员优先任用，县行政人员的叙俸由省政府参照委任职公务员俸给规定，酌量地方情形分别拟定呈请内政部核定；科长或局长及科员的任用资格审查由铨叙机关委托省公务员任用资格审查委员会办理；县行政人员由县长遴选合格人员呈请省政府委任；秘书由县长呈请省政府任免；县行政人员应就本县合格人员优先任用；省政府委任命行政人员应按月列表汇报内政部备案，违法或失职的，县长先令停职，派员暂行代理，呈省政府核准依法交付惩戒。

5. 警察官任用

中华民国二十六年六月二十五日，国民政府行政院颁布《警察官任用条例》，就警察的任用做了规定。《条例》规定，简任级警察必须要有以下资格：一、曾任简任职警察官，或者专办警察行政事务的简任官；二、曾任最高荐任级警察官，或专办警察行政事务最高级荐任警察官三年以上，经铨叙合格；三、在国内或国外认可的警官学校毕业，曾任最高荐任职警察官，或专办警察行政事务的最高级荐任官一年以上，经铨叙合格；四、在国内或国外认可的警察学校毕业，曾任荐任职警察官或者专办警察行政事务的荐任官三年以上，成绩卓著，经证明属实；五、在认可的国内外大学法律或政治学系毕业，曾任高级荐任警察官，或兼办警察行政事务的最高荐任职二年以上，经铨叙合格的；六、在认可的国内外大学法律或政治学系毕业，曾任荐任级警察官或专办警察行政事务的荐任官四年以上，成绩卓著，经证明属实；七、在国内或者国外认可的军事大学毕业，曾任最高级荐任职警察官，或专办警察行政事务的荐任官二年以上，经铨叙合格；八、在国内或者国外认可的军事大学毕业，曾任荐任警察官，或者专办警察行政事务荐任官四年以上，成绩卓著，经证明属实。凡是具有以上条件之一者，均可以简任职任用。

荐任职警察任用资格：一、经高等考试警察行政人员考试及格；二、曾任荐任职警察官，或者专办警察行政事务荐任官，经铨叙合格；三、曾任最高级委任职警察官，或专办警察行政事务最高级委任官三年以上，经铨叙合格。对于毕业学校与简任职要求相同，只是职级要求低，简任职要求条件是最高荐任职，这里则要求最高级委任职。荐任职还加上了在任委任职期间的学术著作成就。担任简任职警察任职资格只有八款，担任荐任职警察则有十二款。

委任职警察任用资格：一、经普通考试、警察行政人员考试及格；二、在国内外认可的警官学校毕业；三、曾任委任职警察，或者专办警察行政事务的委任官，经铨叙合格；四、在认可的国内外法律或政治专科以上学校毕业，曾任委任职警察官，或专办警察行政事务的委任官；五、在认可的国内外军事专门学校或军官学校毕业，曾任委任职警察官，或委任职警察行政事务的委任官；六、在本条例实施之前，曾任委任职警察官或专办警察行政事务的委任官三年以上，成绩优良，经证明属实；七、在认可的中等以上学校毕业，曾充警察机关雇员三年以上，现在领取最高薪水，成绩优良，经查明属实；八、在认可的警士训练所、警察训练所，或警长补习所毕业，现在充当警长三年以上，成绩优良，经证明属实；九、现充警察机关雇员或警长，或在本条例实施之前，曾经充任警察机关雇员或警长二年以上，现支最高薪水，成绩优良，经证明属实。

简任职警察官由内政部呈行政院转国民政府交铨叙部审查合格后任命。荐任职警察官由内政部送铨叙部审查合格后，呈请行政院转呈国民政府任命。委任职警察官由各省政府、院辖市政府送铨叙机关审查合格后任命。

国民政府时期，对于警察官区分比较细，担任警察机关秘书、文书、会计庶务人员，没有列入警察官之列，在警察机关从事消防、法医、医药师、指纹侦探、化验机械、电器建筑等工作的没有列入警察官，而是被列入技术人员。国民政府无论是对于警察官，还是从事警务工作的人员，文化水平要求还是比较高，这对于警察队伍建设是至关重要的。

6. 技术人员任用

国民政府将技术人员亦划分为简任职、荐任职、委任职三个等级。对于技术人员的任用亦作了有别于公务员的任用规定。

国民政府的《技术人员任用条例》规定：简任职技术人员须从下列资格人员中任用：一、现任或曾任简任职技术人员经甄别审查或考绩合格；二、现任或曾任最高荐任职技术人员三年以上，经甄别审查合格或考绩合格；三、在教育部认可的国内外专科以上学校毕业，并在国营事业机关曾任与荐任职相当技术职务二年以上著有成绩；四、在教育部认可的国内外专科以上学校毕业，并在各官署曾任与简任职相当技术职务四年以上著有成绩；五、在教育部认可的国内外专科以上学校毕业，并在主管官署登记具有声誉的营业场厂连续担任技术上主要工作六年以上著有成绩；六、在教育部认可的国内外专科以上学校毕业，依法领有专门职业人员证书并继续执行职务八年以上著有成绩；七、在学术上有特殊著作或发明，经审查合格。

荐任职技术人员须从下列资格人员中任用：一、经高等考试、各种技术人员考试及格，或与高等考试相当的特殊技术人员考试及格；二、现任或曾任荐任职技术人员经甄别审查或考绩合格；三、现任或曾任最高级委任职技术人员三年以上，经甄别审查合格或考试合格；四、在教育部认可的国内外专科以上学校毕业，并在国营事业机关曾任与荐任职相当的技术职务二年以上著有成绩；五、在教育部认可的国内外专科以上学校毕业，并在各官署曾任与荐任职相当的技术职务四年以上著有成绩;六、在教育部认可的国内外专科以上学校毕业,并在主管官署登记营业场厂继续担任技术工作四年以上著有成绩;七、在教育部认可的国内外专科以上学校毕业,依法领有专门职业人员证书,并继续执行职务五年以上著有成绩;八、在教育部认可的国内外专科以上学校毕业,而有专门著作经审查合格。

委任职技术人员须从下列资格人员中任用:一、经普通考试、各种技术人员考试及格,或与普通考试相当的特种技术人员考试及格;二、现任或曾任委任职技术人员经甄别审查合格;三、在立案的中等以上职业学校毕业,并在各官署曾任与委任职相当的技术职业二年以上著有成绩;四、在立案的中等以上职业学校毕业,并在各官署曾任与委任职相当的技术职业四年以上著有成绩;五、在教育部认可的国内外专科以上学校毕业;六、在认可的中等职业学校毕业,并在主管官署登记的营业场厂实习四年以上,或继续担任技术工作二年以上著有成绩;七、各种专门职业人员经依法领有证书,并继续服务三年以上著有成绩;八、在认可的中等以上职业学校毕业,或具有同等学历,并曾任与所拟职务相当的职务一年以上著有成绩;九、曾任有关技术雇员五年以上著有成绩。

在抗战期间,国民政府还先后制定了《战时全国技术员工管制条例》、《非常时期专门人员服务条例》、《非常时期专门人员服务条例施行细则》等法规。在当时,技术人员是国家最急需的宝贵财富,大量重要工作需要技术人员来完成。国民政府最大的特点就是对人才比较重视,为了充分发挥技术人员在抗战中的重要作用,专门做出了许多关于技术人员使用的法律规定,对技术人员施行战时管制使用。凡是国内外专科以上学校或者高等职业学校的理、工、农、医、会计以及工商管理等学科毕业的学生,或者对以上学科有专门著作和发明的,或者受过专门训练的,以及在这些学校学习两年没有毕业,有相当经验的。这些人员都属于战时管制人员。这些技术人员的统筹管制使用由社会部劳动局负责。要求全国各个机关以及公私营商厂,都要将所有技术人员进行造册,报主管机关登记。对于从各地流亡到大后方的,无论是非现职或者失业,或者是归国侨胞,均就近机关进行登记,便于国家安排使用。登记机关是中央建教合作委员会,各省及直辖市建教合作委员会,各县、市政府,国外使领馆。根据国家总动员业务需要,劳动局按照技术人员管制顺序进行征调。首先征调的是现无职业及未开业的,第二征调自行开业的,第三是与国家总动员无关的从业者,第四是与国家总动员业务关系较轻的公营场厂从业的,第五是与国家总动员业务关系较轻的私营企业的从业者。凡是征调的技术人员,应遵照期限到指定地点机关报到,旅途费用由征调单位发给,并根据其资历和工作性质发给生活费。凡是调往前方或者边疆服务三年以上的,除了本人自愿继续服务外,应调回原单位。原单位保留其工资待遇,原单位裁撤或者关闭的,由劳动局分配相当工作。凡是在前方或者边疆服务满三年以上做出成绩的,劳动主管机关呈请给予奖励,奖励有命令嘉奖、颁给奖状、给予奖章。对于回国报效的侨胞技术人员,由服务机关按其成绩及服务时间长短酌情给予奖金。

对技术人员的战时管制有利于集中技术人员参加抗战,对于夺取抗战胜利发挥了重要作用。

7. 主计人员任用

对于主计人员的任用,国民政府也做了法律性规定。主计人员为办理岁计、会计和统计的主计官,包括主计官、会计官、统计长、会计主任、统计主任、会计员、统计员。这些为主计人员,其他为佐理人员。

根据中华民国三十二年十二月二十二日公布的《主计人员任

用条例》,担任主计官的条件是:一、现任和曾任主计官,并经铨叙合格者;二、现任或曾任会计长或统计长一年以上,经铨叙合格者;三、在教育部认可的国内外大学或独立学院专修主计学科毕业,并在各官署曾任与简任职相当的岁计、会计或统计职务五年以上,并著有成绩;四、在教育部认可的国内外大学或独立学院专修主计学科毕业,并在公营事业机关主办与简任职相当的岁计、会计或统计工作五年以上,并著有成绩;五、在教育部认可的国内外大学或独立学院充任专任教授、讲授主计学科五年以上,并于主计学术有专门著作,经审查合格的。对以上人员按照其从事岁计、会计、统计学历与经历给予任命。

担任会计长或统计长的条件是:一、现任或者曾任会计长或统计长,经铨选合格;二、现任或曾任简任职岁计、会计或统计职务一年以上;三、现任或曾任高级荐任职的岁计、会计或统计职务三年以上,经铨选合格;学历要求与主计官相同。

荐任职会计主任或统计主任任职条件是:一、经高等考试会计、统计、审计或财务行政人员考试及格,或与高等考试相当的特种考试会计、统计、审计或财务行政人员考试及格,并办理或实习岁计、会计或统计事务一年以上;二、现任或曾任荐任职会计主任或统计主任,经铨叙合格;三、现任或曾任荐任职岁计、会计或统计职务一年以上,经铨叙合格;四、现任或曾任最高级委任职岁计、会计或统计职务三年以上,经铨叙合格;五、在教育部认可的国内外专科以上学校,专修主计学科毕业,并在各官署曾任与荐任职相当的岁计、会计或统计职务三年以上,并著有成绩;六、在教育部认可的国内外专科以上学校,专修主计学科毕业,并在公营事业机关曾任荐任职相当的岁计、会计或统计职务三年以上,并著有成绩;七、在教育部认可的国内外专科以上学校,教授主计学科三年以上,成绩优良,经审查合格;八、领有会计师证书,并连续执行会计业务一年以上，成绩优良，经审查合格。

委任职会计主任、统计主任或会计员、统计员任职条件是：一、经普通考试会计、统计、审计或财务行政人员考试及格，或与普通考试相当的特种考试会计、统计、审计或财务行政人员考试及格，并办理或实习岁计、会计或统计事务一年以上；二、现任或曾任委任职会计主任或统计主任或会计员、统计员，经铨叙合格；三、现任或曾任委任职岁计、会计或统计职务一年以上，经铨叙合格；四、在教育部认可的国内外专科以上学校，专修会计或统计毕业；五、在主管教育机关认可的高级职业学校商科毕业或高级中学毕业，曾修主计学科二种以上，并在官署或公营事业机关办理岁计、会计或统计职务一年以上，或经中央、省、市政府主计机关训练合格；六、在主管教育机关认可的高级中学毕业，曾在主计机关，或各机关主计部门办理岁计、会计或统计职务二年以上，或经中央或省、市政府主计机关训练合格；七、在主管教育机关认可的高级中学毕业，曾受主计机关认可六个月以上会计或统计训练毕业，并办理岁计、会计或统计事务一年以上；八、在主管教育机关认可的中等以上学校，讲授会计或统计二年以上。

对于低级委任职会计、统计任职条件也做了详细规定。

不同职级的主计人员由不同的管理部门管理任命。简任职由国民政府交铨叙部审查合格后任命，荐任职由国民政府主计处送铨叙部审查合格后呈荐任命。中央机关、各省政府、院辖市政府主计机关委任职主计人员任用，由国民政府主计处送铨叙机关审查合格后，呈请国民政府主计处委任。省市政府所属各机关、省辖市政府、县政府及其所属各机关委任职主计人员的任用，由各省、市政府主计机关送铨叙机关审查合格，呈国民政府主计处委任。主计人员作为一种技术人员，如果不是受到惩戒处分、刑事处分等，任何机关不得自行免职。

从国民政府机构序列来看,主计部门是一个重要部门。

国民政府还就卫生事业人员、陆地测量人员、交通事业人员等的任用,也做了法律规定。国民政府在较短的时间,无论是对于公务员,还是对于技术人员,都进行了法律规范,这一点确实不容易,体现了国民政府在各类人员管理任用上的法律性、规范性和科学性。

二、考试

随着考试院的建立,国民政府亦建立了一套考试制度。考试院下设考试委员会,主管考试事宜。考试分公职候选人、任命人员、技术人员三大类。考试又分普通、高等、特种三种考试。

普通考试分为初试和再试两种。初试及格,除技术训练和特殊情况,由专门机关进行特殊训练外,其他分别由中央政治学校或各省训练机关负责训练。参加中央机关训练的,由考试院与学校商定;在其他训练机关训练的,由训练机关拟定训练方案,报送考选委员会转呈考试院备案。训练期间除了由训练机关发给伙食服装讲义费用外,每月酌情给予津贴。训练期满,经考核合格,进行再试。再试合格,由考试院发给证书,并依法进行任用和学习。不及格的,可以补考一次,但只限一次。

高等考试也分初试、再试。根据中华民国三十一年八月五日考试院修正颁布的《高等考试分为初试再试并加以训练办法》,高等考试初试每年都要举行一到两次。初试合格人员的训练办法与初等考试训练办法相同,不同之处,就是高等考试合格人员除了正常的膳食、服装、讲义费用外,每月还有二百元的生活补助费。再试及格人员,由考试院分发全国各个机关任用。优等的,以荐任职或与荐任职相当的职务任用,中等的以高级委任职或与高级委任职相当的职务任用。如果遇到荐任缺出,要随时依法叙补。曾经担任委任二级以上职务或者实际支付委任二级俸禄的，可以直接以荐任职分发任用。从这里可以看到，高等考试实际是一种级别较高的文官考试。

参加普通考试的资格是：公立或立案私立中等以上学校毕业，经普通检定考试及格。

参加高等考试的资格是：公立或立案专科以上学校毕业；或经教育部、考试主管机关承认之国外专科以上学校毕业；经高等检定考试及格；有专门学术或技能，经审查合格；经普通考试及格。

有下列情况之一者，不得参加任何考试：犯刑法内乱外患罪，经判决确定者；曾服公务有贪污行为，经判决确定者；褫夺公权者；受禁治产之宣告者；吸用鸦片及其他代用品者。

专门职业与技术人员的考试又有特殊的规定。此类人员主要指律师、会计师、农业技师、工业技师、矿业技师、医师、药师、牙医师、助产士、河海领航员、引水员、民用航空人员以及其他有关人员。

专门职业技术人员考试分试验与检验。

参加高等专业技术人员考试检验的资格是：公立或经教育部立案、承认的国内外专科以上学校毕业有证书者；有专门学识或技能相当于专科以上学校毕业的学历，经验定考试及格者；普通考试及格后，在行政或公营民营事业机关服务，或在社会上执业三年以上，有证明文件者；普通考试及格后，曾任委任职或与委任职相当职务三年以上，有证明文件者。

参加高等职业技术人员高等考试检验资格是：任命人员高等考试及格后分发任用，或学习期满成绩审查认为优良者；公立或经教育部立案、承认之国内外专科以上学校毕业，并在行政或公营、民营事业机关服务成绩优良，有证明文件者；公立或教育部立案、承认的国外内专科以上学校毕业，并于毕业后在公立或经立案的专科以上学校讲授主要学科，有证明文件者。

参加专门职业技术人员普通考试检验的资格是：公立或立案或经教育部承认的国内外中等以上学校毕业有证书者；中央或地方主管机关所设中等以上学校程度训练所毕业有证书者；公立或立案或经教育部承认的高级职业学校，高级中学农、工、商等科或旧制甲种农、工、商等科学校毕业，并在行政或公营民营事业机关服务成绩优良，有证明文件者；曾任委任职或与委任职相当职务成绩优良，有证明文件者。

专门职业技术人员经考试及格，由考试院发给及格证书，并送主管机关依法登记。

特种考试有县长、税务、法官考试等。

县长考试主要由各省举行，许多省都成立了县长考试委员会，具体负责考试事宜。

考试制度实行后，国民政府多次组织进行了普通、高等考试。从 1931 年后，基本上普通考试每年举行一次。在各个时期对于考试及格人员的任用，国民政府亦作了规定，对第一次高等考试及格人员这样规定：考列最优等的分发相当机关以荐任职任用，遇缺优先实授；考列优等的分发相当机关以荐任官任用，遇缺优先试署；考列中等曾任委任官以上公务员满一年的分发相当机关以荐任官任用，遇缺优先试署，其余分发相当机关以荐任官学习。

三、考绩

1928 年 2 月 4 日，国民政府公布了《公务员考绩法》，并未实行。以后，国民政府多次进行了修改，到 1935 年重新颁布实行。新《公务员考绩法》规定：公务员考绩分为年考和总考。年考是就公务员一年工作成绩进行考核；总考是就公务员三年工作成绩进行考核。年考在每年 12 月份进行，总考在公务员任职的第三年进行。考绩又分为初核和复核。直接长官执行初核,再直接长官执行复核,主管长官执行最后复核。只有一级长官时,即由该长官执行初核和复核。

公务员考绩分工作、学识、操行三项。年考在八十分以上为一等,七十分以上为二等,六十分以上为三等,不满六十分为四等,不满五十分为五等,不满四十分为六等。总考九十分以上为一等,八十分以上为二等,七十分以上为三等,六十分以上为四等,不满六十分为五等,不满五十分为六等,不满四十分为七等。年考与总考六十分为合格,不过总分虽达到了六十分以上,而工作分不满三十分,或学识、操行有一项不满十五分,仍按不合格予以记过。公务员总考分数的计算是年考三次分数的平均。

公务员工作、学识、操行考绩具体分解是:公务员所任职务是否卓著成绩;平时办事是否勤慎敏捷;对于本机关行政有无特殊贡献;才力短拙身体衰弱不能胜任工作,因循荒怠废弛职务;经办事情发生大错误,或屡次发生错误;学识浅陋行为不检。从其考绩注意事项可以看出,工作考绩是第一位的,考绩主要考工作成就;学识是第二位的,而操行则是第三位的。国民政府把学识作为第二位来考绩,其目的主要还是为工作考绩服务的,在他们看来,只有学识水平高,才有利于把工作搞好。在三十年代中国官员整个文化水平不高,而国民政府把学识列为考绩的主要内容之一,它对于督催公务员学习文化,提高业务水平有重要作用。至于把操行放在考绩的从属地位,则不能不说是欠妥。

在公布施行《公务员考绩法》的同时,国民政府于 1935 年 11 月 1 日公布施行《公务员考绩奖惩条例》。《公务员考绩奖惩条例》与《公务员考绩法》既有共同点又有不同点。后者侧重于对公务员工作成绩考察,前者则侧重于对公务员的奖惩,是后者的具体实施。《条例》规定:公务员考绩奖励分升职、晋级、记功三项,惩处分解职、降级、记过三类。公务员年考奖惩:一等晋级、二等记功、三等不予奖惩、四等记过、五等降级、六等解职。公务员总考奖惩:一等升等、二等晋级、三等记功、四等不予奖惩、五等记过、六等降级、七等解职。年考成绩特优的经主管长官认为需要升等时,须申明理由送铨叙部审定。荐任职升等不得超过现有荐任职人员的十分之一,委任职不得超过十分之三。成绩过劣应行解职人员,年考不得少于机关总人数的2%,总考不得少于4%。解职人员遗缺由考试及格人员递补。荐任职公务员考绩特优应予升等时,若机关遇有相当缺位,即依法予以升等;无缺额时则予以简任待遇。委任职公务员考绩特优应予升等的,若遇有相当缺额而无考试及格人员时,应即依法升用;无缺额时,予以荐任待遇。简任职或荐任职、委任职公务员奖惩核定后由铨叙部通知主管长官分别办理。简任职或荐任职公务员的解职由铨叙部通知主管长官并呈请考试院转呈国民政府免职。

在抗日战争时期,国民政府又制定了《非常时期公务员考绩暂行条例》,这一条例与《考绩法》、《奖惩暂行条例》相比有较大变化,把年考与三年总考改为平时考绩和年终考绩,公务员功过允许抵消。这样可以把考绩常态化。允许功过相互抵消,又能激励有过的公务员去积极从事各项抗战工作,争取立功,以抵消已过。

公务员平时考绩有记大功、记功、记大过、记过。平时记功三次,以大功一次论。记大功一次由本机关命令嘉奖,二次由考试院命令嘉奖,三次由国民政府命令嘉奖。记大过一次减俸,二次降级,三次免职。因为抗战期间,公务员无论是立功,还是被记过都容易发生,所以,在记功、记过的奖惩上更有弹性,便于操作。

公务员年终考绩分异、优、中、低、劣五等。异等奖励有晋级、奖章、勋章、奖金、奖状,晋级人数不得超过机关考绩总人数的三分之一。简任职允许晋升一级,荐任、委任官可晋升两级。简任官晋至最高级无级可晋者,给以年功加俸,每月三十元。荐任、委任官晋至最高级无级可晋者,给以简任、荐任待遇。已晋至荐任、委任最高级人员满三年,由铨叙部给予简任、荐任存记并颁发存记状。

考绩优等奖励奖状、奖金、晋级。凡于考绩举行前已经晋级或升任职务时已经晋级到考绩时未满一年,发给奖状。简任官或简任待遇人员发给一个月俸额内一次性奖金,荐任官、委任官可晋升一级。

考级中等的公务员酌予惩处或留级。酌予惩处有减俸、记过、申诫。减俸时间半年,减月俸的10%。酌予惩处为考绩不合格,留级则属考绩合格,考绩分数须在工作分三十分以上,操行、学识各三十分以上。考绩低等的公务员降一级。无级可降者,按级差俸额减俸。考绩劣等的免职。

《考绩暂行条例》还就公务员考绩权限做了新的规定。国民政府系统简任、荐任职公务员、省与行政督察专员公署简任、荐任职公务员、各省县长由铨叙部负责考绩。省政府各厅处局所属各县属机关委任职公务员,由各省委任职公务员铨叙审查委员会办理考绩事宜。

四、惩戒

在颁行《公务员考绩法》、《公务员考绩奖惩暂行条例》的同时,国民政府还公布了《公务员惩戒法》。《公务员惩戒法》的公布,标志着国民政府公务员惩戒制度的建立,与公务员法构成公务员制度的重要内容之一。

《公务员惩戒法》也多次进行修正,有时又改换名称为《公务员惩戒条例》。公务员的惩戒与公务员考绩奖惩有共同点,也有不同之处。考绩奖惩是就公务员某一时期工作成绩和错误进行奖励惩处,公务员惩戒是随时就公务员的失职或违法行为进行处罚。《公务员惩戒法》规定:公务员凡违法、废弛职务或有其他失职行为要受惩戒处分。政务官惩戒处分有免职、申诫。事务官惩戒处分有免职、降级、减俸、记过、申诫五种。

公务员的免职处分除免其现任职务外,并在至少一年内停止使用;降级按其现任官级降一级或二级改叙,自改叙之日起,二年内不得叙进。受降级处分而无级可降比照每级差额减月俸,时间二年;减俸按每人月俸减 10% 或 20% ,减俸时间一个月至一年;记过自记过之日起,一年内不得进级,一年记过三次减俸;申诫分为书面或言辞两种,是较轻的惩戒处分。

简任职公务员的惩戒处分由中央公务员惩戒委员会议决,议决后报司法院。荐任职以上公务员的惩戒由司法院呈请国民政府或通知其主管长官执行,并通知铨叙部。选任政务官由国民党中央党部监察委员会惩戒;其他政务官由国民政府惩戒;事务官由公务员惩戒委员会惩戒。荐任职以下公务员记过或申诫由主管长官执行。公务员因受刑事诉讼程序而被羁押;受刑事判决剥夺公权,受拘役以上刑事处分在执行中,其职务当然停止。

县长惩戒,分申斥、记过、记大过、撤职四种。懈怠职守萎靡不振;事理不明逾越权限;遇事推诿敷衍,予以申斥。办理自治不力,知匪匿不举报;奉行法令不力或故意延缓;对于所属职员旷废职守或营私舞弊无有察觉的,予以记过或记大过。记过三次作为记大过一次,记大过三次撤职。违法渎职营私舞弊;由于疏于防止致使事变发生造成重大损失;沾染嗜好;办事毫无成绩又难以振作的,予以撤职。

县行政人员,奖励分嘉奖、记过、记大功、升级或升级存记。惩戒分申斥、记过、记大过、撤职。县行政人员若办理事务成绩优异,操守廉洁忠于职务，计划切合实际需要并能按期完成，遇有非常事件发生处理敏捷妥善的，可予以奖励；若工作不力废弛职务，计划不妥虚糜公款，因循怠忽贻误要公，蒙上欺下敷衍公事的，要交付惩戒。

县行政人员记功三次作为记大功一次，记大功三次酌予升级或升级存记。同样，记过三次作为记大过一次，大过三次撤职。功过准予相互抵消。

国民政府虽然建立了一整套考绩惩戒制度，但是并没有杜绝官员们的腐败。应该说，在国民政府的前期，国民政府所建立的一系列官吏管理制度，对于国民政府各级政权的建立和完善，发挥了重要作用，特别是在抗日战争时期，国民政府的各级官员面对强敌，大多数都能以民族大业为重，以国家利益为重，前方将士浴血奋战，沦陷区的各级官员配合正面战场，积极开展与日寇的作战。但是，国民政府成员当中，不少人是官僚资本的代表，而贪婪腐化堕落则是官僚资本的本性。以宋子文、孔祥熙为代表的两大官僚资本，他们虽然身居要职，但是却想着发国难财。作为国民党总裁的蒋介石由于与他们有着特殊的裙带关系，对于他们也就缺乏约束。由于宋子文、孔祥熙都曾担任行政院长要职，他们对于吏治的影响也就可想而知。国民政府的各种考绩惩戒可以说对他们没有任何的约束力，一些正直的民主人士对他们的弹劾也只是仅仅让他们引咎辞职，而无法受到公务员惩戒法的惩处，更不用说受到法律的审判了，这必然要加剧国民政府吏治的腐败与黑暗。抗战胜利，国民政府的各级官员忘乎所以，腐败达到了无法收拾的地步。蒋经国先生虽然立志打虎，严惩贪官污吏，但是国民党政权已经走上绝路，打虎者也只能徒叹奈何。

国民政府模仿西方资本主义国家以法治国，幻想只要把各种制度建立起来，官员们就会自觉遵守，政权就可长治久安。有一套完整的官吏管理制度,是保证官员廉洁勤政的重要一环,而最高统治集团的身体力行则是法规制度得以贯彻执行的前提。当然更重要的还是人民群众对官员监督制约机制的建立。这是历史的经验,国民政府考绩奖惩制度的失败,值得深思。

五、级俸

国民政府公务员俸给与级别相联系,俸由级所决定。

在《文官俸给表》的基础上,国民政府于 1928 年公布《修正文官俸给表》。该表规定:特任一级八百元;简任:一级六七五元,二级六百元,三级五二五元,四级四五〇元;荐任:一级四百元,二级三五〇元,三级三百元,四级二五〇元,五级二百元;委任:一级一八〇元,二级一六〇元,三级一四〇元,四级一二〇元,五级一百元,六级八十元,七级六十元。

1933 年 9 月 23 日,国民政府公布《暂行文官官等官俸表》,并于同年 11 月 1 日实行。按照该表规定,特任官为最高官级,月俸八百元。简任官八级,一级六八〇元、二级六四〇元、三级六百元、四级五六〇元、五级五二〇元、六级四九〇元、七级四六〇元、八级四三〇元。荐任官共十二级,一级四百元、二级三八〇元、三级三六〇元、四级三四〇元、五级三二〇元、六级三百元、七级二八〇元、八级二六〇元、九级二四〇元、十级二二〇元、十一级二百元、十二级一八〇元。委任官共分十六级,一级二百元、二级一八〇元、三级一六〇元、四级一四〇元、五级一三〇元、六级一二〇元、七级一一〇元、八级一百元、九级九十元、十级八十五元、十一级八十元、十二级七十五元、十三级七十元、十四级六十五元、十五级六十元、十六级五十五元。

国民政府文官长、主计长、五院院长、各部部长、委员长为特任官,俸级八百元。国民政府局长、各部次长、副委员长、国民政府秘书长、统计长、会计长、五院秘书长、署长、技监审计长、司长、厅长、秘书、参事、技正、各部会编修、编审、督学、审计等，为简任官，四三〇元至六八〇元。国民政府秘书、科长、技师、统计主任、会计主任、荐任科员、五院及各部会秘书、科长、协审、技正、编审、督学、视察、技士、荐任科员一八〇元至四百元。国民政府五院及各部会一二三等科员、会计员、统计员、技士、一二三等书记官、一二三等办事员，五十五元至二百元。

省政府主席是简任一级，六八〇元；省政府委员、厅长、秘书长，直辖市市长为简任六至二级，四九〇元至六四〇元。秘书、科长荐任十至一级，二二〇元至四百元；一等科员委任五至一级，一三〇元至二百元；二等科员委任十至六级，八十五至一二〇元；三等科员委任十五至十一级，六十至八十元；一等办事员委任十至八级，八十五至一百元；二等办事员委任十三至十一级，七十元至八十元；三等办事员委任十六至十四级，五十五元至六十五元。

一等县县长荐任四级至简任八级，三四〇元至四三〇元；二等县县长荐任五级至一级，三二〇元至四百元；三等县县长荐任六级至二级，三百元至三八〇元。一等县秘书、科长、局长委任六至一级，一二〇元至二百元；二等县秘书、科长、局长委任七级至一级，一一〇元至二百元；三等县秘书、科长、局长八至一级，一百元至二百元。一等县督学、科员委任十级至三级，八十五元至一六〇元。二等县督学、科员委任十一级至三级，八十元至一六〇元。三等县督学、科员委任十二级至三级，七十五元至一六〇元。办事员委任十六至十一级，五十五元至八十元。

新的《暂行文官官等官俸表》实行后，各机关旧有人员原叙等级予以保留，并照支原俸。由于新旧人员级俸悬殊，1934 年 3 月 31 日，国民政府公布《暂行文官官等官俸表施行后三项补充办法》。《办法》规定：一、旧有人员经考绩认为应该进级或加俸，由主管长官按两种办法办理，一是级俸并进，即从原级递升一级，同时将俸额按新表级差递加；二是加俸不进级，即保留原级仅俸额按新表级差递加。但进级或加俸每年不得超过一次，每次加级俸为一级。二、旧有人员经考核认为不应加俸时，原级保留，原俸照支；若新旧人员同一官级，新人员俸较高而旧有人员俸较低时，各机关将旧有人员酌予加级报由铨叙部备查。三、旧有人员在本机关中其他机关调任同等职务的，原叙等级概予保留，原支俸额仍旧照支。

为解决僧多粥少的矛盾，国民政府又设立简任、荐任、委任待遇人员。待遇只属于支俸问题，不涉及任用资格，但享受待遇的在任用时可以免试用程序，并按其待遇支给俸额，酌叙级俸；待遇人员其级俸依照现行官等官俸表，简任待遇不得超过简任七级，荐任待遇不得超过荐任八级，委任待遇不得超过委任十三级，以前定的仍照旧支俸。待遇人员铨叙后要报铨叙部备查。

1943 年，国民政府公布《公务员叙级条例》，1945 年 11 月又重新修订公布。初任荐任人员，自本职最低级俸起叙。初任委任待遇，按资格叙俸。经高等考试及格的，先以高级委任职任用的，三级至一级；专科以上学校毕业或普通考试及格，五级至四级；合于公务员任用法第四条第四款的，八级至六级；高级中学毕业，九级；初级中学毕业或雇员升用的，十六级至十五级。曾任简任、荐任、委任职军职、军用文职，或其他相当职务人员，拟任相当官职时，简任、荐任，自本职最低级起叙，委任按上述规定起叙，每满一年提叙一级。经铨叙机关叙定俸级的简任、荐任、委任人员，非依考绩法、惩戒法或其他法律规定，不得晋叙、降叙。降级人员在本官等或本职范围内，无级可降时，以应降之级为准，比照俸差减俸。降级人员，依法准予晋升时，自降叙之级起递晋。比照俸差减俸的降级人员，待恢复原俸后，再予递晋。依法给予升等待遇的，简任自第八级俸，荐任自第十级俸起叙，并按级递晋。依法给予年功俸的，简任每月三十元，荐任每月二十元，委任每月十元，并按年递晋，连同本俸简任不得超过八百元，荐任不得超过五三〇元，委任不得超过三百元。

抗战胜利后，国民党政府实行通货膨胀政策，物价飞涨，国民政府官员的原俸给已是杯水车薪，不得不打破原《暂行文官官等官俸表》的级俸规定。特任官由八百元改为二千元、一千六百元、一千二百元、八百元四个等级。简任官一至三级为一等，薪俸为七百元、六五〇元、六百元；四至六级为二等，五五〇元、五百元、四五〇元，取消七、八两个级俸。荐任一至四级为三等，四百元、三八〇元、三六〇元、三四〇元；五至八级为四等，三二〇元、三百元、二八〇元、二六〇元；九至十二级为五等，二四〇元、二二〇元、二百元、一八〇元。委任官一至三级为六等，薪俸分别是一七〇元、一六〇元、一五〇元；四至六级为七等，一四〇元、一三〇元、一二〇元；七至九级为八等，一一〇元、一百元、九十元；十至十二级为九等，八十元、七十元、六十元。调整后的级俸高级官员增俸较大。然后以此为基数，增发生活补贴，以 1945 年 5 月、6 月份薪俸生活津贴为例：以原俸三十元为第一基数，增发三十倍生活津贴，再以三十元为第二基数，增发二十倍生活补贴，余额增发十倍。如薪俸是三十元，生活津贴就是九百元，若是六十元，生活津贴就是一千五百元。月俸四百元的荐任官，生活津贴为四千四百元，薪俸与津贴相比，处于非常次要的地位。随着物价的不断飞涨，国民政府不得不经常调整生活津贴，从而宣告了国民政府级俸制度的彻底破产。

国民政府官员薪俸表一

单位:元

职位类别	职务	薪俸等级和标准															
		一	二	三	四	五	六	七	八	九	十	十一	十二	十三	十四	十五	十六
特任	主计长、文官长、国民政府委员等	800															
简任	局长	680															
	秘书、主计官	680	640	600	560	520											
	参事、统计长、会计长			600	560	520	490	460	430								
荐任	秘书、科长、技师	400	380	360	340	320	300	280	260								
	统计主任、会计主任	400	380	360	340	320	300	280	260	240							
	荐任科员			360	340	320	300	280	260	240	220	200	180				

（续表）

职位类别	职务	薪俸等级和标准															
		一	二	三	四	五	六	七	八	九	十	十一	十二	十三	十四	十五	十六
委任	一等科员、技士、会计员、统计员	200	180	160													
	一等书记官		180	160	140	130											
	一等办事员				140	130	120	110	100								
	二等科员、技士、会计员、统计员				140	130	120										
	二等书记官						120	110	100	90							
	二等办事员									90	85	80	75				
	三等科员、技士、会计员、统计员							110	100	90							
	三等书记官										85	80	75	70			
	三等办事员													70	65	60	55

行政院及各部委官员薪俸表二

单位:元

职位类别	职务	薪俸等级和标准															
		一	二	三	四	五	六	七	八	九	十	十一	十二	十三	十四	十五	十六
特任	部长、委员长、以上官员	800															
简任	次长、副委员长	680															
	秘书长、署长、技监	680	640	600	560												
	审计、司长、厅长			600	560	520	490	460									
	秘书、参事、技正			600	560	520	490	460	430								
	编修、编审、督学				560	520	490	460	430								
荐任	秘书、科长、技正、协审	400	380	360	340	320	300	280	260	240							
	编审、督学、视察、技士	400	380	360	340	320	300	280	260	240	220						
	荐任科员					320	300	280	260	240	220	200	180				

（续表）

职位类别	职务	薪俸等级和标准															
		一	二	三	四	五	六	七	八	九	十	十一	十二	十三	十四	十五	十六
委任	一等科员、技士	200	180	160	140												
	一等技佐		180	160	140	130											
	一等书记官				140	130	120	110									
	一等办事员								100	90	85						
	二等科员、技士					130	120	110	100								
	二等技佐						120	110	100	90	85	80					
	二等书记官								100	90							
	二等办事员									90	85	80	75				
	三等科员、技士									90	85	80	75				
	三等技佐										85	80	75	70			
	三等书记官												75	70	65	60	
	三等办事员														65	60	55

国民政府省政府官员薪俸表三

单位：元

职位类别	职务	薪俸等级和标准 一	二	三	四	五	六	七	八	九	十	十一	十二	十三	十四	十五	十六
简任	省主席	680															
	省政府委员、厅长		640	600	560	520											
	秘书长		640	600	560	520	490	460									
荐任	秘书、科长	400	380	360	340	320	300	280	260	240	220						
委任	一等科员	200	180	160	140	130											
	二等科员						120	110	100	90	85						
	三等科员											80	75	70	65	60	
	一等办事员								100	90	85						
	二等办事员											80	75	70			
	三等办事员														65	60	55

国民政府特别市（直辖市）以及省辖市政府官员薪俸表四

单位：元

职位类别	职务	薪俸等级和标准															
		一	二	三	四	五	六	七	八	九	十	十一	十二	十三	十四	十五	十六
简任	市长	680	640	600	560	520	490	450									
	局长、秘书长				560	520	490	460	430								
	参事					520	490	460	430								
荐任	市长	400	380	360	340												
	局长、秘书长	400	380	360	340	320											
	参事、科长、秘书	400	380	360	340	320	300	280	260	240	220						
委任	局长、科长、秘书	200	180	160	140												
	一等科员	200	180	160	140	130											
	二等科员						120	110	100	90	85						
	三等科员											80	75	70	65	60	

（续表）

职位类别	职务	薪俸等级和标准															
		一	二	三	四	五	六	七	八	九	十	十一	十二	十三	十四	十五	十六
委任	一等办事员								100	90	85						
	二等办事员											80	75	70			
	三等办事员														65	60	55

国民政府县政府官员薪俸表五

单位：元

职位类别	职务	薪俸等级和标准															
		一	二	三	四	五	六	七	八	九	十	十一	十二	十三	十四	十五	十六
简任	一等县县长								430								
荐任	一等县县长	400	380	360	340												
	二等县县长	400	380	360	340	320											
	三等县县长	400	380	360	340	320	300										
委任	一等县秘书、科长、局长	200	180	160	140	130	120										
	二等县秘书、科长、局长	200	180	160	140	130	120	110									
	三等县秘书、科长、局长	200	180	160	140	130	120	110	100								
	一等县督学、科员			160	140	130	120	110	100	90	85						
	二等县督学、科员			160	140	130	120	110	100	90	85	80					
	三等县督学、科员			160	140	130	120	110	100	90	85	80	75				
	办事员											80	75	70	65	60	55

六、军官安置

在早期，国民政府称军队转业军官为退伍军官佐，以后又改称复员转业军官佐，复员军官转业人员。在各个时期，对转业军官安置也有所不同。

1928年，国民政府颁行《国民革命退伍军官考试任用条例》。《条例》规定，退伍军官佐转业地方安排，要进行考试。退伍军官佐经考试及格训练完成后分发各省以县长、警官及县政府佐治人员等职分别任用。退伍军官佐须曾在军事学校毕业及有相当学识，由原直属最高长官保荐方得应试，考试由考试院定期举行，考试及格人员由考试院呈报国民政府备案并册报内政部备查。考试完毕由内政部训练所训练六个月，训练完毕方可分发。

曾任上校或中校军官佐，经转业考试及格，在国内或认可的国外军事学校毕业、专科学校毕业；曾任少校军官佐经考试及格，以荐任职或相当荐任职任用。曾任上尉军官佐或在国内外军事学校及专门学校毕业的中尉或少尉军官佐，经转业考试及格，以委任职或相当委任职任用。虽未完全符合上述条件，但经转业考试及格，亦可以委任职或相当委任职任用。曾任准尉军官佐，经转业考试及格可以委任职或相当委任职试用一年，期满考试成绩优良，予以任用。

1948年，国民政府公布《军官转任普通文官办法草案》，《草案》规定，曾任少将以上军官佐二年以上，或上校军官佐四年以上，由拟任机关主管长官考核学识经验，确与拟任职务相当，出具证明保结，经查证属实的；在国内外认可的军官学校毕业，曾任上校军官佐二年以上，由拟任机关主管长官考核学识经验，确与拟任职务相当，出具证明保结，并经审查属实的，按照《公务员任用补充办法》，以简任职试用。曾任中校军官佐二年以上，或少校军官佐四年以上,由拟任机关主管长官考核学识经验,确与拟任职务相当,出具证明保结,经审查合格;在国内外认可的军官学校毕业,曾任少校军官佐二年以上,由拟任机关主管长官考核学识经验,确与拟任职务相当,出具证明保结,经审查属实,按照《公务员任用补充办法》,以荐任职试用。曾任上尉以上军官佐一年以上,或准尉军官佐三年以上,由拟任机关主管长官考核学识经验,确与拟任职务相当,出具证明保结,经审查属实;在国内外认可的军官学校毕业,曾任准尉以上军官佐满一年,由拟任机关主管长官考核学识经验,确与拟任职务相当,出具证明保结,经审查属实,按照《公务员任用补充办法》,以委任试用。无论是委任职,还是荐任职和简任职,都有试用期。试用期为一年。

国民政府的退伍军官有相当一部分人转任警察官。根据《复员编余军官转任警察人员任用办法》规定,转任简任职警察的条件是:曾任少将以上军官佐,经铨叙合格并受警官补习教育毕业;在国内外认可的军官学校毕业,曾任上校军官佐实职(在编制以内人员)二年以上,经铨叙合格,并受警官补习教育毕业。转任荐任职警察的条件是:曾任中校军官佐,经铨叙合格,并受警官补习教育毕业;在国内外认可的军官学校毕业,曾任少校军官佐实职二年以上,经铨叙合格,并受警官补习教育毕业。转任委任职警察条件:曾任上尉以上军官佐一年以上,经铨叙合格,并受警官补习教育毕业;在国内外认可的军官学校毕业,曾任少尉以上军官佐实职满一年,经铨叙合格,并受警官补习学校毕业。

军官佐转任警察试用期一年,试用期满经考核成绩优良,铨叙合格,予以任用。

国民政府于1947年内政部修正公布的《复员军官佐转任警察人员分派服务办法》,对军官佐转任警察更做了详细要求。凡是复员的军官佐由内政部分发到地区后,任何地区不得拒收,要按照规定优先安排这些军官佐，不得请求改分或拒分，凡是有警保机构或者增设单位的，优先安排复员军官佐，各级警察机关要将曾任伪职人员进行严格考核淘汰，任用复员军官佐。各个警察机关由于高等级职务编制员额限制，可以先安排低一级的职务，等到高等级的职务出缺，再行安排。作为复员军官佐也不要坚持以原任武官级别比照文官职级要求，但是各个任用机关应保留其职级，遇有缺位优先提升。对于复员军官佐的俸给，按照《公务员叙级条例》办理。

复员军官佐除了转任警察，也有一些人转任司法官。转任司法官的前提条件，这些军官佐在军队必须都是担任军法官及军法裁判人员，确保这些军法官转任司法官之后，能够尽快熟悉工作，不致业务生疏，难以胜任。对于军法人员转任司法官的条件是：曾在专科以上学校修习法律学科三年以上毕业，任职相当于委任职军法人员三年以上，经登记并审查成绩合格，具有转任审判官的资格；曾经在专科以上学校修习法律学科三年以上毕业，任相当于荐任职军法人员二年以上，经登记并审查合格，具有转任地方法院推事或检察官的资格；曾任推事或检察官一年以上，并任相当于荐任职军法人员二年以上，经登记并审查成绩合格，具有转任地方法院院长之推事，地方法院首席检察官，或高等法院荐任推事、检察官资格；曾任相当于荐任职军法人员四年以上，经登记审查成绩合格，具有转任高等法院检察官资格；军法人员曾兼任地方法院院长，或地方法院首席检察官，或高等法院推事，或检察官二年以上，并任相当于简任职的军法人员二年以上，经登记并审查成绩合格的，具有转任简任职推事，或检察官资格。

实行公务员制度后，与公务员登记相适应，国民政府于1937年公布《现任军用文职人员登记条例》，并规定于1938年7月15日实行。军用文职人员主要指国民政府统治下陆海空军各部队各军事机关、各军事学校编制中的军用文官、军法官、监狱官及军用技术人员。此类军用文职人员在各项军用文职人员任用暂行条例施行以前经陆、海、空军主管机关呈请任命或核准委用的，由铨叙部登记。

现任同中将、少将、上校军用文职人员具有下列资格以简任职登记：

军用文官：曾任简任职文官一年以上或最高级荐任职文官二年以上；在学术上有特殊著作或发明；曾任同上校以上军用文官满一年或同中校军用文官满三年成绩优良经考绩核定的。

军法官：曾任简任职法官一年以上或最高级荐任职法官以上；在教育部认可的法律专科学校毕业并曾任同上校以上军法官一年以上；在教育部认可的法律专科学校毕业并曾任同中校军法官三年以上。

监狱官：曾任简任职法官、监狱官一年以上或最高级荐任职法官、监狱官二年以上；在教育部认可的法律专科学校毕业并曾任同上校以上军法官、监狱官满一年；在教育部认可的法律专科学校毕业并曾任同中校军法官、监狱官三年以上。

军用技术人员：曾任简任职技术人员一年以上，或最高级荐任职技术人员二年以上；在教育部认可的国内外大学或独立学院毕业，从事技术业务三年以上而有专门研究的；曾任同上校以上军用技术人员满一年或同中校军用技术人员满三年成绩优良经考绩核定的。

军用文职人员于登记后，任各实职二年以上，成绩优良经考绩核定的可转任普通公务员。同中将转任简任职二级至一级，同少将转任简任职五级至三级；同上校转任简任职八级至六级。同中校转任荐任职六级至一级，同少校转任荐任职十二级至七级。同上尉转任委任职六级至一级；同中尉转任委任职十二级至七级，同少尉转任委任职十六级至十三级。

对于不参加转业安排的军官佐，国民政府则发给退役俸。军官佐退役俸分别是:将官30%,校官35%,尉官40%。退役俸由本人亲持退役证书向中央或地方政府指定发俸机关按月支领。退役俸率支给年限根据服役年限而不同。受退役俸军官佐以后又奉委其他职务领受国家或地方薪俸,所得薪俸小于退役俸,仍兼领退役俸;所得薪俸大于退役俸者则停止其退役俸。

七、恤金

公务员恤金分年恤金、一次恤金、遗族年恤金、遗族一次恤金。

公务员凡因公受伤或致病致残或心神丧失不胜任职务;在职十五年以上不胜任职务;在职十五年以上勤劳卓著自请退职,证明属实的,可按其退职时俸给五分之一给以年恤金。公务员因公受伤或致病而未达到残废及心神丧失,可按其退职时两个月俸给限度内给予一次恤金。受恤金后在一年内因伤病致残及心神丧失的,可给予年恤金,但所给一次恤金要扣除。

因公亡故;在职十五年以上病故;受年恤金未满五年而亡故的,可按其最后在职时俸给的十分之一给予遗族年恤金。除此外,可按其最后在职的两个月俸给的限度内酌给一次恤金。

在职三年以上六年以下而亡故的,按其最后在职两个月的俸给,给予遗族一次恤金;在职六年以上,九年以下而亡故的,按其最后在职三个月俸给,给予遗族一次恤金;在职九年以上,十二年以下而亡故的,按其最后在职四个月俸给,给予遗族一次恤金;在职十二年以上十五年以下而亡故的,按其最后在职五个月俸给,给予遗族一次恤金。

公务员被无期褫夺公权,丧失中华民国国籍,即丧失恤金领取权。公务员领取年恤金后又重新担任职务领取薪俸的,即停止恤金领取权。公务员一次恤金属地方的,由省财政厅或市财政局向最后服务机关具领转发。公务员年恤金及遗族恤金批发机关为市政府的，由领恤人向住地市政府按期领取。

八、退休

国民政府《公务员退休法》规定：公务员任职十五年以上，年龄六十岁或任职二十五年以上成绩卓著的可以申请退休。公务员年龄六十五岁以上或心神丧失，或身体残废难以胜任职务的，应命令退休。公务员退休可发给退休金。

公务员在职五年以上申请退休给予六个月俸的退休金，每增加一年，增发一个月俸的退休金。任职十五年以上，二十年以下申请退休，退休金为退休时月俸额的45%，命令退休的是50%；任职二十年以上，二十五年以下申请退休，年退休金为50%，命令退休为60%；任职三十年以上申请退休的，年退休金为60%，命令退休为65%。凡死亡、褫夺公权终身、背叛中华民国通缉在案、丧失中华民国国籍的，不得领取退休金。凡褫夺公权尚未复权，领有年退休金后再任有薪俸公职的，应停止其退休金。

公务员退休金属于中央者，由国库开支。属于省市（行政院直辖市）级的，由省市国库支出。属于县级者，由县国库开支。

国民政府还就政府官员的请假、服务、各级政府机构人事管理部门的设置等作了详细法律规定。就这些规定而言，是比较全面的，而且不断加以完善，但在实际执行中，就相差甚远了。国民政府的官吏管理制度首先不能约束最高当权者，自然对一般官员也就失去了约束力。自推行公务员制度以来，国民政府就忙于接连不断的战争，无法进行公务员制度建设，尽管国民政府制定了比较完备的官吏管理法规，但是这些法规并没有得到很好落实。制度并没有防止国民党政府的腐败，也就无法挽救其政权的失败。

国民政府官制是自封建社会官吏制度结束之后，所建立起来的具有现代意义的官制。这种官制既有西方文官制度的影子，也有国民党政权自己的发明，还有历史的传承。国民政府的五权分立，是在国民党中央政治会议领导下的五权分立。分立的内容是有限的，民主制度也是有限的。但毕竟有民主制约监督的成分，有其值得借鉴之处：第一，国民政府高度重视官员的文化水平，而且根据不同的职级，对官员提出不同的文化水平要求。在国家整体文化水平很低的情况下，仍然能够坚持国家官员的高水平，是非常难能可贵的，是有长远眼光的。留学归来的学者，不是进入官员队伍，就是进入高校研究部门。当时尽管国家很落后，但绝大多数留学生却能学成归国，报效国家，这与国民政府的积极政策有着直接的关系。第二，继承发扬了我国机构与职官设置精简原则。无论是军政时期、训政时期，还是宪政时期，就整个政府机构来看，上下机构与职官都不是很庞大，即使国民党的各级党部，也都人数很少。可以说国民党各级党部带头坚持了机构精简原则，而不是我是党务部门可以不受编制限制。无论是国民政府中央，还是地方政府的机构与职官，都没有到了人满为患，泛滥成灾的地步。这样，就必然节省了国家的财政开支，同时也在一定程度上减轻百姓的负担。至于国民党统治时期，百姓民不聊生，则是由多种原因造成的。第三，狠抓了官制法规化建设。国民政府建立之后，虽然战争接连不断，但还是加强了对于官制的法规化建设，不但中央政权有一套比较齐备的法规制度，即使地方政府也都建立了各种官吏管理制度。这些官吏管理制度虽然并没有得到严格落实，但也发挥过作用，起码在一定程度上做到机构与职官设置有法可依。

国民政府所以垮台，原因是多方面的，主要原因有二：第一，更多地考虑大地主大资产阶级的利益，没有考虑大多数百姓的民生，尤其是农民土地问题没有得到解决。中国最多的就是农民，谁先解决农民问题，谁就能取得民心，而国民政府考虑最多的是宋子文、孔祥熙两大家族及其他大资产阶级和地主阶级的利益，而恰恰就是这两大家族成为国民政府的掘墓人之一。等到国民政府败退台湾，妥善解决了农民的土地问题，已为时已晚。第二，廉政工作没有做好。历朝历代垮台，大多因为最高统治者和官员们的腐败。抗战期间国民政府就已经非常腐败，前方吃紧，后方紧吃。吏治腐败，官员就不再考虑人民群众的利益，更何况民国时期各种社会矛盾错综复杂，诸多矛盾聚变必然导致政权的垮台。

纵观中国官制发展史，无论是古代，还是近代，在官吏管理制度上，绝大多数都注重了机构与职官设置的法制性和严肃性，滥设机构与职官的朝代很少，即使在所谓的“十羊九牧”的朝代，地方主要长官也只有一人，而不是多人执政。无论是封建社会，还是北洋军阀与国民政府，在官制上，都坚持了精简的原则。官吏机构与职官的设置必须充分考虑国家的财力和人民群众的承受力，而不是因人设职滥设机构，滥设职官。官制的法定性任何一级政府都不能破坏，也无权践踏。我们不能否定，封建社会为了维护皇族的利益，设立了一些与国家管理没有任何意义的机构与职官，但是我们也必须看到，历代统治者都严格坚持了机构与职官设置从简的原则。

在官吏管理制度上，无论是封建社会时期，还是北洋军阀、国民政府时期，都有历史继承性。历代统治者，为了巩固自己的政权，在前代官制的基础上，建立了有利于自己统治的官制。这种历史的继承性，构成了中国官制发展史。没有历史，就没有今天，我们今天研究前代官制，正是为了今天能有所借鉴。看一个朝代进步落后与否，看一个政权是否代表民意，看这个政权的官制就一目了然。因为官制最能代表当权者的利益，也能反映百姓的利益。当一个政权的官制严重制约着社会发展，必须改革却改不下去的时候，这个政权的前途也就可想而知，清朝就是如此。

后　记

《中国历代官制》自1993年出版以来，承蒙读者厚爱，已经印刷九次，在此，对所有关心本书的读者表示深深的谢意。根据齐鲁书社领导的意见，此次再版，对本书作了全面的修订，补充了大量内容，增加了新的观念，尽量让读者通过本书对中国历代官制有一个比较全面的了解，有一个更新的认识。

参与1993年版的作者分别是鹿谞慧、曲万法、孔令纪、王炳琨、徐难于、卢华语、杨关义、万昌华、吕传文、徐宗勤、邓晓军、刘韵叶、王甲库等同志。2013年9月版的修订由鹿谞慧完成，王甲库、张蔚倩、周黎明、薛燕也参加了部分修订工作。在原来的基础上，修订者又查阅了大量原始资料，力求使本书资料更充实完整，特别是充实了胥吏一节。

在2013年9月版的修订中，我们力求摆脱传统观念的束缚，用历史的观点去评价不同时代的官制。只有用历史的观点去分析研究中国历代官制，才能看到不同的官制，在中国历史发展的不同阶段，所发挥的不同作用，及其历史价值。正像文物古迹具有无法估量的价值一样，中国历代官制同样具有很高的历史价值。即使像奴隶社会的官吏制度，尽管看不到民主的成分，但在当时它也有存在发展的积极意义；甚至包括北洋军阀统治时期，其官吏制度与封建官吏制度相比也有其先进性的一面。所以，只有用历史的观点去研究中国历代官制，才能看到中国历代官制在其特定历史环境下的先进性、合理性一面。

在2013年9月版的修订过程中，我们参考了白钢主编的《中国政治制度史》，安作璋、熊铁基的《秦汉官制史稿》，张德泽《清代国家机关考略》，李进修《中国近代政治制度史纲》，陈茂同《历代职官沿革史》以及《历代官制、兵制、科举制表释》等，在此表示谢意。

2019年元月，根据齐鲁书社领导的意见，本人又对《中国历代官制》进行了部分校正，增添了南北朝时期北朝北周六官制度的内容。

《中国历代官制》虽经数次修正，但由于本人才疏学浅，书中仍难免会出现诸多不尽人意之处，欢迎广大读者斧正。

再次感谢广大读者对《中国历代官制》的厚爱。

鹿谞慧

2019年2月

图书在版编目(CIP)数据

中国历代官制／鹿谞慧，曲万法，孔令纪主编．—增订本．—济南：齐鲁书社，2013.9（2025.11 重印）

ISBN 978-7-5333-2812-2

Ⅰ.①中… Ⅱ.①鹿… ②曲… ③孔… Ⅲ.①官制—介绍—中国 Ⅳ.①D691.42

中国版本图书馆 CIP 数据核字(2013)第 146990 号

中国历代官制(增订本)

鹿谞慧　曲万法　孔令纪 主编

主管单位	山东出版传媒股份有限公司
出版发行	齊魯書社
社　　址	济南市市中区舜耕路 517 号
邮　　编	250003
网　　址	www.qlss.cn
电子邮箱	qilupress@126.com
营销中心	(0531)82098521　82098519　82098517
印　　刷	山东新华印务有限公司
开　　本	880mm×1230mm　1/32
印　　张	23.5
插　　页	3
字　　数	567 千
版　　次	2013 年 9 月第 1 版
印　　次	2025 年 11 月第 8 次印刷
标准书号	ISBN 978-7-5333-2812-2
定　　价	**88.00 元**